国家自然科学基金重大项目课题（71790602）

国家社科基金重大项目（20&ZD111）

教育部人文社科基地重大项目（16JJD790032）

资助

CULTURAL INFLUENCE ON
ACCOUNTING & AUDITING BEHAVIOR

文化影响与
会计审计行为研究

杜兴强 等 著

厦门大学出版社 国家一级出版社
XIAMEN UNIVERSITY PRESS 全国百佳图书出版单位

目 录

第六章　学校(公司、组织)文化与会计审计行为

除了儒家文化之外,中国文化还有诸多相关的、具体的文化维度影响着人的思维习惯与决策模式。其中,一个人接受的学校教育会对他/她产生重要的"烙印",以至于在其此后的职业生涯里,这种学校教育的烙印会在很大程度上影响其在公司治理与会计审计行为方面的决策模式。此外,当一个人走向社会之后,其所在的组织、企业组织(例如会计师事务所)文化和企业文化亦会对其产生重要的影响。为此,本章将以学校的校训文化与企业/组织文化对会计审计行为的影响为侧重点展开研究。具体内容包括:

(1)进取型校训、事务所组织形式与审计质量;

(2)创新文化与公司创新;

(3)会计师事务所伦理文化与审计质量。

第一节　进取型校训、事务所组织形式与审计质量

摘要:本节手工搜集了签字审计师毕业学校的校训数据,实证研究了进取型校训文化对审计质量的影响,以及会计师事务所组织形式的调节效应。研究结果表明,受到进取型校训影响的签字审计师,其所审计的财务报告更可能发生财务错报(高估盈利的财务错报);进而,进取型校训对财务错报(高估盈利的财务错报)的正向影响仅存在于有限责任制会计师事务所子样本中。上述结果表明,进取型校训文化影响下的签字审计师的审计质量较低,但法律风险(合伙制)弱化了进取型校训对审计质量的不利影响。在敏感性测试中,采纳不同的审计质量或进取型校训的度量方式,本节得到了相似的研究发现。进一步而言,进取型校训降低了盈余反应系数。最后,在控制了进取型校训和审计质量之间的内生性后,本节的研究结论仍然成立。本节的研究丰富了文化因素对审计行为影响的相关研究。

一、引言

现有文献对审计质量影响因素的研究,已由会计师事务所层面拓展到个体审计师层面(Zerni,2012;Carcello,Li,2013;Gul et al.,2013;Knechel et al.,2015;Guan et al.,2016)。Gul 等(2013)发现,在控制了会计师事务所的固定效应后,个体审计师的审计质量存在显著差异。上述研究发现意味着,在同一会计师事务所中,受同样的风险承担、重要性水平以及质量控制系统约束的个体审计师,因个体特征的差异,其审计质量会存在差异。《中华人民共和国注册会计师法》与《中国注册会计师独立审计准则》规定,上市公司的审计报告须由两名(以上)注册会计师签名盖章,这为学者分析个体审计师特征对审计质量的影响提供了独特的制度背景。

目前关于个体审计师对审计行为的影响,多侧重于分析审计师的人口统计学特征(如学历、性别、专业、会计师事务所工作经验、政治联系)对审计质量的影响(Zerni,2012;Gul et al.,2013)。本节则试图从文化角度出发,衡量校训文化如何影响签字审计师的个体特征,从而是否对审计质量产生差异性的影响。实际上,个体的决策和行为除了受到正式制度的约束,也会受到非正式制度潜移默化的影响(Williamson,2000;Allen et al.,2005;Du,2013)。值得指出的是,以前的文献发现个人在青少年阶段受到的文化熏陶和浸染,会对其未来产生长远和持续性的影响(Waters et al.,2000;Sanchez et al.,2001;Belsky,Fearon,2002)。本节通过分析审计师毕业院校的校训(一种文化因素)对审计质量的影响,拓展了有关审计师学校背景的文献(Gul et al.,2013;Guan et al.,2016)。

审计师的学校背景在一定程度上会影响审计师的专业能力和执业水平(Gul et al.,2013)。Guan 等(2016)发现,毕业院校相同有助于审计师与公司高级经理之间缔结校友关系、社交网络(social network)或社会纽带(social ties),但最终却损害了审计质量。本节认为,学校背景决定着个体审计师的学历和社会关系,且审计师在校期间会不可避免地受到独特校园文化的浸染。每所学校都有其鲜明和独特的学校文化,这体现于不同的校训之中。校训不仅潜移默化地影响在校学生,而且在学生毕业后仍能持续地通过一批批的毕业校友不断加固和深化。实际上,校训为研究者捕捉不同学校间的文化差异(进而研究审计师和审计质量的差异)提供了重要的研究机会。中国高校校训包罗万象,但本节侧重于分析进取型校训对审计质量的影响。如果审计师毕业的院校的校训包含进取型的词汇、短语或句子,则审计师对新事物、新现象、新的会计方法通常有较高程度的包容和认可,而并非保守地拒绝。为此可以合理预期,受进取型校训影响的审计师,会对较为激进的会计政策或会计估计方法具有较高的宽容度,从而更有可能导致财务错报,损害审计质量。

笔者手工搜集了 A 股上市公司 2001—2014 年间所有签字审计师的毕业院校及其校训,然后析出"创新""开拓""勇于探索""敢为人先""拓新""维新""挑战""革新""日新月异""与时俱进""冒险"等关键词,将包含一个或多个上述关键词的校训界定为进取型校训,进而分析其对审计质量的影响。研究发现,受到进取型校训影响的审计师,其审计的财务报告更可能发生财务错报(高估盈利的财务错报)。进一步研究发现,进取型校训与财务错报之间的正关系仅存在于有限责任会计师事务所中。以上研究结论在各种稳健性测试(进取型审计师的人数、财务重述的金额、持续经营审计意见、可操控应计、财务违规等)中仍然成立。在采纳差分模型与倾向得分匹配方法控制了进取型校训和审计质量之间的内生性之后,研究结果保持不变。

　　本节可能的贡献主要包括:第一,本节发掘了校训文化因素并将之引入审计领域。具体地,本节研究进取型校训如何影响签字审计师的个性特征,进而影响审计质量。因此,本节的发现有助于对审计师特征进行更具体的刻画,拓展了关于个体审计师特征与审计质量的相关文献。第二,本节对文化与审计行为领域内的文献形成了重要的补充。校训包含了学校独有的精神和文化传承,是一个重要的影响审计师的文化维度。本节研究表明,受到进取型校训影响的审计师,更容易接受和容忍激进的会计政策和会计估计,其导致财务错报发生的概率更高。第三,本节拓展了审计师毕业学校(教育)背景如何影响审计质量的文献。强调学校背景除了决定审计师的学历(专业能力)和社会纽带之外(Gul et al.,2013;Guan et al.,2016),还存在一个先前文献几乎没有触及的、影响审计质量的途径——校训文化。基于进取型校训,本节发现受到进取型校训影响的个体审计师,其审计的财务报表发生财务错报的可能性显著更高,支持了校训文化会影响审计质量的假设,从而拓展了关于审计师学校背景与审计质量关系的相关文献。第四,本节关注了会计师事务所的组织形式对于进取型校训与审计质量关系的调节作用。给定审计质量受到会计师事务所组织形式内涵的风险约束的影响,本节进一步考察了不同会计师事务所组织形式中进取型校训文化对审计质量的影响是否存在差异。在这一点上,本节发现在审计师面临高法律风险的情况下(会计师事务所为合伙制),进取型校训对审计质量的损害作用被显著弱化。基于此,本节研究提供了正式制度与非正式制度交互地影响审计质量的增量证据。

　　本节余下部分的内容安排如下:第二部分为制度背景介绍、文献回顾与研究假设,第三部分为研究设计,第四部分为实证结果,第五部分为进一步测试,第六部分是研究结论。

二、制度背景、文献回顾与研究假设

(一)校训文化与个体审计师动机

　　梅贻琦先生曾云:"大学之大,非大楼之大,乃大师之大。"相较于良好的硬件设施,大学教育更重要的是以独有的文化和精神影响学生。我国的高等院校数量众多[①],但各学校的文化氛围与传统却各不相同。校训作为"一所学校对自身文化传统、文化精神的理性抽象和价值认同"(王洪波,2014),能够概括和捕捉在该所学校就读的学生所受到的文化浸染和熏陶。校训往往与学校历史密切相关,对于曾经诞生和培养过著名历史人物的学校,它们的校

[①]　根据教育部的统计,截至 2016 年,全国高等学校共计 2879 所。参见 http://www.moe.gov.cn/。

训则通常与特定人物的经历有关。比如,中山大学和南开大学的校训分别由孙中山先生和张伯苓先生所总结和凝练。更重要的是,校训往往体现了一所学校师生的共同价值取向。校训是对学校文化精神的抽象表达(王洪波,2014),每一个身处其中的学生都会受到校训内含的独特文化的潜移默化和深远的影响,校训文化甚至会演变为毕业后校友们的集体记忆和共同价值观,使其彼此认同。此外,一些学校往往引用中国传统经典论著里的语句作为校训。例如,清华大学的校训"自强不息,厚德载物",就源自《周易》。这些从中国传统经典论著中析出的校训,使学生受到中国传统文化的深刻影响。概而言之,校训作为学校文化精神的概括和抽象,可以帮助研究者捕捉毕业于特定院校的审计师身上的文化因素,进而探索文化如何影响审计行为。

中国审计市场具有审计集中度低、法律和声誉机制约束弱的特征(Allen et al.,2005;Liu,2006;Fan et al.,2007),这与中国作为世界上最大的新兴市场、制度和法规未臻成熟紧密相关。中国 A 股市场发轫于 1990 年成立的上海和深圳证券交易所,至今仅三十多年。上市公司的治理机制、对投资者的保护和相关法律法规都还不完善,导致法律和声誉机制的作用有限。此外,我国的本土会计师事务所众多,造成了审计集中度低(竞争程度高)的市场结构①。在法律制度和市场机制不完善的情况下,低集中度的审计市场意味着会计师事务所之间的激烈竞争,这进一步催生了个体审计师的机会主义动机。因此,在业务压力下,审计师可能存在牺牲审计独立性、默许和认可激进的财务报告的动机。虽然审计师也有维护自身的声誉和避免受到法律处罚的动机,但若预期受到市场和法律惩罚的可能性低,声誉和法律的约束效应将被大大削弱。目前我国的资本市场尚未有集体诉讼的先例,对于违规的审计师和会计师事务所的惩治力度也远远不够,不论是市场还是监管部门都还无法有效地抑制审计师的不端行为。综上,在个体审计师存在机会主义动机的背景之下,校训文化如何影响审计师行为和审计质量值得探讨。

(二)文化、学校背景与审计质量

Lo(2008)、Hilary 和 Hui(2009)、Masulis 等(2012)将文化因素对人们决策和行为的影响引入审计领域,研究了宗教社会规范作为一种文化因素对财务报告质量和审计行为的影响。Fath 等(2013)发现权利距离(power distance)、个人主义(individualism)、女性化(femininity)和风险规避(uncertainty avoidance)四个文化维度与审计质量之间存在正相关关系。Alzeban(2015)发现,权利距离和风险规避程度越高则内部审计质量越差,而个人主义会导致更高的内部审计质量。Svanberg 和 Öhman(2013)考察了与道德文化(ethical culture)相关的三个因素对审计质量的影响,发现道德环境、惩罚性实施手段减少了损害审计质量的行

---

① 早期,大量的会计师事务所与各地方的财政厅具有从属关系,人员、财务、业务等方面都受到政府部门的支持,直到 1999 年财政部制定了《会计师(审计)事务所脱钩改制实施意见》,要求会计师事务所与所挂靠单位脱离联系。另外,2007 年中国注册会计师协会(以下简称中注协)印发了《中国注册会计师协会关于推动会计师事务所做大做强的意见》,随后财政部等相关部门也发布了一系列的文件、规定,旨在推进本土会计师事务所的业务发展,提高其竞争力。

为,而遵循权威的需求增加了损害审计质量的行为。Du 等(2015)揭示了宗教氛围对高管的道德指引作用(ethical guidelines),从而抑制盈余操纵。杜兴强等(2016)发现,宗教氛围可以抑制公司的过度投资。Du(2019)发现,讲同一方言的审计师和 CEO,由于受同一文化和传统的影响,更容易建立亲密关系,从而损害审计质量。这一研究发现揭示了文化影响在某些情境下的负面作用——审计师与客户的过密关系会危害审计独立性。

此外,另一类前期文献从毕业学校和教育背景(education background)的角度,考量个体审计师特征对于审计行为和审计质量的影响。Gul 等(2013)发现,审计质量在个体审计师的层面存在着显著的差异,且审计师的个人特征,如审计师的教育水平和专业背景等可以部分解释如上差异。具体地,Gul 等(2013)的发现表明,具有研究生及以上学历的审计师更激进,其审计的财务报告实际获得非标意见的概率低于应当获得非标意见的概率,可操控应计显著更高,但审计师大学期间是否就读会计专业对审计质量无影响。Guan 等(2016)基于审计师与管理层的校友关系,发现审计师与客户管理层之间的校友关系给双方带来"互惠"。具体而言,与管理层有校友关系的审计师更倾向于提标准无保留的审计意见(特别是对财务困境的公司而言),其所审计的财务报告具有更高的可操控应计,更有可能在未来年度进行降低盈利的财务重述,具有更低的盈余反应系数(earnings response coefficients)。相应地,有校友关系的审计师赚取了更高的审计费。

(三)研究假设

1.进取型校训与财务错报

校训文化为学者捕捉个体审计师层面的文化因素提供了良好的研究机会,特别是审计师在求学阶段的文化熏陶可能会对其行为产生持续而深远的影响(Waters et al.,2000;Sanchez et al.,2001;Belsky,Fearon,2002)。在各种校训文化中,进取型校训文化与审计质量之间存在着重要的内在联系。本节将进取型校训界定为包含"创新""开拓""勇于探索""敢为人先""拓新""维新""挑战""革新""日新月异""与时俱进""冒险"等关键词的校训。进取型校训的高校,往往提倡开放进取的校园文化,鼓励学生追求新思想、新方法,重视培养学生的竞争意识和积极向上的精神。进取型校训的这一文化特征,往往会塑造出审计师三个方面特有的决策与行为模式:

第一,进取型校训的学校,倡导学生兼容并包、勇于创新。受到进取型校训影响的审计师,往往更容易接受新事物、新行为、新方法,并且尊重他人的选择。2007 年后,中国企业会计准则已实现了与国际财务报告准则的实质性趋同。换言之,上市公司遵循的是原则导向的会计准则,管理层对会计政策和会计估计具有较大的酌定选择权。例如,固定资产在直线折旧法与加速折旧法(年数总和法与双倍余额递减法)、存货计价的先进先出法和加权平均法上的选择,应收账款坏账计提的不同方式,或有事项的管理层判断等。显然,不同的会计政策和会计估计方法会直接影响到公司最终的会计利润。公司若变更会计政策和会计估计方法,既需要提供详细和合理的理由,又需要获得审计师的认可。但审计师是否会接受和允许使用公司所选择的会计政策与方法,除与其职业判断、审慎性和应有的怀疑相关,还会受到审计师个人价值观的影响。受进取型校训影响的审计师，往往勇于接受新事物，更可能从新角度思考问题。具体到财务报表审计中，受到进取型校训影响的审计师，更容易包容和接受管理层所选择的会计政策和估计方法。但是，采用不同于以前年度或不同于行业惯例的政策和方法，却更可能发生偏离会计准则的情况，从而导致财务报表错报，损害审计质量。

第二，受进取型校训影响的审计师，往往体现出较弱的稳健性。管理层与审计师在财务报告方面具有不尽一致的动机。公司管理当局为了追求个人货币收益最大化与其他特定的动机，可能倾向于选择激进的会计政策和会计估计方法，从而达到向上操纵盈利的目的（Healy，1985；Reitenga et al.，2002）。审计师受到声誉机制和法律机制的约束，具有保持审慎性和职业怀疑的动机，因此更倾向于修正或拒绝管理当局采纳的、激进的会计政策和估计。审计师在财务报表的审计过程中，有责任发现和披露报表中的瑕疵和错报（De Angelo，1981）。受限于审计职业的习惯，审计师一般意义上是保守和稳健的。然而，进取型校训的文化和稳健性存在一定的冲突：首先，进取、创新往往与风险承担相联系，而规避风险是稳健的一个主要目的；其次，稳健意味着依赖现有的方法，对公司不同于以往与行业惯例的会计政策与会计估计保持相当的谨慎，甚至是不同意。但开拓和创新的校训文化却往往意味着容忍未来的不确定性，因此行为人需要冒险和承担风险。综上所述，受到进取型校训文化影响的审计师，因为曾接受创新、敢为人先的价值观的浸染，对于风险的态度更为开放，因此更容易接受公司激进的财务报告，从而导致公司的财务错报概率增加。

第三，进取型校训鼓励审计师的开拓进取精神。中国审计市场是一个低集中度的市场，激烈的行业竞争会导致道德的缺失（Chen et al.，2010；Francis et al.，2013）。审计师在面临竞争压力时（如合伙人的业务压力），可能采取低价揽客、出售审计意见等危害审计独立性的行为。受到进取型校训影响的审计师，竞争意识更为强烈，更有动力追求审计市场份额，却可能在一定程度上忽视了应有的审计独立性与审计职业道德。换言之，在缺乏强有力的职业道德约束的情况下，进取型校训可能使审计师牺牲审计独立性以换取审计业务和审计费用——通过默许和放任管理层的激进会计行为，最终导致进取型校训与财务错报之间的正相关关系。

综上所述，本节提出第一个研究假设：

假设 6.1.1：限定其他条件，受进取型校训影响的审计师所审计的财务报告更可能发生财务错报（高估盈利的财务错报）。

2.会计师事务所组织形式对进取型校训与财务错报关系的调节作用

当签字审计师对公司财务报表进行审计时，激烈的审计市场竞争可能使审计师允许激进的财务报告。但另一方面，声誉效应和法律机制却促使审计师保持职业审慎性，尽可能地减少财务错报的可能性，从而避免声誉受损和法律处罚。虽然进取型校训文化增加了审计师允许激进的财务报告的可能性，但当审计师面临高法律风险时，上述效应可能被弱化。不同组织形式的会计师事务所的签字审计师面临的法律风险有所不同。在有限责任会计师事务所中，当客户发生财务舞弊导致投资者的利益受损时，只根据合伙人在会计师事务所的股份比例承担有限的赔偿责任；在合伙制会计师事务所（即特殊普通合伙会计师事务所）中，若发生审计失败,合伙人往往需要承担连带责任。与有限责任会计师事务所相比,合伙制会计师事务所的审计师面临的法律风险更大(Firth et al.,2012),所以他们往往更会考虑财务错报的法律后果,倾向于拒绝激进的会计政策,提高稳健性以及重视职业道德,从而降低财务错报发生的概率。最终,在合伙制会计师事务所中进取型校训文化与财务错报之间的正关系被弱化。

此外 Du 等(2015)指出,外部监督和内部治理交互影响人的决策与行为,且外部监督和内部治理之间存在替代作用。因此,虽然进取型校训文化和会计师事务所组织形式(内部治理机制)均影响着审计师的行为,但面对更强的内部治理机制时(合伙制的会计师事务所内更高的法律风险约束),外部监督机制的作用就会被弱化——进取型校训文化对于财务错报的影响减弱。综上,本节提出第二个假设:

假设 6.1.2:限定其他条件,与有限责任制的会计师事务所相比,进取型校训和财务错报(高估盈利的财务错报)之间的正关系在合伙制会计师事务所中更弱。

三、研究设计

(一)研究样本和数据来源

本节初始样本包括 2001—2014 年间 A 股上市公司(共 23 800 个公司—年度观测值),然后按照如下原则进行样本筛选:第一,剔除金融保险行业(340 个观测值);第二,剔除交叉上市公司(1 734 个观测值);第三,剔除数据缺失的公司—年度观测值(3 630 个观测值)。最终,得到的研究样本包含 18 096 个观测值,涵盖了 2 279 个 A 股上市公司。为减少极端值的影响,本节对所有的连续变量进行了 1% 和 99% 分位的缩尾处理。

本节研究的数据来源为:

第一,基于 CSMAR 数据库,本节搜集和整理了财务错报(高估盈利的财务错报)的数据。首先,根据公司财务报告中"会计差错"部分的内容,将前期会计差错的事项逐一摘录,然后判断每一个事项影响的财务报表年度(即财务错报发生的年度);其次,逐一辨别各个事项在各财报年度对公司盈利的影响金额(包括影响金额的正负——低估或高估盈利、影响金额的大小幅度等);最后,将每一年度的所有差错事项的金额加总得到财务错报对盈利的净影响,若净影响为负(即应该向下调整以前年度的盈利),则公司当年发生了高估盈利的财务错报。值得指出的是,为了减少数据缺失,本节下载了公司公告中所有关于前期会计差错更正及追溯调整的公告,对其中的事项按照上述步骤进行判断和辨别,最终得到财务错报的变量和高估盈利的财务错报的变量(MIS_DUM 和 OVER_DUM)。

第二,基于中注协网站中个体审计师的信息,本节手工搜集了审计师毕业学校的校训,并对进取型校训变量进行赋值。具体地,根据中注协网站上披露的审计师毕业学校,本节查询和搜集了其中涵盖的所有学校的校训,然后逐一判断校训中是否包含有"创新""开拓""勇于探索""敢为人先""拓新""维新""挑战""革新""日新月异""与时俱进""冒险"等关键词。

若校训中包含上述关键词,则将其划分为进取型校训(AGGR)。

第三,根据审计报告中会计师事务所的名称,本节手工搜集了会计师事务所组织形式的数据(LIMIT)。若会计师事务所名称中包含"有限责任"等字样,则判断其为有限责任制的会计师事务所;若会计师事务所名称中包含"合伙"等字样,则判断其为合伙制的会计师事务所。

第四,市场化指数 MKT 来自樊纲等(2011)。

第五,十大会计师事务所变量 BIG10 来自中国注册会计师协会网站。

第六,对于异地审计师虚拟变量(NLOCAL_AUD)和审计师首次签署公司审计报告的变量(SIGN_F),本节从公司的财务报告中手工搜集各年的会计师事务所的地址,统计每个会计师事务所在各省份是否设立分所(或分支机构),从而判断在公司注册地是否有审计师的分支机构。类似地,本节从公司的财务报告中手工搜集各年的签字审计师的姓名,统计审计师是否是第一年签署公司的审计报告。

第七,其余变量的数据均来自 CSMAR 数据库。

(二)模型与变量

为了检验进取型校训和财务错报之间的关系(假设 6.1.1),本节构建了回归模型,如式(6.1.1)所示。

$$\begin{aligned}
\text{MIS} = {} & \alpha_0 + \alpha_1 \text{AGGR} + \alpha_2 \text{LIMIT} + \alpha_3 \text{MKT} + \alpha_4 \text{BIG10} + \alpha_5 \text{IND\_SPEC} + \alpha_6 \text{NLOCAL\_AUD} + \\
& \alpha_7 \text{SIGN\_F} + \alpha_8 \text{CI\_AUD} + \alpha_9 \text{FIRST} \alpha_{10} \text{DUAL} + \alpha_{11} \text{INDR} + \alpha_{12} \text{BOARD} + \alpha_{13} \text{SIZE} + \\
& \alpha_{14} \text{DEBT} + \alpha_{15} \text{ROS} + \alpha_{16} \text{MTB} + \alpha_{17} \text{ZSCORE} + \alpha_{18} \text{RAISE} + \alpha_{19} \text{EMI} + \alpha_{20} \text{RET} + \\
& \alpha_{21} \text{RPL} + \alpha_{22} \text{STATE} + \text{Industry Dummies} + \text{Year Dummies} + \text{Audit Firm Dummies} + \mu
\end{aligned}$$

$$(6.1.1)$$

式(6.1.1)的被解释变量为 MIS,含财务错报 MIS_DUM 和高估盈利的财务错报 OVER_DUM。若公司当年发生了财务错报(高估盈利的财务错报),则 MIS_DUM(OVER_DUM)为 1,否则为 0。式(6.1.1)的主要解释变量是进取型校训 AGGR。若至少一名审计师毕业学校的校训中包含"进取型校训"相关的关键词(表 6.1.1),则 AGGR 取值为 1,否则为 0。

式(6.1.1)的控制变量包括:(1)会计师事务所组织形式变量(LIMIT),若会计师事务所为有限责任制则赋值为 1,否则为 0(合伙制会计师事务所);(2)市场化指数(MKT);(3)会计师事务所或审计师特征变量,包括十大会计师事务所的虚拟变量(BIG10)、会计师事务所行业专长(IND_SPEC)、异地审计师虚拟变量(NLOCAL_AUD)、审计师是否首次签署公司的审计报告(SIGN_F)、审计师层面的客户重要性(CI_AUD);(4)公司治理变量,包括第一大股东持股比例(FIRST)、董事长与 CEO 两职合一(DUAL)、独立董事比例(INDR)、董事会规模(BORAD);(5)公司特征变量,包括公司规模(SIZE)、有息负债权益比(DEBT)、销售收入收益率(ROS)、市值账面比(MTB)、Z 值(ZSCORE)、再融资比率(RAISE)、盈余管理动机(EMI)、股票回报率(RET)、关联方借款(RPL)以及最终控制人性质(STATE);(6)式(6.1.1)还控制了年度、行业和会计师事务所的一系列哑变量。具体的变量定义详见表 6.1.1。

表 6.1.1　变量定义

变量	定义
MIS_DUM	财务错报虚拟变量,若公司当年发生财务错报(于后续年度重述),则取值为1,否则为0
OVER_DUM	虚拟变量,当公司财务报告在以后年度重述(损益相关事项),重述向下更正,则赋值为1,否则赋值为0
AGGR	进取型校训的虚拟变量,若有至少一名审计师毕业学校的校训中包含与进取相关的关键字,则取值为1,否则为0。与进取相关的关键字包括:创新、开拓、勇于探索、明思、敢为人先、拓新、维新、挑战、革新、日新月异、与时俱进、冒险
LIMIT	事务所组织形式,若会计师事务所为有限责任制,则取值为1;若为合伙制,则取值为0(Firth et al.,2012)
MKT	市场化指数,衡量我国省际制度发展与投资者保护的指标
BIG10	十大会计师事务所虚拟变量,当公司聘请前十大会计师事务所(中国注册会计师协会年度排名,下同),审计师赋值为1,否则赋值为0(Fan,Wong,2005)
IND_SPEC	行业专长的虚拟变量,若会计师事务所的客户数在公司所处行业中排名第一,则取值为1,否则为0(Myers et al.,2003)
NLOCAL_AUD	异地审计师,若会计师事务所在公司注册地所在省份内没有任何一家分支机构,则赋值为1,否则为0(Guan et al.,2016)
SIGN_F	若至少有一名签字审计师在第一年签署公司的审计报告,则赋值为1,否则为0(Guan et al.,2016)
CI_AUD	审计师层面的客户重要性,等于被审计单位总资产的自然对数除以审计师当年审计的所有公司总资产的自然对数(Chen et al.,2010)
FIRST	第一大股东持股比例,第一大股东持有股份与公司总股份的比值(Liu and Lu,2007;Siregar,Utama,2008;Xie et al.,2003)
DUAL	董事长与CEO两职合一的虚拟变量,若董事长与CEO两职合一,则赋值为1,否则为0
INDR	独立董事比例,独立董事人数与董事会总人数的比值
BOARD	董事会规模,等于董事会人数(Liu,Lu,2007;Xie et al.,2003)
SIZE	公司规模,等于公司总资产取自然对数
DEBT	有息负债权益比,等于有息负债除以净资产
ROS	销售收入收益率,等于净利润与销售收入的比值
MTB	市值账面比,用股本的市值除以股本的账面价值来衡量(Chin,Chi,2009)
ZSCORE	根据 Guan 等(2016)的模型 Altman Z-SCORE$=0.517-0.460\times F1+9.320\times F2+0.388\times F3+1.158\times F4$ 计算,其中 F1=总负债除以总资产,F2=净利润除以期初和期末总资产的平均数,F3=营运资本除以总资产,F4=留存收益除以总资产
RAISE	通过发行普通股、优先股和长期债务筹集到的资金除以滞后资产总额(Chin,Chi,2009;Dao et al.,2012)
EMI	盈余管理动机虚拟变量,当满足以下条件之一时赋值为1:微利(0<ROA<1%);公司亏损,ROA低于当年亏损的所有上市公司ROA的中位数;ROE略高于证监会规定的增发条件(6%～7%),否则为0(Chen et al.,2010)。ROA和ROE分别为总资产收益率和净资产收益率
RET	等于公司年度股票回报率减去市场年度回报率(Guan et al.,2016)
RPL	关联方借款,等于其他应收款除以总资产(Guan et al.,2016)
STATE	最终控制人性质,若公司的最终控制人是中央或地方政府、政府控股公司,则赋值为1,否则赋值为0

为了检验会计师事务所组织形式对于进取型校训与财务错报关系的调节作用（假设 6.1.2），本节区分有限责任制会计师事务所（LIMIT＝1）和合伙制会计师事务所（LIMIT＝0）两个子样本，使用式（6.1.1）进行分组检验。若有限责任制会计师事务所的子样本中 AGGR 的系数（α_1）显著为正且在合伙制会计师事务所的子样本中 AGGR（α_1）不显著，或在两个子样本中 AGGR 的系数 α_1 均显著为正，但系数 α_1 在有限责任制会计师事务所的子样本中的绝对值显著大于在合伙制会计师事务所子样本中的绝对值，则假设 6.1.2 得到经验证据的支持。

四、实证结果

（一）描述性统计

表 6.1.2 Panel A 报告了变量的描述性统计结果。MIS_DUM（OVER_DUM）的均值分别为 0.07 和 0.05，表明平均有 7％（5％）的上市公司发生财务错报（高估盈利的财务错报）。AGGR 的均值为 0.33，说明大致有 33％的上市公司中至少有一个签字审计师受到进取型校训文化的影响。LIMIT 的均值为 0.61，显示了 61％的公司由有限责任制的会计师事务所进行财务报表的审计。其他控制变量的结果见表 6.1.2 的 Panel A，不再赘述。

表 6.1.2 Panel B 列示了 t/z 检验结果。在至少有一名审计师受进取型校训影响的子样本（AGGR＝1）中，MIS_DUM（OVER_DUM）的均值和中位数分别为 0.07 和 0（0.05 和 0）；在 AGGR＝0 子样本中，MIS_DUM（OVER_DUM）的均值和中位数分别为 0.06 和 0（0.05 和 0）。t/z 检验的结果显示，当审计师受到进取型校训影响时，财务错报的均值（中位数）显著更高，而高估盈利的财务错报的均值（中位数）更高且边际显著。上述结果揭示了进取型校训文化与财务错报（高估盈利的财务错报）之间的正向关系，初步支持了假设 6.1.1。此外，对比 AGGR＝1 子样本与 AGGR＝0 子样本的数据，可以发现公司财务报告更不可能由有限责任会计师事务所（LIMIT）进行审计。

表 6.1.2　描述性统计和 t/z 检验结果

Panel A：描述性统计

变量	观测值	均值	标准差	最小值	25％分位	中位数	75％分位	最大值
MIS_DUM	18 096	0.07	0.25	0.00	0.00	0.00	0.00	1.00
OVER_DUM	17 743	0.05	0.21	0.00	0.00	0.00	0.00	1.00
AGGR	18 096	0.33	0.47	0.00	0.00	0.00	1.00	1.00
LIMIT	18 096	0.61	0.49	0.00	0.00	1.00	1.00	1.00
MKT	18 096	8.32	2.26	0.29	6.74	8.32	10.42	11.80
BIG10	18 096	0.35	0.48	0.00	0.00	0.00	1.00	1.00
IND_SPEC	18 096	0.13	0.33	0.00	0.00	0.00	0.00	1.00

续表

变量	观测值	均值	标准差	最小值	25%分位	中位数	75%分位	最大值
NLOCAL_AUD	18 096	0.31	0.46	0.00	0.00	0.00	1.00	1.00
SIGN_F	18 096	0.51	0.50	0.00	0.00	1.00	1.00	1.00
CI_AUD	18 096	0.31	0.31	0.00	0.07	0.18	0.46	1.00
FIRST	18 096	0.34	0.19	0.00	0.21	0.32	0.48	0.89
DUAL	18 096	0.18	0.39	0.00	0.00	0.00	0.00	1.00
INDR	18 096	0.34	0.09	0.33	0.33	0.33	0.38	0.80
BOARD	18 096	9.12	1.92	3.00	8.00	9.00	9.00	19.00
SIZE	18 096	21.57	1.12	18.82	20.80	21.45	22.19	26.34
DEBT	18 096	0.55	0.69	−0.80	0.09	0.36	0.77	4.33
ROS	18 096	0.11	0.20	−0.97	0.04	0.09	0.17	0.98
MTB	18 096	1.86	1.60	0.18	0.81	1.40	2.31	9.69
ZSCORE	18 096	5.58	9.56	−683.95	1.88	3.28	6.00	57.52
RAISE	18 096	0.02	0.07	−0.02	0.00	0.00	0.00	1.17
EMI	18 096	0.24	0.43	0.00	0.00	0.00	0.00	1.00
RET	18 096	−0.00	0.47	−1.17	−0.23	−0.06	0.14	2.12
RPL	18 096	0.01	0.04	0.00	0.00	0.00	0.00	0.33
STATE	18 096	0.54	0.50	0.00	0.00	1.00	1.00	1.00

Panel B：t/z 检验

变量	AGGR=1				AGGR=0				t 值	z 值
	观测值	均值	中位数	标准差	观测值	均值	中位数	标准差		
MIS_DUM	6 015	0.07	0.00	0.26	12 081	0.06	0.00	0.24	2.28**	2.28**
OVER_DUM	5 882	0.05	0.00	0.22	11 861	0.05	0.00	0.21	1.61	1.61
LIMIT	6 015	0.59	1.00	0.49	12 081	0.62	1.00	0.49	−3.11***	−3.12***

注：*** 、** 、* 分别表示在1%、5%、10%的水平上显著。变量定义详见表6.1.1。

(二)相关性分析

表 6.1.3 报告了 Spearman(Pearson)相关性分析的结果。财务错报 MIS_DUM 与进取型校训 AGGR 的 Pearson 相关系数为 0.02,在 5%水平上显著为正;高估盈利的财务错报 OVER_DUM 与进取型校训 AGGR 的 Pearson 相关系数为 0.01,边际显著为正。这些结果初步支持了假设 6.1.1。

表 6.1.3 中,财务错报与有限责任制会计师事务所(LIMIT)、会计师事务所的行业专长(IND_SPEC)、审计师首次签署公司审计报告(SIGN_F)、审计师层面的客户重要性(CI_AUD)、第一大股东持股比例(FIRST)、董事会规模(BOARD)、负债权益比(DEBT)、盈余管理动机(EMI)、关联方借款(RPL)和最终控制人性质(STATE)显著正相关,但与市场化进程(MKT)、十大会计师事务所(BIG10)、董事长与 CEO 两职合一(DUAL)、独董比例(IN-DR)、公司规模(SIZE)、销售收入收益率(ROS)、市值账面比(MTB)、Z 值(ZSCORE)和再融资比率(RAISE)显著负相关。上述结果表明多元回归中控制这些变量的必要性。控制变量间的相关系数较低,表明不存在严重的多重共线性。关于高估盈利的财务错报 OVER_DUM 的 Pearson(Spearman)相关系数的结果,与上述结果一致,不再赘述。

表 6.1.3　Pearson(Spearman) 相关系数

变量	(1)	(2)	(3)	(4)	(5)	(6)	(7)	(8)	(9)	(10)	(11)	(12)	(13)	(14)	(15)	(16)	(17)	(18)	(19)	(20)	(21)	(22)	(23)	(24)
(1) MIS_DUM	1.00																							
(2) OVER_DUM	0.83***	1.00																						
(3) AGGR	0.02**	0.01	1.00																						
(4) LIMIT	0.10***	0.08***	0.01	1.00																					
(5) MKT	−0.12***	−0.11***	−0.02*	−0.22***	1.00																			
(6) BIG10	−0.09***	−0.07***	−0.02	−0.44***	0.23***	1.00																		
(7) IND_SPEC	0.02**	0.02**	−0.03*	−0.15***	0.03**	0.30***	1.00																	
(8) NLOCAL_AUD	0.01	0.00	0.02	0.04***	−0.30***	0.02**	0.04***	1.00																
(9) SIGN_F	0.02**	0.02**	0.01*	0.04***	−0.05***	−0.01	0.01	0.05***	1.00															
(10) CI_AUD	0.03***	0.02**	−0.02**	0.02**	−0.05***	−0.01	0.00	0.08***	0.03**	1.00														
(11) FIRST	0.02**	0.01*	−0.03**	0.30***	−0.14***	−0.09***	−0.03*	0.02**	0.06***	0.07***	1.00													
(12) DUAL	−0.02**	−0.01	0.02**	−0.11***	0.14***	0.07***	0.03**	−0.04***	0.01	−0.08***	−0.09***	1.00												
(13) INDR	−0.03***	−0.02**	0.02**	−0.18***	0.29***	0.14***	0.02**	0.01	−0.06***	0.05***	−0.15***	0.09***	1.00											
(14) BOARD	0.05***	0.04***	−0.02**	0.11***	−0.14***	−0.03**	−0.00	0.00	−0.06***	0.10***	0.09***	−0.14***	−0.25***	1.00										
(15) SIZE	−0.04***	−0.05***	−0.02**	−0.17***	0.11***	0.18***	0.18***	0.01	−0.01	0.41***	0.08***	−0.10***	0.13***	0.19***	1.00									
(16) DEBT	0.06***	0.05***	0.02	0.05***	−0.09***	−0.02	0.00	0.03**	−0.01	0.15***	0.01	−0.07***	−0.00	0.09***	0.28***	1.00								
(17) ROS	−0.07***	−0.07***	0.01	−0.01*	0.04	0.02**	−0.00	−0.02**	−0.01	0.15***	0.07***	−0.00	0.01	0.09***	0.14***	−0.13***	1.00							
(18) MTB	−0.04***	−0.04***	0.02**	−0.02**	0.05***	0.02**	0.02**	−0.02**	−0.01	−0.18***	−0.11***	0.10***	−0.01	−0.13***	−0.44***	−0.33***	0.12***	1.00						
(19) ZSCORE	−0.05***	−0.05***	−0.00	−0.08***	0.10***	0.05***	0.02**	−0.05***	0.02**	−0.11***	−0.04***	0.10***	0.02**	−0.09***	−0.20***	−0.27***	0.18***	0.47***	1.00					
(20) RAISE	−0.01	−0.01	0.03**	−0.07***	0.01	0.03**	−0.01	0.00	−0.00	0.03**	−0.05***	0.03**	0.02**	−0.13***	0.10***	−0.04***	0.04***	0.01*	0.00	1.00				
(21) EMI	0.06***	0.06***	0.01*	0.03***	−0.09***	−0.04**	−0.00	−0.01	0.01	−0.01	−0.03**	−0.01	−0.04**	−0.13***	−0.07***	0.18***	−0.31***	−0.10***	−0.12***	−0.04**	1.00			
(22) RET	−0.01	−0.02**	0.01	0.01	−0.01	0.00	0.01	0.00	0.01	0.01	0.03**	0.00	−0.00	0.01	−0.01	−0.03**	0.09***	0.26***	0.10***	0.02**	−0.08***	1.00		
(23) RPL	0.09***	0.08***	−0.01*	0.10***	−0.12***	−0.09***	−0.01	0.01	0.00	−0.04***	0.00	−0.03**	−0.12***	0.01	−0.15***	0.04***	−0.18***	−0.22***	−0.05***	−0.05***	0.13***	−0.01*	1.00	
(24) STATE	0.06***	0.05***	−0.02**	0.22***	−0.28***	−0.09***	−0.01	0.03**	0.01	0.14***	0.29***	−0.23***	−0.19***	0.25***	0.19***	0.12***	−0.02**	−0.19***	−0.15***	−0.05***	0.06***	−0.01*	0.03***	1.00

注：***、**、* 分别表示在 1%、5%、10% 的水平上显著，10%、5% 和 1% 显著性水平的临界分值分别为 0.0122、0.0146 和 0.0191。变量定义详见表 6.1.1。

(三)假设 6.1.1 的多元回归分析

表 6.1.4 使用 Logistic 回归,报告了检验假设 6.1.1 的多元回归结果,所有 z 值经过公司与年度的双重聚类调整(Petersen,2009)。列(1)和列(2)的因变量分别是财务错报 MIS_DUM 和高估盈利的财务错报 OVER_DUM。如表 6.1.4 所示,进取型校训文化变量 AGGR 的系数在列(1)和列(2)中分别为 0.081(z = 2.67)和 0.071(z = 2.01),分别在 1% 水平和 5% 水平上显著,这表明进取型校训文化显著地增加了财务错报(高估盈利的财务错报)发生的可能性,假设 6.1.1 得到经验证据的支持。进一步,AGGR 对财务错报(高估盈利的财务错报)的边际影响为 0.95%(0.64%),相当于财务错报(高估盈利的财务错报)均值的 13.64%(12.84%)。这些结果说明,进取型校训对审计质量的影响除了统计显著性之外,还包括重要的经济意义。

表 6.1.4　进取型校训与财务错报(假设 6.1.1)

变量	因变量:MIS_DUM		因变量:OVER_DUM	
	(1)		(2)	
	系数	z 值	系数	z 值
AGGR	0.081***	2.67	0.071**	2.01
LIMIT	0.168**	1.96	0.174*	1.82
MKT	−0.063***	−4.44	−0.070***	−4.90
BIG10	−0.245***	−3.79	−0.221***	−3.16
IND_SPEC	0.227***	3.75	0.243***	3.75
NLOCAL_AUD	−0.043	−1.19	−0.062*	−1.69
SIGN_F	0.060***	2.59	0.077***	2.66
CI_AUD	0.209***	2.82	0.196**	2.29
FIRST	−0.200	−0.96	−0.170	−0.73
DUAL	0.057	1.23	0.098*	1.94
INDR	−0.498	−1.25	−0.457	−1.06
BOARD	0.018	1.35	0.011	0.90
SIZE	−0.042	−1.32	−0.041	−1.10
DEBT	0.002	1.34	0.001	1.33
ROS	−0.332***	−3.33	−0.353***	−3.14
MTB	−0.009	−0.69	−0.011	−0.71
ZSCORE	−0.003	−1.12	−0.003	−0.73
RAISE	0.153	0.63	0.224	0.98
EMI	0.130***	3.80	0.112***	3.46
RET	0.004	0.09	−0.035	−0.68
RPL	1.462***	3.59	1.302***	3.40
STATE	0.095**	2.09	0.100**	2.12

续表

变量	因变量:MIS_DUM		因变量:OVER_DUM	
	(1)		(2)	
	系数	z 值	系数	z 值
常数项	−0.352	−0.46	−0.423	−0.46
行业/年度/事务所	控制		控制	
Pseudo R^2	13.11%		14.30%	
观测值	18 096		17 743	
LR Chi^2	1 146.20***		958.64***	

注:***、**、*分别表示在1%、5%、10%的水平上显著;所有z值均经过公司与年度的双重聚类调整(Petersen,2009)。变量定义详见表6.1.1。

关于控制变量,有限责任制(LIMIT)、会计师事务所行业专长(IND_SPEC)、审计师首次签署公司的审计报告(SIGN_F)、审计师层面客户重要性(CI_AUD)、盈余管理动机(EMI)、关联方借款(RPL)和最终控制人性质(STATE)都显著地提高了财务错报(高估盈利的财务错报)的概率;而市场化指数(MKT)、十大会计师事务所虚拟变量(BIG10)和销售收入收益率(ROS)显著地减少财务错报(高估盈利的财务错报)的概率。

（四）假设 6.1.2 的多元回归分析

表 6.1.5 报告了检验假设 6.1.2 的 Logistic 回归的结果,其中列(1)~(2)的因变量为财务错报 MIS_DUM,而列(3)~(4)的因变量为高估盈利的财务错报 OVER_DUM。如表6.1.5所示,列(1)中进取型校训 AGGR 的系数为0.116(z=3.05)且在1%水平上显著,而列(2)中 AGGR 的系数不显著。相似地,进取型校训 AGGR 在列(3)中的系数为0.095(z=2.26)且在5%水平上显著,而在列(4)中不显著。上述结果表明,在有限责任制会计师事务所的子样本中,进取型校训显著地增加了财务错报(高估盈利的财务错报)的可能性;但是在合伙制会计师事务所的子样本中,进取型校训与财务错报(高估盈利的财务错报)不相关。即会计师事务所组织形式有效地缓解了进取型校训与财务错报之间的正相关关系,假设 6.1.2得到了经验证据的支持。

表 6.1.5　进取型校训与财务错报的关系——按照会计师事务所组织形式分组

变量	因变量:MIS_DUM				因变量:OVER_DUM			
	(1)		(2)		(3)		(4)	
	有限责任制		合伙制		有限责任制		合伙制	
	系数	z 值	系数	z 值	系数	z 值	系数	z 值
AGGR	0.116***	3.05	−0.033	−0.45	0.095**	2.26	−0.012	−0.11
LIMIT								
MKT	−0.056***	−3.52	−0.062**	−2.44	−0.064***	−4.10	−0.067**	−2.56

续表

变量	因变量:MIS_DUM				因变量:OVER_DUM			
	(1)		(2)		(3)		(4)	
	有限责任制		合伙制		有限责任制		合伙制	
	系数	z 值	系数	z 值	系数	z 值	系数	z 值
BIG10	−0.260***	−2.96	−0.126	−1.24	−0.204**	−2.34	−0.146	−1.37
IND_SPEC	0.324***	5.03	−0.018	−0.19	0.319***	4.18	0.011	0.10
NLOCAL_AUD	−0.064*	−1.68	0.025	0.34	−0.085**	−2.30	0.001	0.01
SIGN_F	0.082***	3.50	−0.024	−0.52	0.097***	2.98	−0.010	−0.19
CI_AUD	0.198**	2.38	0.241*	1.77	0.200**	2.05	0.197	1.55
FIRST	−0.527***	−3.36	0.192	0.72	−0.465**	−2.56	0.127	0.42
DUAL	0.028	0.62	0.139	1.49	0.063	1.19	0.203*	1.94
INDR	−0.284	−0.64	−0.887	−1.26	−0.015	−0.03	−1.383*	−1.79
BOARD	0.025*	1.72	−0.027	−1.41	0.016	1.03	−0.022	−1.12
SIZE	−0.036	−1.01	−0.018	−0.47	−0.027	−0.68	−0.038	−0.71
DEBT	0.001	1.28	0.006	0.57	0.001	1.29	−0.010	−0.65
ROS	−0.228**	−2.26	−0.583***	−3.44	−0.308**	−2.29	−0.438**	−2.57
MTB	−0.016	−0.76	−0.001	−1.59	−0.022	−0.91	−0.002	−1.39
ZSCORE	−0.002	−0.63	−0.003	−0.92	−0.001	−0.28	−0.004	−0.87
RAISE	0.094	0.41	0.303	0.76	0.261	0.93	0.232	0.62
EMI	0.140***	4.14	0.109	1.53	0.112***	3.13	0.125*	1.74
RET	0.033	0.86	−0.128	−1.53	−0.003	−0.08	−0.177	−1.63
RPL	1.179***	3.77	3.058***	2.86	0.913***	2.88	3.252***	3.20
STATE	0.102**	2.28	0.093	1.03	0.080*	1.85	0.156	1.62
常数项	−0.293	−0.35	−0.473	−0.63	−0.522	−0.55	−0.002	−0.00
行业/年度/事务所	控制		控制		控制		控制	
Pseudo R^2	11.69%		12.61%		12.88%		13.85%	
观测值	11 039		7 057		10 758		6 985	
LR Chi^2	750.31***		268.28***		637.32***		224.54	

注:***、**、*分别表示在1%、5%、10%的水平上显著;所有 z 值均经过公司与年度的双重聚类调整(Petersen,2009)。变量定义详见表6.1.1。

(五)稳健性检验

1.自变量敏感性测试

签字审计师中受到进取型校训影响的人数越多,对于财务错报的影响可能越大。为此,表6.1.6采用进取型校训的赋值变量 AGGR_NUM(就读的学校的校训中包含"进取"相关的关键字的审计师人数)作为自变量进行敏感性测试。表6.1.6的 Panel A 显示,AGGR_NUM 在列(1)中显著为正,表明进取型校训与财务错报之间存在正相关关系,支持了假设

6.1.1。AGGR_NUM 在列（2）中显著为正并且在列（3）中不显著，表明进取型校训对审计质量的负向影响仅在有限责任制会计师事务所的子样本中存在，这进一步支持了假设 6.1.2。表 6.1.6 的 Panel B 以高估盈利的财务错报作为因变量，得到了相似的结果。

表 6.1.6　采纳进取型校训赋值变量的敏感性测试

Panel A：自变量稳健性测试（以财务错报 MIS_DUM 作为因变量）

变量	假设 6.1.1		假设 6.1.2			
	(1)		(2)		(3)	
	全样本		有限责任制		合伙制	
	系数	z 值	系数	z 值	系数	z 值
AGGR_NUM	0.092***	3.65	0.119***	4.01	0.014	0.22
LIMIT	0.171**	2.01				
控制变量	控制		控制		控制	
常数项	−0.384	−0.50	−0.324	−0.39	−0.520	−0.70
行业/年度/事务所	控制		控制		控制	
Pseudo R^2	13.19%		11.78%		12.62%	
观测值	18 096		11 039		7 057	
LR Chi^2	1 152.52***		755.94***		268.48***	

Panel B：自变量稳健性测试（以高估盈利的财务错报 OVER_DUM 作为因变量）

变量	假设 6.1.1		假设 6.1.2			
	(1)		(2)		(3)	
	全样本		有限责任制		合伙制	
	系数	z 值	系数	z 值	系数	z 值
AGGR_NUM	0.074**	2.46	0.094***	2.72	0.015	0.16
LIMIT	0.177*	1.85				
控制变量	控制		控制		控制	
常数项	−0.446	−0.49	−0.546	−0.58	−0.028	−0.03
行业/年度/事务所	控制		控制		控制	
Pseudo R^2	14.33%		12.93%		13.87%	
观测值	17 743		10 758		6 985	
LR Chi^2	960.96***		639.68***		224.83***	

注：***、**、* 分别表示在 1%、5%、10% 的水平上显著；所有 z 值经过公司与年度的双重聚类调整（Petersen，2009）。变量定义详见表 6.1.1。

2.因变量敏感性测试

在本节的主回归中，采用财务错报（高估盈利的财务错报）作为审计质量的替代变量来考察进取型校训文化对审计质量的影响。然而，前期文献中有关审计质量的丰富研究成果采用了不同的变量对审计质量进行衡量。参考前期研究，本节依次采用财务重述的金额（MIS_MAG 和 OVER_MAG）、持续经营审计意见（GCO）、可操控应计（DA）和财务违规

(IRRE)作为因变量,重复对假设 6.1.1 和假设 6.1.2 的检验。

(1)采纳财务错报金额的敏感性测试

表 6.1.7 列示了进取型校训与财务错报的金额的 Tobit 回归结果。MIS_MAG 表示由总资产标准化的财务错报的金额,OVER_MAG 表示由总资产标准化的高估盈利错报的金额。Panel A 显示,在全样本中 AGGR 的系数显著为正,这支持了假设 6.1.1。此外,在有限责任制会计师事务所的子样本中 AGGR 的系数显著为正,且在合伙制会计师事务所的子样本中 AGGR 的系数不显著,说明进取型校训仅在有限责任制会计师事务所子样本中起作用,这为假设 6.1.2 提供了额外的证据。Panel B 报告了相似的结果,这进一步支持了假设 6.1.1 和 6.1.2。

表 6.1.7　因变量稳健性测试——采用财务错报的金额作为因变量

Panel A:因变量稳健性测试(以 MIS_MAG 为因变量)

变量	假设 6.1.1		假设 6.1.2			
	(1)		(2)		(3)	
	全样本		有限责任制		合伙制	
	系数	z 值	系数	z 值	系数	z 值
AGGR	0.075 ***	3.33	0.110 ***	4.76	−0.069	−1.57
LIMIT	−0.027	−0.77				
控制变量	控制		控制		控制	
常数项	−1.277	−1.46	−5.228 ***	−10.75	−1.135	−1.04
行业/年度/事务所	控制		控制		控制	
Pseudo R^2	11.46%		9.95%		14.63%	
观测值	18 096		11 039		7 057	
LR Chi^2	1 107.94 ***		710.61 ***		341.91 ***	

Panel B:因变量稳健性测试(以 OVER_MAG 为因变量)

变量	假设 6.1.1		假设 6.1.2			
	(1)		(2)		(3)	
	全样本		有限责任制		合伙制	
	系数	z 值	系数	z 值	系数	z 值
AGGR	0.060 ***	2.72	0.082 ***	3.74	−0.041	−0.91
LIMIT	−0.051	−1.45				
控制变量	控制		控制		控制	
常数项	−1.629 ***	−4.01	−5.104 ***	−10.64	−0.761	−0.63
行业/年度/事务所	控制		控制		控制	
Pseudo R^2	13.22%		11.86%		17.16%	
观测值	17 743		10 758		6 985	
LR Chi^2	942.99 ***		625.08 ***		296.50 ***	

注:***、**、*分别表示在1%、5%、10%的水平上显著;所有 z 值均经过公司与年度的双重聚类调整(Petersen,2009)。变量定义详见表 6.1.1。

（2）采纳持续经营审计意见的敏感性测试

表 6.1.8 列示了进取型校训与持续经营审计意见（going concern opinions，GCO）的回归结果。GCO 是持续经营审计意见的虚拟变量，若审计报告中出现关于公司持续经营能力的讨论则取值为 1，否则为 0（De Fond et al.，2002；Demirkan，Zhou，2016）。如表 6.1.8 所示，在全样本［列（1）］中 AGGR 与 GCO 显著负相关，说明受到进取型校训影响的审计师出具可持续经营意见（审计质量的正向替代变量）的概率更低，即进取型校训损害审计质量。假设 6.1.1 得到经验证据的进一步支持。此外，AGGR 与 GCO 在有限责任制会计师事务所的子样本［列（2）］中显著负相关，而在合伙制会计师事务所的子样本［列（3）］中不显著，表明进取型校训对审计质量的负面影响仅存在于有限责任制会计师事务所子样本中，假设 6.1.2 得到进一步支持[①]。

表 6.1.8 采用持续经营审计意见作为因变量的敏感性测试

变量	假设 6.1.1		假设 6.1.2			
	(1)		(2)		(3)	
	全样本		有限责任制		合伙制	
	系数	z 值	系数	z 值	系数	z 值
AGGR	-0.089**	-2.15	-0.082***	-5.70	-0.213	-1.53
LIMIT	-0.264**	-1.98				
控制变量	控制		控制		控制	
常数项	4.627***	4.08	2.352	1.20	4.731**	2.58
行业/年度/事务所	控制		控制		控制	
Pseudo R^2	61.76%		63.26%		65.70%	
观测值	17 722		10 590		7 132	
LR Chi^2	2 777.14***		1 923.92***		941.02***	

注：***、**、* 分别表示在 1%、5%、10% 的水平上显著；所有 z 值均经过公司与年度的双重聚类调整（Petersen，2009）。变量定义详见表 6.1.1。

（3）采纳可操控应计的敏感性测试

表 6.1.9 列示了进取型校训与可操控应计的 OLS 回归结果。本节分别采用修正的 Jones（琼斯）模型（Dechow et al.，1995）、业绩匹配 Jones 模型（Kothari et al.，2005）、考虑股票收益率的扩展 Jones 模型（Ball and Shivakumar，2006）和考虑经营活动现金流变化的扩展 Jones 模型（Ball and Shivakumar，2006）计算可操控应计变量 DA_JO、DA_PM、DA_RET 和 DA_CF[②]。如 Panel A 所示（以 DA_JO 为因变量），在全样本中 AGGR 的系数显著为正，

[①] 在审计意见模型中，本节新增了几个控制变量：LAGMAO 代表滞后一期的审计意见（Chen et al.，2010；Guan et al.，2016）；GROWTH 指销售收入变化；QUICK 代表速动比率，等于速动资产（流动资产减除存货）除以流动负债（De Fond et al.，1999；Chen et al.，2001；Wang et al.，2008；Chen et al.，2010）；REC 代表应收账款除以总资产（De Fond et al.，1999；Chen et al.，2001；Wang et al.，2008）；INVN 代表年末存货除以年末资产总额（De Fond et al.，1999；Chen et al.，2001；Wang et al.，2008；Chen et al.，2010）。

[②] 在 DA 模型中，控制了滞后一期的总应计 ACCR（Kim et al.，2003；Choi et al.，2012）之后，观测值相对有所减少。

即进取型校训增加了可操控应计的水平,这进一步支持了假设 6.1.1。在有限责任制会计师事务所的子样本中 AGGR 的系数显著为正,且在合伙制会计师事务所子样本中 AGGR 的系数不显著,说明法律风险有效地调节了进取型校训与可操控应计之间的正相关关系,从而进一步支持了假设 6.1.2。另外,Panel B~D 均报告了相似的结果,表明在 DA_PM、DA_RET 和 DA_CF 的回归中,上述结果仍然成立,这进一步为假设 6.1.1 和假设 6.1.2 提供了额外的经验证据的支持。

表 6.1.9　因变量稳健性测试——采用可操控应计作为因变量

Panel A:因变量稳健性测试(以 DA_JO 为因变量)

变量	假设 6.1.1		假设 6.1.2			
	(1)		(2)		(3)	
	全样本		有限责任制		合伙制	
	系数	t 值	系数	t 值	系数	t 值
AGGR	0.487**	2.44	0.630**	2.21	0.284	1.12
LIMIT	1.091***	5.92				
控制变量	控制		控制		控制	
常数项	−17.505*	−1.66	−14.941*	−1.83	−20.850	−1.39
行业/年度/事务所	控制		控制		控制	
Adj_R^2	8.98%		9.27%		9.70%	
观测值	15 453		9 424		6 029	
F	16.09***		10.83***		7.96***	

Panel B:因变量稳健性测试(以 DA_PM 为因变量)

变量	假设 6.1.1		假设 6.1.2			
	(1)		(2)		(3)	
	全样本		有限责任制		合伙制	
	系数	t 值	系数	t 值	系数	t 值
AGGR	0.726***	3.34	0.536**	2.24	0.797	1.59
LIMIT	1.226***	2.95				
控制变量	控制		控制		控制	
常数项	−27.235**	−2.43	−23.925*	−1.91	−25.696***	−3.45
行业/年度/事务所	控制		控制		控制	
Adj_R^2	10.57%		12.34%		8.64%	
观测值	15 453		9 424		6 029	
F	11.67***		9.61***		6.84***	

续表

Panel C:因变量稳健性测试(以 DA_RET 为因变量)

变量	假设 6.1.1		假设 6.1.2			
	(1)		(2)		(3)	
	全样本		有限责任制		合伙制	
	系数	t 值	系数	t 值	系数	t 值
AGGR	0.548***	2.88	0.610**	2.35	0.472	1.38
LIMIT	0.965***	4.68				
控制变量	控制		控制		控制	
常数项	−13.809	−1.54	−12.448**	−2.45	−16.394***	−3.47
行业/年度/事务所	控制		控制		控制	
Adj_R^2	9.56%		10.80%		8.18%	
观测值	15 453		9 424		6 029	
F	17.54***		13.01***		6.82***	

Panel D:因变量稳健性测试(以 DA_CF 为因变量)

变量	假设 6.1.1		假设 6.1.2			
	(1)		(2)		(3)	
	全样本		有限责任制		合伙制	
	系数	t 值	系数	t 值	系数	t 值
AGGR	0.234**	2.49	0.256**	2.16	0.216	1.12
LIMIT	0.585***	2.94				
控制变量	控制		控制		控制	
常数项	−2.673	−0.99	2.064	0.53	−5.870	−1.47
行业/年度/事务所	控制		控制		控制	
Adj_R^2	28.32%		28.59%		28.02%	
观测值	15 453		9 424		6 029	
F	140.68***		88.69***		56.61***	

注：***、**、* 分别表示在 1%、5%、10% 的水平上显著；所有 t 值均经过公司与年度的双重聚类调整(Petersen,2009)。变量定义详见表 6.1.1。

(4)采纳财务违规的敏感性测试

表 6.1.10 列示了进取型校训与财务违规的回归结果。SANCTION 表示公司是否发生财务违规的虚拟变量；若公司当年发生财务违规行为则取值为 1，否则为 0。SANCTION_NUM 表示公司发生财务违规的频率。财务违规的范围包括：虚构利润、虚列资产、虚假记载(误导性陈述)、重大遗漏。Panel A 和 Panel B 分别报告了 Logistic 回归和 Ordered Logistic 回归的结果。如 Panel A 所示(以 SANCTION 为因变量)，在全样本中 AGGR 与财务违规显著正相关，支持了假设 6.1.1。在有限责任制会计师事务所的子样本中 AGGR 与

财务违规显著正相关,而在合伙制会计师事务所子样本中 AGGR 与财务违规不相关,说明进取型校训增加财务违规的作用仅存在于有限责任制会计师事务所的子样本中,这为假设 6.1.2 提供了额外的经验证据的支持。Panel B 中报告了相似的回归结果,即有关财务违规的频率的回归检验结果同样进一步支持了假设 6.1.1 和假设 6.1.2。

表 6.1.10 因变量稳健性测试——采用财务违规作为因变量

Panel A:因变量稳健性测试(以 SANCTION 为因变量)

变量	假设 6.1.1		假设 6.1.2			
	(1)		(2)		(3)	
	全样本		有限责任制		合伙制	
	系数	z 值	系数	z 值	系数	z 值
AGGR	0.112**	2.33	0.117**	2.33	0.177	1.53
LIMIT	0.089	1.01				
控制变量	控制		控制		控制	
常数项	0.447	0.34	0.491	0.30	−0.532	−0.25
行业/年度/事务所	控制		控制		控制	
Pseudo R^2	10.34%		12.97%		8.67%	
观测值	18 675		11 490		7 185	
LR Chi^2	1 170.88***		920.04***		362.95***	

Panel B:因变量稳健性测试(以 SANCTION_NUM 为因变量)

变量	假设 6.1.1		假设 6.1.2			
	(1)		(2)		(3)	
	全样本		有限责任制		合伙制	
	系数	z 值	系数	z 值	系数	z 值
AGGR	0.113***	2.62	0.120**	2.46	0.178	1.50
LIMIT	0.097	1.15				
控制变量	控制		控制		控制	
常数项 1	−0.252	−0.20	−0.314	−0.19	0.704	0.35
常数项 2	1.527	1.20	1.449	0.86	2.480	1.19
常数项 3	2.963**	2.42	2.881*	1.82	3.809*	1.82
常数项 4	4.108***	3.33	4.024**	2.45	4.796**	2.39
常数项 5	5.250***	4.75	5.165***	3.00	6.590***	3.74
常数项 6	6.638***	5.72	6.552***	3.62		
行业/年度/事务所	控制		控制		控制	
Pseudo R^2	9.19%		10.00%		7.92%	
观测值	18 675		11 490		7 185	
LR Chi^2	1 245.39***		852.30***		396.61***	

注:***、**、*分别表示在 1%、5%、10% 的水平上显著;所有 z 值均经过公司与年度的双重聚类调整(Petersen,2009)。变量定义详见表 6.1.1。

(六)内生性测试

考虑到进取型校训与财务错报之间的内生性,本节采用差分模型和倾向得分匹配(PSM)两种方式对内生性进行测试,并检验假设 6.1.1 和 6.1.2。差分模型可以控制公司层面可能存在的遗漏变量,从而减少进取型校训与随机误差项可能存在相关性的情况,在一定程度上缓解内生性。PSM 样本通过可观测的因素(第一阶段变量)对实验组(AGGR＝1)和配对组(AGGR＝0)进行匹配,也可达到缓解解释变量与随机误差项的相关性的目的。

1.内生性测试:差分模型

表 6.1.11 报告了采用差分模型[Ordered Logistic(顺序逻辑)回归]控制内生性的回归结果。因变量 ΔMIS_DUM(ΔOVER_DUM)为赋值变量,若公司上一年度发生财务错报(高估盈利的财务错报)而当年未发生错报(高估错报)则赋值为 0,若公司上一年度和当年同时未发生财务错报(高估错报)[或同时发生财务错报(高估错报)]则赋值为 1,若公司上一年度未发生财务错报(高估盈利的财务错报)而当年发生错报(高估错报)则赋值为 2。ΔAGGR 与所有控制变量的差分等于当年与上年的差值。Panel A 的结果显示,在全样本中,ΔAGGR 的系数显著为正,表明公司的审计师转换为毕业于进取型校训高校的审计师时,财务错报增加,这支持了假设 6.1.1。此外,ΔAGGR 的系数在有限责任制会计师事务所子样本中显著为正,但在合伙制子样本中不显著,与假设 6.1.2 一致。Panel B 报告了相似结果,同样支持了假设 6.1.1 和 6.1.2。

表 6.1.11　内生性测试:差分模型

Panel A:差分模型(以 ΔMIS_DUM 为因变量)

变量	假设 6.1.1		假设 6.1.2			
	(1)		(2)		(3)	
	全样本		有限责任制		合伙制	
	系数	z 值	系数	z 值	系数	z 值
ΔAGGR	0.092**	2.07	0.123***	2.66	−0.026	−0.16
ΔLIMIT	−0.086	−1.26				
ΔMKT	0.130	1.61	0.096	1.01	0.198**	2.08
ΔBIG10	−0.165*	−1.85	−0.151	−1.51	−0.250	−1.25
ΔIND_SPEC	−0.053	−0.29	0.148	0.84	−0.577	−1.37
ΔNLOCAL_AUD	−0.222**	−2.35	−0.083	−0.74	−0.638***	−3.76
ΔSIGN_F	−0.072	−0.94	−0.074	−1.00	−0.072	−0.78
ΔCI_AUD	0.045	0.39	−0.027	−0.32	0.349	1.32
ΔFIRST	0.020	0.14	0.536	1.13	0.136	0.59
ΔDUAL	0.060	0.53	0.055	0.44	0.072	0.42
ΔINDR	2.275***	5.55	1.795**	2.35	3.808***	4.21
ΔBOARD	0.049*	1.93	0.025	0.66	0.150**	2.37

续表

变量	假设 6.1.1		假设 6.1.2			
	(1)		(2)		(3)	
	全样本		有限责任制		合伙制	
	系数	z 值	系数	z 值	系数	z 值
ΔSIZE	0.298***	3.02	0.326***	3.21	0.033	0.21
ΔDEBT	−0.324***	−4.39	−0.342***	−4.95	−0.236**	−2.53
ΔROS	−0.114	−0.86	−0.115	−0.77	−0.133	−0.43
ΔMTB	0.007	0.20	0.028	0.71	−0.043	−0.79
ΔZSCORE	−0.002	−1.44	−0.007	−1.13	0.000	0.41
ΔRAISE	0.828*	1.87	0.626**	2.43	1.755	1.35
ΔEMI	−0.007	−0.10	−0.027	−0.34	0.079	0.69
ΔRET	−0.068	−1.32	−0.030	−0.57	−0.226***	−3.02
ΔRPL	−0.896	−0.72	−1.223	−1.30	3.059	1.64
ΔSTATE	−0.063	−0.63	−0.006	−0.05	−0.278	−1.07
常数项 1	−2.730***	−47.80	−2.526***	−20.70	−3.632***	−34.17
常数项 2	3.575***	28.56	3.170***	26.52	4.142***	19.74
行业/年度/事务所	控制		控制		控制	
Pseudo R^2	6.39%		4.43%		9.56%	
观测值	14 800		8 681		6 119	
LR Chi^2	339.07***		168.05***		135.49***	

Panel B：差分模型（以 ΔOVER_DUM 为因变量）

变量	假设 6.1.1		假设 6.1.2			
	(1)		(2)		(3)	
	全样本		有限责任制		合伙制	
	系数	z 值	系数	z 值	系数	z 值
ΔAGGR	0.124**	2.55	0.128**	2.08	0.096	0.72
ΔLIMIT	−0.050	−0.56				
ΔMKT	0.174*	1.75	0.139	1.55	0.266	1.14
ΔBIG10	0.017	0.12	−0.129	−0.38	0.053	0.24
ΔIND_SPEC	0.159	0.64	0.447**	2.38	−0.568	−1.42
ΔNLOCAL_AUD	−0.301***	−3.75	−0.132	−1.55	−0.793***	−3.66
ΔSIGN_F	−0.070	−1.58	−0.062	−1.19	−0.079	−1.26
ΔCI_AUD	0.120	0.91	0.046	0.35	0.413	1.48
ΔFIRST	0.063	0.38	0.858*	1.84	0.097	0.24
ΔDUAL	0.104	1.45	0.170*	1.77	−0.037	−0.35

续表

变量	假设 6.1.1 (1) 全样本		假设 6.1.2 (2) 有限责任制		(3) 合伙制	
	系数	z 值	系数	z 值	系数	z 值
ΔINDR	2.198***	3.19	1.855**	2.17	3.450**	2.05
ΔBOARD	0.031	1.18	−0.013	−0.44	0.236***	3.39
ΔSIZE	0.249***	2.78	0.292***	3.88	−0.049	−0.23
ΔDEBT	−0.119***	−6.88	−0.114***	−7.35	−0.105*	−1.67
ΔROS	−0.069	−0.56	−0.388	−0.52	0.875	0.49
ΔMTB	0.006	0.14	0.003	0.08	0.045	0.93
ΔZSCORE	−0.001	−0.85	−0.001	−0.22	−0.000	−0.25
ΔRAISE	0.680	1.57	0.585*	1.69	1.333	1.20
ΔEMI	−0.074	−1.25	−0.096	−1.42	−0.022	−0.20
ΔRET	−0.131***	−3.90	−0.092***	−2.60	−0.254	−1.53
ΔRPL	−1.008	−0.52	−1.151	−0.72	1.459	0.42
ΔSTATE	−0.103	−0.87	−0.057	−0.32	−0.296*	−1.83
常数项 1	−3.126***	−48.47	−2.902***	−56.08	−3.636***	−28.29
常数项 2	3.860***	27.94	3.489***	34.18	4.785***	15.09
行业/年度/事务所	控制		控制		控制	
Pseudo R^2	7.38%		5.98%		8.32%	
观测值	14 493		8 439		6 054	
LR Chi^2	293.08***		169.97***		87.82***	

注：***、**、*分别表示在 1%、5%、10%的水平上显著；所有 z 值均经过公司与年度的双重聚类调整（Petersen,2009）。变量定义详见表 6.1.1。

2.内生性测试:倾向得分匹配(propensity score matching,PSM)方法

表 6.1.12 报告了采用 PSM 样本控制内生性的回归结果。Panel A 列示了 PSM 样本中实验组（AGGR＝1）和对照组（AGGR＝0）之间 t 检验的结果。结果显示,配对变量均不存在显著差异,说明了配对过程的相对有效性。Panel B 列示了第一阶段的配对过程。本节采用了两个外生变量（CITY_AGGR 和 AGGR_ATM）及几个公司特征变量（SIZE、DEBT、ROA、MTB、FIRST、DUAL、INDR、BOARD、STATE、LAW）来对进取型校训变量 AGGR 进行估计。CITY_AGGR 代表位于公司所在城市的所有学校培养的受进取型校训影响的审计师的人数——毕业于当地的进取型校训高校的审计师越多,公司越可能由受进取型校训影响的审计师审计。AGGR_ATM 衡量公司所在地的创新氛围,用上市公司所在城市的所有上市公司申请（并获得批准）的专利总数（单位:千个）来进行计量——若公司处于一个更具有创新和冒险意识的地区,则越有可能聘请受进取型校训影响的审计师。ROA 代表总资产收益率、LAW 代表樊纲（2011）提出的省际法律环境指数,其他变量定义见表 6.1.1。

Panel B 结果显示,公司所在地进取型校训学校培养的审计师(CITY_AGGR)越多、公司当地的创新氛围(AGGR_ATM)越强、公司规模(SIZE)越小、负债权益比(DEBT)越高、第一大股东持股比例(FIRST)越低、最终控制人性质(STATE)为非国有企业以及公司所在地法律环境(LAW)越差,审计师受到进取型校训影响的可能性越大。

　　Panel C 和 Panel D 报告了采用 PSM 样本检验假设 6.1.1 和 6.1.2 的回归结果。Panel C(以 MIS_DUM 为因变量)显示,在全样本中 AGGR 的系数显著为正,支持了假设 6.1.1。在有限责任制会计师事务所的子样本中 AGGR 的系数显著为正,而在合伙制会计事师务所子样本中 AGGR 的系数不显著,说明进取型校训只在低法律风险的情况下才会损害审计质量,支持了假设 6.1.2。Panel D 的结果与 Panel C 相似,即高估盈利的财务错报的回归结果同样支持了假设 6.1.1 和假设 6.1.2。

表 6.1.12　内生性测试:基于倾向得分匹配方法

Panel A: t 检验

变量	AGGR=1(N=4 618)		AGGR=0(N=4 618)		t 值
	均值	标准差	均值	标准差	
CITY_AGGR	15.79	24.37	15.92	24.11	−0.26
AGGR_ATM	336.27	470.86	328.34	480.28	0.80
SIZE	21.53	1.10	21.55	1.13	−0.98
DEBT	0.56	0.71	0.57	0.74	−0.59
ROA	0.03	0.07	0.03	0.07	−0.82
MTB	1.89	1.65	1.88	1.61	0.21
FIRST	0.33	0.19	0.33	0.19	0.32
DUAL	0.19	0.39	0.18	0.39	1.04
INDR	0.35	0.08	0.35	0.08	0.14
BOARD	9.10	1.95	9.12	1.91	−0.49
STATE	0.53	0.50	0.54	0.50	−0.06
LAW	9.66	5.29	9.54	5.14	1.14

Panel B:第一阶段

变量	因变量:AGGR	
	系数	z 值
CITY _AGGR	0.006***	5.55
AGGR_ATM	0.000**	2.35
SIZE	−0.066***	−2.59
DEBT	0.068**	2.24
ROA	−0.378	−1.20
MTB	−0.013	−0.82
FIRST	−0.320**	−2.26
DUAL	0.056	1.11
INDR	−0.214	−0.61
BOARD	−0.013	−1.16

续表

变量	因变量：AGGR	
	系数	z 值
STATE	-0.105^{**}	-2.30
LAW	-0.033^{***}	-6.27
常数项	2.195^{***}	3.65
行业/年度/事务所	控制	
Pseudo R^2	10.85%	
观测值	14 449	
LR Chi^2	1 983.17***	

Panel C：采用倾向得分匹配控制内生性（以 MIS_DUM 为因变量）

变量	假设 6.1.1		假设 6.1.2			
	(1)		(2)		(3)	
	全样本		有限责任制		合伙制	
	系数	z 值	系数	z 值	系数	z 值
AGGR	0.105^{**}	2.22	0.137^{***}	2.76	0.009	0.08
LIMIT	0.149	1.27				
控制变量	控制		控制		控制	
常数项	0.539	0.65	0.603	0.70	0.180	0.14
行业/年度/事务所	控制		控制		控制	
Pseudo R^2	14.37%		13.71%		16.73%	
观测值	9 236		5 623		3 613	
LR Chi^2	642.20***		448.88***		176.18***	

Panel D：采用倾向得分匹配控制内生性（以 OVER_DUM 为因变量）

变量	假设 6.1.1		假设 6.1.2			
	(1)		(2)		(3)	
	全样本		有限责任制		合伙制	
	系数	z 值	系数	z 值	系数	z 值
AGGR	0.134^{***}	2.92	0.150^{***}	2.73	0.088	0.76
LIMIT	0.134	1.06				
控制变量	控制		控制		控制	
常数项	0.111	0.13	0.236	0.26	-0.379	-0.25
行业/年度/事务所	控制		控制		控制	
Pseudo R^2	15.83%		16.00%		19.16%	
观测值	9 045		5 467		3 578	
LR Chi^2	532.27***		392.83***		154.56***	

注：***、**、*分别表示在1%、5%、10%的水平上显著；所有 z 值均经过公司与年度的双重聚类调整（Petersen，2009）。变量定义详见表 6.1.1。

五、进一步测试

(一)进取型校训对盈余反应系数的影响

盈余反应系数是衡量会计盈余的相关性、盈余质量的一个重要系数。参照 Teoh 和 Wong(1993)、Guan 等(2016)的研究,本节进一步考察进取型校训文化对盈余反应系数的影响。具体地,因变量 CAR 等于公司股票从$(t-1)$年的 5 月 1 日到 t 年 4 月 30 日之间的累计超额报酬率。超额报酬率以月度收益率计算,超额收益 $AR = R_{it} - RM_t$,其中 R_{it} 表示公司各月的收益率,RM_t 表示以等权计算的各月的市场收益率(Teoh,Wong,1993)。UE 代表未预期会计收益,等于当年每股收益减去上一年度每股收益,并以 4 月末的股票价格标准化(Teoh,Wong,1993;Francis,Ke,2006)。UE 对 CAR 的系数即为盈余反应系数,用以衡量会计指标和市场收益之间的相关性。BTM 是账面市价比(Guan et al.,2016);BETA 是根据 CAPM(capital asset pricing model,资本资产定价模型)滚动一年计算的个股风险系数 β 值(Teoh,Wong,1993);MARVAL 等于当年的股票市值的自然对数(Teoh and Wong,1993);LOSS 是亏损虚拟变量,若公司净利润为负则赋值为 1,否则为 0;LISTAGE 代表上市年限。

表 6.1.13 报告了进取型校训与盈余反映系数的回归结果。结果显示,列(1)~(3)中 UE 的系数均显著为正,表明上市公司的会计盈余与股票回报率之间存在正相关关系。进一步而言,在全样本中,进取型校训与未预期会计盈余的交乘项(UE×AGGR)的系数显著为负,说明进取型校训降低了会计盈余与股票回报率之间的正相关关系——即进取型校训损害了公司的盈余质量。(UE×AGGR)的系数在列(2)即有限责任制会计师事务所子样本中显著为负,在列(3)即合伙制会计师事务所子样本中不显著,说明进取型校训的负面影响只存在于低法律风险的情况下。表 6.1.13 的结果进一步为本节的假设 6.1.1 和假设 6.1.2 提供了支持性的证据。

表 6.1.13　进一步检验——盈余反映系数

变量	因变量:CAR					
	假设 6.1.1		假设 6.1.2			
	(1)		(2)		(3)	
	全样本		有限责任制		合伙制	
	系数	t 值	系数	t 值	系数	t 值
UE	1.007***	12.81	0.939***	11.91	1.122***	6.30
AGGR	0.004	0.79	0.005	0.78	−0.003	−0.45
UE×AGGR	−0.145***	−2.83	−0.097**	−2.26	−0.173	−1.43
BTM	−0.104***	−27.75	−0.106***	−24.22	−0.098***	−19.64

续表

变量	因变量:CAR					
	假设 6.1.1		假设 6.1.2			
	(1)		(2)		(3)	
	全样本		有限责任制		合伙制	
	系数	t 值	系数	t 值	系数	t 值
UE×BTM	−0.124***	−5.93	−0.115***	−5.19	−0.136***	−3.89
BETA	0.079***	7.15	0.011	0.80	0.141***	8.88
UE×BETA	0.327***	3.68	0.380***	5.31	0.178	0.96
MARVAL	0.068***	22.02	0.083***	22.50	0.046***	11.98
UE×MARVAL	0.011	1.49	−0.002	−0.28	0.033***	3.45
LOSS	−0.011	−1.13	−0.021*	−1.82	0.010	0.68
UE×LOSS	−0.541***	−6.19	−0.487***	−4.94	−0.628***	−3.93
BIG10	−0.014***	−2.91	−0.037***	−4.71	0.003	0.41
UE×BIG10	0.147**	2.07	0.026	0.36	0.439***	3.44
NLOCAL_AUD	0.002	0.33	0.016**	2.46	−0.015**	−2.02
UE×NLOCAL_AUD	0.024	0.47	0.040	0.88	0.041	0.35
LISTAGE	0.000	0.51	0.002**	2.35	−0.000	−0.48
UE×LISTAGE	−0.027***	−3.81	−0.014*	−1.93	−0.057***	−4.80
STATE	−0.021***	−4.51	−0.021***	−3.12	−0.017**	−2.13
UE×STATE	−0.089*	−1.76	−0.026	−0.58	−0.230***	−2.58
常数项	−1.582***	−22.04	−1.746***	−6.95	−1.050***	−11.52
行业/年度/事务所	控制		控制		控制	
Adj_R^2	13.89 %		14.83%		16.24%	
观测值	18 519		10 999		7 520	
F	18.27***		13.04***		15.01***	

注:***、**、*分别表示在1%、5%、10%的水平上显著;所有 t 值均经过公司与年度的双重聚类调整(Petersen,2009)。变量定义详见表6.1.1。

（二）剔除三个审计师的情况

在本节的研究样本中,有大约2.75%的观测值由三个审计师签署审计报告。通常,三个审计师签署审计报告能够增加审计师对财务报告的关注,并且签字审计师的人数增加会使审计失败的成本更高。因此,可以合理预期,三个审计师的审计质量不同于两个审计师的情况。为了剔除这种影响,本节在接下来的回归中剔除样本中三个签字审计师的观测值(共498个观测值),重复表6.1.4和表6.1.5的回归。未列表的结果表明,在全样本中进取型校训 AGGR 与财务错报显著正相关,假设6.1.1获得经验证据的支持。在有限责任制会计事务所的子样本中 AGGR 与财务错报显著正相关,且在合伙制会计师事务所子样本中 AGGR 与财务错报不相关,假设 6.1.2 得到经验证据的支持。AGGR 与高估盈利的财务错报(OVER_DUM)的回归具有一致的结果。所以,剔除了三个审计师的特殊情况后,本节的研究结果保持不变。

六、结论

本节研究了进取型校训文化对审计质量的影响,发现受进取型校训文化影响的审计师所审计的财务报告更有可能发生财务错报(高估盈利的财务错报)。进而,进取型校训与财务错报(高估盈利的财务错报)的正关系在合伙制的会计师事务所(高法律风险)中相对更弱,表明进取型校训对审计质量的负面影响只存在于低法律风险情况中。本节的发现对投资者、监管机构等财务报告使用者具有一定的借鉴意义:

首先,本节的发现启发财务报告使用者关注和重视个体审计师特征对于审计质量的影响。以前的文献更多地关注会计师事务所层面的特征(如会计师事务所声誉、行业专长等)与审计质量的关系,近年来学术界将目光转向个体审计师层面,发现即使同一会计师事务所,受同样的质量控制、风险约束以及重要性水平的限制,不同的个体审计师仍然表现出不同的审计质量。本研究的结果支持了这一观点。受进取型校训影响的审计师,相较于未受进取型校训影响的审计师,其审计的财务报告发生错报的概率更大。因此,关注审计师的个人特征可以帮助投资者和监管部门更好地对审计质量进行初步的判断。

其次,本节结果表明文化维度的确能够影响会计和审计行为。在我国目前正在积极践行文化自信的背景之下,更应该重视和辩证地看待文化因素对于经济行为和决策影响的研究。进取型的校训文化虽然通常具有鼓励审计师开拓进取、勇于探索和敢为人先的积极效应,但在外部审计这一特定情境之下,却损害了审计独立性与审计质量。因此,需要对文化的影响进行深入和仔细的分析,并通过实证检验来发掘特定文化因素对于不同的经济行为可能具有的正面或负面的影响。

最后,会计师事务所的内部治理对审计质量可能产生重大的影响。会计师事务所的组织形式与不同的法律风险水平相联系,而合伙制作为一种承担较高风险的会计师事务所组织形式,可以有效地缓解进取型校训和财务错报之间的正关系,从而提高审计质量。这一发现在我国目前的弱制度背景下具有尤为重要的意义。声誉机制和法律机制在我国的审计市场上并未充分发挥其应有的作用,为此可以通过会计师事务所组织形式的改革,在一定程度上弥补薄弱的外在法律机制的影响。总的来说,文化因素和法律风险、外部监督机制、内部治理机制之间的交互作用,为更全面地理解审计质量的影响因素提供了参考。当外部的监督机制较弱时,可以依靠内部治理来缓解负面的影响,反之亦然。

本研究存在着一定的局限性:第一,校训文化捕捉的是审计师在求学阶段的一个"微观"文化的影响,无法排除和替代其他文化维度的影响,如审计师的原生文化(出生地的文化氛围、家庭的文化熏陶等)。受限于数据的可得性和文化因素的计量难度,本节目前尚无法获得和衡量其他文化维度。尽管如此,尝试从多维度的文化角度探讨其他文化对会计和审计行为的影响,可以视作未来进一步的研究方向。第二,受限于研究主题,本节仅侧重于研究校训文化对审计质量的影响,而未关注校训文化是否影响审计质量的传染效用等问题。后续的研究可以关注文化因素对其他审计或经济行为的影响。

参考文献

杜兴强,蒉薇,曾泉,等,2016. 宗教影响、控股股东与过度投资:基于中国佛教的经验证据[J]. 会计研究,(8):50-57.

樊纲,王小鲁,朱恒鹏,2011. 中国市场化指数:各地区市场化相对进程 2011 年报告[M]. 北京:经济科学出版社.

王洪波,2014. 从校训看中国大学的价值追求:关于"211 工程"高校校训的分析与思考[J]. 师资建设:理论与政策版,(1):109-112.

ALLEN F, QIAN J, QIAN M, 2005.Law, finance, and economic growth in China[J]. Journal of financial economics, 77(1): 57-116.

ALTMAN E I, RATIOSF, 1968. Discriminant analysis and the prediction of corporate bankruptcy[J]. Journal of finance, 23(4): 589-609.

ALZEBAN A, 2015. The impact of culture on the quality of internal audit: an empirical study[J]. Journal of accounting, auditing & finance, 30(1): 57-77.

BALL R, SHIVAKUMAR L, 2006. The role of accruals in asymmetrically timely gain and loss recognition[J]. Journal of accounting research, 44(2): 207-242.

BELSKY J, FEARON R P, 2002. Early attachment security, subsequent maternal sensitivity, and later child development: does continuity in development depend upon continuity of caregiving? [J]. Attachment & human development, 4(3): 361-387.

CARCELLO J V, LI C, 2013. Costs and benefits of requiring an engagement partner signature: recent experience in the United Kingdom [J]. The accounting review, 88(5): 1511-1546.

CHEN C J, CHEN S, SU X, 2001. Profitability regulation, earnings management, and modified audit opinions: evidence from China [J]. Auditing: a journal of practice & theory, 20(2): 9-30.

CHEN S, SUN S Y, WU D, 2010. Client importance, institutional improvements, and audit quality in China: an office and individual auditor level analysis [J]. The accounting review, 85(1): 127-158.

CHIN C L, CHI H Y, 2009. Reducing restatements with increased industry expertise [J]. Contemporary accounting research, 26(3): 729-765.

CHOI J H, KIM J B, QIU A A, et al., 2012. Geographic proximity between auditor and client: how does it impact audit quality? [J]. Auditing: a journal of practice & theory, 31(2): 43-72.

DAO M, RAGHUNANDAN K, RAMA D V, 2012. Shareholder voting on auditor selection, audit fees, and audit quality [J]. The accounting review, 87(1): 149-171.

DEANGELO L E, 1981. Auditor independence, "low balling", and disclosure regulation [J]. Journal of accounting and economics, 3(2): 113-127.

DECHOW P M, SLOAN R G, SWEENEY A P, 1995. Detecting earnings management [J]. The Accounting Review: 193-225.

DEFOND M L, RAGHUNANDAN K, SUBRAMANYAM K R, 2002. Do non-audit service fees impair auditor independence? Evidence from going concern audit opinions [J]. Journal of accounting research, 40(4): 1247-1274.

DEFOND M L, WONG T J, LI S, 1999. The impact of improved auditor independence on audit market concentration in China [J]. Journal of accounting and economics, 28 (3): 269-305.

DEMIRKAN S, ZHOU N, 2016. Audit pricing for strategic alliances: an incomplete contract perspective [J]. Contemporary accounting research, 33(4): 1625-1647.

DU X, 2013. Does religion matter to owner-manager agency costs? Evidence from China [J]. Journal of business ethics, 118(2): 319-347.

DU X, 2019. Does CEO-auditor dialect sharing impair pre-IPO audit quality? Evidence from China [J]. Journal of business ethics, 156(3): 699-735.

DU X, JIAN W, LAI S, et al., 2015. Does religion mitigate earnings management? Evidence from China [J]. Journal of business ethics, 131(3): 699-749.

FAN J P, WONG T J, 2005. Do external auditors perform a corporate governance role in emerging markets? Evidence from east Asia [J]. Journal of accounting research, 43 (1): 35-72.

FAN J P, WONG T J, ZHANG T, 2007. Politically connected CEOs, corporate governance, and post-IPO performance of China's newly partially privatized firms [J]. Journal of financial economics, 84(2): 330-357.

FATH F A, BAGHMALEK J R, SHAFIEEZADEH N, 2013. A study of the effect of cultural attitudes on audit quality [J]. International journals of research in organizational behavior and human resource management, 1(4): 145-156.

FIRTH M, MO P L, WONG R M, 2012. Auditors' organizational form, legal liability, and reporting conservatism: evidence from China [J]. Contemporary accounting research, 29(1): 57-93.

KNECHEL W R, VANSTRAELEN A, ZERNI M, 2015. Does the identity of engagement partners matter? An analysis of audit partner reporting decisions [J]. Contemporary accounting research，32（4）：1443-1478.

FRANCIS J R，KE B，2006. Disclosure of fees paid to auditors and the market valuation of earnings surprises [J]. Review of accounting studies，11（4）：495-523.

FRANCIS J R，MICHAS P N，SEAVEY S E，2013. Does audit market concentration harm the quality of audited earnings? Evidence from audit markets in 42 countries [J]. Contemporary accounting research，30（1）：325-355.

GUAN Y，SU L N，WU D，et al.，2016.Do school ties between auditors and client executives influence audit outcomes? [J]. Journal of accounting and economics，61（2-3）：506-525.

GUL F A，WU D，YANG Z，2013. Do individual auditors affect audit quality? Evidence from archival data [J]. The accounting review，88（6）：1993-2023.

HEALY P M，1985. The effect of bonus schemes on accounting decisions [J]. Journal of accounting and economics，7（1-3）：85-107.

HILARY G，HUI K W，2009. Does religion matter in corporate decision making in America? [J]. Journal of financial economics，93（3）：455-473.

KIM J B，CHUNG R，FIRTH M，2003. Auditor conservatism，asymmetric monitoring，and earnings management [J]. Contemporary accounting research，20（2）：323-359.

KOTHARI S P，LEONE A J，WASLEY C E，2005. Performance matched discretionary accrual measures [J]. Journal of accounting and economics，39（1）：163-197.

LIU Q，2006. Corporate governance in China：current practices，economic effects and institutional determinants [J]. CESifo economic studies，52（2）：415-453.

LIU Q，LU Z J，2007. Corporate governance and earnings management in the Chinese listed companies：a tunneling perspective [J]. Journal of corporate finance，13（5）：881-906.

LO K，2008. Earnings management and earnings quality [J]. Journal of accounting and economics，45（2-3）：350-357.

MASULIS R W，WANG C，XIE F，2012. Globalizing the boardroom：the effects of foreign directors on corporate governance and firm performance [J]. Journal of accounting and economics，53（3）：527-554.

MYERS J N，MYERS L A，OMER T C，2003. Exploring the term of the auditor-client relationship and the quality of earnings：a case for mandatory auditor rotation? [J]. The accounting review，78（3）：779-799.

PETERSEN M A，2009. Estimating standard errors in finance panel data sets：comparing approaches [J]. The review of financial studies，22（1）：435-480.

REITENGA A，BUCHHEIT S，YIN Q J，et al.，2002. CEO bonus pay，tax policy，and earnings management [J]. Journal of the american taxation association，24（s-1）：1-23.

SANCHEZ M M, LADD C O, PLOTSKY P M, 2001. Early adverse experience as a developmental risk factor for later psychopathology：evidence from rodent and primate models [J]. Development and psychopathology，13(3)：419-449.

SIREGAR S V, UTAMA S, 2008. Type of earnings management and the effect of ownership structure，firm size，and corporate-governance practices：evidence from Indonesia [J]. The international journal of accounting，43(1)：1-27.

SVANBERG J, ÖHMAN P, 2013. Auditors' time pressure：does ethical culture support audit quality? [J]. Managerial auditing journal，28(7)：572-591.

TEOH S H, WONG T J, 1993. Perceived auditor quality and the earnings response coefficient [J]. The accounting review：346-366.

WANG Q，WONG T J，XIA L, 2008. State ownership, the institutional environment，and auditor choice：evidence from China [J]. Journal of accounting and economics，46(1)：112-134.

WATERS E，HAMILTON C E，WEINFIELD N S, 2000. The stability of attachment security from infancy to adolescence and early adulthood：general introduction [J]. Child development，71(3)：678-683.

WILLIAMSON O E, 2000. The new institutional economics：taking stock, looking ahead [J]. Journal of economic literature，38(3)：595-613.

XIE B，DAVIDSON III W N，DADALT P J, 2003. Earnings management and corporate governance：the role of the board and the audit committee [J].Journal of corporate finance，9(3)：295-316.

ZERNI M, 2012. Audit partner specialization and audit fees：some evidence from Sweden [J]. Contemporary accounting research，29(1)：312-340.

第二节　创新文化与公司创新

摘要：本节基于文本分析与数据挖掘，侧重于公司的使命、愿景、价值观、精神、理念、宗旨与文化等维度，首先从公司网站、公告与年度报告中析出公司创新文化变量，然后研究了创新文化对公司创新的影响并分析了产权保护的调节作用。研究发现，创新文化显著促进了公司创新（包括投入与产出），且产权保护弱化了创新文化对公司创新的正向影响。上述结论在一系列敏感性与内生性测试后依然保持不变。最后，本节进一步发现，创新文化增强了创新投入与创新产出之间的敏感性，且创新文化抑制了公司创新中的"内卷化"现象。

一、引言

文化是"组织中广泛认同和牢固树立的一系列价值观和规范"（O'Reilly,Chatman,
1996）。Williamson（2000）曾经将人类社会的制度分成四个层级,其中文化、风俗和社会规
范等非正式制度位于第一层级,并对其他层级的正式制度、公司治理和产权制度等具有深远
和持久的影响。一项针对北美 1 348 家公司的调查表明,超过 50％的公司高管认为文化是
排在前三位的公司价值驱动力,92％的高管认为改进公司文化可以提高公司价值（Graham
et al.,2017）。

虽然文化对公司价值具有重要影响已经得到前期文献和经验证据的支持（如 Arikan
and Enginoğlu,2016）,但文化是否影响公司创新却仍未引起研究者的重视。目前,有关创
新影响因素的研究多聚焦于产权保护与公司治理等正式制度,较少关注作为非正式制度维
度之一的文化因素的影响。近年来,文化与公司创新的关系虽逐渐受到关注,但相关文献仍
然相对匮乏,且呈现两个特点:第一,多数文献仅研究文化的某一维度或类型对创新的影响,
如合作文化（潘健平 等,2019）、儒家文化（徐细雄,李万利,2019）、诚信文化（唐玮 等,
2020）、学习型文化（Černe et al.,2012）、层级型文化（Rujirawanich et al.,2011）等,但少有文
献直接探讨创新文化对公司创新的影响;第二,多数文献采用问卷调查或访谈的方式获取文
化的原始数据,这种数据获取方式存在样本容量小、数据主观性强、只有截面数据、量表测量
工具西化等缺点,其研究结果的可推广性与可重复性不足。

当前,我国正在建设创新型国家,党的十九大特别提出要"倡导创新文化"。为此,研究
创新文化与公司创新的关系具有重要的现实意义。本节以 2007—2019 年中国所有 A 股上
市公司为样本,聚焦于创新文化是否影响公司创新这一中心问题,进行了如下几个子问题的
研究:第一,创新文化是否影响公司创新（包括创新投入与产出）;第二,产权保护的调节效
应;第三,基于公司创新中存在的核心创新少、投入大量研发资金却出现创新低效率和低质
量的情况,本节进一步分析了创新文化是否抑制了公司创新中的"内卷化"现象。本节研究
发现:第一,创新文化促进了公司创新（创新投入与产出）;第二,产权保护弱化了创新文化对
公司创新（创新投入与产出）的正向影响;第三,创新文化抑制了公司创新中的"内卷化"
现象。

本节可能的贡献如下:

第一,本节采用文本分析方法对创新文化与公司创新的关系进行了实证检验,进一步明
确了创新文化对公司创新的正向影响。现有文献中,有学者对创新文化与创新关系进行了
理论分析,但并没有进行实证检验（例如,杜跃平和王开盛,2007）;也有学者对创新文化与创
新关系进行了实证检验,但采用的是问卷调查或访谈的方式进行研究（例如,陈衍泰 等,
2007;刘锦英,2010;吴爱华,苏敬勤,2014;Brettel,Cleven,2011;Lee et al.,2017）。与上述
文献不同的是,本节采用文本分析方法,从公司网站、公告和财务报告等有关公司文化的叙
述中提取与创新有关的关键词,从而挖掘出公司创新文化变量。

第二,本节研究了作为正式制度的产权保护与公司创新文化(非正式制度)如何交互影响公司创新,结果发现,产权保护弱化了创新文化对公司创新的正向影响,即产权保护与创新文化对公司创新的影响具有相互替代效应。这一发现有助于学术界理解正式制度与非正式制度对公司创新的交互影响关系,即当正式制度缺位时,非正式制度能够在一定程度上弥补正式制度缺位带来的空白,进而对公司创新产生积极影响。

第三,前期文献对公司创新的度量多是单一维度的,要么选择创新投入的研发支出展开研究,要么选择创新产出的专利、专利引用率或新产品收入展开研究。本节为增强创新文化对公司创新影响研究结果的可靠性,从创新投入、创新产出、抑制"内卷化"(即强化创新效率和创新质量)等多个维度对公司创新进行了度量。

第四,本节把"内卷化"概念引入公司创新中,并从创新效率和创新质量两个角度检验了创新文化对公司创新中"内卷化"现象的抑制作用。本节认为,公司创新效率越低,公司创新中的"内卷化"现象越严重;专利中的发明专利(或高引用率专利)占比越低,公司创新质量越低,公司创新中的"内卷化"现象越严重。因此,本节从创新文化对创新效率的影响以及创新文化对发明专利与其他专利(或对高引用率专利与低引用率专利)的非对称影响两个角度检验了创新文化对公司创新中"内卷化"的抑制作用。该部分研究能够加深人们对创新文化促进公司创新的理解,也在一定程度上拓展和丰富了"内卷化"现象的研究。

二、文献回顾与研究假设

(一)文献回顾

研究文化对创新影响的文献有两类:第一类侧重于研究国家层面的文化特征对创新的影响,第二类则关注组织文化对创新的影响。

第一类文献中,被广为采用的是 Hofstede 等(2010)的文化六维度理论。该理论涉及的六个维度是权力距离、个人主义和集体主义、不确定性规避、男性气质和女性气质、长期取向和短期取向、放纵和自我约束。多数研究表明,低权力距离、个人主义、不确定性规避水平、男性气质等文化特征有利于创新(Jones,Davis,2000;Tian et al.,2018)。此外,部分前期文献也研究了国家层面的其他文化特征对创新的影响,如儒家文化(徐细雄,李万利,2019)、海洋文化(赵子乐,林建浩,2019)、严格文化(李琳,郭立宏,2021)等。总的来说,第一类文献多采用跨国研究,但鉴于国家层面的文化特征在同一国家的不同地区也存在差异,因此也有文献研究国家文化特征对一国之内不同地区公司创新的影响[例如,徐细雄,李万利(2019);赵子乐,林建浩(2019)]。

第二类文献考察组织层面的文化特征对创新的影响。组织层面的文化特征主要指企业文化特征,常采用的理论模型是 Cameron 和 Quinn(1999)的相对价值观框架(competing values framework),即通过两个维度(关注内部和关注外部、灵活性和稳定性)不同文化特征的组合把企业文化分为四类:层级型文化(关注内部且稳定)、家族型文化(关注内部且灵活）、市场型文化（关注外部且稳定）、活力型文化（关注外部且灵活）。研究表明，活力型、家族型和市场型文化有利于公司创新（尤其是活力型文化），层级型文化抑制了公司创新（Büschgens et al.，2013；Tian et al.，2018）。此外，部分文献亦研究了公司层面其他文化特征，如学习型文化（Černe et al.，2012）、合作文化（潘健平等，2019）、诚信文化（唐玮等，2020）、创新文化（例如，陈衍泰等，2007；刘锦英，2010；吴爱华，苏敬勤，2014；Brettel，Cleven，2011；Lee et al.，2017）对创新的影响。

综上可知，前期研究初步分析了创新文化与公司创新的关系，但讨论和研究并不十分充分。并且，前期文献多为侧重于西方情境的研究（Tian et al.，2018），而立足于新兴市场（如中国）、分析创新文化与公司创新关系的文献并不多见，如陈衍泰等（2007）、刘锦英（2010）、吴爱华和苏敬勤（2014）等，这些文献的研究范围较小，分别针对江浙沪闽四地（陈衍泰等，2007）、光电子产业（刘锦英，2010）、制造业（吴爱华，苏敬勤，2014）进行了局部研究。更重要的是，由于文化难以度量，目前研究创新文化与公司创新关系的国内外文献无一例外地采用了问卷调查或访谈的方式获取创新文化的原始数据，致使样本容量小，这影响了研究结论的外部有效性。此外，前期文献对公司创新度量多采纳单一维度的度量（要么选择创新投入的研发支出，要么选择创新产出的专利、专利引用率或新产品收入），并未全方位地考察创新文化对公司创新多维度的影响。

（二）理论分析与研究假设

1.文化与公司持续竞争优势

资源基础观（resource-based view）认为，公司是各种资源的集合体，而公司持续竞争优势正是源于其拥有的有价值的、稀缺的、不可替代和难以复制的各种资源（Barney，1991），其中，资源的难以复制性是公司获取持续的竞争优势的最根本原因。文化作为组织中广泛认同和牢固树立的价值观和规范，其实质是公司进行商业运营的原则、导向、理念、方法和准绳，是公司各种正式制度的底层基础。文化的观念渗透于公司的方方面面，决定了公司的特质，实际上是公司最大的软实力。文化塑造了公司的工作氛围、领导风格、战略决策、组织行为和运营过程等（Brettel，Cleven，2011），进而塑造了公司的竞争优势。公司文化是难以复制的，因此文化是公司获取持续竞争优势的核心资源（Barney，1986）。正如管理学家德鲁克在《福布斯》杂志上所说，今天真正占主导地位的资源以及具有决定意义的生产要素，既不是资本，也不是土地和劳动，而是文化。

作为公司的核心资源，文化促使公司取得持续竞争优势的一个根本途径是提高公司创新能力。这就要求公司的文化要与创新相容，要培育利于创新的企业文化，如前述的活力型文化、学习型文化、合作文化、诚信文化等，更重要的是要培育创新文化。

2.创新文化的内涵及结构

既然文化是"组织中广泛认同和牢固树立的一系列价值观和规范"（O'Reilly，Chatman，1996），那么创新文化就应该是组织中广泛认同和牢固树立的鼓励创新、激励探索的相关价值观和规范。创新文化具有什么结构? Schein(1992)认为,组织文化具有三层结构:最底层的是看不见的价值观(values);中间层是行为规范(norms);最上层是相对可见的构件(artifacts),如企业标志、仪式、语言、工作空间安排等。三层结构中,下一层对上一层具有决定作用,因此,三层中最重要的是底层的价值观。Hogan 和 Coote(2014)根据 Schein(1992)的文化结构图进一步提出,创新文化也包含三层结构:最底层为支持创新的价值观;中间层为有利于创新的行为规范;最上层为创新构件,如有关员工创新的故事、有利于创新活动的实际安排等。

由于价值观在文化中具有举足轻重的作用,许多学者对创新文化价值观所包含的要素进行了总结[如 Hogan 和 Coote(2014)列举了相关文献共 40 篇]。虽然学者之间的观点存在差异,但以下要素可能是学术界共同认可的:第一,尊重个性,强调自由和平等;第二,激励探索,鼓励创新,奖励冒尖;第三,支持冒险,宽容失败;第四,强调开放、包容与合作。

3.创新文化与公司创新

创新文化能够影响公司创新,其影响公司创新的具体路径是:创新价值观是创新行为规范的原则和基础,对创新行为规范起决定作用,创新行为规范对创新构件具有指导作用,创新行为规范和创新构件共同塑造了企业创新行为,即创新文化通过其三层结构把创新价值观的影响体现在公司创新活动中,因此创新价值观对公司创新水平的提升至关重要。具体来说,创新价值观各要素对公司技术创新的促进作用如下:

第一,尊重个性,强调自由和平等。创新要求有新的想法、新的思路,而往往想法创新性越强,就越有可能与"正常"观念相悖,越有可能被认为是离经叛道的甚至荒谬绝伦的。因此富有创新能力的人通常个性十足,只有个性十足的人才勇于打破各种思维上的禁区,勇于表达自己各种离经叛道的观点。创新文化要求公司尊重个性,这就为各种有个性且富有创新能力的人提供了充分发挥其创新才智的空间。除了尊重个性外,创新文化对自由和平等的强调也有利于公司创新,因为只有自由,员工才能自由思考、自由表达自己的观点;只有地位平等,员工才能勇于思考、勇于表达自己的观点。

第二,激励探索,鼓励创新,奖励冒尖。创新是公司对新观念、新知识和新技术的艰苦探索过程,只有在公司内形成激励探索、鼓励创新的强烈氛围,公司的创新活动才能持续不断地进行下去。只有对创新成功的人进行与其贡献相匹配的奖励,才能使创新人员有动力持续进行创新。

第三,支持冒险,宽容失败。创新是一项高风险和高投入的活动,而人的本性是厌恶风险、害怕失败的,因此人在本能上可能会拒绝和抵触创新。创新文化要求在公司内培养支持冒险、宽容失败的价值观,这就从根源上为创新人员进行创新活动解除了后顾之忧,使公司可以不断试错,在试错过程中发现和寻找支持其取得竞争优势的新产品和新技术。谷歌的创新文化中提到,你可以"自豪地"失败,因为公司平均每发布三款产品,就会至少有一款产品最终被市场淘汰,这些失败的产品为公司创新积累了经验。任正非曾说过,华为研发二十年"浪费"一千亿,但正是这"浪费"的一千亿构筑了华为强大的软实力,成就了一个世界级的创新企业。

第四,强调开放、包容与合作。公司研发活动具有高风险、高(财务与人力)资本投入、高技术难度等特点。为了分散风险,减少财务资本投入,利用外部人才,寻求技术支持等,企业往往选择与外部机构进行合作研发。当前,合作研发已经成为企业提升创新能力的一条重要途径。由于合作机构与本企业可能在企业文化和运行方式上存在巨大差异,合作双方需秉持开放、包容和协作的态度才可能使合作成功,而创新文化对开放、包容与合作的关注正好契合合作研发的要求,进而有助于企业的合作研发走向成功。此外,即使是企业的内部研发,也需要企业内部相关人员的通力合作,因此,强调开放、包容与合作同样有利于内部研发的成功。

此外,在我国情景下提倡创新文化具有一定的特殊意义。这是因为我国的一些文化特征不利于创新,如高权力距离、集体主义、风险规避、中庸等,对创新文化的提倡有利于我国公司克服部分文化特征对创新的消极影响,进而使创新文化发挥更大的作用。

综上所述,创新文化可以提升公司的创新水平,因此本节提出如下假设:

假设 6.2.1:限定其他条件,创新文化与公司创新水平正相关。

4.产权保护的调节效应

经济学中存在一个共识,即良好的产权保护是经济增长的必要前提和关键因素。但改革开放 40 多年来,中国在产权保护制度相对不完善的情况下实现了快速的经济增长,由此产生了"中国增长之谜"。对"中国增长之谜"的解释是多样的,其中一种观点认为,中国社会的非正式制度,如声誉和关系(Allen et al.,2005)、中国传统文化(朱天,2016)等弥补了正式制度的不足,并促进了经济的快速增长。应该说,对"中国增长之谜"的回答没有完美答案,非正式制度是否就是解开"中国增长之谜"的关键要素,值得进一步探讨。但这种观点认为正式制度与非正式制度对经济的影响是相互替代的,这一论述很可能符合实际情况。Williamson(2000)曾经指出,非正式制度在几个世纪时间内是相对稳定的,而正式制度可能具有反应性、滞后性和短期性,在一定时间段内,当一方影响较弱时,另一方将起到替代作用。正式制度与非正式制度的相互替代效应也为一些实证研究所证实,如 Du(2013)、Du 等(2017)发现,儒家文化或商帮文化(非正式制度)与市场化水平(正式制度中的制度环境)对代理成本的影响具有替代效应;顾雷雷和王鸿宇(2020)发现,公司治理机制(正式制度)与社会信任(非正式制度)对企业创新的影响具有替代效应。

创新文化可以促进公司创新,前期文献[如吴超鹏和唐菂(2016)]也表明,良好的产权保护也有利于促进公司创新。那么,产权保护与创新文化对公司创新的交互影响如何？根据前文分析,本节认为,作为正式制度的产权保护与作为非正式制度的创新文化,二者对公司创新的影响同样具有替代效应,即当产权保护制度缺位时,创新文化将努力弥补产权保护制度缺位的不足,对公司创新发挥更大的作用;反之,创新文化对创新的作用就会减弱。基于以上论述,本节提出如下假设:

假设 6.2.2:限定其他条件,产权保护弱化了创新文化对公司创新的正向影响。

三、研究设计

(一)样本选择与数据来源

本节以 2007—2019 年间沪深两市全部 A 股上市公司为样本(共 35 210 个观测值),并进行了如下筛选:(1)剔除银行、保险和其他金融行业观测值 693 个;(2)剔除变量缺失的观测值 7 798 个,最终得到 26 208 个样本观测值,涉及 3 083 个公司。为避免极端值的影响,本节对所有连续变量进行了 1% 和 99% 分位的缩尾处理。

创新文化数据系作者通过查阅公司网站、公告和财务报告等手工搜集得到,专利引用率和知识产权保护数据源于 CNRDS 数据库,会计师事务所数据源于中国注册会计师协会官网,地区法律保护程度数据源于樊纲等(2017)的研究,其他数据均源于 CSMAR 数据库。

(二)变量定义

1.创新文化的度量

不同于采用问卷调查的前期文献,本节采用了文本分析方法获取创新文化的原始数据。随着数据挖掘和机器学习技术的发展,文本分析方法近年来逐渐在社会科学研究中得到应用,本节也尝试采用这种方法。具体来说,本节在公司网站、公告和财务报告等有关公司使命、愿景、价值观、精神、理念、宗旨和文化等七个维度的描述中提取与创新有关的关键词,进而界定创新文化相关变量。由于创新文化是一种鼓励创新、激励探索的文化,因此,本节提取的关键词就是创新或创新的近义词。表 6.2.1 具体列示了公司使命、愿景等七个维度应提取的关键词的范围。提取关键词后,本节界定了创新文化虚拟变量 INNO_CUL 和创新文化赋值变量 INNO_CUL_NUM,当七个维度中有维度包含表 6.2.1 中的关键词时,INNO_CUL 为 1,否则为 0。INNO_CUL_NUM 等于出现创新文化关键词维度的数目,比如,若公司的使命、愿景、价值观等三个维度包含创新文化关键词,其他维度没有创新文化关键词,则 INNO_CUL_NUM 赋值为 3;若公司的使命、愿景、价值观、精神等四个维度包含创新文化关键词,其他维度没有创新文化关键词,则 INNO_CUL_NUM 赋值为 4。

表 6.2.1　创新文化关键词提取范围

维度	关键词
使命	创新、速变、革新、创造、研发、鼎新、与时俱进、挑战
愿景	创意、创新、开拓、先行、独特、开发、研究、研发、改变、颠覆、革命、个性化、先进、勇于蜕变
价值观	创新、创、求索、创造、变革、突破、颠覆、变化、敢为人先、开拓、挑战
精神	敢为人先、创新、变革、改革、挑战、破立敢为、尚新、守正出奇、与时俱进、突破
理念	创新、创、求索、创造、变革、开拓、独辟蹊径、改革、突破、勇为人先、研发
宗旨	研发、创新、探索、改革
文化	创新、开拓、研发、全新、求新、创造、求变求异、变革、勇为人先、与时俱进

2.创新水平的度量

本节同时以创新投入和创新产出度量公司的创新水平（INNO）。创新投入为 RD_SALE（或 RD_TA），等于公司的研发支出除以营业收入（或研发支出除以总资产）再乘以 100。创新产出包括 PATENT_AU、PATENT_APP、CITATION_YI、CITATION_AT 等四个变量；PATENT_AU 为公司当年获授权的专利总数；PATENT_APP 为公司当年申请的专利总数，CITATION_YI 为专利引用率，等于公司专利当年新增的引用次数（剔除自引用）；CITATION _AT 为专利累计引用率，等于公司专利累计的引用次数总和（剔除自引用）。

3.产权保护的度量

本节的调节变量知识产权保护程度（IPP）等于 1 减去"公司所处的县区的所有上市公司涉入的知识产权法律纠纷案件数除以当地所有上市公司拥有的专利数目"，再乘以 100。

4.控制变量

借鉴相关研究，本节选取了十大会计师事务所虚拟变量、分析师关注、机构投资者持股比、第一大股东持股比例、董事长与 CEO 两职合一虚拟变量、独立董事比例、董事会规模、公司高管团队的平均年龄、公司高管团队中女性高管的人数、公司高管团队的教育水平、高管的持股比例、公司高管团队的平均任职年限、公司高管团队的平均薪酬、公司规模、财务杠杆、总资产收益率、托宾 Q 值、自由现金流、资本密集度、最终控制人性质、公司年龄、法律环境指数等作为控制变量。表 6.2.2 列示了本节所使用变量的定义和数据来源。

表 6.2.2　变量及定义

变量	定义	数据来源
RD_SALE	公司的研发支出除以营业收入，再乘以 100	CSMAR
RD_TA	公司的研发支出除以总资产，再乘以 100	CSMAR
PATENT_AU	公司当年获授权的发明专利、实用新型专利和外观设计专利申请数量之和	CSMAR
PATENT	公司当年申请的发明专利、实用新型专利和外观设计专利申请数量之和	CSMAR
CITATION_YI	专利引用率，等于公司专利当年新增的引用次数（剔除自引用）	CNRDS
CITATION_AT	专利累计引用率，等于公司专利累计的引用次数总和（剔除自引用）	CNRDS
INNO_CUL	公司创新文化虚拟变量，若公司的文化中包含创新相关关键字则赋值为 1，否则为 0（公司文化来自公司网站、公告和财务报告等关于企业使命、愿景、价值观、精神、理念、宗旨和文化的描述）	手工搜集
IPP	公司所在地知识产权保护（intellectual property protection）程度，等于 1 减去"公司所处县区所有上市涉入的公司知识产权法律纠纷案件数除以当地所有上市公司拥有的专利数目"，再乘以 100	CNRDS
BIG10	十大会计师事务所虚拟变量，当公司聘请前十大会计师事务所（中国注册会计师协会年度排名）审计师时赋值为 1，否则赋值为 0	www.cicpa.org.cn

续表

变量	定义	数据来源
ANALYST	分析师关注,等于对该公司进行过跟踪分析的分析师(团队)的个数	CSMAR
INST_SHR	机构投资者的持股比例	CSMAR
FIRST	第一大股东持股比例,第一大股东持有股份与公司总股份的比值	CSMAR
DUAL	董事长与 CEO 两职合一的虚拟变量,若董事长与 CEO 两职合一则赋值为 1,否则为 0	CSMAR
INDR	独立董事比例,独立董事人数与董事会总人数的比值	CSMAR
BOARD	董事会规模,等于董事会总人数	CSMAR
TMT_AGE	公司高管团队的平均年龄	CSMAR
TMT_GENDER	公司高管团队中女性高管的人数	CSMAR
TMT_EDU	公司高管团队的教育水平,等于研究生以上学历的高管人数	CSMAR
MAN_SHR	高管的持股比例	CSMAR
TMT_TENURE	公司高管团队的平均任职年限	CSMAR
TMT_COMP	公司高管团队的平均薪酬(单位:万元)	CSMAR
SIZE	公司规模,公司总资产的自然对数	CSMAR
LEV	财务杠杆,公司总负债与总资产的比值	CSMAR
ROA	总资产收益率,等于营业利润与年末总资产的比值	CSMAR
TOBINQ	托宾 Q 值,等于(流通股数量×年末股价+非流通股数量×每股净资产)/资产账面价值	CSMAR
FCF	自由现金流,等于经营活动现金流减去资本性支出,以平均总资产标准化	CSMAR
CAP	资本密集度,等于固定资产除以员工人数	CSMAR
STATE	最终控制人性质,若公司的最终控制人是中央或地方政府、政府控股公司则赋值为 1,否则赋值为 0	CSMAR
LISTAGE	公司年龄,等于公司上市年限	CSMAR
LAW	省级法律环境指数,衡量我国省际的市场中介机构发展、产权保护和制度环境	樊纲等(2017)
INNO_CUL_NUM	公司创新文化的赋值变量,等于公司文化中包含创新相关关键字的维度的数目	手工搜集
LN(1+RD)	(1+公司研发支出)的自然对数	CSMAR
RD_DUM	公司研发支出的虚拟变量,若公司的研发支出大于 0 则取值为 1,否则为 0	CSMAR
RD_EMP	公司的研发支出除以公司员工人数(单位:万元/人)	CSMAR
INVE_APP	公司当年申请的发明专利总数	CSMAR
INVE _AU	公司当年获授权的发明专利总数	CSMAR

续表

变量	定义	数据来源
UD_AU	公司当年获授权的其他专利总数（包括实用新型专利和外观专利）	CSMAR
PATENT_ACU	公司当年累计拥有的专利总数	CSMAR
INVE_ACU	公司当年累计拥有的发明专利总数	CSMAR
CITATION_YI_G	专利引用率，等于公司专利当年新增的引用次数（包含自引用）	CNRDS
CITATION_AT_G	专利累计引用率，等于公司专利累计的引用次数总和（包含自引用）	CNRDS
EFFI_PATE	公司创新效率，等于公司当年获授权的专利总数/（公司的研发支出＋1）	CSMAR
EFFI_INVE	公司创新效率，等于公司当年获授权的发明专利总数/（公司的研发支出＋1）	CSMAR
H_CITATION	公司当年获授权的高引用率专利总数，专利引用次数高于行业平均值为高引用率专利	CSMAR
L_CITATION	公司当年获授权的低引用率专利总数，专利引用次数低于行业平均值为低引用率专利	CSMAR
FOUDER	若公司的董事长或 CEO 为公司创始人则取值为 1，否则为 0	CSMAR

（三）模型构建

为检验"创新文化与公司创新水平正相关"的假设 6.2.1，本节构建了以下回归模型：

$$\begin{aligned}
INNO = {} & \alpha_0 + \alpha_1 INNO\_CUL + \alpha_2 IPP + \alpha_3 (INNO\_CUL \times IPP) + \alpha_4 BIG10 + \alpha_5 ANALYST + \\
& \alpha_6 INST\_SHR + \alpha_7 FIRST + \alpha_8 DUAL + \alpha_9 INDR + \alpha_{10} BOARD + \alpha_{11} TMT\_AGE + \\
& \alpha_{12} TMT\_GENDER + \alpha_{13} TMT\_EDU + \alpha_{14} MAN\_SHR + \alpha_{15} TMT\_TENURE + \\
& \alpha_{16} TMT\_COMP + \alpha_{17} SIZE + \alpha_{18} LEV + \alpha_{19} ROA + \alpha_{20} TOBINQ + \alpha_{21} FCF + \alpha_{22} CAP + \\
& \alpha_{23} STATE + \alpha_{24} LISTAGE + \alpha_{25} LAW + Industry\ Dummies + Year\ Dummies + \varepsilon
\end{aligned}$$

$$(6.2.1)$$

式（6.2.1）中，解释变量为创新文化虚拟变量 INNO_CUL，被解释变量为创新水平 IN-NO。INNO 包括创新投入和产出两个维度的六个变量：RD_SALE、RD_TA、PATENT_AU、PATENT、CITATION_YI、CITATION_AT（变量定义见表 6.2.2）。若式（6.2.1）中 INNO_CUL 的系数 α_1 显著为正，则表明创新文化促进了公司创新，假设 6.2.1 得到经验证据的支持。

为检验"产权保护缓解了创新文化对公司创新的正向影响"的假设 6.2.2，本节构建了以下回归模型：

$$\begin{aligned}
INNO = {} & \alpha_0 + \alpha_1 INNO\_CUL + \alpha_2 IPP + \alpha_3 (INNO\_CUL \times IPP) + \alpha_4 BIG10 + \alpha_5 ANALYST + \\
& \alpha_6 INST\_SHR + \alpha_7 FIRST + \alpha_8 DUAL + \alpha_9 INDR + \alpha_{10} BOARD + \alpha_{11} TMT\_AGE + \\
& \alpha_{12} TMT\_GENDER + \alpha_{13} TMT\_EDU + \alpha_{14} MAN\_SHR + \alpha_{15} TMT\_TENURE + \\
& \alpha_{16} TMT\_COMP + \alpha_{17} SIZE + \alpha_{18} LEV + \alpha_{19} ROA + \alpha_{20} TOBINQ + \alpha_{21} FCF + \alpha_{22} CAP +
\end{aligned}$$

$$\alpha_{23}\text{STATE} + \alpha_{24}\text{LISTAGE} + \alpha_{25}\text{LAW} + \text{Industry Dummies} + \text{Year Dummies} + \varepsilon$$

$$(6.2.2)$$

式(6.2.2)中,IPP 为知识产权保护程度,若交乘项(INNO_CUL×IPP)的系数 α_3 显著为负,则表明产权保护缓解了创新文化对公司创新的正向影响,假设 6.2.2 得到经验证据的支持。

四、实证结果分析

(一)描述性统计

表 6.2.3 列示了变量描述性统计结果,其中,RD_SALE 和 RD_TA 的均值分别为 2.84 和 1.46,说明我国上市公司对研发的投入总体偏低。INNO_CUL 均值为 0.49,说明约一半的公司在企业文化的描述中提到了创新。

表 6.2.3　描述性统计

变量	观测值	均值	标准差	最小值	1/4 分位	中位数	3/4 分位	最大值
RD_SALE	26 208	2.84	3.96	0.00	0.00	1.49	4.11	21.77
RD_TA	26 208	1.46	1.78	0.00	0.00	0.93	2.30	8.88
PATENT_AU	26 208	8.65	22.84	0.00	0.00	0.00	6.00	137.00
PATENT	26 208	11.98	31.44	0.00	0.00	0.00	9.00	191.00
CITATION_YI	26 208	21.24	66.26	0.00	0.00	2.00	12.00	521.00
CITATION_AT	26 208	113.56	354.20	0.00	0.00	13.00	65.00	2 797.00
INNO_CUL	26 208	0.49	0.50	0.00	0.00	0.00	1.00	1.00
IPP	26 208	98.46	7.39	39.25	99.86	100.00	100.00	100.00
BIG10	26 208	0.52	0.50	0.00	0.00	1.00	1.00	1.00
ANALYST	26 208	7.22	9.22	0.00	0.00	3.00	11.00	39.00
INST_SHR	26 208	0.45	0.24	0.00	0.28	0.47	0.64	0.92
FIRST	26 208	0.35	0.15	0.09	0.23	0.32	0.45	0.75
DUAL	26 208	0.24	0.43	0.00	0.00	0.00	0.00	1.00
INDR	26 208	0.37	0.05	0.00	0.33	0.33	0.43	0.57
BOARD	26 208	8.73	1.77	0.00	7.00	9.00	9.00	20.00
TMT_AGE	26 208	46.70	3.69	35.80	44.20	46.80	49.33	54.75
TMT_GENDER	26 208	1.04	1.07	0.00	0.00	1.00	2.00	9.00
TMT_EDU	26 208	1.85	2.28	0.00	0.00	1.00	3.00	30.00
MAN_SHR	26 208	0.01	0.02	0.00	0.00	0.00	0.00	0.31

续表

变量	观测值	均值	标准差	最小值	1/4 分位	中位数	3/4 分位	最大值
TMT_TENURE	26 208	4.11	2.20	1.00	2.36	3.80	5.50	10.00
TMT_COMP	26 208	48.43	39.01	0.00	24.34	38.28	59.34	247.87
SIZE	26 208	22.09	1.31	18.90	21.18	21.93	22.83	26.48
LEV	26 208	0.45	0.22	0.05	0.28	0.45	0.61	1.29
ROA	26 208	0.04	0.08	−0.32	0.01	0.04	0.08	0.27
TOBINQ	26 208	2.06	1.33	0.90	1.24	1.62	2.34	8.37
FCF	26 208	−0.01	0.09	−0.30	−0.05	0.00	0.05	0.24
CAP	26 208	0.55	0.95	0.01	0.14	0.27	0.54	6.78
STATE	26 208	0.42	0.49	0.00	0.00	0.00	1.00	1.00
LISTAGE	26 208	11.32	6.69	1.00	5.00	10.00	17.00	30.00
LAW	26 208	9.75	5.64	1.47	4.98	8.76	13.75	21.48

表 6.2.4 列示了分组后各主要变量均值检验的结果。根据该表，在创新文化虚拟变量 INNO_CUL 等于 1 的一组，各主要变量均值较高，而在 INNO_CUL 等于 0 的一组，各主要变量均值较低，t 检验和 z 检验均表明，前者在 1% 水平上显著高于后者。从代表创新水平的六个变量（RD_SALE、RD_TA、PATENT_AU、PATENT、CITATION_YI、CITATION_AT）来看，INNO_CUL 等于 1 的一组的创新投入与创新产出均显著高于 INNO_CUL 等于 0 的一组的创新投入与创新产出，假设 6.2.1 初步得到了经验证据的支持。

表 6.2.4　主要变量均值检验

	INNO_CUL=1(N=12 881)			INNO_CUL=0(N=13 327)			t 值	z 值
	均值	中位数	标准差	均值	中位数	标准差		
RD_SALE	3.21	2.48	4.11	2.48	0.61	3.77	15.08 ***	20.30 ***
RD_TA	1.67	1.28	1.85	1.26	0.51	1.69	18.92 ***	23.18 ***
PATENT_AU	10.21	0.00	24.75	7.13	0.00	20.71	10.95 ***	17.37 ***
PATENT	14.35	1.00	34.57	9.69	0.00	27.89	12.03 ***	19.32 ***
CITATION_YI	26.58	3.00	75.22	16.08	1.00	55.80	12.88 ***	20.04 ***
CITATION_AT	142.58	19.00	405.65	85.52	8.00	293.39	13.08 ***	22.34 ***
IPP	98.69	100.00	6.53	98.24	100.00	8.12	4.95 ***	2.84 ***

注：*** 、** 和 * 分别表示 1%、5% 和 10% 的显著性水平（双尾）

本节还进行了 Pearson 相关系数分析（表格从略，资料备索），其中，创新文化虚拟变量 INNO_CUL 与 RD_SALE、RD_TA、PATENT_AU、PATENT、CITATION_YI、CITATION_AT 等变量均在 1% 水平上显著正相关，与假设 6.2.1 的预期一致。此外，各控制变量之间的相关系数基本都在 0.5 之内，说明本节的模型不存在严重的多重共线性问题。

(二)多元回归结果分析

1.创新文化与创新水平

表 6.2.5 报告了假设 6.2.1 的 Tobit 回归结果,其中,列(1)和(2)为创新文化对创新投入的回归结果,列(3)~(6)为创新文化对创新产出的回归结果。所有六个回归中,公司创新文化虚拟变量 INNO_CUL 的系数均在 1% 的水平上显著为正,说明无论是采用创新投入的研发支出还是采用创新产出的专利数或专利引用率作为被解释变量,创新文化都对被解释变量产生了显著的正向影响,假设 6.2.1 因而得到经验证据的支持。从经济显著性上看,INNO_CUL 对 RD_SALE、RD_TA、PATENT_AU、PATENT、CITATION_YI、CITATION_AT 等六个变量的边际影响分别为 0.277、0.168、1.050、1.922、3.493、18.834,占各自均值的比率分别为 9.75%、11.51%、12.14%、16.04%、16.45%、16.59%,说明创新文化对创新水平的影响在经济上也是显著的,这同样支持了假设 6.2.1。此外,除了列(6)的回归外,知识产权保护程度 IPP 在其他回归中的系数均显著为正,说明知识产权保护对公司创新具有正向影响,这与本节的预期相符合。

表 6.2.5 创新文化对公司创新水平的影响

变量	创新投入		创新产出			
	(1)	(2)	(3)	(4)	(5)	(6)
	因变量:RD_SALE	因变量:RD_TA	因变量:PATENT_AU	因变量:PATENT	因变量:CITATION_YI	因变量:CITATION_AT
	系数(z 值)	系数(z 值)	系数(z 值)	系数(z 值)	系数(z 值)	系数(z 值)
INNO_CUL	0.584***	0.322***	3.709***	6.192***	10.212***	45.760***
	(5.54)	(6.90)	(3.37)	(4.48)	(4.24)	(4.17)
IPP	0.014***	0.009***	0.119*	0.128*	0.326**	0.631
	(2.88)	(3.56)	(1.72)	(1.76)	(2.31)	(0.96)
BIG10	0.103	0.097**	0.538	0.409	0.484	3.536
	(1.21)	(2.50)	(0.65)	(0.39)	(0.27)	(0.43)
ANALYST	0.032***	0.022***	0.476***	0.532***	0.287***	1.877**
	(6.45)	(8.69)	(6.95)	(6.29)	(3.78)	(2.55)
INST_SHR	−0.437	−0.155	−5.554**	−10.104***	−22.153***	−102.707***
	(−0.97)	(−1.30)	(−2.14)	(−3.12)	(−3.75)	(−3.70)
FIRST	−0.841**	0.013	5.887	8.714	10.122	59.331
	(−2.07)	(0.07)	(1.05)	(1.31)	(0.94)	(1.19)
DUAL	0.154	−0.006	1.474	1.735	3.562*	6.198
	(1.57)	(−0.14)	(1.33)	(1.26)	(1.68)	(0.66)
INDR	0.830	0.213	4.127	0.220	61.455**	281.789**
	(0.74)	(0.44)	(0.35)	(0.02)	(2.54)	(2.50)
BOARD	−0.015	0.004	0.134	0.253	0.323	0.205
	(−0.47)	(0.30)	(0.30)	(0.47)	(0.34)	(0.05)

续表

变量	创新投入			创新产出		
	(1)	(2)	(3)	(4)	(5)	(6)
	因变量：RD_SALE	因变量：RD_TA	因变量：PATENT_AU	因变量：PATENT	因变量：CITATION_YI	因变量：CITATION_AT
	系数(z值)	系数(z值)	系数(z值)	系数(z值)	系数(z值)	系数(z值)
TMT_AGE	−0.048 ***	−0.020 ***	−0.587 ***	−0.808 ***	−0.453 ***	−1.165
	(−3.25)	(−3.10)	(−3.41)	(−4.28)	(−2.66)	(−0.84)
TMT_GENDER	−0.036	−0.045 **	−1.077 ***	−1.263 **	−1.731 *	−6.431
	(−0.81)	(−2.35)	(−2.59)	(−2.49)	(−1.65)	(−1.33)
TMT_EDU	0.235 ***	0.083 ***	1.260 ***	1.942 ***	4.621 ***	22.067 ***
	(9.91)	(7.59)	(10.80)	(4.96)	(5.49)	(5.41)
MAN_SHR	10.871 ***	3.259 ***	20.397	29.614	−26.173	−42.972
	(4.31)	(2.83)	(0.89)	(1.21)	(−0.47)	(−0.18)
TMT_TENURE	0.080 ***	0.048 ***	0.919 ***	1.471 ***	0.924 *	7.987 ***
	(3.15)	(4.30)	(3.71)	(4.84)	(1.67)	(2.88)
TMT_COMP	0.009 ***	0.006 ***	0.090 ***	0.125 ***	0.288 ***	1.367 ***
	(6.32)	(7.90)	(10.57)	(5.37)	(17.45)	(5.50)
SIZE	0.048	−0.094 ***	9.234 ***	11.522 ***	34.453 ***	144.124 ***
	(0.77)	(−3.25)	(9.63)	(9.43)	(44.62)	(12.39)
LEV	−4.911 ***	−0.512 ***	−4.976 *	−6.646 *	−33.819 ***	−150.567 ***
	(−4.81)	(−4.39)	(−1.79)	(−1.94)	(−5.60)	(−5.50)
ROA	−8.452 ***	−0.012	−32.184 ***	−26.274 ***	−83.454 ***	−427.600 ***
	(−3.63)	(−0.04)	(−4.75)	(−2.71)	(−5.86)	(−6.70)
TOBINQ	0.243 ***	0.068 ***	−0.293	−0.491	6.552 ***	27.659 ***
	(5.29)	(3.17)	(−0.84)	(−1.12)	(12.28)	(6.70)
FCF	−2.308 ***	0.120	17.412 ***	14.174 **	−1.352	−14.753
	(−3.44)	(0.36)	(3.79)	(2.54)	(−0.20)	(−0.35)
CAP	−0.337 ***	−0.245 ***	−5.594 ***	−5.757 ***	−8.273 ***	−30.134 ***
	(−5.60)	(−8.46)	(−5.58)	(−4.84)	(−5.42)	(−4.56)
STATE	0.111	0.175 ***	4.480 ***	6.463 ***	13.849 ***	53.680 ***
	(0.83)	(2.72)	(2.93)	(3.38)	(4.12)	(3.49)
LISTAGE	−0.136 ***	−0.051 ***	−1.247 ***	−1.665 ***	−0.095	2.701 **
	(−14.07)	(−11.12)	(−10.29)	(−11.01)	(−0.39)	(2.41)
LAW	0.032 ***	0.028 ***	0.340 ***	0.306 **	1.576 ***	6.775 ***
	(3.41)	(6.63)	(3.16)	(2.39)	(14.48)	(6.53)
常数项	2.964	2.299 **	−479.049 ***	−359.716 ***	−1 461.188 ***	−3 481.956 ***
	(1.04)	(2.40)	(−15.94)	(−11.05)	(−16.44)	(−12.08)
行业/年度	控制	控制	控制	控制	控制	控制
Pseudo R^2	17.89%	19.24%	11.35%	8.79%	7.43%	3.97%
观测值	26 208	26 208	26 208	26 208	26 208	26 208
左截尾	7 847	7 847	14 819	14 192	10 715	6 869
LR Chi²	21 486.55 ***	18 642.50 ***	15 149.05 ***	12 855.59 ***	14 721.76 ***	11 881.81 ***

注：*** 、** 、* 分别表示在 1%、5%、10% 的水平上显著；所有 z 值均经过公司与年度的双重聚类调整（Petersen，2009）。

2.产权保护的调节效应

表 6.2.6 报告了假设 6.2.2 的 Tobit 回归结果(限于篇幅,表 6.2.6 及以后表格不再详细报告控制变量情况)。交乘项(INNO_CUL×IPP)的系数在列(1)～(6)各个回归中至少在 5% 水平上显著为负,说明产权保护与创新文化在对公司创新的影响上确实具有相互替代效应,产权保护缓解了创新文化对公司创新的正向影响,假设 6.2.2 被支持。此外,知识产权保护 IPP 对公司创新的影响在各个回归中也显著为正,与预期相符合。

从经济显著性上看,INNO_CUL 对 RD_SALE、RD_TA、PATENT_AU、PATENT、CITATION_YI、CITATION_AT 等六个变量的边际影响分别为 0.409、0.231、1.408、2.495、3.726、20.440,占各自均值的比率分别为 14.40%、15.82%、16.28%、20.83%、17.54%、18.00%;INNO_CUL×IPP 对各因变量的边际影响分别为 −0.150、−0.074、−0.609、−0.810、−0.424、−3.680,占 INNO_CUL 对因变量影响的(降低了 INNO_CUL 对各因变量影响的)−36.68%、−32.04%、−43.25%、−32.47%、−11.38%、−18.00%。这表明结果具有经济显著性。

表 6.2.6　创新文化、知识产权保护和公司创新

变量	创新投入		创新产出			
	(1)	(2)	(3)	(4)	(5)	(6)
	因变量:RD_SALE	因变量:RD_TA	因变量:PATENT_AU	因变量:PATENT	因变量:CITATION_YI	因变量:CITATION_AT
	系数(z 值)	系数(z 值)	系数(z 值)	系数(z 值)	系数(z 值)	系数(z 值)
INNO_CUL	0.863*** (7.15)	0.441*** (8.34)	4.971*** (4.19)	7.901*** (5.21)	10.892*** (4.48)	51.426*** (4.62)
IPP	0.021*** (4.07)	0.011*** (3.49)	0.154** (2.09)	0.177** (2.41)	0.482*** (4.02)	1.778*** (2.87)
INNO_CUL×IPP	−0.316*** (−5.59)	−0.142*** (−5.82)	−2.149** (−2.15)	−2.676** (−2.13)	−1.240** (−2.31)	−9.260*** (−3.32)
控制变量	控制	控制	控制	控制	控制	控制
常数项	2.574 (0.91)	2.131** (2.10)	−479.434*** (−15.53)	−361.980*** (−11.07)	−1 473.634*** (−16.96)	−3 580.761*** (−12.36)
行业/年度	控制	控制	控制	控制	控制	控制
Pseudo R^2	17.94%	19.30%	11.37%	8.80%	7.44%	3.98%
观测值	26 208	26 208	26 208	26 208	26 208	26 208
左截尾	7 847	7 847	14 819	14 192	10 715	6 869
LR Chi^2	21 540.64***	18 699.88***	15 167.72***	12 874.54***	14 733.33***	11 919.97***

注:***、**、* 分别表示在 1%、5%、10% 的水平上显著;所有 z 值均经过公司与年度的双重聚类调整(Petersen,2009)。

（三）稳健性测试

1.因变量稳健性测试

表 6.2.7 的 Panel A 分别使用研发支出的相关变量 LN(1+RD)、RD_DUM、RD_EMP，专利相关变量 INVE_APP、PATENT_ACU、INVE_ACU，专利引用率相关变量 CITATION_YI_G、CITATION_AT_G 代替主测试使用的因变量（相关变量含义参见表 6.2.2）对假设 6.2.1 重新进行了检验，INNO_CUL 在各回归中的系数均在 1% 水平上显著为正，说明创新文化确实对创新水平（创新投入与创新产出）产生显著正向影响，假设 6.2.1 再一次得到经验证据的支持。表 6.2.7 的 Panel B 使用同样的变量代替主测试使用的因变量对假设 6.2.2 重新进行了检验，其中，交乘项 INNO_CUL×IPP 的系数在列(1)~(8)各个回归中至少在 10% 水平上显著为负，说明产权保护与创新文化在对公司创新的影响上确实具有相互替代效应，产权保护缓解了创新文化对公司创新的正向影响，假设 6.2.2 再次得到经验证据的支持。

表 6.2.7　公司创新因变量稳健测试

Panel A:公司创新因变量稳健测试——假设 6.2.1

变量	创新投入			创新产出				
	(1)	(2)	(3)	(4)	(5)	(6)	(7)	(8)
	因变量: LN(1+RD)	因变量: RD_DUM	因变量: RD_EMP	因变量: INVE_APP	因变量: PATENT_ACU	因变量: INVE_ACU	因变量: CITATION_YI_G	因变量: CITATION_AT_G
	系数(z 值)	系数(z 值)	系数(z 值)	系数(z 值)	系数(z 值)	系数(z 值)	系数(z 值)	系数(z 值)
INNO_CUL	1.261 ***	0.432 ***	0.387 ***	3.779 ***	28.934 ***	9.301 ***	8.457 ***	36.619 ***
	(7.27)	(5.41)	(4.06)	(6.03)	(2.86)	(4.17)	(4.83)	(4.66)
IPP	0.013	0.006	0.004	0.123 ***	1.381 **	0.101	0.214 *	0.481
	(1.18)	(1.36)	(0.81)	(2.92)	(2.35)	(0.62)	(1.86)	(0.95)
控制变量	控制	控制	控制	控制	控制	控制	控制	控制
常数项	−17.450 ***	−2.943 **	−4.469 ***	−198.450 ***	−884.465 ***	−91.503 *	−1 062.323 ***	−2 493.286 ***
	(−6.14)	(−2.34)	(−3.01)	(−13.29)	(−3.61)	(−1.77)	(−20.99)	(−14.11)
行业/年度	控制	控制	控制	控制	控制	控制	控制	控制
Pseudo R^2	13.14%	48.01%	13.43%	12.16%	5.45%	1.12%	8.33%	4.62%
观测值	26 208	26 208	26 208	26 208	26 208	26 208	26 208	26 208
左截尾	7 847	7847	7 847	16 060	5 003	5 512	10 712	6 866
LR Chi²	20 719.99 ***	15 359.19 ***	16 239.03 ***	13 445.93 ***	5 236.95 ***	2 705.40 ***	15 785.06 ***	13 280.93 ***

续表

Panel B:公司创新因变量稳健测试——假设 6.2.2

变量	创新投入			创新产出				
	(1)	(2)	(3)	(4)	(5)	(6)	(7)	(8)
	因变量：LN(1+RD)	因变量：RD_DUM	因变量：RD_EMP	因变量：INVE_APP	因变量：PATENT_ACU	因变量：INVE_ACU	因变量：CITATION_YI_G	因变量：CITATION_AT_G
	系数(z 值)	系数(z 值)	系数(z 值)	系数(z 值)	系数(z 值)	系数(z 值)	系数(z 值)	系数(z 值)
INNO_CUL	1.512***	0.481***	0.656***	4.986***	29.420***	9.381***	11.380***	51.631***
	(8.37)	(5.89)	(6.19)	(7.25)	(2.91)	(4.21)	(5.89)	(5.96)
IPP	0.019*	0.008*	0..011*	0.160***	2.755***	0.519***	0.285***	0.829*
	(1.87)	(1.85)	(1.95)	(3.48)	(3.57)	(2.72)	(3.14)	(1.93)
INNO_CUL×IPP	−0.300*	−0.056*	−0.320***	−2.040***	−2.710**	−0.804***	−3.893***	−18.028***
	(−1.83)	(−1.69)	(−6.19)	(−3.26)	(−2.04)	(−2.80)	(−3.48)	(−3.88)
控制变量	控制	控制	控制	控制	控制	控制	控制	控制
常数项	−17.824***	−3.161**	−4.876**	−200.068***	−1 014.514***	−131.100**	−1 064.445***	−2 515.935***
	(−6.26)	(−2.51)	(−2.09)	(−13.36)	(−4.01)	(−2.57)	(−20.57)	(−14.22)
行业/年度	控制	控制	控制	控制	控制	控制	控制	控制
Pseudo R^2	13.14%	48.03%	13.48%	12.20%	5.46%	1.13%	8.35%	4.64%
观测值	26 208	26 208	26 208	26 208	26 208	26 208	26 208	26 208
左截尾	7 847	7847	7 847	16 060	5 003	5 512	10 712	6 866
LR Chi²	20 734.23***	15 364.75***	16 308.85***	13 493.74***	5 245.31***	2 727.26***	15 820.36***	13 325.16***

注：***、**、*分别表示在 1%、5%、10%的水平上显著；所有 z 值均经过公司与年度的双重聚类调整(Petersen,2009)。

2.自变量稳健性测试

表 6.2.8 报告了以创新文化赋值变量 INNO_CUL_NUM 代替创新文化虚拟变量 INNO_CUL 作为自变量重新回归的结果。在表 6.2.8 的 Panel A 中,INNO_CUL_NUM 的系数在各列回归中均在 1%水平上显著为正,假设 6.2.1 再次被经验证据所支持。在表 6.2.8 的 Panel B 中,交乘项 INNO_CUL_NUM×IPP 的系数在各列回归中至少在 5%水平上显著为负,再次支持了假设 6.2.2。

表 6.2.8　公司创新自变量稳健测试

Panel A:公司创新自变量稳健测试——假设 6.2.1

变量	创新投入			创新产出		
	(1)	(2)	(3)	(4)	(5)	(6)
	因变量：RD_SALE	因变量：RD_TA	因变量：PATENT_AU	因变量：PATENT	因变量：CITATION_YI	因变量：CITATION_AT
	系数(z 值)	系数(z 值)	系数(z 值)	系数(z 值)	系数(z 值)	系数(z 值)
INNO_CUL_NUM	0.187***	0.378***	2.034***	3.520***	5.297***	23.817***
	(6.22)	(5.51)	(2.95)	(4.14)	(3.58)	(3.49)

续表

变量	创新投入			创新产出		
	(1)	(2)	(3)	(4)	(5)	(6)
	因变量：RD_SALE	因变量：RD_TA	因变量：PATENT_AU	因变量：PATENT	因变量：CITATION_YI	因变量：CITATION_AT
	系数(z值)	系数(z值)	系数(z值)	系数(z值)	系数(z值)	系数(z值)
IPP	0.009***	0.015***	0.123*	0.135*	0.337**	0.676
	(3.74)	(3.01)	(1.78)	(1.85)	(2.40)	(1.03)
控制变量	控制	控制	控制	控制	控制	控制
常数项	2.226**	2.827	−479.173***	−360.759***	−1 461.561***	−3 486.856***
	(2.32)	(0.99)	(−16.31)	(−11.06)	(−16.77)	(−12.08)
行业/年度	控制	控制	控制	控制	控制	控制
Pseudo R^2	17.89%	19.20%	11.34%	8.77%	7.41%	3.96%
观测值	26 208	26 208	26 208	26 208	26 208	26 208
左截尾	7 847	7 847	14 819	14 192	10 715	6 869
LR Chi^2	21 490.55***	18 607.61***	15 135.35***	12 838.51***	14 688.77***	11 848.34***

Panel B：公司创新自变量稳健测试——假设 6.2.2

变量	创新投入			创新产出		
	(1)	(2)	(3)	(4)	(5)	(6)
	因变量：RD_SALE	因变量：RD_TA	因变量：PATENT_AU	因变量：PATENT	因变量：CITATION_YI	因变量：CITATION_AT
	系数(z值)	系数(z值)	系数(z值)	系数(z值)	系数(z值)	系数(z值)
INNO_CUL_NUM	0.530***	0.250***	2.839***	4.567***	5.630***	26.561***
	(6.77)	(7.51)	(3.84)	(4.90)	(3.79)	(3.87)
IPP	0.021***	0.011***	0.157**	0.180**	0.475***	1.701***
	(4.06)	(3.13)	(2.15)	(2.44)	(4.01)	(2.69)
INNO_CUL_NUM×IPP	−0.208***	−0.091***	−1.571**	−1.891**	−0.795**	−5.991***
	(−4.80)	(−5.06)	(−2.15)	(−2.06)	(−2.11)	(−2.94)
常数项	2.442	2.065**	−479.696***	−363.134***	−1 472.576***	−3 572.676***
	(0.86)	(2.01)	(−16.12)	(−11.10)	(−16.58)	(−12.35)
行业/年度	控制	控制	控制	控制	控制	控制
Pseudo R^2	17.93%	19.25%	11.36%	8.79%	7.42%	3.97%
观测值	26 208	26 208	26 208	26 208	26 208	26 208
左截尾	7 847	7 847	14 819	14 192	10 715	6 869
LR Chi^2	21 533.59***	18 650.92***	15 152.93***	12 855.25***	14 697.58***	11 877.87***

注：***、**、*分别表示在1%、5%、10%的水平上显著；所有z值均经过公司与年度的双重聚类调整（Petersen，2009）。

(四)内生性测试

为控制潜在内生性,本节采用倾向得分匹配(propensity score matching,PSM)法对假设 6.2.1 和假设 6.2.2 重新进行了检验。在 PSM 中,首先选择 FOUNDER、FIRST、DUAL、INDR、BOARD、TMT_AGE、TMT_GENDER、TMT_EDU、MAN_SHR、TMT_TENURE、TMT_COMP、SIZE、LEV、ROA、TOBINQ、STATE、LISTAGE、LAW 等变量(变量定义参见表 6.2.2)作为第一阶段 Probit 回归的变量,第一阶段回归结果见表 6.2.9 的 Panel A。需要说明的是,在第一阶段回归中,本节选取的变量除了包括回归模型中的控制变量外,还包括变量 FOUNDER(若公司的董事长或 CEO 为公司创始人则取值为 1,否则为 0)。这是因为,公司创始人的个人特质对创业公司的文化往往具有决定作用(Kyser,Hill,2016),并且创始人相对来说更具有创新能力,若其仍然在位,则会对公司创新文化产生影响。第一阶段回归以后,本节采用 1∶1 不放回的近邻匹配法对 INNO_CUL 等于 1 的公司按倾向得分进行匹配,匹配后的结果见表 6.2.9 的 Panel B,从该表可以看出,除了 MAN_SHR 变量外,其他变量处理组与控制组均不存在显著差异,说明匹配过程是有效的。

在第二阶段,本节重新对假设 6.2.1 和假设 6.2.2 进行回归检验。表 6.2.9 的 Panel C 对假设 6.2.1 进行了检验,从该表可以看出,INNO_CUL 的系数在各列回归中均在 1% 水平上显著为正,说明考虑内生性后,假设 6.2.1 仍然成立。

表 6.2.9 的 Panel D 对假设 6.2.2 进行了检验,从该表可以看出,在各列回归中交乘项 INNO_CUL×IPP 的系数至少在 10% 水平上显著为负,这说明考虑内生性后,假设 6.2.2 仍然成立。

表 6.2.9　内生性测试——采用 PSM 法

Panel A:第一阶段回归结果

变量	因变量:INNO_CUL	
	系数	z 值
FOUNDER	0.093**	2.27
FIRST	−0.401***	−4.29
DUAL	−0.091***	−2.69
INDR	−0.310	−1.13
BOARD	−0.027***	−3.01
TMT_AGE	0.003	0.64
TMT_GENDER	−0.022*	−1.82
TMT_EDU	0.055***	9.04
MAN_SHR	0.041	0.06
TMT_TENURE	0.014**	2.01
TMT_COMP	−0.000	−0.78

续表

变量	因变量：INNO_CUL	
	系数	z 值
SIZE	0.098***	6.33
LEV	0.027	0.34
ROA	0.404**	2.04
TOBINQ	−0.016	−1.44
STATE	−0.027	−0.81
LISTAGE	−0.023***	−8.58
LAW	0.000	0.09
常数项	−1.682***	−4.61
行业/年度	控制	
Pseudo R^2	4.13%	
观测值	26208	
LR Chi^2	683.83***	

Panel B：配对样本的 t/z 检验

变量	INNO_CUL=1				INNO_CUL=0				t 值	z 值
	观测值	均值	中位数	标准差	观测值	均值	中位数	标准差		
PS_SCORE	9 322	0.491	0.490	0.056	9 322	0.491	0.491	0.056	−0.20	−0.34
FOUNDER	9 322	0.249	0.000	0.432	9 322	0.246	0.000	0.431	0.41	0.41
FIRST	9 322	0.340	0.319	0.144	9 322	0.339	0.316	0.148	0.72	1.44
DUAL	9 322	0.238	0.000	0.426	9 322	0.239	0.000	0.427	−0.29	−0.29
INDR	9 322	0.371	0.333	0.054	9 322	0.370	0.333	0.052	1.19	0.22
BOARD	9 322	8.713	9.000	1.670	9 322	8.733	9.000	1.758	−0.77	−0.83
TMT_AGE	9 322	46.610	46.667	3.594	9 322	46.569	46.714	3.701	0.76	0.12
TMT_GENDER	9 322	1.040	1.000	1.079	9 322	1.028	1.000	1.053	0.78	0.26
TMT_EDU	9 322	1.750	1.000	2.096	9 322	1.735	1.000	2.034	0.49	−0.55
MAN_SHR	9 322	0.008	0.000	0.021	9 322	0.008	0.000	0.021	0.66	2.42**
TMT_TENURE	9 322	4.229	4.000	2.225	9 322	4.227	4.000	2.224	0.07	0.11
TMT_COMP	9 322	47.798	38.132	37.920	9 322	47.976	37.200	39.867	−0.31	1.46
SIZE	9 322	22.075	21.927	1.210	9 322	22.080	21.956	1.235	−0.25	−0.37
LEV	9 322	0.451	0.451	0.218	9 322	0.452	0.447	0.215	−0.30	−0.29
ROA	9 322	0.041	0.039	0.074	9 322	0.041	0.039	0.075	0.13	−0.52
TOBINQ	9 322	2.058	1.641	1.281	9 322	2.034	1.610	1.285	1.24	0.87
STATE	9 322	0.425	0.000	0.494	9 322	0.425	0.000	0.494	−0.07	−0.07
LISTAGE	9 322	11.969	11.000	6.548	9 322	11.949	12.000	6.487	0.21	0.06
LAW	9 322	9.470	8.410	5.505	9 322	9.450	8.410	5.523	0.26	0.55

续表

Panel C:第二阶段的回归结果——创新文化与公司创新(假设 6.2.1)

变量	创新投入		创新产出			
	(1)	(2)	(3)	(4)	(5)	(6)
	因变量：RD_SALE	因变量：RD_TA	因变量：PATENT_AU	因变量：PATENT	因变量：CITATION_YI	因变量：CITATION_AT
	系数(z 值)	系数(z 值)	系数(z 值)	系数(z 值)	系数(z 值)	系数(z 值)
INNO_CUL	0.477***	0.294***	3.707***	6.329***	9.027***	41.499***
	(4.18)	(5.81)	(3.26)	(4.40)	(8.00)	(3.91)
IPP	0.013**	0.008***	0.119	0.158*	0.319***	0.700
	(2.47)	(3.48)	(1.17)	(1.80)	(3.31)	(1.03)
控制变量	控制	控制	控制	控制	控制	控制
常数项	0.387	1.205	−467.882***	−374.938***	−1 181.113***	−2 684.500***
	(0.11)	(1.21)	(−13.73)	(−10.17)	(−28.27)	(−10.24)
行业/年度	控制	控制	控制	控制	控制	控制
Pseudo R^2	18.01%	19.02%	10.42%	8.21%	6.70%	3.68%
观测值	18 644	18 644	18 644	18 644	18 644	18 644
左截尾	6 895	5 695	10 279	9 836	7 428	4 854
LR Chi^2	15 160.31***	12 967.69***	10 057.17***	8 688.72***	9 400.40***	7 734.72***

Panel D:第二阶段的回归结果——创新文化、知识产权保护与公司创新(假设 6.2.2)

变量	创新投入		创新产出			
	(1)	(2)	(3)	(4)	(5)	(6)
	因变量：RD_SALE	因变量：RD_TA	因变量：PATENT_AU	因变量：PATENT	因变量：CITATION_YI	因变量：CITATION_AT
	系数(z 值)	系数(z 值)	系数(z 值)	系数(z 值)	系数(z 值)	系数(z 值)
INNO_CUL	0.711***	0.392***	4.685***	7.918***	10.689***	45.588***
	(5.58)	(7.04)	(3.86)	(5.05)	(8.83)	(4.25)
IPP	0.019***	0.010***	0.100	0.204**	0.441***	1.542**
	(3.43)	(4.46)	(2.64)	(2.06)	(4.38)	(2.13)
INNO_CUL ×IPP	−0.274***	−0.121***	−1.692*	−2.570*	−2.329***	−6.786**
	(−4.62)	(−4.69)	(−1.82)	(−1.90)	(−4.07)	(−2.56)
控制变量	控制	控制	控制	控制	控制	控制
常数项	0.062	1.062	−455.919***	−377.040***	−1 188.471***	−2 756.708***
	(0.02)	(1.06)	(−14.38)	(−10.19)	(−28.58)	(−10.48)
行业/年度	控制	控制	控制	控制	控制	控制
Pseudo R^2	18.04%	19.07%	10.43%	8.22%	6.71%	3.69%
观测值	18 644	18 644	18 644	18 644	18 644	18 644
左截尾	6 895	5 695	10 279	9 836	7 428	4 854
LR Chi^2	15 188.13***	12 996.09***	10 065.91***	8 701.52***	9 416.09***	7 751.10***

注：***、**、*分别表示在 1%、5%、10% 的水平上显著;所有 z 值均经过公司与年度的双重聚类调整(Petersen,2009)。倾向得分配对采用 1∶1 不放回的近邻匹配法进行配对,实验组(INNO_CUL＝1)和配对组(INNO_CUL＝0)的倾向得分差异限制在 0.1% 以内。

(五)进一步检验

1.创新文化对"研发支出-专利产出"敏感性的影响

本节还检验了创新文化对"研发支出-专利产出"敏感性的影响,具体来说,模型以专利为因变量,以创新文化与研发支出为自变量,并包含创新文化与研发支出的交乘项,则该交乘项的系数表示创新文化对"研发支出-专利产出"敏感性的影响。表 6.2.10 报告了相关的 Tobit 回归结果。从该表可以看出,交乘项 RD_SALE×INNO_CUL 的系数均在 1% 水平上显著为正,说明创新文化增强了专利对研发支出的敏感性。

表 6.2.10　进一步检验——创新文化与"研发支出-专利产出"敏感性

变量	(1) 因变量: PATENT_AU 系数(z 值)	(2) 因变量: PATENT 系数(z 值)	(3) 因变量: INVE_AU 系数(z 值)	(4) 因变量: INVE_APP 系数(z 值)
RD_SALE	3.181*** (3.01)	5.516*** (4.12)	1.753*** (5.62)	3.296*** (5.45)
INNO_CUL	0.533*** (3.87)	0.887*** (5.61)	0.369*** (7.75)	0.695*** (8.71)
RD_SALE×INNO_CUL	215.875*** (3.73)	225.517*** (2.64)	69.553*** (4.35)	121.479*** (3.28)
控制变量	控制	控制	控制	控制
常数项	−469.908*** (−16.40)	−360.552*** (−11.48)	−152.248*** (−19.07)	−201.895*** (−13.91)
行业/年度	控制	控制	控制	控制
Pseudo R^2	12.02%	9.26%	15.97%	12.82%
观测值	26 208	26 208	26 208	26 208
左截尾	14 819	14 192	17 866	16 060
LR Chi^2	16 030.07***	13 550.02***	13 280.11***	14 174.42***

注:***、**、*分别表示在 1%、5%、10% 的水平上显著;所有 z 值均经过公司与年度的双重聚类调整(Petersen,2009)。

2.创新文化对公司创新中"内卷化"现象的抑制作用

Ogburn 和 Goldenweiser(1928)在研究文化模式变迁时首次提出了"内卷化"的概念;随后,Geertz(1963)、Duara(1991)分别把其引入农业经济领域和政治领域。"内卷化"最初被用来描述当一类文化模式达到了某种形态以后,既没有办法稳定下来,也没有办法使自己转变成新的形态,取而代之的是内部不断精细化和复杂化的过程(Geertz,1963)。目前,"内卷化"概念已被较为广泛地应用于经济和社会领域,其含义也在不断演进中(刘世定,邱泽奇,2004)。本节中的"内卷化"指系统在发展和变迁过程中受内外部约束条件的影响,内部不断精细化、复杂化和刚性化,但却呈现出一种没有实际发展、质变或效益提高的增长或变革状态。

　　实际上,中国公司的创新活动目前就存在着较为严重的"内卷化"现象。受外部竞争压力、内部官僚主义、制度刚性和考核制度精细化等因素的影响,我国公司在投入大量资金进行研发时,往往出现核心创新不足、创新效率和质量低下的"内卷化"现象。据统计,我国2020年研发经费支出总额为24 426亿元,占国内生产总值之比为2.4%[①],总额高居世界第二。遗憾的是,在轰轰烈烈地进行高额研发投入时,我国却很难出现高质量、突破性的研发创新成果,在中美关系交恶之际,出现了多个领域关键技术"卡脖子"的尴尬难题。程俊杰(2019)指出,早在2017年,我国研发经费支出就已经接近美国研发经费的60%,但我国的全要素生产率自2008年以来持续下降,到2017年时只相当于美国的40%左右。

　　本节认为,创新文化不仅能够激励公司积极从事研发创新活动,而且能改善公司的创新效率和创新质量,进而抑制公司创新中的"内卷化"现象。从创新文化包含的四个特征看,首先,尊重个性、强调自由和平等将使富有创新能力的人更有可能在自由环境下实现突破性创新。腾讯的张小龙就是一例。如果没有马化腾对张小龙个性的尊重和包容,就不会成就一个"懒散"的、从不开会的"微信之父"。其次,激励探索、鼓励创新的创新文化将使公司充满浓厚的创新氛围,浓厚的创新氛围有助于提高公司的创新效率和创新质量。并且,对成功创新的奖励将激励研发人员努力提高创新的成功率,进而提高公司的创新效率和创新质量。再次,支持冒险、宽容失败的创新文化将使研发人员在平缓的心态下从事创新,研发项目因此更有可能成功,也更有可能出现高质量的研发成果。最后,开放、包容与合作的创新文化有助于公司外部合作研发及内部研发的成功。

　　关于创新文化对公司创新中"内卷化"现象的抑制,可以从创新效率和创新质量两个角度衡量。首先,"内卷化"越严重,公司创新效率越低。本节以创新的投入产出比(即单位研发支出产生的专利数量)衡量创新效率。创新文化能够抑制公司创新中的"内卷化"现象,也就意味着创新文化与创新效率正相关。其次,"内卷化"越严重,公司创新质量越低。本节将专利区分为发明专利与其他专利(或高引用率专利与低引用率专利),发明专利对其他专利比值(或高引用率专利对低引用率专利比值)越低,则创新质量越低,创新中的"内卷化"现象越严重。创新文化能够抑制公司创新中的"内卷化"现象,也就意味着创新文化对发明专利的正向影响大于对其他专利的正向影响(或对高引用率专利的正向影响大于对低引用率专利的正向影响)。

　　表6.2.11的Panel A报告了创新文化对创新效率影响的Tobit回归结果。列(1)的被解释变量为EFFI_PATE,列(2)的被解释变量为EFFI_INVE(见表6.2.2)。列(1)、(2)的回归均显示,创新文化INNO_CUL的系数在1%水平上显著为正,说明创新文化提升了公司创新效率,进而抑制了公司创新过程中的"内卷化"现象。

　　表6.2.11的Panel B中,列(1)和列(2)比较了创新文化变量INNO_CUL对变量INVE_AU(公司当年获授权的发明专利总数)与变量UD_AU(公司当年获授权的其他专利总数)的不对称影响;列(3)和列(4)比较了INNO_CUL对变量H_CITATION(公司当年获授权

---

　　①　见 http://www.stats.gov.cn/.

的高引用率专利总数)与变量 L_CITATION(公司当年获授权的低引用率专利总数)的不对称影响。由列(1)和列(2)可知,创新文化 INNO_CUL 对发明专利 INVE_AU 在 1%水平上具有显著正向影响,而对其他专利 UD_AU 没有显著正向影响,说明创新文化的确对发明专利和其他专利具有不对称影响;由列(3)和列(4)可知,创新文化 INNO_CUL 对高引用率专利 H_CITATION 在 1%水平上具有显著正向影响,而对低引用率专利 L_CITATION 没有显著正向影响,说明创新文化的确对高引用率专利和低引用率专利具有不对称影响。以上结果共同说明了创新文化提升了公司创新质量进而抑制了公司创新过程中的"内卷化"现象。

表 6.2.11　创新文化对创新中"内卷化"的抑制

Panel A:创新文化对创新效率的影响

变量	(1)		(2)	
	因变量:EFFI_PATE		因变量:EFFI_INVE	
	系数	z 值	系数	z 值
INNO_CUL	1.311***	3.74	0.498***	5.29
IPP	0.024	1.22	0.011***	3.13
控制变量	控制	控制	控制	控制
常数项	−142.914***	−10.72	−39.036***	−9.61
行业/年度	控制		控制	
Pseudo R^2	8.66%		13.01%	
观测值	26 208		26 208	
左截尾	14 819		17 866	
LR Chi^2	9 186.16***		7 602.82***	

Panel B:创新文化对不同类型专利影响的不对称性

变量	(1)		(2)		(3)		(4)	
	因变量:INVE _AU		因变量:UD_AU		因变量:H_CITATION		因变量:L_CITATION	
	系数	z 值	系数	z 值	系数	z 值	系数	z 值
INNO_CUL	2.028***	6.23	2.327	1.40	3.545***	5.98	3.402	1.44
IPP	0.070***	3.23	0.035	0.35	0.064*	1.72	0.446***	4.22
控制变量	控制	控制	控制	控制	控制	控制	控制	控制
常数项	−152.133***	−17.90	−585.999***	−10.92	−192.004***	−17.71	−638.014***	−9.11
行业/年度	控制		控制		控制		控制	
Pseudo R^2	15.20%		10.75%		9.49%		4.89%	
观测值	26 208		26 208		26 208		26 208	
左截尾	17 866		17 105		9 926		10 372	
LR Chi^2	12 637.70***		12 322.23***		15 798.53***		9 375.09***	

　　注:采用 TOBIT 回归;***、**、*分别表示在 1%、5%、10%的水平上显著;所有 z 值均经过公司与年度的双重聚类调整(Petersen,2009)。

五、结论与启示

文化是公司最大的软实力,是公司获取持续竞争优势的一个核心资源(Barney,1986),然而在研究创新影响因素的前期文献中,学者多关注产权保护、公司治理等正式制度对公司创新的影响,少有关注文化,特别是创新文化对公司创新的影响。本节采用文本分析方法,实证考察了创新文化对公司创新的影响,研究结论如下:第一,创新文化促进了公司创新水平的提高,无论采用创新投入的研发支出,还是创新产出的专利、专利引用率等指标衡量公司创新水平,该结论都成立;第二,产权保护与创新文化对公司创新的影响具有相互替代效应,即产权保护缓解了创新文化对公司创新的正向影响。本节通过更换被解释变量创新水平和解释变量创新文化分别进行了稳健性测试,以上结论不变。在采用倾向得分匹配法(PSM)控制内生性后,以上结论也依然成立。此外,本节进一步研究发现,创新文化增强了创新投入与创新产出之间的敏感性,且创新文化抑制了公司创新中的"内卷化"现象。关于"内卷化",本节认为,中国公司在创新活动中存在着较为严重的"内卷化"现象,表现为核心创新少,在投入大量资金进行研发活动时却出现创新效率和创新质量低下的情况。而本节的研究发现,创新文化通过提高公司的创新效率和创新质量,实际上能够抑制公司创新中的"内卷化"现象。本节的研究结论为创新文化促进公司创新水平提供了重要的经验证据,有关"内卷化"的发现可以加深人们对创新文化促进公司创新的理解。

本节的研究结果具有以下实践启示:第一,当前我国正在建设创新型国家,党的十九大就如何建设创新型国家提出了一条重要路径:倡导创新文化。本节的研究表明,创新文化确实可以显著地提升企业的创新水平。该结论提示企业,要改善创新水平,不仅要在正式制度上下功夫,更要在企业普遍忽略的文化上,特别是创新文化上下功夫,努力在企业中培育浓厚的创新文化氛围,使创新成为有源之水,有本之木。第二,本节的研究表明,产权保护与创新文化对公司创新的影响具有替代效应,即当产权保护越弱时,创新文化对公司创新的促进作用越明显。该结论提示政府部门与公司,越是产权保护落后的地区,越是应该培育创新文化。第三,我国当前的公司创新中存在比较严重的"内卷化"现象,这也是我国当前缺乏核心技术且容易在技术方面被"卡脖子"的一个主要原因。因此,公司在培育创新文化、提升创新水平时,应注意利用创新文化克服创新中的"内卷化"现象,增强公司自身在核心技术上的创新能力。

参考文献

陈衍泰,何流,司春林,2007.开放式创新文化与企业创新绩效关系的研究:来自江浙沪闽四地的数据实证[J].科学学研究,25(3):567-572.

程俊杰,2019.高质量发展背景下破解"创新困境"的双重机制[J].现代经济探讨,(3):5-10.

杜跃平,王开盛,2007. 创新文化与技术创新 [J]. 中国软科学,(2):150-153.

樊纲,王小鲁,朱恒鹏,2017. 中国市场化指数:各地区市场化相对进程 2017 年报告 [M]. 北京:经济科学出版社.

顾雷雷,王鸿宇,2020. 社会信任、融资约束与企业创新 [J]. 经济学家,(11):39-50.

李琳,郭立宏,2021. 严格文化会阻碍技术创新吗?:基于多层次适应性理论的视角 [J]. 经济管理,43(6):38-52.

刘锦英,2010. 创新文化特征与企业创新绩效的实证研究:基于我国光电子产业的分析 [J]. 科技进步与对策,27(13):85-88.

刘世定,邱泽奇,2004."内卷化"概念辨析 [J]. 社会学研究,(5):96-110.

潘健平,潘越,马奕涵,2019. 以"合"为贵？合作文化与企业创新 [J]. 金融研究,463(1):148-167.

唐玮,蔡文婧,崔也光,2020."诚信"文化与企业创新 [J]. 科研管理,41(4):11-22.

吴爱华,苏敬勤,2014. 专用性视角下创新型文化,创新能力与绩效 [J]. 科研管理,6:47-55.

吴超鹏,唐菂,2016. 知识产权保护执法力度、技术创新与企业绩效:来自中国上市公司的证据 [J]. 经济研究,51(11):125-139.

徐细雄,李万利,2019. 儒家传统与企业创新:文化的力量 [J]. 金融研究,471(9):112-130.

赵子乐,林建浩,2019. 海洋文化与企业创新——基于东南沿海三大商帮的实证研究 [J]. 经济研究,54(2):68-83.

朱天,2016. 中国增长之谜 [M]. 北京:中信出版社.

ALLEN F, QIAN J, QIAN M, 2005. Law, finance, and economic growth in China [J]. Journal of financial economics, 77(1): 57-116.

ARIKAN C L, ENGINOĞLU D, 2016. How elements of corporate culture affect overall firm performance [J]. International journal of business management and economic research, 7(3): 680-689.

BARNEY J B, 1986. Organizational culture: can it be a source of sustained competitive advantage? [J]. Academy of management review, 11(3): 656-665.

BARNEY J, 1991. Firm resources and sustained competitive advantage [J]. Journal of management, 17(1): 99-120.

BRETTEL M, CLEVEN N J, 2011. Innovation culture, collaboration with external partners and NPD performance [J]. Creativity and innovation management, 20(4): 253-272.

BÜSCHGENS T, BAUSCH A, BALKIN D B, 2013. Organizational culture and innovation: A meta-analytic review [J]. Journal of product innovation management, 30(4): 763-781.

CAMERON K S, QUINN R E, 1999. Diagnosing and changing organizational culture [M]. New Jersey: Prantice Hall.

ČERNE M, JAKLIČ M, ŠKERLAVAJ M, et al., 2012. Organizational learning culture and innovativeness in Turkish firms [J]. Journal of management & organization, 18 (2): 193-219.

DU X, 2013. Does religion matter to owner-manager agency costs? Evidence from China [J]. Journal of business ethics, 118(2): 319-347.

DU X, WENG J, ZENG Q, et al., 2017.Culture, marketization, and owner-manager agency costs: A case of merchant guild culture in China [J]. Journal of business ethics, 143(2): 353-386.

DUARA P, 1991. Culture, power, and the state: rural north China, 1900-1942 [M]. California: Stanford University Press.

GEERTZ C, 1963. Agricultural involution: the processes of ecological change in Indonesia [M]. California: University of California Press.

HOFSTEDE G, HOFSTEDE G J, MINKOV M, 2010. Cultures and organizations: software of the mind:third edition [M]. New York:McGraw-Hill Education.

HOGAN S J, COOTE L V, 2014. Organizational culture, innovation, and performance: a test of Schain's model [J]. Journal of business research, 67(8): 1609-1621.

JONES G K, DAVIS H J, 2000. National culture and innovation: implications for locating global R&D operations [J]. Management international review, 40(1): 11-39.

KYSER D, HILL T, 2016. Through the looking glass: company culture as a reflection of founder personality in entrepreneurial organizations[C].6th International Engaged Management Scholarship Conference.

LEE K, WOO H-G, JOSHI K, 2017. Pro-innovation culture, ambidexterity and new product development performance: polynomial regression and response surface analysis [J]. European Management Journal, 35(2): 249-260.

OGBURN W F,GOLDENWEISER A, 1928. Social sciences and their interrelations [M]. London: George Allen and Unwin Ltd.

O'REILLY C, CHATMAN J A, 1996. Culture as social control: corporations, cults, and commitment [A] // STAW B M, CUMMINGS L L, Research in organizational behavior [C]. Greenwich: JAI Press Inc: 157-200.

PETERSEN M A, 2009. Estimating standard errors in finance panel data sets: Comparing approaches [J]. The review of financial studies, 22(1): 435-480.

GRAHAM J R, HARVEY C R, POPADAK J, et al., 2017. Corporate Culture: evidence from the field [R]. 27th Annual Conference on Financial Economics and Accounting.

RUJIRAWANICH P, ADDISON R, SMALLMAN C, 2011. The effects of cultural

factors on innovation in a Thai SME［J］. Management Research Review，34（12）：
1264-1279.

SCHEIN E H，1992. Organizational culture and leadership［M］. San Francisco：
Jossey-Bass.

TIAN M，DENG P，ZHANG Y，et al.，2018.How does culture influence innovation?
A systematic literature review［J］. Management decision，56(5)：1088-1107.

WILLIAMSON O E，2000. The new institutional economics：taking stock，looking a-
head［J］. Journal of economic literature，38(3)：595-613.

第三节　会计师事务所伦理文化与审计质量

摘要：会计师事务所的文化氛围影响审计师行为，进而影响审计质量。本节利用
2008—2017 年会计师事务所分所(practice office)和上市公司的双重样本，检验了会计师事
务所伦理文化对审计质量的影响。研究发现：第一，具有伦理文化的会计师事务所分所平均
审计质量显著更高，表现为出具非标准审计意见的比率更高、客户公司平均可操纵性应计的
绝对值更小、客户公司发生微利的比率更低、客户公司发生财务违规的比率更低。第二，由
具有伦理文化的会计师事务所分所审计的上市公司更有可能被出具非标准审计意见、报告
更低的可操纵性应计绝对值、较小可能报告微利和发生财务违规。上述研究揭示了伦理文
化的确塑造了审计师的伦理道德和独立性，从而提高了审计质量。第三，相较于国际四大会
计师事务所，会计师事务所伦理文化与审计质量的正相关关系在非国际四大会计师事务所
中更为突出。以上结果在一系列的自变量和因变量敏感性测试之后依然稳健，且在控制了
潜在的内生性之后主要结论保持不变。本节补充了审计质量的影响因素的相关文献，对监
管审计师行为、加强会计师事务所建设、理解财务报告质量等方面具有借鉴意义。

一、引言

审计质量是审计师职业判断和行为的结果。DeAngelo(1981a)指出审计质量是"审计
师发现客户公司财务报告中的瑕疵的能力和审计师揭发这一瑕疵的意愿的联合概率"。换
言之，审计师的专业能力(能否发现)和道德水平(是否揭露)共同决定了审计质量。Nelson
(2009)进一步构建了审计师职业怀疑的影响因素模型，即知识、特质和动机三个维度决定了
审计师的职业判断和为此实施的职业行为。知识反映了审计师的客观专业能力，特质和动
机则与审计师的主观道德相关。从审计师的能力与道德(独立性)两个方面出发，前期的文
献对审计质量的影响因素展开了大量的研究。一方面，对于审计师的专业能力，学者们大多
采用会计师事务所的规模(DeAngelo，1981a；Becker et al.，1998；Francis，Yu，2009)、行业专

长(DeAngelo,1981b;Balsam et al.,2003;Lim,Tan,2010)、审计市场集中度(Kallapur et al.,2010;Choi et al.,2012;Francis et al.,2013a)等事务所层面的特征加以衡量。近年来随着对个体审计层面数据的开发,部分学者开始采用签字审计师的人口统计学特征,如年龄、学历、教育背景、注册会计师资格持有时间等,来衡量审计师能力的高低(Gul et al.,2013;Guan et al.,2016)。另一方面,对于审计师道德或独立性,以往的文献大多从审计师与客户公司之间的关系进行间接度量,包括审计师对审计客户的经济依赖程度(Reynolds,Francis,2000;DeFond et al.,2002;Aobdia et al.,2015)、审计师与审计客户的高管之间的关系(Guan et al.,2016;He et al.,2017;Du,2019a,2019b)等。也有一部分研究采取直接对审计师进行调查、实验的方法测量审计师的道德水平,进而考察其对审计质量的影响(如Ponemon,1992;Shaub,1994;Blay et al.,2019)。

然而,采用大样本对审计师道德进行直接衡量仍未有文献涉及。在个体审计师层面数据难以找到衡量个人道德水平的统计特征的前提下,本节寻求会计师事务所层面的伦理道德水平的度量,进而实证检验其对审计质量的影响。具体地,审计师的行为受到身处的会计师事务所的整体氛围的影响。事务所的高层语调(tone at the top)决定了整个会计师事务所的平均道德水平,美国公众监督委员会(Public Oversight Board,POB)在2000年对会计师事务所文化的调查中发现,高层语调决定了事务所文化是质量优先或收入优先。高层语调反映了事务所合伙人对于道德与经济利益的权衡以及偏好,通过事务所的规章制度、培训和质量控制程序等传递到个人审计师层面。根据Nelson(2009)的研究框架,知识、特质和动机三个维度决定了审计师的职业判断和职业行为。审计师特质包括解决问题的能力、道德和职业怀疑三个因素,会计师事务所的伦理文化强化审计师的道德特质;审计师动机包括法律动机、声誉动机和市场动机三个方面,会计师事务所的伦理文化促进审计师的声誉动机而抑制其市场动机。所以,会计师事务所的伦理文化可以塑造个体审计师的道德行为,提高其职业审慎性和审计独立性,从而提高审计质量。

借用文本分析方法,本节得以对会计师事务所层面的伦理文化进行量化和测度。本节手工搜集了会计师事务所官方网站中对于事务所文化、使命、愿景、价值观、精神、理念和宗旨的描述,析出其中与伦理相关的关键字。将会计师事务所文化表述中包含与伦理相关的关键字定义为事务所伦理文化,进而实证检验会计师事务所伦理文化对审计质量的影响,以及事务所规模对于伦理文化和审计质量关系的调节作用。利用2008—2017年为中国A股上市公司提供审计服务的会计师事务所执行分所(practice office)样本和上市公司样本双重样本,本节实证研究发现:第一,具有伦理文化的会计师事务所分所平均审计质量显著更高,体现为出具非标准审计意见的比率更高、客户公司平均可操纵性应计的绝对值更小、客户公司发生微利的比率更低、客户公司发生财务违规的比率更低。第二,由具有伦理文化的会计师事务所分所审计的上市公司更有可能被出具非标准审计意见、报告更低的可操纵性应计绝对值、较小可能报告微利和发生财务违规。上述研究揭示了伦理文化的确塑造了审计师的伦理道德和独立性,从而提高了审计质量。第三,相较于国际四大会计师事务所,会计师事务所伦理文化与审计质量的正相关关系在非国际四大会计师事务所中更为突出。以上结果在一系列的自变量和因变量敏感性测试之后依然稳健，且在控制了潜在的内生性之后主要结论保持不变。

本节对现有的文献的贡献包括以下几个方面：

第一，本节丰富了审计质量影响因素的相关文献。对于审计质量影响因素的研究已逐渐从会计师事务所层面向个体审计师层面推进（如 Zerni，2012；Carcello，Li，2013；Gul et al.，2013；Guan et al.，2016；He et al.，2017）。然而，在会计师事务所层面关于审计师的"主观"特质的因素（如审计师的伦理道德）则较少被讨论。本节借助会计师事务所的伦理文化来衡量审计师道德，并实证分析其对于审计质量的影响，首次围绕 DeAngelo（1981a）"审计师揭露财务报告瑕疵的意愿"的观点，进行直接的、大样本的实证检验。长期以来，现有文献对审计师发现财务报告瑕疵的能力进行了充分的研究，包括审计师行业专长、事务所规模、审计师声誉等。由于审计师揭发客户的意愿具有主观性、不可观察性，虽然一部分的研究尝试对审计师/财务专业学生展开调查和实验以考察审计师道德（moral reasoning）对审计质量的影响，但是大样本的实证检验一直难以实现。从这一点出发，本节的研究对于 DeAngelo（1981a）观点的第二个维度进行了研究，进而对审计质量影响因素的文献进行有益的补充。

第二，本研究有助于进一步完善审计师特征的相关文献。中国独有的制度背景为研究个体审计师层面的特征创造了机会——通过公开披露的审计报告可以搜集签字审计师的姓名和其所属的会计师事务所。确定了签字审计师后，大量的前期文献研究了个体审计师的特征与审计质量、审计行为之间的关系（Gul et al.，2013；Guan et al.，2016；He et al.，2017；Du，2019a，2019b）。然而，这些研究大多局限于人口统计学的特征、审计师与高管之间的关系等，刻画了签字审计师的客观特质与社会关系（social ties），如性别、年龄、受教育背景、校友关系等；对于主观特质，例如审计师的性格、道德水平等，通常难以衡量。本节通过会计师事务所的伦理文化来度量审计师道德，从而对衡量审计师的主观特质进行了有益的尝试，填补了相关文献中的空白。

第三，本节借助文本分析的方法构建会计师事务所的伦理文化变量，对进一步研究事务所文化/企业文化/组织文化具有借鉴意义。参照潘健平等（2019）、王艳和阙铄（2014）、张玉明和陈前前（2015）等，本节基于会计师事务所官网中对于事务所文化、使命、愿景、价值观、精神、理念和宗旨的描述，析出伦理相关关键字并构建会计师事务所的伦理文化变量。本节的研究提供了关于会计师事务所伦理文化与审计质量正相关的系统的、稳健的实证结果（与以往的调查和实验研究方法的研究发现相一致），表明事务所伦理文化的度量方法具有合理性和可操作性，即在组织文化的度量方面，文本分析的方法能够形成对调查、实验研究的重要补充，为后续的研究提供计量上的参考。

第四，本节采用会计师事务分所层面和上市公司层面双重研究样本，对事务所伦理文化与审计质量的关系进行检验，结果更具说服力。Francis 等（2013b）采用会计师事务所分所的样本和客户公司样本，对审计失败在事务所分所/审计客户内的传染效应进行研究。本节参照 Francis 等（2013b）的方法，实证检验发现有伦理文化的会计师事务所分所比没有伦理文化的会计师事务所分所具有更高的审计质量(出具更高比率的非标准审计意见、客户公司报告的可操纵性应计的绝对值更低、客户公司出现微利和财务违规的比率更低);同时,由具有伦理文化的会计师事务所分所审计的上市公司,相较于由没有伦理文化的会计师事务所分所审计的上市公司,审计质量更高。因此,本研究也对会计师事务所分所层面的研究进行了补充。

本节其余部分安排如下:第二部分讨论我国审计市场的背景,回顾审计质量相关文献,并发展研究假设;第三部分介绍研究设计,包括样本选择和数据、实证模型和变量;第四部分报告了描述性统计、Pearson 相关性分析和主要研究发现;第五部分进行稳健性测试、内生性测试和进一步检验;第六部分为本节的研究结论。

二、制度背景、文献回归与研究假设

(一)中国审计师道德

一直以来,中国监管机构和政策制定者都重视审计师的道德建设。特别地,在我国经济从高速增长阶段向新常态转变的过程中,市场主体、中介机构的规范运营尤为重要。第一,不论是我国的市场经济、新兴的证券市场,抑或是审计市场,都面临着历史短、制度尚不完善、政策的执行力度差的问题(如 Du,2013;Allen et al.,2005;Fan et al.,2007)。投资者保护制度的薄弱、对市场中介的监管与处罚机制不足,都可能促使审计师漠视伦理道德并滋生机会主义行为。第二,我国的经济发展经历了逾三十年的高速增长,蓬勃的市场发展带来巨大的经济利益。伴随着国民经济的飞速发展,中国成为世界第二大经济体和世界最大的发展中国家,A 股市场在上市公司数目、募集资金数、市场价值等方面也迎来快速的增长:上市公司从资本市场成立之初的不足百家,到 2021 年的逾 4 000 家、总市值达 77 万亿元;从最开始的国有企业主导,到如今民营企业占比超过 50%。身处其中的审计师也受到强烈的经济动机的影响,容易牺牲法律和声誉动机而一味追求经济利益。第三,我国的审计市场一直存在集中度低、竞争激烈的现象(杜兴强 等,2013;夏冬林,林震昊,2003;朱红军 等,2004)。与发达国家的审计市场基本上被国际四大会计师事务所占据不同[根据 Francis 等(2013a),1999—2007 年,国际四大会计师事务所在美国市场的份额达到 61%,在英国市场的份额达到 50%,在中国市场的份额仅有 17%],我国审计市场由大所和本地小所共同组成,A 股上市公司中由国际四大和国内六大会计师事务所(根据中注协的百强会计师事务所排名可得)审计的比例为 43%,不足一半。审计市场的分散化导致激烈的市场竞争,以至于审计师的道德受到挑战(Chu et al.,2011;Du,Lai,2018)。综上,外部经济环境的急速发展给审计师的职业行为带来巨大的经济利益的诱惑,审计师的伦理道德则受到挑战,因此提倡和引导审计师的道德建设极有必要。

在中国资本市场中屡禁不止的财务造假行为佐证了这一观点。近年来,A 股上市公司频频陷入财务造假丑闻中,特别是 IPO(initial public offering,首次公开募股)舞弊暴露了诸多的行业乱象。2010—2012年,胜景山河、万福生科、海联讯接连发生恶劣的财务舞弊行为,牵涉其中的平安证券收到证监会超过7000万元的最重罚单。审计师作为重要的市场中介,在各种财务造假、舞弊事件中存在默许、包庇甚至配合上市公司的违规行为,因而有不可推卸的责任。相关人员遭受终身禁止进入证券市场的惩罚,相关的会计师事务所被处以罚金、被证监会撤回证券服务业务许可等程度不等的处罚。例如,在云南绿大地舞弊案件中深圳鹏城会计师事务所解散;中磊会计师事务所由于万福生科欺诈上市被取消证券服务资格等。即使如此,仍不乏会计师事务所和审计师愿意为了换取审计收费、市场份额铤而走险,做出种种有损审计师道德的行为。并且,在我国大力鼓励扶持内资所(国内会计师事务所)做大做强、与国际四大会计师事务所有效竞争和主导我国审计市场的背景之下,会计师事务所可能陷入过度追求规模增长而忽视道德建设的境地。2007年中注协制定发布了《关于推动会计师事务所做大做强的意见》,内资所开始了大量合并、扩大业务规模的行为。瑞华会计师事务所的合并、暴雷事件正是典型的案例。在内资所轰轰烈烈的合并浪潮中,瑞华所的合并策略是最为激进的。通过吸收众多的"劣迹斑斑"的低质量团队[包括参与胜景山河IPO舞弊的中审国际事务所部分团队、参与万福生科造假事件的中磊会计师事务所、因金荔科技和聚友网络虚假审计报告被证监会处罚的深圳鹏城会计师事务所等(岑敏儿,2020)],瑞华所实现了规模和事务所排名的大幅度提升。2013—2016年,瑞华均超过安永会计师事务所和毕马威会计师事务所,位列中注协百强事务所排名的前四位,其中2016年到达第二位,排名仅次于普华永道会计师事务所。然而,在2018年,瑞华会计师事务所由于其过激的经营策略而"暴雷",不出意外地卷入又一重大财务舞弊案件——康得新119亿元财务造假案。可见,在审计业务急速增长、会计师事务所规模持续发展的过程中,审计师不能忽视其对社会公众的责任和伦理道德,审计师的道德建设问题亟待解决。

对此,监管机构、行业自律协会和政策制定者发布了一系列的规章制度对审计师道德进行约束和引导。2010年,中国注册会计师协会印发了《中国注册会计师职业道德守则》和《中国注册会计师协会非执业会员职业道德守则》,就审计师的职业道德进行详细的规范和解释,其中明确了注册会计师应当遵循诚信、独立、客观和公正、专业胜任能力和应有关注、保密、良好的执业行为等职业道德守则。此外,国家审计署于2010年9月修订了《中华人民共和国国家审计准则》,其中第15条规定审计人员应当恪守"严格依法、正直坦诚、客观公正、勤勉尽责、保守秘密"的基本审计职业道德。2013年,中国内部审计协会发布《中国内部审计准则》第1201号——《内部审计人员职业道德规范》,指出内审人员应当遵守"依法审计、忠于职守、坚持原则、客观公正、廉洁奉公、保守秘密;不得滥用职权、徇私舞弊,不得泄露秘密、玩忽职守"的道德准则。至此,对于整个审计体系(国家审计、注册会计师审计和内部审计)从业人员的道德规范的制度趋于完整。可是,在违背审计师道德的处罚远远不及获取的利益的情况下(Du et al.,2018),审计师的伦理失范仍然时有发生,我国审计师的道德建设仍任重道远。

总之,虽然监管机构和行业自律协会不断呼吁重视审计师道德行为,但是审计师作为理性人在判断经济利益与受到的处罚不对等的前提下仍然会进行有悖伦理道德的投机行为。

因此会计师事务所自身加强伦理道德的规范,创造事务所内部的伦理文化氛围,是强化审计师道德的一种替代机制,由此形成本节的研究主题——会计师事务所伦理文化与审计质量的关系。

(二)相关文献回顾

随着计量方法、研究数据的拓展,学者们对于审计质量影响因素的研究不断细化和具体化,从会计师事务所层面到会计师事务所分所/审计团队层面再到个体审计师层面(Gul et al.,2013)。本节将从这三个层面对审计质量影响因素的重要文献进行梳理。

1.会计师事务所层面的研究

早期,学者们从会计师事务所的规模、行业专长、经济依赖等角度对审计质量进行解释。DeAngelo(1981a)的实证研究发现会计师事务所规模与审计独立性、审计质量正相关。Becker 等(1998)采用 BIG6 作为会计师事务所规模的衡量标准,发现国际六大会计师事务所的客户公司具有显著更低的可操纵性应计。对于审计师行业专长,DeAngelo(1981b)认为它是一项技术层面的沉没成本,形成对审计独立性的保障;假如具有行业专长的审计师所审计的客户公司出现财务报告的差错和瑕疵,那么审计师将面临更多的潜在业务损失(声誉机制)。所以,为了避免审计业务的重大损失,具有行业专长的审计师更重视审计质量(审计师声誉)的维持。为了检验这一假说,Balsam 等(2003)实证检验了审计师行业专长与客户公司的可操纵性应计、盈余反应系数之间的关系。经验证据显示,审计师行业专长与审计客户的可操纵性应计显著负相关、与盈余反应系数正相关。Lim 和 Tan(2010)以市场份额作为审计师行业专长的划分标准,发现了审计师行业专长可以提高审计质量(获得持续经营审计意见的概率更高、盈余反应系数更大)。Lim 和 Tan(2010)对此的解释是,行业专长的审计师具有信息优势和技术优势,包括更了解该行业的经营特点、竞争环境以及行业特定风险等信息,更好地掌握检查和审计该行业财务报表的专业技能,因此能够提高职业判断能力和审计工作的有效性。Kallapur 等(2010)和 Francis 等(2013a)提供了审计集中度与审计质量正相关的经验证据。关于审计客户对会计师事务所的重要性(即会计师事务所的经济依赖程度),前期文献发现了不一致的结果。Frankel 等(2002)采用非审计服务收费作为经济依赖性的度量,发现了非审计服务收费与可操纵性应计绝对值的正相关关系。Reynolds 和 Francis(2001)发现审计师的独立性会随着经济依赖程度的增加而增加——大客户相较于小客户报告的可操纵性应计更低,原因是声誉机制和法律机制使得大客户发生审计失败时审计师面临的损失更为重大,因此审计师对于重要审计客户更为谨慎。而 DeFond 等(2002)的研究则没有发现审计收费、非审计服务收费、审计师总收费(包括审计费用和非审计服务费用)与审计独立性之间有任何显著关系。

2.会计师事务所分所/审计团队层面的研究

由于会计师事务所实行合伙制,不同分所与合伙人团队之间差异迥然(史文 等,2019),因此一部分学者将审计质量的影响因素聚焦在执行分所(practice office)或执行团队上。

Francis 和 Yu（2009）的经验证据论证了会计师事务所分所的规模对审计质量具有显著影响，其实证研究发现大的分所更倾向于出具持续经营审计意见、大的分所的审计客户的盈余管理程度更低。类似地，Francis 等（2013b）报告了国际四大会计师事务所的分所所审计的上市公司财务重述的概率更高的证据。Francis 等（2013b）考察了审计失败在会计师事务所分所层面的传染效应，即当某一事务所分所的审计客户中出现审计失败，那么由该分所审计的其他未出现审计失败的客户公司也具有更低的审计质量。这一传递效应主要由同一分所的质量控制水平、培训等内部制度决定。与对会计师事务所分所的关注相似，一系列的文献认为是审计团队层面的因素决定了审计质量。Downar 等（2021）利用德国的档案数据研究审计团队的成因，并指出具有相同的民族（方言）/性别/年龄的审计师更容易组成审计团队。史文等（2019）从审计客户的获取、失去、变动和保持角度，描述了在中国市场审计团队是更为紧密的一个执行审计行为的单元，从而从这一层面进行审计研究是更为合适的。

3.个体审计师层面的研究

关注到某些资本市场要求公开披露签字审计师的姓名及信息（例如：中国、澳大利亚和德国），一部分的学者将审计质量的研究推进到个体审计师的层面。

首先，一支文献专门探讨签字审计师与客户公司高管的关系，进而研究审计师—高管关系对审计质量的影响。Guan 等（2016）研究了审计师与公司关键高管（CEO、董事长和CFO）之间的校友关系对审计质量的作用。他们的研究表明：一方面，有校友关系的审计师更倾向于出具清洁的审计意见、所审计的客户具有更高的可操纵性应计、更有可能在未来年度进行降低盈利的财务重述以及具有更低的盈余反应系数；另一方面，有校友关系的审计师可以赚取更高的审计收费。He 等（2017）检验了签字审计师与审计委员会成员之间的社会关系对于审计质量的影响。He 等（2017）系统地度量了社会关系，包括校友关系、教授—学生关系和雇佣关系，并发现审计师与审计委员会成员之间的社会关系的负面影响更大——审计质量更低、审计收费更高。Du（2019a，2019b）分别检验了审计师与客户公司 CEO 之间的方言关系（签字审计师与 CEO 来自同一方言地区）、姓氏关系（签字审计师与 CEO 为同一姓氏）对审计质量的影响，结果发现不论是审计师与 CEO 的方言关系或是姓氏关系都降低了审计质量。

其次，部分学者从签字审计师的人口统计学特征出发进行个体层面的研究。Gul 等（2013）利用中国资本市场中公开披露的签字审计师信息，研究发现审计质量在个体审计师层面存在显著差异，这表明事务所层面/分所层面/审计团队层面的因素不能完全解释审计质量。更进一步，Gul 等（2013）发现审计师的个人特征可以帮助解释这一差异，具体而言，具备硕士研究生及以上学历的签字审计师更激进，其审计的财务报告实际获得非标意见的概率低于应当获得非标意见的概率，并且可操纵性应计显著更高。此外，1971 年以后出生的审计师（系统的会计学从 1990 年起被引入中国，1971 年后出生的审计师有机会接受系统的会计学知识）具有更高的审计质量，在大型会计师事务所的工作经验可以提高审计质量，具有合伙人职务的审计师更为稳健。

最后，也有一部分学者将原本会计师事务所层面的研究主题细化到签字审计师层面。

例如,Zerni(2012)研究了合伙人的专长对于审计收费的影响,并发现合伙人专长可以带来更高的审计收费,Zerni(2012)认为这是由于具有审计专长的合伙人审计质量更高。Chen等(2016)发现中国市场存在着审计师个体层面的审计意见购买,即客户公司敦促会计师事务所替换愿意提供其想要的审计意见的审计师。Li 等(2017)将 Francis 等(2013b)的审计质量传染研究进一步推进到个体审计师层面。Li 等(2017)发现审计失败并不会导致同一分所内其他审计合伙人(没有客户发生审计失败的合伙人)的审计质量下降,审计失败主要存在于发生了审计失败的合伙人的其他审计客户间,即审计质量的传染局限于合伙人层面。

4.审计师道德的研究

如上所述,前期文献围绕会计师事务所或审计师个人的客观特质展开了充分的研究,但对于审计师的主观特质(如性格、道德水平)却难以量化。一系列文献采用调查和实验的方法测量审计师的道德水平,进而检验其对审计质量的影响。例如,Ponemon(1992)采用 DIT(defining issues test,道德议题界定)的方法衡量审计师道德水平,并对 88 位国际会计师事务所的审计师进行实验研究。结果发现 DIT 得分低的审计师少报审计任务时间(不道德行为)的程度更高。Shaub(1994)研究了人口统计学特征与道德水平之间的关系。Shaub(1994)对 91 个审计专业学生和 207 个审计师进行实验研究,发现超过三年以上的审计员工、高级员工相较于合伙人具有更高的道德理性(moral reasoning)得分。此外,女性以及进修了伦理课程的参与者道德理性得分更高。Blay 等(2019)通过诚实与责任规范来对审计师道德理性进行衡量,并发现当投资者同样参与实验(相较于投资者由电脑模拟)时审计师的错报更少,当审计师被要求在审计报告上签字时审计师的错报也更少。Blay 等(2019)的研究提供了审计师道德水平能够减少审计不道德行为的证据。

鉴于调查和实验的方法受限于特定的研究样本,其研究结论的稳健性往往更弱、可重复性更低,并且调查和实验中可能存在"光晕效应"导致研究的偏差(潘健平 等,2019),因此,本节未选择调查、实验的研究方法,而是采用大样本的实证检验,通过文本分析的方法对会计师事务所的伦理文化进行度量并检验其对审计质量的影响。

(三)研究假设

1.会计师事务所伦理文化与审计质量

会计师事务所的伦理文化能够塑造审计师的道德行为。个人的行为受到正式制度(法律、产权制度和合同)和非正式制度(规范和习俗)的共同影响(North,1990),并且非正式制度的影响往往是深远且稳定的(Williamson,2000)。会计师事务所的组织文化是一种典型的非正式制度,是在事务所范围内的文化氛围,也是审计师工作环境中重要的"隐性"行为规范。一家会计师事务所的组织文化传达了事务所的高层语调(tone at the top),反映了事务所合伙人对于道德与经济利益的权衡以及偏好(POB,2000)。身处其中的审计师倾向于遵循这种约定俗成的道德观念,因为遵守一个组织内的隐性行为规范可以获得认同感、归属感,甚至得到显性的物质奖励(例如升职的机会、更多的薪酬和奖金等),而违背组织成员间的共同意识与价值观则可能受到处罚（例如受到排挤、失去竞争机会）。在这一点上，会计师事务所的伦理文化向审计师传递了审计行为中道德的重要性，能够约束审计师的不道德行为、提高审计质量。具体地，Nelson（2009）提出知识、特质和动机三个维度决定着审计师的职业判断和职业行为（见图 6.3.1），会计师事务所伦理文化从特质和动机两个维度强化审计师的道德行为①，进而影响审计质量。具体地，审计师特质包括解决问题的能力、道德和职业怀疑三个因素，会计师事务所的伦理文化强化审计师道德和职业怀疑特质；审计师动机包括法律动机、声誉动机和市场动机三个方面，会计师事务所的伦理文化促进审计师的声誉动机而抑制其市场动机。

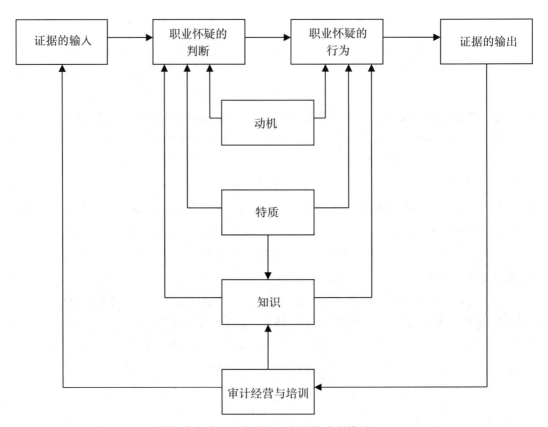

图 6.3.1   审计师在审计行为中的职业怀疑的决定模型（Nelson，2009）

第一，会计师事务所伦理文化提升审计师的道德。会计师事务所在其关于事务所文化、使命、愿景、价值观、精神、理念和宗旨的描述中提及伦理相关的表述，传递了这家事务所成员秉持的共同价值观、道德观念和行为规范（ethical code），既明确了伦理在事务所发展和审计业务执行中的重要性，也强调了诚实守信、为善、向社会公众负责的态度。会计师事务所是审计师成年后归属的最重要的组织，其伦理文化对塑造审计师的道德的作用尤为显著，身处其中的审计师受到这种文化氛围潜移默化的影响，并在一次次的培训、团建等组织活动中

---

①   知识是审计师的客观特征，与审计师个人能力相关，因此受到事务所伦理文化的影响较小。

得到强化。换言之,服务于具备较高伦理文化的会计师事务所,审计师更容易自觉约束不道德行为,作出符合高层语调(提倡审计师道德)的职业判断与职业行为。DeAngelo(1981a)指出审计质量是审计师发现客户公司财务报告中的瑕疵的能力和审计师揭发这一瑕疵的意愿的联合概率。所以,审计师发现问题的能力(专业水平)和揭发问题的意愿(道德水平)共同决定了审计质量的高低。从这一点上,会计师伦理文化能够提升审计师揭发这一瑕疵的意愿的概率,从而提高审计质量。

第二,会计师事务所伦理文化增强审计师的职业怀疑。审计师的职业怀疑要求审计师在执行审计业务时保持怀疑的态度,以质疑的思维方式看待问题、解决问题,对可能表明存在错误或舞弊的迹象保持警觉,对审计证据进行审慎评价(即《中国注册会计师职业道德守则》要求的"应有的关注")。审计师保持职业怀疑有利于履行对社会公众的责任:只有保持职业怀疑/应有的关注,才能发现财务报告中存在的错误和舞弊行为,起到保护投资者的作用。在这一点上,伦理文化与审计师的职业怀疑相一致。美国公众监督委员会在2000年对会计师事务所文化的调查中,将事务所区分为质量优先(quality-oriented)和收入优先(reve-nue-oriented)。质量优先意味着提倡客观、独立、职业怀疑、对公众的责任,在经济利益和道德的权衡中倾向于审计师道德。因此,具有伦理文化的会计师事务所更重视业务质量、对社会公众的责任,可以合理预期其审计质量更高。

第三,会计师事务所伦理文化补充审计师的声誉动机。审计师在执行审计业务过程中具有维护事务所的声誉、避免审计失败的动机。声誉动机是审计师约束自身不道德行为(机会主义行为)的重要保障。我国资本市场作为典型的新兴市场,不成熟的投资者占比高,对于财务造假或舞弊的上市公司、审计师以及其他市场中介不能形成有力的处罚。例如,前文所述的审计师受到处罚的案例中,由于审计师只需要承担有限的连带责任,大部分的违规事务所的审计师可以在事务所解散后进入其他会计师事务所继续从事审计工作(史文等,2019),这导致了声誉机制在我国审计市场中无法发挥应有的作用(Allen et al.,2005;Fan et al.,2007;Du,2013)。当外部的正式制度不能有效地抑制审计师的不道德行为时,会计师事务所内部的伦理文化(一种非正式制度)作为一项替代机制将塑造审计师道德,减少审计师失范行为,进而提高审计质量。

第四,会计师事务所伦理文化抑制审计师的市场动机。竞争导致道德的缺失(Chen et al.,2010;Francis et al.,2013a)。会计师事务所追求经济利益、扩大市场份额的同时会以牺牲审计师道德、忽视对社会公众的责任为代价。以安达信为例,Kelly和Earley(2009)从事务所组织文化改变的角度梳理了安达信如何一步步走向破产的过程。组织创始人创造组织的文化,并且领导者具有一系列将文化嵌入组织中的初级的、二级的机制,包括管理者关注、衡量和控制什么,管理者如何应对危机事件和公司危机,管理者塑造、教育和指导行为,分配奖励和地位的标准,招聘、升迁、退休和驱逐的标准,管理者如何分配资源共六个方面(Schein,2004)。在20世纪80年代,会计师事务所的咨询业务经历了快速发展阶段。为了应对这一挑战,安达信的审计合伙人提出发展非审计服务来与咨询业务相竞争。随后,安达信的高层公开表示聚焦于非审计业务和事务所盈利,进一步改变了事务所文化——由向公众负责转变为商业主义。最终，安达信在追求经济利益的过程中轰然倒塌。可见，市场动机天然地与审计师道德相悖，会计师事务所的伦理文化在审计师过度追求业务收入的时候能够起到约束不道德行为的作用，避免审计质量受到损害。

综上所述，会计师事务所的伦理文化从审计师道德、职业怀疑、审计师的声誉动机和市场动机四个方面塑造审计师道德行为，进而提高审计质量。基于此，本节提出研究假设 6.3.1：

假设 6.3.1：在其他同等条件下，会计师事务所伦理文化与审计质量正相关。

2.会计师事务所规模（国际四大会计师事务所）的调节作用

前期文献指出会计师事务所规模与审计独立性、审计质量存在正相关关系（DeAngelo，1981a；Becker et al.，1998）。相比于中小型会计师事务所，大型会计师事务所（依循现有文献，本节用国际四大会计师事务所替代大所）具有更规范的内控和培训系统，在审计技术层面拥有比较优势，同时受到声誉机制更为严格的制约（大所在发生审计失败时面临更重大的损失）。而会计师事务所伦理文化对于审计质量的影响在大所和小所之间具有不对称性。具体如下：

首先，国际四大会计师事务所的内部控制、员工培训都更为规范，对会计和审计准则的掌握和政策的解读更为精确。其中包括对审计师道德、审计师职业怀疑的培训，也包括对注册会计师职业道德的意识（awareness）。所以，国际四大会计师事务所相较于非国际四大会计师事务所更加重视审计师道德行为。会计师事务所伦理文化作为一种组织范围内的非正式制度，在正式制度/外部环境薄弱时可以发挥更为显著的作用。另外，国际四大会计师事务所拥有更丰富的审计业务经验，更先进的审计技术、IT 技术，更好的准则解读的能力，与高质量的审计服务相关联。而非国际四大会计师事务所可能忽视审计师道德的必要性，也缺乏审计专长的积累。在非国际四大所中，促进审计质量的正式制度（事务所的质量控制制度、技术团队乃至对审计师道德的培训制度）更为薄弱，因此会计师事务所伦理文化作为对正式制度的补充，其发挥的作用更明显。

其次，声誉机制对于国际四大会计师事务所的约束力度更大。大型会计师事务所在发生审计失败时将面临更重大的损失（DeAngelo，1981a）：一方面，审计合伙人按照其出资金额承担有限连带责任，国际四大会计师事务所的合伙人出资更多，承担的连带责任也更大，并且根据"深口袋"理论，大所"看起来"能负担更多的诉讼赔偿；另一方面，国际四大会计师事务所本身的市场份额巨大，当发生审计失败时遭受的客户流失更严重。因此，相较于非国际四大会计师事务所，国际四大会计师事务所更注重品牌声誉的维护。如前所述，声誉机制是制止审计师不道德行为的重要保障。非国际四大会计师事务所的声誉机制不及国际四大会计师事务所的有效，因此，当声誉机制不能发挥其作用时，会计师事务所伦理文化对不道德行为的约束作用（对审计质量的提高作用）更为显著（替代效应）。

最后，国际四大会计师事务所承受市场竞争压力的能力更强。国际四大会计师事务所本身占据着市场优势：例如，某些特定的大型企业或复杂性高的行业（如金融行业）的审计业务本身具有门槛，只有大型会计师事务所才具备充足的团队、技术资源；大所累积的审计专长更丰富，包括审计经验、审计技术等，有利于拓展新的审计业务；大所在业务承接中拥有更高的议价能力和更多的社会资源。我们知道,竞争导致伦理问题(Francis et al.,2013a)。非国际四大会计师事务所在激烈的市场竞争中面临更大的压力,更容易为了追求经济利益而损害审计师道德。会计师事务所伦理文化,作为制约审计师机会主义行为的替代机制,将起到更显著提高审计质量的作用。

综上所述,相较于国际四大会计师事务所,非国际四大会计师事务所由于审计质量保证的正式制度薄弱、声誉动机失效而市场动机强烈,对于审计师不道德行为的约束远远不足,会计师事务所伦理文化作为一项重要补充机制,对审计质量会发挥出更明显的正向作用。基于此,本节提出研究假设 6.3.2:

假设 6.3.2:在其他同等条件下,相较于国际四大会计师事务所,会计师事务所伦理文化与审计质量的正相关关系在非国际四大会计师事务所中更为显著。

三、研究设计

(一)样本选择和数据

本节的初始样本包含 2008—2017 年中国 A 股市场的所有上市公司[①]。根据以下原则对样本进行剔除:第一,剔除银行、保险、证券等金融行业上市公司;第二,剔除会计师事务所或公司特定的控制变量缺失的观测值。最终得到的研究样本总计 18 785 个公司—年度观测值,涵盖了 673 家会计师事务所分所和 3 062 家上市公司。为了缓解极端值对回归结果的干扰,本研究对所有连续变量进行 1% 和 99% 分位的缩尾处理。表 6.3.1 列示了样本筛选的过程以及样本的行业和年度分布情况。

表 6.3.1 样本选择及行业和年度分布

Panel A:样本选择过程	
初始样本	24 073
剔除金融行业上市公司的观测值	(415)
剔除会计师事务所或公司特定控制变量缺失的观测值	(4 873)
最终公司—年度观测值	18 785
会计师事务所分所数目	673
公司数目	3 062

行业		年度										行业 合计	百分比 /%
		2008	2009	2010	2011	2012	2013	2014	2015	2016	2017		
农、林、牧、渔业	A	13	21	30	27	28	38	42	41	43	42	325	1.73

Panel B 年度、行业样本分布

---

① 由于会计师事务所分所的数据从 2008 年才可得,因此本研究的样本期间起点选择 2008 年。

续表

行业		年度										行业合计	百分比/%
		2008	2009	2010	2011	2012	2013	2014	2015	2016	2017		
采矿业	B	21	27	33	36	36	63	63	66	65	68	478	2.54
食品和饮料业	C0	23	39	59	63	68	89	93	100	100	110	744	3.96
纺织、服装制造、皮革和毛皮制品业	C1	32	45	54	51	59	69	70	74	75	81	610	3.25
木材和家具业	C2	0	2	5	4	7	12	12	13	15	21	91	0.48
造纸和印刷业	C3	16	23	29	27	26	44	44	46	47	53	355	1.89
石油、化工、塑料和橡胶制品业	C4	77	112	148	148	170	246	253	263	274	312	2 003	10.66
电子设备业	C5	32	48	63	73	89	149	150	156	169	200	1 129	6.01
金属和非金属业	C6	62	99	120	118	132	192	193	200	216	221	1 553	8.27
机械、设备和仪器制造业	C7	99	181	234	252	313	459	466	508	551	618	3 681	19.60
医药和生物制品制造业	C8	36	63	78	76	92	143	145	147	164	172	1 116	5.94
其他制造业	C9	12	16	17	14	14	23	25	28	29	29	207	1.10
电力、热力、燃气及水生产和供应业	D	27	41	61	52	54	71	72	77	78	79	612	3.26
建筑业	E	17	25	30	30	32	52	52	53	63	72	426	2.27
交通运输、仓储业	F	39	49	53	58	54	73	74	74	73	75	622	3.31
信息技术业	G	51	71	101	114	142	196	196	201	213	237	1 522	8.10
批发和零售业	H	46	64	83	78	77	123	126	126	132	140	995	5.30
房地产业	J	43	69	89	73	71	125	124	122	111	114	941	5.01
居民服务业	K	24	37	48	50	55	79	80	89	93	103	658	3.50
通信和文化业	L	2	5	12	15	18	36	36	38	41	48	251	1.34
综合性行业	M	37	52	55	46	43	48	50	49	43	43	466	2.48
年度合计		709	1 089	1 402	1 405	1 580	2 330	2 366	2 471	2 595	2 838	18 785	
百分比/%		3.77	5.80	7.46	7.48	8.41	12.40	12.60	13.15	13.81	15.11		100

本节所采用变量的数据来源如下:

1.审计质量数据

参照前期文献(如 DeAngelo,1981a;Becker et al.,1998;Francis,Yu,2009;Choi et al.,2012;Gul et al.,2013),本节从非标准审计意见、可操纵性应计的绝对值、微利和财务违规四个方面对审计质量进行度量。非标准审计意见作为审计质量的正向替代变量,而可操纵性应计的绝对值、微利和财务违规作为审计质量的负向替代变量。审计质量数据均来源于中国股票市场与会计研究(CSMAR)数据库,或基于 CSMAR 数据库的数据计算获得。

具体而言,可操纵性应计根据琼斯模型计算得到。根据 Jones(1991),j 公司在第 t 年的可操纵性应计(DA_JO)等于总应计与非可操纵性应计项目之间的差额。非可操纵性应计项目按照年度和行业根据式(6.3.1)计算如下:

$$\text{TACC}_{j,t}/\text{TA}_{j,t-1} = \delta_1(1/\text{TA}_{j,t-1}) + \delta_2(\Delta\,\text{REV}_{j,t}/\text{TA}_{j,t-1}) + \delta_3(\text{PPE}_{j,t}/\text{TA}_{j,t-1}) + \theta_{j,t}$$

$$(6.3.1)$$

式(6.3.1)中的 TACC 表示总应计,等于净利润减经营活动现金流;TA 表示总资产;ΔREV 表示销售收入的变化,PPE 表示房产、厂房和设备总值。

除此之外,非标准审计意见、微利和财务违规均来自 CSMAR 数据库。

2.会计师事务所伦理文化数据

参照潘健平等(2019)、王艳和阚铄(2014)、张玉明和陈前前(2015),本节借助文本分析的方法构建会计师事务所伦理文化变量。具体地,手工搜集样本期间审计 A 股上市公司的所有会计师事务所(130 家)关于文化、使命、愿景、价值观、精神、理念和宗旨七个维度的内容表述的文本信息,然后逐一阅读、辨别并析出其中与伦理相关的关键字。为了避免遗漏近义或同义关键词,对照《汉语同义词词典》进行查找,最终确定"诚信""信诚""大道""操守""正道""守信""道德""正直""厚德""重义""至诚""精诚""正心""善""中正""知圆守方"作为会计师事务所伦理文化的词库里的词语。此外,为了确保关键词在事务所文化表述文本中不是由歧义、反义、特殊词汇构造而成的,对根据词库判定的每一个具有伦理文化的会计师事务所,作者都逐一代入描述中核查,排除异义的影响。

提取会计师事务所文化的文本信息主要来自会计师事务所的官方网站。官方网站的披露信息具有较强的权威性,可以反映事务所的行为规范和导向。从事务所官网上的组织介绍、发展历史等相关信息中,可以搜集有关会计师事务所文化、使命、愿景、价值观、精神、理念和宗旨的表述。

3.会计师事务所与公司层面数据

会计师事务所层面的数据(BIG4、INDMKS)分别是来自中国注册会计师协会网站和基于 CSMAR 数据库计算得到。其他公司层面的数据主要来源于 CSMAR 数据库或基于 CSMAR 计算得到。其中,法律环境指数来自王小鲁等著的《中国分省份市场化指数报告(2018)》。

（二）实证模型和变量

为检验假设 6.3.1——会计师事务所伦理文化与审计质量的正相关关系,本节构建式 (6.3.2)和(6.3.3):

$$M\_AQ = \alpha_0 + \alpha_1 ETHIC + \alpha_2 BIG4 + \alpha_3 INDMKS + \alpha_4 M\_CI\_FIRM + \alpha_5 M\_NLOCAL\_AUD +$$
$$\alpha_6 M\_LAGMAO + \alpha_7 M\_SIZE + \alpha_8 M\_ROA + \alpha_9 M\_GROWTH + \alpha_{10} M\_LEV +$$
$$\alpha_{11} M\_CURRAT + \alpha_{12} M\_RAISE + \alpha_{13} M\_ZSCORE + \alpha_{14} M\_REC + \alpha_{15} M\_INVN +$$
$$\alpha_{16} M\_LISTAGE + \alpha_{17} M\_STATE + \alpha_{18} M\_LAW + Audit\ Firm\ Dummies + Year\ Dummies$$
$$(6.3.2)$$

$$AQ = \beta_0 + \beta_1 ETHIC + \beta_2 BIG4 + \beta_3 INDMKS + \beta_4 CI\_FIRM + \beta_5 NLOCAL\_AUD +$$
$$\beta_6 LAGMAO + \beta_7 SIZE + \beta_8 ROA + \beta_9 GROWTH + \beta_{10} LEV + \beta_{11} CURRAT + \beta_{12} RAISE +$$
$$\beta_{13} ZSCORE + \beta_{14} REC + \beta_{15} INVN + \beta_{16} LISTAGE + \beta_{17} STATE + \beta_{18} LAW +$$
$$Industry\ Dummies + Year\ Dummies + Audit\ Firm\ Dummies$$
$$(6.3.3)$$

其中,式(6.3.2)用于会计师事务所分所样本的检验,式(6.3.3)用于上市公司样本的检验。式(6.3.2)和(6.3.3)采用的变量一致,唯一的区别是式(6.3.2)中公司层面的变量均为会计师事务所分所当年所审计的所有上市公司的各个变量的均值,以前缀"M_"表示(为了简洁表述,以下不再赘述)。

上述模型中,被解释变量是审计质量 AQ,依次以非标准审计意见(MAO)、可操纵性应计的绝对值($|DA|$)、微利(SP)和财务违规(SANCTION)度量。MAO 是审计意见虚拟变量,若上市公司当年被审计师出具非标准审计意见则取值为 1,否则为 0。$|DA\_JO|$为根据琼斯模型计算的可操纵性应计的绝对值(Jones,1991)。SP 表示公司微利,若上市公司的每股盈余处于(0,0.01]区间则取值为 1,否则为 0。每股盈余等于息税前利润除以公司股数。SANCTION 表示公司财务违规的虚拟变量,若上市公司当年发生财务违规[包括虚构利润、虚列资产、虚假记载(误导性陈述)和重大遗漏]则取值为 1,否则为 0(Chen et al.,2006)。主要解释变量是会计师事务所的伦理文化(ETHIC),若会计师事务所文化中包含与伦理相关的关键字则取值为 1,否则为 0。

本节的 AQ(审计质量)采用四种变量度量:正向替代变量 MAO,负向替代变量$|DA\_JO|$、SP 和 SANCTION。因此,以 MAO 为因变量,若 ETHIC 的系数(α_1 和 β_1)显著为正,则假设 6.3.1 得到支持;若以$|DA\_JO|$、SP 和 SANCTION 为因变量,若 ETHIC 的系数(α_1 和 β_1)显著为负,则假设 6.3.1 得到支持。

为了分离会计师事务所伦理文化对审计质量的影响,在式(6.3.2)和(6.3.3)加入了一系列的控制变量:四大会计师事务所的虚拟变量(BIG4)、会计师事务所的行业份额(INDMKS)、会计师事务所层面的客户重要性(CI_FIRM)、异地审计师的虚拟变量(NLOCAL_AUD)、滞后一期的审计意见变量(LAGMAO)、公司规模(SIZE)、总资产收益率(ROA)、销售收入变化(GROWTH)、财务杠杆(LEV)、流动比率(CURRAT)、再融资比率(RAISE)、Z 值(ZSCORE)、应收账款占比(REC)、存货比率(INVN)、公司年龄

(LISTAGE)、最终控制人性质(STATE)和省级法律环境指数(LAW)。此外,模型中还包括了行业、年度和会计师事务所的虚拟变量。具体的变量定义详见表6.3.2。

表 6.3.2　变量定义

变量	定义	来源
被解释变量		
MAO	审计意见虚拟变量,若上市公司当年被审计师出具非标准审计意见则取值为1,否则为0	CSMAR
|DA_JO|	根据琼斯模型计算的可操纵性应计的绝对值(Jones,1991)	计算得到
SP	微利虚拟变量,若每股盈余处于(0,0.01]区间则取值为1,否则为0。每股盈余等于息税前利润除以公司股数	CSMAR
SANCTION	公司财务违规的虚拟变量,若上市公司当年发生财务违规(包括虚构利润、虚列资产、虚假记载(误导性陈述)和重大遗漏则取值为1,否则为0(Chen et al.,2006)	CSMAR
主要解释变量		
ETHIC	会计师事务所伦理文化,若会计师事务所文化中包含有与伦理相关的关键字则取值为1,否则为0(会计师事务所文化来自事务所官方网站对于事务所使命、愿景、价值观、精神、理念、宗旨和文化的描述);与伦理相关的关键字包括:"诚信""信诚""大道""操守""信""德""职业道德""正道""守信""道德""正直""厚德""重义""至诚""精诚""正心""善""中正""知圆守方"等	手工搜集
事务所层面变量		
BIG4	四大会计师事务所,若会计师事务所为国际四大会计师事务所则取值为1,否则为0	CSMAR
INDMKS	会计师事务所的行业份额,等于会计师事务所所审计的该行业公司的收入之和除以该行业所有上市公司的收入总和(Aobdia et al.,2015)	计算得到
公司层面变量		
CI_FIRM	客户重要性,等于公司总资产除以会计师事务所当年审计的所有客户的总资产(Aobdia et al.,2015)	计算得到
NLOCAL_AUD	异地审计师,若上市公司与执行审计的会计师事务所分所(practice office)并非来自同一省份则取值为1,否则为0	手工搜集
LAGMAO	滞后一期的审计意见虚拟变量	CSMAR
SIZE	公司规模,等于公司总资产取自然对数	CSMAR
ROA	总资产收益率,等于净利润与年初总资产的比值	CSMAR
GROWTH	销售收入变化,主营业务收入增长率(Choi et al.,2012)	CSMAR
LEV	财务杠杆,公司总负债与总资产的比值	CSMAR
CURRAT	流动比率,等于流动资产除以流动负债	CSMAR
RAISE	通过发行普通股、优先股和长期债务筹集到的资金除以滞后资产总额(Dao et al.,2012)	CSMAR

续表

变量	定义	来源
ZSCORE	根据 Guan et al.(2016)的模型计算：Altman ZSCORE＝0.517 −0.460×F1＋9.320×F2＋0.388×F3＋1.158×F4，其中 F1＝总负债除以总资产，F2＝净利润除以期初和期末总资产的平均数，F3＝营运资本除以总资产，F4＝留存收益除以总资产	计算得到
REC	应收账款占比，等于应收账款除以总资产	CSMAR
INVN	存货比率，等于年末存货除以年末资产总额	CSMAR
LISTAGE	公司年龄，等于公司上市年限	CSMAR
STATE	最终控制人性质，若公司的最终控制人是中央或地方政府、政府控股公司则赋值为1，否则赋值为0	CSMAR
LAW	省级法律环境指数，衡量我国省级的市场中介机构发展、产权保护和制度环境	王小鲁等(2018)

稳健性、内生性与附加检验变量

变量	定义	来源
OP	审计意见，若上市公司当年被审计师出具标准无保留意见则取值为0，带说明段的无保留意见则取值为1，保留意见则取值为2，否定或无法表示意见则取值为3	CSMAR
GCO	持续经营审计意见，若上市公司当年被审计师出具持续经营不确定性审计意见则取值为1，否则为0	手工搜集
|DA|	根据修正的琼斯模型计算的可操纵性应计的绝对值（Dechow et al.，1995）	计算
|DA_PM|	基于 Kothari 等(2005)计算的基于业绩配对的可操纵性应计	计算
|DA_CF|	基于 Ball 和 Shivakumar(2006)调整的琼斯模型计算的考虑经营活动现金流的可操纵性应计	计算
|DA_RET|	基于 Ball 和 Shivakumar(2006)的修正 Jones 模型计算的可操纵应计，考虑了营业外利得	计算
SP	若上市公司的总资产回报率处于(0,0.01]区间则取值为1，否则为0	CSMAR
SANCTION_NUM	公司财务违规的计数变量，等于上市公司当年发生财务违规[包括虚构利润、虚列资产、虚假记载(误导性陈述)和重大遗漏]的次数（Chen et al.，2006）	CSMAR
SANCTION_N	狭义的财务违规虚拟变量，若上市公司当年发生财务违规[包括虚构利润、虚列资产和虚假记载(误导性陈述)]则取值为1，否则为0	CSMAR
SANCTION_NUM_N	狭义的财务违规计数变量，等于上市公司当年发生财务违规[包括虚构利润、虚列资产和虚假记载(误导性陈述)]的次数	CSMAR
SANCTION_B	广义的财务违规虚拟变量，若上市公司当年发生财务违规[包括虚构利润、虚列资产、虚假记载(误导性陈述)、重大遗漏、延迟披露、披露不实和一般会计处理不当]则取值为1，否则为0	CSMAR

续表

变量	定义	来源
SANCTION_NUM_B	广义的财务违规计数变量,等于上市公司当年发生财务违规[包括虚构利润、虚列资产、虚假记载(误导性陈述)、重大遗漏、延迟披露、披露不实和一般会计处理不当]的次数	CSMAR
ETHIC_N	会计师事务所伦理文化的赋值变量,等于会计师事务所文化中包含的与伦理相关的关键字的数目(会计师事务所文化来自事务所官方网站对于事务所使命、愿景、价值观、精神、理念、宗旨和文化的描述); 与伦理相关的关键字包括:"诚信""信诚""大道""操守""正道""守信""道德""正直""厚德""重义""至诚""精诚""正心""善""中正""知圆守方"等	手工搜集
ETH_ATM	会计师事务所周围的伦理氛围,等于会计师事务所所在地的上市公司当年发生违规并受到证监会和交易所处罚的总数	手工搜集
ETHIC_PRO	会计师事务所职业道德文化,若会计师事务所文化中包含职业道德(即专业胜任能力和应有的关注、诚信、独立性、客观公正、良好的职业行为和保密性)相关的关键字则取值为1,否则为0	手工搜集
ETHIC_CUL	限制在文化维度的会计师事务所伦理文化变量,若会计师事务所文化中包含伦理相关关键字(会计师事务所文化来自事务所官方网站对于事务所文化的描述)则取值为1,否则为0	手工搜集

注:CSMAR 为国泰安数据库。

为了检验假设 6.3.2,本节将全样本(会计师事务所分所样本和上市公司样本)区分为国际四大子样本和非国际四大子样本,以检验会计师事务所规模(国际四大)对会计师事务所伦理文化与审计质量正相关关系的调节作用。在国际四大和非国际四大子样本中,分别重复式(6.3.2)和式(6.3.3)的回归。如果 ETHIC 的回归系数在非国际四大子样本中显著为正(负),而在国际四大子样本中不显著;或者 ETHIC 的回归系数在非国际四大子样本和国际四大子样本中均显著为正(负),并且在非国际四大子样本中的系数的绝对值显著大于在国际四大子样本中的系数的绝对值,则假设 6.3.2 得到经验证据的支持。

四、实证结果

(一)描述性统计

表 6.3.3 报告了本研究主回归中所采用变量的描述性统计结果。如表 6.3.3 所示,Panel A 和 C 分别列示了会计师事务所分所层面样本的各变量的描述性统计和单变量检验的结果。M_MAO 的均值为 0.05,表示所有的会计师事务所分所的客户组合中平均有 5% 的客户公司获得非标准审计意见;M_|DA_JO| 的均值为 0.07,表示会计师事务所分所的客户组合中客户公司平均的可操纵性应计的绝对值是 0.07;M_SP 的均值为 0.004,说明会计师事务所分所的客户组合中平均有 0.4% 的客户公司出现微利;M_SANCTION 的均值为 0.09,表明会计师事务所分所的客户组合中平均有 9% 的客户公司发生财务违规;ETHIC 的均值

为 0.73，说明接近 3/4 的会计师事务所分所拥有伦理文化①。

表 6.3.3　描述性统计和单变量检验

Panel A：会计师事务所分所层面描述性统计

变量	样本数	均值	标准差	最小值	25%分位	中位数	75%分位	最大值
M_MAO	2,053	0.05	0.15	0.00	0.00	0.00	0.00	1.00
M_|DA_JO|	2 053	0.07	0.06	0.00	0.04	0.06	0.09	0.57
M_SP	2 053	0.004	0.04	0.00	0.00	0.00	0.00	1.00
M_SANCTION	2 053	0.09	0.20	0.00	0.00	0.00	0.10	1.00
ETHIC	2 053	0.73	0.44	0.00	0.00	1.00	1.00	1.00
BIG4	2 053	0.19	0.39	0.00	0.00	0.00	0.00	1.00
INDMKS	2 053	0.05	0.06	0.00	0.01	0.03	0.08	0.51
M_CI_FIRM	2 053	0.03	0.07	0.00	0.00	0.01	0.02	1.00
M_NLOCAL_AUD	2 053	0.45	0.41	0.00	0.00	0.33	1.00	1.00
M_LAGMAO	2 053	0.05	0.16	0.00	0.00	0.00	0.00	1.00
M_SIZE	2 053	22.05	1.03	18.85	21.45	21.88	22.47	25.61
M_ROA	2 053	0.04	0.05	−0.25	0.02	0.04	0.07	0.35
M_GROWTH	2 053	0.23	0.43	−0.72	0.04	0.16	0.31	4.07
M_LEV	2 053	0.46	0.15	0.05	0.37	0.45	0.55	1.23
M_CURRAT	2 053	2.34	1.79	0.20	1.27	1.94	2.76	15.74
M_RAISE	2 053	0.03	0.06	0.00	0.00	0.01	0.04	0.52
M_ZSCORE	2 053	0.81	0.69	−4.55	0.55	0.86	1.13	2.97
M_REC	2 053	0.11	0.07	0.00	0.06	0.10	0.14	0.51
M_INVN	2 053	0.15	0.10	0.00	0.10	0.14	0.19	0.72
M_LISTAGE	2 053	11.38	4.67	1.00	8.21	11.00	14.33	28.00
M_STATE	2 053	0.43	0.36	0.00	0.00	0.40	0.69	1.00
M_LAW	2 053	8.23	4.36	1.36	4.92	7.11	11.22	21.48

Panel B：公司层面描述性统计

变量	样本数	均值	标准差	最小值	25%分位	中位数	75%分位	最大值
MAO	18 785	0.04	0.20	0.00	0.00	0.00	0.00	1.00
|DA_JO|	18 785	0.07	0.07	0.00	0.02	0.05	0.09	0.36
SP	18 785	0.004	0.07	0.00	0.00	0.00	0.00	1.00
SANCTION	18 785	0.08	0.27	0.00	0.00	0.00	0.00	1.00
ETHIC	18 785	0.65	0.48	0.00	0.00	1.00	1.00	1.00
BIG4	18 785	0.20	0.40	0.00	0.00	0.00	0.00	1.00

---

①　ETHIC 的均值较高，可能与本研究采用宽泛的事务所文化维度（包括文化、使命、愿景、价值观、精神、理念和宗旨七个维度）相关。在进一步检验中，本节采用事务所文化维度（仅包括文化维度，均值为 0.228）重复主回归的测试，结果保持不变。

续表

变量	样本数	均值	标准差	最小值	25%分位	中位数	75%分位	最大值
INDMKS	18 785	0.06	0.06	0.00	0.01	0.04	0.09	0.53
CI_FIRM	18 785	0.02	0.05	0.00	0.00	0.00	0.01	1.00
NLOCAL_AUD	18 785	0.31	0.46	0.00	0.00	0.00	1.00	1.00
LAGMAO	18 785	0.04	0.19	0.00	0.00	0.00	0.00	1.00
SIZE	18 785	22.05	1.30	18.85	21.12	21.90	22.81	25.61
ROA	18 785	0.05	0.07	−0.25	0.01	0.04	0.08	0.35
GROWTH	18 785	0.21	0.57	−0.72	−0.03	0.11	0.29	4.07
LEV	18 785	0.45	0.23	0.05	0.28	0.44	0.61	1.30
CURRAT	18 785	2.31	2.47	0.20	1.05	1.56	2.51	15.74
RAISE	18 785	0.03	0.10	0.00	0.00	0.00	0.00	0.52
ZSCORE	18 785	0.89	0.95	−4.55	0.53	0.92	1.39	2.97
REC	18 785	0.11	0.10	0.00	0.03	0.08	0.16	0.51
INVN	18 785	0.16	0.15	0.00	0.06	0.12	0.20	0.72
LISTAGE	18 785	11.14	6.53	1.00	5.00	11.00	17.00	28.00
STATE	18 785	0.41	0.49	0.00	0.00	0.00	1.00	1.00
LAW	18 785	9.31	5.35	1.36	4.91	8.33	12.99	21.48

Panel C：会计师事务所分所层面的单变量检验

变量	(1) ETHIC=1 [N=1 496]			(2) ETHIC=0 [N=557]			t 值	z 值
	均值	中位数	标准差	均值	中位数	标准差		
M_MAO	0.05	0.00	0.15	0.05	0.00	0.16	0.19	0.53
M_|DA_JO|	0.07	0.06	0.06	0.08	0.06	0.07	−1.82 *	−2.15 **
M_SP	0.00	0.00	0.03	0.01	0.00	0.05	−0.75	−1.18
M_SANCTION	0.09	0.00	0.19	0.11	0.00	0.23	−2.83 ***	−3.05 ***
BIG4	0.20	0.00	0.40	0.16	0.00	0.36	2.19 **	2.19 **
INDMKS	0.05	0.03	0.07	0.04	0.02	0.05	2.76 ***	2.83 ***
M_CI_FIRM	0.02	0.01	0.06	0.03	0.01	0.07	−2.72 ***	−1.87 *
M_NLOCAL_AUD	0.45	0.33	0.40	0.47	0.39	0.42	−0.82	−0.70
M_LAGMAO	0.05	0.00	0.15	0.06	0.00	0.18	−1.13	−0.62
M_SIZE	22.10	21.92	1.10	21.89	21.81	0.81	4.27 ***	3.33 ***
M_ROA	0.05	0.04	0.05	0.04	0.05	0.05	0.92	−1.14
M_GROWTH	0.23	0.16	0.43	0.23	0.17	0.44	−0.17	−0.84
M_LEV	0.47	0.46	0.16	0.44	0.43	0.14	3.96 ***	4.74 ***
M_CURRAT	2.32	1.87	1.84	2.40	2.07	1.66	−0.82	−2.85 ***
M_RAISE	0.03	0.01	0.06	0.03	0.01	0.06	−0.62	0.81

续表

变量	(1) ETHIC=1 [N=1 496]			(2) ETHIC=0 [N=557]			t 值	z 值
	均值	中位数	标准差	均值	中位数	标准差		
M_ZSCORE	0.80	0.84	0.72	0.82	0.90	0.60	−0.71	−1.99**
M_REC	0.10	0.09	0.07	0.12	0.11	0.07	−4.96***	−5.81***
M_INVN	0.15	0.14	0.10	0.15	0.14	0.08	2.02**	0.95
M_LISTAGE	11.61	11.24	4.61	10.77	10.55	4.78	3.64***	3.80***
M_STATE	0.44	0.42	0.36	0.38	0.33	0.34	3.60***	3.50***
M_LAW	8.04	7.02	4.31	8.75	7.64	4.47	−3.29***	−3.16***

Panel D:公司层面的单变量检验

变量	(1) ETHIC=1 [N=12 209]			(2) ETHIC=0 [N=6 576]			t 值	z 值
	均值	中位数	标准差	均值	中位数	标准差		
MAO	0.04	0.00	0.21	0.03	0.00	0.17	4.87***	4.87***
|DA_JO|	0.07	0.05	0.07	0.07	0.05	0.08	−1.81*	−1.38
SP	0.00	0.00	0.07	0.00	0.00	0.07	0.10	0.10
SANCTION	0.08	0.00	0.27	0.08	0.00	0.28	−0.66	−0.66
BIG4	0.18	0.00	0.39	0.24	0.00	0.43	−9.27***	−9.25***
INDMKS	0.06	0.05	0.07	0.06	0.04	0.06	−0.59	−2.91***
CI_FIRM	0.02	0.00	0.05	0.02	0.00	0.06	−3.01***	0.08
NLOCAL_AUD	0.33	0.00	0.47	0.27	0.00	0.44	9.30***	9.28***
LAGMAO	0.04	0.00	0.20	0.03	0.00	0.17	4.08***	4.08***
SIZE	22.10	21.93	1.36	21.95	21.85	1.19	7.29***	5.86***
ROA	0.05	0.04	0.07	0.05	0.04	0.07	−4.50***	−6.15***
GROWTH	0.21	0.11	0.58	0.21	0.12	0.56	−0.12	−1.25
LEV	0.46	0.46	0.23	0.43	0.42	0.22	8.14***	8.23***
CURRAT	2.25	1.52	2.45	2.42	1.63	2.50	−4.49***	−7.38***
RAISE	0.03	0.00	0.10	0.03	0.00	0.10	−0.10	0.47
ZSCORE	0.85	0.89	0.97	0.95	0.96	0.91	−7.12***	−7.72***
REC	0.11	0.08	0.10	0.12	0.09	0.11	−6.36***	−6.35***
INVN	0.16	0.12	0.15	0.15	0.12	0.14	2.11**	0.77
LISTAGE	11.32	11.00	6.52	10.79	10.00	6.53	5.33***	5.46***
STATE	0.43	0.00	0.49	0.38	0.00	0.49	6.50***	6.50***
LAW	8.87	7.11	5.50	10.12	9.65	4.97	−15.34***	−17.94***

注:变量定义详见表 6.3.2。***、**、* 分别表示 10%、5% 和 1% 的显著性水平（双尾）。在 Panel A 和 C 对会计师事务所分所层面的描述性统计和单变量检验中,变量名称的前缀"M_"表示会计师事务所分所当年所审计的所有上市公司各个变量的均值(Francis et al.,2013b)。

Panel C 的结果显示,相较于没有伦理文化的会计师事务所分所,在具有伦理文化的会计师事务所分所中:被出具非标准审计意见的客户公司占比(M_MAO)更高,但差异不显著;客户公司报告的可操纵性应计的绝对值(M_|DA_JO|)在10%水平上显著更小;出现微利的客户公司占比(M_SP)更低,但差异不显著;发生财务违规的客户公司占比(M_SANCTION)在1%水平上显著更低。单变量检验结果部分支持了本节的研究假设6.3.1。

表6.3.3 的 Panel B 和 D 分别列示了公司层面样本的各变量的描述性统计和单变量检验的结果。MAO 的均值为0.04,表明所有的上市公司中平均有4%的公司被出具非标准审计意见;|DA_JO|的均值为0.07,反映了我国上市公司可操纵性应计的平均水平;SP 和 SANCTION 的均值为0.004和0.08,说明平均有0.4%和8%的上市公司分别为微利公司和财务违规公司;ETHIC 的均值为0.65,表示有超过一半的上市公司由具有伦理文化的会计师事务所分所审计。

Panel D 的结果显示,与由没有伦理文化的事务所分所审计的上市公司相比,由具有伦理文化的事务所分所审计的上市公司获得非标准审计意见(MAO)的概率在1%水平上显著更高;报告的可操纵性应计绝对值(|DA_JO|)在10%水平上显著更低;但出现微利(SP)和财务违规(SANCTION)的可能性没有显著差异。初步的单变量检验的结果部分支持了本节的研究假设6.3.1。其他控制变量的描述性统计与单变量检验结果与大部分前期文献保持一致,不再一一赘述。

(二)Pearson 相关系数

表6.3.4 列示了 Pearson 相关系数的结果,Panel A 为会计师事务所分所层面样本的 Pearson 相关系数,Panel B 为公司层面样本的 Pearson 相关系数。Panel A(会计师事务所分所样本)的结果显示,ETHIC 和 M_MAO 的相关系数为正,ETHIC 和 M_|DA_JO|的相关系数在10%水平上显著为负,ETHIC 和 M_SP 的相关系数为负,ETHIC 和 M_SANCTION 的相关系数在1%水平上显著为负,这为假设6.3.1提供了初步和部分的支持。Panel B(公司样本)的结果显示,ETHIC 和 MAO 的相关系数在1%水平上显著为正,ETHIC 和|DA_JO|的相关系数在10%水平上显著为负,ETHIC 和 SP 的相关系数为正,ETHIC 和 SANCTION 的相关系数为负但不显著,同样为假设6.3.1提供了部分支持。尽管如此,关于伦理文化对审计质量的净影响尚需进一步的多元回归分析。此外,各因变量(MAO、|DA_JO|、SP、SANCTION)与控制变量之间的相关系数大部分与前期文献的发现保持一致,并且控制变量之间的相关系数普遍较低,表明多元回归的结果未受到严重的多重共线性的干扰[①]。

①　某些控制变量间的相关系数较大(>0.5)是由变量定义造成的。例如,ZSCORE 与 ROA 的相关系数为0.78,这是因为 ROA 是 ZSCORE 的组成部分[ZSCORE=0.517−(0.460×总负债/总资产)+(9.320×ROA)+(0.388×营运资本/总资产)+(1.158×留存收益/总资产)]。

表 6.3.4 Pearson 相关系数

Panel A：会计师事务分所层面的 Pearson 相关系数

变量	(1)	(2)	(3)	(4)	(5)	(6)	(7)	(8)	(9)	(10)	(11)	(12)	(13)	(14)	(15)	(16)	(17)	(18)	(19)	(20)	(21)	(22)
M_MAO (1)	1.00																					
M_｜DA_｜O｜ (2)	0.17***	1.00																				
M_SP (3)	0.08***	0.03	1.00																			
M_SANCTION (4)	0.17***	0.07***	-0.01	1.00																		
ETHIC (5)	0.00	-0.04*	-0.02	-0.06***	1.00																	
BIG4 (6)	-0.07***	-0.06***	-0.04*	-0.07***	0.05**	1.00																
INDMKS (7)	-0.07***	-0.09***	-0.03	-0.05**	0.06***	0.52***	1.00															
M_CI_FIRM (8)	-0.03	0.04***	-0.02	0.04***	-0.06***	-0.17***	-0.19***	1.00														
M_NLOCAL_AUD (9)	0.11**	0.03	-0.00	0.07***	-0.02	-0.01	-0.08***	-0.03	1.00													
M_LAGMAO (10)	0.62***	0.22***	0.03	0.17***	-0.02	-0.07***	-0.09***	-0.02	0.14***	1.00												
M_SIZE (11)	-0.25***	-0.18***	-0.07***	-0.13***	0.09***	0.37***	0.25***	0.06***	0.02	-0.23***	1.00											
M_ROA (12)	-0.24*	0.08***）	-0.03	-0.10***	0.02	0.07***	0.04	0.03	-0.08***	-0.07***	0.14***	1.00										
M_GROWTH (13)	0.02	0.21***	-0.01	0.08***	-0.00	-0.03	-0.01	0.01	0.05***	0.15***	0.02	0.40***	1.00									
M_LEV (14)	0.19***	0.07***	-0.02	0.10***	0.09***	0.06**	0.05**	0.10***	0.11***	0.14***	0.33***	-0.34***	0.00	1.00								
M_CURRAT (15)	-0.11**	0.04*	0.01	-0.06***	-0.02	-0.07***	-0.02	-0.04***	-0.12***	-0.07***	-0.30***	0.25***	0.00	-0.64***	1.00							
M_RAISE (16)	-0.09***	0.08***	0.00	-0.07***	-0.01	0.03	0.02	0.06***	-0.05***	-0.05**	0.06***	0.15***	0.12***	-0.05**	0.02	1.00						
M_ZSCORE (17)	-0.47***	-0.12***	-0.06***	-0.19***	-0.02	0.09***	0.07***	0.01	-0.13***	-0.35***	0.21***	0.78***	0.18***	-0.55***	0.36***	0.10***	1.00					
M_REC (18)	-0.10***	-0.02	-0.02	0.02	-0.11***	-0.05**	-0.04	-0.04**	-0.10***	-0.11***	-0.15***	0.07***	0.04**	-0.14***	-0.10***	-0.02	0.15***	1.00				
M_INVN (19)	-0.11***	0.07***	-0.03	0.00	0.04**	-0.08***	-0.06**	0.13***	-0.02	-0.06***	0.08***	-0.00	0.02	0.29***	-0.08***	0.04**	-0.00	-0.10***	1.00			

续表

变量		(1)	(2)	(3)	(4)	(5)	(6)	(7)	(8)	(9)	(10)	(11)	(12)	(13)	(14)	(15)	(16)	(17)	(18)	(19)	(20)	(21)	(22)
M_LISTAGE	(20)	0.14***	0.03	0.02	0.02	0.08***	0.08***	-0.04*	0.06***	0.17***	0.16***	0.25***	-0.16***	0.02	0.36***	-0.27***	-0.07***	-0.26***	0.27***	0.11***	1.00		
M_STATE	(21)	-0.07***	-0.09***	-0.02	-0.07***	0.08***	0.14***	0.11***	0.09***	0.09***	-0.05***	0.35***	-0.09***	-0.10***	0.31***	-0.28***	-0.04***	-0.11***	-0.22***	0.01	0.32***	1.00	
M_LAW	(22)	-0.13***	-0.05**	-0.01	-0.11***	-0.07***	0.07***	0.01	-0.10***	-0.22***	-0.14***	0.13***	0.13***	0.04*	-0.14***	0.05**	0.00	0.20***	0.30***	0.03	-0.13***	-0.25***	1.00

Panel B:公司层面的 Pearson 相关系数

变量		(1)	(2)	(3)	(4)	(5)	(6)	(7)	(8)	(9)	(10)	(11)	(12)	(13)	(14)	(15)	(16)	(17)	(18)	(19)	(20)	(21)	(22)
MAO	(1)	1.00																					
|DA_JO|	(2)	0.14***	1.00																				
SP	(3)	0.03***	-0.01	1.00																			
SANCTION	(4)	0.13***	0.05***	0.02**	1.00																		
ETHIC	(5)	0.04***	-0.01*	0.00	-0.00	1.00																	
BIG4	(6)	-0.02***	-0.02***	-0.02**	-0.03***	-0.07***	1.00																
INDMKS	(7)	-0.03***	-0.03***	-0.01**	-0.04***	-0.00	0.46***	1.00															
CI_FIRM	(8)	-0.03***	0.01	-0.01**	-0.00	-0.02**	-0.14***	-0.14***	1.00														
NLOCAL_AUD	(9)	0.06***	0.03***	-0.01	0.03***	0.07***	-0.03**	-0.07***	0.02**	1.00													
LAGMAO	(10)	0.59***	0.16***	0.03***	0.09***	0.03**	-0.03***	-0.03***	-0.02**	0.07***	1.00												
SIZE	(11)	-0.17***	-0.08***	-0.07***	-0.07***	0.05***	0.20***	0.22***	0.26***	0.02**	-0.18***	1.00											
ROA	(12)	-0.21***	0.05***	-0.04***	-0.09***	-0.03***	0.03***	0.02***	0.01	-0.04***	-0.08***	0.03***	1.00										
GROWTH	(13)	-0.03***	0.19***	-0.01	0.01	-0.00	-0.01*	-0.00	0.02**	0.03***	0.06***	0.05***	0.35***	1.00									
LEV	(14)	0.24***	0.15***	-0.04***	0.07***	0.06***	0.01*	0.06***	0.15***	0.08***	0.22***	0.37***	-0.33***	0.03***	1.00								

续表

变量		(1)	(2)	(3)	(4)	(5)	(6)	(7)	(8)	(9)	(10)	(11)	(12)	(13)	(14)	(15)	(16)	(17)	(18)	(19)	(20)	(21)	(22)
CURRAT	(15)	-0.08***	-0.04***	0.04***	-0.04***	-0.03***	-0.03***	-0.06***	-0.09***	-0.05***	-0.08***	-0.29***	0.20***	-0.03***	-0.62***	1.00							
RAISE	(16)	-0.05***	0.08***	-0.02***	-0.01*	-0.00	0.00	0.01	0.03***	0.00	-0.03***	0.08***	0.15***	0.13***	-0.05***	0.04***	1.00						
ZSCORE	(17)	-0.43***	-0.13***	-0.08***	-0.12***	-0.05***	0.04***	0.02***	-0.01	-0.09***	-0.35***	0.08***	0.77***	0.16***	-0.60***	0.35***	0.08***	1.00					
REC	(18)	-0.05***	0.00	-0.01*	0.01	-0.05***	0.01*	-0.05***	-0.09***	-0.06***	-0.04***	-0.16***	0.05***	0.05***	-0.05***	0.02***	-0.01	0.08***	1.00				
INVN	(19)	-0.04***	0.11***	-0.02***	0.02**	0.02**	-0.05***	-0.01	0.09***	-0.01	-0.03***	0.12***	-0.09***	0.03***	0.29***	-0.09***	-0.03***	-0.06***	-0.10***	1.00			
LISTAGE	(20)	0.10***	0.05***	0.03***	0.01	0.04***	0.03***	0.01*	0.09***	0.07***	0.11***	0.27***	-0.16***	-0.01*	0.35***	-0.28***	0.05***	-0.26***	-0.26***	0.15***	1.00		
STATE	(21)	-0.01	-0.04***	-0.03***	-0.05***	0.05***	0.04***	0.11***	0.11***	0.06***	-0.01	0.31***	-0.13***	-0.07***	0.26***	-0.22***	-0.05***	-0.13***	-0.19***	0.04***	0.38***	1.00	
LAW	(22)	-0.07***	-0.03***	-0.01	-0.07***	-0.11***	0.11***	0.09***	-0.09***	-0.36***	-0.08***	0.05***	0.08***	0.01*	-0.15***	0.08***	-0.01***	0.16***	0.18***	-0.01	-0.12***	-0.22***	1.00

注：***、**、* 分别表示在 1%、5%、10% 的水平上显著（双尾）。变量定义详见表 6.3.2。Panel A 会计师事务所分所层面的 Pearson 相关系数中，变量名称的前缀"M"表示会计师事务所分所当年所审计所有上市公司各个变量的均值（Francis et al.，2013b）。

（三）假设 6.3.1 的回归结果

假设 6.3.1 预期会计师事务所伦理文化与审计质量正相关，表 6.3.5 报告了对于假设 6.3.1 的多元回归结果。Panel A 为会计师事务所分所样本的回归结果，Panel B 为公司样本的回归结果。

表 6.3.5 伦理文化与审计质量(假设 6.3.1)

Panel A：会计师事务所分所层面的回归

变量	因变量：M_MAO	因变量：M_|DA_JO|	因变量：M_SP	因变量：M_SANCTION
	(1)	(2)	(3)	(4)
	系数 (t 值)	系数 (t 值)	系数 (t 值)	系数 (t 值)
ETHIC	1.023*** (3.48)	−0.042*** (−7.26)	−0.005*** (−2.81)	−0.080*** (−3.95)
BIG4	−0.032 (−0.14)	0.009*** (3.57)	−0.005*** (−6.69)	−0.011 (−0.47)
INDMKS	0.458 (0.35)	−0.010 (−0.50)	−0.001 (−0.15)	0.110 (1.27)
M_CI_FIRM	−1.624 (−0.73)	−0.060 (−1.11)	0.003 (0.19)	0.099 (0.62)
M_NLOCAL_AUD	−0.786*** (−3.50)	0.006 (1.30)	−0.003** (−2.36)	0.025 (1.35)
M_LAGMAO	3.815*** (4.29)	0.011 (0.57)	−0.002 (−0.33)	0.063 (1.31)
M_SIZE	0.002 (0.02)	−0.000 (−0.17)	−0.001 (−1.38)	−0.005 (−0.45)
M_ROA	1.614 (0.50)	0.170* (1.69)	0.044 (1.04)	−0.200 (−0.62)
M_GROWTH	−0.122 (−0.55)	0.011 (1.10)	−0.002 (−0.70)	0.011 (0.59)
M_LEV	1.705*** (2.79)	0.043** (2.35)	−0.013*** (−2.78)	0.153** (1.97)
M_CURRAT	−0.001 (−0.01)	0.004* (1.75)	−0.001 (−1.39)	−0.002 (−0.32)
M_RAISE	−0.070 (−0.26)	0.002 (0.29)	−0.003 (−1.64)	−0.037 (−1.20)
M_ZSCORE	−0.644** (−2.55)	−0.016** (−2.10)	−0.005* (−1.69)	0.001 (0.04)
M_REC	−1.276 (−0.76)	−0.033 (−1.43)	−0.002 (−0.25)	0.259* (1.96)
M_INVN	−1.062 (−1.06)	0.035 (1.12)	−0.013*** (−2.77)	−0.115** (−2.37)

续表

变量	因变量：M_MAO	因变量：M_|DA_JO|	因变量：M_SP	因变量：M_SANCTION
	(1)	(2)	(3)	(4)
	系数（t值）	系数（t值）	系数（t值）	系数（t值）
M_LISTAGE	0.008 (0.52)	0.001* (1.71)	0.000 (1.21)	−0.000 (−0.04)
M_STATE	−0.194 (−0.85)	−0.016*** (−3.11)	−0.002* (−1.65)	−0.048* (−1.91)
M_LAW	0.011 (0.47)	0.001** (2.35)	−0.000 (−0.03)	−0.002 (−1.07)
常数项	−16.747*** (−4.40)	0.051 (0.71)	0.051** (2.11)	0.181 (0.71)
年度	控制	控制	控制	控制
会计师事务所	控制	控制	控制	控制
Adj_R^2	37.28%	14.83%	4.83%	8.27%
观测值	2 053	2 053	2 053	2 053
F	14.56***	4.96***	1.47***	3.06***

Panel B：公司层面的回归

变量	因变量：MAO	因变量：|DA_JO|	因变量：SP	因变量：SANCTION
	(5)	(6)	(7)	(8)
	系数（z值）	系数（t值）	系数（z值）	系数（z值）
ETHIC	0.754*** (5.36)	−0.020*** (−3.56)	−0.591* (−1.84)	−0.719*** (−3.26)
BIG4	−0.112 (−0.56)	0.004 (1.32)	−1.055*** (−6.96)	0.023 (0.17)
INDMKS	−1.289** (−2.36)	−0.003 (−0.17)	−9.004*** (−3.12)	−1.193 (−1.20)
CI_FIRM	−1.257* (−1.94)	−0.016 (−1.10)	−2.603 (−1.01)	−0.320 (−0.34)
NLOCAL_AUD	0.113 (1.00)	0.003* (1.71)	−0.590 (−1.11)	0.112 (1.21)
LAGMAO	3.668*** (29.09)	0.026*** (4.11)	−0.707*** (−3.24)	0.449** (2.22)
SIZE	−0.249*** (−4.92)	−0.006*** (−7.82)	−0.284** (−2.09)	−0.083 (−0.99)
ROA	−6.475*** (−7.57)	0.387*** (11.25)	−0.453 (−0.29)	−4.190*** (−5.03)

续表

变量	因变量：MAO	因变量：|DA_JO|	因变量：SP	因变量：SANCTION
	(5)	(6)	(7)	(8)
	系数(z 值)	系数(t 值)	系数(z 值)	系数(z 值)
GROWTH	−0.030	0.019***	0.149	0.141***
	(−0.41)	(4.75)	(0.91)	(3.62)
LEV	2.453***	0.017**	−3.853***	0.583**
	(6.36)	(2.06)	(−8.84)	(2.12)
CURRAT	0.071**	0.002***	0.060**	−0.043*
	(2.02)	(3.11)	(1.99)	(−1.84)
RAISE	−0.472	0.020***	−0.690***	0.118
	(−1.34)	(8.03)	(−2.67)	(1.03)
ZSCORE	−0.393***	−0.035***	−0.808***	0.051
	(−4.57)	(−10.76)	(−7.05)	(0.61)
REC	−1.677***	−0.000	−0.227	0.162
	(−3.59)	(−0.02)	(−0.24)	(0.34)
INVN	−1.528**	0.034***	−1.439	−0.037
	(−2.39)	(3.50)	(−1.42)	(−0.15)
LISTAGE	0.017**	0.000	0.100***	0.010
	(2.47)	(1.54)	(5.26)	(1.28)
STATE	−0.275	−0.005***	−0.764***	−0.576***
	(−1.24)	(−3.31)	(−2.85)	(−6.35)
LAW	0.006	0.000	−0.021	−0.019**
	(0.70)	(1.24)	(−0.50)	(−1.99)
常数项	−0.011	0.242***	−14.646***	−0.454
	(−0.01)	(4.41)	(−5.15)	(−0.25)
行业	控制	控制	控制	控制
年度	控制	控制	控制	控制
会计师事务所	控制	控制	控制	控制
Adj_R^2/Pseudo_R^2	51.40%	17.95%	26.12%	7.66%
观测值	18 785	18 785	18 785	18 785
F / LR Chi^2	3 210.78***	36.35***	289.62***	816.35***

注：***、**、*分别表示在1%、5%、10%的水平上显著(双尾)。Panel A 中报告的所有 t 值经过(会计师事务所)分所与年度的双重聚类调整(Petersen,2009)，所有 t/z 值经过公司与年度的双重聚类调整(Petersen,2009)。参照 Francis et al.(2013b)的研究,当采用会计师事务所分所层面的样本对事务所伦理文化与审计质量的关系进行检验时,除事务所层面的变量(ETHIC、BIG4、INDMKS)外,其他变量的前缀"M_"表示会计师事务所分所当年所审计的所有上市公司的各个变量的均值(下同)。

在会计师事务所分所层面的回归中,各因变量(M_MAO、M_\|DA_JO\|、M_SP、M_SANCTION)均为连续变量(客户公司审计质量的比率或均值),因此采用 OLS(ordinary least squares,普通最小二乘)回归,所有报告的 t 值经过(会计师事务所)分所与年度的双重聚类调整(Petersen,2009)。会计师事务所分所层面的回归中未控制行业固定效应,原因是客户组合的行业固定效应无法计算均值。

如 Panel A 的列(1)~(4)所示:列(1)中,ETHIC 对 M_MAO 的系数在 1% 水平上显著为正($p=1.023$,$t=3.48$),表明具有伦理文化的会计师事务所分所的客户公司组合中被出具非标准审计意见的比率显著更高。进一步,ETHIC 的估计系数显示,具有伦理文化的会计师事务所分所的客户公司获得 MAO 的比率比没有伦理文化的会计师事务所分所增加 1.023,这一系数具有统计和经济意义上的显著性。列(2)中,ETHIC 对 M_|DA_JO| 的系数在 1% 水平上显著为负($p=-0.042$,$t=-7.26$),说明具有伦理文化的会计师事务所分所的客户公司组合中报告的可操纵性应计绝对值显著更低。ETHIC 的估计系数表明具有伦理文化的会计师事务所分所的客户公司的平均 |DA_JO| 比没有伦理文化的会计师事务所分所降低 60%($-0.042/0.07$),ETHIC 的回归系数具有统计和经济意义上的显著性。列(3)中,ETHIC 对 M_SP 的系数在 1% 水平上显著为负($p=-0.005$,$t=-2.81$),表示具有伦理文化的会计师事务所分所的客户公司组合中微利公司的比率显著更低。ETHIC 的估计系数显示,相较于没有伦理文化的会计师事务所分所,具有伦理文化的会计师事务所分所的客户公司中微利公司的比率下降 0.5%。显然,这一回归系数不仅具有统计显著性,还具有经济显著性。列(4)中,ETHIC 对 M_SANCTION 的系数在 1% 水平上显著为负($p=-0.080$,$t=-3.95$),即具有伦理文化的会计师事务所分所的客户公司组合中财务违规公司的比率显著更低。并且,ETHIC 的估计系数反映了具有伦理文化的会计师事务所分所的客户公司组合中财务违规公司的比率降低 8%,这一系数同时具有统计和经济意义上的显著性。

综上,Panel A 的列(1)~(4)的回归结果为假设 6.3.1 提供了经验证据的一致性的支持,说明在会计师事务所分所层面上,具有伦理文化的分所的客户公司组合的非标准审计意见的比率更高、平均的可操纵性应计绝对值更低、公司微利的比率更低、财务违规的公司比率也更低;换言之,会计师事务所分所的伦理文化塑造了审计师的道德行为,提高了审计质量。

在公司层面的回归中,MAO、SP 和 SANCTION 为指示变量,因此对应的多元回归采用 Logit 回归,|DA_JO| 为连续变量,因此采用 OLS 回归。公司样本回归中所有报告的 t/z 值均经过公司与年度的双重聚类调整(Petersen,2009)。

Panel B 的列(1)~(4)显示,ETHIC 对 MAO 的系数在 1% 水平上显著为正($p=0.754$,$z=5.36$),说明由具有伦理文化的会计师事务所分所审计的上市公司获得非标准审计意见的可能性显著更高。ETHIC 的边际影响显示由具有伦理文化的分所审计的上市公司比由没有伦理文化的分所审计的上市公司被出具 MAO 的概率增加 0.6%,相当于 MAO 均值的 15%($0.006/0.04$),可见这一估计系数具有统计和经济意义上的显著性。ETHIC 对 |DA_JO| 的系数在 1% 水平上负显著($p=-0.020$,$t=-3.56$),这表明由具有伦理文化的会计师事务所分所审计的上市公司的可操纵性应计显著更低。更进一步,ETHIC 的估计系数表明由具有伦理文化的分所审计的上市公司的 |DA_JO| 比由没有伦理文化的分所审计

的上市公司的|DA_JO|下降了 28.5%(0.020/0.07),ETHIC 的估计系数在统计意义和经济意义上均显著。ETHIC 对 SP 的系数在 10%水平上负显著($p=-0.591,z=-1.84$),表示由具有伦理文化的会计师事务所分所审计的上市公司出现微利的概率显著更低。ETHIC 的边际影响反映由具有伦理文化的分所审计的上市公司比由没有伦理文化的分所审计的上市公司出现微利的概率减少 0.03%,相当于 SP 均值的 7.5%(0.000 3/0.004)。说明这一估计系数不仅具有统计显著性同时具有经济意义上的显著性。ETHIC 对 SANCTION 的系数在 1%水平上负显著($p=-0.719,z=-3.26$),表明由具有伦理文化的会计师事务所分所审计的上市公司发生财务违规的可能性显著地更低。并且,ETHIC 的边际影响显示由具有伦理文化的分所审计的上市公司比由没有伦理文化的分所审计的上市公司发生财务违规的概率降低了 5.1%,相当于 SANCTION 均值的 64%(0.051/0.08),ETHIC 的估计系数在统计意义和经济意义上均显著。

Panel B 的列(1)~(4)的回归结果为我们的研究假设 6.3.1 提供了经验证据的一致性的支持。说明在公司层面上,由有伦理文化的会计师事务所分所审计的上市公司获得非标准审计意见的概率更高、可操纵性应计绝对值更低、公司微利的可能性更低、财务违规的概率也更低,可见会计师事务所分所的伦理文化塑造了审计师的道德行为,增加了审计师的审慎性和独立性,进而提高审计质量。

另外,在控制变量方面,会计师事务所分所样本和公司样本回归中保持一致性的结果有:第一,LAGMAO、LEV 对 MAO 的回归系数显著为正,表明滞后一期的审计意见、审计客户的财务杠杆与非标准审计意见正相关;第二,ZSCORE 对 MAO 的回归系数显著为负,说明审计客户的 ZSCORE 得分越高、破产可能性越低,则获得非标准审计意见的概率越低;第三,ROA、LEV、CURRAT 对|DA_JO|的回归系数显著为正,表示审计客户的盈利水平、财务杠杆和流动比率与可操纵性应计的绝对值正相关;第四,ZSCORE、STATE 对|DA_JO|的回归系数显著为负,说明财务健康的公司和国有企业的平均可操纵性应计更低;第五,BIG4、LEV、ZSCORE、STATE 对 SP 的回归系数显著为负,反映了由国际四大会计师事务所审计的、杠杆率高的、财务健康的、属于国有企业的审计客户出现微利的概率显著更低;第六,LEV 对 SANCTION 的回归系数显著为正,说明审计客户的财务杠杆与财务违规正相关;第七,STATE 对 SANCTION 的回归系数显著为负,表明国有企业发生财务违规的可能性低于非国有企业。

(四)假设 6.3.2 的回归结果

假设 6.3.2 预期,会计师事务所伦理文化与审计质量正相关关系在非国际四大会计师事务所中比在国际四大会计师事务所中更为突出。表 6.3.6 报告了对假设 6.3.2 的多元回归结果,Panel A 为会计师事务所分所样本的回归结果,Panel B 为公司样本的回归结果。

表 6.3.6　伦理文化与审计质量——基于国际四大会计师事务所的分组检验（假设 6.3.2）

Panel A：会计师事务所分所层面的回归结果

变量	Section A：国际四大组				Section B：非国际四大组			
	因变量：M_MAO	因变量：M_|DA|	因变量：M_SP	因变量：M_SANCTION	因变量：M_MAO	因变量：M_|DA_JO|	因变量：M_SP	因变量：M_SANCTION
	(1)	(2)	(3)	(4)	(5)	(6)	(7)	(8)
	系数（t 值）	系数（t 值）	系数（t 值）	系数（t 值）	系数（t 值）	系数（t 值）	系数（t 值）	系数（t 值）
ETHIC	−0.832 (−1.45)	−0.019 (−1.34)	−0.001 (−1.46)	−0.001 (−0.02)	1.028 *** (3.25)	−0.040 *** (−6.02)	−0.006 *** (−2.67)	−0.071 *** (−3.07)
INDMKS	2.527 * (1.78)	0.013 (0.41)	−0.007 (−1.04)	0.042 (0.88)	−0.381 (−0.20)	−0.022 (−0.94)	0.001 (0.09)	0.216 (1.39)
M_CI_FIRM	−1.994 (−0.05)	0.457 (0.56)	0.399 (1.50)	−2.014 (−1.04)	−1.408 (−0.61)	−0.060 (−1.13)	0.004 (0.25)	0.111 (0.69)
M_NLOCAL_AUD	−1.081 ** (−2.46)	−0.003 (−0.41)	−0.002 * (−1.93)	−0.013 (−0.75)	−0.754 *** (−2.92)	0.007 (1.36)	−0.003 ** (−2.28)	0.033 (1.53)
M_LAGMAO	4.217 * (1.76)	0.001 (0.06)	−0.003 (−1.35)	0.005 (0.09)	3.552 *** (3.82)	0.011 (0.48)	−0.003 (−0.37)	0.067 (1.31)
M_SIZE	−0.405 * (−1.74)	0.002 (0.38)	−0.000 (−0.68)	−0.004 (−0.19)	−0.106 (−0.69)	−0.001 (−0.28)	−0.002 (−1.38)	−0.005 (−0.40)
M_ROA	20.820 ** (2.32)	0.092 (0.50)	0.004 (0.40)	−0.564 ** (−2.09)	−0.914 (−0.28)	0.160 (1.43)	0.043 (1.01)	−0.178 (−0.51)
M_GROWTH	−0.653 (−1.17)	0.022 ** (2.12)	−0.001 (−1.21)	−0.012 (−0.83)	0.022 (0.10)	0.010 (0.91)	−0.002 (−0.70)	0.014 (0.73)
M_LEV	2.500 (1.37)	0.010 (0.20)	−0.001 (−0.91)	0.052 (0.41)	1.811 ** (2.57)	0.050 ** (2.43)	−0.015 *** (−2.88)	0.181 ** (2.11)
M_CURRAT	0.042 (0.37)	0.001 (0.22)	−0.000 (−0.78)	−0.011 (−1.34)	0.011 (0.26)	0.005 (1.65)	−0.001 (−1.50)	−0.001 (−0.13)
M_RAISE	−0.169 (−0.27)	0.006 (0.44)	−0.000 (−0.04)	0.009 (0.18)	−0.076 (−0.23)	0.000 (0.05)	−0.004 * (−1.67)	−0.050 (−1.36)
M_ZSCORE	−1.304 (−1.54)	0.001 (0.05)	−0.001 (−0.57)	0.029 (1.59)	−0.570 * (−1.94)	−0.017 ** (−2.05)	−0.005 (−1.64)	0.002 (0.08)
M_REC	−1.857 (−0.65)	−0.051 (−0.97)	0.002 (0.73)	0.410 * (1.91)	−1.352 (−0.75)	−0.028 (−1.22)	−0.004 (−0.37)	0.239 (1.56)
M_INVN	−1.630 (−0.85)	−0.031 (−0.90)	0.001 (0.65)	−0.050 (−0.90)	−0.678 (−0.57)	0.054 (1.47)	−0.016 *** (−2.70)	−0.120 ** (−2.13)
M_LISTAGE	−0.009 (−0.26)	0.002 * (1.94)	0.000 ** (2.21)	0.003 (1.45)	0.008 (0.42)	0.001 (1.08)	0.000 (1.30)	−0.001 (−0.58)
M_STATE	0.640 (0.94)	−0.019 ** (−2.00)	−0.000 (−0.39)	0.012 (0.22)	−0.257 (−0.97)	−0.016 ** (−2.62)	−0.003 * (−1.68)	−0.059 ** (−2.19)
M_LAW	0.036 (0.78)	0.000 (0.00)	0.000 (1.51)	−0.002 (−1.14)	−0.005 (−0.20)	0.001 ** (2.26)	−0.000 (−0.11)	−0.002 (−1.13)

续表

变量	Section A:国际四大组				Section B:非国际四大组			
	因变量:M_MAO	因变量:M_|DA|	因变量:M_SP	因变量:M_SANCTION	因变量:M_MAO	因变量:M_|DA_JO|	因变量:M_SP	因变量:M_SANCTION
	(1)	(2)	(3)	(4)	(5)	(6)	(7)	(8)
	系数(t值)	系数(t值)	系数(t值)	系数(t值)	系数(t值)	系数(t值)	系数(t值)	系数(t值)
常数项	7.535 (1.48)	0.003 (0.04)	0.002 (1.52)	0.094 (0.20)	−14.065*** (−3.70)	0.057 (0.62)	0.067** (2.02)	0.198 (0.63)
年度	控制	控制	控制	控制	控制	控制	控制	控制
会计师事务所	控制	控制	控制	控制	控制	控制	控制	控制
Adj_R^2	13.35%	7.30%	3.05%	6.32%	39.60%	15.30%	4.97%	8.43%
观测值	390	390	390	390	1 663	1 663	1 663	1 663
F	3.00***	2.02***	1.41*	1.88***	13.58***	4.45***	1.26*	2.77***
组间差异检验[BIG4 Vs. Non-BIG4]								
Chow test(F-value)					1.60***	2.13***	2.31***	1.73***

Panel B:公司层面的回归结果

变量	Section A:国际四大组				Section B:非国际四大组			
	因变量:MAO	因变量:|DA_JO|	因变量:SP	因变量:SANCTION	因变量:MAO	因变量:|DA_JO|	因变量:SP	因变量:SANCTION
	(1)	(2)	(3)	(4)	(5)	(6)	(7)	(8)
	系数(z值)	系数(t值)	系数(z值)	系数(z值)	系数(z值)	系数(t值)	系数(z值)	系数(z值)
ETHIC	0.400 (1.28)	−0.008 (−1.04)	0.420 (1.02)	−0.246 (−1.29)	0.875*** (5.04)	−0.019*** (−3.08)	−0.695** (−2.20)	−0.620** (−2.46)
INDMKS	1.866 (1.28)	−0.004 (−0.18)	−1.298 (−0.12)	0.094 (0.06)	−3.374 (−1.64)	−0.008 (−0.30)	−8.618** (−2.29)	−1.643 (−1.62)
CI_FIRM	0.183 (0.01)	0.077 (0.37)	−101.997 (−1.07)	−47.507 (−1.59)	−1.675** (−2.21)	−0.018 (−1.21)	−2.062 (−1.00)	−0.492 (−0.47)
NLOCAL_AUD	0.113 (0.66)	0.000 (0.10)	−2.611*** (−6.15)	−0.092 (−0.37)	0.094 (0.71)	0.003 (1.58)	−0.560 (−1.10)	0.132 (1.43)
LAGMAO	4.198*** (10.79)	0.016 (1.33)	N.A.	1.216*** (3.28)	3.578*** (25.82)	0.028*** (3.62)	−0.741*** (−3.93)	0.310 (1.42)
SIZE	−0.500*** (−2.89)	−0.007*** (−4.78)	0.955*** (2.75)	−0.074 (−0.65)	−0.198*** (−2.71)	−0.006*** (−7.20)	−0.390** (−2.25)	−0.062 (−0.73)
ROA	−9.476*** (−3.95)	0.327*** (6.07)	−6.038 (−1.10)	−2.351 (−1.20)	−5.875*** (−6.91)	0.394*** (11.57)	−0.600 (−1.07)	−4.507*** (−4.26)
GROWTH	−0.103 (−0.47)	0.022*** (2.70)	−1.117 (−1.27)	0.217* (1.70)	−0.013 (−0.13)	0.018*** (5.55)	0.161 (0.98)	0.118*** (5.19)
LEV	4.624*** (10.54)	0.023* (1.78)	−11.477*** (−7.82)	0.911 (1.52)	2.134*** (4.79)	0.016** (2.00)	−3.613*** (−8.94)	0.549** (2.02)

续表

变量	Section A:国际四大组				Section B:非国际四大组			
	因变量:MAO	因变量:|DA_JO|	因变量:SP	因变量:SANCTION	因变量:MAO	因变量:|DA_JO|	因变量:SP	因变量:SANCTION
	(1)	(2)	(3)	(4)	(5)	(6)	(7)	(8)
	系数(t值)	系数(t值)	系数(t值)	系数(t值)	系数(t值)	系数(t值)	系数(t值)	系数(t值)
CURRAT	0.179^{***}	0.001^{*}	0.103^{**}	0.002	0.042	0.002^{***}	0.043	-0.051^{**}
	(2.80)	(1.72)	(2.19)	(0.05)	(1.23)	(3.19)	(1.43)	(-2.02)
RAISE	-0.414	0.028^{***}	-14.586^{***}	0.582^{***}	-0.523	0.019^{***}	-0.448^{*}	0.018
	(-0.99)	(4.84)	(-3.50)	(2.77)	(-1.41)	(7.50)	(-1.80)	(0.14)
ZSCORE	-0.076	-0.026^{***}	-0.844^{***}	-0.059	-0.463^{***}	-0.036^{***}	-0.769^{***}	0.061
	(-0.27)	(-3.56)	(-5.26)	(-0.39)	(-5.68)	(-11.59)	(-5.42)	(0.63)
REC	-0.977	0.003	13.220^{***}	0.584	-1.739^{***}	0.000	-1.390	-0.030
	(-0.75)	(0.09)	(8.12)	(0.68)	(-2.84)	(0.01)	(-1.58)	(-0.06)
INVN	-1.508	0.024	6.955	0.233	-1.535^{**}	0.036^{***}	-1.837^{*}	-0.065
	(-1.39)	(1.33)	(1.11)	(0.34)	(-2.06)	(3.09)	(-1.94)	(-0.24)
LISTAGE	0.041^{***}	0.000	0.147^{**}	0.017	0.012	0.000	0.100^{***}	0.007
	(4.35)	(1.21)	(2.53)	(1.11)	(1.34)	(1.40)	(6.36)	(0.95)
STATE	-0.654^{***}	-0.008^{***}	-0.897^{**}	-0.494^{**}	-0.219	-0.004^{**}	-0.797^{**}	-0.595^{***}
	(-3.05)	(-2.82)	(-2.24)	(-2.42)	(-0.91)	(-2.16)	(-2.42)	(-5.78)
LAW	-0.017	0.000	0.006	-0.039^{*}	0.012	0.000	-0.028	-0.015
	(-1.04)	(0.87)	(0.05)	(-1.76)	(1.09)	(0.95)	(-0.63)	(-1.41)
常数项	1.367	0.209^{***}	-43.416^{***}	-1.495	-0.771	0.221^{***}	-12.839^{***}	-0.768
	(0.36)	(7.89)	(-5.05)	(-0.60)	(-0.49)	(3.52)	(-3.54)	(-0.41)
行业	控制	控制	控制	控制	控制	控制	控制	控制
年度	控制	控制	控制	控制	控制	控制	控制	控制
会计师事务所	控制	控制	控制	控制	控制	控制	控制	控制
Adj_R^2/Pseudo R^2	53.73%	15.06%	50.37%	9.57%	51.87%	18.66%	26.36%	7.80%
观测值	3 757	3 757	3 757	3 757	15 028	15 028	15 028	15 028
F / LR Chi^2	577.29^{***}	14.60^{***}	63.96^{***}	174.80^{***}	2678.10^{***}	31.26^{***}	257.15^{***}	686.15^{***}
组间差异检验 [BIG4 Vs. Non-BIG4]								
Chow test(F-value)					1.61^{***}	1.54^{***}	1.28^{**}	1.76^{***}

注：$***$、$**$、$*$ 分别表示在1%、5%、10%的水平上显著（双尾）。Panel A 中报告的所有 z 值均经过（会计师事务所）分所与年度的双重聚类调整（Petersen,2009），Panel B 所有 t/z 值均经过公司与年度的双重聚类调整（Petersen,2009）。

在 Panel A 会计师事务所分所层面的回归中，各因变量（M_MAO、M_|DA_JO|、M_SP、M_SANCTION）均为连续变量（客户公司审计质量的比率或均值），故采用 OLS 回归，所有报告的 t 值均经过（会计师事务所）分所与年度的双重聚类调整（Petersen,2009）。

Panel A 的结果显示，ETHIC 在国际四大会计师事务所子样本的各回归中均不显著

[见列(1)~(4)];ETHIC 在非国际四大会计师事务所子样本中的结果与表 6.3.5 的结果保持一致[见列(5)~(8)]。具体而言,在非国际四大子样本中:ETHIC 对 M_MAO 的系数在 1%水平上显著为正($p=1.028$,$t=3.25$),表明具有伦理文化的会计师事务所分所的客户公司组合中获得非标准审计意见的比率显著更高。ETHIC 的系数显示具有伦理文化的会计师事务所分所的客户公司获得 MAO 的比率比没有伦理文化的会计师事务所分所增加 1.028,这一系数具有统计和经济意义上的显著性。ETHIC 对 M_|DA_JO| 的系数在 1%水平上显著为负($p=-0.040$,$t=-6.02$),说明具有伦理文化的会计师事务所分所的客户公司组合中报告的可操纵性应计绝对值显著地更低。ETHIC 的估计系数表明具有伦理文化的会计师事务所分所的客户公司的平均|DA_JO|比没有伦理文化的会计师事务所分所降低 57%($-0.040/0.07$),ETHIC 的回归系数具有统计和经济意义上的显著性。ETHIC 对 M_SP 的系数在 1%水平上显著为负($p=-0.006$,$t=-2.67$),表示具有伦理文化的会计师事务所分所的客户公司组合中微利公司的比率显著更低。ETHIC 的估计系数显示,相较于没有伦理文化的分所,具有伦理文化的会计师事务所分所的客户公司中微利公司的比率下降 0.6%,从而具有统计和经济意义的显著性。ETHIC 对 M_SANCTION 的系数在 1%水平上显著为负($p=-0.071$,$t=-3.07$),即具有伦理文化的会计师事务所分所的客户公司组合中财务违规公司的比率明显更低。更重要地,ETHIC 的估计系数反映了具有伦理文化的会计师事务所分所的客户公司组合中财务违规公司的比率降低 7%,这一系数同时具有统计和经济意义上的显著性。另外,国际四大与非国际四大子样本之间的组间差异均显著,chow test(邹检验)的联合 F 值在的范围为 1.60~2.31,且都在 1%水平上显著,说明国际四大和非国际四大子样本之间具有系统性的差异。

上述回归结果表明,会计师事务所的伦理文化与审计质量之间的正相关关系被会计师事务所规模(BIG4)调节了,即在国际四大所中伦理文化不起作用,而在非国际四大所中伦理文化的确强化了审计师道德、提高了审计质量。Panel A 的实证检验结果为研究假设 6.3.2 提供了一致的经验证据支持。

在 Panel B 公司层面的回归中,MAO、SP 和 SANCTION 为指示变量,因此对应的多元回归采用 Logit 回归,|DA_JO|为连续变量,因此采用 OLS 回归。公司样本回归中所有报告的 t/z 值均经过公司和与年度的双重聚类调整(Petersen,2009)。

如 Panel B 的结果所示,会计师事务所伦理文化 ETHIC 在国际四大子样本中均不显著[见列(1)~(4)],说明伦理文化在大规模的事务所中对审计质量无影响;在非国际四大子样本中 ETHIC 均显著,结果与表 6.3.5 的相应结果保持一致[见列(5)~(8)]。具体而言,在非国际四大子样本中,ETHIC 对 MAO 的系数在 1%水平上正显著($p=0.875$,$z=5.04$),表示由具有伦理文化的会计师事务所分所审计的上市公司获得非标准审计意见的可能性明显地更高。ETHIC 的边际影响显示由具有伦理文化的分所审计的上市公司比由没有伦理文化的分所审计的上市公司被出具 MAO 的概率增加 1.29%,相当于 MAO 均值的 32%($0.013/0.04$),这一估计系数也具有经济意义上的显著性。ETHIC 对|DA_JO|的系数在 1%水平上显著为负($p=-0.019$,$t=-3.08$),表明由具有伦理文化的会计师事务所分所审

计的上市公司的可操纵性应计显著更低。ETHIC 的估计系数表明由具有伦理文化的分所审计的上市公司比由没有伦理文化的分所审计的上市公司的|DA_JO|下降了 27%（0.019/0.07），这一系数在统计意义和经济意义上均显著。ETHIC 对 SP 的系数在 5%水平上显著为负（$p=-0.695,z=-2.20$），表示由具有伦理文化的会计师事务所分所审计的上市公司出现微利的概率显著更低。ETHIC 的边际影响反映由具有伦理文化的分所审计的上市公司比由没有伦理文化的分所审计的上市公司出现微利的概率减少 0.08%，相当于 SP 均值的 20%（0.000 8/0.004），说明这一估计系数不仅具有统计显著性同时具有经济意义上的显著性。ETHIC 对 SANCTION 的系数在 5%水平上负显著（$p=-0.620,z=-2.46$），表示由具有伦理文化的会计师事务所分所审计的上市公司发生财务违规的可能性显著更低。并且，ETHIC 的边际影响显示由具有伦理文化的分所审计的上市公司比由没有伦理文化的分所审计的上市公司发生财务违规的概率降低了 4.6%，相当于 SANCTION 均值的 57%（0.046/0.08），ETHIC 的估计系数在统计意义和经济意义上均显著。另外，国际四大与非国际四大子样本之间的组间差异均显著，chow test 的联合 F 值范围为 1.28～1.76，且至少在 5%水平以上显著，说明国际四大和非国际四大子样本之间具有系统性的差异。值得说明的是，Panel B 列（3）的公司微利回归中，由于 LAGMAO 与因变量 SP 存在完全共线性，因此 LAGMAO 回归系数缺失（类似情况不再赘述）。

Panel B 的结果表明，会计师事务所规模（BIG4）调节了会计师事务所伦理文化与审计质量之间的正相关关系，即在国际四大所中伦理文化无影响而在非国际四大所中伦理文化起到塑造审计师道德行为、提高审计质量的作用。Panel B 的经验证据支持了本节的研究假设 6.3.2。

五、稳健性测试、内生性讨论和进一步检验

（一）自变量稳健性测试——会计师事务所伦理文化的其他度量

在表 6.3.5 和表 6.3.6 中，本节采用会计师事务所伦理文化的虚拟变量（ETHIC）进行检验。接下来，本节采用伦理文化的赋值变量重复主回归，以进一步将具有伦理文化的会计师事务所区分为强伦理文化和弱伦理文化的事务所，并考察伦理文化强弱对审计质量的影响。ETHIC_N 等于会计师事务所文化中包含的伦理相关关键字的数目。假如一家事务所的文化表述中同时包含了"诚信""操守""正直"三个伦理相关关键字，则 ETHIC_N 取值为 3。表 6.3.7 报告了自变量稳健性测试的结果。

表 6.3.7　自变量稳健性测试——采纳赋值的伦理文化变量

Panel A:伦理文化与审计质量(会计师事务所分所层面的回归;假设 6.3.1)

变量	因变量: M_MAO	因变量: M_|DA_JO|	因变量: M_SP	因变量: M_SANCTION
	(1)	(2)	(3)	(4)
	系数 (t 值)	系数 (t 值)	系数 (t 值)	系数 (t 值)
ETHIC_N	0.511*** (3.48)	−0.021*** (−7.26)	−0.002*** (−2.81)	−0.040*** (−3.95)
BIG4	−0.032 (−0.14)	0.009*** (3.57)	−0.005*** (−6.69)	−0.011 (−0.47)
控制变量	控制	控制	控制	控制
常数项	−16.236*** (−4.31)	0.030 (0.42)	0.049** (2.07)	0.141 (0.56)
年度	控制	控制	控制	控制
会计师事务所	控制	控制	控制	控制
Adj_R^2	37.28%	14.83%	4.83%	8.27%
观测值	2 053	2 053	2 053	2 053
F	14.56***	4.96***	1.47***	3.06***

Panel B:伦理文化与审计质量(公司层面的回归;假设 6.3.1)

变量	因变量: MAO	因变量: |DA_JO|	因变量: SP	因变量: SANCTION
	(1)	(2)	(3)	(4)
	系数 (z 值)	系数 (t 值)	系数 (z 值)	系数 (z 值)
ETHIC_N	0.162*** (3.01)	−0.010*** (−3.56)	−0.211* (−1.74)	−0.195*** (−2.92)
BIG4	−0.185 (−0.78)	0.004 (1.32)	−1.062*** (−4.21)	0.011 (0.08)
控制变量	控制	控制	控制	控制
常数项	0.158 (0.14)	0.242*** (7.61)	−14.674*** (−5.35)	−0.305 (−0.17)
行业	控制	控制	控制	控制
年度	控制	控制	控制	控制
会计师事务所	控制	控制	控制	控制
Adj_R^2/Pseudo R^2	51.41%	17.95%	26.14%	7.75%
观测值	18 785	18 785	18 785	18 785
F / LR Chi^2	3211.47***	36.35***	289.84***	825.52***

续表

Panel C：伦理文化与审计质量——基于国际四大的分组检验（会计师事务所分所层面；假设 6.3.2）

变量	Section A：国际四大组				Section B：非国际四大组			
	因变量：M_MAO	因变量：M_|DA_JO|	因变量：M_SP	因变量：M_SANCTION	因变量：M_MAO	因变量：M_|DA|	因变量：M_SP	因变量：M_SANCTION
	(1)	(2)	(3)	(4)	(5)	(6)	(7)	(8)
	系数（t 值）	系数（t 值）	系数（t 值）	系数（t 值）	系数（t 值）	系数（t 值）	系数（t 值）	系数（t 值）
ETHIC_N	−0.069 (−0.45)	0.003 (0.54)	−0.001 (−1.46)	−0.010 (−0.48)	0.514*** (3.25)	−0.020*** (−6.02)	−0.003*** (−2.67)	−0.035*** (−3.07)
控制变量	控制	控制	控制	控制	控制	控制	控制	控制
常数项	9.867** (2.06)	−0.018 (−0.17)	0.002 (1.52)	0.104 (0.19)	−13.551*** (−3.58)	0.037 (0.41)	0.064** (2.00)	0.162 (0.52)
年度/会计师事务所	控制	控制	控制	控制	控制	控制	控制	控制
Adj_R^2	13.35%	7.30%	3.05%	6.32%	39.60%	15.30%	4.97%	8.43%
观测值	390	390	390	390	1 663	1 663	1 663	1 663
F	3.00***	2.02***	1.41*	1.88***	13.58***	4.45***	1.26*	2.77***

Panel D：伦理文化与审计质量——基于国际四大的分组检验（公司层面；假设 6.3.2）

变量	Section A：国际四大组				Section B：非国际四大组			
	因变量：MAO	因变量：|DA_JO|	因变量：SP	因变量：SANCTION	因变量：MAO	因变量：|DA_JO|	因变量：SP	因变量：SANCTION
	(1)	(2)	(3)	(4)	(5)	(6)	(7)	(8)
	系数（z 值）	系数（t 值）	系数（z 值）	系数（z 值）	系数（z 值）	系数（t 值）	系数（z 值）	系数（z 值）
ETHIC_N	0.140 (1.60)	−0.000 (−0.17)	0.179 (1.54)	−0.057 (−1.17)	0.211*** (3.23)	−0.010*** (−3.08)	−0.246** (−2.10)	−0.160** (−2.53)
控制变量	控制	控制	控制	控制	控制	控制	控制	控制
常数项	0.201 (0.05)	0.209*** (7.89)	−43.711*** (−4.92)	−1.259 (−0.51)	−0.500 (−0.33)	0.221*** (5.72)	−12.877*** (−4.06)	−0.780 (−0.42)
行业/年度/会计师事务所	控制	控制	控制	控制	控制	控制	控制	控制
Adj_R^2/Pseudo R^2	53.68%	15.06%	49.25%	9.57%	51.89%	18.66%	26.39%	7.90%
观测值	3 757	3 757	3 757	3 757	15 028	15 028	15 028	15 028
F / LR Chi²	576.79***	14.60***	62.53***	174.80***	2 679.38***	31.26***	257.42***	695.67***

注：***、**、* 分别表示在 1%、5%、10% 的水平上显著（双尾）。会计师事务所分所层面的回归中报告的 t 值经过（会计师事务所）分所与年度的双重聚类调整（Petersen，2009），公司层面的回归中报告的 t/z 值经过公司与年度的双重聚类调整（Petersen，2009）。

如表 6.3.7 的 Panel A 和 Panel B 所示，在会计师事务所分所层面的回归（Panel A）和公司层面的回归（Panel B）中：ETHIC_N 对 M_MAO 和 MAO 的回归系数均显著为正，表明

会计师事务所的伦理文化越强则非标准审计意见的概率越高；ETHIC_N 对 M_|DA_JO|、M_SP、M_SANCTION、|DA_JO|、SP、SANCTION 的回归系数均显著为负，说明会计师事务所的伦理文化越强则可操纵性应计、微利和财务违规的概率越低。以上结果再次支持了假设 6.3.1。

如表 6.3.7 的 Panel C 和 Panel D 所示，在会计师事务所分所层面和公司层面的样本中：ETHIC_N 在国际四大子样本(Section A)的各回归中均不显著；在非国际四大子样本(Section B)中，ETHIC_N 对 M_MAO 和 MAO 的回归系数均显著为正，表明会计师事务所伦理文化的强弱与非标准审计意见正相关；ETHIC_N 对 M_|DA_JO|、M_SP、M_SANC-TION、|DA_JO|、SP、SANCTION 的回归系数均显著为负，说明会计师事务所的伦理文化的强弱与可操纵性应计、微利和财务违规的概率负相关。以上结果再次支持了研究假设6.3.2——会计师事务所伦理文化与审计质量之间的正相关关系被国际四大会计师事务所调节了。

综上，使用会计师事务所伦理文化的替代变量之后，主回归的实证检验结果保持不变，假设 6.3.1 和 6.3.2 仍然得到经验证据的支持，即本节的研究结论对事务所伦理文化的替代变量而言是稳健的。

(二)因变量稳健性测试

1.审计意见的其他度量

参照前期文献(DeFond et al.，2002；Guan et al.，2016)，本节采用审计意见的赋值变量(OP)和持续经营审计意见(GCO)作为审计意见的替代变量，并重新检验假设 6.3.1 和 6.3.2。由于 OP 是取值为 0～3 的离散变量，因此采用 Order Logit 回归；GCO 为虚拟变量，因此采用 Logit 回归。与表 6.3.5 和 6.3.6 一样，M_OP 和 M_GCO 分别为会计师事务所分所的客户组合中审计意见类型均值和持续经营审计意见的占比(连续变量)，故事务所分所层的回归仍采用 OLS 回归。表 6.3.8 报告了审计意见稳健性的结果。

表 6.3.8　因变量稳健性测试——审计意见的其他度量

Panel A:会计师事务所伦理文化与审计质量(假设 6.3.1)

变量	Section A:会计师事务所分所层面的回归		变量	Section B:公司层面的回归	
	因变量:M_OP	因变量:M_GCO		因变量:OP	因变量:GCO
	(1)	(2)		(3)	(4)
	系数(t 值)	系数(t 值)		系数(z 值)	系数(z 值)
ETHIC	1.042*** (3.60)	1.238*** (3.11)	ETHIC	0.852*** (4.97)	0.505* (1.94)
BIG4	0.005 (0.02)	−0.474*** (−2.88)	BIG4	−0.084 (−0.43)	−0.554 (−1.47)
INDMKS	0.423 (0.32)	0.252 (0.13)	INDMKS	−1.125 (−1.38)	0.831 (0.39)

续表

变量	Section A:会计师事务所分所层面的回归		变量	Section B:公司层面的回归	
	因变量:M_OP	因变量:M_GCO		因变量:OP	因变量:GCO
	（1）	（2）		（3）	（4）
	系数 （t 值）	系数 （t 值）		系数 （z 值）	系数 （z 值）
M_CI_FIRM	−1.540 （−0.70）	−5.107* （−1.76）	CI_FIRM	−2.382** （−1.98）	−0.983 （−0.55）
M_NLOCAL_ AUD	−0.784*** （−3.59）	−0.989*** （−3.54）	NLOCAL_AUD	0.082 （0.60）	0.069 （0.27）
M_LAGOP	2.212*** （3.06）		LAGOP	2.468*** （19.47）	
M_LAGGCO		12.028*** （5.50）	LAGGCO		6.691*** （6.91）
M_SIZE	−0.036 （−0.26）	0.099 （0.45）	SIZE	−0.292*** （−5.74）	−0.300** （−2.28）
M_ROA	3.029 （0.93）	−7.805* （−1.76）	ROA	−5.621*** （−5.82）	−7.026*** （−4.53）
M_GROWTH	−0.058 （−0.24）	0.073 （0.23）	GROWTH	0.003 （0.04）	−0.010 （−0.06）
M_LEV	1.559** （2.52）	2.814*** （3.58）	LEV	2.726*** （6.52）	1.873*** （3.01）
M_CURRAT	−0.011 （−0.24）	0.095 （1.54）	CURRAT	0.080** （2.42）	0.059 （0.86）
M_RAISE	−0.075 （−0.30）	−0.151 （−0.41）	RAISE	−0.517 （−1.57）	−0.793 （−1.14）
M_ZSCORE	−0.798*** （−3.07）	0.060 （0.22）	ZSCORE	−0.429*** （−4.32）	−0.436*** （−3.80）
M_REC	−1.487 （−0.88）	−3.245* （−1.87）	REC	−2.121*** （−3.26）	−4.587*** （−4.65）
M_INVN	−1.117 （−1.11）	−0.491 （−0.39）	INVN	−1.573** （−2.42）	−0.082 （−0.13）
M_LISTAGE	0.012 （0.69）	0.013 （0.59）	LISTAGE	0.024*** （3.25）	0.029 （1.34）
M_STATE	−0.192 （−0.85）	0.016 （0.04）	STATE	−0.258 （−1.16）	0.124 （0.56）
M_LAW	0.011 （0.48）	0.055* （1.89）	LAW	0.003 （0.28）	0.010 （0.26）
常数项	−15.711*** （−4.22）	−23.113*** （−4.19）	常数项	1.057 （0.84）	−1.164 （−0.31）
行业	不控制	不控制	行业	控制	控制
年度	控制	控制	年度	控制	控制
会计师事务所	控制	控制	会计师事务所	控制	控制
Adj_R^2	26.95%	50.41%	Pseudo R^2	49.25%	76.61%
观测值	2 053	2 053	观测值	18 785	18 785
F	9.41***	24.13***	LR Chi^2	3 076.06***	3 082.63***

续表

Panel B:伦理文化与审计质量——基于国际四大的分组检验(会计师事务所层面,假设 6.3.2)

变量	Section A:国际四大组		Section B:非国际四大组	
	因变量:M_OP	因变量:M_GCO	因变量:M_OP	因变量:M_GCO
	(1)	(2)	(3)	(4)
	系数(t 值)	系数(t 值)	系数(t 值)	系数(t 值)
ETHIC	−0.899 (−1.52)	−0.460 (−0.68)	1.031*** (3.31)	1.285*** (2.90)
控制变量	控制	控制	控制	控制
常数项	6.653 (1.30)	−1.195 (−0.18)	−12.468*** (−3.47)	−15.804*** (−3.03)
年度/会计师事务所	控制	控制	控制	控制
Adj_R^2	6.19%	35.38%	32.08%	50.80%
观测值	390	390	1 663	1 663
F	1.86***	8.04***	10.06***	20.79***

Panel C:伦理文化与审计质量——基于国际四大的分组检验(公司层面,假设 6.3.2)

变量	Section A:国际四大组		Section B:非国际四大组	
	因变量:OP	因变量:GCO	因变量:OP	因变量:GCO
	(5)	(6)	(7)	(8)
	系数(z 值)	系数(z 值)	系数(z 值)	系数(z 值)
ETHIC	0.414 (1.36)	1.157 (0.83)	0.970*** (4.79)	0.455* (1.79)
控制变量	控制	控制	控制	控制
常数项	1.473 (0.48)	−22.495*** (−2.86)	0.391 (0.25)	−0.432 (−0.12)
行业/年度/会计师事务所	控制	控制	控制	控制
Pseudo R^2	50.88%	90.24%	49.98%	75.95%
观测值	3 757	3 757	15 028	15 028
LR Chi^2	546.74***	556.89***	2 580.67***	2 578.53***

注:***、**、*分别表示在1%、5%、10%的水平上显著(双尾)。会计师事务所分所层面的回归中报告的 t 值经过(会计师事务所)分所与年度的双重聚类调整(Petersen,2009),公司层面的回归中报告的 z 值经过公司与年度的双重聚类调整(Petersen,2009)。

表 6.3.8 的 Panel A 显示,在会计师事务所分所层面的回归[列(1)～(2)]和公司层面的回归[列(3)～(4)]中:ETHIC 对 M_OP、OP、M_GCO 和 GCO 的回归系数均为正显著,表示会计师事务所伦理文化与审计意见类型、持续经营审计意见正相关,这为假设 6.3.1 提供了进一步的经验证据的支持。如 Panel B 和 Panel C 所示,在会计师事务所分所层面和公司层面的样本中:ETHIC 在国际四大子样本(Section A)中对 M_OP、OP、M_GCO 和 GCO 的

回归系数均不显著；在非国际四大子样本（Section B）中，ETHIC 对 M_OP、OP、M_GCO 和 GCO 的回归系数均为正显著，说明伦理文化与审计意见的正相关关系仅存于非国际四大会计师事务所，支持假设 6.3.2。

综上，使用审计意见的替代变量之后，主回归的实证检验结果保持不变，假设 6.3.1 和 6.3.2 仍然得到经验证据的支持。表明本节的研究结论对审计意见的替代变量是稳健的。

2.可操纵性应计的其他度量

除了琼斯模型之外，前期文献对可操纵性应计有不同的估计模型（Dechow et al.，1995；Kothari et al.，2005；Ball，Shivakumar，2006）。接下来，本节采用其他文献常用的可操纵性应计估计方法，包括修正的琼斯模型（|DA|）、业绩配对的可操纵性应计（|DA_PM|）、Ball 和 Shivakumar（2005）的模型（|DA_CF|和|DA_RET|）重新检验假设 6.3.1 和 6.3.2。回归结果如表 6.3.9 所示。

表 6.3.9　因变量稳健性测试——可操纵性应计的其他度量

Panel A:伦理文化与审计质量（会计师事务所分所层面的回归，假设 6.3.1）

变量	因变量：M_|DA|	因变量：M_|DA_PM|	因变量：M_|DA_CF|	因变量：M_|DA_RET|
	(1)	(2)	(3)	(4)
	系数（t 值）	系数（t 值）	系数（t 值）	系数（t 值）
ETHIC	−0.044*** (−7.56)	−0.002** (−2.18)	−0.021*** (−3.98)	−0.019*** (−4.31)
BIG4	0.007*** (3.24)	0.005** (2.47)	−0.000 (−0.01)	0.010*** (7.00)
控制变量	控制	控制	控制	控制
常数项	0.066 (0.92)	0.144*** (8.75)	0.054 (0.97)	0.054 (0.91)
年度/会计师事务所	控制	控制	控制	控制
Adj_R^2	14.72%	10.93%	9.18%	13.09%
观测值	2 053	2 053	2 053	2 053
F	4.91***	3.79***	3.05***	4.40***

Panel B:伦理文化与审计质量（公司层面的回归，假设 6.3.1）

变量	因变量：|DA|	因变量：|DA_PM|	因变量：|DA_CF|	因变量：|DA_RET|
	(1)	(2)	(3)	(4)
	系数（t 值）	系数（t 值）	系数（t 值）	系数（z 值）
ETHIC	−0.019*** (−3.79)	−0.001*** (−4.90)	−0.003*** (−3.00)	−0.011*** (−4.75)

续表

变量	因变量： |DA| (1) 系数 (t 值)	因变量： |DA_PM| (2) 系数 (t 值)	因变量： |DA_CF| (3) 系数 (t 值)	因变量： |DA_RET| (4) 系数 (z 值)
BIG4	0.003 (1.01)	0.003 (1.63)	0.002 (1.32)	0.004 (1.24)
控制变量	控制	控制	控制	
常数项	0.228*** (4.20)	0.157*** (5.16)	0.163*** (5.99)	0.208*** (13.15)
行业/年度/会计师事务所	控制	控制	控制	控制
Adj_R^2	18.61%	13.27%	17.51%	16.55%
观测值	18 785	18 785	18 785	18 785
F	37.93***	25.72***	35.29***	32.19***

Panel C：伦理文化与审计质量——基于国际四大的分组检验（会计师事务所分所层面，假设6.3.2）

变量	Section A：国际四大组				Section B：非国际四大组			
	因变量： M_|DA|	因变量： M_|DA_PM|	因变量： M_|DA_CF|	因变量： M_|DA_RET|	因变量： M_|DA|	因变量： M_|DA_PM|	因变量： M_|DA_CF|	因变量： M_|DA_RET|
	(1)	(2)	(3)	(4)	(5)	(6)	(7)	(8)
	系数 (t 值)	系数 (t 值)	系数 (t 值)	系数 (t 值)	系数 (t 值)	系数 (t 值)	系数 (t 值)	系数 (t 值)
ETHIC	−0.006 (−0.79)	−0.003 (−1.09)	−0.008 (−1.53)	−0.012 (−1.36)	−0.043*** (−6.38)	−0.002* (−1.87)	−0.019*** (−3.11)	−0.020*** (−3.98)
控制变量	控制	控制	控制	控制	控制	控制	控制	控制
常数项	0.024 (0.32)	0.087 (1.54)	0.088 (1.51)	0.164** (2.26)	0.074 (0.80)	0.137*** (3.75)	0.079 (1.09)	0.067 (0.87)
年度/会计师事务所	控制	控制	控制	控制	控制	控制	控制	控制
Adj_R^2	7.66%	3.02%	4.65%	10.75%	15.00%	11.82%	8.76%	12.94%
观测值	390	390	390	390	1 663	1 663	1 663	1 663
F	2.07***	1.40*	1.57**	2.55***	4.37***	3.56***	2.63***	3.83***

Panel D：伦理文化与审计质量——基于国际四大的分组检验（公司层面，假设6.3.2）

变量	Section A：国际四大组				Section B：非国际四大组			
	因变量： |DA|	因变量： |DA_PM|	因变量： |DA_CF|	因变量： |DA_RET|	因变量： |DA|	因变量： |DA_PM|	因变量： |DA_CF|	因变量： |DA_RET|
	(1)	(2)	(3)	(4)	(5)	(6)	(7)	(8)
	系数 (t 值)	系数 (t 值)	系数 (t 值)	系数 (t 值)	系数 (t 值)	系数 (t 值)	系数 (t 值)	系数 (t 值)
ETHIC	−0.007 (−0.91)	−0.004 (−1.08)	−0.002 (−1.11)	−0.004 (−0.71)	−0.018*** (−3.13)	−0.001* (−1.87)	−0.003** (−2.44)	−0.011*** (−6.63)

续表

变量	Section A:国际四大组				Section B:非国际四大组			
	因变量:|DA|	因变量:|DA_PM|	因变量:|DA_CF|	因变量:|DA_RET|	因变量:|DA|	因变量:|DA_PM|	因变量:|DA_CF|	因变量:|DA_RET|
	(1)	(2)	(3)	(4)	(5)	(6)	(7)	(8)
	系数 (t 值)	系数 (t 值)	系数 (t 值)	系数 (t 值)	系数 (t 值)	系数 (t 值)	系数 (t 值)	系数 (t 值)
控制变量	控制	控制	控制	控制	控制	控制	控制	控制
常数项	0.212***	0.149***	0.157***	0.194***	0.202***	0.175***	0.161***	0.183***
	(7.57)	(7.03)	(10.03)	(5.96)	(3.28)	(5.20)	(5.34)	(4.76)
行业/年度/会计师事务所	控制	控制	控制	控制	控制	控制	控制	控制
Adj_R^2	14.57%	14.70%	13.00%	15.79%	19.56%	13.16%	18.94%	16.93%
观测值	3 757	3 757	3 757	3 757	15 028	15 028	15 028	15 028
F	14.08***	14.22***	12.46***	15.06***	33.07***	20.99***	31.82***	27.13***

注:***、**、*分别表示在1%、5%、10%的水平上显著(双尾)。会计师事务所分所层面的回归中报告的 t 值经过(会计师事务所)分所与年度的双重聚类调整(Petersen,2009),公司层面的回归中报告的 t 值经过公司与年度的双重聚类调整(Petersen,2009)。

表 6.3.9 的 Panel A 和 B 显示,在会计师事务所分所层面的回归(Panel A)和公司层面的回归(Panel B)中,ETHIC 对各个可操纵性应计的回归系数均显著为负,说明会计师事务所伦理文化降低了客户公司的可操纵性应计值,假设 6.3.1 得到经验证据的进一步支持。表 6.3.9 的 Panel C 和 D 显示,在会计师事务所分所层面和公司层面的样本中,ETHIC 在国际四大子样本(Section A)中对 M_\|DA\|、M_\|DA_PM\|、M_\|DA_CF\|、M_\|DA_RET\|、\|DA\|、\|DA_PM\|、\|DA_CF\|和\|DA_RET\|的回归均不显著;在非国际四大子样本(Section B)中,ETHIC 对 M_\|DA\|、M_\|DA_PM\|、M_\|DA_CF\|、M_\|DA_RET\|、\|DA\|、\|DA_PM\|、\|DA_CF\|和\|DA_RET\|的回归系数均显著为负,表明会计师事务所伦理文化与可操纵性应计值的负相关关系在非国际四大会计师事务所中更突出,假设 6.3.2 再次得到支持。

可见,本节的主回归结果在采用可操纵性应计的替代变量之后仍然保持不变,假设 6.3.1 和 6.3.2 得到经验证据的额外支持。本节的研究结论对可操纵性应计的替代变量而言是稳健的。

3.公司微利的其他度量

在表 6.3.5 和 6.3.6 中,本节采用每股盈余的微利指标作为审计质量的度量之一。本节将采用基于总资产收益率的微利指标(SP)作为微利变量的替代,并重复主要回归。表 6.3.10 报告了微利变量 SP 的敏感性测试的结果。

表 6.3.10　因变量稳健性测试——公司微利的其他度量

Panel A:会计师事务所分所层面的回归

变量	因变量:M_SP		
	全样本	国际四大	非国际四大
	(1)	(2)	(3)
	系数 (t 值)	系数 (t 值)	系数 (t 值)
ETHIC	−0.168*** (−10.15)	0.014 (0.41)	−0.174*** (−9.02)
BIG4	0.017 (1.53)		
控制变量	控制	控制	控制
常数项	−0.234 (−0.69)	0.047 (0.15)	−0.310 (−0.75)
年度/会计师事务所	控制	控制	控制
Adj_R^2	8.30%	7.80%	7.91%
观测值	2 053	390	1 663
F	3.72***	2.10***	3.17**

Panel B:公司层面的回归

变量	因变量:SP		
	全样本	国际四大	非国际四大
	(1)	(2)	(3)
	系数 (z 值)	系数 (z 值)	系数 (z 值)
ETHIC	−0.488** (−2.15)	−0.099 (−0.90)	−0.503*** (−2.70)
BIG4	0.140 (1.33)		
控制变量	控制	控制	控制
常数项	−2.980*** (−3.73)	−6.438*** (−5.10)	−2.388*** (−2.61)
年度/行业/会计师事务所	控制	控制	控制
Pseudo R^2	10.32%	13.28%	10.18%
观测值	18 785	3 757	15 028
LR Chi^2	1 424.99***	353.38***	1 134.55***

注:***、**、* 分别表示在 1%、5%、10% 的水平上显著(双尾)。会计师事务所分所层面的回归中报告的 t 值经过(会计师事务所)分所与年度的双重聚类调整(Petersen,2009),公司层面的回归中报告的 z 值经过公司与年度的双重聚类调整(Petersen,2009)。

表 6.3.10 的 Panel A 列示了采用会计师事务所分所样本对假设 6.3.1 和 6.3.2 的实证检验结果。在列(1)中,ETHIC 对 M_SP 的回归系数显著为负,反映了会计师伦理文化与公司微利的负相关关系,进一步为假设 6.3.1 提供经验证据的支持;列(2)～(3)显示,在国际四大子样本中 ETHIC 对 M_SP 的回归系数不显著,在非国际四大子样本中 ETHIC 对 M_SP 的回归系数显著为负,说明会计师事务所规模调节了事务所伦理文化与审计质量之间的正相关关系,再次支持了假设 6.3.2。表 6.3.10 的 Panel B 列示了采用公司样本对假设 6.3.1 和 6.3.2 的实证检验结果,结果与 Panel A 类似,本节的假设 6.3.1 和 6.3.2 均得到经验证据的额外支持。

总体而言,本节的主回归结果在采用公司微利的替代变量之后仍然保持不变,本节的研究结论对微利的替代变量是稳健的。

4.财务违规的其他度量

在主表回归中,本节将财务违规的类型限定于虚构利润、虚列资产、虚假记载(误导性陈述)和重大遗漏四类。在本部分,本节缩小和放松财务违规的类型以重复主回归的检验。具体地,采用缩小范围[仅限虚构利润、虚列资产、虚假记载(误导性陈述)三类]的财务违规虚拟变量(SANCTION_N)和频率变量(SANCTION_NUM_N),以及扩大范围[扩展为包括虚构利润、虚列资产、虚假记载(误导性陈述)、重大遗漏、延迟披露、披露不实和一般会计处理不当七类]的财务违规虚拟变量(SANCTION_B)和频率变量(SANCTION_NUM_B)。另外,还采用主回归中财务违规定义的频率变量(即四类财务违规发生的次数 SANCTION_NUM)作为 SANCTION 的替代。财务违规的敏感性测试的实证结果列示于表 6.3.11。

表 6.3.11　因变量稳健性测试——财务违规的其他度量

Panel A:伦理文化与审计质量(会计师事务所分所层面的回归,假设 6.3.1)

变量	因变量: M_SANC TION_NUM	因变量: M_SAN CTION_N	因变量: M_SANCTI ON_NUM_N	因变量: M_SAN CTION_B	因变量: M_SANC TION_NUM_B
	(1)	(2)	(3)	(4)	(5)
	系数 (t 值)	系数 (t 值)	系数 (t 值)	系数 (t 值)	系数 (t 值)
ETHIC	-0.075^{***} (-2.86)	-0.010^{***} (-3.60)	-0.017^{***} (-4.88)	-0.019^{***} (-3.54)	-0.010^{*} (-1.95)
BIG4	0.060^{***} (4.00)	-0.000 (-0.01)	0.002 (0.35)	-0.022^{**} (-2.58)	-0.034^{***} (-3.31)
控制变量	控制	控制	控制	控制	控制
年度/会计师事务所	控制	控制	控制	控制	控制
Adj_R^2	3.77%	8.82%	6.70%	6.40%	5.43%
观测值	2 053	2 053	2 053	2 053	2 053
F	1.89^{***}	3.21^{***}	2.64^{***}	2.56^{***}	2.31^{***}

续表

Panel B：伦理文化与审计质量（公司层面的回归，假设 6.3.1）

变量	因变量：SANCTION_NUM	因变量：SANCTION_N	因变量：SANCTION_NUM_N	因变量：SANCTION_B	因变量：SANCTION_NUM_B
	(1)	(2)	(3)	(4)	(5)
	系数 (z 值)	系数 (z 值)	系数 (z 值)	系数 (z 值)	系数 (z 值)
ETHIC	−0.717 *** (−3.30)	−0.837 ** (−2.30)	−0.838 ** (−2.31)	−0.484 *** (−3.07)	−0.496 *** (−3.25)
BIG4	0.022 (0.16)	0.072 (0.51)	0.071 (0.50)	−0.033 (−0.26)	−0.025 (−0.19)
控制变量	控制	控制	控制	控制	控制
年度/会计师事务所	控制	控制	控制	控制	控制
Pseudo R^2	6.35%	9.92%	8.52%	6.87%	5.51%
观测值	18 785	18 785	18 785	18 785	18 785
LR Chi^2	822.15 ***	658.81 ***	665.76 ***	959.56 ***	984.53 ***

Panel C：伦理文化与审计质量——基于国际四大的分组检验（会计师事务所层面，假设 6.3.2）

变量	Section A：国际四大组					Section B：非国际四大组				
	因变量：M_SANCTION_NUM	因变量：M_SANCTION_N	因变量：M_SANCTION_NUM_N	因变量：M_SANCTION_B	因变量：M_SANCTION_NUM_B	因变量：M_SANCTION_NUM	因变量：M_SANCTION_N	因变量：M_SANCTION_NUM_N	因变量：M_SANCTION_B	因变量：M_SANCTION_NUM_B
	(1)	(2)	(3)	(4)	(5)	(6)	(7)	(8)	(9)	(10)
	系数 (t 值)	系数 (t 值)	系数 (t 值)	系数 (t 值)	系数 (t 值)	系数 (t 值)	系数 (t 值)	系数 (t 值)	系数 (t 值)	系数 (t 值)
ETHIC	−0.034 (−0.15)	−0.015 (−0.70)	−0.023 (−0.88)	−0.018 (−0.78)	−0.019 (−0.42)	−0.062 ** (−1.98)	−0.010 *** (−3.79)	−0.018 *** (−5.47)	−0.018 ** (−2.57)	−0.005 (−0.81)
控制变量	控制	控制	控制	控制	控制	控制	控制	控制	控制	控制
年度/会计师事务所	控制	控制	控制	控制	控制	控制	控制	控制	控制	控制
Adj_R^2	3.15%	4.77%	5.80%	4.21%	4.12%	7.17%	10.12%	6.79%	5.93%	7.95%
观测值	390	390	390	390	390	1 663	1 663	1 663	1 663	1 663
F	1.49 *	1.75 **	1.92 ***	1.66 **	1.64 **	2.48 ***	3.16 ***	2.40 ***	2.21 ***	2.66 ***

续表

Panel D:伦理文化与审计质量——基于国际四大的分组检验（公司层面,假设 6.3.2）

变量	Section A:国际四大组					Section B:非国际四大组				
	因变量:SANCTION_NUM	因变量:SANCTION_N	因变量:SANCTION_NUM_N	因变量:SANCTION_B	因变量:SANCTION_NUM_B	因变量:SANCTION_NUM	因变量:SANCTION_N	因变量:SANCTION_NUM_N	因变量:SANCTION_B	因变量:SANCTION_NUM_B
	(1)	(2)	(3)	(4)	(5)	(6)	(7)	(8)	(9)	(10)
	系数(z 值)	系数(z 值)	系数(z 值)	系数(z 值)	系数(z 值)	系数(z 值)	系数(z 值)	系数(z 值)	系数(z 值)〗	系数(z 值)
ETHIC	−0.247	−0.246	−0.234	−0.207	−0.206	−0.626 **	−0.603 *	−0.615 *	−0.437 **	−0.460 **
	(−1.29)	(−0.95)	(−0.91)	(−1.38)	(−1.39)	(−2.56)	(−1.76)	(−1.81)	(−2.28)	(−2.57)
控制变量	控制	控制	控制	控制	控制	控制	控制	控制	控制	控制
行业/年度/会计师事务所	控制	控制	控制	控制	控制	控制	控制	控制	控制	控制
Pseudo R^2	8.12%	12.88%	11.21%	9.27%	7.43%	6.42%	10.23%	8.71%	6.82%	5.46%
观测值	3 757	3 757	3 757	3 757	3 757	15 028	15 028	15 028	15 028	15 028
LR Chi^2	176.77 ***	141.96 ***	141.88 ***	232.54 ***	234.34 ***	689.52	565.19 ***	568.52 ***	779.47 ***	801.14 ***

注:*** 、** 、* 分别表示在 1%、5%、10% 的水平上显著（双尾）。会计师事务所分所层面的回归中报告的 t 值经过（会计师事务所）分所与年度的双重聚类调整（Petersen,2009），公司层面的回归中报告的 t/z 值经过公司与年度的双重聚类调整（Petersen,2009）。

表 6.3.11 的 Panel A 与 Panel B 显示,在会计师事务所分所层面的回归和公司层面的回归中,ETHIC 对各种财务违规变量的回归系数均为负显著,表示会计师事务所伦理文化减少了财务违规发生的可能性,再次支持了假设 6.3.1。表 6.3.11 的 Panel C 和 Panel D 显示,在会计师事务所分所层面和公司层面的样本中,ETHIC 在国际四大子样本（Section A）中对 M_SANCTION_NUM、M_SANCTION_N、M_SANCTION_NUM_N、M_SANCTION_B、M_SANCTION_NUM_B、SANCTION_NUM、SANCTION_N、SANCTION_NUM_N、SANCTION_B 和 SANCTION_NUM_B 的回归系数均不显著;在非国际四大子样本（Section B）中,除会计师事务所分所层面的 M_SANCTION_NUM_B 外,ETHIC 对其他财务违规变量的回归系数均为负显著,说明会计师事务所伦理文化与财务违规的负相关关系仅存在于非国际四大会计师事务所,假设 6.3.2 再次得到经验证据的支持。

以上结果综合表明,在采用财务违规的其他度量方式后本节的主要研究结果保持一致,本节的研究结论对财务违规的替代变量也是稳健的。

（三）内生性讨论

为了控制会计师事务所伦理文化与审计质量之间潜在的内生性,本节采用 Logit-Logit/OLS 两阶段的方法控制内生性问题。参照 Guan 等（2016）的研究,采用会计师事务所所在地的伦理氛围（ETH_ATM）作为外生变量,用于第一阶段估计会计师事务所伦理文化(ETHIC_HAT)。ETH_ATM 等于会计师事务所所在地的上市公司当年发生违规并受到证监会和交易所处罚次数的总数。可以合理预期,在伦理氛围好的地区,会计师事务所更加重视审计师道德,会计师事务所具有伦理文化的可能性更高。由于 ETH_ATM 是反向替代变量,因此预计第一阶段外生变量 ETH_ATM 的符号为负。除了 ETH_ATM 之外,第一阶段回归(因变量为 ETHIC)将第二阶段的所有控制变量包含在内。但是,事务所伦理文化与会计师事务所固定效应的回归应存在严重的共线性问题,会导致回归系数的缺失,所以第一阶段回归只控制行业和年度的固定效应。表 6.3.12 报告了内生性测试的结果。

表 6.3.12　内生性测试

Panel A:第一阶段回归结果

变量	因变量:ETHIC	变量	
	Section A:会计师事务所 分所层面的回归		Section A:公司层面的回归
	(1)		(2)
	系数(z 值)		系数(z 值)
ETH_ATM	−0.057 * (−1.71)	ETH_ATM	−0.000 ** (−1.98)
BIG4	−0.079 (−0.17)	BIG4	−0.578 *** (−12.65)
INDMKS	2.607 *** (2.80)	INDMKS	1.090 *** (3.75)
M_CI_FIRM	−1.792 ** (−2.27)	CI_FIRM	−2.359 *** (−5.83)
M_NLOCAL_AUD	−0.021 (−0.18)	NLOCAL_AUD	−0.022 (−0.58)
M_MAO	0.660 (1.52)	MAO	0.203 ** (2.11)
M_SIZE	0.245 *** (2.76)	SIZE	0.144 *** (8.71)
M_ROA	1.390 (1.30)	ROA	1.162 *** (2.64)
M_GROWTH	−0.052 (−0.31)	GROWTH	−0.006 (−0.20)
M_LEV	1.607 (0.93)	LEV	0.015 (0.80)
M_CURRAT	0.068 (1.64)	CURRAT	0.010 (1.37)
M_RAISE	−0.600 (−1.52)	RAISE	−0.206 *** (−3.90)
M_ZSCORE	−0.132 (−1.20)	ZSCORE	−0.154 *** (−4.17)

续表

变量	Section A:会计师事务所分所层面的回归	变量	Section A:公司层面的回归
	（1）		（2）
	系数（z 值）		系数（z 值）
M_REC	−1.815 * (−1.95)	REC	−0.387 ** (−2.22)
M_INVN	2.129 *** (3.62)	INVN	0.173 (1.21)
M_LISTAGE	0.180 (0.80)	LISTAGE	−0.124 *** (−3.37)
M_STATE	0.406 ** (1.99)	STATE	0.194 *** (4.59)
M_LAW	−0.068 (−1.03)	LAW	−0.175 *** (−15.96)
常数项	−4.155 * (−1.95)	常数项	−0.658 * (−1.67)
行业		行业	控制
年度	控制	年度	控制
Pseudo R^2	6.27%	Pseudo R^2	10.35%
观测值	1 721	观测值	16 492
LR Chi^2	124.35 ***	LR Chi^2	2 522.36 ***

Panel B:伦理文化与审计质量（会计师事务所分所层面的回归，假设 6.3.1）

变量	因变量:M_MAO	因变量:M_|DA_JO|	因变量:M_SP	因变量:M_SANCTION
	（1）	（2）	（3）	（4）
	系数（t 值）	系数（t 值）	系数（t 值）	系数（t 值）
ETHIC*	0.266 ** (2.55)	−0.029 *** (−4.09)	−0.004 ** (−2.35)	−0.064 *** (−2.87)
BIG4	0.288 (1.50)	0.007 *** (3.02)	0.007 ** (2.51)	−0.002 (−0.07)
控制变量	控制	控制	控制	控制
常数项	−4.669 * (−1.92)	−0.063 (−0.92)	0.143 ** (2.08)	−0.149 (−0.55)
年度/会计师事务所	控制	控制	控制	控制
Adj_R^2	33.04%	18.38%	5.14%	9.12%
观测值	1 721	1 721	1 721	1 721
F	10.09 ***	5.15 ***	1.24 *	2.85 ***

续表

Panel C:伦理文化与审计质量(公司层面的回归,假设 6.3.1)

变量	因变量: MAO	因变量: |DA_JO|	因变量: SP	因变量: SANCTION
	(1)	(2)	(3)	(4)
	系数(z 值)	系数(t 值)	系数(z 值)	系数(z 值)
ETHIC*	0.577** (2.09)	−0.006* (−1.79)	−1.119* (−1.74)	−0.313** (−2.33)
BIG4	0.278 (1.07)	0.001 (0.43)	−1.672*** (−2.74)	−0.100 (−0.70)
控制变量	控制	控制	控制	控制
常数项	1.266 (1.14)	0.203 (0.00)	−17.275 (−0.02)	−0.711 (−0.68)
行业/年度/会计师事务所	控制	控制	控制	控制
Adj_R^2/Pseudo R^2	51.71%	17.85%	26.57%	7.92%
观测值	16 492	16 492	16 492	16 492
F / LR Chi^2	2 673.50***	31.81***	268.98***	711.23***

Panel D:伦理文化与审计质量——基于国际四大的分组检验(会计师事务所分所层面,假设 6.3.2)

变量	Section A:国际四大组				Section B:非国际四大组			
	因变量: M_MAO	因变量: M_|DA_JO|	因变量: M_SP	因变量: M_SANCTION	因变量: M_MAO	因变量: M_|DA_JO|	因变量: M_SP	因变量: M_SANCTION
	(1)	(2)	(3)	(4)	(5)	(6)	(7)	(8)
	系数 (t 值)	系数 (t 值)	系数 (t 值)	系数 (t 值)	系数 (t 值)	系数 (t 值)	系数 (t 值)	系数 (t 值)
ETHIC*	0.237 (0.69)	−0.010 (−0.80)	0.002 (0.83)	−0.047 (−1.59)	0.292* (1.75)	−0.031*** (−3.70)	−0.006* (−1.96)	−0.064** (−2.22)
控制变量	控制	控制	控制	控制	控制	控制	控制	控制
常数项	−16.561*** (−2.95)	−0.066 (−0.54)	0.043 (0.65)	0.026 (0.09)	−2.770 (−1.09)	−0.077 (−0.80)	0.121*** (4.29)	−0.237 (−0.70)
年度/会计师事务所	控制	控制	控制	控制	控制	控制	控制	控制
Adj_R^2	8.48%	12.16%	5.14%	5.55%	36.76%	18.42%	8.40%	9.68%
观测值	333	333	333	333	1 388	1 388	1 388	1 388
F	1.99***	2.48***	1.58**	1.63**	9.93***	4.47***	1.72***	2.65***

续表

Panel E:伦理文化与审计质量——基于国际四大的分组检验(公司层面,假设6.3.2)

变量	Section A:国际四大组				Section B:非国际四大组			
	因变量: MAO	因变量: |DA_JO|	因变量: SP	因变量: SANCTION	因变量: MAO	因变量: |DA_JO|	因变量: SP	因变量: SANCTION
	(1)	(2)	(3)	(4)	(5)	(6)	(7)	(8)
	系数 (z值)	系数 (t值)	系数 (z值)	系数 (z值)	系数 (z值)	系数 (t值)	系数 (z值)	系数 (z值)
ETHIC*	0.885 (1.38)	−0.002 (−0.58)	−3.852 (−1.36)	−0.353 (−1.18)	0.474* (1.91)	−0.007* (−1.83)	−0.915 (−1.41)	−0.289* (−1.76)
控制变量	控制	控制	控制	控制	控制	控制	控制	控制
常数项	2.639 (0.68)	0.185*** (7.55)	−73.778 (−0.01)	−1.392 (−1.17)	0.426 (0.28)	0.143*** (4.13)	−14.282 (−0.02)	−1.243 (−0.97)
行业/年度/会计师事务所	控制	控制	控制	控制	控制	控制	控制	控制
Adj_R^2/Pseudo R^2	50.69%	15.28%	50.77%	10.01%	52.88%	18.48%	26.67%	8.06%
观测值	3 396	3 396	3 396	3 396	13 096	13 096	13 096	13 096
F / LR Chi^2	431.99***	12.98***	63.34***	158.63***	2 277.54***	27.18***	235.40***	594.78***

注:***、**、*分别表示在1%、5%、10%的水平上显著(双尾)。会计师事务所分所层面的回归中报告的 t 值经过(会计师事务所)分所与年度的双重聚类调整(Petersen,2009),公司层面的回归中报告的 t/z 值经过公司与年度的双重聚类调整(Petersen,2009)。

表6.3.12的 Panel A 列示了第一阶段对会计师事务所伦理文化的估计结果。结果显示,在会计师事务所分所层面[列(1)]和公司层面[列(2)],ETH_ATM 对 ETHIC 的回归系数均显著为负,说明位于伦理氛围强的地区的会计师事务所具有伦理文化的概率更高。

表6.3.12的 Panel B～E 列示了采用从第一阶段估计的事务所伦理文化预测值(ETHIC*)重新检验假设6.3.1和6.3.2的结果。如 Panel B 和 Panel C 所示,在会计师事务所分所层面的回归和公司层面的回归中,ETHIC* 对 M_MAO 和 MAO 的回归系数均显著为正,表明会计师事务所的伦理文化与非标准审计意见正相关;ETHIC* 对 M_|DA_JO|、M_SP、M_SANCTION、|DA_JO|、SP、SANCTION 的回归系数均显著为负,说明会计师事务所的伦理文化与可操纵性应计、微利和财务违规负相关。以上结果再次支持了假设6.3.1。

如表6.3.12的 Panel D 和 Panel E 所示,在会计师事务所分所层面和公司层面的样本中:ETHIC* 在国际四大子样本(Section A)的各回归中均不显著;在非国际四大子样本(Section B)中,除了公司层面的 SP 回归[见 Section B 列(7),ETHIC* 回归系数的 z 值＝−1.41,为边际显著],ETHIC* 对 M_MAO 和 MAO 的回归系数均显著为正,表明会计师事

务所伦理文化增加了非标准审计意见的概率;ETHIC* 对 M_|DA_JO|、M_SP、M_SANCTION、|DA_JO|、SANCTION 的回归系数均显著为负,说明会计师事务所的伦理文化降低了可操纵性应计、微利和财务违规的概率。以上结果再次支持了假设 6.3.2——会计师事务所伦理文化与审计质量的关系只存在于非国际四大会计师事务所中。

综上,在控制了事务所伦理文化与审计质量之间潜在的内生性之后,本研究的主要回归结果仍保持不变,这进一步为假设 6.3.1 和 6.3.2 提供了经验证据的支持。

(四)进一步检验

1.考察审计师职业道德的影响

正如本节的制度背景部分所述,注册会计师的职业道德包括"诚信、独立、客观和公正、专业胜任能力和应有关注、保密、良好的执业行为"。为了考察审计师职业道德对审计质量的影响,本部分进一步将伦理关键字扩展到职业道德(ETHIC_PRO)相关关键字,并重复主回归的检验①。表 6.3.13 报告了审计师职业道德对审计质量的回归结果。

表 6.3.13 进一步检验——考察审计师职业道德的影响

Panel A:伦理文化与审计质量(会计师事务所分所层面的回归,假设 6.3.1)

变量	因变量:M_MAO	因变量:M_|DA_JO|	因变量:M_SP	因变量:M_SANCTION
	(1)	(2)	(3)	(4)
	系数(t 值)	系数(t 值)	系数(t 值)	系数(t 值)
ETHIC_PRO	1.023 *** (3.48)	−0.042 *** (−7.26)	−0.005 *** (−2.81)	−0.080 *** (−3.95)
BIG4	−0.032 (−0.14)	0.009 *** (3.57)	−0.005 *** (−6.69)	−0.011 (−0.47)
控制变量	控制	控制	控制	控制
常数项	−16.747 *** (−4.40)	0.051 (0.71)	0.051 ** (2.11)	0.181 (0.71)
年度/会计师事务所	控制	控制	控制	控制
Adj_R^2	37.28%	14.83%	4.83%	8.27%
观测值	2 053	2 053	2 053	2 053
F	14.56 ***	4.96 ***	1.47 ***	3.06 ***

---

① 值得说明的是,主回归中采用寻常的伦理关键词,原因是审计师职业道德中包含了一些"专业"词汇而非描述伦理道德的常用词,如独立、客观和公正、专业胜任能力和应有关注、保密等,尤其是专业胜任能力可能跟审计师的能力相混淆。本节另一研究动机是检验 DeAngelo(1981a)观点中提及的"审计师揭露发现的财务报告瑕疵的意愿",即将能力与意愿(审计师道德)区分开来。如果采用审计师职业道德的范畴进行了研究,可能会高估伦理文化的影响。

续表

Panel B：伦理文化与审计质量（公司层面的回归，假设 6.3.1）

变量	因变量：MAO	因变量：|DA_JO|	因变量：SP	因变量：SANCTION
	(1)	(2)	(3)	(4)
	系数（z 值）	系数（z 值）	系数（z 值）	系数（z 值）
ETHIC_PRO	0.236 ***	−0.020 ***	−0.270 *	−0.630 ***
	(2.77)	(−3.56)	(−1.71)	(−3.15)
BIG4	0.007	0.004	−0.765 ***	0.037
	(0.04)	(1.32)	(−3.99)	(0.27)
控制变量	控制	控制	控制	控制
常数项	−1.055	0.242 ***	−13.909 ***	−0.480
	(−1.02)	(4.41)	(−5.35)	(−0.26)
行业/年度/会计师事务所	控制	控制	控制	控制
Adj_R^2/Pseudo R^2	51.40%	17.95%	26.31%	7.69%
观测值	18 785	18 785	18 785	18 785
F / LR Chi²	3 210.78 ***	36.35 ***	291.74 ***	818.64 ***

Panel C：伦理文化与审计质量——基于国际四大的分组检验（会计师事务所分所层面，假设 6.3.2）

变量	Section A：国际四大组				Section B：非国际四大组			
	因变量：M_MAO	因变量：M_|DA_JO|	因变量：M_SP	因变量：M_SANCTION	因变量：M_MAO	因变量：M_|DA_JO|	因变量：M_SP	因变量：M_SANCTION
	(1)	(2)	(3)	(4)	(5)	(6)	(7)	(8)
	系数（t 值）	系数（t 值）	系数（t 值）	系数（t 值）	系数（t 值）	系数（t 值）	系数（t 值）	系数（t 值）
ETHIC_PRO	−0.832	−0.019	−0.001	−0.001	1.025 ***	−0.040 ***	−0.006 ***	−0.071 ***
	(−1.45)	(−1.34)	(−1.46)	(−0.02)	(3.26)	(−6.02)	(−2.67)	(−3.07)
控制变量	控制	控制	控制	控制	控制	控制	控制	控制
常数项	7.535	0.003	0.002	0.094	−14.235 ***	0.057	0.067 **	0.198
	(1.48)	(0.04)	(1.52)	(0.20)	(−3.75)	(0.62)	(2.02)	(0.63)
年度/会计师事务所	控制	控制	控制	控制	控制	控制	控制	控制
Adj_R^2	13.35%	7.30%	3.05%	6.32%	39.60%	15.30%	4.97%	8.43%
观测值	390	390	390	390	1 663	1 663	1 663	1 663
F	3.00 ***	2.02 ***	1.41 *	1.88 ***	13.58 ***	4.45 ***	1.26 *	2.77 ***

续表

Panel D:伦理文化与审计质量——基于国际四大的分组检验(公司层面,假设 6.3.2)

变量	Section A:国际四大组				Section B:非国际四大组			
	因变量:MAO	因变量:|DA_JO|	因变量:SP	因变量:SANCTION	因变量:MAO	因变量:|DA_JO|	因变量:SP	因变量:SANCTION
	(1)	(2)	(3)	(4)	(5)	(6)	(7)	(8)
	系数(z 值)	系数(z 值)	系数(z 值)	系数(z 值)	系数(z 值)	系数(z 值)	系数(z 值)	系数(z 值)
ETHIC_PRO	0.400 (1.28)	−0.008 (−1.04)	0.420 (1.02)	−0.246 (−1.29)	0.318** (2.38)	−0.019*** (−3.08)	−0.377** (−2.07)	−0.488** (−2.21)
控制变量	控制	控制	控制	控制	控制	控制	控制	控制
常数项	1.367 (0.36)	0.209*** (7.89)	−43.417*** (−5.05)	−1.495 (−0.60)	−1.245** (−2.20)	0.221*** (3.52)	−11.587*** (−3.37)	−0.834 (−0.45)
行业/年度/会计师事务所	控制	控制	控制	控制	控制	控制	控制	控制
Adj_R^2/Pseudo R^2	53.73%	15.06%	50.37%	9.57%	51.87%	18.66%	26.55%	7.82%
观测值	3 757	3 757	3 757	3 757	15 028	15 028	15 028	15 028
F / LR Chi^2	577.29***	14.60***	63.96***	174.80***	2 678.10***	31.26***	258.96***	688.50***

注:***、**、*分别表示在 1%、5%、10%的水平上显著(双尾)。会计师事务所分所层面的回归中报告的 t 值经过(会计师事务所)分所与年度的双重聚类调整(Petersen,2009),公司层面的回归中报告的 t/z 值经过公司与年度的双重聚类调整(Petersen,2009)。

如表 6.3.13 的 Panel A 和 Panel B 所示,在会计师事务所分所层面的回归和公司层面的回归中:ETHIC_PRO 对 M_MAO、MAO 的回归系数均显著为正,表明会计师事务所的职业道德文化与非标准审计意见正相关;ETHIC_PRO 对 M_|DA_JO|、M_SP、M_SANCTION、|DA_JO|、SP、SANCTION 的回归系数均显著为负,说明会计师事务所的职业道德文化与可操纵性应计、微利和财务违规负相关。如表 6.3.13 的 Panel C 和 Panel D 所示,在会计师事务所分所层面和公司层面的样本中:ETHIC_PRO 在国际四大子样本(Section A)的各回归中均不显著;在非国际四大子样本(Section B)中,ETHIC_PRO 对 M_MAO、MAO 的回归系数均显著为正,表明会计师事务所职业道德文化与非标准审计意见正相关;同样在非国际四大子样本(Section B)中,ETHIC_PRO 对 M_|DA_JO|、M_SP、M_SANCTION、|DA_JO|、SP、SANCTION 的回归系数均显著为负,说明会计师事务所的职业道德文化与可操纵性应计、微利和财务违规负相关。

可见,采用会计师事务所的职业道德文化进行回归之后,得到与会计师事务所伦理文化相一致的实证检验结果:会计师事务所的职业道德文化塑造了审计师道德行为、提高了审计质量;更进一步地,会计师事务所的职业道德文化与审计质量的正相关关系只存在于非国际四大子样本,这表明这一关系被会计师事务所规模调节了。

2.采用狭义的会计师事务所文化做进一步检验

本节主回归中主要解释变量 ETHIC 基于事务所文化、使命、愿景、价值观、精神、理念、宗旨七个维度。为此，本节将伦理文化的来源仅局限于事务所文化这一个维度（ETHIC_CUL），重新检验假设 6.3.1 和 6.3.2。回归结果列示于表 6.3.14。

如表 6.3.14 的 Panel A 与 Panel B 所示，在会计师事务所分所层面的回归和公司层面的回归中，ETHIC_CUL 对 M_MAO、MAO 的回归系数均正显著；ETHIC_CUL 对 M_|DA_JO|、M_SP、M_SANCTION、|DA_JO|、SP、SANCTION 的回归系数均负显著，这说明会计师事务所伦理文化与可操纵性应计、微利和财务违规负相关。

表 6.3.14 的 Panel C 和 Panel D 显示，在会计师事务所分所层面样本中，ETHIC_CUL 对 M_SP 的回归系数在国际四大和非国际四大子样本中均显著为负[见 Panel C 列（3）和（7）]，但 ETHIC_CUL 的回归系数在非国际四大样本中的绝对值显著大于在国际四大样本中绝对值（系数分别为 −0.006 和 −0.002，系数差异的 t 值为 −1.78，在 10% 水平上显著），说明 ETHIC_CUL 在非国际四大会计师事务所中可以发挥更显著的作用。在公司层面样本中，ETHIC_CUL 对 SP 的回归系数在国际四大子样本中缺失[见 Panel D 列（3）]，原因是 SP 与 ETHIC_CUL 存在共线性。除此之外，ETHIC_CUL 的回归系数在国际四大子样本（Section A）的各回归中均不显著；在非国际四大子样本（Section B）中，ETHIC_CUL 对 M_MAO、MAO 的回归系数均显著为正，这表明会计师事务所伦理文化与非标准审计意见正相关；ETHIC_CUL、M_|DA_JO|、M_SP、M_SANCTION 对 |DA_JO|、SP、SANCTION 的回归系数均显著为负，这说明会计师事务所伦理文化与可操纵性应计、微利和财务违规均负相关。

表 6.3.14 进一步检验——限制会计师事务所文化的维度

Panel A：伦理文化与审计质量（会计师事务所分所层面的回归，假设 6.3.1）

变量	因变量：M_MAO	因变量：M_|DA_JO|	因变量：M_SP	因变量：M_SANCTION
	(1)	(2)	(3)	(4)
	系数（t 值）	系数（t 值）	系数（t 值）	系数（t 值）
ETHIC_CUL	1.023*** (3.48)	−0.042*** (−7.26)	−0.005*** (−2.81)	−0.080*** (−3.95)
BIG4	−0.032 (−0.14)	0.009*** (3.57)	−0.005*** (−6.69)	−0.011 (−0.47)
控制变量	控制	控制	控制	控制
常数项	−15.724*** (−4.20)	0.009 (0.13)	0.047** (2.04)	0.101 (0.41)
年度/会计师事务所	控制	控制	控制	控制
Adj_R^2	37.28%	14.83%	4.83%	8.27%
观测值	2 053	2 053	2 053	2 053
F	14.56***	4.96***	1.47***	3.06***

续表

Panel B:伦理文化与审计质量(公司层面的回归,假设 6.3.1)

变量	因变量: MAO	因变量: |DA_JO|	因变量: SP	因变量: SANCTION
	(1)	(2)	(3)	(4)
	系数 (z 值)	系数 (t 值)	系数 (z 值)	系数 (z 值)
ETHIC_CUL	0.164 *** (2.76)	−0.020 *** (−3.49)	−0.269 *** (−2.98)	−0.274 * (−1.76)
BIG4	0.057 (0.34)	0.004 (1.42)	−0.714 *** (−4.25)	0.056 (0.52)
控制变量	控制	控制	控制	控制
常数项	−0.191 (−0.14)	0.155 *** (3.79)	−14.261 *** (−4.85)	−0.233 (−0.17)
行业/年度/会计师事务所	控制	控制	控制	控制
Adj_R^2 / Pseudo_ R^2	51.43%	17.95%	26.21%	7.73%
观测值	18 785	18 785	18 785	18 785
F / LR Chi^2	3 212.31 ***	36.35 ***	290.59 ***	823.54 ***

Panel C:伦理文化与审计质量——基于国际四大的分组检验(会计师事务所分所层面,假设 6.3.2)

变量	Section A:国际四大组				Section B:非国际四大组			
	因变量: M_MAO	因变量: M_|DA_JO|	因变量: M_SP	因变量: M_SANCTION	因变量: M_MAO	因变量: M_|DA_JO|	因变量: M_SP	因变量: M_SANCTION
	(1)	(2)	(3)	(4)	(5)	(6)	(7)	(8)
	系数 (t 值)	系数 (t 值)	系数 (t 值)	系数 (t 值)	系数 (t 值)	系数 (t 值)	系数 (t 值)	系数 (t 值)
ETHIC_CUL	0.263 (0.45)	−0.008 (−0.83)	−0.002 *** (−2.66)	−0.041 (−1.54)	1.025 *** (3.26)	−0.040 *** (−6.02)	−0.006 *** (−2.67)	−0.071 *** (−3.07)
控制变量	控制	控制	控制	控制	控制	控制	控制	控制
常数项	9.970 ** (2.14)	−0.015 (−0.15)	0.005 (0.94)	0.093 (0.18)	−13.210 *** (−3.51)	0.017 (0.19)	0.061 ** (1.97)	0.127 (0.42)
年度/会计师事务所	控制	控制	控制	控制	控制	控制	控制	控制
Adj_R^2	13.35%	7.30%	3.05%	6.32%	39.60%	15.30%	4.97%	8.43%
观测值	390	390	390	390	1 663	1 663	1 663	1 663
F	3.00 ***	2.02 ***	1.41 *	1.88 ***	13.58 ***	4.45 ***	1.26 *	2.77 ***

续表

Panel D:伦理文化与审计质量——基于国际四大的分组检验(公司层面,假设 6.3.2)

变量	Section A:国际四大组				Section B:非国际四大组			
	因变量：MAO	因变量：|DA_JO|	因变量：SP	因变量：SANCTION	因变量：MAO	因变量：|DA_JO|	因变量：SP	因变量：SANCTION
	(1)	(2)	(3)	(4)	(5)	(6)	(7)	(8)
	系数(z 值)	系数(t 值)	系数(z 值)	系数(z 值)	系数(z 值)	系数(t 值)	系数(z 值)	系数(z 值)
ETHIC_CUL	0.483	−0.008	N.A.	−0.888	0.196 *	−0.019 ***	−0.239 *	−0.235 *
	(0.84)	(−0.73)		(−1.40)	(1.92)	(−2.97)	(−1.77)	(−1.71)
控制变量	控制	控制	控制	控制	控制	控制	控制	控制
常数项	1.284	0.205 ***	−48.249 ***	−1.271	0.192	0.158 ***	−12.591 ***	−0.693
	(0.32)	(6.83)	(−4.70)	(−0.48)	(0.12)	(3.29)	(−3.46)	(−1.20)
行业/年度/会计师事务所	控制	控制	控制	控制	控制	控制	控制	控制
Adj_R^2/Pseudo R^2	53.74%	15.06%	49.29%	9.41%	51.92%	18.66%	26.42%	7.88%
观测值	3 757	3 757	3 757	3 757	15 028	15 028	15 028	15 028
F / LR Chi²	577.45 ***	14.60 ***	61.96 ***	171.98 ***	2 680.70 ***	31.26 ***	257.72 ***	693.77 ***

注:*** 、** 、* 分别表示在 1%、5%、10% 的水平上显著(双尾)。会计师事务所分所层面的回归中报告的 t 值经过(会计师事务所)分所与年度的双重聚类调整(Petersen,2009),公司层面的回归中报告的 t/z 值经过公司与年度的双重聚类调整(Petersen,2009)。

3.按照最终控制人性质、法律环境指数分组

本节进一步对公司层面样本进行横截面的分组测试,分别按照最终控制人性质与法律环境指数进行分组,以考察会计师事务所伦理文化对审计质量在不同子样本中的不对称影响。表 6.3.15 的 Panel A 列示了按照最终控制人性质分组的结果。结果显示,会计师事务所伦理文化 ETHIC 在国有企业子样本中均不显著;在非国有企业子样本中,ETHIC 对 MAO 的回归系数均显著为正,对 |DA_JO|、SP、SANCTION 的回归系数均显著为负。以上结果说明会计师事务所伦理文化与审计质量间的正相关关系仅存在于非国有企业。

表 6.3.15　进一步检验——按照最终控制人性质、法律环境指数分组

Panel A:按照最终控制人性质分组

变量	Section A:国有企业组				Section B:非国有企业组			
	因变量：MAO	因变量：|DA_JO|	因变量：SP	因变量：SANCTION	因变量：MAO	因变量：|DA_JO|	因变量：SP	因变量：SANCTION
	(1)	(2)	(3)	(4)	(5)	(6)	(7)	(8)
	系数(z 值)	系数(t 值)	系数(z 值)	系数(z 值)	系数(z 值)	系数(t 值)	系数(z 值)	系数(z 值)
ETHIC	0.073	−0.015	0.065	−0.693	1.123 ***	−0.025 ***	−0.831 ***	−0.649 ***
	(0.44)	(−0.96)	(0.04)	(−1.46)	(8.16)	(−3.14)	(−3.83)	(−3.04)

续表

变量	Section A:国有企业组				Section B:非国有企业组			
	因变量:MAO	因变量:|DA_JO|	因变量:SP	因变量:SANCTION	因变量:MAO	因变量:|DA_JO|	因变量:SP	因变量:SANCTION
	(1)	(2)	(3)	(4)	(5)	(6)	(7)	(8)
	系数(z值)	系数(t值)	系数(z值)	系数(z值)	系数(z值)	系数(t值)	系数(z值)	系数(z值)
BIG4	−0.066 (−0.22)	−0.002 (−0.88)	0.699 (0.93)	0.357 (1.42)	−0.106 (−0.49)	0.008** (2.24)	−1.325*** (−5.25)	−0.000 (−0.00)
控制变量	控制	控制	控制	控制	控制	控制	控制	控制
常数项	−0.189 (−0.16)	0.241*** (6.81)	−13.815*** (−3.07)	−0.383 (−0.17)	−0.839 (−0.48)	0.189*** (3.24)	−16.475*** (−3.12)	−1.605 (−0.93)
行业/年度/会计师事务所	控制	控制	控制	控制	控制	控制	控制	控制
Adj_R^2/Pseudo R^2	57.00%	17.36%	38.43%	8.59%	50.86%	19.07%	29.38%	8.50%
观测值	7 727	7 727	7 727	7 727	11 058	11 058	11 058	11 058
F / LR Chi²	1 393.82***	15.33***	106.92***	318.32***	1 931.93***	24.22***	240.26***	585.82***

Panel B:按照法律环境指数分组

变量	Section A:法律环境指数高于中位数				Section B:法律环境指数低于中位数			
	因变量:MAO	因变量:|DA_JO|	因变量:SP	因变量:SANCTION	因变量:MAO	因变量:|DA_JO|	因变量:SP	因变量:SANCTION
	(1)	(2)	(3)	(4)	(5)	(6)	(7)	(8)
	系数(z值)	系数(t值)	系数(z值)	系数(z值)	系数(z值)	系数(t值)	系数(z值)	系数(z值)
ETHIC	0.590** (2.22)	−0.002 (−0.84)	−0.237 (−1.01)	−0.686 (−0.98)	0.827*** (7.85)	−0.018*** (−2.68)	−1.010** (−2.21)	−0.716** (−2.15)
BIG4	−0.205 (−0.78)	0.003 (1.10)	−0.783*** (−3.05)	−0.076 (−0.38)	−0.086 (−0.34)	0.000 (0.13)	−1.334*** (−3.09)	0.081 (0.65)
控制变量	控制	控制	控制	控制	控制	控制	控制	控制
常数项	−1.124 (−0.52)	0.242*** (9.43)	−21.482*** (−3.15)	−1.357 (−0.51)	0.507 (0.37)	0.278*** (5.11)	−8.425** (−2.42)	−0.644 (−0.39)
行业/年度/会计师事务所	控制	控制	控制	控制	控制	控制	控制	控制
Adj_R^2/Pseudo R^2	47.05%	17.41%	39.85%	9.40%	54.30%	19.12%	32.41%	8.20%
观测值	9 174	9 174	9 174	9 174	9 611	9 611	9 611	9 611
F / LR Chi²	1 013.10***	19.39***	187.59***	410.00***	2 166.62***	20.70***	206.16***	509.36***

注:***、**、*分别表示在1%、5%、10%的水平上显著(双尾)。会计师事务所分所层面的回归中报告的 t 值经过(会计师事务所)分所与年度的双重聚类调整(Petersen,2009),公司层面的回归中报告的 t/z 值经过公司与年度的双重聚类调整(Petersen,2009)。

表 6.3.15 的 Panel B 列示了按照省际法律环境指数分组的结果。会计师事务所伦理文化 ETHIC 对 MAO 的回归系数在省际法律环境指数高的分组和省际法律环境指数低的分组均显著，但 ETHIC 的回归系数的值在省际法律环境指数低的分组显著大于省际法律环境指数高的分组（系数差异 z 值＝3.52）。除此之外，ETHIC 对 |DA_JO|、SP、SANCTION 的回归系数在法律环境指数高的分组均不显著，在法律环境指数低的分组均为负显著。这一结果表明，会计师事务所伦理文化在外部治理薄弱的时候对审计质量具有更显著的提高作用。

六、结论

本节研究了会计师事务所伦理文化与审计质量之间的关系，以及会计师事务所规模（是否为国际四大）对这一关系的调节作用。本节利用 2008—2017 年为中国 A 股上市公司提供审计服务的会计师事务所执行分所样本和上市公司样本双重样本进行实证研究，发现：第一，具有伦理文化的会计师事务所分所平均审计质量显著更高，表现为出具非标准审计意见的比率更高、客户公司平均可操纵性应计的绝对值更小、客户公司发生微利的比率更低、客户公司发生财务违规的比率更低。第二，由具有伦理文化的会计师事务所分所审计的上市公司更有可能被出具非标准审计意见、会报告更低的可操纵性应计绝对值、较小可能报告微利和发生财务违规。上述研究揭示了伦理文化的确塑造了审计师的伦理道德和独立性，从而提高了审计质量。第三，相较于国际四大会计师事务所，会计师事务所伦理文化与审计质量的正相关关系在非国际四大会计师事务所中更为突出。以上结果在一系列的自变量和因变量敏感性测试之后依然稳健，且在控制了潜在的内生性之后主要结论保持不变。本节研究补充了审计质量的影响因素、审计师特征以及组织文化的相关文献。

本研究可能对监管审计师行为、加强会计师事务所建设、理解财务报告质量等方面具有借鉴意义：

首先，审计师的不道德（非伦理）行为是监管方对审计师的一个重要监管关注。识别、惩治审计师机会主义行为，引导审计师道德建设，是监管者的目标之一。因为审计师的不道德行为具有隐蔽性，监管者与审计师之间存在信息不对称，所以监管机构往往难以发现审计师的失范行为，直至重大的财务造假或舞弊事件发生。本研究以会计师事务所伦理文化为切入视角，发现事务所的伦理文化可以塑造审计师的道德行为、提高审计质量。这为监管者监督审计师道德提供了可借鉴之处，即从事务所的伦理文化这一可观测的指标入手，按照伦理文化—事务所文化的具体践行—对审计业务质量的效果的递进次序，持续监管审计师的道德行为。值得注意的是，需要将事务所的伦理文化与事务所文化的践行方式结合起来，警惕伦理文化流于自我标榜。

其次，本研究的结论可能有助于加强我国会计师事务所的建设。正如前文所述，近几年内资所经历了轰轰烈烈的合并、做大做强的浪潮。然而，事务所在规模快速增长的同时，却忽视了审计师道德的建设。在巨大的经济利益面前，有一些事务所忽视了其对社会公众的责任,陷入一件又一件财务舞弊的丑闻中。瑞华正是一个典型的案例,事务所做"大"了却没有真正做"强"。本节的研究发现,会计师事务所的伦理文化可以有效保障审计质量,这可能对我国会计师事务所的发展具有一定的启发意义:会计师事务所在发展业务的同时,需要对审计师道德予以充分的关注。通过构建会计师事务所的伦理文化,并以具体的践行方案(如道德培训、奖惩机制等)将伦理文化与日常的审计业务相结合,才能使会计师事务所既做大也做强,成为真正具有竞争力的大所。

最后,本节研究发现有助于学术界与资本市场利益相关者理解审计质量(财务报告质量)的影响机理。本节的研究结论表明,会计师事务所伦理文化会带来更低的可操纵性应计、更低的微利和财务违规概率,为外部投资者提供了一个新的观测审计质量(财务报告质量)的显性指标,为更全面地理解审计质量(财务报告质量)提供了增量的信息。

本节的局限性以及未来进一步研究的方向是:第一,受限于数据的可得性和计量方法,本节未能直接对个体审计师的道德水平进行大样本的度量,而是选择会计师事务所层面的伦理文化变量,从事务所伦理文化与审计质量的正向关系中窥见事务所伦理文化对审计师道德行为的塑造。个体审计师道德的直接度量,有待依靠进一步的数据拓展或新的变量构建方法加以实现。第二,受限于研究主题,本节聚焦于事务所伦理文化对审计质量的影响,未对很多其他的审计行为进行检验。现有的文献有关事务所文化对审计行为的影响的探讨仍然涉及较少,存在较多研究空白,如审计收费、审计意见购买、审计质量传染等,这些领域有待未来进一步研究。

参考文献

岑敏儿,2020.事务所能否通过合并实现"做大做强"——基于瑞华频频爆雷的思考[J].经营者,34(8):82,84.

杜兴强,赖少娟,杜颖洁,2013."发审委"联系、潜规则与 IPO 市场的资源配置效率[J].金融研究,(3):143-156.

潘健平,潘越,马奕涵,2019.以"合"为贵?合作文化与企业创新[J].金融研究,463(1):148-167.

史文,叶凡,刘峰,2019.审计团队:中国制度背景下的研究视角[J].会计研究,(8):71-78

王小鲁,樊纲,余静文,2019.中国分省份市场化指数报告(2018)[M].北京:社会科学文献出版社.

王艳,阚铄,2014.企业文化与并购绩效[J].管理世界,(11):146-157.

夏冬林,林震昃,2003.我国审计市场的竞争状况分析[J].会计研究,3:40-46.

张玉明,陈前前,2015.会计文化与中小上市公司成长的实证研究——基于创业板的经验数据[J].会计研究,(3):20-25.

朱红军,夏立军,陈信元,2004.转型经济中审计市场的需求特征研究[J].审计研究,

（5）：53-62.

ALLEN F，QIAN J，QIAN M，2005.Law，finance，and economic growth in China [J]. Journal of fnancial economics，77(1)：57-116.

AOBDIA D，LIN C J，PETACCHI R，2015. Capital market consequences of audit partner quality [J]. The accounting review，90(6)：2143-2176.

BALL R，SHIVAKUMAR L，2006. The role of accruals in asymmetrically timely gain and loss recognition [J]. Journal of accounting research，44(2)：207-242.

BALSAM S，KRISHNAN J，YANG J S，2003. Auditor industry specialization and earnings quality [J]. Auditing：a journal of practice & theory，22(2)：71-97.

BECKER C L，DEFOND M L，JIAMBALVO J，et al.，1998. The effect of audit quality onearnings management [J]. Contemporary Accounting Research，15(1)：1-24.

BLAY A D，GOODEN E S，MELLON M J，et al.，2019. Can social norm activation improve audit quality? Evidence from an experimental audit market [J]. Journal of business ethics，156(2)：513-530.

CARCELLO J V，LI C，2013. Costs and benefits of requiring an engagement partner signature：recent experience in the United Kingdom [J]. The accounting review，88(5)：1511-1546.

CHEN F，PENG S，XUE S,et al.，2016. Do audit clients successfully engage in opinion shopping? Partner-level evidence [J]. Journal of accounting research，54(1)：79-112.

CHEN S，SUN S Y，WU D，2010. Client importance，institutional improvements，and audit quality in China：an office and individual auditor level analysis [J]. The accounting review，85(1)：127-158.

CHEN G，FIRTH M，GAO D N，et al.，2006. Ownership structure，corporate governance，and fraud：Evidence from China[J]. Journal of corporate finance 12(3)：424-448.

CHOI J H，KIM J B，QIU A A，et al.，2012. Geographic proximity between auditor and client：how does it impact audit quality? [J]. Auditing：a journal of practice & theory，31(2)：43-72.

CHU A G，DU X，JIANG G，2011. Buy，lie，or die：an investigation of Chinese st firms' voluntary interim audit motive and auditor independence [J]. Journal of business ethics，102(1)：135-153.

DAO M，RAGHUNANDAN K，RAMA D V，2012. Shareholder voting on auditor selection，audit fees，and audit quality[J]. The accounting review，87(1)：149-171.

DEANGELO L E，1981. Auditor size and audit quality [J]. Journal of accounting and economics，3(3)：183-199.

DEANGELO L E，1981. Auditor independence，"low balling"，and disclosure regulation [J]. Journal of accounting and economics，3(2)：113-127.

DECHOW P M, SLOAN R G, SWEENEY A P, 1995. Detecting earnings management [J]. The accounting review: 193-225.

DEFOND M L, RAGHUNANDAN K, SUBRAMANYAM K R, 2002. Do non-audit service fees impair auditor independence? Evidence from going concern audit opinions [J]. Journal of accounting research, 40(4): 1247-1274.

DOWNAR B, ERNSTBERGER J, KOCH C, 2021.Determinants and consequences of auditor dyad formation at the top level of audit teams [J]. Accounting, organizations and society, 89: 101-156.

DU X, 2013. Does religion matter to owner-manager agency costs? Evidence from China [J]. Journal of business ethics, 118(2): 319-347.

DU X, 2019. Does CEO-auditor dialect sharing impair pre-IPO audit quality? Evidence from China [J]. Journal of business ethics, 156(3): 699-735.

DU X, 2019. What's in a surname? The effect of auditor-CEO surname sharing on financial misstatement [J]. Journal of business ethics, 158(3): 849-874.

DU X, LAI S, 2018. Financial distress, investment opportunity, and the contagion effect of low audit quality: evidence from China [J]. Journal of business ethics, 147(3): 565-593.

DU X, LI X, LIU X, et al., 2018. Underwriter-auditor relationship and pre-ipo earnings management: evidence from China [J]. Journal of business ethics, 152(2): 365-392.

FAN J P, WONG T J, ZHANG T, 2007. Politically connected CEOs, corporate governance, and post-IPO performance of China's newly partially privatized firms [J]. Journal of financial economics, 84(2): 330-357.

FRANCIS J R, MICHAS P N, SEAVEY S E, 2013. Does audit market concentration harm the quality of audited earnings? Evidence from audit markets in 42 countries [J]. Contemporary accounting research, 30(1): 325-355.

FRANCIS J R, MICHAS P N, YU M D, 2013. Office size of big 4 auditors and client restatements [J]. Contemporary accounting research, 30(4): 1626-1661.

FRANCIS J R, YU M D, 2009. Big 4 office size and audit quality [J]. The accounting review, 84(5): 1521-1552.

FRANKEL R M, JOHNSON M F, NELSON K K. The relation between auditors' fees for nonaudit services and earnings management[J]. The accounting review, 2002, 77 (s-1): 71-105.

GUAN Y, SU L N, WU D, et al., 2016. Do school ties between auditors and client executives influence audit outcomes? [J]. Journal of accounting and economics, 61(2-3): 506-525.

GUL F A, WU D, YANG Z, 2013. Do individual auditors affect audit quality? Evidence from archival data [J]. The accounting review, 88(6): 1993-2023.

HE X, PITTMAN J A, RUI O M, et al., 2017. Do social ties between external auditors and audit committee members affect audit quality? [J]. The accounting review, 92 (5): 61-87.

JONES J J, 1991. Earnings management during import relief investigations [J]. Journal of accounting research, 29(2): 193-228.

KALLAPUR S, SANKARAGURUSWAMY S, ZANG Y, 2010. Audit market concentration and audit quality[R]. SSRN electronic journal.

KELLY P T, EARLEY C E, 2009. Leadership and organizational culture: lessons learned from arthur andersen [J]. Accounting and the public interest, 9(1): 129-147.

KOTHARI S P, LEONE A J, WASLEY C E, 2005. Performance matched discretionary accrual measures [J]. Journal of accounting and economics, 39(1): 163-197.

LI L, QI B, TIAN G, et al., 2017. The contagion effect of low-quality audits at the level of individual auditors [J]. The accounting review, 92(1): 137-163.

LIM C Y, TAN H T, 2010. Does auditor tenure improve audit quality? Moderating effects of industry specialization and fee dependence [J]. Contemporary accounting research, 27(3): 923-957.

NELSON M W, 2009. A model and literature review of professional skepticism in auditing [J]. Auditing: a journal of practice & theory, 28(2): 1-31.

NORTH D C, 1990. Institutions, institutional change and economic performance [M]. Cambridge: Cambridge University Press.

PETERSEN M A, 2009. Estimating standard errors in finance panel data sets: comparing approaches [J]. The review of financial studies, 22(1): 435-480.

PONEMON L A, 1992. Auditor underreporting of time and moral reasoning: an experimental lab study [J]. Contemporary accounting research, 9(1): 171-189.

PUBLIC OVERSIGHT BOARD(POB), (2000)[2022-03-01]. The panel on audit effectiveness: report and recommendations [R/OL]. http: //www. pobauditpanel. org/ download.html.

REYNOLDS J K, FRANCIS J R, 2000. Does size matter? The influence of large clients on office-level auditor reporting decisions [J]. Journal of accounting and economics, 30(3): 375-400.

SCHEIN E. In defence of Schein's perspective on organizational culture-reply[J]. Safety science, 2004, 42(10): 980-981.

SHAUB M K, 1994. An analysis of the association of traditional demographic variables with the moral reasoning of auditing students and auditors [J]. Journal of accounting education, 12(1): 1-26.

WILLIAMSON O E, 2000. The new institutional economics: taking stock, looking ahead [J]. Journal of economic literature, 38(3): 595-613.

ZERNI M, 2012. Audit partner specialization and audit fees: some evidence from Sweden [J]. Contemporary accounting research, 29(1): 312-340.

第七章　吸烟文化与会计审计行为：
　　　　烟盒文化嵌入

　　本章聚焦于烟盒文化嵌入这一文化掩饰行为,剖析其对会计审计行为的影响。烟、酒、博彩等在西方文献中被认为是典型的有罪行为(Hong,Kacperczyk,2009)且是非伦理的。因此,为了抑制烟草文化可能带来的不利影响,世界上绝大部分的国家(地区)要求在烟盒的醒目位置以图片的形式警示烟草的危害性。但是,我国的烟盒上却印有形形色色的、吸睛的精美图片(简称为烟盒文化嵌入性),这在一定程度上抵消了吸烟的负面影响。烟盒文化嵌入性营造了一种美化吸烟的、非道德的社会氛围,进而可能会对当地企业的公司行为,包括公司治理与会计审计行为产生重要的负面影响。本章主要侧重于分析烟盒文化嵌入性对代理成本与财务报告质量的影响。

第一节　烟盒文化嵌入性与代理成本

　　摘要：烟盒包装上印有精美的文化图标是中国等少数国家和地区的特色现象。本节采用手工搜集的烟盒文化嵌入性数据,探究其对"股东—管理层"委托代理成本的影响。基于2010—2016年中国上市公司的样本,本节发现公司所在地的烟盒文化嵌入性与委托代理成本正相关,这揭示了烟盒文化嵌入性并非是为了文化宣传,而是一种与烟草相关的有罪文化掩饰,这塑造了关系型的社会氛围,致使管理层道德水准降低,诱发了其建立个人商业帝国和过度在职消费的倾向,最终增加了委托代理成本。进一步而言,公司境外收入比例削弱了烟盒文化嵌入性与委托代理成本间的正关系。上述结论在经过一系列敏感性测试,以及采用工具变量两阶段法、Heckman(赫克曼)两阶段法和倾向得分匹配(PSM)法的内生性测试后仍然成立。本节进一步发现,烟盒文化嵌入性加剧了大股东与中小股东之间的代理冲突。本节丰富了文化影响与公司行为关系的文献,可以敦促监管者和投资者密切关注非正式制度对公司治理的影响。

一、引言

委托代理理论认为，管理层作为内部人具有信息优势，因此存在着管理层以股东利益为代价谋求个人私利的可能性，主要体现为管理层过高的薪酬、过度在职消费以及通过过度投资建立个人商业帝国等（Jensen，Meckling，1976）。为了降低管理层的道德风险，保护股东利益的利益，现代公司治理引入了独立董事制度、强制分红、股票期权、累积投票制度和外部审计等一系列公司治理方式用于监督和激励管理层（Haugen，Senbet，1981；Rozeff，1982；Watts，Zimmerman，1983；Jensen，1986；Francis et al.，2011；Du，2013）。现有公司治理机制通常着眼于约束管理层的不道德行为，或将管理层与股东绑定为利益共同体，敦促其为股东利益着想，但对于是什么因素滋生和助长了管理层自身的道德风险这一问题并未给予足够的关注。习近平总书记强调"法律是成文的道德，道德是内心的法律"①，倘若能够加强管理层心中的道德观念，使之内化于心，方能外化于形，帮助公司完善降低委托代理成本的治理手段。换言之，充分发掘可能影响管理层道德水平的因素，将有助于更全面、更彻底且低成本地缓解委托代理冲突。

中国历史悠久，文化在长期积淀中对社会的方方面面都产生了重要的影响，群体意识、宗教和儒家文化等不同文化维度均对公司决策和个人行为有着深刻的影响（Mckinnon，Harrison，1985；Hilary，Hui，2009；Du，2013；El Ghoul et al.，2012；Du et al.，2017）。近年来，学术界逐渐注意到有罪文化（文化的一个重要维度）对公司和个人行为的重要影响（Hong，Kacperczyk，2009；Li et al.，2016b；Du et al.，2020）。Du 等（2020）对烟草相关的有罪文化掩饰行为进行了研究，发现其塑造了非伦理的社会氛围，导致财务报告质量降低。基于此，有罪文化掩饰是影响社会伦理道德氛围的重要因素之一，从而会对公司行为和代理冲突产生影响。

中国是烟草消费大国，中国烟民数量位居世界第一（Reitsma et al.，2017）。世界卫生组织（World Health Organization，WHO）的统计数据显示，截至 2017 年，中国有大约 48% 的 15 岁及以上男性吸烟；其中接近 90% 的吸烟者每日都会吸烟②（WHO，2019），且吸烟已成为烟民间重要的社交手段之一。目前，世界上超过半数的国家（地区）强制规定了烟盒的醒目位置必须印有健康警示图片；与此相对应，将精美的文化图标印于烟盒上是中国等少数国

---

① 2021 年 12 月 4 日习近平总书记在首都各界纪念现行宪法公布施行 30 周年大会上的讲话。

② 中国 15 岁及以上男性吸烟人口的比例远远超过了西方国家，2017 年这一数据在美国、瑞典、加拿大、澳大利亚分别为 31%、29.1%、23.6% 和 19.2%。在经年龄标准化后计算的烟草流行程度统计数据中，中国位列被统计国家的第 16 位（前 15 位的国家多为人口较少的国家，如老挝、所罗门群岛、塞浦路斯和亚美尼亚）（WHO，2019）。

家的特有现象①。Nan 等（2015）发现，相比起文字警示标语，烟盒上的健康警示图片具有更强烈的视觉冲击，能够更好地起到降低吸烟率的效果。相反，中国烟盒上印刷精美的文化图片既达到了吸睛的效果，又削弱了健康警示标语的作用，甚至可能增加吸烟者的兴趣（Du et al.，2020）②。鉴于香烟是送礼和社交的重要工具（Qin et al.，2011；罗新苗 等，2016），中国烟盒的文化嵌入性在潜移默化中淡化了人们对吸烟危害的认识，使人们反而将精美的香烟视作珍贵的礼物和维护人际关系的润滑剂，进一步将注意力转移至香烟的社交属性。基于此，可做如下预测：位于烟盒文化嵌入性程度较高地区的公司，受到有罪文化掩饰氛围的影响，会更加推崇关系型治理，进而增加了信息不对称，加剧了委托代理冲突，并最终增加了委托代理成本。

　　为了检验上述假设，本节采用 2010—2016 年中国 A 股上市公司的数据，手工收集了各省烟盒文化嵌入性的有关数据，借以度量与烟草有关的有罪文化掩饰，进而研究烟盒文化嵌入性代表的有罪文化掩饰对公司代理成本的影响。研究发现：第一，烟盒文化嵌入性与代理成本显著正相关；具体地，当公司位于烟盒文化嵌入性较高的地区，其费用率（代理成本的正向指标）显著更高、资产周转率（代理成本的负向指标）显著更低。上述发现揭示了烟盒文化嵌入性并非是为了文化宣传，而是一种与烟草相关的有罪文化掩饰；烟盒文化嵌入性代表的有罪文化掩饰营造了关系型的社会氛围，这种氛围传递至管理层，致使其道德水准下降，从而诱发了管理层建立个人商业帝国和过度在职消费的欲望，最终增加了委托代理成本。第二，公司境外收入比例弱化了烟盒文化嵌入性与代理成本间的正关系。第三，本节的主要发现在使用不同的烟盒文化嵌入性以及代理成本的度量方式进行敏感性测试后仍然成立。第四，本节的主要发现在使用工具变量两阶段（2SLS）、Heckman 两阶段以及倾向得分匹配（PSM）的方法控制内生性后仍然成立。第五，在控制了其他有罪文化维度（酒、情色、赌博）后，本节的结果依然稳健。第六，进一步研究发现，烟盒文化嵌入性与大股东资金占用（第二类代理成本）显著正相关，这表明与烟草有关的有罪文化掩饰不但使得管理层—股东委托代理成本（第一类代理成本）的增加，还造成了第二类代理成本的增加，使得中小股东利益蒙受损失。

　　本节可能存在以下几点贡献：第一，前期文献多从内外部公司治理的角度研究委托代理成本的影响因素，对管理层自身道德的影响因素关注不足。本节从与烟草有关的有罪文化掩饰（烟盒文化嵌入性）影响管理层道德水准的视角，分析了其对委托代理成本的影响，丰富了与委托代理成本影响因素的文献。第二，本节关注了极具中国特色的烟盒文化嵌入性对

---

　　①　2014 年，有 78 个国家（地区）强制要求在烟盒包装上印有图片警示标语，其中 42 个国家（地区）要求警示图片面积占烟盒包装面积的比例不能低于 50%（WHO，2014）；截至 2018 年，已有 118 个国家（地区）规定烟盒应采用带有健康警示图片的包装，且有 10 个国家（地区）的警示图片面积占到烟盒包装面积的 80% 及以上，分别为东帝汶、尼泊尔、瓦努阿图、新西兰、中国香港、印度、泰国、澳大利亚、斯里兰卡和乌干达（CCS，2018）。

　　②　参考 Du 等（2020）的研究，本节将中国烟盒文化图标分为十类（括号内为举例）：(1)风景名胜（娇子：九寨沟）；(2)历史古迹（黄鹤楼：天香）；(3)文物（玉溪：双中支翡翠）；(4)图腾（南京：九五）；(5)民俗传统（双喜：喜庆）；(6)祝福语（好猫：招财进宝）；(7)诗词歌赋（黄山：中国画）；(8)传统艺术（黄山：中国印）；(9)标志性建筑（中南海：软精品）；(10)标志性动植物（白沙：百鹤呈祥）。

公司治理的影响，丰富了代理成本相关的文献。前期文献发现宗教、社会信任、语言文化、商帮文化和民族经济文化等宏观文化能够影响公司行为(Da Niel et al.，2012；Du et al.，2017；Volonte，2015；Dong et al.，2018)，但对与香烟有关的有罪文化对管理层道德和公司治理的关注较少，因此本节拓展了宏观文化如何影响公司治理的文献。第三，前期有关有罪文化的研究多从有罪文化本身出发，分析有罪文化对盈余管理和创新等方面的影响(Hong，Kac-perczyk，2009；Li et al.，2016b；Gao et al.，2020)，本节则拓展了 Du 等(2020)的相关研究，从与香烟有关的有罪文化掩饰入手，剖析了这一文化维度如何通过对当地社会氛围的影响最终影响管理层的道德水准，为有罪文化掩饰行为影响公司治理提供了增量的经验证据。第四，本节发现公司境外收入比例削弱了烟盒文化嵌入性与委托代理成本之间的正关系，为研究利益相关者的治理作用提供了新视角，同时丰富了跨文化交流对公司治理影响的相关文献。

　　本节余下内容的安排如下：第二部分为制度背景介绍、文献综述与研究假设的发展；第三部分为研究设计，包括样本选择、数据来源、模型与变量等；第四部分为主要的实证研究结果，包括描述性统计、Pearson(皮尔森)相关系数分析，以及主要的回归结果与敏感性测试；第五部分为内生性分析与附加测试；第六部分为研究结论，包括本节研究结果的政策启示、局限性与未来进一步的研究方向。

二、制度背景、文献综述与研究假设

(一)制度背景

　　许多香烟品牌都有着悠久的历史。早期香烟包装常以响亮的广告标语或带有挑逗性的图片作为宣传手段吸引吸烟者[1]。随着人们对香烟危害认识的不断加深，以及世界卫生组织对烟草控制的宣传推广[2]，许多国家开始立法规定烟盒包装上必须印有健康警示图片。2003 年，部分国家缔结了《烟草控制框架公约》(Framework Convention on Tobacco Control，FCTC)，要求缔约国应当遵守 FCTC 的有关规定[3]。截至 2018 年，有 118 个国家(地区)立法规定在烟盒包装上必须印有健康警示图片，并且多数国家(地区)要求在烟盒包装上的健康警示图片面积应占整个包装盒面积的 50% 以上(新西兰要求健康警示图片在烟

---

　　[1]　例如,英美烟草公司于 1916 年推出的"大前门"品牌,曾使用广告标语"大人物吸大前门,落落大方"；万宝路和哈德门等品牌的香烟则采用了较大尺度的女性图片和广告语来宣传。(参见：https://www.cnxiangyan.com/top/3647.html)

　　[2]　世界卫生组织倡议各国采用控烟系列政策 MPOWER,即监测烟草使用和预防政策(monitor),保护人们免受烟雾毒害(protect),提供戒烟帮助(offer),警示烟草的危害(warn),禁止烟草广告、促销和赞助(enforce)以及提高烟草税收(raise),将健康警示图片印于烟盒包装上作为践行警示烟草危害(Warn)政策的重要且有效的手段之一,受到世界卫生组织和诸多国家的推崇(WHO，2019)。

　　[3]　中国 2003 年 11 月签署《烟草控制框架公约》(FCTC),2005 年获批加入。截至 2020 年 5 月,共有 168 个国家签署 FCTC(UNTC，2021)。

盒正面应当占面积的 75％,在背面应占面积的 100％;加拿大规定健康警示图片在烟盒正面和背面均应占面积的 75％)(CCS,2018)。大面积的健康警示图片对降低吸烟人口比例起到了明显作用(Fathelrahman,2010;Hammond et al.,2012;Klein et al.,2015;WHO,2019)。中国烟草行业同样依靠广告宣传推广香烟产品。但在中国,从 1996 年《烟草广告管理暂行办法》颁布实施起,烟草广告就被禁止出现在公众场所。2015 年,有关烟草广告的管控被正式写入《中华人民共和国广告法》[①]。在法律的红线和社会的压力面前,烟草行业不得不绞尽脑汁,采用更加隐晦的方式进行香烟产品的宣传,披上文化的外衣来掩饰其吸引消费者的真实目的成为重要的宣传手段(Du et al.,2020)。

然而,使用香烟包装健康警示图片降低吸烟率的办法在中国并不顺利[②]。实际上,中国的烟盒仍采用 2009 年起依照《烟草控制框架公约》实施的健康警示标语方案,即在烟盒包装上印刷"吸烟有害健康"等文字标语,且占烟盒面积的比例不低于 30％。但是,相比起极具视觉冲击的健康警示图片,警示标语的提示作用相形见绌(Elton-Marshall et al.,2015;Klein et al.,2015;Li et al.,2016a)。更重要的是,中国拥有深厚的历史底蕴,各省均有极具特色的文化标志,为烟草商利用文化标志包装香烟宣传并赋予香烟带有韵味的名称提供了便利。因此,烟盒文化嵌入性既将吸烟者的视线转移到精美的烟盒上,降低了人们对吸烟有害健康的关注,又巧妙地将烟草产品与地方文化宣传绑定,削弱了公众对香烟的负面印象,美化了与吸烟有关的有罪行为[③]。

（二）文献综述

烟、酒、博彩通常被认为是典型的有罪文化(Hong,Kacperczyk,2009)。前期研究多以有罪行业为切入点研究有罪文化的经济后果。Hong 和 Kacperczyk(2009)发现,分析师更少关注有罪行业的公司,机构投资者对有罪行业公司的持股比例也较低;Beneish 等(2008)发现,有罪行业公司的罚没风险和诉讼风险较高,因此投资这些争议公司能获得较高的风险回报(Trinks,Scholtens,2017),但是对有罪行业的投资与并购也可能付出高昂的代价。

---

① 《烟草广告管理暂行办法》于 1996 年 12 月 30 日公布并实施,其中第三条规定"禁止利用广播、电影、电视、报纸、期刊发布烟草广告,禁止在各类等候室、影剧院、会议厅堂、体育比赛场馆等公共场所设置烟草广告"。2015 年修订并实施的《中华人民共和国广告法》中规定"禁止在大众传播媒介或者公共场所、公共交通工具、户外发布烟草广告"。

② 事实上,烟草行业的经济支柱作用是各省难以推行带有健康警示图片烟盒包装的重要原因之一。据《中国税务年鉴》统计,2016—2018 年全国烟草制品行业的税收收入占总税收收入的比例分别为 4.01％、4.68％、3.55％,2018 年烟草行业税收收入已经突破了 6000 亿元。税收收入对地方政府而言是极为重要的财政来源,能够支撑地方政府的投资建设,关系到其政绩和官员升迁,因此地方政府默许了烟草行业通过文化植入的手段进行香烟软广告的做法。

③ 试举二例,产于浙江的"利群-富春山居"香烟,烟盒上印有元代著名画作《富春山居图》的部分,该画作系以浙江富春江为背景创作,该香烟将浙江的历史文化与烟盒相结合,受到市场的热烈追捧;另产于湖北的"黄鹤楼-天下名楼"香烟,烟盒上印有武汉标志性建筑黄鹤楼,辅之以武昌江上一叶小舟和远处若隐若现的山峦,让人很容易想起与黄鹤楼有关的诸多名家诗篇。

Grougiou 等(2016)和 Guidi 等(2020)发现,对有罪公司的并购不仅会增加诉讼风险,而且可能导致产品受到抵制以及损害与利益相关者的关系。

另有一些文献着眼于有罪文化本身对公司行为的影响(Li et al.,2016b;Gao et al.,2020)。Li 等(2016b)基于中国背景,发现若公司位于酒文化盛行的地区,则可能拥有更多私人关系且扭曲信息披露过程,进而带来更高的盈余管理水平。Gao 等(2020)基于美国州级层面的禁烟法案实施的背景,发现实施禁烟法案后,当地公司的创新产出和创新质量都有所提升。

更重要的是,一类逐渐兴起的研究侧重于有罪文化有关掩饰行为的经济后果(Cai et al.,2012;Du et al.,2020)。Cai 等(2012)检验了烟草、酒类和博彩等行业公司的社会责任行为,发现有罪行业的公司会通过社会责任活动对自身的负面争议进行掩饰,进而提高公司价值;Du 等(2020)发现,中国的烟草行业通过印有文化图标的烟盒包装,美化了吸烟行为,形成非道德的社会氛围,进而损害了财务报告质量。

概而言之,当前对于有罪文化的研究主要涉及利益相关者与有罪行业的关系以及有罪文化对公司行为的影响,但有关有罪文化掩饰对社会氛围及公司治理的影响的研究仍然不足。中国历史源远流长,文化元素多样,且烟民基数巨大,香烟种类众多(WHO,2019),因此烟盒的文化元素嵌入能够持续不断地发挥影响。基于此,本节将从与烟草有关的有罪文化掩饰的视角出发,研究烟盒文化嵌入性及其塑造的社会氛围对公司治理的影响。

(三)烟盒文化嵌入性、有罪文化掩饰与委托代理成本

中国是典型的关系型社会(费孝通,2012;Au,Wong,2000)。建立和维护社会关系是身处中国社会的人们的重要诉求,而香烟能在一定程度上扮演帮助人们建立和维护关系的角色(Qin et al.,2011)。首先,相比其他社交手段,吸烟具有极强的便利性和机动性。中国有超过 3.5 亿的吸烟者(WHO,2019),如此庞大的烟民基数导致吸烟行为在日常生活中随处可见。尽管《国务院关于公共场所严禁吸烟的规定》中明确规定了九类禁止吸烟的公共场所,其中包括学校、公共交通工具、展览场馆、医院和商店等室内公共场所,但也并未严格做到令行禁止,仍允许有条件的公共场所设立吸烟室(区)。换言之,除了少数规定禁止吸烟的地方外,吸烟往往不需要特定的场合和场所。因此,相比起饮酒等,通过香烟建立和维护关系更加便利快捷(Du et al.,2020)。其次,香烟低成本的特点,为其成为不同层次群体的社交工具提供了条件。自国家烟草专卖局对香烟进行限价以来,单包香烟的价格不高于 100 元[①],与昂贵的白酒相比,通过香烟维护关系、交换信息成本更低廉。最后,同品牌的香烟也包含多档次、多品类,同时辅之以丰富多彩的包装,能够引起吸烟者的好奇心理,吸烟者无论是独享还是送礼都能有更加多样化的选择。因此,香烟符合人们进行社交的重要需求。

---

① 《国家烟草专卖局关于加强对高价位卷烟生产经营和价格管理的意见》中明确指出:"所有卷烟品牌规格的零售指导价均不得超过 1 000 元/200 支(一条);如发现社会卷烟零售户存在明码标价或实际零售价格超过 1 000 元/200 支的行为,烟草商业企业要立即停止向该零售户有关牌号规格的供货。"

　　然而，吸烟不但有害自身健康，更重要的是会对周围人群的健康产生影响。世界卫生组织的相关报告指出，每年因接触二手烟雾导致严重的心血管疾病和呼吸道疾病甚至死亡的非吸烟人数不少于120万人，其中因二手烟雾死亡的儿童每年约为6.5万名（WHO，2020）。因此，当众吸烟被普遍认为是不道德的有罪行为。但是，出于利益的驱使和制度的不完善，烟草行业将香烟宣传披上文化的外衣（Hu et al.，2010），使其形成了与香烟有关的有罪文化掩饰[①]，并使人们淡忘了吸烟给对他人的危害，降低自身的负罪感（Du et al.，2020）。

　　更重要的是，烟盒包装上的文化嵌入巧妙地转移了人们的视线，掩盖或至少抵消了吸烟带来的负面影响，甚至为交际双方提供了大量的谈资和了解各地文化的渠道，进而助长了送礼之风，促进了关系型氛围的形成。有关香烟警示图片的大量研究发现，烟盒包装上的健康警示图片能够有效降低吸烟率，同时健康警示图片对吸烟的抑制效果显著强于文字警示标语（Fong et al.，2009；Fong et al.，2010；Qin et al.，2011；Elton-Marshall et al.，2015）。然而，尽管中国的香烟包装按规定印有健康警示标语，但烟草公司却挖空心思将地方标志性文化元素嵌入烟盒包装，期望能够通过文化元素的掩饰塑造烟草行业的正面形象，降低公众对香烟的负面印象，并最终提升烟草销量。事实上，琳琅满目的文化图标的确极易吸引吸烟者的眼球，一方面弱化了健康警示标语对吸烟者的提醒作用，降低了吸烟者自身的负罪感；另一方面使得香烟成为送礼时的优先选择（Qin et al.，2011；罗新苗 等，2016）。Qin 等（2011）的调查显示，约80％（20％）的被调查者愿意（不愿）选择香烟作为礼物，超过80％的被调查者不愿选择带有健康警示图片的香烟作为礼物。换言之，烟盒包装上的文化嵌入非但没有抑制人们吸烟的欲望，反而强化了独具特色的送礼选择[②]。基于此，烟盒文化的嵌入性助长了通过香烟送礼的风气，继而加剧了关系型的社会氛围，在一定程度上降低了信息透明度。

　　中国是集体主义社会（Kim，Markus，1999；Sivadas et al.，2008；Saad，Samet，2020）[③]，强调内部的和谐和顺从，人们通常倾向于规避风险（Frijns et al.，2013；Mihet，2013；朱苏丽等，2015）。拥有集体主义文化背景的人往往会优先考虑群体内的目标而非个人目标，并且会在符合群体规范和道德的基础上作出决策（Clark，Mills，1982；温日光，2015）。Chui 等（2010）、Chang 和 Lin（2015）发现，拥有集体主义文化背景的投资者在作出重要财务决策时具有行为偏差，他们倾向于模仿群体的交易决策而非利用自己的私人信息。温日光（2015）

---

　　① 目前的烟草专卖制度使得烟草行业没有动力改变烟盒包装。我国烟草专卖局是烟盒包装的印刷批准机构，而其他部分国家的烟盒包装印刷则需要卫生部门或食品药品监督机构批准，因此在烟盒包装上印刷健康警示图片这一控烟措施的施行存在巨大的阻力（车丽，2016）。

　　② 许多香烟被包装为礼盒套装，备受送礼者推崇，因为其既能使送礼者很有面子，又能彰显当地的文化特色。例如南京香烟"金陵十二钗"礼盒套装，内含十二包烟盒图案各异的香烟，这是其重要卖点（参见：https://www.cnxiangyan.com/top/4271.html.）。罗新苗等（2016）发现，采用"送烟＝送危害"的广告宣传后，愿意将香烟作为礼物的人数比例显著降低，这表明烟盒文化嵌入性具有转移人们注意力的功能，极具欺骗性，这项调查可以从相反的角度为本节论述提供佐证。

　　③ 个人主义-集体主义是 Hofstede（1984）提出的文化维度框架中的重要维度之一。该框架包括四个维度：权力距离（power distance）、不确定性规避（uncertainty avoidance）、个人主义-集体主义（individualism-collectivism）、男性偏向-女性偏向（masculinity-femininity）。

发现集体主义倾向与并购溢价显著负相关,且与并购完成率显著正相关,说明集体主义文化带来了更高的风险规避,使得个人采取更加保守和稳健的策略。同时,来自相同文化背景的人价值观相似,且这种价值观会被社会化入整个群体并代代相传,长期对群体内人们的行为产生着影响(Triandis,1995；Hofstede,2001；de Mooij,2015)。

通过烟盒文化嵌入性形成的有罪行为掩饰对非吸烟者同样具有影响。相比个人主义社会,在集体主义社会中,人们更愿意接受和信任其所属的社会群体提供的信息(de Mooji,Hofstede,2011)。由此我们可以合理推断,当烟盒文化嵌入性作为一种宏观层面的文化在社会中流行时(Du et al.,2020),集体主义背景下的人们很可能选择接受或默许烟草有关的有罪行为的存在,由此助长了有罪文化的传播,扭曲了人们的道德判断。由于吸烟作为有罪行为并未得到有效的惩治(Wu et al.,2010),导致烟盒文化嵌入性能够轻易地蔓延至社会的各个角落。在中国这种集体主义文化占主导地位的国家,人们往往为了社会的和谐安定愿意牺牲个人利益,因此与烟草有关的有罪文化掩饰得到了进一步的纵容和发展。值得注意的是,前期研究发现烟盒健康警示图片对妇女、青少年等非吸烟群体的预防和警示具有重要作用(Fong et al.,2010；White et al.,2008；Li et al.,2015),这表明烟盒文化嵌入性对不同社会群体都具有普遍影响。

若公司处在烟盒文化嵌入性水平较高的地区,将不可避免地受到当地关系型氛围的影响,由此降低了信息透明度并诱发了关系型治理,进而导致管理层的不道德行为。Du 等(2017)发现,管理层的道德水准能够影响委托代理成本[①]。具体地,Du 等(2017)研究了明清时期的商帮文化对委托代理成本的影响,发现商帮文化中的"诚信""义利""贾儒"等精神品质影响了经理人的道德水平,缓解了委托代理冲突、降低了委托代理成本。在正式制度尚不完善的中国(Allen et al.,2005),管理层往往存在过度在职消费、建立个人商业帝国等损害股东利益的行为(虽然这一现象在中央八项规定出台后在一定程度上被抑制了)。基于上述分析可知,当公司位于烟盒文化嵌入性较高的地区时,管理层有更强的动机采取自利行为,损害股东利益,进而造成了委托代理冲突。

综上所述,烟盒文化嵌入性作为有罪文化的掩饰淡化了人们对吸烟不道德行为的关注,使人们转而关注香烟的社交属性,导致关系型的社会氛围的形成。基于集体主义文化的影响,群体往往选择遵从或缄默,因此位于烟盒文化嵌入性程度较高地区的公司,管理层更加推崇关系型治理,造成信息透明度下降,加剧了委托代理冲突,并最终增加了委托代理成本。基于上述逻辑,本节提出如下假设:

假设 7.1.1：限定其他条件,公司所在地的烟盒文化嵌入性与委托代理成本正相关。

(四)公司海外销售收入的调节作用

利益相关者理论认为,组织应当考虑和平衡众多利益相关者的利益——既包括财务收益又包括道德利益(Freeman,1984；Hasnas,1998；Reynolds et al.,2006)。Wang 和

---

①　位于关系文化浓厚的地区的公司,独立董事的监督作用较弱(Li et al.,2021)。

Sengupta(2016)发现,企业与利益相关者的关系和其品牌资本存在正相关关系,这种关系进一步增加了公司绩效。Veronica 等(2020)的研究表明,利益相关者有助于企业增强环境责任感,进而影响企业的可持续创新能力。基于此,客户作为最重要的利益相关者之一,公司将注重从包括文化差异在内的多方面维护客户关系。进一步而言,由于不同国家的法律和制度环境不同,因此对香烟有关有罪行为掩饰的容忍度也有所差异。目前世界上大多数国家和地区强制规定应当在烟盒包装上印有健康警示图标(CCS,2018),由此可以合理推断,实行该举措的国家和地区视吸烟为有罪行为,且因为烟盒包装上的健康警示图标的提醒作用,不易受到与香烟有关的有罪文化掩饰的影响。在此基础上,来自海外的公司对吸烟的负面后果有着深刻体会,这与中国的烟盒文化嵌入性将产生冲突。

Savage 等(2010)指出,公司为满足利益相关者的利益进行的战略设计,主要取决于利益相关者对公司的威胁与合作能力。换言之,利益相关者的重要性程度决定了公司对其妥协的程度。因此,当公司的业务收入主要来自境外时,其受到客户的影响较大,将不得不全方位考虑客户的利益。Yu 和 Choi(2016)发现,来自利益相关者的压力影响了企业文化,并迫使公司采取更多社会责任行为。与之类似,当公司的境外收入比例较高时,客户对吸烟的负面印象将影响企业的道德氛围,进而部分改善烟盒文化嵌入性对管理层道德水准的影响,并进一步缓解委托代理冲突,降低委托代理成本。因此,本节提出假设 7.1.2:

假设 7.1.2:限定其他条件,公司境外收入比例弱化了烟盒文化嵌入性与委托代理成本间的正关系。

三、研究设计

(一)样本选择与数据来源

《中国烟草年鉴》提供的各省香烟品牌名录的数据的时间跨度为 2010—2016 年,因此本节选取 2010—2016 所有 A 股上市公司作为初始样本,并按照如下步骤进行样本筛选:剔除保险与金融行业的观测值;剔除净资产小于 0 的观测值;剔除公司处于 ST、*ST 及 PT 状态的观测值;剔除计算代理成本数据缺失的观测值;剔除控制变量缺失的观测值,最终获得包括2 329家公司在内的 11 806 条公司—年度观测值。此外,为了避免极端值的影响,本节对所有连续变量进行了上下 1% 分位的缩尾处理。

本节的数据来源如下:参考 Du 等(2020)的研究,本节从《中国烟草年鉴》中手工搜集了中国各省份烟草品类名录的数据;同时,从中国烟草总公司福建省分公司的官方网站(http://www.fjycw.com/yp_default.aspx)搜集了烟盒正面、背面、上侧面、下侧面以及左右两侧的图片;代理成本的数据系通过 CSMAR 数据库的数据计算;公司境外收入的数据从公司年报中手工搜集;有罪文化和商帮文化的数据来自手工搜集和中华人民共和国财政部网站;人均 GDP、各省国家级自然保护区的数据以及烟叶产量的数据来自《中国统计年鉴》;其他控制变量和进一步测试的变量均来自 CSMAR 数据库。

(二)模型与变量

1.假设 7.1.1 回归模型

为检验烟盒文化嵌入性对公司委托代理成本的影响,本节构建了如下的 OLS 回归模型:

$$
\begin{aligned}
AC\_ER(AC\_AUR) = {} & \alpha_0 + \alpha_1 CIGAR\_CUL + \alpha_2 FIRST + \alpha_3 MAN\_SHR + \alpha_4 DUAL + \\
& \alpha_5 BOARD + \alpha_6 INDR + \alpha_7 MEET\_SHR + \alpha_8 CEO\_CH + \alpha_9 SIZE + \\
& \alpha_{10} LEV + \alpha_{11} TOBINQ + \alpha_{12} \mid DA \mid + \alpha_{13} STATE + \alpha_{14} LISTAGE + \\
& \alpha_{15} MGC + \alpha_{16} GDP\_PC + Year\ Dummies + Industry\ Dummies + \varepsilon
\end{aligned}
$$

$$(7.1.1)$$

式(7.1.1)的主要解释变量为烟盒文化嵌入性(CIGAR_CUL)。参考 Du 等(2020)的研究,本节采用公司办公地所在省份的烟盒文化嵌入性代表公司所处地区的与香烟有关的有罪文化掩饰。CIGAR_CUL 等于某省份具有文化图标的烟盒数量除以该省所有烟盒数量。参考 Du 等(2020)的研究,本节将烟盒上的文化图标分为以下十类:风景名胜、历史古迹、文物、图腾、民俗传统、祝福语、诗词歌赋、传统艺术形式、标志性建筑、标志性动植物。然后,本节对所有烟盒上的图片和商标进行逐一判断,若烟盒上印有上述任一种类的文化图标则将该烟盒归为具有文化图标的烟盒,即具有文化嵌入性。式(7.1.1)中,AC_ER(AC_AUR)为被解释变量、CIGAR_CUL 的系数(α_1)显著为正(负),则假设 7.1.1 就被经验证据所支持。

本节还设置了 CIGAR_CUL_SIZE 和 CIGAR_CUL_N 两个变量用于敏感性测试。CIGAR_CUL_SIZE代表与香烟有关的有罪行为的掩饰程度,等于该省烟盒包装上文化图标占烟盒面积的均值;CIGAR_CUL_N 为剔除商标类文化图标后有文化图标的烟盒数量除以该省所有烟盒数量。

式(7.1.1)的被解释变量为 AC_ER(AC_AUR),该变量是委托代理成本的正(反)向代理变量(Ang et al.,2000;Du,2013;Du et al.,2017):采用销售与管理费用率之和除以营业收入作为费用率(AC_ER)度量委托代理成本,该方法能较好地捕捉包括过度在职消费在内的委托代理成本。采用资产周转率(AC_AUR)捕捉管理层运营成本效率相关的代理成本,AC_AUR 等于营业收入除以总资产。此外,本节采用管理费用率(AC_AER)和超额管理费用(EAE)对 AC_ER 进行敏感性测试,使用流动资产周转率(AC_CAUR)对 AC_AUR 进行敏感性测试。

参考 Ang 等(2000)、Du(2013)、Du 等(2017)和 Du 等(2020)等关于代理成本以及有罪文化掩饰的研究,本节在式(7.1.1)中纳入如下控制变量:第一大股东持股比例(FIRST)、管理层持股比例(MAN_SHR)、董事长与 CEO 两职合一虚拟变量(DUAL)、董事会规模(BOARD)、独立董事比例(INDR)、股东大会出席比例(MEET_SHR)、CEO 更换的虚拟变量(CEO_CH)、公司规模(SIZE)、财务杠杆(LEV)、托宾 Q 值(TOBINQ)、盈余管理水平(|DA|)、最终控制人性质(STATE)、公司上市年龄(LISTAGE)、公司所在地商帮文化氛围

(MGC)以及人均 GDP(GDP_PC)；式(7.1.1)还控制了行业和年度的虚拟变量。具体变量定义见表 7.1.1。

2.假设 7.1.2 回归模型

为了检验公司境外收入对烟盒文化嵌入性与代理成本关系的调节效应,本节构建如下模型：

$$
\begin{aligned}
\text{AC\_ER(AC\_AUR)} = {} & \beta_0 + \beta_1 \text{CIGAR\_CUL} + \beta_2 \text{FI} + \beta_3 \text{CIGAR\_CUL} \times \text{FI} + \beta_4 \text{FIRST} + \\
& \beta_5 \text{MAN\_SHR} + \beta_6 \text{DUAL} + \beta_7 \text{BOARD} + \beta_8 \text{INDR} + \beta_9 \text{MEET\_SHR} + \\
& \beta_{10} \text{CEO\_CH} + \beta_{11} \text{SIZE} + \beta_{12} \text{LEV} + \beta_{13} \text{TOBINQ} + \beta_{14} \, |\text{DA}| + \\
& \beta_{15} \text{STATE} + \beta_{16} \text{LISTAGE} + \beta_{17} \text{MGC} + \beta_{18} \text{GDP\_PC} + \text{Year Dummies} + \\
& \text{Industry Dummies} + \mu
\end{aligned}
\tag{7.1.2}
$$

式(7.1.2)在式(7.1.1)的基础上加入了 FI 以及 FI 与 CIGAR_CUL 的交乘项。FI 为公司境外收入占总资产的比重,用于判断公司受海外文化影响的程度。AC_ER(AC_AUR)为被解释变量,若 CIGAR_CUL×FI 的系数(β_3)显著为负(正),则假设 7.1.2 得到了经验证据的支持。式(7.1.2)的控制变量与式(7.1.1)相同,具体变量定义见表 7.1.1。

表 7.1.1　变量定义

变量	变量定义
主回归中使用的变量	
AC_ER	费用率,委托代理成本的正向替代度量,等于销售费用与管理费用之和除以营业收入
AC_AUR	资产周转率,等于营业收入除以总资产
CIGAR_CUL	烟盒文化嵌入性,等于一个省份烟盒上具有文化图标的烟盒种类数量除以该省所有烟盒数量(Du et al.,2020)
FI	境外收入比例,等于公司境外收入占总资产的比重
FIRST	第一大股东持股比例,等于第一大股东持有股份与公司总股份的比值
MAN_SHR	管理层持股比例
DUAL	董事长与 CEO 两职合一的虚拟变量,若董事长和 CEO 为同一人则赋值为 1,否则赋值为 0
BOARD	董事会规模,等于董事会总人数取自然对数
INDR	独立董事比例,等于董事会中的独立董事人数除以董事会总人数
MEET_SHR	股东出席股东大会比例
CEO_CH	CEO 更换虚拟变量,当 CEO 发生变更时赋值为 1,否则赋值为 0
SIZE	公司规模,等于公司总资产取自然对数
LEV	财务杠杆,等于公司有息负债与总资产的比值
TOBINQ	托宾 Q 值,计算公式为(流通股数量×年末股价+非流通股数量×每股净资产)/资产账面价值
|DA|	盈余管理程度,等于基于修正的 Jones 模型的可操控性应计的绝对值(Dechow et al.,1995)
STATE	最终控制人性质,若公司的最终控制人是中央或地方政府、政府控股公司则赋值为 1,否则赋值为 0

续表

变量	变量定义
LISTAGE	公司年龄，等于公司上市年限
MGC	商帮文化，等于公司办公地方圆 100 千米内商帮的个数（Du et al.,2017）
GDP_PC	公司注册地所在省区的人均 GDP（单位：万元/人）
敏感性测试、内生性测试以及进一步检验使用的变量	
AC_AER	管理费用率，等于管理费用除以营业收入
AC_CAUR	流动资产周转率，等于营业收入除以流动资产
EAE	超额管理费用，参考杜兴强等（2010）计算的超额管理费用
CIGAR_CUL_SIZE	烟盒文化嵌入性的程度，等于烟盒文化图标占烟盒面积比重的均值
CIGAR_CUL_N	剔除商标后的烟盒文化嵌入性，等于剔除商标文化图标的烟盒后，某省份烟盒上有文化图标的烟盒种类数量除以该省所有烟盒数量
NNR_NUM	公司所在省份国家级自然保护区的数量
NNR_AREA	公司所在省份自然保护区面积占辖区面积的比重
LEAF	公司办公地所在省份烟叶生产量
CIGARETTE	虚拟变量，当公司所在省份有生产香烟时赋值为 1，否则赋值为 0
ALCOHOL	酒文化，等于一个省人年均酒类消费支出除以人年均可支配收入
GAMBLE	赌博文化，等于一个省份当年人均彩票销售收入
SEX	情色文化，等于一个省份所缴的相关违禁出版物数量除以总人口数
RPL	关联方借款，等于其他应收款除以总资产

四、实证结果及分析

（一）描述性统计

表 7.1.2 报告了描述性统计结果。被解释变量 AC_ER 和 AC_AUR 的均值分别为 0.167 9 和 0.636 9，表明样本中上市公司的平均销售管理费用率为 16.79%，资产周转率为 0.636 9 倍，该结果与 Du 等（2017）的研究类似。主要解释变量烟盒文化嵌入性（CIGAR_CUL）的均值为 0.522 4，意味着平均而言，各省含有文化图标的烟盒包装数量占烟盒包装总数量的 52.24%。FI 的均值为 0.080 9，说明样本中公司境外收入占总资产的比重的均值约为 8.09%。在控制变量方面，第一大股东持股比例（FIRST）平均为 35.48%，高管平均持有 12.39% 的普通股（MAN_SHR），24.51% 的公司存在 CEO 与董事长两职合一（DUAL），董事会规模（BOARD）平均为 9 人（$e^{2.261\,4}$），独立董事平均占董事会总人数（INDR）的比例为 37.18%，平均有 51.11% 的股东出席了股东大会（MEET_SHR），每年约有 12.14% 的公司发生了 CEO 变更（CEO_CH），公司规模（SIZE）平均为 35.1 亿元（$e^{21.979\,6}$），有息负债占比（LEV）约为 16.44%，托宾 Q 值（TOBINQ）的均值为 2.697 8，盈余管理（|DA|）的平均水平为 0.068 6，样本中有 40.56% 的公司最终控制人为政府以及政府控制的国有企业（STATE），公司平均上市年龄（LISTAGE）为 10.631 3 年，公司办公地方圆 100 千米范围内

的平均有 0.268 3 个商帮(MGC)，公司所在省份的人均 GDP 为 5.766 3 万元。

表 7.1.2 描述性统计

变量	观测值	均值	标准差	最小值	1/4 分位数	中位数	3/4 分位数	最大值
AC_ER	11 806	0.167 9	0.128 2	0.016 4	0.084 0	0.133 9	0.209 8	0.712 2
AC_AUR	11 806	0.636 9	0.441 1	0.063 7	0.347 4	0.534 2	0.790 9	2.533 5
CIGAR_CUL	11 806	0.522 4	0.198 1	0	0.416 7	0.525 0	0.653 1	1
FI	11 806	0.080 9	0.147 0	0	0	0.008 2	0.095 7	0.766 2
FIRST	11 806	0.354 8	0.148 3	0.092 3	0.235 9	0.337 5	0.453 8	0.750 0
MAN_SHR	11 806	0.123 9	0.199 4	0	0	0.000 9	0.202 5	0.686 0
DUAL	11 806	0.245 1	0.430 2	0	0	0	0	1
BOARD	11 806	2.261 4	0.173 2	1.791 8	2.197 2	2.302 6	2.302 6	2.772 6
INDR	11 806	0.371 8	0.052 4	0.333 3	0.333 3	0.333 3	0.416 7	0.571 4
MEET_SHR	11 806	0.511 1	0.166 1	0.152 2	0.386 0	0.516 6	0.641 6	0.858 2
CEO_CH	11 806	0.121 4	0.326 6	0	0	0	0	1
SIZE	11 806	21.979 6	1.191 5	19.639 4	21.110 5	21.836 4	22.673 0	25.376 6
LEV	11 806	0.164 4	0.148 6	0	0.024 1	0.138 6	0.266 4	0.583 0
TOBINQ	11 806	2.697 8	1.892 0	0.917 5	1.464 7	2.079 3	3.218 1	11.439 6
|DA|	11 806	0.068 6	0.082 0	0.000 7	0.019 7	0.044 2	0.085 6	0.519 8
STATE	11 806	0.405 6	0.491 0	0	0	0	1	1
LISTAGE	11 806	10.631 3	6.579 9	1	5	10	16	27
MGC	11 806	0.268 3	0.443 1	0	0	0	1	1
GDP_PC	11 806	5.766 3	2.162 4	1.311 9	3.998 4	5.688 5	7.300 2	11.656 2

（二）Pearson 相关系数分析

表 7.1.3 为 Pearson 相关系数分析。委托代理成本的正（负）向指标 AC_ER(AC_AUR)与烟盒文化嵌入性 CIGAR_CUL 在 1% 的水平上显著正（负）相关，为假设 7.1.1 提供了初步支持。此外，境外收入比例与 AC_ER(AC_AUR)在 1% 的水平上显著负（正）相关，表明境外收入比例较高的公司委托代理成本较低，这初步证实了利益相关者的监督作用。上述结果在一定程度上说明了本节进一步分析烟盒文化嵌入性与境外收入比例对代理成本的交互影响的必要性。在控制变量方面，AC_ER(AC_AUR)与 FIRST、BOARD、MEET_SHR、SIZE、STATE、LISTAGE 及 MGC 显著负（正）相关，与 MAN_SHR、DUAL、INDR 及 TOBINQ 显著正（负）相关，表明了纳入这些控制变量的必要性。此外，控制变量之间的相关系数均较低，这表明回归模型不存在严重的多重共线性问题。

表 7.1.3　Pearson 相关系数分析

变量	(1)	(2)	(3)	(4)	(5)	(6)	(7)	(8)	(9)	(10)	(11)	(12)	(13)	(14)	(15)	(16)	(17)	(18)	(19)
AC_ER (1)	1																		
AC_AUR (2)	-0.328***	1																	
CIGAR_CUL (3)	0.036***	-0.046***	1																
FI (4)	-0.155***	0.263***	-0.058***	1															
FIRST (5)	-0.150***	0.086***	-0.018***	0.006	1														
MAN_SHR (6)	0.165***	-0.107***	-0.068***	0.050***	-0.102***	1													
DUAL (7)	0.116***	-0.068***	0.005	0.062***	-0.037***	0.236***	1												
BOARD (8)	-0.120***	0.053***	0.001	-0.017*	0.014	-0.195***	-0.163***	1											
INDR (9)	0.049***	-0.049***	0.027***	-0.008	0.044***	0.087***	0.104***	-0.488***	1										
MEET_SHR (10)	-0.072***	0.034***	-0.066***	0.039***	0.605***	0.270***	0.060***	0.026***	0.011	1									
CEO_CH (11)	-0.039***	0.014	0.021*	-0.036***	0.033***	-0.152***	-0.052***	0.016*	0.012	-0.064***	1								
SIZE (12)	-0.348***	0.067***	-0.002	-0.061***	0.212***	-0.325***	-0.177***	0.266***	-0.001	0.083***	0.088***	1							
LEV (13)	-0.318***	0.003	0.003	-0.006	0.023***	-0.237***	-0.099***	0.145***	-0.007	-0.134***	0.052***	0.385***	1						
TOBINQ (14)	0.386***	-0.075***	0.032***	-0.013	-0.090***	0.209***	0.128***	-0.190***	0.076***	0.013	-0.015	-0.483***	-0.351***	1					
|DA| (15)	0.009	-0.021**	0.016*	-0.038***	-0.015	0.001	0.028***	-0.055***	0.020**	-0.018*	0.014	-0.030***	0.016	0.087***	1				
STATE (16)	-0.202***	0.107***	0.072***	-0.083***	0.164***	-0.492***	-0.283***	0.269***	-0.073***	-0.102***	0.187***	0.349***	0.200***	-0.257***	-0.058***	1			
LISTAGE (17)	-0.096***	0.064***	0.114***	-0.094***	-0.062***	-0.575***	-0.233***	0.101***	-0.026***	-0.429***	0.176***	0.352***	0.231***	-0.171***	0.030***	0.482***	1		
MGC (18)	-0.062***	0.023**	-0.052***	0.051***	0.039***	-0.004	-0.013	-0.003	-0.028***	0.034***	-0.002	0.012	-0.040***	-0.034***	0.007	-0.033***	0.033***	1	
GDP_PC (19)	0.025***	-0.011	0.041***	0.109***	-0.001	0.101***	0.087***	-0.109***	0.025***	(19)	0.072***	-0.007	0.053***	-0.119***	0.098***	0.035***	-0.176***	0.015	0.462***

注:*、**、*** 分别表示 10%、5% 和 1% 的显著性水平。

（三）假设 7.1.1 和假设 7.1.2 回归结果分析

表 7.1.4 报告了假设 7.1.1 和 7.1.2 的回归结果。为了降低异方差的影响，所有 t 值均经过 White（1980）稳健调整。第（1）～（4）列的最后一行数据表明模型具有较好的解释力。

表 7.1.4　烟盒文化嵌入性与委托代理成本及境外收入比例

变量	被解释变量：费用率（AC_ER）				被解释变量：资产周转率（AC_AUR）			
	假设 7.1.1		假设 7.1.2		假设 7.1.1		假设 7.1.2	
	（1）		（2）		（3）		（4）	
	系数	t 值	系数	t 值	系数	t 值	系数	t 值
CIGAR_CUL	0.016 7***	3.69	0.019 8***	3.71	−0.079 2***	−4.54	−0.057 5***	−3.34
FI			−0.080 4***	−5.11			0.674 6***	24.52
CIGAR_CUL×FI			−0.082 4***	−2.94			0.591 1***	4.18
FIRST	−0.016 6**	−1.97	−0.015 0*	−1.79	0.119 3***	3.82	0.109 7***	3.62
MAN_SHR	0.025 1***	3.85	0.022 1***	3.44	−0.125 1***	−6.15	−0.108 5***	−5.45
DUAL	0.008 1***	3.41	0.009 1***	3.89	−0.030 7***	−4.08	−0.036 5***	−4.94
BOARD	0.011 4*	1.69	0.013 6**	2.04	0.013 1	0.51	0.000 7	0.03
INDR	0.053 3***	2.76	0.052 5***	2.77	−0.143 8*	−1.94	−0.141 4**	−1.96
MEET_SHR	−0.035 9***	−4.30	−0.032 1***	−3.90	0.117 0***	3.84	0.096 2***	3.24
CEO_CH	0.001 1	0.39	0.000 4	0.14	−0.014 4	−1.30	−0.010 3	−0.96
SIZE	−0.015 1***	−12.64	−0.015 5***	−13.08	0.022 1***	4.94	0.024 7***	5.71
LEV	−0.086 6***	−11.26	−0.081 6***	−10.78	−0.203 1***	−7.13	−0.230 9***	−8.43
TOBINQ	0.010 1***	10.64	0.009 7***	10.36	0.002 7	0.99	0.004 8*	1.86
|DA|	−0.010 1	−0.67	−0.011 2	−0.75	0.124 8***	2.59	0.130 2***	2.77
STATE	−0.012 4***	−4.70	−0.011 9***	−4.59	0.067 7***	6.85	0.065 3***	6.92
LISTAGE	0.000 9***	3.80	0.000 9***	3.78	0.004 2***	4.97	0.004 3***	5.34
MGC	−0.007 5***	−3.13	−0.008 4***	−3.51	−0.023 3***	−2.70	−0.018 9**	−2.25
GDP_PC	−0.001 5**	−2.50	−0.000 3	−0.44	0.016 5***	7.92	0.009 6***	4.77
常数项	0.410 1***	14.37	0.419 3***	14.79	0.034 4	0.32	−0.013 0	−0.13
行业/年度	控制		控制		控制		控制	
观测值	11 806		11 806		11 806		11 806	
Adj_R^2	40.28%		41.94%		32.19%		36.43%	
F（p-value）	120.026 5 (<0.000 0)		122.955 6 (<0.000 0)		72.544 4 (<0.000 0)		91.000 9 (<0.000 0)	

注：***、**、* 分别表示在 1%、5%、10% 的水平上显著（双尾）；所有 t 值均经过了异方差稳健标准误（Huber-White）调整。

表 7.1.4 的第（1）、（3）列报告了假设 7.1.1 的回归结果，对应的被解释变量分别为费用率（AC_ER）和资产周转率（AC_AUR）。表 7.1.4 第（1）、（3）列中，CIGAR_CUL 的系数分别在 1% 的水平上显著为正（t 值＝3.69）和显著为负（t 值＝−4.54），表明烟盒文化嵌入性

作为一种有罪文化的掩饰行为,淡化了人们对吸烟危害的认识,使人们进一步将注意力转移至香烟的社交属性,使得管理层更加推崇关系型治理,进而造成信息透明度下降,诱发了其建立个人商业帝国和过度在职消费的欲望,加剧了委托代理冲突,并最终增加了委托代理成本。换言之,烟盒文化嵌入性体现为一种与烟草相关的有罪文化掩饰,而并非是为了文化宣传。进一步,第(1)、(3)列中 CIGAR_CUL 的系数表明,烟盒文化嵌入性(CIGAR_CUL)每增加一个标准差,费用率将增加 1.97%(0.016 7×0.198 1/0.167 9),资产周转率将降低2.5%(-0.079 2×0.198 1/0.636 9)。该结果表明,烟盒文化嵌入性对委托代理成本的影响不仅在统计上具有显著性,在经济上也具有显著性。上述发现支持了假设 7.1.1。

表 7.1.4 第(2)、(4)列报告了假设 7.1.2 的检验结果,对应的被解释变量分别为费用率(AC_ER)和资产周转率(AC_AUR)。表 7.1.4 第(2)、(4)列中,CIGAR_CUL 的系数在 1% 的水平上显著为正(t 值=3.71)和显著为负(t 值=-3.34),再次支持了假设 7.1.1。FI 的系数在第(2)、(4)列中均在 1% 水平上显著为负和正,表明公司境外收入比例越高,委托代理成本越低,这与本节的预测一致。更重要的,交乘项 CIGAR_CUL×FI 的系数在第(2)、(4)列中分别在 1% 的水平上显著为负(系数=-0.082 4,t 值=-2.94)和显著为正(系数=0.591 1,t 值=4.18),这表明境外收入比例较高的公司受海外文化影响较大,削弱了烟盒文化嵌入性对委托代理成本的正向影响。该结果支持了假设 7.1.2。

在控制变量方面,FIRST 与 AC_ER(AC_AUR)显著负相关(正相关),这表明第一大股东持股比例较高时,其更有动机监督管理层行为;这一发现与 Du 等(2017)的研究结果基本上保持一致。DUAL 与 AC_ER(AC_AUR)显著正相关(负相关),表明管理层权力越大,公司股东—管理层之间的委托代理成本越高。MEET_SHR 与 AC_ER(AC_AUR)显著负相关(正相关),表明股东出席股东大会的比例越高、股东对管理层的监督越强,就越可能降低委托代理成本。STATE 与 AC_ER(AC_AUR)显著负相关(正相关),揭示了国有企业委托代理成本较低这一现实特征。MAN_SHR、INDR 与 AC_ER(AC_AUR)显著正(负)相关,表明管理层持股比例越高、独立董事比例越高,委托代理成本越高。SIZE、GDP_PC 与 AC_ER(AC_AUR)显著负(正)相关,说明公司规模越大、公司所在省份的经济越发达,委托代理成本越低。上述结果与前期文献基本一致(Singh,Davidson,2003;Du,2013;Rashid,2016;Du et al.,2017)。

(四)被解释变量敏感性测试

为了进一步保证本节结论的可靠性,表 7.1.5 的 Panel A 进一步采用管理费用率(AC_AER)与流动资产周转率(AC_CAUR)、Panel B 采用超额管理费用(EAE)对烟盒文化嵌入性与委托代理成本的关系进行敏感性测试。AC_AER 等于管理费用除以营业收入,AC_CAUR等于营业收入除以流动资产,EAE 是参考杜兴强等(2010)的研究计算的超额管理费用。

表 7.1.5 的 Panel A 结果显示,CIGAR_CUL 与 AC_AER(AC_CAUR)在 1% 的水平上显著正相关(负相关),为假设 7.1.1 提供了额外的经验证据支持;第(2)、(4)列的结果显示,交乘项 CIGAR_CUL×FI 的系数在 1% 的水平上显著为负(AC_AER 为被解释变量)或显

著为正（AC_CAUR 为被解释变量），进一步支持了假设 7.1.2。此外，Panel B 采用超额管理费用作为被解释变量的结果表明，烟盒文化嵌入性增加了超额管理费用，且公司的境外收入比例削弱了有罪行为的掩饰对代理成本的影响，这进一步支持了假设 7.1.1 和 7.1.2。

表 7.1.5　使用其他委托代理成本度量方法的敏感性测试

Panel A：使用管理费用率和流动资产周转率度量委托代理成本的敏感性测试

变量	被解释变量：管理费用率（AC_AER）				被解释变量：流动资产周转率（AC_CAUR）			
	假设 7.1.1		假设 7.1.2		假设 7.1.1		假设 7.1.2	
	（1）		（2）		（3）		（4）	
	系数	t 值	系数	t 值	系数	t 值	系数	t 值
CIGAR_CUL	0.010 8***	3.77	0.008 0***	2.88	−0.121 1***	−2.98	−0.087 2**	−2.17
FI			−0.061 4***	−19.18			0.946 9***	17.23
CIGAR_CUL×FI			−0.112 0***	−6.70			1.067 1***	3.54
控制变量	控制		控制		控制		控制	
行业/年度/常数项	控制		控制		控制		控制	
观测值	11 806		11 806		11 806		11 806	
Adj_R^2	33.34%		34.55%		34.27%		35.86%	
F（p-value）	80.162 1 （<0.000 0）		81.362 0 （<0.000 0）		99.256 1 （<0.000 0）		111.414 7 （<0.000 0）	

Panel B：超额管理费用度量委托代理成本的敏感性测试

变量	被解释变量：超额管理费用（EAE）			
	假设 7.1.1		假设 7.1.2	
	（1）		（2）	
	系数	t 值	系数	t 值
CIGAR_CUL	0.178 9***	5.01	0.163 7***	4.60
FI			−0.293 2***	−6.70
CIGAR_CUL×FI			−0.653 1***	−2.70
控制变量	控制		控制	
行业/年度/常数项	控制		控制	
观测值	11 759		11 759	
Adj_R^2	10.05%		10.38%	
F（p-value）	7.942 4（<0.000 0）		8.388 5（<0.000 0）	

注：***、**、* 分别表示在 1%、5%、10% 的水平上显著（双尾）；所有 t 值均经过了异方差稳健标准误（Huber-White）调整。

（五）烟盒文化嵌入性的敏感性测试

本节进一步使用其他烟盒文化嵌入性变量重新检验假设。CIGAR_CUL_SIZE 为烟盒文化嵌入程度，等于烟盒文化图标占烟盒面积比重的均值；CIGAR_CUL_N 为剔除商标后、具有文化图标的烟盒种类数量占该省所有烟盒种类数量的比重。在表 7.1.6 的 Panel A 中，第(1)、(3)列显示 CIGAR_CUL_SIZE 与 AC_ER(AC_AUR)显著正相关(负相关)，支持了假设 7.1.1;第(2)、(4)列中，CIGAR_CUL_SIZE×FI 系数显著为负(正)，与假设 7.1.2 的预期一致。Panel B 的结果表明，CIGAR_CUL_N 在 1% 的水平上显著增加了委托代理成本，FI 在 1% 的水平上削弱了 CIGAR_CUL_N 与委托代理成本间的正关系。上述结果再次支持了假设7.1.1和假设 7.1.2。

表 7.1.6　使用其他烟盒文化嵌入性度量方法的敏感性测试

Panel A:使用烟盒文化嵌入程度的敏感性测试

变量	被解释变量:费用率(AC_ER)				被解释变量:资产周转率(AC_AUR)			
	假设 7.1.1		假设 7.1.2		假设 7.1.1		假设 7.1.2	
	(1)		(2)		(3)		(4)	
	系数	t 值	系数	t 值	系数	t 值	系数	t 值
CIGAR_CUL_SIZE	0.061 4***	3.33	0.065 5***	3.04	−0.132 1**	−1.98	−0.202 5***	−2.76
FI			−0.124 3***	−21.83			0.685 9***	24.48
CIGAR_CUL_SIZE×FI			−0.248 0**	−2.31			2.074 2***	3.92
控制变量	控制		控制		控制		控制	
行业/年度/常数项	控制		控制		控制		控制	
观测值	11 806		11 806		11 806		11 806	
Adj_R^2	40.27%		41.92%		32.10%		36.34%	
F(p-value)	119.896 2 (<0.000 0)		122.195 5 (<0.000 0)		72.209 8 (<0.000 0)		90.187 6 (<0.000 0)	

Panel B:使用剔除商标文化图标的烟盒文化嵌入性的敏感性测试

变量	被解释变量:费用率(AC_ER)				被解释变量:资产周转率(AC_AUR)			
	假设 7.1.1		假设 7.1.2		假设 7.1.1		假设 7.1.2	
	(1)		(2)		(3)		(4)	
	系数	t 值	系数	t 值	系数	t 值	系数	t 值
CIGAR_CUL_N	0.017 8***	3.97	0.021 6***	4.08	−0.084 8***	−4.87	−0.178 3**	−2.49
FI			−0.074 7***	−4.73			1.392 0***	7.08
CIGAR_CUL_N×FI			−0.092 5***	−3.32			1.679 1***	3.71
控制变量	控制		控制		控制		控制	
行业/年度/常数项	控制		控制		控制		控制	
观测值	11 806		11 806		11 806		11 806	
Adj_R^2	40.29%		41.95%		32.21%		36.33%	
F(p-value)	120.155 8 (<0.000 0)		123.413 1 (<0.000 0)		72.566 0 (<0.000 0)		90.359 2 (<0.000 0)	

注:*** 、** 、*分别表示在 1%、5%、10% 的水平上显著(双尾);所有 t 值均经过了异方差稳健标准误(Huber-White)调整。

五、内生性测试和进一步检验

（一）使用工具变量两阶段（2SLS）的内生性测试

与香烟有关的有罪行为掩饰会营造关系型的社会氛围，使得管理层的道德水平下降，进而带来代理冲突；但是，道德水平偏低的管理层可能选择在浸淫于非道德社会氛围的企业中任职，满足个人私利。为此，本节采用工具变量两阶段（2SLS）的方法缓解上述内生性问题。参考 Du 等（2020）的研究，可知烟盒包装上的文化图标与当地的风景名胜密切相关，但各地的风景名胜并不会影响代理成本。因此，本节选择公司所在省份国家级自然保护区的数量（NNR_NUM）和自然保护区面积占辖区面积的比重（NNR_AREA）作为工具变量分别对烟盒文化嵌入性（CIGAR_CUL）进行第一阶段回归。如表 7.1.7 Panel A 所示，NNR_NUM 和 NUM_AREA 均与 CIGAR_CUL 在 1％的水平上显著正相关。接下来，本节根据第一阶段获得的 CIGAR_CUL* 重新检验了假设 7.1.1 和假设 7.1.2。

如表 7.1.7 Panel B、Panel C 的结果所示，CIGAR_CUL* 与 AC_ER（AC_AUR）显著正相关（负相关），且 CIGAR_CUL* ×FI 的系数在第（2）、（4）列中分别在 1％的水平上显著为负（为正）。上述结果表明在使用了工具变量两阶段控制内生性问题后，本节的研究结论依然成立，这为假设 7.1.1 和 7.1.2 提供了更坚实的支持。

表 7.1.7   使用工具变量两阶段（2SLS）控制内生性的结果

Panel A：使用工具变量两阶段（2SLS）控制内生性第一阶段的结果

变量	被解释变量：烟盒文化嵌入性（CIGAR_CUL）			
	系数	t 值	系数	t 值
NNR_NUM	0.002 9***	8.06		
NNR_AREA			0.031 1***	69.97
FIRST	0.006 9	0.41	0.000 3	0.02
MAN_SHR	−0.003 8	−0.33	−0.014 9*	−1.66
DUAL	0.012 2***	2.90	0.010 4***	3.02
BOARD	0.019 6	1.47	0.035 7***	3.07
INDR	0.134 6***	3.39	0.114 7***	3.36
MEET_SHR	−0.043 9***	−2.75	−0.036 9***	−2.80
CEO_CH	−0.004 3	−0.78	−0.008 1*	−1.75
SIZE	−0.008 7***	−3.91	−0.007 1***	−3.92
LEV	−0.011 6	−0.78	0.003 4	0.28
TOBINQ	0.002 1	1.59	0.000 5	0.49
|DA|	−0.001 1	−0.05	−0.022 2	−1.24
STATE	0.011 2**	2.23	0.007 5*	1.78

续表

变量	被解释变量：烟盒文化嵌入性（CIGAR_CUL）			
	系数	t 值	系数	t 值
LISTAGE	0.002 5 ***	6.20	0.000 3	1.02
MGC	−0.038 3 ***	−8.67	−0.017 8 ***	−5.62
GDP_PC	0.017 1 ***	12.35	0.033 0 ***	32.68
常数项	0.551 5 ***	9.67	0.284 0 ***	5.82
行业/年度	控制		控制	
观测值	11 806		11 806	
Adj_R^2	7.11%		36.71%	
F(p-value)	31.436 6(<0.000 0)		116.748 1(<0.000 0)	

Panel B：使用工具变量两阶段（2SLS）控制内生性第二阶段的结果（以 NNR_NUM 为工具变量）

变量	被解释变量：费用率（AC_ER）				被解释变量：资产周转率（AC_AUR）			
	假设 7.1.1		假设 7.1.2		假设 7.1.1		假设 7.1.2	
	(1)		(2)		(3)		(4)	
	系数	t 值	系数	t 值	系数	t 值	系数	t 值
CIGAR_CUL*	0.266 5 ***	4.12	0.215 0 ***	3.36	−1.432 7 ***	−6.31	−1.144 8 ***	−5.17
FI			−0.127 5 ***	−22.96			0.697 4 ***	24.28
CIGAR_CUL*×FI			−0.510 1 ***	−4.28			3.026 8 ***	5.42
控制变量	控制		控制		控制		控制	
行业/年度/常数项	控制		控制		控制		控制	
观测值	11 806		11 806		11 806		11 806	
Adj_R^2	40.31%		42.01%		32.30%		36.62%	
F(p-value)	117.375 0 (<0.000 0)		118.780 9 (<0.000 0)		73.337 5 (<0.000 0)		91.685 8 (<0.000 0)	

Panel C：使用工具变量两阶段（2SLS）控制内生性第二阶段的结果（以 NNR_AREA 为工具变量）

变量	被解释变量：费用率（AC_ER）				被解释变量：资产周转率（AC_AUR）			
	假设 7.1.1		假设 7.1.2		假设 7.1.1		假设 7.1.2	
	(1)		(2)		(3)		(4)	
	系数	t 值	系数	t 值	系数	t 值	系数	t 值
CIGAR_CUL*	0.035 2 ***	4.30	0.024 5 ***	3.14	−0.258 0 ***	−8.72	−0.177 2 ***	−5.88
FI			−0.123 4 ***	−22.11			0.681 9 ***	24.41
CIGAR_CUL*×FI			−0.111 7 **	−2.44			1.482 6 ***	6.13
控制变量	控制		控制		控制		控制	
行业/年度/常数项	控制		控制		控制		控制	
观测值	11 806		11 806		11 806		11 806	
Adj_R^2	40.30%		41.94%		32.48%		36.75%	
F(p-value)	119.727 9 (<0.000 0)		121.208 5 (<0.000 0)		74.222 3 (<0.000 0)		92.162 6 (<0.000 0)	

注：*** 、** 、* 分别表示在 1%、5%、10% 的水平上显著（双尾）；所有 t 值均经过了异方差稳健标准误（Huber-White）调整。

(二)使用 Heckman 两阶段法的内生性测试

天津、宁夏、青海、西藏和新疆的 CIGAR_CUL 数据的缺失带来了样本选择偏差,为此本节采用 Heckman(1979)两阶段方法缓解这一内生性问题。参考 Du 等(2020)的研究,第一阶段选取 LEAF(公司办公地所在省份烟叶生产量)作为工具变量;当公司所在省份烟叶产量较高时,该省份更可能有自己的香烟,但 LEAF 并不会影响委托代理成本。第一阶段的被解释变量为 CIGARETTE,当公司所在省份有生产香烟时取值为 1,否则为 0。

表 7.1.8 的 Panel A 为第一阶段的回归结果,LEAF 在 1% 的水平上与 CIGARETTE 显著正相关。将第一阶段回归计算的逆米尔斯比(IMR)带入第二阶段的回归,表 7.1.8 的 Panel B 为第二阶段的回归结果,第(1)、(3)列显示 CIGAR_CUL 的系数分别在 1% 的水平上显著为正和负,第(2)、(4)列中 CIGAR_CUL×FI 的系数分别在 1% 的水平上显著为负和正,与表 7.1.4 的结果一致。上述结果再次支持了假设 7.1.1 和假设 7.1.2。

表 7.1.8 使用 Heckman 两阶段控制内生性的结果

Panel A:使用 Heckman 两阶段控制内生性第一阶段的结果

变量	被解释变量:CIGARETTE	
	系数	z 值
LEAF	0.000 3 ***	7.84
FIRST	−0.513 7 ***	−3.21
MAN_SHR	0.123 4	1.09
DUAL	0.184 1 ***	4.51
BOARD	−0.327 5 ***	−3.04
INDR	−0.507 7	−1.34
MEET_SHR	1.018 7 ***	6.03
CEO_CH	−0.074 8	−1.39
SIZE	−0.057 9 ***	−2.93
LEV	−0.370 8 **	−2.29
TOBINQ	−0.033 2 ***	−2.83
|DA|	−0.110 7	−0.56
STATE	−0.361 2 ***	−7.34
LISTAGE	0.014 9 ***	3.64
MGC	2.596 7 ***	19.42
GDP_PC	−0.414 1 ***	−32.75
常数项	3.522 5 ***	7.12
行业/年度	控制	
观测值	13 781	
Pseudo R^2	48.27%	
Log likelihood	−3 023.235 4	
LR Chi^2	5 641.81 ***	

续表

Panel B:使用 Heckman 两阶段控制内生性第二阶段的结果

变量	被解释变量:费用率(AC_ER)				被解释变量:资产周转率(AC_AUR)			
	假设 7.1.1		假设 7.1.2		假设 7.1.1		假设 7.1.2	
	(1)		(2)		(3)		(4)	
	系数	t 值	系数	t 值	系数	t 值	系数	t 值
CIGAR_CUL	0.016 6***	3.61	0.019 9***	3.66	−0.078 9***	−4.54	−0.103 3***	−5.22
FI			−0.081 0***	−4.99			0.384 6***	5.23
CIGAR_CUL×FI			−0.083 3***	−2.88			0.548 6***	3.82
IMR	0.008 9	0.94	0.011 5	1.22	−0.016 4	−0.61	−0.030 3	−1.23
控制变量	控制		控制		控制		控制	
行业/年度/常数项	控制		控制		控制		控制	
观测值	11 703		11 703		11 703		11 703	
Adj_R^2	40.14%		41.77%		32.38%		36.49%	
F(p-value)	120.752 1 (<0.000 0)		123.450 3 (<0.000 0)		74.673 1 (<0.000 0)		93.089 8 (<0.000 0)	

注:***、**、* 分别表示在 1%、5%、10% 的水平上显著(双尾);所有 t 值均经过了异方差稳健标准误(Huber-White)调整。

(三)使用倾向得分匹配(PSM)法的内生性测试

本节采用倾向得分匹配(PSM)的方法,对公司是否受到与烟草有关的有罪文化掩饰的影响进行匹配,重新检验假设 7.1.1 和 7.1.2。表 7.1.9 的 Panel A 为使用倾向得分匹配法的第一阶段的结果(匹配后两组样本的均值并无显著差异;表格备索)。Panel B 采用匹配样本重新对假设 7.1.1 和 7.1.2 进行检验。第(1)、(3)列显示,CIGAR_CUL 仍与 AC_ER 和 AC_AUR 在 1% 的水平上显著正(负)相关;第(2)、(4)列显示,CIGAR_CUL×FI 的系数显著,这与表 7.1.4 一致。以上结果表明采用倾向得分匹配的方法控制内生性后,本节的主要结论保持不变,这为假设 7.1.1 和假设 7.1.2 提供了进一步的支撑。

表 7.1.9　使用倾向得分匹配(PSM)控制内生性的结果

Panel A:使用倾向得分匹配(PSM)控制内生性第一阶段的结果(被解释变量:CIGAR_DUM)

变量	系数	z 值
FIRST	0.125 9	1.14
MAN_SHR	0.217 3***	2.71
DUAL	0.045 3	1.55
BOARD	0.101 6	1.18
INDR	0.533 1**	2.01

续表

变量	系数	z 值
MEET_SHR	−0.078 2	−0.72
CEO_CH	0.036 1	0.97
SIZE	0.011 7	0.80
LEV	−0.074 0	−0.77
TOBINQ	0.028 5***	3.31
|DA|	−0.069 2	−0.46
STATE	0.034 4	1.06
LISTAGE	0.015 4***	5.60
常数项	−0.832 6**	−2.23
行业/年度	控制	
观测值	11 806	
Pseudo R^2	5.05%	
Log likelihood	−7768.881 8	
LR Chi^2	825.69***	

Panel B：使用倾向得分匹配（PSM）控制内生性第二阶段的结果

变量	被解释变量：费用率（AC_ER）				被解释变量：资产周转率（AC_AUR）			
	假设 7.1.1		假设 7.1.2		假设 7.1.1		假设 7.1.2	
	(1)		(2)		(3)		(4)	
	系数	t 值	系数	t 值	系数	t 值	系数	t 值
CIGAR_CUL	0.020 3***	3.20	0.021 7***	2.92	−0.096 6***	−3.89	−0.122 0***	−4.38
FI			−0.099 4***	−4.90			0.392 7***	3.85
CIGAR_CUL×FI			−0.061 6*	−1.65			0.614 3***	3.17
控制变量	控制		控制		控制		控制	
行业/年度/常数项	控制		控制		控制		控制	
观测值	6.100		6.100		6.100		6.100	
Adj_R^2	41.06%		42.85%		33.66%		38.26%	
F(p-value)	65.360 0 (<0.000 0)		68.240 0 (<0.000 0)		47.880 0 (<0.000 0)		56.570 0 (<0.000 0)	

注：***、**、*分别表示在1%、5%、10%的水平上显著（双尾）；所有 t 值均经过了异方差稳健标准误（Huber-White）调整。

（四）额外控制其他有罪文化的进一步检验

烟、酒、博彩被广泛认同为有罪文化（Hong，Kacperczyk，2009）。为排除其他有罪文化的影响，本节将酒（ALCOHOL）、博彩（GAMBLE）和情色（SEX）纳入回归模型，重新检验假设 7.1.1 和 7.1.2。ALCOHOL 为公司所在地的人均酒精消费水平，GAMBLE 为公司所在地的人均彩票销售收入，SEX 为公司所在地的人均被收缴相关违禁刊物的数量。如

表 7.1.10所示,加入了其他的有罪文化变量后,烟盒文化嵌入性仍然与委托代理成本显著相关,且公司境外收入比例削弱了烟盒文化嵌入性与代理成本之间的关系,这为假设 7.1.1 和 7.1.2提供了额外的证据支持。

表 7.1.10　控制其他有罪文化后烟盒文化嵌入性对委托代理成本的影响

变量	被解释变量:费用率(AC_ER)				被解释变量:资产周转率(AC_AUR)			
	假设 7.1.1		假设 7.1.2		假设 7.1.1		假设 7.1.2	
	(1)		(2)		(3)		(4)	
	系数	t 值	系数	t 值	系数	t 值	系数	t 值
CIGAR_CUL	0.012 1***	2.62	0.015 1***	2.78	−0.086 6***	−4.88	−0.112 3***	−5.62
FI			−0.084 8***	−5.35			0.388 9***	5.41
CIGAR_CUL×FI			−0.074 1***	−2.62			0.555 1***	3.95
ALCOHOL	−0.927 2***	−7.31	−0.964 2***	−7.67	0.887 7	1.59	1.065 7*	1.95
GAMBLE	−0.006 0***	−3.17	−0.004 8**	−2.55	−0.013 3**	−1.99	−0.019 7***	−3.04
SEX	−0.001 0***	−3.44	−0.000 9***	−3.09	0.002 5	1.21	0.002 0	0.99
控制变量	控制		控制		控制		控制	
行业/年度/常数项	控制		控制		控制		控制	
观测值	11 806		11 806		11 806		11 806	
Adj_R^2	40.53%		42.19%		32.24%		36.51%	
F(p-value)	118.297 9 (<0.000 0)		121.533 5 (<0.000 0)		69.571 6 (<0.000 0)		87.342 7 (<0.000 0)	

注:***、**、*分别表示在1%、5%、10%的水平上显著(双尾);所有 t 值均经过了异方差稳健标准误(Huber-White)调整。

(五)烟盒文化嵌入性与第二类代理成本

除管理层与股东的代理冲突外,大小股东间的代理冲突同样受到道德水平的影响(Tirole,2001;郑志刚,2004)。本节采用其他应收款占比 RPL 作为第二类代理成本的替代变量(Du,2015),检验烟盒文化嵌入性对其的影响。如表 7.1.11 第(2)列所示,CIGAR_CUL的系数在 1%的水平上显著为正,表明烟盒文化嵌入性影响了大股东的道德水平,加剧了大小股东之间的代理冲突。上述结果为本节主要发现提供了进一步的支持。

表 7.1.11　烟盒文化嵌入性与第二类代理成本

变量	被解释变量:第二类代理成本(RPL)			
	(1)		(2)	
	系数	t 值	系数	t 值
CIGAR_CUL			0.003 2***	3.24
FIRST	−0.005 4***	−3.18	−0.005 4***	−3.19
MAN_SHR	−0.001 3	−1.15	−0.001 3	−1.13
DUAL	−0.000 4	−0.77	−0.000 4	−0.86

续表

变量	被解释变量:第二类代理成本（RPL）			
	(1)		(2)	
	系数	t 值	系数	t 值
BOARD	0.001 5	1.01	0.001 4	0.97
INDR	0.003 5	0.83	0.003 0	0.73
MEET_SHR	−0.008 8***	−4.89	−0.008 7***	−4.83
CEO_CH	0.001 2*	1.76	0.001 2*	1.78
SIZE	−0.000 1	−0.29	−0.000 0	−0.18
LEV	0.009 9***	6.07	0.009 9***	6.11
TOBINQ	0.000 5***	2.92	0.000 5***	2.88
|DA|	0.011 7***	3.69	0.011 7***	3.69
STATE	−0.003 4***	−5.51	−0.003 4***	−5.57
LISTAGE	0.000 3***	6.95	0.000 3***	6.76
MGC	0.000 5	1.08	0.000 7	1.37
GDP_PC	−0.000 3***	−2.62	−0.000 4***	−2.90
常数项	0.017 8***	2.72	0.015 8**	2.42
行业	控制		控制	
年度	控制		控制	
观测值	11 805		11 805	
Adj_R^2	11.44%		11.51%	
F（p-value）	19.155 9（<0.000 0）		20.258 1（<0.000 0）	

注：***、**、*分别表示在1%、5%、10%的水平上显著（双尾）；所有 t 值均经过了异方差稳健标准误（Huber-White）调整。

六、研究结论

本节以烟盒文化嵌入性作为吸烟这一有罪文化掩饰的替代变量,分析其对委托代理成本的影响,并进一步分析了公司国际化(海外销售收入)的调节作用。研究发现,公司所在地的烟盒文化嵌入性越高,委托代理成本越高,这揭示了烟盒文化图标掩饰了吸烟这一有罪行为,淡化了人们对吸烟危害的认识,并使人们将注意力转移至香烟的社交属性,进而使得管理层推崇关系型治理,造成信息透明度下降,诱发了其建立个人商业帝国和过度在职消费的欲望,并最终增加了委托代理冲突。进一步地,公司境外收入比例削弱了烟盒文化嵌入性与委托代理成本间的正相关关系,表明利益相关者在公司治理中能够发挥重要作用。此外,烟盒文化嵌入性也会加剧大小股东之间的代理冲突,增加第二类代理成本。

本节研究存在以下几点启示:第一,与烟草有关的有罪文化掩饰长期根植于中国社会中,然而其对社会氛围和公司治理的负面影响却鲜有研究进行关注;基于此,本节丰富了有罪文化掩饰对公司治理影响的文献;第二,前期文献多从正式制度的视角分析其对委托代理冲突的影响,而本节的研究则另辟蹊径,发现了宏观文化对地区道德水平有着重要影响,为进一步研究完善公司治理的机制提供了思路,同时也为 Williamson(2000)的社会制度分析框架提供了重要的支持性证据。

本节揭示的烟盒文化嵌入性对委托代理成本的影响的相关结论具有一定的实践价值:第一,本节发现烟盒文化嵌入性影响了地区的社会氛围,并损害了管理层的道德水平;这一发现凸显了非正式制度对公司治理的重要作用,提示监管者和企业在完善和改进公司治理过程中不应忽视非正式制度这一因素。第二,本节揭示了烟盒文化嵌入性助长了以烟送礼之风,并促进了关系型社会氛围的形成,加剧了信息的不透明度;这一发现敦促监管者与投资者密切留意宏观文化对关系氛围的影响,并注意甄别其对公司治理的影响。第三,中国尚未针对烟盒包装的健康警示图片出台相关措施,因此本节的发现有助于敦促国家烟草专卖局以及相关管理机构尽早制定和实施烟盒包装健康警示图片的规定,这一方面能降低吸烟对个人及其周围人群带来的危害,另一方面也能扼制与烟草有关的有罪文化掩饰蔓延至公司。第四,公司境外收入比例能够削弱与烟草有关的有罪文化掩饰的负面作用,这一发现提示监管者应重视利益相关者的治理作用以及不同文化交融产生的经济后果。

本节的局限性可能在于:第一,受制于手工数据搜集,本节样本区间为 2010—2016 年,因而相关研究结论有待未来的研究加以检验。第二,本节研究采用了省级层面的烟盒文化嵌入性作为有罪文化掩饰的替代变量,未来研究可以进一步考虑采用市级、公司乃至高管个人层面的有罪文化掩饰变量,为本节提供进一步的经验证据。

参考文献

车丽,(2016-05-12)[2016-05-20].专家呼吁警示图形上烟盒 烟民称看见"黑肺烂牙"想戒烟[EB/OL]. http://china.cnr.cn/ xwwgf/20160512/t20160512_522128269.shtml.

杜兴强,陈韫慧,杜颖洁,2010. 寻租.政治联系与"真实"业绩——基于民营上市公司的经验证据 [J]. 金融研究,(10):135-157.

费孝通,2012.乡土中国[M].北京:北京大学出版社.

罗新苗,张娜,吴成斌,等,2016. 重庆市"送烟＝送危害"主题公益广告效果评价 [J]. 保健医学研究与实践,13(6):18-21.

温日光,2015. 风险观念、并购溢价与并购完成率 [J]. 金融研究,(8):191-206.

郑志刚,2007. 投资者之间的利益冲突和公司治理机制的整合 [M]. 北京:中国金融出版社.

朱苏丽,龙立荣,贺伟,等,2015. 超越工具性交换:中国企业员工-组织类亲情交换关系的理论建构与实证研究 [J]. 管理世界,(11):119-134.

ALLEN F, QIAN J, QIAN M, 2005.Law, finance, and economic growth in China [J]. Journal of financial economics,77(1):57-116.

ANG J S, COLE R A, LIN J W, 2000. Agency costs and ownership structure [J].

The journal of finance, 55(1): 81-106.

AU A K, WONG D S, 2000. The impact of guanxi on the ethical decision-making process of auditors: an exploratory study on Chinese CPAs in Hong Kong [J]. Journal of business ethics, 28(1): 87-93.

BENEISH M D, JANSEN I P, LEWIS M F, et al., 2008. Diversification to mitigate expropriation in the tobacco industry [J]. Journal of financial economics, 89(1): 136-157.

CAI Y, JO H, PAN C, 2012. Doing well while doing bad? CSR in controversial industry sectors [J]. Journal of business ethics, 108(4): 467-480.

CANADIAN CANCER SOCIETY(CCS), (2018)[2022-03-02]. Cigarette package health warnings: international status report 2018[EB/OL]. https://www.fctc.org/wp-content/uploads/2018/10/CCS-international-warnings-report-2018-English-2-MB.pdf.

CHANG C H, LIN S J, 2015. The effects of national culture and behavioral pitfalls on investors' decision-making: herding behavior in international stock markets [J]. International review of economics & finance, 37: 380-392.

CHUI A C, TITMAN S, WEI K J, 2010. Individualism and momentum around the world [J]. The journal of finance, 65(1): 361-392.

CLARK M S, MILLS J, 1982. Exchange and communal relationships [J]. Review of personality and social psychology, 3: 121-144.

DANIEL S J, CIESLEWICZ J K, POURJALALI H, 2012. The impact of national economic culture and country-level institutional environment on corporate governance practices [J]. Management international review, 52(3): 365-394.

DE MOOIJ M, 2015. Cross-cultural research in international marketing: clearing up some of the confusion [J]. International marketing review,32(6):646-662.

DE MOOIJ M, HOFSTEDE G, 2011. Cross-cultural consumer behavior: a review of research findings [J]. Journal of international consumer marketing, 23(3-4): 181-192.

DECHOW P M, SLOAN R G, SWEENEY A P, 1995. Detecting earnings management [J]. The accounting review, 70(2): 193-225.

DONG W, HAN H, KE Y, et al., 2018.Social trust and corporate misconduct: evidence from China [J]. Journal of business ethics, 151(2): 539-562.

DU X, 2013. Does religion matter to owner-manager agency costs? Evidence from China [J]. Journal of business ethics, 118(2): 319-347.

DU X, 2015. Does Confucianism reduce minority shareholder expropriation? Evidence from China [J]. Journal of business ethics, 132(4): 661-716.

DU X, WENG J, ZENG Q, et al., 2017. Culture, marketization, and owner-manager agency costs: A case of merchant guild culture in China [J]. Journal of business ethics, 143(2): 353-386.

DU X，YIN J，HAN J，et al.，2020. The price of sinful behavior window dressing：cultural embeddedness on cigarette packages and financial reporting quality [J]. Journal of accounting and public policy，39(6)：106776.

EL GHOUL S，GUEDHAMI O，NI Y，et al.，2012. Does religion matter to equity pricing？[J]. Journal of business ethics，111(4)：491-518.

ELTON-MARSHALL T，XU S S，MENG G，et al.，2015. The lower effectiveness of text-only health warnings in China compared to pictorial health warnings in Malaysia [J]. Tobacco control，24(4)：6-13.

FATHELRAHMAN A I，OMAR M，AWANGR，et al.，2010. Impact of the new Malaysian cigarette pack warnings on smokers' awareness of health risks and interest in quitting smoking [J]. International journal of environmental research and public health，7 (11)：4089-4099.

FONG G T，HAMMOND D，HITCHMAN S C，2009. The impact of pictures on the effectiveness of tobacco warnings [J]. Bulletin of the World Health Organization，87：640-643.

FONG G T，HAMMOND D，JIANG Y，et al.，2010. Perceptions of tobacco health warnings in China compared with picture and text-only health warnings from other countries：an experimental study [J]. Tobacco Control，19(2)：69-77.

FRANCIS J R，KHURANA I K，MARTIN X，et al.，2011. The relative importance of firm incentives versus country factors in the demand for assurance services by private entities [J]. Contemporary accounting research，28(2)：487-516.

FREEMAN R E，1984. Strategic management：a stakeholder approach[M]. Oxford：Pitman Press.

FRIJNS B，GILBERT A，LEHNERT T，et al.，2013. Uncertainty avoidance，risk tolerance and corporate takeover decisions [J]. Journal of banking & finance，37(7)：2457-2471.

GAO H，HSU P H，LI K，et al.，2020. The real effect of smoking bans：evidence from corporate innovation [J]. Journal of financial and quantitative analysis，55 (2)：387-427.

GROUGIOU V，DEDOULIS E，LEVENTIS S，2016. Corporate social responsibility reporting and organizational stigma：the case of"sin"industries [J]. Journal of business research，69(2)：905-914.

GUIDI M，SOGIAKAS V，VAGENAS-NANOS E，et al.，2020. Spreading the sin：an empirical assessment from corporate takeovers [J]. International review of financial analysis，71：101535.

HAMMOND D，REID J L，DRIEZEN P，et al.，2012. Pictorial health warnings on cigarette packs in the United States：An experimental evaluation of the proposed FDA warnings [J]. Nicotine & tobacco research，15(1)：93-102.

HASNAS J，1998. The normative theories of business ethics：a guide for the perplexed [J]. Business ethics quarterly，8(1)：19-42.

HAUGEN R A，SENBET L W，1981. Resolving the agency problems of external capital through options [J]. The journal of finance，36(3)：629-647.

HECKMAN J J，1979. Sample selection bias as a specification error [J]. Econometrica：journal of the econometric society，47(1)：153-161.

HILARY G，HUI K W，2009. Does religion matter in corporate decision making in America? [J]. Journal of financial economics，93(3)：455-473.

HOFSTEDE G H，1984. Culture's consequences：international differences in work-related values[M]. London：Sage Publications.

HOFSTEDE G，2001. Culture's consequences：comparing values，behaviors，institutions，and organizations across nations[M]. London：Sage Publications.

HONG H，KACPERCZYK M，2009. the price of sin：the effects of social norms on markets [J]. Journal of financial economics，93(1)：15-36.

HU T，MAO Z，SHI J，et al.，2010. The role of taxation in tobacco control and its potential economic impact in China[J]. Tobacco control，19(1)：58-64.

JENSEN M C，1986. Agency costs of free cash flow，corporate finance，and takeovers [J]. The American economic review，76(2)：323-329.

JENSEN M C，MECKLING W H，1976. Theory of the firm：managerial behavior，agency costs and ownership structure [J]. Journal of financial economics，3(4)：305-360.

KIM H，MARKUS H R，1999. Deviance or uniqueness，harmony or conformity? A cultural analysis [J]. Journal of personality and social psychology，77(4)：785.

KLEIN E G，SHOBEN A B，KRYGOWSKI S，et al.，2015. Does size impact attention and recall of graphic health warnings? [J]. Tobacco regulatory science，1(2)：175-185.

LI H C W，CHAN S S，LAM T H，2015. Smoking among Hong Kong Chinese women：Behavior，attitudes and experience [J]. BMC public health，15(1)：1-8.

LI L，FATHELRAHMAN A I，BORLAND R，et al.，2016. Impact of graphic pack warnings on adult smokers' quitting activities：findings from the ITC southeast Asia survey(2005—2014)[J]. Journal of smoking cessation，11(2)：124-134.

LI Y，TIAN G G，WANG X，2021. The effect of guanxi culture on the voting of independent directors：evidence from China [J]. Pacific-Basin finance journal，67：101524.

LI Z，MASSA M，XU N，et al.，(2016)[2022-03-02]. The impact of sin culture：evidence from earnings management and alcohol consumption in China[EB/OL]. https://ssrn.com/abstract＝2786214.

MCKINNON J L，HARRISON G L，1985. Cultural influence on corporate and governmental involvement in accounting policy determination in Japan [J]. Journal of accounting and public policy，4(3)：201-223.

MIHET R，2013. Effects of culture on firm risk-taking：a cross-country and cross-industry analysis [J]. Journal of cultural economics，37(1)：109-151.

NAN X，ZHAO X，YANG B，et al.，2015. Effectiveness of cigarette warning labels：examining the impact of graphics，message framing，and temporal framing [J]. Health communication，30(1)：81-89.

QIN Y，WU M，PAN X，et al.，2011. Reactions of Chinese adults to warning labels on cigarette packages：a survey in Jiangsu province [J]. BMC Public Health，11(1)：1-8.

RASHID A，2016. Managerial ownership and agency cost：evidence from Bangladesh [J]. Journal of business ethics，137(3)：609-621.

REITSMA M B，FULLMAN N，NG M，et al.，2017. Smoking prevalence and attributable disease burden in 195 countries and territories，1990—2015：a systematic analysis from the global burden of disease study 2015 [J]. The lancet，389(10082)：1885-1906.

REYNOLDS S J，SCHULTZ F C，HEKMAN D R，2006. Stakeholder theory and managerial decision-making：constraints and implications of balancing stakeholder interests [J]. Journal of business ethics，64(3)：285-301.

ROZEFF M S，1982. Growth，beta and agency costs as determinants of dividend payout ratios [J]. Journal of financial research，5(3)：249-259.

SAAD M，SAMET A，2020. Collectivism and commonality in liquidity [J]. Journal of business research，116：137-162.

SAVAGE G T，BUNN M D，GRAY B，et al.，2010. Stakeholder collaboration：Implications for stakeholder theory and practice [J]. Journal of business ethics，96(1)：21-26.

SINGH M，DAVIDSON W N，2003. Agency costs，ownership structure and corporate governance mechanisms[J]. Journal of banking & finance，27(5)：793-816.

SIVADAS E，BRUVOLD N T，NELSON M R，2008. A reduced version of the horizontal and vertical individualism and collectivism scale：a four-country assessment [J]. Journal of business research，61(3)：201-210.

TIROLE J，2001. Corporate Governance [J]. Econometrica，69(1)：1-35.

TRIANDIS H C，1995，Individualism and collectivism [M]. Colorado：Westview Press.

TRINKS P J，SCHOLTENS B，2017. The opportunity cost of negative screening in socially responsible investing [J]. Journal of business ethics，140(2)：193-208.

UNITED NATIONS TREATY COLLECTION（UNTC），（2021）［2022-03-02］. WHO framework convention on tobacco control［EB/OL］. https：//treaties. un. org/ pages/ViewDetails.aspx？src＝TREATY&mtdsg_no＝IX-4&chapter＝9&clang＝_ens.

VERONICA S，ALEXEIS G P，VALENTINA C，et al.，2020. Do stakeholder capabilities promote sustainable business innovation in small and medium-sized enterprises? Evidence from Italy［J］. Journal of business research，119：131-141.

VOLONTÉ C，2015. Culture and corporate governance：the influence of language and religion in Switzerland［J］. Management international review，55(1)：77-118.

WANG H M D，SENGUPTA S，2016. Stakeholder relationships，brand equity，firm performance：a resource-based perspective［J］. Journal of business research，69(12)：5561-5568.

WATTS R L，ZIMMERMAN J L，1983.Agency problems，auditing，and the theory of the firm：some evidence［J］. The journal of law and economics，26(3)：613-633.

WHITE H，1980. A heteroskedasticity-consistent covariancematrix estimator and a direct test for heteroskedasticity［J］. Econometrica：journal of the econometric society，48 (4)：817-838.

WHITE V，WEBSTER B，WAKEFIELD M，2008. Do graphic health warning labels have an impact on adolescents' smoking-related beliefsand behaviours［J］? Addiction，103 (9)：1562-1571.

WILLIAMSON O E，2000. The new institutional economics：taking stock，looking ahead［J］. Journal of economic literature，38(3)：595-613.

WORLD HEALTH ORGANIZATION（WHO），（2014）［2022-03-02］. Tobacco control policies and interventions，2014，warning about the dangers of tobacco［EB/OL］. https：//gamapserver. who. int/gho/interactive _ charts/tobacco/policies/atlas. html? indicator＝i3.

WORLD HEALTH ORGANIZATION（WHO），（2019）［2022-03-02］. WHO report on the global tobacco epidemic 2019［EB/OL］. https：//www.who.int/teams/ health-promotion/tobacco-control/who-report-on-the-global-tobacco-epidemic-2019.

WORLD HEALTH ORGANIZATION（WHO），（2020）［2022-03-02］. Tobacco ［EB/ OL］.https：//www.who.int/news-room/fact-sheets/detail/tobacco.

WU C，THOMPSON M E，FONG G T，et al.，2010.Methods of the international tobacco control(ITC)China survey［J］. Tobacco control，19(2)：1-5.

YU Y，CHOI Y，2016. Stakeholder pressure and CSR adoption：the mediating role of organizational culture for Chinese companies ［J］. The social science journal，53(2)：226-235.

第二节 烟盒文化嵌入性与财务报告质量

摘要:本节使用基于中国背景的手工数据,检验了烟盒文化嵌入性是否会影响财务报告质量,以及境外董事的调节作用。本节研究发现,公司所在省份的烟盒文化嵌入性越强,其盈余管理程度越高,表明烟盒文化嵌入性塑造了不道德的社会氛围,诱发了管理层的不道德行为,造成信息不对称并最终损害了财务报告质量。进一步而言,烟盒文化嵌入性与盈余管理之间的正相关关系在无境外董事任职的公司中更为突出。此外,本节的研究结论在经过一系列稳健性测试,以及使用双重差分法、两阶段工具变量法、Heckman 两阶段法控制内生性后仍然成立。最后,本节发现,在国际层面上,烟盒上的警示图标显著降低了吸烟率;而在省级层面上,烟盒文化嵌入性增加了香烟消费以及公司的委托代理成本,这为本节结论提供了进一步的证据支持。

一、引言

文化是指"与特定领域、活动或社会特征相关的一套价值观、惯例或社会实践活动"或"一套具有机构或组织特征的普适性的态度、价值观、目标和实践"[①]。前期文献检验了不同文化维度(如社会信任、宗教、儒家文化)对治理模式、个人行为以及公司决策的影响(El Ghoul et al.,2013;Haniffa,Cooke,2005;Hilary,Hui,2009;La Porta et al.,1999;Mckinnon,Harrison,1985;Putnam et al.,1993)。已有大量文献发现文化具有正面的影响,仅有一小支文献探究了文化的负面影响(Du,2019;Li et al.,2016)[②],该方面的研究仍然十分匮乏。除此之外,已有研究发现部分公司通过对不当或有罪行为的掩饰来降低其负面影响,美化自身的负面形象(Heugens et al.,2008;Koehn,Ueng,2010)[③]。

由于中国的法律制度环境以及法律风险都低于发达经济体(Allen et al.,2005;Xin,Pearce,1996),因此文化嵌入是对有罪行为进行掩饰的一个重要且常见的渠道。例如,中国是世界上少有的将文化图标印于烟盒上的国家,此即烟盒文化嵌入性(一种美化香烟有罪行

[①] 见韦氏词典(https://www.merriam-webster.com/dictionary/culture)。文化能保持相当程度上的稳定,很少发生变化(Boyd,Richerson,1996;Guiso et al.,2006),但仍会随着时间的流逝发生微弱的改变(Du et al.,2019a;Henrich et al.,2008;Mesoudi et al.,2006)。

[②] Li 等(2016)关注了作为有罪文化之一的酒类消费对企业盈余管理的促进作用。

[③] 酒、烟和博彩被认为是有罪文化(Hong,Kacperczyk,2009)。在巴基斯坦卫生预算中(Pakistan Health Budget,2018),烟草消费被直接认定为一种有罪行为——"为了减少人们购买有害健康的产品,巴基斯坦正考虑对香烟征收'罪孽税'。"同时,瑞典、法国、丹麦、比利时、美国和英国分别将每年 GDP 的9.2%、8.7%、8.7%、8.6%、8.5% 和 7.9%用于降低有罪行为。

为的宏观文化）。根据 Borland 等（2009）、蒋海宇（2018）和 Liu（2018）的研究，烟盒文化嵌入指的是烟草业将带有文化元素的图标而非健康警示图片印于烟盒表面。鉴于吸烟是一种有罪行为，烟盒文化嵌入的主要目的是通过在烟盒包装上嵌入文化元素来掩饰与香烟有关的有罪行为（蒋海宇，2018），由此降低与香烟有关的有罪行为对消费者和周围社区的负面影响，进而缓解抵制吸烟行为的社会氛围（Holzberg，Hahn，2010；Tang，2014）。

　　文化需要载体（Aaker et al.，2001），传统中国文化常被镶嵌于诗歌、古典音乐、戏曲、邮票、画作、书法、对联以及灯谜中（Shen，Andrews，1999）。在图 7.2.1 的 A 部分中，大多数烟盒上的图片能够找到中国文化的印记（对联：⑥；画作：①、②、④、⑦、⑧；书法：⑨）。具体而言，中国烟盒上的文化元素包括：风景；历史古迹；文物；图腾（如龙）；民俗传统（如爆竹和对联）；祝福语（如恭贺新禧、财源广进和健康长寿）；诗歌；传统艺术（如剪纸和书法）；标志性建筑（如长城）；标志性动植物（如大熊猫和芙蓉）（参见图 7.2.1 的 A 部分）。然而，烟草行业将文化元素嵌入于烟盒上并非出于弘扬中华文化的考虑，而是期望由此吸引潜在的吸烟者、减少人们对吸烟的负面印象、降低吸烟者的负罪感，并最终形成忽视与吸烟相关的有罪文化的社会氛围（Holzberg，Hahn，2010）。事实上，烟盒文化嵌入性能够解释为什么人们明知吸烟有害健康却仍然吸烟（蒋海宇，2018）。

　　世界上有超过 118 个国家立法规定烟盒应当在醒目的位置印有健康警示图片（蒋海宇，2018；Liu，2018；见图 7.2.1 的 B 部分），而中国的烟盒上却嵌入了大量文化图片。尽管如此，前期研究鲜有关注烟盒文化嵌入性作为一种有罪行为的掩饰对公司决策的影响。基于此，中国的情况可为研究者提供独特的、检验与香烟有关的有罪文化掩饰行为如何影响财务报告质量的研究情境，因此基于中国的研究部分填补了上述研究空白。

A 部分　不同种类的中国烟盒文化嵌入性　　　　　　　　　B 部分　其他国家烟盒健康警示图片

①风景：黄山

②历史古迹：天安门

③文物：玉玺

④图腾：龙

⑤民俗传统：爆竹和对联

健康警示图片Ⅰ：英国万宝路

⑥祝福语：恭贺新禧

⑦古诗：田园诗

⑧传统艺术：山水画

⑨标志性建筑：人民大会堂

⑩标志性动物：熊猫

健康警示图片Ⅱ：澳大利亚香烟

图 7.2.1　不同种类的中国烟盒文化嵌入性和其他国家的烟盒健康警示图片对比

烟盒上警示图片或文化图片的面积大小取决于各个国家的制度环境和法律规定(Hammond,2011;Hammond et al.,2004)。因此,相比来自强制规定在烟盒上印有健康警示图片地区的境外董事,中国境内的董事更容易受到烟盒文化嵌入性的影响。基于境外董事能够影响财务报告质量,且其更不易受到烟盒文化嵌入性的影响(Du et al.,2017),可以合理推断境外董事能够降低烟盒文化嵌入性对财务报告质量的影响。

为了验证上述推断,本节手工搜集了 2010—2016 年中国上市公司的 12 168 条公司—年度观测值,研究发现当公司位于烟盒文化嵌入性更高的省份时,其盈余管理程度更高,这表明烟盒文化嵌入性塑造了非伦理的社会氛围、诱发了经理人的不道德行为、造成了委托代理冲突、带来了信息扭曲,并最终损害了财务报告质量。此外,烟盒文化嵌入性与盈余管理之间的正相关关系在有境外董事任职的公司中较弱。进一步地,本节的研究结论在经过一系列稳健性测试和内生性测试后仍然成立。最后,本节发现烟盒文化嵌入性与盈余管理的正相关关系在分析师关注较少、非国际四大会计师事务所审计以及位于弱法律制度环境中的公司中更为突出。

本节研究存在以下几点贡献:首先,本研究是极少数关注以烟盒文化嵌入性为代表的宏观有罪文化掩饰行为对财务报告质量影响的研究之一。前期研究主要检验了有罪文化本身与企业社会责任的关系(Oh et al.,2017;Ye,2012)、与酒精相关的有罪文化对盈余管理的影响(Li et al.,2016),以及禁烟对公司创新的影响(Gao et al.,2020),然而尚未关注与香烟有关的有罪文化对公司决策的影响。基于此,本研究通过系统地提供文化被滥用于掩饰与香烟有关的有罪行为的经验证据,拓展了宏观文化(文化氛围)影响公司行为的文献(Guiso et al.,2006;Haniffa,Cooke,2005)。具体而言,本研究开发了以烟盒文化嵌入性度量与香烟有关的有罪行为掩饰的变量,为宏观有罪行为的度量作出了贡献[①]。同时,本节研究也填补了前期文献有关烟盒文化嵌入性影响财务报告质量的研究空白[②]。其次,本节关注了财务报告质量与烟盒文化嵌入性的负相关关系是否受董事会来源地区多样化的影响。多数国家(地区)的烟草行业被强制要求在烟盒上印刷健康警示图片,并由此在当地形成了抵制有罪文化的社会氛围。相比之下,中国的烟盒上常常出现文化图标,因此形成了与香烟有关的有

　　[①]　香烟被认为与有罪文化密切相关(Hong,Kacperczyk,2009),然而当前人们对与香烟有关的有罪行为美化的宏观文化仍认识不足。前期文献主要使用吸烟人数比例、烟盒健康警示图标以及烟草销量度量与香烟有关的有罪文化。然而,烟草行业对中国的 GDP 有着卓越的贡献,因此政府部门并没有强烈的动机对烟草实施管控。因此,中国难以找到吸烟人数与烟草销量的官方统计数据。

　　[②]　本研究与 Li 等(2016)的研究并不相同。Li 等(2016)主要研究与酒精有关的有罪文化对盈余管理的影响,同时附带检验了烟草消费对盈余管理的影响(仅作为控制变量),他们发现烟草消费与盈余管理之间并没有显著的相关关系。然而"烟盒文化嵌入性"与"烟草消费"存在着本质区别,因此使得对两者的研究结论不同。本节未列示的表格显示,若采用与 Li 等(2016)相同的度量方式时,结果相差无几。与之不同的是,虽然酒精和烟草是有罪文化的不同维度,但本节着眼于烟盒文化嵌入性作为一种宏观层面的与烟草相关的有罪行为掩饰对财务报告质量的影响,而非与烟草相关的有罪文化本身。烟盒文化嵌入性属于一种宏观层面的有罪文化掩饰行为(蒋海宇,2018;Liu,2018),但烟草消费反映的则是与吸烟或烟草相关的有罪行为本身。

罪文化。本节研究揭示了来自对烟草持有反对态度的国家（地区）的境外董事弱化了烟盒文化嵌入性与财务报告质量之间的关系，丰富了研究宏观层面跨文化交流对公司行为影响的文献（Cohen et al.，1996；Karam，Jamali，2015）。

本节剩余部分安排如下：第二部分为制度背景、文献回顾与研究假设；第三部分阐述变量定义、构建模型以及介绍样本和数据来源；第四部分报告了描述性统计、Pearson 相关系数分析、主要回归结果以及稳健性测试；第五部分进行内生性测试以及进一步测试；第六部分为总结。

二、制度背景、文献回顾与研究假设

（一）制度背景：中国烟草行业的争议

自 2000 年起，越来越多国家的烟盒上出现了令人不适的健康警示图标。截至 2017 年，118 个国家（地区）强制要求烟盒上印有健康警示图片（蒋海宇，2018）。近年来，警示图片在烟盒上所占比例越来越大（如尼泊尔要求警示图片占烟盒面积的 90%，印度要求占 85%）。

世界卫生组织规定，极具争议的烟草行业必须符合《烟草控制框架公约》（FCTC）的规定（Liu，2018）。然而，烟草行业对中国的 GDP 有着巨大的贡献。例如，据统计，2017 年中国有 3.15 亿烟民，烟草行业的净利润超过 1.5 万亿人民币（CCDCP，2017）[①]。因此，当地政府对烟草行业的多数管控行为"雷声大、雨点小"，多流于纸上而缺乏实际行动。

Martin（2018）强调"中国正从经济、政治、国际化、道德、精神、伦理、军事和文化等方面改变着世界"。就道德、伦理和宏观文化方面而言，中国要影响和改变世界还有很长的路要走。受制于 FCTC，多数国家强制要求烟草公司在烟盒上印上醒目的、令人不适的健康警示图片（如烂的肺、嘴和骨头）或警示标语。然而，中国是目前为数不多的将大量醒目的传统文化元素嵌入烟盒的国家之一（蒋海宇，2018），由此造成吸烟者受到文化元素的影响，在一定程度度上降低了自身吸烟的负罪感（Holzberg，Hahn，2010）[②]。同时，带有文化元素的烟草广告仍然被允许以模糊的形式出现在省级的报刊和电视台上（BMP，2013）。

《中华人民共和国广告法》规定应当禁止烟草广告[③]，但烟草行业却挖空心思，以隐晦的方式——打着文化宣传的名义——进行烟草广告，由此避免触碰法律的红线。基于此，虽然烟草硬广告被全面禁止，但烟草软广告却被植入文化、体育、服装和其他领域（BMP，2013；

---

① 烟草行业的净利润远高于阿里巴巴集团（400 亿人民币）与中国工商银行、中国建设银行、中国农业银行、中国银行的利润总和。

② 如今，香烟包装上的正面形象十分罕见，但在不久前的西方，吸烟常被赋予积极意义（如高质量的生活方式、男子气概等）。本节必须感谢一位审稿人对此提出的建议。

③ 《中华人民共和国广告法》第二十二条规定"禁止通过大众传播媒介或者公共场所、公共交通工具、户外场所发布烟草广告"。

蒋海宇,2018)[①]。

(二)文献回顾

近年来,一支数量极少但在持续增长的文献关注了有罪文化的不同维度对个人和公司决策的影响。Fisman和Miguel(2007)发现来自腐败程度较高的国家的外交人员在纽约市曼哈顿区会收到更多的违章停车罚单,这表明文化规范在腐败控制中起到一定的作用。Greif和Tabellini(2010)关注了中国和欧洲的差异,他们认为在制度不断变化的过程中,文化特征始终存在,并通过经济安排持续不断地反映出来。Hong和Kacperczyk(2009)发现酒精、烟草和博彩相关行业公司的股票更不可能被社会规范类的机构投资者持有,并会受到更少的分析师关注以及更多的法律限制。Li等(2016)的研究发现,受到与酒精相关的有罪文化影响的公司盈余管理程度更高。Gao等(2020)发现总部设立在有禁烟法的州的公司的专利引用率更高。尽管如此,这支文献仍然没有探究美化与烟草有关的宏观有罪文化对公司行为的影响,因而留下了一定的研究空白。

另一支文献采用宗教和社会信任作为文化的替代变量,探究了文化如何影响公司行为(如Guiso et al.,2006)。Hilary和Hui(2009)的研究揭示了宗教对盈余管理有着抑制作用。Callen和Fang(2015)、El Ghoul等(2013)的研究发现宗教文化与股价崩盘风险以及股权融资成本均呈负相关关系。总而言之,这支文献支持了不同文化维度对公司起到的积极作用。

受到上述文献启发,本节将探究烟盒文化嵌入性作为一种与香烟有关的有罪文化掩饰行为如何影响财务报告质量。

(三)文化嵌入性、有罪行为掩饰与财务报告质量

烟草应当受到严格的管制,然而政府对烟草行业的管制在一定程度上取决于其对国家(地区)财政收入(GDP、税收)的贡献。在中国,2015年烟草行业的利润与税收达到了惊人的1.5万亿人民币,占中国当年财政收入的8%。[②] 在中国,经济发展对地方政府而言是第一要义(Li,Zhou,2005)。因此,作为各省的支柱产业,烟草销售占当地财政收入的高比例促使地方政府默许在香烟产品上嵌入文化图标以及烟草软广告(蒋海宇,2018;Liu,2018)。基于此,相比西方国家,中国对烟草的控制相对不严格,大量的文化图片被默许出现在烟盒包装上(参见图7.2.1A部分)。烟盒包装上的文化元素弱化了吸烟在人们心中的不良印象(Holzberg,Hahn,2010),吸烟者甚至可能在吸烟时受到传统中国文化的吸引(蒋海宇,2018)。

在中国,烟盒文化嵌入性作为与烟草有关的有罪行为掩饰逐渐成为一种不道德的社会

[①] 根据对中央电视台15个频道、北京电视台11个频道和地方电视台6个频道的调查发现,烟草软广告仍十分盛行。这些电视台每周播出烟草软广告共117条,中央电视台第十频道(CCTV10)播出"红塔"烟草品牌及其延伸的软广告多达97次。

[②] 中国烟草税收占GDP的比重达到了4.68%,但这一数据在加拿大、法国、德国、新加坡、英国和美国仅分别为0.26%、0.45%、0.39%、0.35%、0.32%和0.08%(参见 https://data.worldbank.org.cn)。

规范（蒋海宇,2018;Yang,2010;Wu et al.,2010）。因此,世界上有大约 1/3 的烟民居住在中国（Yang,2010）,并且与烟草相关的有罪文化被人为地美化而非受到强烈的谴责和抑制（Gustafsson,2009;蒋海宇,2018）。一些报纸（电视台）仍然播放着精心包装的披着文化外衣的烟草广告（Hu et al.,2010）。由此,与烟草有关的文化逐渐形成,并刺激了烟草的销售以及扭曲了人们的精神道德（蒋海宇,2018）。

吸烟对吸烟者自身以及周围人群的健康均有损害（Hammond,2011）。然而在中国,丰富多彩的文化元素被镶嵌于烟盒包装上[①],进而在一定程度上降低了与烟草相关的文化的"有罪性"（蒋海宇,2018）。因此,吸烟作为一种有罪行为并未受到应有的惩治（Hu et al.,2010;Wu et al.,2010）。为了限制烟草售卖和公众场所吸烟行为,中国颁布了诸多法律法规（Hu et al.,2010;蒋海宇,2018）,但薄弱的法律制度环境（Allen et al.,2005;Xin,Pearce,1996）、烟草行业对 GDP 增长的刺激以及官员政治晋升的激励削弱了法律的执行力度（Li,Zhou,2005）。与烟草相关的有罪文化被美化,不道德的行为免于被惩罚（蒋海宇,2018）,导致吸烟作为一种非道德行为得到鼓励,并由此使不道德的社会规范形成。

由于中国社会是关系型社会（Xin,Pearce,1996）且烟盒文化嵌入性并未被明令禁止（蒋海宇,2018）,因此吸烟在中国常常被作为一种社交手段（Tang,2014）。Tang（2014）的研究指出,在 1952 名受访者中,有 51.1% 的受访者认为在中国吸烟是建立和维持社会关系的重要渠道。与饮酒需要相对正式的场合（如晚宴）不同的是,吸烟能够更轻易地在不同的场合进行,在中国的大城市尤其如此（蒋海宇,2018;Tang,2014）。因此,相比起不抽烟的人,吸烟者更容易拉近彼此之间的距离并建立起私人关系（Tang,2014）。根据 Williamson（2000）的社会制度框架的理论,当正式制度较为薄弱时（Allen et al.,2005;Du,2015）,基于吸烟建立起的人际关系便成为获取和交换决策所需信息的渠道[②]。

根据社区理论（Marquis et al.,2007）,社会氛围会影响社区中的每个人。例如,El Ghoul 等（2013）发现宗教社会规范在宗教或虚拟社区中会对所有人都发挥重要的作用,无论人们是否相信宗教,社区的雇员、雇主、供应商、客户、董事以及潜在的利益相关者都会遵守宗教规范。Marquis 等（2007）认为,宏观层面的文化能够在社区中塑造相同的个人行为。因此,当烟盒文化嵌入性作为一种宏观层面的社会规范延伸至公司时,会形成一种不道德的社会规范并充斥在虚拟（现实）社区之中。根据 El Ghoul 等（2013）和 Marquis 等（2007）的社区理论,或许并非所有利益相关者都是吸烟者,但他们不得不对与烟草相关的非道德社会规范作出回应,甚至是屈服,因为烟盒文化嵌入性作为一种有罪行为的掩饰正被逐渐认识和

---

① 20 世纪 80 年代以前,香烟包装上的图片和文字较为粗糙且不规则,通常只有醒目的商标或当地的动物（如家畜和骆驼）而非健康警示文字或图片（Liu,2018）。20 世纪 80 年代之后,烟草公司开始相互竞争,于是香烟包装被印上精美的文化元素（图片）用于吸引顾客、刺激烟草消费、抵消对文字健康警示日益严格的要求（20 世纪八九十年代）以及弱化对吸烟的抵制氛围。

② Williamson（2000）的社会制度分析框架认为:（1）非正式制度位于第一层次,而正式制度位于第二和第三层次;（2）法律等正式制度起源于如社会规范等的非正式制度;（3）当正式制度难以起作用的时候,非正式制度将发挥重要作用。

接受(蒋海宇,2018;Tang,2014)。

当公司位于烟盒文化嵌入性更为盛行的省份时,其更可能位于烟草相关的非道德社会规范的社区中(蒋海宇,2018;Tang,2014),因此,嵌入于烟盒上的文化图片元素作为一种掩饰行为会诱发管理层的不道德行为。此外,吸烟有助于建立私人关系(Tang,2014),因此,不道德的管理者可能以所有者或少数股东的利益为代价(Fracassi,Tate,2012;Kuhnen,2009),当私人关系对管理层有利时尤其如此。事实上,与烟草相关的高昂成本时常被内化为企业运营成本的一部分并隐藏在管理费用中。Cai 等(2011)发现,中国企业的大部分交际成本与建立私人关系或建立政府关系相关(如政治联系),该发现为本节论点提供了支持。进一步地,由于中国的正式制度不完善、法律环境薄弱、法律风险较高(Allen et al.,2005;Dunfee,Warren,2001;Xin,Pearce,1996),因而高管有强烈的动机通过扭曲会计信息来隐藏他们的非道德行为(如贪污)。

综上所述,烟盒文化嵌入性加剧了信息扭曲,与烟盒相关的有罪行为的美化减弱了管理层提供透明会计信息的动机。因此,受到与烟草相关的非道德社会规范影响较大的公司有更高的盈余管理程度。基于此,本节提出如下假设:

假设 7.2.1:限定其他条件,位于烟盒文化嵌入性较高的省份的公司有更高(低)的盈余管理程度(财务报告质量)。

(四)境外董事的调节作用

随着经济的高速发展,约 12%～13% 的中国上市公司构建了国际化的董事会,且多数(大于 75%)境外董事来自发达国家(地区)(Du et al.,2017)并对董事会决策起到重要作用[①]。境外董事能促使董事会的独立性提高和盈余管理水平降低(Du et al.,2017;Masulis et al.,2012)。

中国在过去很长的一段时间内相对西方国家较为落后(如 1840—1978 年),因此"崇洋媚外"的现象迄今为止仍存在(Du et al.,2017)。在这种情况下,Du 等(2017)和 Giannetti 等(2015)研究发现,来自西方发达国家(地区)的境外董事能够在提升公司治理水平和抑制盈余管理上发挥重要作用。鉴于中国"崇洋媚外"现象的存在,境内董事通常较为尊敬境外董事,并期望从他们那里学到更为先进的公司治理和财务报告质量监督经验(Du et al.,2017;Giannetti et al.,2015)。同时,"和而不同"的中国文化使境内董事不太会要求境外董

---

① 境内董事和境外董事对公司决策往往有着不一样的态度。例如,华菱钢铁有 6 位境外董事和 9 位境内董事,针对 2011 年重大资产重组的董事会议案,6 位境外董事表示反对,但 9 位境内董事均发表了赞成意见(Du et al.,2017)。

事按中国文化行事,因此,境外董事更不易受到中国文化(如面子和人情)的影响①。

由于多数境外董事来自强制规定烟盒包装须印有健康警示图片的国家(地区),所以他们在成长环境中可以随时随地观察到健康警示标识(Hammond,2011;Hammond et al.,2004)。因此,境外董事对吸烟是一种具有负面影响的有罪文化有着深刻的印象(Hammond et al.,2012;Klein et al.,2017),他们很难接受中国基于烟盒文化嵌入性——一种与烟草相关的有罪行为掩饰——的公司和社会氛围。此外,境内董事会向境外董事学习并修正自己的行为(Du et al.,2017),逐渐意识到烟盒文化嵌入性的负面影响,由此降低了与烟草相关行为的掩饰。基于上述分析,可知境外董事弱化了烟盒文化嵌入性与盈余管理程度之间的正相关关系。因此,本节提出如下假设②:

假设 7.2.2:限定其他条件,烟盒文化嵌入性与盈余管理(财务报告质量)之间的正(负)相关关系在有境外董事任职的公司中更不显著。

三、研究设计

(一)样本

本节的初始样本包含 2010—2016 年中国资本市场的 18 178 条公司—年度观测值,受限于数据,有关烟盒文化嵌入性的数据仅能获取 2010 至 2016 年的数据。接着,本节采用如下步骤进行样本筛选(见表 7.2.1 Panel A):第一,剔除银行、保险和其他金融行业的上市公司;第二,剔除净资产小于 0 的观测值;第三,剔除计算盈余管理数据缺失的观测值;第四,剔除烟盒文化嵌入性数据缺失的观测值;第五,剔除公司特征等控制变量数据缺失的观测值。最终,本节获得了包括 2 456 家公司在内的 12 168 条公司—年度观测值。为了消除极端值的影响,本节对所有连续变量进行了上下 1% 分位的缩尾。

---

① 人情和面子是中国社会的两个重要概念(Cheng,1986;Hwang,1987;Shi et al.,2011)。人情作为一种平等互惠原则,其在中国更紧密地与相互性结合在一起。因此,在中国这样以关系为基础的社会或集体主义文化中,人情成为维系和强化私人关系的渠道(Hwang,1987;Shi et al.,2011)。此外,人情既是一种规范标准又是一种社会机制,其常被用于搜寻所需要的资源(Hwang,1987)。从主观方面来说,面子代表着个人在社会关系中的自尊和自我价值。从客观角度来说,面子是公认的具有社会重要性的权威(Cheng,1986)。面子在主观层面是自我估计的受尊重程度、影响力和权威性,而在客观层面则是个人实际被他人认可的社会地位、影响力和权威性(Cheng,1986;Hwang,1987)。在中国,人情和面子会共同对公司决策产生部分负面影响。基于此,境外董事更不可能被人情和面子影响,所以有助于完善中国上市公司董事会的决策模式。

② 本节无法事先排除境外董事被位于烟盒文化嵌入性低的省份的公司吸引的可能,因此本节进行了进一步测试(未列示结果,表格备索),并得出以下结果:(1)就境外董事数量排名而言,广东、上海、江苏、北京和浙江排名前五;(2)上海和江苏的烟盒文化嵌入性均值较高,而广东、北京和浙江的烟盒文化嵌入性均值较低,因此,省级层面境外董事与烟盒文化嵌入性并没有显著关联;(3)Pearson 相关系数分析和 t/z 检验表明境外董事和烟盒文化嵌入性之间并没有显著关系。上述结果可以缓解对境外董事与烟盒文化嵌入性关联性的担忧。

表 7.2.1 的 Panel B 报告了样本分年度和行业的分布状况。如 Panel B 所示，在最终的研究样本中没有严重的年度或行业聚类。

表 7.2.1　样本选择与样本分布

Panel A：样本选择

初始样本	18 178
剔除银行、保险及其他金融行业的观测值	−324
剔除净资产小于 0 的观测值	−331
剔除盈余管理数据缺失的观测值	−3 001
剔除烟盒文化嵌入性数据缺失的观测值	−700
剔除公司层面控制变量缺失的公司—年度观测值	−1 654
有效观测值	12 168
公司数量	2 456

Panel B：样本分布

行业	代码	2010	2011	2012	2013	2014	2015	2016	行业合计	所占百分比/%
农、林、渔、牧业	A	23	24	40	30	35	35	37	224	1.84
采矿业	B	22	24	41	47	48	50	53	285	2.34
食品及饮料制造业	C0	49	54	71	75	76	76	89	490	4.03
纺织、服装、皮革和皮毛制造业	C1	42	45	68	62	65	66	66	414	3.40
木材及家具制造业	C2	4	5	8	10	10	9	11	57	0.47
造纸及印刷业	C3	24	27	35	39	36	33	41	235	1.93
石油、化工、塑料和橡胶制造业	C4	121	128	200	216	207	220	225	1 317	10.82
电子制造业	C5	60	58	109	120	132	140	147	766	6.30
金属及非金属制品制造业	C6	91	97	153	165	166	165	171	1 008	8.28
机械装备制造业	C7	169	220	344	390	412	423	476	2 434	20.00
医药及生物制品制造业	C8	66	70	109	118	124	120	135	742	6.10
其他制造业	C9	18	18	24	23	23	24	27	157	1.29
电力、燃气及水生产和供应业	D	49	48	61	63	57	58	62	398	3.27
建筑业	E	24	28	37	43	43	42	45	262	2.15
交通运输及仓储业	F	36	41	62	65	62	62	65	393	3.23
信息技术业	G	63	89	154	163	181	77	77	804	6.61
批发与零售业	H	71	74	99	110	106	106	111	677	5.56

续表

行业	代码	年度							行业合计	所占百分比/%
		2010	2011	2012	2013	2014	2015	2016		
房地产业	J	61	66	90	106	101	105	101	630	5.18
社会服务业	K	35	36	59	66	63	71	81	411	3.38
传播与文化业	L	9	13	20	30	33	24	27	156	1.28
综合	M	49	43	55	42	38	40	41	308	2.53
全年合计		1 086	1 208	1 839	1 983	2 018	1 946	2 088	12 168	
所占百分比/%		8.93	9.93	15.11	16.30	16.58	15.99	17.16		100

（二）数据

本节的数据来源如下：第一，盈余管理的数据是基于 CSMAR 数据库的数据计算所得；第二，烟盒文化嵌入性的数据是基于省级层面的香烟品牌名录以及烟盒图片手工搜集所得［参见福建省烟草专卖局官网（www.fjycw.com/yp_default.aspx）和《中国烟草年鉴》］；第三，境外董事的数据从公司年报中手工搜集；第四，十大会计师事务所的数据来自中国注册会计师协会官方网站（www.cicpa.org.cn）；第五，控制变量均来自 CSMAR 数据库。

（三）假设 7.2.1 回归模型

为了检验假设 7.2.1，本节构建了 OLS 回归式（7.2.1）：

$$
\begin{aligned}
|DA| = {} & \alpha_0 + \alpha_1 CIGAR\_CUL + \alpha_2 FD\_DUM + \alpha_3 TOP\_10 + \alpha_4 MAN\_SHR + \alpha_5 DUAL + \\
& \alpha_6 BOARD + \alpha_7 INDR + \alpha_8 BIG10 + \alpha_9 ANALYST + \alpha_{10} SIZE + \alpha_{11} LEV + \alpha_{12} ROA + \\
& \alpha_{13} OCF + \alpha_{14} TOBINQ + \alpha_{15} LOSS + \alpha_{16} ISSUE + \alpha_{17} ZSCORE + \alpha_{18} LAGACCR + \\
& \alpha_{19} STATE + Industry\ Dummies + Year\ Dummies + \varepsilon
\end{aligned}
\tag{7.2.1}
$$

在式（7.2.1）中，$|DA|$ 为财务报告质量的反向指标（被解释变量），采用 Dechow 等（1995）修正的 Jones 模型计算的盈余管理程度的绝对值度量。CIGAR_CUL 为主要解释变量烟盒文化嵌入性，等于某一省份带有文化图标的烟盒种类数量占该省份所有烟盒种类数量的比重。在式（7.2.1）中，若 CIGAR_CUL 的系数 α_1 显著为正，则假设 7.2.1 得到了经验证据的支持。

FD_DUM 为境外独立董事的虚拟变量，当董事会有一名或多名来自境外的国家或地区的董事时赋值为 1，否则赋值为 0（Du et al.，2017）。为了更好地分析出烟盒文化嵌入性对财务报告质量的影响，本节在式（7.2.1）中加入如下一系列控制变量：

第一，为了控制公司内部治理对财务报告质量的影响（Beasley et al.，2000；Bonetti et al.，2016；Goodwin，Seow，2002；Klein，2002；Liu，Lu，2007；Vafeas，2000；Xie et al.，2003），本节加入前十大股东持股比例（TOP_10）、管理层持股（MAN_SHR）、董事长和 CEO 两职合一（DUAL）、董事会规模（BOARD）和独立董事比例（INDR）作为控制变量；

第二，本节在式（7.2.1）中控制了十大会计师事务所（BIG10）和分析师关注（ANALYST），以作为外部治理变量（Abarbanell，Lehavy，2003）；

第三，参考前期研究（Chen et al.，2011；Chen，Yuan，2004；Choi et al.，2012；Dechow et al.，1998；Haw et al.，2005；Kim et al.，2003；Kothari et al.，2005），本节在式（7.2.1）中控制了一系列公司特征变量：公司规模（SIZE）、财务杠杆（LEV）、总资产回报率（ROA）、经营活动现金流（OCF）、托宾 Q 值（TOBINQ）、亏损虚拟变量（LOSS）、公司再融资（ISSUE）、Altman（1968）的 Z 值（ZSCORE）以及滞后一期的总应计（LAGACCR）；

第四，参考 Chen 等（2011）的研究控制了最终控制人性质（STATE）；

第五，本节在回归中加入一系列虚拟变量控制年度和行业的固定效应。

（四）假设 7.2.2 回归模型：分组回归

为了检验假设 7.2.2，本节将全样本分为境外董事（FD_DUM）子样本和非境外董事（non-FD_DUM）子样本，并分别采用式（7.2.1）的回归分析。在如下情况下，假设 7.2.2 将得到支持：第一，CIGAR_CUL 的系数在两个子样本中均显著为正，但非境外董事组子样本的系数显著大于境外董事组子样本的系数；第二，非境外董事组中 CIGAR_CUL 的系数显著为正，但境外董事组中 CIGAR_CUL 的系数不显著。

（五）盈余管理与财务报告质量

本节在主回归中使用盈余管理程度作为财务报告质量的替代度量。参考 Dechow 等（1995）使用修正的 Jones 模型估计盈余管理程度：

首先，计算总应计水平：

$$\frac{\mathrm{ACC}_{j,t}}{\mathrm{TA}_{j,t-1}} = \alpha_1 \frac{1}{\mathrm{TA}_{j,t-1}} + \alpha_2 \frac{\Delta \mathrm{REV}_{j,t}}{\mathrm{TA}_{j,t-1}} + \alpha_3 \frac{\mathrm{PPE}_{j,t}}{\mathrm{TA}_{j,t-1}} + \varepsilon_{j,t} \tag{7.2.2}$$

在式（7.2.2）中，公司 j 第 $t(t-1)$ 年的 $\mathrm{ACC}_{j,t}$ 代表总应计盈余，等于净利润减去经营活动现金流并除以年初总资产（第 $t-1$ 年）；$\Delta \mathrm{REV}_{j,t}$ 表示第 $t-1$ 年到第 t 年收入的变化；$\mathrm{PPE}_{j,t}$ 表示第 t 年末的固定资产总额；$\mathrm{TA}_{j,t-1}$ 表示第 $t-1$ 年的总资产，用于平减其他变量。

其次，本节使用式（7.2.3）计算非可操纵性应计盈余（NACC）。具体而言，本节分年度和行业估计了 α_1、α_2、α_3，而后参考 Dechow 等（1995）在式（7.2.2）中加入应收账款用于计算非可操纵性应计：

$$\frac{\mathrm{NACC}_{j,t}}{\mathrm{TA}_{j,t-1}} = \alpha_1 \frac{1}{\mathrm{TA}_{j,t-1}} + \alpha_2 \frac{(\Delta \mathrm{REV}_{j,t} - \Delta \mathrm{REC}_{j,t})}{\mathrm{TA}_{j,t-1}} + \alpha_3 \frac{\mathrm{PPE}_{j,t}}{\mathrm{TA}_{j,t-1}} + \varepsilon_{j,t} \tag{7.2.3}$$

最后，根据式（7.2.4）计算的总应计盈余与非可操纵应计盈余的差额即为盈余管理程度：

$$\mathrm{DA}_{j,t} = \mathrm{ACC}_{j,t} - \mathrm{NACC}_{j,t} \tag{7.2.4}$$

（六）烟盒文化嵌入性

本节研究创新性地采用了一种与烟草相关的有罪文化掩饰的替代变量：烟盒文化嵌入性[①]。相比起健康警示图片，烟盒文化嵌入性——印有 10 种类型文化元素的烟盒包装（见图 7.2.1 的 A 部分）——并无助于降低吸烟人数和烟草销售（蒋海宇，2018；Liu，2018）。

烟盒文化嵌入性（CIGAR_CUL）的变量定义如下：（1）从《中国烟草年鉴》上手工搜集了各省逐年的香烟品牌名录；（2）从网站（www.fjycw.com/yp_default.aspx）下载各香烟包装的图片；（3）逐一判断香烟包装上的商标以及烟盒的正面、背面、两侧、下侧面和上侧面是否包含带有文化元素的图片；（4）计算各省份含有文化元素图片的烟盒数量；（5）CIGAR_CUL 代表含有文化元素的烟盒包装品类数量占该省总烟盒品类数量的比重[②]。

表 7.2.2　变量定义

变量	变量定义	数据来源
用于主回归的变量		
|DA|	根据修正的 Jones 模型计算的可操纵性应计的绝对值（Dechow et al.，1995）	计算所得
CIGAR_CUL	烟盒文化嵌入性，等于中国内地某一省份带有文化图片（元素）的烟盒数量［包括商标以及烟盒的正面、背面、两侧、下侧面和上侧面］占总烟盒数量的比例。文化元素包括风景、历史古迹、文物、图腾（如龙）、民俗传统（如爆竹、春联）、祝福语（如恭喜发财、健康长寿）、古诗、传统艺术（如剪纸和书法）、标志性建筑（如长城、华表）、标志性动植物（如四川的熊猫、湖南的芙蓉）	手工搜集
FD_DUM	境外董事虚拟变量，当董事会中至少存在一名境外董事取值为 1，否则赋值为 0（Du et al.，2017）	手工搜集
TOP_10	前十大股东持股比例之和	CSMAR
MAN_SHR	管理层持股比例	CSMAR

[①]　有三种方法能够度量与烟草有关的有罪文化（Hammond，2011）：（1）某一国家（地区）的吸烟人口比例；（2）某一国家（地区）的烟草销售金额占 GDP 的比重；（3）某一国家（地区）烟盒上健康警示图片所占面积。然而，上述度量与烟草有关的有罪文化的方法在中国的施行都或多或少遇到一定的困难：首先，上述度量方式通常应用于跨境研究中，但考虑到各国（地区）之间的宗教、文化和法律制度环境有所不同，这些方式并不适用于基于某一国家（地区）的研究；其次，由于中国烟草行业对 GDP 有着巨大的贡献，所以地方政府并无足够的动机对吸烟人口和烟草销售进行严厉管控，因此，长期以来中国有关吸烟人口和烟草销售的官方统计数据缺失。一旦上述数据公布，烟草行业很可能被媒体曝光并受到非政府组织的抵制，进而导致烟草销量减少。

[②]　本节还采用其他三种度量方式用于稳健性测试：烟盒文化嵌入性的虚拟变量（CIGAR_CUL_DUM）、烟盒文化嵌入性的影响程度（CIGAR_CUL_SIZE）、狭义的烟盒文化嵌入性（CIGAR_CUL_N）。

续表

变量	变量定义	数据来源
DUAL	董事长与 CEO 两职合一的虚拟变量,若董事长与 CEO 两职合一则赋值为 1,否则为 0	CSMAR
BOARD	董事会规模,等于董事会的总人数	CSMAR
INDR	独立董事比例,独立董事人数与董事会总人数的比值	CSMAR
BIG10	会计师事务所虚拟变量,当公司聘请前十大会计师事务所(中国注册会计师协会年度排名)审计师时赋值为 1,否则赋值为 0	www.cicpa.org.cn
ANALYST	分析师关注,等于跟踪公司的分析师数量加 1 后取自然对数	CSMAR
SIZE	公司规模,等于公司总资产的自然对数	CSMAR
LEV	财务杠杆,等于有息负债(包括长期借款、短期借款、应付债券和应付票据)除以总资产	CSMAR
ROA	总资产收益率,等于净利润与平均总资产的比值	CSMAR
OCF	经营现金流,等于经营现金流量除以期初和期末总资产的均值	CSMAR
TOBINQ	托宾 Q 值,计算公式为(流通股数量×年末股价＋非流通股数量×每股净资产)/资产账面价值	CSMAR
LOSS	亏损虚拟变量,若公司净利润为负则赋值为 1,否则为 0	CSMAR
ISSUE	公司再融资,等于当年的新增负债和权益占总资产的比例(Choi et al.,2012)	CSMAR
ZSCORE	根据 Guan 等(2016)的模型计算:Altman ZSCORE $=(0.517-0.460)\times F1+9.320\times F2+0.388\times F3+1.158\times F4$,其中:F1＝总负债除以总资产,F2＝净利润除以期初和期末总资产的平均数,F3＝营运资本除以总资产,F4＝留存收益除以总资产	CSMAR
LAGACCR	滞后一年的总应计(等于净利润减去经营现金流量除以滞后一期的总资产)(Kim et al.,2003)	CSMAR
STATE	最终控制人性质,若公司的最终控制人是中央或地方政府控股公司则赋值为 1,否则赋值为 0	CSMAR

用于稳健性测试的变量

变量	变量定义	数据来源
DA^{+}	带正号的可操纵性应计,根据(Dechow et al.,1995)的修正 Jones 模型计算	计算所得
|DA_PM|	根据 Kothari 等(2005)计算的业绩匹配的可操纵性应计的绝对值	计算所得
MIS_DUM	财务错报虚拟变量,当公司财务报表在以后年度重述(损益相关事项)时赋值为 1,否则赋值为 0	手工搜集

续表

变量	变量定义	数据来源
OVER_DUM	虚拟变量,当公司财务报告在以后年度重述(损益相关事项)且重述向下更正时赋值为1,否则赋值为0	手工搜集
SANCTION_NUM	会计违规,公司当年发生会计违规的数量	CSMAR
EBB	超出盈利基准的虚拟变量,当公司的实际EPS(earning per share,每股收益)和所有分析师预测的平均EPS之差大于0但小于0.02时则赋值为1,否则赋值为0(Bissessur,Veenman,2016)	CSMAR
CIGAR_CUL_DUM	烟盒文化嵌入性的虚拟变量,当公司所在省份的烟盒有文化图片时赋值为1,否则赋值为0	手工搜集
CIGAR_CUL_SIZE	烟盒文化嵌入性的程度变量,等于该省烟盒上文化图片面积占总面积的比例的均值	手工搜集
CIGAR_CUL_N	狭义的烟盒文化嵌入性,等于该省带有文化图片(剔除商标)的烟盒品类数量占该省总烟盒品类数量的比重	手工搜集

用于内生性测试和进一步测试的变量

变量	变量定义	数据来源
NNR_NUM	公司所在省份国家级自然保护区的数量	www.mee.gov.cn
REL	标准化的宗教氛围,利用"$(Max\_DIS_t - DIS_{i,t})/(Max\_DIS_t - Min\_DIS_t)$"计算所得(Du et al.,2016)。$DIS_{i,t}$为第$t$年公司$i$的注册地与最近的宗教场所(佛教寺庙和道观)的距离;Max_DIS_t(Min_DIS_t)为第t年$DIS_{i,t}$的最大(小)值	手工搜集与计算
CONFU	标准化的儒家文化氛围,利用"$(Max\_DIS_t - DIS_{i,t})/(Max\_DIS_t - Min\_DIS_t)$"计算所得(Du,2015)。$DIS_{i,t}$为第$t$年公司$i$的注册地与最近的儒家中心的距离;$Max\_DIS_t$($Min\_DIS_t$)为第$t$年$DIS_{i,t}$的最大(小)值	手工搜集与计算
TRUST	省级层面的公司信任水平,该指数从2000年起由"中国企业调查系统"确定,用于衡量中国企业家的信任水平,指数越高意味着该省的商业信任环境越好	中国企业调查系统;Li等(2017)
ALCOHOL	酒文化,等于一个省人年均酒类消费支出除以人年均可支配收入	中国统计年鉴
GAMBLE	赌博文化,等于一个省份当年人均彩票销售收入	www.mof.gov.cn
SEX	情色文化,等于一个省份所收缴的相关违禁出版物除以总人口	中国扫黄打非年鉴
TREAT_P%	烟盒文化嵌入性的虚拟变量,当该省超过P%(P=20,33和40)的烟盒包装上印有文化图标时赋值为1,否则赋值为0	手工搜集

续表

变量	变量定义	数据来源
POST	2012 年反腐败条例的虚拟变量，当样本年度在中央八项规定颁布之后（2012 年 12 月）时则赋值为 1，否则赋值为 0	手工搜集
LEAF	公司所在省份的烟叶产量	手工搜集
AC_AER	管理费用率，等于管理费用除以营业收入（Ang et al.，2000）	CSMAR
AC_AUR	资产周转率，等于年营业收入除以期初和期末总资产的均值（Ang et al.，2000；Singh，Davidson Ⅲ，2003）	CSMAR
FIRST	第一大股东持股比例，等于第一大股东持有股份与公司总股份的比值	CSMAR
SMOKING	吸烟人口比例，等于该国（地区）吸烟人口数除以总人口数	http://data.worldbank.org
PIC_DUM	烟盒包装健康警示图片的虚拟变量，当该国（地区）强制要求烟盒包装上印有健康警示图片时赋值为 1，否则赋值为 0	www.tobaccolabels.ca
TOBACCO	省级层面烟草交易总金额除以 GDP	中国烟草年鉴
GDP_PC	人均 GDP，等于 GDP 除以该省（国/地区）的总人口数并取自然对数	http://data.worldbank.org
ELDER	老龄化人口比例，等于该省（国/地区）65 岁以上人口数除以总人口数	http://data.worldbank.org
GENDER	性别比例，等于该省（国/地区）女性人口总数除以总人口数	http://data.worldbank.org
CHILD	每个女性平均生育的孩子数	http://data.worldbank.org
EDU	教育水平，等于该省大专及以上学历人口数除以总人口数	中国统计年鉴
UNEMPLOY	该省（国/地区）失业人口数取自然对数	中国统计年鉴 http://data.worldbank.org

注：在"用于内生性测试和进一步测试的变量"一节中，部分变量同时用于跨国层面和省级层面的分析，所以在变量定义中使用了"该省（国/地区）"进行界定。

四、实证结果

（一）描述性统计

表 7.2.3 报告了主回归变量的描述性统计。|DA|的均值为 0.072 9，表明中国上市公司的可操纵性应计约占总资产的 7.29％；CIGAR_CUL 的均值为 0.402 9，意味着平均而言有 40.29％的各省烟盒具有文化嵌入性，该结果表明有大量与烟草相关的有罪文化受到烟盒文化嵌入性的掩饰；此外，FD_DUM 的均值为 0.139 8，这表明样本中 13.98％的公司聘请了境外董

事,该结果与 Du 等(2017)类似。

　　在控制变量方面,平均而言,前十大股东持股比例(TOP_10)为 56.25％,管理层持股比例(MAN_SHR)平均为 5.17％,董事会规模(BOARD)平均为 9 人,独立董事比例(INDR)为 37.23％,55.33％的公司由十大会计师事务所(BIG10)审计,分析师关注(ANALYST)的均值为 3.71,公司规模(SIZE)平均为 39.2 亿元,有息负债比率(LEV)为 20.60％,总资产收益率(ROA)为 4.03％,经营活动现金流(OCF)的比例为 4.09％,托宾 Q 值(TOBINQ)的均值为 2.687 1,9.61％的公司净利润为负,再融资比率(ISSUE)为 3.65％,Z 值为 0.687 7,一年期滞后的总应计盈余(LAGACCR)为 0.28％,43.18％的公司最终控制人(STATE)为政府或政府控制的企业。

表 7.2.3　描述性统计

变量	观测值	均值	标准差	最小值	1/4 分位	中位数	3/4 分位	最大值
│DA│	12 168	0.072 9	0.092 1	0.000 8	0.020 1	0.045 5	0.088 1	0.615 2
CIGAR_CUL	12 168	0.402 9	0.270 4	0.000 0	0.166 7	0.428 6	0.615 4	1.000 0
FD_DUM	12 168	0.139 8	0.346 8	0.000 0	0.000 0	0.000 0	0.000 0	1.000 0
TOP_10	12 168	0.562 5	0.155 9	0.210 2	0.449 9	0.568 3	0.678 6	0.967 6
MAN_SHR	12 168	0.051 7	0.120 7	0.000 0	0.000 0	0.000 1	0.021 1	0.617 3
DUAL	12 168	0.232 7	0.422 6	0.000 0	0.000 0	0.000 0	0.000 0	1.000 0
BOARD	12 168	8.764 0	1.740 2	5.000 0	8.000 0	9.000 0	9.000 0	15.000 0
INDR	12 168	0.372 3	0.053 2	0.333 3	0.333 3	0.333 3	0.400 0	0.571 4
BIG10	12 168	0.553 3	0.497 2	0.000 0	0.000 0	1.000 0	1.000 0	1.000 0
ANALYST	12 168	1.549 8	1.127 5	0.000 0	0.693 1	1.609 4	2.484 9	3.688 9
SIZE	12 168	22.089 2	1.285 4	19.129 4	21.200 4	21.926 3	22.807 3	26.973 2
LEV	12 168	0.206 0	0.162 4	0.000 0	0.063 6	0.187 3	0.318 0	0.643 8
ROA	12 168	0.040 3	0.055 3	−0.179 8	0.012 6	0.034 8	0.066 1	0.231 6
OCF	12 168	0.040 9	0.073 4	−0.217 8	0.001 6	0.040 5	0.083 9	0.248 8
TOBINQ	12 168	2.687 1	2.048 5	0.919 9	1.434 4	2.037 4	3.162 6	14.492 6
LOSS	12 168	0.096 1	0.294 7	0.000 0	0.000 0	0.000 0	0.000 0	1.000 0
ISSUE	12 168	0.036 5	0.081 5	0.000 0	0.000 0	0.000 2	0.022 9	0.656 3
ZSCORE	12 168	0.687 7	0.825 8	0.000 0	0.000 0	0.000 0	1.000 0	2.000 0
LAGACCR	12 168	0.002 8	0.099 7	−0.323 3	−0.048 6	−0.004 5	0.043 6	0.460 9
STATE	12 168	0.431 8	0.495 0	0.000 0	0.000 0	0.000 0	1.000 0	1.000 0

　　表 7.2.4 报告了 Pearson 相关性分析的结果。│DA│(盈余管理)和 CIGAR_CUL(烟盒文化嵌入性)的系数显著为正,为假设 7.2.1 提供了初步支持。此外,│DA│与 FD_DUM 的系数显著为负,表明境外董事对盈余管理有着抑制作用。进一步地,FD_DUM 和 CIGAR_CUL 之间为负相关关系,表明烟盒文化嵌入性在境外董事来源国(地区)较弱。在控制变量方面,│DA│与 BOARD、BIG10、ANALYST、SIZE、OCF 和 STATE(DUAL、LEV、TOBINQ、LOSS、ISSUE、ZSCORE 和 LAGACCR)显著负(正)相关,这表明了加入上述变量作为控制变量的重要性。此外,控制变量之间的相关系数均较低,且未列示的表格显示所有变量间的方差膨胀因子均小于 10,这表明同时加入上述变量后模型并不存在严重的多重共线性问题。

表 7.2.4　Pearson 相关系数

变量	(1)	(2)	(3)	(4)	(5)	(6)	(7)	(8)	(9)	(10)	(11)	(12)	(13)	(14)	(15)	(16)	(17)	(18)	(19)	(20)
(1) |DA|	1.000 0																			
(2) CIGAR_CUL	0.018 9**	1.000 0																		
(3) FD_DUM	−0.031 0***	−0.039 5***	1.000 0																	
(4) TOP_10	0.001 0	−0.110 3***	0.163 7***	1.000 0																
(5) MAN_SHR	0.005 1	−0.099 8***	0.048 7***	0.156 9***	1.000 0															
(6) DUAL	0.018 7**	−0.046 3***	0.066 2***	0.002 6	0.447 0***	1.000 0														
(7) BOARD	−0.066 3***	0.028 9***	0.009 7	0.039 0***	−0.152 7***	−0.175 6***	1.000 0													
(8) INDR	0.009 2	−0.002 6	0.009 7	0.032 6***	0.091 5***	0.099 1***	−0.434 1***	1.000 0												
(9) BIG10	−0.024 9***	−0.068 1***	0.065 7***	0.095 5***	0.025 4***	0.036 0***	0.022 7***	0.012 2	1.000 0											
(10) ANA-LYST	−0.071 9***	−0.115 1***	0.091 0***	0.272 5***	0.103 6***	0.021 9***	0.117 1***	0.000 7	0.057 4***	1.000 0										
(11) SIZE	−0.070 2***	−0.002 9	0.029 8***	0.241 7***	−0.210 9***	−0.150 7***	0.272 0***	0.026 4***	0.119 4***	0.370 5***	1.000 0									
(12) LEV	0.022 5***	0.053 6***	−0.080 3***	−0.072 2***	−0.154 4***	−0.070 1***	0.161 6***	−0.009 7	−0.002 1	−0.077 0***	0.382 1***	1.000 0								
(13) ROA	0.004 3	−0.077 7***	0.091 7***	0.220 6***	0.116 3***	0.027 3***	0.000 7	−0.013 6	0.021 1***	0.430 7***	0.017 9**	−0.358 3***	1.000 0							
(14) OCF	−0.178 1***	−0.029 0***	0.074 9***	0.106 6***	−0.012 3	−0.022 7***	0.061 0***	−0.025 7***	0.044 3***	0.188 8***	0.048 1***	−0.171 1***	0.364 5***	1.000 0						
(15) TOBINQ	0.077 6***	0.002 5	0.047 7***	−0.032 1***	0.148 8***	0.109 3***	−0.185 3***	0.066 5***	−0.012 5	−0.034 5***	−0.503 0***	−0.361 2***	0.171 6***	0.052 5***	1.000 0					
(16) LOSS	0.061 5***	0.049 5***	−0.030 9***	−0.130 5***	−0.066 1***	−0.012 6	−0.008 7	−0.000 4	−0.003 3	−0.227 7***	−0.076 3***	0.169 2***	−0.595 2***	−0.170 6***	0.046 8***	1.000 0				
(17) ISSUE	0.052 0***	−0.030 6***	0.002 1	0.079 1***	0.014 3	0.026 5***	−0.004 6	0.008 5	−0.003 6	0.134 9***	0.104 5***	−0.010 3	0.028 2***	−0.077 3***	0.003 3	−0.044 0***	1.000 0			
(18) ZSCORE	0.031 5***	0.062 7***	−0.071 4***	−0.017 9**	−0.203 9***	−0.122 8***	0.169 8***	0.006 1	0.005 7	−0.102 0***	0.514 6***	0.634 5***	−0.385 0***	−0.152 9***	−0.454 0***	0.179 0***	−0.035 2***	1.000 0		
(19) LAGAC-CR	0.079 9***	−0.020 6	0.002 3	0.046 6***	0.100 4***	0.043 6***	−0.066 0***	0.024 6***	−0.005 9	0.069 3***	−0.015 0*	−0.042 4***	0.065 2***	−0.240 6***	0.005 4	−0.035 6***	0.027 2***	−0.052 4***	1.000 0	
(20) STATE	−0.054 6***	0.115 3***	−0.146 6***	−0.012 9	−0.358 6***	−0.279 9***	0.281 6***	−0.065 7***	−0.008 8	−0.044 1***	0.330 7***	0.176 4***	−0.110 1***	0.018 6***	−0.248 1***	0.047 4***	−0.076 1***	0.282 9***	−0.117 6***	1.000 0

注:***、**、* 分别表示在 1%、5%、10% 的水平上显著;变量定义见表 7.2.2。

（二）假设 7.2.1 的多元回归结果

表 7.2.5 报告了假设 7.2.1 的回归结果,且所有 t 值均是基于 White(1980)调整的标准差计算所得。表 7.2.5 第(1)列仅放入控制变量,接着在第(2)列中将 CIGAR_CUL 加入式(7.2.1),以此更好地探究烟盒文化嵌入性对盈余管理的增量影响。由表 7.2.5 的最后一行可知,第(2)列放入 CIGAR_CUL 后解释力水平显著大于第(1)列(见 ΔAdj_R^2测试;p 值＝0.044 4),表明烟盒文化嵌入性为盈余管理的影响提供了增量解释。

表 7.2.5　烟盒文化嵌入性对盈余管理的影响(假设 7.2.1)

变量	被解释变量：|DA|			
	(1)		(2)	
	系数	t 值	系数	t 值
CIGAR_CUL			0.006 4 **	2.09
FD_DUM	−0.006 4 ***	−2.95	−0.006 4 ***	−2.96
TOP_10	0.022 7 ***	3.85	0.023 5 ***	3.99
MAN_SHR	−0.011 9	−1.47	−0.011 4	−1.40
DUAL	0.002 2	0.99	0.002 2	0.98
BOARD	−0.002 1 ***	−4.14	−0.002 1 ***	−4.17
INDR	−0.034 5 **	−2.04	−0.035 1 **	−2.08
BIG10	−0.001 1	−0.67	−0.000 9	−0.55
ANALYST	−0.006 5 ***	−6.07	−0.006 4 ***	−5.96
SIZE	−0.001 4	−1.14	−0.001 4	−1.16
LEV	0.024 5 ***	2.99	0.024 5 ***	2.99
ROA	0.277 9 ***	7.60	0.278 0 ***	7.60
OCF	−0.190 4 ***	−8.21	−0.189 9 ***	−8.18
TOBINQ	0.004 3 ***	5.88	0.004 2 ***	5.82
LOSS	0.032 2 ***	8.05	0.032 2 ***	8.05
ISSUE	0.063 7 ***	4.59	0.064 1 ***	4.62
ZSCORE	0.007 6 ***	4.21	0.007 5 ***	4.17
LAGACCR	0.019 7	1.56	0.019 3	1.53
STATE	−0.006 1 ***	−3.06	−0.006 4 ***	−3.20
INTERCEPT	0.098 7 ***	3.93	0.096 1 ***	3.82
行业	控制		控制	
年度	控制		控制	
观测值	12 168		12 168	
Adj_R^2	9.97%		10.00%	
F(p-value)	17.87 *** (0.000 0)		17.50 *** (0.000 0)	
ΔAdj_R^2	4.04 ** (0.044 4)			

注:*** 、** 、* 分别表示在 1%、5%、10% 的水平上显著;所有 t 值均经过了异方差稳健标准误(Huber-White)调整。

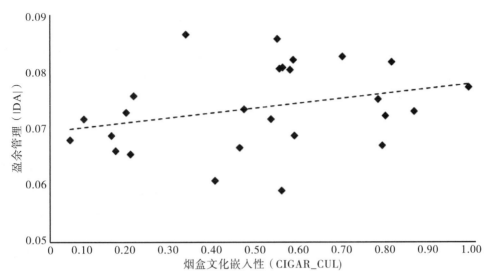

图 7.2.2　烟盒文化嵌入性对盈余管理的影响

注:图 7.2.2 为样本中所有公司烟盒文化嵌入性的平均值(CIGAR_CUL;见 x 轴)与盈余管理均值(|DA|;y 轴)的相关关系。显然,向上倾斜的虚线表明 CIGAR_CUL 和|DA|之间线性拟合(即 CIGAR_CUL 显著正向影响了|DA|)。

在第(2)列中,CIGAR_CUL 的系数在 5% 的水平上显著为正(系数=0.006 4,t 值=2. 09),为假设 7.2.1 提供了支持。该结果表明位于烟盒文化嵌入性较高省份的公司的盈余管理程度较高。此外,该发现揭示了烟盒文化嵌入性作为有罪行为的掩饰塑造了不道德的文化氛围、诱发了管理层的不道德行为、增加了委托代理冲突并最终增加了公司盈余管理程度、降低了财务报告质量。最后,CIGAR_CUL 的估计系数表示烟盒文化嵌入性(CIGAR_CUL)每增加一个标准差(0.270 4),盈余管理水平(|DA|)增加 0.17%(0.006 4×0.270 4),占|DA|均值的 2.37%(0.006 4×0.270 4/0.072 9)。显然,该结果不仅在统计上显著,在经济上也显著。图 7.2.2 为 CIGAR_CUL 和|DA|相关关系的图示结果。

在控制变量方面,以下几点值得关注:(1)FD_DUM 的系数显著为负,表明境外董事降低了盈余管理程度,该发现与 Du 等(2017)的研究类似。(2)TOP_10 的系数显著为正,表明前十大股东持股比例越高,盈余管理程度越高。(3)BOARD 的系数显著为负,揭示了董事会规模能够降低盈余管理程度。(4)ANALYST 的系数显著为负,说明更多的分析师关注能够降低公司的盈余管理。(5)LEV、ROA、TOBINQ、LOSS、ISSUE 和 ZSCORE 的系数均显著为正,表明更高的财务杠杆、更好的资产收益率、更高的成长性、更高的亏损风险、更多的再融资以及较低的 Z 值会导致更多的盈余管理。(6)OCF 的系数显著为负,说明经营现金流量比率较高的企业有较低的盈余管理水平。(7)STATE 的系数显著为负,表明国有企业的盈余管理水平较民营企业更低,该发现与 Chen 等(2011)的研究一致。

（三）假设 7.2.2 的多元回归结果

为了检验假设 7.2.2，本节将全样本分为境外董事子样本和非境外董事子样本进行回归[①]。如表 7.2.6 倒数第二行所示，两个子样本组间差异的邹检验在 1% 的水平上显著，说明以境外董事为依据分组的合理性。

在表 7.2.6 第（1）列，即境外董事子样本中，CIGAR_CUL 系数为负，但不显著。然而，在表 7.2.6 第（2）列中，即非境外董事子样本中，CIGAR_CUL 的系数在 1% 的水平上显著为正（系数＝0.009 2，t 值＝2.74）。此外，在表 7.2.6 的最后一行中，CIGAR_CUL 的系数差异检验在 5% 的水平上显著。上述结果联合支持了假设 7.2.2，表明烟盒文化嵌入性与盈余管理程度（财务报告质量）之间的正（负）相关关系在没有境外董事的公司中较弱。

表 7.2.6　烟盒文化嵌入性对盈余管理的影响子样本测试：考虑境外董事（Log Likelihood）

变量	被解释变量：|DA|			
	(1)		(2)	
	有境外董事的公司		没有境外董事的公司	
	系数	t 值	系数	t 值
CIGAR_CUL	−0.010 8	−1.42	0.009 2***	2.74
TOP_10	0.016 5	1.22	0.025 8***	3.93
MAN_SHR	0.002 8	0.17	−0.013 8	−1.49
DUAL	0.002 9	0.59	0.002 1	0.86
BOARD	−0.000 5	−0.38	−0.002 3***	−4.15
INDR	−0.017 4	−0.44	−0.040 0**	−2.17
BIG10	0.004 3	1.04	−0.001 8	−0.99
ANALYST	−0.006 3**	−2.40	−0.006 1***	−5.27
SIZE	−0.003 2	−1.23	−0.001 7	−1.25

[①]　参考 Du 等（2017）的研究，可知"境外董事"为广义的概念，包括以下三种类型：（1）外国人；（2）来自中国香港、中国澳门和中国台湾的居民；（3）外籍华人。首先，毫无疑问的是董事会中的外国人可以被归类到境外董事。其次，由于众所周知的"一国两制"政策，从 1978 年起的 20 余年间，来自中国香港、中国澳门和中国台湾三个地区的居民在多数情况下被类同于外国人对待（Du et al.，2017）。此外，由于历史原因，中国香港、中国澳门和中国台湾的政治体制和经济制度与中国内地（大陆）有很大的不同。试举一例：根据《中华人民共和国个人所得税法》的规定，来自中国香港、中国澳门和中国台湾的居民能够享受与外国人一致的个人所得税优惠（参见 http://www.chinatax.gov.cn/n810341/n810765/n812156/n812479/c1186518/content.html）。最后，类似的，在多数情况下，外籍华人（即获得外国国籍的中国人）在当代中国被视同外国人对待。为了保证本节研究的稳健性，本节进一步定义了一组"境外董事"的替代变量进行进一步测试：（1）FD_DUM_FN，该变量仅将董事会中的外国人认定为境外董事，将来自中国香港、中国澳门和中国台湾的居民和外籍华人剔除在外；（2）FD_DUM_FC，该变量剔除了来自中国香港、中国澳门和中国台湾的居民；（3）FD_DUM_FR，该变量剔除了外籍华人。未列示的表格显示，使用上述变量并未改变表 7.2.5 和表 7.2.6 的结果。

续表

变量	被解释变量：|DA|			
	(1) 有境外董事的公司		(2) 没有境外董事的公司	
	系数	t 值	系数	t 值
LEV	0.039 2**	2.20	0.023 2**	2.57
ROA	0.277 1***	2.82	0.281 0***	7.01
OCF	−0.150 9**	−2.24	−0.195 6***	−7.88
TOBINQ	0.004 7**	2.47	0.004 1***	5.18
LOSS	0.042 3***	4.23	0.031 1***	7.15
ISSUE	0.080 0**	2.32	0.061 1***	4.04
ZSCORE	0.010 3**	2.55	0.007 2***	3.66
LAGACCR	0.055 1	1.40	0.015 1	1.13
STATE	−0.001 9	−0.38	−0.006 8***	−3.13
INTERCEPT	0.123 6**	1.99	0.141 6***	4.95
行业	控制		控制	
年度	控制		控制	
观测值	1 701		10 467	
Adj_R^2	11.04%		9.91%	
$F(p\text{-value})$	4.13*** (0.000 0)		15.61*** (0.000 0)	
组间差异	119.35*** (0.000 0)			
CIGAR_CUL 系数差异	5.94** (0.014 8)			

注：***、**、* 分别表示在 1%、5%、10% 的水平上显著；所有 t 值均经过了异方差稳健标准误（Huber-White）调整。

(四)使用盈余管理替代变量的稳健性测试

表 7.2.7 的 Panel A 为使用带符号的盈余管理（DA^+ 或 DA＞0）作为被解释变量的结果。在 Panel A 的第(1)列全样本中，CIGAR_CUL 的系数显著为正，支持了假设 7.2.1。此外，第(2)～(3)列的结果支持了假设 7.2.2，即 CIGAR_CUL 在境外董事子样本中不显著而在非境外董事子样本中显著为正。在表 7.2.7 的 Panel B 中，本节使用业绩匹配的盈余管理水平的绝对值 \|DA_PM\| 作为被解释变量进行稳健性测试（Kothari et al.，2005）。如 Panel B 所示，第(1)～(3)列的结果分别为假设 7.2.1 和假设 7.2.2 提供了进一步支持。

表 7.2.7　　使用盈余管理替代变量的稳健性测试

Panel A:使用 DA^+ 的稳健性测试($DA>0$)

变量	被解释变量:DA^+($DA>0$)					
	假设 7.2.1		假设 7.2.2			
	（1）		（2）		（3）	
	全样本		境外董事样本		非境外董事样本	
	系数	t 值	系数	t 值	系数	t 值
CIGAR_CUL	0.007 4 **	1.96	−0.010 4	−1.16	0.009 7 **	2.33
FD_DUM	−0.007 2 ***	−2.84				
其他控制变量	控制		控制		控制	
常数项	0.051 2 *	1.65	0.059 9	0.75	0.017 4	0.49
行业	控制		控制		控制	
年度	控制		控制		控制	
观测值	6 344		850		5 494	
Adj_R^2	35.91%		45.77%		34.97%	
F（p-value）	40.74 *** (0.000 0)		13.12 *** (0.000 0)		37.46 *** (0.000 0)	
组间差异	93.46 *** (0.000 0)					
CIGAR_CUL 系数差异	4.32 ** (0.037 6)					

Panel B:使用 $|DA\_PM|$ 的稳健性测试

变量	被解释变量:$|DA\_PM|$					
	假设 7.2.1		假设 7.2.2			
	（1）		（2）		（3）	
	全样本		境外董事样本		非境外董事样本	
	系数	t 值	系数	t 值	系数	t 值
CIGAR_CUL	0.010 1 **	2.32	−0.010 5	−0.93	0.013 9 ***	2.94
FD_DUM	−0.005 4 *	−1.74				
其他控制变量	控制		控制		控制	
常数项	0.056 5	1.61	0.127 5	1.22	0.111 6 ***	2.79
行业	控制		控制		控制	
年度	控制		控制		控制	
观测值	12 168		1 701		10 467	
Adj_R^2	8.13%		7.98%		8.17%	
F（p-value）	14.63 *** (0.000 0)		4.17 *** (0.000 0)		13.25 *** (0.000 0)	
组间差异	105.18 *** (0.000 0)					
CIGAR_CUL 系数差异	4.05 ** (0.044 1)					

注:*** 、** 、* 分别表示在 1%、5%、10% 的水平上显著;所有 t 值均经过了异方差稳健标准误(Huber-White)调整。

(五)使用财务报告质量替代变量的稳健性测试

表 7.2.8 的 Panels A～D 分别进一步使用了 MIS_DUM、OVER_DUM、SANCTION_NUM 和 EBB 作为财务报告质量的替代变量进行稳健性测试。当公司年报发生重述时 MIS_DUM 赋值为 1,否则赋值为 0。当公司年报发生向下的财务重述时,OVER_DUM 赋值为 1,否则赋值为 0。SANCTION_NUM 表示公司因会计违规受到处罚的次数。EBB 为超出盈利基准的虚拟变量,当公司的实际 EPS 和所有分析师预测的平均 EPS 之差大于 0 但小于 0.02 时则赋值为 1,否则赋值为 0(Bissessur,Veenman,2016)。Panels A～D 为支持假设 7.2.1 和假设 7.2.2 提供了一致且强有力的结果。

表 7.2.8　使用财务报告质量替代变量的稳健性测试

变量	假设 7.2.1		假设 7.2.2			
	(1)		(2)		(3)	
	全样本		境外董事样本		非境外董事样本	
	系数	t 值	系数	t 值	系数	t 值
Panel A:使用财务重述的稳健性测试(MIS_DUM;财务报告质量的反向指标)						
CIGAR_CUL	0.386 3*	1.83	0.076 0	0.12	0.464 9**	2.06
FD_DUM	0.170 2	0.96				
其他控制变量	控制		控制		控制	
常数项	−5.130 0***	−3.06	−18.166 8***	−3.52	−5.402 0***	−3.00
行业/年度	控制		控制		控制	
观测值	13 847		2 047		11 800	
Pseudo R^2	5.21%		12.96%		5.11%	
Log Likelihood	−1 409.57		−174.87		−1 214.04	
Wald Chi² (p-value)	175.19*** (0.000 0)		722.93*** (0.000 0)		149.74*** (0.000 0)	
Panel B 使用向上财务重述的稳健性测试(OVER_DUM,财务报告质量的反向指标)						
CIGAR_CUL	0.677 4***	2.65	0.259 7	0.33	0.797 3***	2.93
FD_DUM	0.067 5	0.32				
其他控制变量	控制		控制		控制	
常数项	−3.905 5*	−1.90	−19.867 5***	−3.29	−4.197 9*	−1.89
行业/年度	控制		控制		控制	
观测值	13 847		2 047		11 800	
Pseudo R^2	5.19%		18.29%		4.77%	
Log Likelihood	−1 029.00		−119.65		−889.37	
Wald Chi² (p-value)	130.99*** (0.000 0)		733.82*** (0.000 0)		102.74*** (0.000 0)	

续表

变量	假设 7.2.1		假设 7.2.2			
	(1)		(2)		(3)	
	全样本		境外董事样本		非境外董事样本	
	系数	t 值	系数	t 值	系数	t 值
Panel C：使用会计违规的稳健性测试（SANCTION_NUM，财务报告质量的反向指标）						
CIGAR_CUL	0.225 3*	1.79	0.282 3	0.83	0.228 6*	1.69
FD_DUM	0.022 6	0.23				
其他控制变量	控制		控制		控制	
常数项	0.658 0	0.65	−1.186 9	−0.44	0.730 4	0.66
行业/年度	控制		控制		控制	
观测值	13 847		2 047		11 800	
Pseudo R^2	4.09%		8.28%		3.94%	
Log likelihood	−7 820.78		−1 023.31		−6 759.55	
Wald Chi^2（p-value）	666.81*** (0.000 0)		184.64*** (0.000 0)		554.37*** (0.000 0)	
Panel D 使用超出盈利基准的稳健性测试（EBB；财务报告质量的反向指标）						
CIGAR_CUL	0.442 4**	2.19	0.235 8	0.41	0.489 9**	2.24
FD_DUM	0.001 5	0.01				
其他控制变量	控制		控制		控制	
常数项	−3.175 9**	−2.07	2.007 6	0.46	−3.105 0*	−1.86
行业/年度	控制		控制		控制	
观测值	12 536		1 947		10 589	
Pseudo R^2	6.14%		13.60%		6.44%	
Log Likelihood	−1 631.11		−198.11		−1 407.67	
Wald Chi^2（p-value）	282.40*** (0.000 0)		108.60*** (0.000 0)		247.10*** (0.000 0)	

注：***、**、*分别表示在1%、5%、10%的水平上显著；所有 t 值均经过了异方差稳健标准误（Huber-White）调整。

(六)使用烟盒文化嵌入性其他度量方式的稳健性测试

表 7.2.9 重新构建了 3 个烟盒文化嵌入性的替代变量重新检验假设 7.2.1 和 7.2.2：第一，CIGAR_CUL_DUM 为烟盒文化嵌入性的虚拟变量，当公司所在省份的烟盒有文化图片时赋值为 1，否则赋值为 0；第二，CIGAR_CUL_SIZE 为烟盒文化嵌入性的程度，依据如下方式定义：本节分别计算了烟盒上文化图片和烟盒的面积，接着将烟盒文化嵌入性的程度（CIGAR_CUL_SIZE）定义为省级"烟盒上文化图片面积占总面积的比例"的均值；第三，CI-

GAR_CUL_N 为带有文化图片(剔除商标)的烟盒品类数量占该省总烟盒品类数量的比重。

表 7.2.9 的 Panels A～C 分别使用 CIGAR_CUL_DUM、CIGAR_CUL_SIZE 和 CIGAR_CUL_N 作为解释变量,结果均符合预期,与表 7.2.5 和表 7.2.6 保持一致,为假设 7.2.1 和假设 7.2.2 提供了额外的证据支持。

表 7.2.9 使用烟盒文化嵌入性其他度量方式的稳健性测试

Panel A:使用烟盒文化嵌入性的虚拟变量进行稳健性测试(CIGAR_CUL_DUM)

变量	被解释变量:$\lvert DA \rvert$					
	假设 7.2.1		假设 7.2.2			
	(1)		(2)		(3)	
	全样本		境外董事样本		非境外董事样本	
	系数	t 值	系数	t 值	系数	t 值
CIGAR_CUL_DUM	0.013 0***	3.40	−0.006 1	−0.57	0.015 7***	3.85
FD_DUM	−0.006 7***	−3.07				
其他控制变量	控制		控制		控制	
常数项	0.088 4***	3.53	0.124 2**	2.02	0.134 3***	4.72
行业/年度	控制		控制		控制	
观测值	12 168		1 701		10 467	
Adj_R^2	10.04%		10.94%		9.94%	
F(p-value)	17.50*** (0.000 0)		4.15*** (0.000 0)		15.63*** (0.000 0)	

Panel B:使用烟盒文化嵌入性的程度进行稳健性测试(CIGAR_CUL_SIZE)

变量	被解释变量:$\lvert DA \rvert$					
	假设 7.2.1		假设 7.2.2			
	(1)		(2)		(3)	
	全样本		境外董事样本		非境外董事样本	
	系数	t 值	系数	t 值	系数	t 值
CIGAR_CUL_SIZE	0.000 2*	1.93	−0.000 2	−0.70	0.000 3**	2.47
FD_DUM	−0.006 4***	−2.95				
其他控制变量	控制		控制		控制	
常数项	0.097 0***	3.85	0.122 0*	1.94	0.143 0***	5.00
行业/年度	控制		控制		控制	
观测值	12 168		1 701		10 467	
Adj_R^2	9.99%		10.95%		9.89%	
F(p-value)	17.49*** (0.000 0)		4.14*** (0.000 0)		15.61*** (0.000 0)	

续表

Panel C：使用狭义的烟盒文化嵌入性进行稳健性测试（CIGAR_CUL_N）

变量	被解释变量：|DA|					
	假设 7.2.1		假设 7.2.2			
	(1)		(2)		(3)	
	全样本		境外董事样本		非境外董事样本	
	系数	t 值	系数	t 值	系数	t 值
CIGAR_CUL_N	0.005 1*	1.70	−0.011 1	−1.56	0.007 9**	2.36
FD_DUM	−0.006 3***	−2.92				
其他控制变量	控制		控制		控制	
常数项	0.097 3***	3.87	0.123 3**	1.98	0.143 1***	5.00
行业/年度	控制		控制		控制	
观测值	12 168		1 701		10 467	
Adj_R^2	9.99%		11.06%		9.89%	
F（p-value）	17.51*** (0.000 0)		4.13*** (0.000 0)		15.61*** (0.000 0)	

注：***、**、* 分别表示在 1%、5%、10% 的水平上显著；所有 t 值均经过了异方差稳健标准误（Huber-White）调整。

五、内生性测试与进一步检验

（一）使用配对样本双重差分（DID）法的内生性测试

利用 2012 年中央政府颁布实施中央八项规定作为准自然实验[①]，参考 Ke 等（2018）和 Fang 等（2018）的研究采用双重差分的方法缓解内生性问题。本节为此构建了一组新变量——TREAT_P% 和 POST。TREAT_P% 为虚拟变量，当该省超过 P%（P＝20、33 和 40）的烟盒印有文化图片时赋值为 1，否则赋值为 0；POST 为 2012 年颁布的反腐败条例（即中央八项规定）的虚拟变量，当样本期间在中央八项规定颁布（2012 年 12 月）之后赋值为 1，否则赋值为 0。

本节对样本作了如下处理：首先，将全样本分为处理组样本（TREAT_P%＝1）和对照组样本（TREAT_P%＝0）。其次，按照如下规则对两组样本中的公司—年度观测值进行一

---

① 中央八项规定（以下简称规定）由中共中央政治局于 2012 年 12 月颁布，意在减少党内的官僚作风和铺张浪费行为，该规定对政府官员应当如何改进工作作风提出了八点要求。具体而言，规定的其中两条同与烟草相关的有罪文化有关：第一条规定指出领导人和政府官员应当减少铺张浪费，取消欢迎横幅、红地毯、鲜花以及隆重的公务接待；第八条指出领导应当勤俭节约，严格遵守住宿和用车的有关规定。除了因生活作风问题落马的官员外，在许多众所周知的案件中也有官员因与烟/酒有关的不当行为而受罚。

对一匹配,以此构建配对样本:第一,相同年度;第二,中国证监会分类二级行业的相同行业;第三,公司规模,以±20%为最大差异的最邻近匹配。最后,根据不同的阈值 P(P=20、33 和 40),分别获得了包括 9 216、9 382 和 9 430 条公司—年度观测值在内的配对样本。

在表 7.2.10 的 Panel A 的第(1)列中,被解释变量为 TREAT_20%,TREAT_20% 的系数在 1% 的水平上显著为正(系数=0.015 5,t 值=2.81)。POST 的系数显著为负,与预期一致。此外,TREAT_20%×POST 的系数显著为负(系数=-0.015 7,t 值=-2.69),表明烟盒文化嵌入性与盈余管理之间的正相关关系受到了反腐败条例的抑制。上述使用 DID 控制内生性后的结果支持了假设 7.2.1。

在 Panel A 第(2)列的境外董事样本中,TREAT_20%×POST 的系数并不显著,但在第(3)列非境外董事样本中,TREAT_20%×POST 的系数显著为负。上述结果再一次支持了假设 7.2.2,说明 2012 年反腐败条例仅抑制了非境外董事子样本中烟盒文化嵌入性与盈余管理水平之间的正相关关系[①]。

Panel B 和 Panel C 报告的分别是 P 等于 33 和 40 时的检验,结果与 Panel A 大体相似,这为假设 7.2.1 和假设 7.2.2 提供了进一步强有力的证据。

表 7.2.10　使用配对样本双重差分(DID)的内生性测试

Panel A:双重差分(DID)内生性测试(以 20%分组)

变量	被解释变量:|DA|					
	假设 7.2.1		假设 7.2.2			
	(1)		(2)		(3)	
	全样本		境外董事样本		非境外董事样本	
	系数	t 值	系数	t 值	系数	t 值
TREAT_20%	0.015 5***	2.81	-0.000 2	-0.01	0.016 9***	2.89
POST	-0.012 4***	-3.24	-0.019 8**	-1.97	-0.011 4***	-2.77
TREAT_20%×POST	-0.015 7***	-2.69	-0.004 4	-0.29	-0.016 6***	-2.66
其他控制变量	控制		控制		控制	
常数项	0.112 6***	3.80	0.042 7	0.64	0.131 6***	3.91
行业	控制		控制		控制	
观测值	9 216		1 325		7 891	
Adj_R^2	8.66%		9.40%		8.59%	
F(p-value)	13.10*** (0.000 0)		3.12*** (0.000 0)		12.16*** (0.000 0)	

[①]　此外,本研究还基于阈值 P%(P=20、33 和 40)生成了时间趋势图,结果显示(趋势图备索):(1)2012 年之前(中央八项规定作为一种外生事件冲击),相比起非处理组子样本,处理组子样本(TREAT=1)并没有显著更高的盈余管理水平(\|DA\|);(2)2012 年之后,上述结果减弱,这为本节研究提供了额外的证据支持。

续表

Panel B:双重差分（DID）内生性测试（以 33％分组）

变量	被解释变量：|DA|					
	假设 7.2.1		假设 7.2.2			
	（1）		（2）		（3）	
	全样本		境外董事样本		非境外董事样本	
	系数	t 值	系数	t 值	系数	t 值
TREAT_33％	0.013 4**	2.47	0.000 6	0.04	0.014 6**	2.54
POST	−0.013 2***	−3.49	−0.018 1*	−1.78	−0.012 6***	−3.08
TREAT_33％×POST	−0.014 2**	−2.48	−0.005 7	−0.38	−0.014 8**	−2.41
其他控制变量	控制		控制		控制	
常数项	0.102 1***	3.49	0.039 4	0.59	0.117 8***	3.55
行业	控制		控制		控制	
观测值	9 382		1 341		8 041	
Adj_R^2	8.72％		8.94％		8.70％	
F（p-value）	13.17*** (0.000 0)		3.14*** (0.000 0)		12.20*** (0.000 0)	

Panel C:双重差分（DID）内生性测试（以 40％分组）

变量	被解释变量：|DA|					
	假设 7.2.1		假设 7.2.2			
	（1）		（2）		（3）	
	全样本		境外董事样本		非境外董事样本	
	系数	t 值	系数	t 值	系数	t 值
TREAT_40％	0.014 5***	2.65	0.000 6	0.04	0.015 8***	2.72
POST	−0.014 5***	−3.82	−0.016 8*	−1.66	−0.014 2***	−3.47
TREAT_40％×POST	−0.014 8**	−2.56	−0.004 6	−0.30	−0.015 5**	−2.51
其他控制变量	控制		控制		控制	
常数项	0.111 4***	3.81	0.045 1	0.67	0.127 1***	3.84
行业	控制		控制		控制	
观测值	9 430		1 332		8 098	
Adj_R^2	8.85％		9.42％		8.73％	
F（p-value）	13.55*** (0.000 0)		3.12*** (0.000 0)		12.53*** (0.000 0)	

注：***、**、*分别表示在1％、5％、10％的水平上显著；所有 t 值均经过了异方差稳健标准误（Huber-White）调整。

（二）使用两阶段最小二乘法的内生性测试

在表 7.2.11 中，本节进一步采用两阶段最小二乘法（2SLS）缓解内生性问题。首先，鉴于烟盒文化嵌入性(CIGAR_CUL)通常与风景名胜正相关(见图 7.2.1 的 A 部分),本节使用公司所在省份国家级自然保护区的数量 NNR_NUM 作为工具变量。NNR_NUM 应当与 CIGAR_CUL 显著正相关。然而,并没有明确的证据表明国家级自然保护区的数量与盈余管理有相关关系。因此,NNR_NUM 对本研究而言是合适的工具变量(IV)。

其次,在表 7.2.11 第(1)列的第一阶段 OLS 回归中,NNR_NUM 与 CIGAR_CUL 显著正相关(系数＝0.002 6,t 值＝10.58),与预期结果一致。

最后,表 7.2.11 第(2)～(4)列为使用第一阶段回归后的预测值 CIGAR_CUL* 作为解释变量进行第二阶段回归的结果。在第(2)列中,CIGAR_CUL* 的系数显著为正,再一次支持了假设 7.2.1。同时,第(3)、(4)列的结果联合为假设 7.2.2 提供了进一步的支持。

表 7.2.11　使用两阶段工具变量法(2SLS)的内生性测试

变量	第一阶段		第二阶段					
	被解释变量:CIGAR_CUL		被解释变量:│DA│					
	(1)		(2)		(3)		(4)	
	全样本		全样本		境外董事样本		非境外董事样本	
	系数	t 值	系数	t 值	系数	t 值	系数	t 值
NNR_NUM	0.002 6***	10.58						
CIGAR_CUL*			0.067 2*	1.88	0.041 5	0.50	0.077 5**	1.98
FD_DUM	0.002 8	0.40	−0.006 5***	−3.01				
TOP_10	−0.126 5***	−7.41	0.031 6***	4.18	0.022 8	1.20	0.034 6***	4.19
MAN_SHR	−0.075 9***	−3.21	−0.006 0	−0.67	0.006 8	0.37	−0.007 6	−0.75
DUAL	0.001 3	0.20	0.002 0	0.93	0.002 8	0.56	0.001 9	0.78
BOARD	0.001 9	1.09	−0.002 2***	−4.37	−0.000 6	−0.45	−0.002 4***	−4.39
INDR	0.077 3	1.51	−0.040 7**	−2.35	−0.017 3	−0.44	−0.046 4**	−2.44
BIG10	−0.030 7***	−6.36	0.001 0	0.51	0.005 6	1.11	0.000 3	0.13
ANALYST	−0.018 3***	−6.57	−0.005 2***	−4.30	−0.005 3*	−1.82	−0.004 8***	−3.65
SIZE	0.005 0	1.45	−0.001 6	−1.33	−0.003 3	−1.26	−0.001 9	−1.40
LEV	0.000 5	0.03	0.024 4***	2.98	0.039 3**	2.20	0.023 2**	2.57
ROA	−0.000 3	0.00	0.278 2***	7.61	0.276 8***	2.80	0.281 4***	7.02
OCF	−0.087 7**	−2.35	−0.184 7***	−7.96	−0.144 1**	−2.14	−0.189 5***	−7.63
TOBINQ	0.006 6***	4.13	0.003 8***	4.99	0.004 4**	2.19	0.003 6***	4.34
LOSS	0.000 3	0.03	0.032 1***	8.03	0.041 9***	4.18	0.030 9***	7.12
ISSUE	−0.069 0**	−2.30	0.067 9***	4.80	0.082 9**	2.37	0.065 3***	4.23
ZSCORE	0.010 1**	2.18	0.006 8***	3.70	0.009 6**	2.26	0.006 3***	3.18
LAGACCR	0.062 8**	2.42	0.015 6	1.21	0.051 9	1.29	0.010 9	0.80
STATE	0.047 7***	8.16	−0.009 3***	−3.40	−0.004 5	−0.71	−0.010 0***	−3.37
常数项	0.324 5***	4.43	0.071 9**	2.41	0.101 6	1.44	0.113 0***	3.34

续表

变量	第一阶段		第二阶段	
	被解释变量：CIGAR_CUL		被解释变量：|DA|	
	(1)	(2)	(3)	(4)
	全样本	全样本	境外董事样本	非境外董事样本
	系数　　t 值	系数　　t 值	系数　　t 值	系数　　t 值
行业/年度	控制	控制	控制	控制
观测值	12 168	12 168	1 701	10 467
Adj_R^2	6.95%	9.99%	10.93%	9.88%
F(p-value)	23.41*** (0.000 0)	17.49*** (0.000 0)	4.13*** (0.000 0)	15.61*** (0.000 0)

注：***、**、* 分别表示在 1%、5%、10% 的水平上显著；所有 t 值均经过了异方差稳健标准误（Huber-White）调整。

(三)使用 Heckman(1979)两阶段法的内生性测试

由于五个省份（西藏、青海、新疆、宁夏和天津）CIGAR_CUL 数据的缺失，因此可能会造成样本选择偏差的内生性问题。对此，本节采用 Heckman(1979)两阶段法缓解可能存在的样本选择偏差问题。本研究在第一阶段中采用外生变量 LEAF，LEAF 为某一省份烟叶产量。从逻辑上来说，LEAF 与某一省份的烟草产量（以及 CIGAR_CUL）正相关，但并不会影响财务报告质量，因此，LEAF 是合适的工具变量。被解释变量为虚拟变量 CIGARETTE，当该省份有生产香烟时赋值为 1，否则赋值为 0。

表 7.2.12 第(1)列中报告了 Heckman 第一阶段回归结果并计算了逆米尔斯比(IMR)，LEAF 和 CIGARETTE 显著正相关，符合预期。而后，本节在 Heckman 第二阶段加入 IMR 并重新检验假设 7.2.1 和假设 7.2.2。如第(2)列所示，CIGAR_CUL 的系数显著为正，再一次支持了假设 7.2.1。此外，表 7.2.12 第(3)、(4)列的结果显示 CIGAR_CUL 的系数在第(3)列中不显著而在第(4)列中显著为正，这为假设 7.2.2 提供了重要支撑。

表 7.2.12　使用 Heckman 两阶段进行内生性测试

变量	第一阶段		第二阶段	
	被解释变量：CIGARETTE		被解释变量：|DA|	
	(1)	(2)	(3)	(4)
	全样本	全样本	境外董事样本	非境外董事样本
	系数　　t 值	系数　　t 值	系数　　t 值	系数　　t 值
LEAF	0.279 2*** 　12.95			
CIGAR_CUL		0.006 4** 　2.08	−0.009 5 　−1.23	0.009 1*** 　2.71
FD_DUM	0.141 2* 　1.69	−0.006 5*** 　−3.00		
TOP_10	0.637 3*** 　3.43	0.023 1*** 　3.91	0.016 6 　1.22	0.025 3*** 　3.85

续表

变量	第一阶段 被解释变量: CIGARETTE (1) 全样本		第二阶段 被解释变量:|DA|					
			(2) 全样本		(3) 境外董事样本		(4) 非境外董事样本	
	系数	t 值	系数	t 值	系数	t 值	系数	t 值
MAN_SHR	0.806 0**	2.16	−0.011 6	−1.43	0.002 3	0.14	−0.014 1	−1.52
DUAL	0.212 9***	3.04	0.001 9	0.88	0.002 7	0.55	0.001 9	0.77
BOARD	−0.022 5	−1.38	−0.002 1***	−4.20	−0.000 5	−0.39	−0.002 3***	−4.18
INDR	−0.968 4*	−1.95	−0.035 4**	−2.10	−0.014 9	−0.37	−0.040 4**	−2.19
BIG10	−0.193 2***	−3.71	−0.000 6	−0.37	0.004 6	1.10	−0.001 5	−0.83
ANALYST	0.009 9	0.33	−0.006 4***	−6.02	−0.006 4**	−2.42	−0.006 2***	−5.32
SIZE	0.142 1***	4.50	−0.001 4	−1.15	−0.003 2	−1.25	−0.001 7	−1.24
LEV	−0.965 9***	−4.73	0.024 8***	3.03	0.040 5**	2.26	0.023 4***	2.60
ROA	−0.332 7	−0.45	0.278 1***	7.61	0.278 5***	2.82	0.281 3***	7.02
OCF	0.354 1	0.90	−0.190 5***	−8.20	−0.152 9**	−2.27	−0.196 1***	−7.89
TOBINQ	−0.034 3**	−2.04	0.004 3***	5.88	0.004 8**	2.49	0.004 1***	5.23
LOSS	−0.204 6**	−2.01	0.032 3***	8.07	0.043 0***	4.31	0.031 2***	7.16
ISSUE	−1.026 4***	−3.34	0.064 8***	4.67	0.082 2**	2.37	0.061 6***	4.07
ZSCORE	−0.184 3***	−4.03	0.007 6***	4.22	0.010 5***	2.58	0.007 3***	3.70
LAGACCR	0.352 9	1.23	0.019 2	1.52	0.054 9	1.39	0.015 0	1.13
STATE	−0.428 0***	−6.79	−0.006 0***	−3.00	−0.001 3	−0.25	−0.006 4***	−2.98
IMR			−0.010 9	−1.54	−0.019 1	−0.87	−0.009 8	−1.30
常数项	−0.678 8	−1.00	0.131 2***	5.25	0.133 3**	2.15	0.142 0***	4.96
行业	控制		控制		控制		控制	
年度	控制		控制		控制		控制	
观测值	12 763		12 168		1 701		10 467	
Pseudo/Adj_R^2	33.34%		10.01%		11.03%		9.91%	
Wald chi^2/F(p-value)	533.22***(0.000 0)		17.13***(0.000 0)		4.04***(0.000 0)		15.29***(0.000 0)	
Log Likelihood	−1603.27							

注:***、**、*分别表示在1%、5%、10%的水平上显著;所有 t 值均经过了异方差稳健标准误(Huber-White)调整。

　　总而言之,在使用了双重差分法(DID)、两阶段最小二乘法(2SLS)和 Heckman 两阶段的方法控制内生性后,本节的主要结果并未发生改变,这表明本节研究结论并不会受到严重的内生性问题影响。

（四）考虑外部治理机制的截面分析

在表 7.2.13 中，本节进一步检验了烟盒文化嵌入性与盈余管理之间的正相关关系是否会受到诸如分析师关注、高质量的外部审计和法律制度环境等外部治理机制的影响。

如表 7.2.13 的 Panels A～C 所示，（烟盒）文化嵌入性与盈余管理之间的正相关关系仅在外部监督机制较弱的时候发挥了作用，即当分析师关注较少、公司由非十大会计师事务所审计以及公司位于法律制度环境薄弱的省份时该影响存在。上述结果表明强有力的外部监督机制抑制了有罪文化（烟盒文化嵌入性）对公司行为（财务报告质量）的影响。

表 7.2.13　考虑外部治理的截面分析

Panel A：考虑分析师关注的进一步检验

变量	被解释变量：|DA|			
	(1) 高分析师关注		(2) 低分析师关注	
	系数	t 值	系数	t 值
CIGAR_CUL	0.004 2	1.10	0.010 0**	2.05
FD_DUM	−0.005 7**	−2.35	−0.006 9*	−1.70
其他控制变量	控制		控制	
常数项	0.145 5***	5.18	0.137 9***	2.78
行业	控制		控制	
年度	控制		控制	
观测值	6 362		5 806	
Adj_R^2	15.19%		8.01%	
F(p-value)	12.95*** (0.003 2)		8.38*** (0.000 0)	

Panel B：考虑审计质量的进一步检验

变量	被解释变量：|DA|			
	(1) 十大会计师事务所		(2) 非十大会计师事务所	
	系数	t 值	系数	t 值
CIGAR_CUL	0.002 5	0.66	0.011 8**	2.28
FD_DUM	−0.003 4	−1.23	−0.010 6***	−3.03
其他控制变量	控制		控制	
常数项	0.147 6***	4.72	0.052 3	1.11
行业	控制		控制	
年度	控制		控制	
观测值	6 733		5 435	
Adj_R^2	9.72%		10.36%	
F(p-value)	17.47*** (0.000 0)		15.27*** (0.000 0)	

续表

Panel C:考虑法律制度环境的进一步检验

变量	被解释变量:|DA|			
	(1)		(2)	
	高法律制度环境地区		低法律制度环境地区	
	系数	t 值	系数	t 值
CIGAR_CUL	0.002 6	0.58	0.008 4*	1.72
FD_DUM	−0.004 9*	−1.66	−0.008 8***	−2.64
其他控制变量	控制		控制	
常数项	0.138 7***	3.74	0.050 5	1.31
行业	控制		控制	
年度	控制		控制	
观测值	5 810		6 358	
Adj_R^2	9.05%		11.40%	
F(p-value)	9.85*** (0.000 0)		10.66*** (0.000 0)	

注:***、**、*分别表示在1%、5%、10%的水平上显著;所有 t 值均经过了异方差稳健标准误(Huber-White)调整。

（五）额外控制宗教、儒家文化、社会信任、其他有罪文化和经济发展水平的进一步检验

Hong 和 Kacperczyk(2009)将酒、烟和博彩定义为主要的"有罪文化"。此外,盈余管理受到如社会信任等其他文化因素的影响(Li et al.,2017)。进一步地,烟草行业会通过美化烟盒包装来刺激烟草消费并提升其所在省的财政(税收)收入。因此,烟盒包装的美化程度很可能是由一个省份经济发展带动的。为了排除上述可能的影响,本节额外控制了 REL、CONFU、TRUST、ALCOHOL、SEX、GAMBLE 和 GDP_PC,重新检验了假设 7.2.1 和假设 7.2.2。REL 是公司周围的宗教氛围;CONFU 代表着公司周围的儒家文化氛围;TRUST 代表公司所在省份的社会信任;ALCOHOL 代表了省级层面的人均酒精消费;SEX 代表省级层面的人均消费的淫秽情色出版物;GAMBLE 表示与赌博有关的有罪文化;GDP_PC 则是该省人均 GDP 的自然对数。

在表 7.2.14 第(1)列中,CIGAR_CUL 的系数显著为正,再一次支持了假设 7.2.1。就额外控制的 7 个变量而言,仅有儒家文化(CONFU)显著降低了盈余管理。此外,CIGAR_CUL 的系数在第(2)列中不显著,而在第(3)列中显著为正,这为假设 7.2.2 提供了额外的支持性证据。

表 7.2.14　额外控制宗教、儒家文化、社会信任、其他有罪文化和经济发展水平变量的进一步检验

变量	假设 7.2.1 (1) 全样本 系数	假设 7.2.1 (1) 全样本 t 值	假设 7.2.2 (2) 境外董事样本 系数	假设 7.2.2 (2) 境外董事样本 t 值	假设 7.2.2 (3) 非境外董事样本 系数	假设 7.2.2 (3) 非境外董事样本 t 值
CIGAR_CUL	0.008 0 **	2.22	−0.014 4	−1.60	0.010 7 ***	2.71
FD_DUM	−0.006 8 ***	−3.11				
ALCOHOL	0.004 5	0.60	−0.002 9	−0.15	0.005 0	0.62
GAMBLE	−0.014 1	−0.87	−0.025 6	−0.67	−0.013 1	−0.74
SEX	0.000 0	−0.42	−0.000 2	−1.14	0.000 0	−0.13
REL	−0.007 0	−0.92	0.000 5	0.02	−0.006 5	−0.81
CONFU	−0.021 5 ***	−3.82	−0.014 3	−0.93	−0.022 4 ***	−3.68
TRUST	−0.001 6	−0.54	0.009 0	1.33	−0.002 3	−0.67
GDP_PC	0.007 3	1.21	−0.011 3	−0.69	0.008 4	1.29
TOP_10	0.024 4 ***	4.12	0.019 2	1.39	0.026 4 ***	4.02
MAN_SHR	−0.011 1	−1.37	0.003 1	0.19	−0.013 4	−1.43
DUAL	0.001 7	0.79	0.003 1	0.62	0.001 5	0.63
BOARD	−0.002 2 ***	−4.31	−0.000 4	−0.30	−0.002 4 ***	−4.32
INDR	−0.038 7 **	−2.28	−0.018 7	−0.46	−0.043 4 **	−2.34
BIG10	−0.000 6	−0.34	0.003 9	0.92	−0.001 5	−0.81
ANALYST	−0.006 2 ***	−5.78	−0.006 4 **	−2.42	−0.005 9 ***	−5.07
SIZE	−0.001 6	−1.33	−0.003 0	−1.15	−0.002 1	−1.46
LEV	0.025 8 ***	3.14	0.041 3 **	2.29	0.024 8 ***	2.74
ROA	0.278 2 ***	7.61	0.278 6 ***	2.82	0.281 1 ***	7.02
OCF	−0.187 9 ***	−8.09	−0.151 3 **	−2.26	−0.193 3 ***	−7.77
TOBINQ	0.004 1 ***	5.63	0.004 8 **	2.48	0.003 9 ***	4.99
LOSS	0.032 1 ***	8.04	0.042 3 ***	4.18	0.030 9 ***	7.13
ISSUE	0.064 2 ***	4.63	0.081 5 **	2.36	0.061 1 ***	4.04
ZSCORE	0.007 4 ***	4.11	0.010 1 **	2.47	0.007 1 ***	3.62
LAGACCR	0.018 6	1.47	0.056 2	1.42	0.014 2	1.07
STATE	−0.006 7 ***	−3.30	−0.002 6	−0.51	−0.006 9 ***	−3.17
常数项	0.083 1	1.25	0.260 1	1.57	0.083 7	1.15
行业	控制		控制		控制	
年度	控制		控制		控制	
观测值	12 168		1 701		10 467	
Adj_R^2	10.10%		10.88%		10.02%	
F (p-value)	15.57 *** (0.000 0)		3.63 *** (0.000 0)		13.92 *** (0.000 0)	
组间差异			80.29 *** (0.005 5)			
CIGAR_CUL 系数差异			6.68 *** (0.009 7)			

注：***、**、* 分别表示在 1%、5%、10% 的水平上显著；所有 t 值均经过了异方差稳健标准误（Huber-White）调整。

（六）烟盒文化嵌入性对委托代理成本的影响

本节的研究假设推测烟盒文化嵌入性带来了有罪行为掩饰的文化、造成了管理层不道德行为并最终诱发了盈余管理。接着，表 7.2.15 检验了烟盒文化嵌入性与委托代理成本之间的关系。

委托代理成本的替代变量为 AC_AER 和 AC_AUR，为委托代理成本的正（负）向指标（Ang et al.,2000；Singh,Davidson Ⅲ,2003）。AC_AER 为管理费用率，等于管理费用除以总收入；AC_AUR 为资产周转率，等于总收入除以总资产。在表 7.2.15 中，CIGAR_CUL 的系数在第（1）列和第（2）列分别显著为正/负，表明烟盒文化嵌入性作为一种有罪行为的掩饰显著增加了委托代理成本。该发现进一步支持了假设 7.2.1。

表 7.2.15　烟盒文化嵌入性与委托代理成本

变量	(1)		(2)	
	被解释变量：AC_AER		被解释变量：AC_AUR	
	系数	t 值	系数	t 值
CIGAR_CUL	0.007 9 ***	3.04	−0.038 6 ***	−2.90
TOP_10	−0.067 3 ***	−15.52	0.291 8 ***	11.58
MAN_SHR	−0.040 2 ***	−7.11	−0.113 0 ***	−4.05
DUAL	0.004 9 ***	2.75	−0.014 5	−1.57
BOARD	0.001 9 ***	3.83	−0.002 9	−1.10
INDR	0.094 6 ***	6.63	−0.242 9 ***	−3.24
SIZE	−0.022 6 ***	−27.29	0.035 2 ***	9.04
LEV	−0.079 7 ***	−17.71	0.117 7 ***	4.35
STATE	−0.000 3	−0.16	0.059 9 ***	6.62
常数项	0.555 9 ***	30.97	−0.140 6 *	−1.67
行业	控制		控制	
年度	控制		控制	
观测值	15 612		14 359	
Adj_R^2	25.08%		22.81%	
F(p-value)	107.08 *** (0.000 0)		128.40 *** (0.000 0)	

注：*** 、** 、* 分别表示在 1%、5%、10% 的水平上显著；所有 t 值均经过了异方差稳健标准误（Huber-White）调整。

（七）健康警示图片（文化嵌入性）对吸烟人口（烟草消费）的影响[①]

在表 7.2.16 的 Panel A 中，本节使用了国际比较数据研究烟盒包装上的健康警示图片

---

① 为了进行进一步测试，本节手工搜集了 2000 年、2005 年、2010—2016 年世界各国香烟包装上的健康警示图片（标语）与吸烟人口数量（比例）的数据。

与吸烟人口的关系。SMOKING（被解释变量）为吸烟人口比例，等于某国家（地区）的吸烟人口数除以总人口数量。PIC_DUM（主要解释变量）为虚拟变量，当该国强制要求烟盒包装上印有健康警示图片时赋值为1，否则赋值为0。其他控制变量定义见表7.2.2。

在表7.2.16的Panel A中，PIC_DUM的系数在1%的水平上显著为负（系数＝-0.886 4，t值＝-2.91），与预期一致，表明烟盒包装上的健康警示图片降低了吸烟人口比例，该结论与Borland等（2009）、Hammond（2011）的研究结论一致。该结果表明烟盒包装上的健康警示图片使反对有罪文化的社会氛围形成，降低了管理层不道德行为。

其次，表7.2.16的Panel B检验了中国背景下文化嵌入性对烟草消费的影响[①]。TO-BACCO等于各省烟草交易金额除以GDP。CIGAR_CUL的系数在5%的水平上显著为正，表明烟盒文化嵌入性刺激了烟草消费、是不道德的社会氛围形成并诱发了管理层的代理冲突。该发现为假设7.2.1——烟盒文化嵌入性与盈余管理存在正相关关系——提供了支持[②]。

表7.2.16　健康警示图片（文化嵌入）对吸烟人口（烟草销量）的影响

Panel A：世界范围烟盒健康警示图片对吸烟人数的影响

变量	被解释变量：国家层面吸烟人口占总人口比例（SMOKING）	
	系数	t 值
PIC_DUM	-0.886 4***	-2.91
GDP_PC	-1.090 9**	-2.07
ELDER	-0.859 2***	-5.28
GENDER	-0.804 9***	-7.32
CHILD	0.965 0*	1.92
UNEMPLOY	-0.252 7	-0.73
常数项	93.164 7***	11.92
国家	控制	
年度	控制	
观测值	1 245	
Adj_R^2	95.37%	
F（p-value）	169.39***（0.000）	

① 为了进行进一步测试，本节手工搜集了2010—2016年中国烟草交易金额的数据。有两方面的数据缺失：（1）中国并没有吸烟人口的官方统计数据；（2）无法找到省级层面的烟草销售数据。作为替代，本节使用中国各省烟草交易金额近似替代烟草销售数据。

② 此处提供两个证据支持本节的研究结论：（1）2017年中国吸烟人口的比例为27.7%，与2012年的吸烟人口基本持平，但随着人口总量的不断增长，吸烟人数增加了1 500万达到3.15亿人（CCDCP，2017；Liang，2017）；（2）根据中国成人烟草调查报告（2017），过去5年间吸烟者平均每天吸烟15.2支，相较5年前增加了1支（CCDCP，2017）。

续表

Panel B:烟盒文化嵌入性对中国烟草销售的影响

变量	被解释变量:省级层面烟草销量除以 GDP(TOBACCO)	
	系数	t 值
CIGAR_CUL	0.006 6**	2.55
GDP_PC	0.809 7	1.60
ELDER	−0.008 9	−0.23
GENDER	−0.005 0	−0.12
EDU	0.002 9	0.20
UNEMPLOY	−0.631 6***	−2.62
常数项	2.006 6	0.25
省份	控制	
年度	控制	
观测值	175	
Adj_R^2	98.42%	
$F(p\text{-value})$	302.52*** (0.000 0)	

注:***、**、*分别表示在 1%、5%、10% 的水平上显著;所有 t 值均经过了异方差稳健标准误(Huber-White)调整。

六、研究结论

本研究关注烟盒文化嵌入性作为与香烟有关的有罪行为掩饰是否影响了财务报告质量。研究发现烟盒文化嵌入性与盈余管理(财务报告质量)之间存在显著正(负)相关关系。此外,上述相关关系在没有境外董事的公司更为突出。进一步地,烟盒文化嵌入性与盈余管理之间的正相关关系仅在分析师关注较低、非十大会计师事务所审计或位于法律制度环境较差的省份的公司中成立,这表明较强的外部监督机制能够降低与烟草相关的有罪文化对公司行为的影响。最后,本节结论在控制了包括宗教、儒家文化、社会信任、酒精、博彩和经济发展水平在内的其他文化维度后仍然成立。

本研究的结论能够带来如下几点政策建议:

第一,烟盒文化嵌入性塑造了有罪文化的氛围、诱发了管理层不道德行为、造成信息扭曲、促使公司进行盈余管理并最终损害了财务报告质量。因此,以中国证监会和国家烟草专卖局为代表的监管机构应当关注烟盒文化嵌入性,并深入探究其对居民健康、社会氛围和公司行为的影响。本研究提示监管部门应当禁止在烟盒包装上印刷文化元素的图案并强制要求印刷健康警示图标,本节结论为该建议提供了证据支持。

第二,从某种程度上,本节结论能够推广至同样没有强制要求烟盒印刷健康警示图片的国家(如古巴、南非)。本节通过对烟盒文化嵌入性负面影响的研究提示监管机构,不应为将文化图片印刷在烟盒上提供便利。

第三,境外董事缓解了烟盒文化嵌入性与盈余管理之间的正相关关系,表现为在董事会成员中纳入境外董事的积极效应。境外董事能够引导群体思维，改善决策模式（Du et al.，2017），并最终降低公司受到当地有罪文化氛围影响的可能。从该角度来说，中国证监会应当鼓励中国上市公司引进境外董事。

第四，烟盒文化嵌入性与盈余管理之间的依存关系取决于外部治理机制的有效性，该发现表明正式制度能够抑制非正式制度对公司行为的负面影响。因此，中国证监会和中国注册会计师协会等监管部门应当密切关注并提升外部治理（如分析师关注、法律制度环境）水平，培育高质量的外部审计师。

第五，本节研究结论能够提醒投资者密切关注文化嵌入性的负面影响。在中国，部分有罪行为通过文化嵌入性来隐藏是一种趋势。对此，投资者应适当评估（烟盒）文化嵌入性对当地（国家/地区）社会氛围、公司管理风格（经营哲学）和公司违规行为的影响。总体而言，本节的研究发现提示投资者应当深度关注并理解文化对中国及相似经济体中的公司行为的影响。

第六，本研究还提供了如下支持性证据：（1）烟盒包装上的健康警示图片降低了国家（地区）层面的吸烟人口比例；（2）烟盒文化嵌入性刺激了中国的烟草消费；（3）与烟草相关的有罪文化增加了代理冲突。上述发现提示监管机构应重视文化嵌入性及其对公司行为的负面影响。

本研究还存在着几点不足：第一，本研究基于中国背景检验了（烟盒）文化嵌入性对财务报告质量的影响，研究结论能够被推广至伊拉克、伊朗和尼日利亚等国家，然而在强制要求烟盒印刷健康警示图片的国家（地区）背景下并不适用。因此，在将本节结论推广至其他经济体时应当慎之又慎。第二，为了缓解省级层面烟盒文化嵌入性的截面自相关问题，未来的研究应进一步构建公司层面的变量进行研究。第三，本研究难免存在疏漏和待完善之处。因此呼吁进一步探究文化嵌入性对企业行为影响的国际研究。

参考文献

蒋海宇，（2018）［2022-03-04］.为什么明知道吸烟有害还要吸？秘密可能在烟盒上［EB/OL］. https://mp.weixin.qq.com/s/9KldTIgQlBh2rKTJztUlEg.

AAKER J L，BENET-MARTÍNEZ V，GAROLERA J，2001. Consumption symbols as carriers of culture：a study of Japanese and Spanish brand personality constructs［J］. Journal of personality and social psychology，81(3)：492-508.

ABARBANELL J，LEHAVY R，2003. Can stock recommendations predict earnings management and analysts' earnings forecast errors?［J］. Journal of accounting research，41(1)：1-31.

ALLEN F，QIAN J，QIAN M，2005. Law，finance，and economic growth in China［J］. Journal of financial economics，77(1)：57-116.

ALTMAN E I，1968. Financial ratios，discriminant analysis and the prediction of corporate bankruptcy [J]. The journal of finance, 23(4): 589-609.

ANG J S, COLE R A, LIN J W, 2000. Agency costs and ownership structure [J]. Journal of finance, 55(1): 81-106.

BEASLEY M S, CARCELLO J V, HERMANSON D R, et al., 2000. Fraudulent financial reporting: consideration of industry traits and corporate governance mechanisms [J]. Accounting horizons, 14(4): 441-454.

BISSESSUR S W, VEENMAN D, 2016. Analyst information precision and small earnings surprises [J]. Review of accounting studies, 21, 1-34.

BEIJING MORNING POST(BMP), 2013-05-28. More than 100 times per week: tobacco soft advertisement implantation in TV [R]. Working Paper, Available at: http://legal.china.com.cn/2013-05/28/content_28956663.htm.

BONETTI P, MAGNAN M L, PARBONETTI A, 2016. The influence of country- and firm-level governance on financial reporting quality: revisiting the evidence [J].Journal of business finance and accounting, 43(9-10): 1059-1094.

BORLAND R, WILSON N, FONG G T, et al., 2009. Impact of graphic and text warnings on cigarette packs: findings from four countries over five years [J]. Tobacco control, 18(5): 358-364.

BOYD R, RICHERSON P J, 1996. Why culture is common, but cultural evolution is rare [J]. Proceedings of the British Academy, 88:77-93.

CAI H B, FANG H M, XU L X C, 2011. Eat, drink, firms, government: an investigation of corruption from the entertainment and travel costs of Chinese firms [J]. Journal of law and economic, 54(1): 55-78.

CALLEN J L, FANG X, 2015. Religion and stock price crash risk[J]. Journal of financial and quantitative analysis, 50(1-2): 169-195.

CHINA CENTER FOR DISEASE CONTROL AND PREVENTION (CCDCP), (2017)[2022-03-04]. The China Adult Tobacco Survey Report [R/OL].

CHEN H J, CHEN G L, WANG Y, 2011. Effects of audit quality on earnings management and cost of equity capital: evidence from China [J]. Contemporary accounting research, 28(3): 892-925.

CHEN K C, YUAN H, 2004. Earnings management and capital resource allocation: evidence from China's accounting-based regulation of rights issues [J]. The accounting review, 79(3): 645-665.

CHENG C Y, 1986. The concept of face and its Confucian roots [J]. Journal of Chinese philosophy, 13(3): 329-348.

CHOI J H, KIM J B, QIU A, et al., 2012. Geographic proximity between auditor and client: How does it impact audit quality? [J]. Auditing: a Journal of practice and theory，31(2)：43-72.

COHEN J R，PANT L W，SHARP D J，1996. A methodological note on cross-cultural accounting ethics research [J]. International journal of accounting，31(1)：55-66.

DECHOW P M，SLOAN R G，SWEENEY A P，1995. Detecting earnings management [J]. The accounting review，70(2)：193-225.

DECHOW P，KOTHARI S，WATTS R，1998. The relation between earnings and cash flows [J]. Journal of accounting and economics，25：133-168.

DU X，2015. Does Confucianism reduce minority shareholder expropriation? Evidence from China [J]. Journal of business ethics，132(4)：661-716.

DU X，2019. Does CEO-auditor dialect sharing impair pre-IPO audit quality? Evidence from China [J]. Journal of business ethics，156(3)：699-735.

DU X，2019. What's in a surname? The effect of auditor-CEO surname sharing on financial misstatement [J]. Journal of business ethics，158(3)：849-874.

DU X，JIAN W，LAI S，2017. Do foreign directors mitigate earnings management? Evidence from China [J]. The international journal of accounting，52(2)：142-177.

DUNFEE T W，WARREND E，2001. Is guanxi ethical? A normative analysis of doing business in China [J]. Journal of business ethics，32(3)：191-204.

DU X，DU Y，ZENG Q，et al.，2016. Religious atmosphere，law enforcement，and corporate social responsibility：evidence from China [J]. Asia Pacific journal of management. 33(1)：229-265.

EL GHOUL S，GUEDHAMI O，NI Y，et al.，2013. Does religion matter to equity pricing? [J]. Journal of Business Ethics，111(4)：491-518.

FANG L，LERNER J，WU C P，et al.，2018. Corruption，government subsidies，and innovation：evidence from China[R]. Harvard Business School entrepreneurial management working paper No.19-031.

FISMAN R，MIGUEL E，2007. Corruption，norms，and legal enforcement：evidence from diplomatic parking tickets [J]. Journal of political economy，115(6)：1020-1048.

FRACASSI C，TATE G A，2012. External networking and internal firm governance [J]. The journal of finance. 67，153-194.

GAO H，HSU P H，LI K，et al.，2020. The real effect of smoking bans：evidence from corporate innovation [J]. Journal of financial and quantitative analysis，55(2)：387-427.

GIANNETTI M，LIAO G，YU X，2015. The brain gain of corporate boards：evidence from China [J]. The journal of finance，70(4)：1628-1682.

GOODWIN J，SEOW J L，2002. The influence of corporate governance mechanisms on the quality of financial reporting and auditing：perceptions of auditors and directors in

Singapore [J]. Accounting and finance, 42(3): 195-223.

GREIF A, TABELLINI G, 2010. Cultural and institutional bifurcation: China and Europe compared [J]. American economic review, 100(2): 135-140.

GUISO L, SAPIENZA P, ZINGALES L, 2006. Does culture affect economic outcomes? [J]. Journal of economic perspectives, 20: 23-48.

GUSTAFSSON B, 2009. Tobacco control policy analysis in China: economics and health [J]. Pacific affairs, 82(3): 510-511.

HAMMOND D, 2011. Health warning messages on tobacco products: a review [J]. Tobacco control, 20(5): 327-337.

HAMMOND D, FONG G T, MCDONALD P W, et al., 2004. Graphic Canadian cigarette warning labels and adverse outcomes: evidence from Canadian smokers [J]. American journal of public health, 94(8): 1442-1445.

HAMMOND D, THRASHER J, REID J L, et al., 2012. Perceived effectiveness of pictorial health warnings among Mexican youth and adults: a population-level intervention with potential to reduce tobacco-related inequities [J]. Cancer causes and control, 23(1): 57-67.

HANIFFA R M, COOKE T E, 2005. The impact of culture and governance on corporate social reporting [J]. Journal of accounting and public policy, 24(5): 391-430.

HAW I M, QI D, WU D, et al., 2005. Market consequences of earnings management in response to security regulations in China [J]. Contemporary accounting research, 22(1): 95-143.

HECKMAN J J, 1979. Sample selection bias as a specification error [J]. Econometrica, 47(1): 153-161.

HENRICH J, BOYD R, RICHERSON P J, 2008. Five misunderstandings about cultural evolution [J]. Human nature, 19(2): 119-137.

HEUGENS P P M A R, KAPTEIN M, VAN OSTERHOUT J, 2008. Contracts to communities: a processual model of organizational virtue [J]. Journal of management studies, 45, 100-121.

HILARY G, HUI K W, 2009. Does religion matter in corporate decision making in America? [J]. Journal of financial economics, 93(3): 455-473.

HOLZBERG J D, HAHN F, 2010. The picture-frustration technique as a measure of hostility and guilt reactions in adolescent psychopaths [J]. American journal of orthopsychiatry, 22(4): 776-797.

HONG H, KACPERCZYK M, 2009. The price of sin: the effects of social norms on markets [J]. Journal of financial economics, 93(1): 15-36.

HU T, MAO Z, SHI J, et al., 2010. The role of taxation in tobacco control and its potential economic impact in China [J]. Tobacco Control，19(1)：58-64.

HWANG K，1987. Face and favor：the Chinese power game [J]. American journal of sociology，92(4)：944-974.

KARAM C M，JAMALI D，2015. A cross-cultural and feminist perspective on CSR in developing countries：uncovering latent power dynamics [J]. Journal of Business Ethics，142(3)：1-17.

KE B，LIU N，TANG S，2017. The economic consequences of anti-corruption campaigns：evidence from China [J]. Social science electronic publishing.

KIM J B，CHUNG R，FIRTH M，2003. Auditor conservatism，asymmetric monitoring and earnings management [J]. Contemporary accounting research，20(2)：323-359.

KLEIN A，2002. Audit committee，board of director characteristics，and earnings management [J]. Journal of accounting and economics，33(3)：375-400.

KLEIN E G，QUISENBERRY A J，SHOBEN A B,et al.，2017. Health warning labels for smokeless tobacco：the impact of graphic images on attention，recall，and craving [J]. Nicotine and tobacco research，19(10)：1172-1177.

KOEHN D，UENG J，2010. Is philanthropy used by corporate wrongdoer to buy goodwill? [J]. Journal of management and governance，14：1-16.

KOTHARI S P，LEONE A J，WASLEY C E，2005. Performance matched abnormal accrual measures [J]. Journal of accounting and economics，39(1)：163-197.

KUHNEN C M，2009. Business networks，corporate governance，and contracting in the mutual fund industry [J]. Journal of finance，64(5)：2185-2220.

LANDES D，2000. Culture makes almost all the difference[A]// HARRISON，L E，HUNTINGTON，S P. Culture matters[C]. New York：Basic Books.

LA PORTA R，LOPEZ-DE-SILANES F，SHLEIFER A，et al.，1999. The quality of government [J]. Journal of law，economics，and organization，15，222-279.

LI H B，ZHOU L A，2005. Political turnover and economic performance：the incentive role of personnel control in China [J]. Journal of Public Economics，89 (9-10)：1743-1762.

LI X，WANG S S，XUE W，2017. Trust and stock price crash risk：evidence from China [J]. Journal of banking and finance，76，74-91.

LI Z，MASSA M，XU N，et al.，2016. The impact of sin culture：evidence from earnings management and alcohol consumption in China [R]. INSEAD working paper No. 2017/17/FIN.

LIANG S，(2017-08-28)[2022-03-04]. The number of smokers in China has increased by 15 millions over the past five years [EB/OL]. http://www. takefoto. cn/viewnews-1251683.html.

LIU H，(2018-12-13)[2022-03-04]. Why China's cigarette packages are exquisite to become a "culture"? [EB/OL]. https://baijiahao.baidu.com/s? id＝1617006635871483490&wfr＝spider&for＝pc.

LIU Q, LUZ J, 2007. Corporate governance and earnings management in the Chinese listed companies: a tunneling perspective [J]. Journal of corporate finance, 13 (5): 881-906.

MARTIN J, (2018-12-12)[2022-03-04]. China is changing the world profoundly from two aspects [EB/OL]. https://mp.weixin.qq.com/ s/IksqlR4djYCwwMdQBXTurA.

MARQUIS C, GLYNN M A, DAVIS G F, 2007. Community is omorphism and corporate social action [J]. Academy of management review, 32(3): 925-945.

MASULIS R W, WANG C, XIE F, 2012. Globalizing the boardroom: the effects of foreign directors on corporate governance and firm performance [J]. Journal of accounting and economics, 53(3): 527-554.

MCKINNON J L, HARRISON G L, 1985. Cultural influence on corporate and governmental involvement in accounting policy determination in Japan [J]. Journal of accounting & public policy, 4(3): 201-223.

MESOUDI A, WHITEN A, LALAND K N, 2006. Towards a unified science of cultural evolution [J]. Behavioral and brain sciences, 29(4): 329-347.

OH H, BAE J, KIM S J, 2017. Can sinful firms benefit from advertising their CSR efforts? Adverse effect of advertising sinful firms' CSR engagements on firm performance [J]. Journal of business ethics, 143(4): 1-21.

OMER T C N Y, SHARP D W, 2018. The impact of religion on the going concern reporting decisions of local audit offices [J]. Journal business ethics, 149(4): 811-831.

PAKISTAN HEALTH BUDGET, 2018. Pakistan plans to impose 'sin tax' on cigarettes, colas, candies [R]. Working Paper, Available at: http://zeenews.india.com/world/pakistan-plans-to-impose-sin-tax-on-cigarettes-colas-candies-2161054.html.

PUTNAM R, LEONARDI R, NANETTI R, 1993. Making democracy work: civic traditions in modern Italy[M]. New Jersey: Princeton University press.

SHEN K, ANDREWS J F, 1999. Traditionalism as a modern stance: the Chinese women's calligraphy and painting society [J]. Modern Chinese literature and culture, 11 (1): 1-30.

SHI G, SHI Y, CHAN A K K, et al., 2011. The role of renqing in mediating customer relationship investment and relationship commitment in China [J]. Industrial marketing management, 40(4): 496-502.

SINGH M, DAVIDSON III W N, 2003. Agency costs, ownership structure and corporate governance mechanisms [J]. Journal of Banking and Finance, 27(5): 793-816.

TANG J, 2014-05-30. Establishing and maintaining interpersonal relationship is the first-order motive for smoking [EB/OL]. Working Paper, Available at: http://hn.rednet. cn/c/2014/05/30/3363375.htm.

VAFEAS N, 2000. Board structure and the informativeness of earnings [J]. Journal of accounting and public policy, 19(2): 139-160.

WHITE H, 1980. A heteroskedasticity-consistent covariance matrix estimator and a direct test for heteroskedasticity [J]. Econometrica: journal of the econometric society, 48 (4): 817-838.

WILLIAMSON O E, 2000. The new institutional economics: taking stock, looking a-head [J]. Journal of economic literature, 38(3): 595-613.

WU C, THOMPSON M E, FONG G T, et al., 2010. Methods of the international tobacco control(ITC)China survey [J]. Tobacco control, 19(2): 1-5.

XIE B, DAVIDSON W N, DADALT P J, 2003. Earnings management and corporate governance: the role of the board and the audit committee [J]. Journal of corporate finance, 9(3): 295-316.

Xin K K, PEARCE J L, 1996. Guanxi: connections as substitutes for formal institutional support [J]. Academy of management journal, 39(6): 1641-1658.

YANG G, 2010. China wrestles with tobacco control: interview by Weiyuan Cui [J]. Bulletin of the World Health Organization, 88(4): 251-252.

YE C, 2012. Doing well while doing bad? CSR in controversial industry sectors [J]. Journal of business ethics, 108(4): 467-480.

第八章　饮酒文化、投机文化与会计审计行为

承接第七章,第八章侧重于分析酒文化与投机文化对会计审计行为的影响。在中国,饮酒文化通常和关系的建立密切相关。对于需要保持独立性的独立董事而言,因为酒文化而与高管建立密切的私人关系显然无助于其保持独立性。此外,投机文化亦在一定程度上营造了冒险和风险偏好的社会氛围,从而以"双刃剑"的方式影响公司行为——促使企业承担更高的风险进行创新,或者利益相关者违背独立性、降低审计质量。具体地,第八章的内容主要包括:

(1)酒文化是否抑制了独立董事的异议投票;

(2)投机文化与公司创新;

(3)投机文化与审计质量。

第一节　酒文化抑制了独立董事的异议投票吗?

摘要: 饮酒行为常被用于建立/维护关系和沟通情感。本节使用全国各省的酒精消费作为酒文化的替代变量,基于中国资本市场特有的披露独立董事具体意见的制度背景,考察了酒文化对独立董事异议行为的影响。以 2005—2018 年 A 股上市公司 575 882 个公司—年度—独立董事—议案的观测值为样本,本节发现酒文化与独立董事发表异议的概率显著负相关,表明酒文化损害了独立董事的独立性、抑制了独立董事的异议投票。分组测试结果表明,相对于本地独立董事,酒文化对独立董事发表异议的抑制作用对异地独立董事更为突出。上述发现在经过一系列敏感性测试,以及使用工具变量两阶段回归、Heckman 两阶段回归及双重差分法控制内生性后仍然成立。进一步地,酒文化对独立董事异议的抑制效应仅在非国有、独立董事年龄较小、董事会规模较小以及企业规模较小的企业中成立。本节以酒文化为例,丰富了有罪文化经济后果的文献,拓展了影响独立董事异议行为的因素,敦促监管部门关注中国文化的典型维度对公司治理的影响。

一、引言

董事会作为公司治理的核心，承担着监督管理层、维护股东利益的重要职责。独立董事作为董事会的重要组成部分，参与讨论并对董事会议案行使投票权（Fama，Jensen，1983）。独立董事提出异议（非赞成意见）是一种典型的建言行为（杜兴强等，2017），有利于帮助公司预防风险、应对动态的经营环境及帮助公司作出相应决策（van Dyne et al.，2003）。然而，对于中国上市公司而言，独立董事提出异议的概率和其所起到的效果远未达到预期，因为独立董事是否提出异议既受到专业能力、对自身声誉的重视和规避监管处罚等因素的影响（Jiang et al.，2016），也会被一些中国传统文化因素如人情、面子和关系所裹挟。当前有关董事会投票的研究多侧重于分析公司业绩、独立董事背景、代理问题、独立董事私人关系、实质控制人超额委派董事与薪酬差距等因素如何影响独立董事提出异议（叶康涛 等，2011；Ma，Khanna，2013；Tang et al.，2013；祝继高 等，2015；Jiang et al.，2016；李世刚 等，2019；刘琳晨 等，2019；郑志刚 等，2019）。此外，基于非正式制度维度，杜兴强 等（2017）研究了论资排辈文化对独立董事提出异议的影响。

Williamson（2000）的社会制度分析框架包括非正式制度（如文化、风俗等）、制度环境（如产权、法制环境等）、治理机制（如契约、合同等）、资源配置与使用四个层次。其中，以文化为代表的非正式制度位于第一层次，其长期保持稳定并深刻影响着个人决策及公司行为（Guiso et al.，2006；Du，2019，2021）；在正式制度不完善或执行力较弱的情况下，非正式制度将发挥重要的替代作用。现有文献表明，文化深刻影响着委托代理成本、大股东掏空行为、董事会女性董事比例、财务报告质量、公司治理决策与投资者对财务信息的信任等（Hilary，Hui，2009；Du，2013，2015，2016；Pevzner et al.，2013；Du et al.，2017，2020）。尽管如此，从非正式制度或文化维度出发，研究其对董事会投票影响的相关研究仍不充分。因此，本节将研究视角聚焦于酒文化（一种典型的非正式制度或文化因素）对独立董事异议投票的影响，拓展了独立董事提出异议的影响因素，为独立董事究竟是"橡皮图章"还是充分发挥监督职能提供增量的经验证据。

中国社会自古以来就有浓厚的酒文化氛围，饮酒的习惯可追溯至数千年前（Grant，1998）。西汉刘向编订的《战国策》中，就有对酿酒的明确记载；三国时期更有"何以解忧，唯有杜康"的千古佳句；至北宋时期，医学家朱肱撰写的《北山酒经》则是一部系统完善且具有指导意义的酿酒著作。此外，无论是在古代还是在现代社会中，宴请是中国人进行社交的重要手段（Hwang，1987），而酒在宴席中往往扮演着促进各方关系和谐的"润滑剂"角色；实际上，宴席上的推杯换盏有助于建立和强化个人关系，为日后谋求利益、获取资源甚至建立长期合作关系奠定重要基础（强舸，2019）。因此，酒是中国人建立、维系和强化关系的必要中介，酒文化中蕴含着关系文化对个体与组织行为的影响。酒文化氛围浓厚的地区，个体深谙饮酒时营造出的非正式交流与亲密氛围可能带来的有利经济后果；由于组织行为往往来源于个体决策，所以在以酒文化为表征的人情文化和关系文化的影响下，组织治理模式可能逐渐发生由规则型治理向关系型治理的转变。譬如 Li 等(2016)发现,酒文化导致了更高的盈余管理水平。

本节探讨的独立董事提出异议属于一种建言行为,该制度是监督管理层决策的规则型治理机制。Liang 等(2012)发现,直截了当地建言会使上级或对方觉得难堪,感到面子受损并产生不满。因此,独立董事公开提出异议(非赞同意见)虽具有一定的信息含量,但可能会被外部理解为公司业绩不佳等(叶康涛等,2011),因此管理层有动机通过酒文化(成本较低)拉近与独立董事之间的关系,降低其公开发表非赞成意见的概率或频率。综上,在酒文化的影响下,独立董事可能碍于人情和面子等因素,降低公开提出异议的意愿,如此,其独立性可能受到一定程度的损害。本节基于中国资本市场上独特的强制披露独立董事针对董事会决议投票结果的制度背景,分析酒文化对独立董事监督作用的影响。

本节手工收集了上市公司所在地区的人均酒精消费数据,借以判断公司受到酒文化影响的程度。进而,本节以 2005—2018 年中国 A 股上市公司的独立董事投票数据为基础[①],采用“公司—年度—独立董事—议案”层面的 575 882 个观测值,分析了酒文化对独立董事异议投票的影响。研究发现:(1)酒文化与独立董事发表异议意见的概率显著负相关,表明酒文化损害了独立董事的独立性、抑制了独立董事的建言行为;(2)相比于本地独立董事,酒文化与独立董事异议的负关系对异地独立董事而言更为突出;(3)在使用不同的酒文化和独立董事异议的替代度量进行敏感性测试后,本节主要发现仍然成立;(4)本节的主要发现在使用工具变量两阶段方法、Heckman 两阶段方法及双重差分模型方法控制内生性后仍然成立;(5)在控制了其他有罪文化(烟、博彩)后,本节主要发现依然稳健;(6)酒文化对独立董事异议的抑制作用仅在非国有企业中以及企业独立董事年龄较小、企业董事会规模较小以及企业规模较小时成立。

本节可能的贡献在于:(1)前期文献多从公司特征、独立董事个人特征以及组织文化视角探究独立董事投票的影响因素,本节首次探究了酒文化对独立董事发表异议意见的影响,丰富了该领域内的文献。(2)前期研究主要采用“公司—年度”层面的数据,本节则主要采用了“公司—年度—独立董事—议案”层面的数据,从而能更为准确和深层次地挖掘影响独立董事发表异议意见的因素,有助于打开董事会决策的“黑箱”。(3)之前的研究多关注有罪文化对财务报告质量的影响(Li et al.,2016;Du et al.,2020),部分社会学文献注意到官场酒文化带来的经济后果(严霞,王宁,2013;强舸,2019),但鲜有研究关注酒文化对公司治理产生的影响。为此,本节丰富了以酒文化为代表的有罪文化经济后果的研究,揭示了有罪文化对公司治理的负面影响。(4)本节发现了酒文化对独立董事异议意见的影响在本地与异地独立董事之间的差异,丰富了有关独立董事任职地点的文献。

本节余下内容的安排如下:第二部分为制度背景介绍、文献综述与研究假设的发展;第三部分为研究设计,包括样本选择、数据来源、模型与变量等;第四部分为主要的实证研究结

---

① 上交所和深交所从 2004 年 12 月起开始要求上市公司披露独立董事在董事会决议表决中的投票结果。

果，包括描述性统计、Pearson 相关系数分析以及主要的回归结果；第五部分为敏感性测试、内生性分析与附加测试；第六部分为研究结论，包括本节研究发现的政策启示、局限性与未来进一步的研究方向。

二、制度背景、文献综述与研究假设

(一)制度背景与文献综述

1.独立董事制度与独立董事异议行为

(1)独立董事制度与独立董事监督作用。

为进一步完善公司治理、促进上市公司规范运作，中国证监会于 2001 年 8 月 16 日颁布了《关于在上市公司建立独立董事制度的指导意见》，规定上市公司在 2003 年中之前应使董事会中包括 1/3 及以上的独立董事，且独立董事应当对公司重大事项发表独立意见。由此，独立董事被赋予了对上市公司经营决策进行监督的角色。前期研究发现，声誉机制能促使独立董事履行监督职能，否则其声誉将受损，进而使其在其他公司谋求职位的可能性降低(Fama,Jensem,1983;Fich,Shivdasani,2007)。此外，Brickley 等(1994)发现独立董事比例与公司业绩有正向关系。高凤莲和王志强(2016)发现，独立董事拥有越丰富的社会资本，管理层—股东代理成本与大小股东之间代理成本均越低。

(2)独立董事异议行为及影响因素。

独立董事在董事会决议中发表意见，是其履行监督职责、保护中小股东利益的重要途径。中国上海证券交易所和深圳证券交易所于 2004 年底发布了《上海证券交易所股票上市规则》和《深圳证券交易所股票上市规则》，强制要求上市公司披露独立董事在董事会决议表决中的投票结果。基于该制度背景，学者们希望通过研究独立董事投票行为，揭开董事会决策的"黑箱"。叶康涛等(2011)发现，独立董事更可能在公司业绩不佳的时候提出异议，且其是否提出异议会受自身声誉、背景和任职时长的影响。Du 等(2012)发现，拥有行业专长的独立董事更可能提出异议。在公司特征方面，Lin 等(2012)、Ma 和 Khanna(2013)以及 Tang 等(2013)发现，企业规模、财务杠杆、盈利能力、股权集中度和代理成本等特征均影响独立董事发表异议意见的概率。杜兴强等(2017)通过分析组织文化对公司行为的影响，发现儒家文化中的"论资排辈"影响了公司权力距离倾向，导致了组织沉默氛围，最终抑制了独立董事提出异议的行为。唐雪松等(2010)发现独立董事在履职时会考虑货币薪酬及在不同公司兼职的机会，因此并不愿通过提出异议与内部人发生冲突，这无疑削弱了独立董事的监督职能。祝继高等(2015)发现，相比非控股股东，独立董事的监督行为具有很强的风险规避倾向。

(3)独立董事异议行为的经济后果。

独立董事在董事会决议中公开发表非赞成意见是其履行监督职责的重要手段，独立董事发表非赞成意见可能对管理层、外部利益相关者以及监管机构等都会产生影响。Tang 等(2013)发现，公司披露独立董事发表的非赞成意见后，股价会显著下降，同时这些公司还会被迫减少关联方交易、降低股利支付概率、更难获得银行借款,其 CEO 变更的概率也会增加;更为重要的是,独立董事提出异议还可能带来更多的非标准审计意见以及使公司股票更易处于 ST(special treatment,特殊处理)状态。另一些文献发现,独立董事提出异议还会导致投资者和监管部门的特殊关注,对利益相关者起到一定的警示作用(Lin et al.,2012;Ma,Khanna,2013)。上述研究表明,独立董事公开提出异议总体而言对投资者、管理层、监管者和债权人具有负面影响。

基于上述分析,可知对管理层履行监督职责是独立董事应尽的义务,提出异议是其监督管理层的重要手段。独立董事公开提出异议往往传递了公司负面的消息,可能给公司造成损失。为了避免独立董事异议行为带来的不利影响,管理层有强烈的动机通过各种明显或含蓄的渠道影响独立董事的投票。本节将分析酒文化对独立董事异议行为的影响。

2.有罪文化与酒文化的经济后果

Hong 和 Kacperczyk(2009)将酒、烟、博彩与情色列为四种有罪文化,发现更遵守社会规范的机构投资者持有有罪行业股票的意愿更低,且处于有罪行业的公司更少被分析师关注。Guidi 等(2020)使用全球并购数据的研究发现,收购有罪行业的公司会增加诉讼风险、并损害与员工和其他利益相关者的关系。上述研究表明,有罪文化(一种独特的文化氛围)会在一定程度上影响公司、投资者以及分析师的行为。

具体到不同的有罪文化维度,Gao 等(2018)发现,禁烟法案通过后,公司创新产出和效率都有所提升。Du 等(2020)侧重于研究具有中国特色的烟盒文化,发现烟盒上的文化图标其实是典型的有罪文化掩饰,且进一步发现了烟盒有罪文化嵌入性增加了盈余管理、降低了财务报告质量。具体到酒文化维度,已有文献指出中国官场上的酒文化发挥了构建信任、提供激励的作用;在基层治理场景中,任务多资源少的现状使得乡镇官员不得不将饮酒行为嵌入治理中,用以建立更多的个人关系来获取资源(强舸,2019)。Li 等(2016)发现,公司所在地的酒文化氛围越浓厚,公司的盈余管理程度越高。

中国有句俗话"无酒不成席",因而中国有着大量的饮酒人群以及较高的酒类产品消费水平(Shen,Antonopoulos,2017)。根据《中国税务年鉴》的统计,2017 年与酒的制造环节相关的税收收入就高达 563 亿元,占整个制造业税收收入的 1.3%。此外,中国酒业协会在其发布的《中国酒业"十四五"发展指导意见》中指出,2016—2020 年中国酒类产品销售收入高达8 590亿元,其中极具中国特色的白酒更是占到了约69%;预计在 2021—2025 年中国将实现 7 010 万千升的酿酒总产量,并实现 12 310 亿元的各类酒销售收入。现实中,茅台酒等高档酒的价格与销量更是成为人们津津乐道的话题,饮用茅台酒也早已超脱出品酒本身的意味,而常被认为是身份的象征(强舸,2019)。基于上述分析,可知中国具有相当庞大的酒类产品消费市场与浓厚的饮酒氛围,并且酒文化及其内涵早已渗入社会规范当中,深刻影响着人们的思维与行为。

概而言之,酒文化在建立关系与获取资源等方面发挥着重要作用,会造成公司盈余管理较高等后果。然而,现有研究对酒文化如何影响公司治理则关注不足。由于中国存在着巨大的酒类产品消费市场与消费习惯,因此本节将着眼于酒文化对独立董事产生的影响,探究酒文化及其塑造的关系文化对独立董事异议行为的影响。

（二）酒文化对独立董事异议行为的影响（假设 8.1.1）

1.酒文化对公司（管理层）与独立董事建立熟悉效应的影响

费孝通（1984）认为，中国社会运转的关键在于维系关系，而最为重要的一点即是顾及彼此的人情与面子。Hofstede（1984）也指出，集体主义倾向的社会（如中国及其他东亚国家）注重群体内部的关系。基于此，在中国情境下，管理层与独立董事往往通过各种方式保持事前的沟通、事中的默契和事后的互动反馈。的确，独立董事负有履行监督公司的义务，并据此独立对公司的各项议案发表意见、进行投票，公司亦应开诚布公地将公司的投票决策信息反馈给市场。然而，独立董事提出异议往往被投资者视同向资本市场传递关于公司经营等方面的负面信号，由此会带来诸多不利影响（Lin et al.，2012；Ma，Khanna，2013；Tang et al.，2013）。所以，管理层往往会竭尽所能降低独立董事提出异议的概率。从这个意义上讲，管理层更倾向于与独立董事进行一定程度上的默契"合作"，甚至是合谋。

至于管理层试图与独立董事进行默契合作的途径，基于中国社会的关系本位特征（梁漱溟，1949），酒文化下的社交天然地成为管理层和独立董事保持良好关系的低成本手段（强舸，2019）。酒对于中国社会以及公司的各种利益相关者是一种关系的润滑剂，能拉近人与人之间的距离，这在原本关系较为生疏的群体中尤为明显。饮酒不仅渗透于人们的社会生活中，更常常存在于商务宴请的场合。中国自古就有"百礼之会，非酒不行""无酒不成席"之说，酒作为社会关系连接的纽带，在宴席与商业活动之中扮演着重要的角色。前期研究已经发现，公司管理层可以通过酒水招待建立和维护与客户、供应商、市场中介机构以及公司内部人员的关系（Cochrane et al.，2003；Li et al.，2016）。Cai 等（2011）发现，企业相当比例的业务招待支出被用于和供应商、客户建立关系资本。在公司管理层与独立董事彼此基于业务招待与饮酒建立和维护的关系中，酒文化与饮酒行为可以在很大程度上拉进独立董事与公司管理层之间的关系。通过饮酒，管理层与独立董事可以缩短或拉近彼此之间的心理距离，进而发展为二者之间的熟悉效应。熟悉效应虽对公司（管理层）与独立董事本人均有益处，但却损害了独立董事的独立性、降低其监督管理层的意愿，最终损害了投资者（尤其是中小投资者）的利益。基于此，通过饮酒和酒文化建立的社会关系能够在一定程度上导致熟悉效应产生，为关系中的双方带来合作甚至是合谋的可能。值得指出的是，基于酒文化建立的关系文化使得独立董事往往仅保持着形式上的独立性，但实质上的独立性已经受到损害——与管理层之间达成一种隐性的"默契"，即不公开发表异议意见。

2.酒文化对独立董事选择与公司（管理层）妥协的影响

公司（管理层）通过宴请，基于酒文化与独立董事建立和维护关系是一种低成本的选择（强舸，2019）。在中国，企业或个人可以利用宴请等活动，加上酒精的助兴，达到建立必要的社会网络联系、促进信息流动的目的（高枫，2011）。对于独立董事而言，他们并不参与企业的日常经营活动，亦受到时间和精力的制约，不可能通过日常持续的交流与公司建立关系纽带,获取进行监督所需的额外信息。此外,若独立董事被管理层所贿赂,则持续的声誉损失和随之而来的诉讼风险过高、触及法律红线,对独立董事而言意味着极高的风险。基于此,宴请招待可以作为低风险的关系运作手段,因为觥筹交错间容易让管理层与独立董事彼此熟络,既达到获取和了解公司相关信息的目的,又可以实现与管理层维护关系的效用。更重要的是,通过酒文化建立、维系甚至强化的关系意味着增进彼此之间的信任(Wong,Chan,1999)。值得指出的是,关系双方需要尊重对方的面子,因此部分过错可以通过关系和人情来弥补(Su,Littlefield,2001),不必借助于正式场合的反对意见。相应地,基于酒文化建立的关系,独立董事往往可能私下与管理层进行沟通、避免公开提出异议。若此,酒文化就成为管理层与独立董事的情感纽带,这既符合中国传统人情文化和社会交往的形式,又能将其渗透于正式制度难以覆盖之处。概而言之,独立董事为自身利益考虑,会倾向于选择通过饮酒与管理层建立关系,进而在控制风险的同时实现效用的最大化。

实际上,独立董事从自身利益出发,往往也会进行成本效益与风险权衡。陈睿等(2015)发现独立董事选聘时存在"逆淘汰"效应。唐雪松等(2010)揭示了独立董事更多考虑的是自身的经济利益。刘诚等(2012)发现CEO倾向于任命与自己存在各种社会关系的董事,这说明CEO更多是出于减少对自身的监督这一目的而非强化与独立董事的合作进行选聘。Coles等(2014)发现,CEO更替-业绩敏感性随着其任期内被任命的董事数量增多而降低。在这种背景下,若独立董事与管理层能够通过酒文化(或其他途径)建立并维护良好的合作关系,则可达到互利的平衡状态:管理层无需承担因独立董事发表异议意见带来的监管机构调查或股价下跌风险,独立董事也能够获取更多利益,防止"逆淘汰"现象的发生。

酒文化在中国已发展成为典型的社会世俗文化之一,影响着社会经济活动、个体决策与公司行为(Li et al.,2016;高枫,2011)。基于"逆淘汰"效应,考虑到因酒文化建立的关系以及"吃人嘴软、拿人手短"(杜兴强,2018),尽管声誉机制会促使独立董事履行监督职责,但独立董事更可能选择私下沟通解决问题,而非公开对董事会决议提出异议。中国人的面子意识与人情观念都是导致董事会建言匮乏的重要文化根源(陈文平 等,2013;杜兴强 等,2017)。前期研究发现,独立董事是否建言或提出异议在一定程度上依赖于文化氛围及独立董事对自身声誉的珍惜程度(叶康涛 等,2011;Tang et al.,2013;Jiang et al.,2016)。基于中国文化以及建立在酒文化基础上的关系,独立董事往往并不倾向于公开质疑CEO或公司的议案(Hermalin,Weisbach,2001;叶康涛 等,2011);即便独立董事与管理层针对具体方案有不同意见,他们也可能更倾向于私下商讨解决而非直接公开反对。一方面,公开提出异议会伤及管理层的颜面,也会带来负面的经济后果与市场反应,不利于维护双方建立的关系;另一方面,若是独立董事与管理层始终无法达成一致意见,独立董事还可以选择"用脚投票"(梁权熙,曾海舰,2016),如此避免了打破关系后与管理层之间的正面冲突。

3.酒文化、公司(管理层)与独立董事的默契同独立董事异议投票的关系

"相似-吸引观点(similarity-attraction)"认为,个体特征相似性带来个体间态度相似性以及价值观的认知相似性,进而形成人际吸引(Byrne,Neuman,1992)。酒文化往往会导致管理层与独立董事在交往中因人际吸引而建立、维系和强化彼此的个人关系;紧密的人际吸

引减少了交流障碍，使得独立董事与管理层彼此更加善待另一方（魏立群，王智慧，2002）。大量前期研究揭示双边关系的熟悉效应会导致合谋。Antle 等（2006）和杜兴强（2018）发现，审计师与客户之间相互熟悉可能会带来有意或无意的偏差，导致审计独立性受损，造成被审计单位可操控性应计的增加。从管理层的社会关系视角出发，Hwang 和 Kim（2009）发现，当董事会成员之间存在社会关系时，薪酬—业绩敏感性更低，揭示了董事会成员与 CEO 的熟悉效应导致的合谋。Fracassi 和 Tate（2012）发现 CEO 与董事的社会关系会弱化董事会的监督作用，导致公司价值降低以及公司并购的业绩更差。可见，董事与管理层之间的熟悉效应不可避免地会带来一定程度上的合谋。由此可以合乎逻辑地类推，基于酒文化缔结的管理层与独立董事之间的熟悉效应，往往促使独立董事顾及发表公开反对意见对双方关系和面子的损害，从而选择闭口不言——这导致了异议投票意愿降低。

　　饮酒可能带来冲动，亦可能导致高风险的行为（Cherpitel，1993）。Lane 等（2004）通过实验研究发现，酒精会导致人对过去的奖励和新的损失的敏感性降低，表现为个体风险承担偏好发生改变。Li 等（2016）发现，受酒文化影响更大的公司表现出更高的盈余管理水平。具体到公司治理与独立董事投票，通过饮酒建立在酒文化基础上的管理层与独立董事的关系，会促使独立董事的个人决策风格转变并从事风险性行为；更具体地，表现为独立董事对董事会的存疑议案不提出异议，由此承担个人声誉损失的风险与诉讼风险。

　　但正如之前文献所指出的，尽管中国资本市场正式制度建设日益完善，但相应执行力仍不足，惩罚机制、诉讼约束和声誉效应的效力并不能够完全发挥（Du，2019；Du et al.，2020）。当正式制度不完善或在正式制度的可执行性受到制约的情况下，文化将会起到重要的补充作用，影响个人决策模式与公司行为（Allen et al.，2005；Williamson，2000；Du，2021）。文化作为非正式制度的一个重要维度，对个人的影响具有持续性，与此相关的社会规范能够在不同群体之间传递，甚至可以实现代际传递（Fisman，Miguel，2007）。酒文化亦是如此。由于声誉损失和诉讼风险有限，管理层与独立董事在酒文化的促动下建立、维系和强化的默契得以增强。具体表现为，独立董事与管理层在"熟悉效应"的影响下，更倾向于私下商讨解决而非直接公开发表反对意见。因此，独立董事仅保留有形式上的独立性，而实质的独立性已经受损。

　　综上，由于独立董事发表异议意见会对公司带来负面影响，因此管理层有强烈的动机阻止独立董事公开提出异议。饮酒作为一种成本较低的社交手段，使得管理层与独立董事通过饮酒建立和维系了私人关系，从私人关系中衍生而来的熟悉效应及双方的默契损害了独立董事的独立性，公司治理也可能因此由规则型治理转变为关系型治理，进而降低了独立董事提出异议的概率。基于此，本节提出如下假设：

　　假设 8.1.1：限定其他条件，公司所在地的酒文化氛围越浓厚，独立董事提出异议的概率越低。

　　（三）酒文化与独立董事异议投票：独立董事本地或异地任职的差异（假设 8.1.2）

　　前期文献发现，经济主体间的地理距离会引发重要的经济后果。Chhaochharia 等

(2015)发现,本地机构投资者对公司治理能起到更好的监督作用,进而带来更高的投资收益。Masulis 等(2012)发现,海外独立董事由于信息匮乏以及对东道国制度陌生,其所在公司的财务报告质量较差,且 CEO 更替与绩效之间的敏感性关系也较低。Du(2015)使用基于地理近邻性的儒家文化变量进行研究,发现儒家文化能够抑制大股东资金占用行为。

独立董事的常住地与上市公司所在地的不同往往会造成其监督作用的弱化。地理距离削弱了独立董事获取信息的能力,进而弱化了其监督角色并影响其决策。换言之,异地独立董事往往是管理层和控股股东眼中的"弱监督者",对公司的诸多决策监督效率较低(曹春芳,林雁,2017)。但是,中国上市公司的管理层并不排斥监督能力稍弱的异地独立董事,原因在于异地独立董事受限于信息和时间成本无法对公司采取强有力的监督,而也许在某些情况下这正是部分上市公司所希冀的(孙亮,刘春,2014)。

由于地理距离带来的信息获取方面的不利,再加上并不参与企业的日常经营,异地独立董事往往有动机通过各种途径获得进行监督所需的增量信息,而参加管理层的业务招待便是获得增量信息的途径之一。但是,任何事物都有两面性,管理层宴请亦是如此。的确,业务招待增加了独立董事与管理层的交流,是独立董事获得增量信息的机会,但是业务招待中的酒文化却使得异地独立董事面临着"吃人嘴软、拿人手短"的中国文化制约,最终导致其和管理层彼此妥协——私下协商但并不公开提出异议(Hermalin,Weisbach,2001;叶康涛等,2011)。此外,异地任职的独立董事在公司所在地所受到的声誉制约较小,因此缺乏尽职监督的激励(Masulis,Mobbs,2014;罗进辉 等,2017)。因此,对于异地独立董事而言,受酒文化与其他中国文化的影响,选择不与管理层发生直接冲突、不公开提出异议,可以防止因"逆淘汰"现象的发生导致的其利益的损失。

综上所述,相较于本地独立董事,异地独立董事一则基于"入乡随俗",难以拒绝管理层的宴请,从而更容易基于酒文化因素被管理当局所"俘获",导致其独立性被削弱;二则由于异地独立董事的本地声誉制约机制较弱,所以其提出异议的概率相对更低。基于上述分析,本节提出如下假设:

假设 8.1.2:限定其他条件,相对于本地独立董事,酒文化与独立董事提出异议之间的负关系在异地独立董事中更为突出。

三、研究设计

(一)样本选择与数据来源

2004 年 12 月起,上海证券交易所和深圳证券交易所要求上市公司披露有关独立董事在董事会决议表决中的投票结果,因此本节选取 2005—2018 年中国全体 A 股上市公司的独立董事投票数据作为初始样本,并按照如下步骤进行样本筛选:剔除保险与金融行业的观测值;剔除净资产小于 0 的观测值;剔除公司处于 ST,﹡ST 及 PT 状态的观测值;剔除缺失是否为本地独立董事变量(LOCAL)的观测值;剔除控制变量缺失的观测值,最终获得包括

12 966 名独立董事的 575 882 个"公司—年份—独立董事—议案"观测值。此外,为避免极端值的影响,本节对所有连续变量进行了上下 1％分位的缩尾处理。

本节数据来源如下:参考 Li 等(2016)的研究,本节基于《中国统计年鉴》计算和收集了酒文化数据;本节亦手工收集了酒类品牌价值排行的研究前 200 名的公司的地址,并参考 Li 等(2016)和 Du 等(2017)的研究计算了基于地理近邻性的酒文化变量;独立董事投票的数据来自 CSMAR 数据库;是否为本地独立董事的虚拟变量(LOCAL)取自 CNRDS 数据库;人均 GDP(GDP_PC)、GDP 增长率(GDP_G)、人口增长率(POPUL_G)以及酿酒原料产量(MATERIAL)的数据来自国家统计局官网;其他有罪文化变量的数据分别来自中华人民共和国财政部官网、《中国扫黄打非年鉴》和《中国烟草年鉴》;其他公司特征、财务状况以及独立董事个人特征的变量均来自 CSMAR 数据库和 CNRDS 数据库。

(二)模型与变量

1. 假设 8.1.1 回归模型

为检验酒文化对独立董事异议行为的影响,本节参考之前的文献(叶康涛 等,2011;杜兴强 等,2017;Li et al.,2016)构建如下的 Logistic 回归模型:

$$
\begin{aligned}
\mathrm{BB\_DUM} = {} & \alpha_0 + \alpha_1 \mathrm{ALCOHOL} + \alpha_2 \mathrm{LOCAL} + \alpha_3 \mathrm{GENDER\_IND} + \alpha_4 \mathrm{AGE\_IND} + \\
& \alpha_5 \mathrm{INDREPU} + \alpha_6 \mathrm{INDIE} + \alpha_7 \mathrm{FIRST} + \alpha_8 \mathrm{TOP2\_10} + \alpha_9 \mathrm{MAN\_SHR} + \alpha_{10} \mathrm{DUAL} + \\
& \alpha_{11} \mathrm{BOARD} + \alpha_{12} \mathrm{INDR} + \alpha_{13} \mathrm{COMMITTEE} + \alpha_{14} \mathrm{SIZE} + \alpha_{15} \mathrm{LEV} + \alpha_{16} \mathrm{TOBINQ} + \\
& \alpha_{17} \mathrm{TUL} + \alpha_{18} \mathrm{STATE} + \alpha_{19} \mathrm{LISTAGE} + \alpha_{20} \mathrm{GDP\_PC} + \alpha_{21} \mathrm{GDP\_G} + \\
& \alpha_{22} \mathrm{POPUL\_G} + \mathrm{Year\ Dummies} + \mathrm{Industry\ Dummies} + \varepsilon
\end{aligned}
\tag{8.1.1}
$$

式(8.1.1)中,主要解释变量为酒文化(ALCOHOL);参考 Li 等(2016)的研究,本节采用公司办公地所在省份的人均酒类消费支出除以年人均可支配收入,借此度量酒文化氛围(消费端捕捉酒文化氛围)。被解释变量为独立董事提出异议的概率(BB_DUM)——当独立董事提出异议时,该变量赋值为 1,否则赋值为 0[①]。本节将"反对"、"提出异议"、"弃权"、"无法表示意见"、"保留意见"或"其他"意见归为异议,将"同意"意见归为非异议[②]。式(8.1.1)中,若 ALCOHOL 的系数(α_1)显著为负,则假设 8.1.1 被经验证据所支持。

参考前期文献(叶康涛 等,2011;杜兴强 等,2017;Ma,Khanna,2013;Tang et al.,2013;Jiang et al.,2016;Li et al.,2016),本节在式(8.1.1)中纳入如下控制变量:是否为本地独立

---

① 此外,从酒的供给端出发,本节根据中国酒业协会公布的酒类品牌价值 200 强的公司名单,计算了上市公司与酒类公司所在地之间的距离,并构建了基于地理近邻性的酒文化变量 ALCOGOL_R[取值为公司所在地方圆 R(R=200,300)千米范围内品牌价值 200 强的公司数量]用于敏感性测试。本节还构建了独立董事异议意见数量的变量(BB_NUM)以进行敏感性测试。

② 叶康涛等(2011)、祝继高等(2015)与杜兴强等(2017)均指出,"其他"意见往往也属于非赞成意见,因为即使"其他"意见并未明确表示反对,但往往也对公司的经营具有监督作用,因此本节将"其他"意见归类为异议。

董事的虚拟变量(LOCAL)、独立董事性别(GENDER_IND)、独立董事年龄(AGE_IND)、独立董事兼职的上市公司数量(INDREPU)、独立董事行业专长(INDIE)、第一大股东持股比例(FIRST)、股权制衡水平(TOP2_10)、管理层持股比例(MAN_SHR)、董事长与CEO两职合一(DUAL)、董事会规模(BOARD)、独立董事比例(INDR)、董事会下设委员会个数(COMMITTE)、公司规模(SIZE)、财务杠杆(LEV)、托宾Q值(TOBINQ)、大股东掏空行为(TUL)、最终控制人性质(STATE)、公司年龄(LISTAGE)、人均GDP(GDP_PC)、GDP增长率(GDP_G)以及人口增长率(POPUL_G)。最后,式(8.1.1)中还控制了行业和年度虚拟变量,具体变量定义见表8.1.1。

表 8.1.1　变量定义

变量	变量定义
主回归中使用的变量	
BB_DUM	异议的虚拟变量。若独立董事对某一决议事项出具"反对"、"提出异议"、"弃权"、"无法表示意见"、"保留意见"或"其他"的意见类型则赋值为1,否则赋值为0
ALCOHOL	酒文化,取值为该省人年均酒类消费支出除以人年均可支配收入乘以100(Li et al.,2016)
LOCAL	本地独立董事的虚拟变量,若独立董事在本地任职则赋值为1,否则赋值为0
GENDER_IND	独立董事的性别,若独立董事为女性则赋值为1,否则赋值为0
AGE_IND	独立董事的年龄
INDREPU	独立董事兼职的上市公司家数
INDIE	独立董事行业专长的虚拟变量,若独立董事具有行业专长则赋值为1,否则赋值为0
FIRST	第一大股东持股比例,第一大股东持有股份与公司总股份的比值
TOP2_10	股权制衡水平,取值为第二至第十大股东持有股份之和与公司总股份的比值
MAN_SHR	管理层的持股比例
DUAL	董事长与CEO两职合一的虚拟变量,若董事长与CEO两职合一则赋值为1,否则为0
BOARD	董事会规模,等于董事会总人数的自然对数
INDR	独立董事比例,独立董事人数与董事会总人数的比值
COMMITTEE	董事会下设委员会的个数
SIZE	公司规模,公司总资产的自然对数
LEV	财务杠杆,公司总负债与总资产的比值
TOBINQ	托宾Q值,(流通股数量×年末股价＋非流通股数量×每股净资产)/资产账面价值
TUL	大股东掏空行为,取值为其他应收款除以公司总资产
STATE	最终控制人性质,若公司的最终控制人是中央或地方政府控股公司则赋值为1,否则赋值为0

续表

变量	变量定义
LISTAGE	公司上市年龄，等于公司上市年限加 1 后取自然对数
GDP_PC	公司办公地所在省区的人均 GDP
GDP_G	国内生产总值增长率
POPUL_G	人口自然增长率
敏感性测试、内生性测试以及进一步测试使用的变量	
BB_NUM	独立董事异议数量，取值为同一独立董事当年提出异议的次数之和
BB_N_DUM	缩小范围的独立董事异议虚拟变量，若独立董事对决议事项出具过"反对"、"提出异议"或"弃权"类型的意见则赋值为 1，否则赋值为 0
ALCOHOL_R	基于地理近邻性的酒文化变量，为公司所在地方圆 R(R=200,300)千米范围内品牌价值排名前 200 的酒类企业数量(Li et al.,2016)
MATERIAL	酿酒原料产量，取值为小麦、高粱、玉米等酿酒主要原料的产量
AC_AER	管理费用率，等于管理费用除以总资产
BB_DUM_FIRM	公司—年度层面的独立董事异议虚拟变量，若当前会计年度内有独立董事对决议事项出具"反对"、"提出异议"、"弃权"、"无法表示意见"、"保留意见"或"其他"类型的意见则赋值为 1，否则赋值为 0
BB_DUM_IND	独立董事—年度层面的独立董事异议虚拟变量，若当前会计年度内独立董事对决议事项出具过"反对"、"提出异议"、"弃权"、"无法表示意见"、"保留意见"或"其他"类型的意见则赋值为 1，否则赋值为 0
TREAT_P%	酒文化的虚拟变量，当公司所在省份人年均酒类消费支出除以人年均可支配收入比例在全国的前 P% 时赋值为 1，否则赋值为 0(P=20,25)(Du et al.,2020)
POST	虚拟变量，当年份在中央八项规定开始实施的年份(2012 年)之后则赋值为 1，否则赋值为 0
GAMBLE	博彩文化，取值为该省当年人均彩票销售收入
SEX	情色文化，取值为该省收缴的情色相关违禁出版物除以总人口数
CIGAR	香烟文化，取值为该省人均烟草销售量

2.假设 8.1.2 回归模型

假设 8.1.2 预测酒文化对独立董事异议的抑制作用在异地独立董事中更为突出。为了检验假设 8.1.2，本节从式(8.1.1)中剔除了是否为本地独立董事(LOCAL)这一变量，然后将样本分为本地独立董事子样本(LOCAL=1)和异地独立董事子样本(LOCAL=0)分别进行回归。若 ALCOHOL 的系数在异地独立董事子样本中显著为负但在本地独立董事子样本中不显著，或在两个子样本中均显著但异地独立董事子样本的系数绝对值显著更大(且组间存在显著差异)，则表明假设 8.1.2 为经验证据所支持。

四、实证结果及分析

(一)描述性统计

表 8.1.2 报告了描述性统计的结果。被解释变量——独立董事发表异议意见的概率 (BB_DUM)均值为 0.003 3,表明样本中仅有 0.33％的独立董事议案(即"公司—年度—独立董事—议案")存在异议意见[①]。主要解释变量酒文化(ALCOHOL)的均值为 1.439 3,表明人均可支配收入中的 1.4％被用于酒类消费。此外,样本中 55.69％的独立董事常住地与公司办公地一致(LOCAL)。在控制变量方面,16.70％的独立董事为女性(GENDER_IND),独立董事的平均年龄为 52.72 岁,独立董事在同一年中平均在 2 家上市公司兼任(IN-DREPU),13.61％的独立董事具有行业专长。在公司层面,第一大股东持股比例(FIRST)均值为34.72％,而第二至第十大股东合计平均持股 24.42％(TOP2_10),管理层持股比例(MAN_SHR)为 14.85％,27.63％的公司存在两职合一的情况(DUAL),董事会规模(BOARD)平均为 9.66 人($e^{2.267\,8}$),独立董事比例平均为 37.53％,上市公司董事会平均下设约 4 个委员会(COMMITTE),符合现代公司治理的特征。此外,公司规模(SIZE)平均为22.100 1,即39.6亿元($e^{22.100\,1}$),财务杠杆(LEV)平均为 42.92％,样本中 24.88％的议案来自国有企业(STATE),其他控制变量也均在合理范围,详见表 8.1.2。

表 8.1.2　描述性统计

变量	观测值	均值	标准差	最小值	1/4 分位数	中位数	3/4 分位数	最大值
BB_DUM	575 882	0.003 3	0.057 7	0	0	0	0	1
ALCOHOL	575 882	1.439 3	0.938 2	0.403 1	0.929 8	1.112 6	1.586 7	7.987 0
LOCAL	575 882	0.556 9	0.496 8	0	0	1	1	1
GENDER_IND	575 882	0.167 0	0.373 0	0	0	0	0	1
AGE_IND	575 882	52.718 5	8.625 4	26	47	52	58	91
INDREPU	575 882	2.063 8	1.320 8	1	1	2	3	8
INDIE	575 882	0.136 1	0.342 8	0	0	0	0	1
FIRST	575882	0.347 2	0.145 8	0.090 8	0.232 0	0.328 2	0.445 1	0.738 3
TOP2_10	575 882	0.244 2	0.130 3	0.022 2	0.140 2	0.235 9	0.336 8	0.555 4
MAN_SHR	575 882	0.148 5	0.207 0	0	0.000 0	0.008 6	0.295 7	0.688 9

[①] 杜兴强等(2017)采用的样本为公司—年度观测值,异议意见变量的均值为 1.48％。本节采用了公司—年度—独立董事—议案观测值(董事会在一年中有多次决议),因此异议意见的均值较低。但若采纳杜兴强等(2017)的公司—年度观测值,则异议意见的均值大抵相当。

续表

变量	观测值	均值	标准差	最小值	1/4分位数	中位数	3/4分位数	最大值
DUAL	575 882	0.276 3	0.447 2	0	0	0	1	1
BOARD	575 882	2.267 8	0.179 4	1.791 8	2.079 4	2.302 6	2.302 6	2.772 6
INDR	575 882	0.375 3	0.054 1	0.333 3	0.333 3	0.357 1	0.428 6	0.571 4
COMMITTEE	575 882	3.926 3	0.516 4	0	4	4	4	8
SIZE	575 882	22.100 1	1.241 9	19.805 1	21.194 3	21.947 2	22.827 7	25.781 3
LEV	575 882	0.429 2	0.206 6	0.051 2	0.264 2	0.422 3	0.586 5	0.878 0
TOBINQ	575 882	2.594 2	1.801 7	0.877 3	1.397 9	2.010 5	3.128 4	10.687
TUL	575 882	0.016 8	0.024 5	0.000 2	0.003 6	0.008 5	0.019 0	0.152 7
STATE	575 882	0.248 8	0.432 3	0	0	0	0	1
LISTAGE	575 882	2.170 5	0.712 5	0.693 1	1.609 4	2.197 2	2.833 2	3.401 2
GDP_PC	575 882	0.068 8	0.031 6	0.005 1	0.043 4	0.065 2	0.088 8	0.153 1
GDP_G	575 882	0.107 9	0.060 87	−0.279 6	0.078 0	0.104 3	0.125 0	0.322 7
POPUL_G	575 882	0.005 2	0.002 4	−0.001 0	0.003 2	0.005 1	0.006 8	0.011 8

（二）相关系数分析

表 8.1.3 报告了 Pearson 相关性分析结果。独立董事异议（BB_DUM）与酒文化（AL-COHOL）在 1% 的水平上显著负相关，表明酒文化降低了独立董事提出异议的概率，这初步支持了假设 8.1.1。

在控制变量方面，独立董事异议（BB_DUM）与 GENDER_IND、AGE_IND、INDREPU、INDIE、FIRST、TOP2_10、MAN_SHR、DUAL、INDR、COMMITTEE、SIZE、LISTAGE、GDP_PC 及 POPUL_G 显著负相关，与 BOARD、LEV、TOBINQ、TUL、STATE 及 GDP_G 显著正相关，表明回归中纳入这些变量的必要性。控制变量间较低的相关系数表明不存在严重的多重共线性问题。

表 8.1.3 Pearson 相关系数

变量		(1)	(2)	(3)	(4)	(5)	(6)	(7)	(8)	(9)	(10)	(11)	(12)	(13)	(14)	(15)	(16)	(17)	(18)	(19)	(20)	(21)	(22)	(23)
BB_DUM	(1)	1																						
ALCOHOL	(2)	−0.019***	1																					
LOCAL	(3)	−0.002	−0.007***	1																				
GENDER_IND	(4)	−0.006***	−0.021***	0.022***	1																			
AGE_IND	(5)	−0.010***	−0.019***	0.003**	−0.083***	1																		
INDREPU	(6)	−0.013***	−0.038***	0.033***	−0.009***	0.023***	1																	
INDIE	(7)	−0.008***	−0.011***	−0.096***	−0.086***	0.201***	−0.147***	1																
FIRST	(8)	−0.004***	0.036***	0.021***	−0.012***	0.014***	0.007***	−0.002	1															
TOP2_10	(9)	−0.004***	−0.040***	−0.032***	−0.004***	−0.024***	−0.019***	0.041***	−0.450***	1														
MAN_SHR	(10)	−0.017***	−0.007***	0.022***	0.021***	−0.053***	−0.028***	0.052***	−0.115***	0.368***	1													
DUAL	(11)	−0.005***	−0.025***	0.006***	0.010***	−0.027***	−0.008***	−0.003***	−0.022***	0.096***	0.248***	1												
BOARD	(12)	0.008***	0.090***	−0.039***	−0.025***	0.035***	−0.007***	0.009***	0.017***	−0.047***	−0.229***	−0.198***	1											
INDR	(13)	−0.012***	−0.035***	0.030***	−0.009***	0.013***	−0.023***	0.006***	0.033***	−0.009***	0.082***	0.118***	−0.489***	1										
COMMIT-TEE	(14)	−0.026***	0.005***	−0.024***	−0.001	0.021***	0.033***	−0.001	−0.005***	0.025***	−0.013***	−0.013***	0.040***	0.020***	1									
SIZE	(15)	−0.028***	−0.102***	0.011***	−0.014***	0.115***	0.089***	−0.004***	0.150***	−0.115***	−0.340***	−0.162***	0.257***	−0.000	0.101***	1								
LEV	(16)	0.008***	−0.028***	0.021***	−0.015***	0.036***	0.047***	−0.047***	0.066***	−0.227***	−0.345***	−0.148***	0.180***	−0.021***	0.056***	0.536***	1							
TOBINQ	(17)	0.013***	−0.077***	0.007***	−0.000	−0.049***	−0.015***	0.014***	−0.047***	0.154***	0.250***	0.127***	−0.180***	0.057***	−0.029***	−0.470***	−0.387***	1						
TUL	(18)	0.020***	−0.055***	0.036***	−0.016***	−0.013***	0.004***	−0.024***	−0.067***	−0.060***	−0.092***	−0.041***	0.002	0.010***	−0.015***	0.047***	0.226***	−0.036***	1					
STATE	(19)	0.028***	0.145***	0.031***	−0.019***	0.014***	−0.006***	−0.020***	0.153***	−0.242***	−0.389***	−0.229***	0.257***	−0.071***	−0.020***	0.190***	0.236***	−0.206***	0.016***	1				
LISTAGE	(20)	−0.005***	−0.107***	0.024***	−0.000	0.069***	0.062***	−0.060***	−0.060***	−0.368***	−0.567***	−0.230***	0.153***	−0.006***	0.043***	0.469***	0.408***	−0.262***	0.141***	0.300***	1			
GDP_PC	(21)	−0.038***	−0.223***	0.106***	0.015***	0.061***	0.042***	0.030***	−0.055***	0.142***	0.142***	0.108***	−0.147***	0.056***	0.042***	0.126***	−0.070***	0.015***	−0.015***	−0.213***	−0.011***	1		
GDP_G	(22)	0.053***	0.230***	0.011***	−0.035***	−0.055***	−0.035***	−0.014***	0.018***	−0.003***	−0.022***	−0.012***	0.060***	−0.025***	−0.055***	−0.093***	0.026***	−0.061***	0.051***	0.150***	−0.092***	−0.063***	1	
POPUL_G	(23)	−0.006***	−0.107***	−0.064***	0.006***	−0.045***	0.002	−0.004***	−0.008***	0.008***	0.017***	0.001	−0.011***	0.016***	0.022***	−0.002***	−0.008***	0.024***	0.004***	−0.053***	−0.017***	−0.277***	0.079***	1

注：***、**、* 分别表示在 1%、5% 和 10% 的水平上显著。

（三）假设 8.1.1 和假设 8.1.2 回归结果分析

表 8.1.4 为酒文化对独立董事异议的影响，以及该影响在本地和异地独立董事中不对称作用的回归结果。为降低异方差的影响，所有 t 值均经过 White（1980）稳健性调整。第（1）～（4）列的回归结果显示，模型的卡方检验均在 1% 的水平上显著，同时第（2）列的 Pseudo R^2 为 0.298 2，这表明模型具有一定的解释力。

第（1）列为基准回归测试，其结果显示，FIRST 与 BB_DUM 显著负相关，TOP2_10 与 BB_DUM 显著正相关，表明第一大股东持股比例越高，独立董事提出异议的概率越低，而当股权制衡水平提高时，独立董事更可能提出异议，该结论与 Jiang 等（2016）和杜兴强等（2017）类似；SIZE 与 BB_DUM 显著负相关，表明企业规模越大，独立董事提出异议的概率越低，该结论与 Ma 和 Khanna（2013）的研究结论一致。此外，BB_DUM 与 GENDER_IND、INDREPU、INDIE、MAN_SHR、BOARD 和 INDR 均显著负相关，说明当独立董事为女性、兼职公司数量越多、具有行业专长、所在公司的管理层持股比例越高、所在公司的董事会规模越大及所在公司的独立董事比例越高时，独立董事投非赞成票的概率越低；而 BB_DUM 与 DUAL、LISTAGE 和 GDP_G 显著正相关，表明董事长与 CEO 两职合一、公司上市年龄和国内生产总值增长率增加了独立董事提出异议的概率。

表 8.1.4 第（2）列提供了假设 8.1.1 的检验结果。第（2）列最后一行的 ΔPseudo R^2 结果表明，在加入主要解释变量后，模型的解释力显著提高。第（2）列中，ALOCHOL 的系数在 1% 的水平上显著为负（系数＝－0.303 8，t 值＝－3.82），为假设 8.1.1 提供了经验证据的支持，表明酒文化使得公司的治理方式由规则型治理向关系型治理转变，导致独立董事提出异议的概率降低。ALOCHOL 的系数估计表明，酒文化对独立董事异议投票概率的边际影响约为 27.29%。这一结果说明，酒文化抑制独立董事异议投票的结果不仅在统计意义显著，且具有重要的经济意义。

表 8.1.4 第（3）～（4）列的结果表明，在异地独立董事组中（LOCAL＝0），ALCOHOL 的系数在 1% 的水平上显著为负（系数＝－0.551 0，t 值＝－4.76），其边际影响为7.91%；但在本地独立董事组中（LOCAL＝1），ALCOHOL 并未显著影响 BB_DUM。此外，第（3）～（4）列组间差异分析在 1% 的水平上显著（207.91***），且 ALCOHOL 在第（3）列中的系数也在 1% 的水平上大于第（4）列（7.71***），揭示了酒文化对独立董事异议的抑制作用在异地独立董事组中比在本地独立董事组中显著更强。上述结果为假设 8.1.2 提供了支持。

表 8.1.4 酒文化、本地独立董事与独立董事异议

变量	被解释变量：独立董事异议的虚拟变量（BB_DUM）							
	假设 8.1.1				假设 8.1.2			
	(1)		(2)		(3)		(4)	
	全样本		全样本		LOCAL＝0		LOCAL＝1	
	系数	t 值	系数	t 值	系数	t 值	系数	t 值
ALCOHOL			−0.303 8***	−3.82	−0.551 0***	−4.76	−0.089 4	−0.75
LOCAL	0.029 1	0.57	0.031 3	0.62				
GENDER_IND	−0.145 2**	−2.02	−0.144 1**	−2.01	−0.030 4	−0.32	−0.247 6**	−2.16
AGE_IND	0.001 9	0.69	0.002 4	0.87	0.003 1	0.88	0.001 4	0.33
INDREPU	−0.048 8**	−2.28	−0.050 1**	−2.34	−0.061 0**	−2.09	−0.047 0	−1.47
INDIE	−0.403 5***	−4.63	−0.405 5***	−4.65	−0.473 7***	−4.32	−0.275 8*	−1.87
FIRST	−0.541 9**	−2.45	−0.563 5**	−2.56	−0.052 1	−0.17	−1.079 0***	−3.28
TOP2_10	0.534 3**	2.05	0.504 1*	1.93	0.285 3	0.84	0.919 2**	2.11
MAN_SHR	−0.421 4**	−2.36	−0.414 9**	−2.32	0.243 5	1.05	−1.275 5***	−4.65
DUAL	0.276 6***	4.55	0.272 3***	4.48	0.282 5***	3.38	0.258 2***	2.78
BOARD	−0.841 0***	−5.80	−0.841 6***	−5.80	−0.906 0***	−4.60	−0.778 0***	−3.55
INDR	−3.235 9***	−5.35	−3.265 7***	−5.40	−2.688 7***	−3.50	−4.793 3***	−4.86
COMMITTEE	0.024 9	0.88	0.027 0	0.95	0.125 5***	2.80	−0.063 1	−1.64
SIZE	−0.284 6***	−9.17	−0.284 9***	−9.20	−0.297 8***	−6.79	−0.273 0***	−6.39
LEV	0.167 2	1.03	0.158 4	0.98	0.184 3	0.92	0.008 6	0.03
TOBINQ	0.020 7	1.18	0.020 5	1.18	0.025 7	1.07	−0.014 2	−0.50
TUL	0.995 0	1.15	0.890 8	1.03	−0.360 2	−0.30	3.345 7**	2.54
STATE	0.014 6	0.24	0.030 7	0.50	0.068 4	0.81	−0.019 0	−0.20
LISTAGE	0.235 7***	4.30	0.235 7***	4.31	0.399 5***	5.33	0.064 3	0.78
GDP_PC	−1.328 6	−1.14	−1.344 0	−1.14	−0.996 3	−0.58	−1.174 8	−0.69
GDP_G	1.744 3***	2.85	1.938 5***	3.03	2.307 6***	3.24	1.390 5	1.25
POPUL_G	−7.920 8	−0.68	−22.160 3*	−1.85	−17.843 2	−1.08	−13.417 4	−0.72
常数项	3.399 6***	4.35	3.713 3***	4.72	3.249 8***	3.00	4.038 9***	3.33
行业/年度	控制		控制		控制		控制	
观测值	575 882		575 882		320 698		255 184	
Pseudo R^2	0.297 7		0.298 2		0.311 0		0.298 7	
Log likelihood	−9 011.686 0		−9 004.209 4		−5 037.776 4		−3 852.720 1	
LR Chi^2	7 638.72***		7 653.67***		4 548.22***		3 281.53***	
ΔPseudo R^2			0.05%（14.95***）					
组间（系数）差异							207.91***（7.71***）	

注：***、**、*分别表示在1%、5%和10%的水平上显著；所有t值经过异方差稳健标准误（Huber-White）调整。

（四）被解释变量"独立董事异议投票"的敏感性测试

本节进而采纳其他两种度量独立董事异议的变量、重新检验酒文化与独立董事异议的关系：第一，独立董事当年提出异议的数量（BB_NUM）；第二，按照独立董事提出异议的激烈程度，将"反对"、"提出异议"或"弃权"归为异议的虚拟变量（BB_N_DUM；狭义的独立董事异议行为）。

表 8.1.5 Panel A 显示，第（1）～（3）列中 ALCOHOL 与 BB_NUM 均在 1% 的水平上显著负相关，该结果进一步支持了假设 8.1.1。ALCOHOL 的系数在第（2）列中显著为负，在第（3）列亦显著为负，但第（2）列中的绝对值显著大于第（3）列且组间差异显著，该结果进一步支持了假设 8.1.2。表 8.1.5 Panel B 为采用缩小范围后的独立董事异议意见作为被解释变量的回归结果，第（1）列结果显示，ALCOHOL 与 BB_N_DUM 显著负相关，为假设 8.1.1 提供了额外的经验证据支持。Panel B 第（2）～（3）列的结果再一次支持了假设 8.1.2。

表 8.1.5   采用不同独立董事异议意见度量变量的敏感性测试

Panel A：使用独立董事异议意见数量的敏感性测试

变量	被解释变量：独立董事异议数量（BB_NUM）					
	假设 8.1.1		假设 8.1.2			
	(1)		(2)		(3)	
	全样本		LOCAL＝0		LOCAL＝1	
	系数	t 值	系数	t 值	系数	t 值
ALCOHOL	−0.284 2***	−7.25	−0.415 7***	−7.58	−0.150 8**	−2.57
控制变量	控制		控制		控制	
行业/年度/常数项	控制		控制		控制	
观测值	575 882		320 698		255 184	
Pseudo R^2	0.187 7		0.200 5		0.193 7	
Log likelihood	−41 002.016		−22 610.637		−17 828.275	
LR Chi^2	716 334.07***		11 337.98***		8 566.77***	
组间（系数）差异			23 291.28*** (10.89***)			

Panel B：使用缩小范围的独立董事异议意见虚拟变量的被解释变量敏感性测试

变量	被解释变量：缩小范围的独立董事异议虚拟变量（BB_N_DUM）					
	假设 8.1.1		假设 8.1.2			
	(1)		(2)		(3)	
	全样本		LOCAL＝0		LOCAL＝1	
	系数	t 值	系数	t 值	系数	t 值
ALCOHOL	−0.219 8*	−1.68	−0.315 3*	−1.69	−0.166 9	−0.75
控制变量	控制		控制		控制	
行业/年度/常数项	控制		控制		控制	

续表

变量	被解释变量:缩小范围的独立董事异议虚拟变量(BB_N_DUM)					
	假设 8.1.1		假设 8.1.2			
	(1)		(2)		(3)	
	全样本		LOCAL＝0		LOCAL＝1	
	系数	t 值	系数	t 值	系数	t 值
观测值	575 882		320 698		255 184	
Pseudo R^2	0.116 2		0.124 2		0.160 4	
Log likelihood	－2 581.517 4		－1 447.176 1		－1 052.520 7	
LR Chi^2	678.55***		410.56***		402.29***	
组间(系数)差异				190.60*** (0.26)		

注:***、**、*分别表示在1%、5%和10%的水平上显著;所有 t 值均经过异方差稳健标准误(Huber-White)调整。

(五)解释变量"酒文化"的敏感性测试

参考 Li 等(2016)和 Du 等(2017)的研究,本节构建了基于地理近邻性的酒文化变量 ALCOHOL_R,重新检验假设 8.1.1 和 8.1.2。ALCOHOL_R 等于公司所在地方圆 R(R＝200,300)千米范围内品牌价值排名前 200 位的酒类企业数量。表 8.1.6 的 Panel A 显示,ALCOHOL_R 与 BB_DUM 均在 1%的水平上显著负相关,支持了假设 8.1.1。Panel B 的分组回归结果显示,ALCOHOL_R 与 BB_DUM 的负关系仅在异地独立董事组中成立(组间差异显著),同时 ALCOHOL_R 的系数在第(1)～(2)列以及第(3)～(4)列之间存在显著差异,该结论与假设 8.1.2 的预测一致。

表 8.1.6　使用基于地理近邻性的酒文化变量的敏感性测试

Panel A:使用基于地理近邻性的酒文化变量对假设 8.1.1 的敏感性测试

变量	被解释变量:独立董事异议的虚拟变量(BB_DUM)			
	R＝200km		R＝300km	
	(1)		(2)	
	系数	t 值	系数	t 值
ALCOHOL_R	－0.011 6***	－3.47	－0.008 9***	－3.35
控制变量	控制		控制	
行业/年度/常数项	控制		控制	
观测值	545 375		545 375	
Pseudo R^2	0.107 3		0.107 1	
Log likelihood	－4 931.134 5		－4 932.043 9	
LR Chi^2	1 185.32***		1 183.50***	

续表

Panel B：使用基于地理近邻性的酒文化变量对假设 8.1.2 的敏感性测试

变量	被解释变量：独立董事异议的虚拟变量（BB_DUM）							
	R＝200km				R＝300km			
	（1）		（2）		（3）		（4）	
	LOCAL＝0		LOCAL＝1		LOCAL＝0		LOCAL ＝1	
	系数	t 值	系数	t 值	系数	t 值	系数	t 值
ALCOHOL_R	−0.025 6***	−4.66	−0.005 7	−1.23	−0.017 5***	−4.63	−0.004 9	−1.21
控制变量	控制		控制		控制		控制	
行业/年度/常数项	控制		控制		控制		控制	
观测值	303 287		242 088		303 287		242 088	
Pseudo R^2	0.119 1		0.128 6		0.118 3		0.128 6	
Log likelihood	−2 704.575 4		−2 113.416 2		−2 706.981		−2 113.434 8	
LR Chi^2	731.33***		623.69***		726.52***		623.65***	
组间差异	181.50***				180.80***			
系数差异	7.58***				5.11**			

注：***、**、* 分别表示在 1％、5％和 10％的水平上显著；所有 t 值均经过异方差稳健标准误（Huber-White）调整。

（六）其他敏感性测试

由于《中国统计年鉴》仅包含 2012 年之前各省人均酒精消费的数据，因此本节主回归中采用 2012 年各省人均酒精消费金额占人均总消费金额的比例预测并计算 2013—2018 年的主要解释变量 ALCOHOL。为了保证本节主要结果的稳健性，本节采用 2005—2012 年的样本重新对式(8.1.1)进行回归检验。如表 8.1.7 所示，第(1)列中 ALCOHOL 与 BB_DUM 仍然在 1％的显著性水平上负相关，表明本节采用预测的方法度量 2012 年以后酒文化变量的方式并不会改变主要结果，这为假设 8.1.1 提供了支持。第(2)～(3)列显示，仅在异地独立董事子样本中 ALCOHOL 与 BB_DUM 在 1％的显著性水平上负相关，这支持了假设 8.1.2。

表 8.1.7　使用 2005—2012 年样本的敏感性测试

变量	被解释变量:独立董事异议的虚拟变量(BB_DUM)					
	假设 8.1.1		假设 8.1.2			
	(1)		(2)		(3)	
	全样本		LOCAL=0		LOCAL=1	
	系数	t 值	系数	t 值	系数	t 值
ALCOHOL	−0.398 2***	−4.23	−0.655 8***	−4.48	−0.034 5	−0.27
控制变量	控制		控制		控制	
行业/年度/常数项	控制		控制		控制	
观测值	140 001		79 487		60 514	
Pseudo R^2	0.382 7		0.400 4		0.380 4	
Log likelihood	−4 423.968 3		−2 468.417 4		−1 870.906 3	
LR Chi^2	5 485.48***		3 297.07***		2 296.79***	
组间(系数)差异			184.37*** (10.22***)			

注：***、**、*分别表示在 1%、5% 和 10% 的水平上显著;所有 t 值均经过异方差稳健标准误(Huber-White)调整。

五、内生性测试与进一步分析

(一)使用工具变量法控制内生性的分析

本节首先采用工具变量两阶段方法控制酒文化与独立董事异议投票之间的内生性问题。酒的生产原料主要包括高粱、小麦、玉米等粮食作物,尚未有明确证据表明这些原材料会影响独立董事选择对地点的选择,因此本节将各省酿酒主要原材料的产量之和(MATERIAL)作为工具变量对 ALCOHOL 进行第一阶段的回归。如表 8.1.8 Panel A 所示,酿酒主要原料与酒文化显著正相关。

根据第一阶段得到的 ALCOHOL*,重新对假设 8.1.1 和 8.1.2 进行检验。表 8.1.8 Panel B 第(1)列的结果显示,ALCOHOL* 的系数在 1% 的水平上显著为负;第(2)~(3)列的结果表明,ALCOHOL* 的系数仅在异地独立董事组中显著为负(组间与系数差异均显著)。上述结果表明,控制内生性后,假设 8.1.1 和 8.1.2 依然被经验证据所支持。

表 8.1.8　使用工具变量两阶段(2SLS)法控制内生性的结果

Panel A:使用工具变量两阶段(2SLS)法控制内生性第一阶段的结果

变量	被解释变量:酒文化(ALCOHOL)	
	系数	t 值
MATERIAL	0.000 2***	348.28
LOCAL	−0.027 1***	−21.84
GENDER_IND	−0.012 6***	−8.22
AGE_IND	0.000 9***	12.29

续表

变量	被解释变量:酒文化(ALCOHOL)	
	系数	t 值
INDREPU	−0.002 9***	−5.90
INDIE	−0.012 8***	−6.98
FIRST	−0.147 3***	−27.53
TOP2_10	−0.151 8***	−24.73
MAN_SHR	0.011 6***	2.96
DUAL	−0.006 2***	−4.34
BOARD	0.084 3***	18.15
INDR	0.170 3***	11.66
COMMITTEE	−0.000 3	−0.27
SIZE	0.009 5***	13.01
LEV	−0.011 1***	−2.92
TOBINQ	0.006 9***	16.38
TUL	−0.342 8***	−14.74
STATE	0.059 8***	32.28
LISTAGE	−0.033 2***	−25.51
GDP_PC	2.752 3***	107.39
GDP_G	1.598 6***	89.55
POPUL_G	−22.109 9***	−104.90
常数项	0.126 3***	6.30
行业/年度	控制	
观测值	575 882	
Adj_R^2(F-value)	0.757 6(12 608.90***)	

Panel B:使用工具变量两阶段(2SLS)法控制内生性第二阶段的结果

变量	被解释变量:独立董事异议的虚拟变量(BB_DUM)					
	假设 8.1.1		假设 8.1.2			
	(1)		(2)		(3)	
	全样本		LOCAL=0		LOCAL=1	
	系数	t 值	系数	t 值	系数	t 值
ALCOHOL*	−0.482 4***	−3.14	−0.735 2***	−3.91	−0.090 9	−0.32
控制变量	控制		控制		控制	
行业/年度/常数项	控制		控制		控制	
观测值	575 882		320 698		255 184	
Pseudo R^2	0.298 1		0.310 2		0.298 6	
Log likelihood	−9 006.698 9		−5 043.959 9		−3 852.919 8	
LR Chi²	7 648.69***		4 535.85***		3 281.13***	
组间(系数)差异	206.51***(3.60*)					

　　注: ***、**、* 分别表示在1%、5%和10%的水平上显著;所有 t 值均经过异方差稳健标准误(Huber-White)调整。

(二)使用 Heckman 两阶段法控制内生性的分析

本节进一步采用 Heckman 两阶段方法(Heckman,1979)控制样本选择可能存在的偏差。孙亮和刘春(2014)发现公司代理成本与选聘独立董事相关,因此本节在第一阶段将费用率(AC_AER;代理成本的替代变量)作为工具变量,并通过第一阶段回归获取逆米尔斯比(IMR)后代入第二阶段。如表 8.1.9 的 Panel B 所示,第(1)列中 ALCOHOL 的系数在1%的水平上显著为负,再次支持了假设 8.1.1。值得一提的是,IMR 的系数也显著,这表明本节在一定程度上存在样本选择偏差问题,但在控制了该内生性后主要结果并未发生变化。第(2)～(3)列的结果显示,ALCOHOL 与 BB_DUM 的负相关关系仅在异地独立董事组中成立,这进一步支持了假设 8.1.2。

表 8.1.9　使用 Heckman 两阶段控制内生性的结果

Panel A:使用 Heckman 两阶段法控制内生性第一阶段的结果

变量	被解释变量:LOCAL_DUM	
	系数	t 值
AC_AER	0.621 2***	8.24
LOCAL	3.207 2***	55.80
GENDER_IND	−0.021 9***	−4.43
AGE_IND	−0.024 5***	−119.39
INDREPU	0.115 2***	76.68
INDIE	−0.122 8***	−24.99
FIRST	−0.024 3	−1.56
TOP2_10	−0.150 3***	−8.25
MAN_SHR	0.129 3***	11.35
DUAL	0.031 7***	7.47
BOARD	0.060 6***	4.83
INDR	−0.033 7	−0.88
COMMITTEE	0.008 5**	2.40
SIZE	−0.070 2***	−31.18
LEV	0.081 4***	6.84
TOBINQ	−0.002 3*	−1.65
TUL	−0.403 1***	−5.02
STATE	0.002 2	0.44
LISTAGE	0.121 0***	32.26
GDP_PC	−3.511 1***	−41.45
GDP_G	0.618 8***	15.74
POPUL_G	0.554 2	0.62

续表

变量	被解释变量:LOCAL_DUM	
	系数	t 值
常数项	3.207 2***	55.80
行业/年度	控制	
观测值	708 677	
Pseudo R^2	0.060 3	
Log likelihood	−321 224.16	
LR Chi^2	41 241.86***	

Panel B:使用 Heckman 两阶段控制内生性第二阶段的结果

变量	被解释变量:独立董事异议意见的虚拟变量(BB_DUM)					
	假设 8.1.1		假设 8.1.2			
	(1)		(2)		(3)	
	全样本		LOCAL=0		LOCAL=1	
	系数	t 值	系数	t 值	系数	t 值
ALCOHOL	−0.304 1***	−3.82	−0.554 3***	−4.78	−0.089 6	−0.75
IMR	−2.341 2**	−2.05	−2.756 1*	−1.82	−1.946 9	−1.06
控制变量	控制		控制		控制	
行业/年度/常数项	控制		控制		控制	
观测值	575 755		320 601		255 154	
Pseudo R^2	0.298 5		0.311 2		0.299 1	
Log likelihood	−9 000.520 3		−5 036.126 3		−3 850.518 3	
LR Chi^2	7 660.69***		4 551.36***		3 285.73***	
组间(系数)差异			205.47*** (7.81***)			

注: ***、**、*分别表示在 1%、5%和 10%的水平上显著;所有 t 值均经过异方差稳健标准误(Huber-White)调整。

(三)使用双重差分(DID)法控制内生性的分析

2012 年 12 月,中共中央政治局会议审议通过了《十八届中央政治局关于改进工作作风、密切联系群众的八项规定》,提倡厉行勤俭节约,这对宴请接待与酒文化均起到一定的抑制作用。参考 Du 等(2020),本节以中央八项规定作为政策冲击的准自然实验背景,采用双重差分(DID)法,控制酒文化与独立董事异议行为之间潜在的内生性。本节构建了酒文化的虚拟变量 TREAT_P%(P=20,25),当公司所在省份的人年均酒类消费支出占人年均可支配收入的比重超过全国 P%的省份时,TREAT_P%(P=20,25)赋值为 1,否则赋值为

0[①]；此外，本节还构建了中央八项规定的虚拟变量 POST，当样本年份在中央八项规定施行时间(2012 年)之后时赋值为 1，否则为 0[②]。

表 8.1.10 报告了采用 DID 方法控制内生性的回归结果，Panel A 和 Panel B 分别对应以 20% 与 25% 为阈值定义 TREAT_P% 的结果。在第(1)列中，TREAT_P% × POST 的系数均在 1% 的水平上显著为正，这表明中央八项规定削弱了酒文化对独立董事异议行为的抑制作用，为假设 8.1.1 提供了进一步的支持。此外，在第(2)列中，TREAT_P% × POST 的系数均显著为正，且第(3)列的系数均不显著，这再一次支持了假设 8.1.2。上述结果表明，在使用中央八项规定作为政策冲击构建的 DID 方法控制内生性后，本节的主要结果仍然成立。

表 8.1.10　使用双重差分(DID)法控制内生性的回归结果

Panel A：使用双重差分(DID)法控制内生性的回归结果(以 20% 为阈值)

变量	被解释变量：独立董事异议的虚拟变量(BB_DUM)					
	假设 8.1.1		假设 8.1.2			
	(1)		(2)		(3)	
	全样本		LOCAL＝0		LOCAL＝1	
	系数	t 值	系数	t 值	系数	t 值
TREAT_20%×POST	0.002 2***	4.16	0.003 1***	4.33	0.000 2	0.27
控制变量	控制		控制		控制	
公司/年度/常数项	控制		控制		控制	
观测值	494 171		274 534		219 621	
Adj_R^2	0.097 0		0.104 8		0.116 1	
F-value	46.754 3***		27.436 3***		19.436 1***	

Panel B：使用双重差分(DID)法控制内生性的回归结果(以 25% 为阈值)

变量	被解释变量：独立董事异议的虚拟变量(BB_DUM)					
	假设 8.1.1		假设 8.1.2			
	(1)		(2)		(3)	
	全样本		LOCAL＝0		LOCAL＝1	
	系数	t 值	系数	t 值	系数	t 值
TREAT_25%×POST	0.002 3***	4.27	0.003 5***	4.88	−0.000 6	−0.73
控制变量	控制		控制		控制	
公司/年度/常数项	控制		控制		控制	

---

①　中央八项规定于 2012 年 12 月正式实施，因此本节采用 2012 年的 ALCOHOL 构建 TREAT_P%；本节选择 P＝20,25 为基础，P＝33,50 结果相似。此外由于部分公司上市时间为 2012 年之后，因此使用 DID 方法控制内生性后的样本量有所减少。

②　由于本节在 DID 模型中控制了公司固定效应，同时多数公司从未有过独立董事提出异议，因此采用 Logistic 模型会造成大量观测值无法进行估计。因此，本节采用最小二乘法近似替代检验中央八项规定对酒文化与独立董事异议行为的影响。

续表

变量	被解释变量：独立董事异议的虚拟变量（BB_DUM）					
	假设 8.1.1		假设 8.1.2			
	（1）		（2）		（3）	
	全样本		LOCAL＝0		LOCAL＝1	
	系数	t 值	系数	t 值	系数	t 值
观测值	494 171		274 534		219 621	
Adj_R^2	0.097 0		0.104 8		0.116 1	
F-value	46.742 9***		27.428 4***		19.436 3***	

注：***、**、*分别表示在 1％、5％和 10％的水平上显著；所有 t 值均经过异方差稳健标准误（Huber-White）调整。

（四）使用公司—年度及独立董事—年度样本的分析

以往文献（Ma，Khanna，2013；Tang et al.，2013；杜兴强 等，2017；李世刚 等，2019）通常从"公司—年度"层面以及"独立董事—年度"角度研究独立董事异议的影响因素。BB_DUM_FIRM 为公司—年度层面的独立董事异议虚拟变量，定义为若当前会计年度内独立董事对董事会决议提出过异议则赋值为 1，否则赋值为 0；BB_DUM_IND 为独立董事—年度层面的独立董事异议虚拟变量，若当前会计年度内该独立董事提出过异议则赋值为 1，否则赋值为 0。本部分采用 BB_DUM_FIRM 和 BB_DUM_IND 重新检验假设 8.1.1 和 8.1.2。

值得指出的是，当 BB_DUM_FIRM 作为被解释变量时，由于公司中具有多位独立董事，因此无法使用公司—年度样本对独立董事是否在本地任职进行区分，仅针对独立董事—年度样本进行检验。如表 8.1.11 第（1）列所示，ALOCHOL 系数在 1％的水平上显著为负，支持了假设 8.1.1；表 8.1.11 第（2）列中 ALCOHOL 的系数也在 1％的水平上显著为负支持了假设 8.1.1；第（3）～（4）的结果显示，ALCOHOL 的系数仅在异地独立董事组显著为负，支持了假设 8.1.2①。上述结果表明，采用"公司—年度"或"独立董事—年度"的样本均不会改变本节的主要结论。

表 8.1.11　酒文化与独立董事异议：公司—年度样本与独立董事—年度样本

变量	BB_DUM_FIRM		被解释变量：BB_DUM_IND					
	假设 8.1.1		假设 8.1.1		假设 8.1.2			
	（1）		（2）		（3）		（4）	
	全样本		全样本		LOCAL＝0		LOCAL＝1	
	系数	t 值	系数	t 值	系数	t 值	系数	t 值
ALCOHOL	−0.415 9***	−2.86	−0.358 0***	−3.30	−0.524 1***	−3.33	−0.128 1	−0.82

① 根据证监会相关规定，公司中独立董事的数量不得低于董事会总席位数的三分之一或少于两人，因此公司中具有多位独立董事，使得本节无法使用公司—年度样本对独立董事是否在本地任职进行区分，所以仅针对独立董事—年度样本进行检验。

续表

变量	BB_DUM_FIRM		被解释变量:BB_DUM_IND					
	假设 8.1.1		假设 8.1.1		假设 8.1.2			
	（1）		（2）		（3）		（4）	
	全样本		全样本		LOCAL＝0		LOCAL＝1	
	系数	t 值	系数	t 值	系数	t 值	系数	t 值
控制变量	控 制		控 制		控 制		控 制	
行业/年度/常数项	控 制		控 制		控 制		控 制	
观测值	23 419		70 101		39 272		30 829	
Pseudo R^2	0.208 9		0.225 3		0.240 1		0.226 9	
Log likelihood	－1862.090 6		－3 779.179 5		－2 142.350 7		－1 581.276 8	
LR Chi^2	983.47***		2 198.44***		1 354.13***		928.41***	
组间差异					111.50***			
系数差异					3.19*			

注：***、**、*分别表示在 1％、5％和 10％的水平上显著;所有 t 值均经过异方差稳健标准误(Huber-White)调整。

(五)额外控制其他有罪文化

酒精与香烟、博彩和情色文化被认为是主要的有罪文化(Hong,Kacperczyk,2009),已有研究关注到并证实了有罪文化与财务报告质量之间存在相关关系(Li et al.,2016;Du et al.,2020)。为了保证本节的主要发现不会受到其他有罪文化的影响,本节控制了 GAMBLE、SEX 和 CIGAR 三种有罪文化,重新检验假设 8.1.1 和 8.1.2。

如表 8.1.12 第(1)列所示,在控制了其他有罪文化后,ALCOHOL 仍与 BB_DUM 显著负相关,同时第(2)～(3)列的结果显示 ALCOHOL 与 BB_DUM 的负相关关系仅在异地独立董事样本中成立。上述结果表明酒文化对降低独立董事异议的作用并未受到其他有罪文化的影响。

表 8.1.12 额外控制其他有罪文化的回归结果

变量	被解释变量:独立董事异议的虚拟变量(BB_DUM)					
	假设 8.1.1		假设 8.1.2			
	（1）		（2）		（3）	
	全样本		LOCAL＝0		LOCAL＝1	
	系数	t 值	系数	t 值	系数	t 值
ALCOHOL	－0.381 1***	－4.57	－0.620 8***	－5.05	－0.126 4	－1.06
GAMBLE	－0.0152	－0.34	0.126 1**	2.10	－0.195 3***	－2.92
SEX	－0.011 0***	－4.48	－0.001 5	－0.43	－0.021 9***	－6.26

续表

变量	被解释变量：独立董事异议的虚拟变量（BB_DUM）					
	假设 8.1.1		假设 8.1.2			
	（1）		（2）		（3）	
	全样本		LOCAL＝0		LOCAL＝1	
	系数	t 值	系数	t 值	系数	t 值
CIGAR	−0.004 4	−0.21	−0.023 7	−0.85	0.023 9	0.73
控制变量	控制		控制		控制	
行业/年度/常数项	控制		控制		控制	
观测值	575 882		320 698		255 184	
Pseudo R^2	0.300 9		0.315 0		0.302 7	
Log likelihood	−8 852.485		−4 924.259 3		−3 800.173 6	
LR Chi^2	7 621.86***		4 528.30***		3 298.86***	
组间差异			250.61***			
系数差异			8.33***			

注：***、**、*分别表示在 1%、5% 和 10% 的水平上显著；所有 t 值均经过异方差稳健标准误（Huber-White）调整。

（六）酒文化与独立董事异议：对不同性质最终控制人的影响

非正式制度往往对国有企业和非国有企业存在着不对称的影响（Du，2015；戴亦一 等，2016），为此本节进一步检验酒文化与独立董事异议在国有和非国有企业中是否存在差异。表 8.1.13 第（1）～（2）列显示，ALCOHOL 系数仅在非国有企业样本中显著为负，这表明酒文化更多地影响了非国有企业独立董事的投票决策。

表 8.1.13　酒文化与独立董事异议：最终控制人性质及独立董事年龄

变量	被解释变量：独立董事异议的虚拟变量（BB_DUM）							
	（1）		（2）		（3）		（4）	
	国有企业		非国有企业		独立董事年龄高组		独立董事年龄低组	
	系数	t 值	系数	t 值	系数	t 值	系数	t 值
ALCOHOL	−0.012 1	−0.11	−0.549 8***	−4.50	−0.042 0	−0.39	−0.519 4***	−4.47
控制变量	控制		控制		控制		控制	
行业/年度/常数项	控制		控制		控制		控制	
观测值	143 281		432 601		254 013		321 869	
Pseudo R^2	0.332 1		0.281 9		0.294 4		0.312 2	
Log likelihood	−3 571.647 3		−5 225.087 6		−3 871.082		−5 047.840 3	
LR Chi^2	3 552.09***		4 102.74***		3 230.69***		4 582.79***	
组间（系数）差异		376.88***（10.89***）				151.08***（9.04***）		

注：***、**、*分别表示在 1%、5% 和 10% 的水平上显著；所有 t 值均经过异方差稳健标准误（Huber-White）调整。

(七)酒文化与独立董事异议意见:独立董事年龄差异分析

中国社会是关系本位的社会,通常不认同下级质疑和挑战上级(陈文平 等,2013),因此企业中的论资排辈现象往往昭示着独立董事对董事会决议的"附和"或"沉默"(杜兴强 等,2017)。年龄是论资排辈的重要依据,年长的独立董事往往具有更多的经验、资历和发言权,因此年龄较大的独立董事更不容易受到关系和地位等非正式制度的影响。由此本节预测年龄较小的独立董事更容易受到酒文化的影响。为此,本节进一步按独立董事年龄的均值,将样本区分为独立董事年龄高组和独立董事年龄低组进行检验。表 8.1.13 第(3)~(4)列显示,在独立董事年龄低组,酒文化显著抑制了独立董事提出异议的概率,而在独立董事年龄高组,二者则没有显著关系。

(八)酒文化与独立董事异议:董事会规模差异分析

拥有小规模董事会的企业,其管理层有更多的时间和精力劝服具有不同想法的独立董事,因此酒文化带来的关系型治理在小规模董事会中可能更为显著。据此,本节将样本根据董事会规模的均值分为大规模董事会组和小规模董事会组进行检验。表 8.1.14 第(1)~(2)列结果表明,在小规模董事会中酒文化显著抑制了独立董事提出异议的概率,该结果支持了上述推断。

(九)酒文化与独立董事异议:企业规模差异分析

企业规模的差异往往决定了公司治理水平。本节根据企业规模均值,将全样本分为大规模组和小规模组,进一步检验酒文化对独立董事异议的不对称影响。结果如表8.1.14第(3)~(4)列所示,酒文化在小规模企业中显著抑制了独立董事提出异议的概率,而在大规模企业中则并未发挥作用。

表 8.1.14 酒文化与独立董事异议:董事会规模及企业规模

变量	被解释变量:独立董事异议的虚拟变量(BB_DUM)							
	(1)		(2)		(3)		(4)	
	大规模董事会组		小规模董事会组		大规模企业组		小规模企业组	
	系数	t 值	系数	t 值	系数	t 值	系数	t 值
ALCOHOL	0.017 4	0.17	−0.701 4***	−5.45	−0.048 7	−0.42	−0.504 5***	−4.71
控制变量	控制		控制		控制		控制	
行业/年度/常数项	控制		控制		控制		控制	
观测值	348 108		227 774		256 965		318 917	
Pseudo R^2	0.256 6		0.334 2		0.293 7		0.313 7	
Log likelihood	−4 060.696 5		−4 744.434 4		−3 519.230 5		−5 333.847 1	
LR Chi²	2 803.85***		4 762.02***		2 926.66***		4 876.77***	
组间(系数)差异	397.00** (19.06***)				378.05*** (8.33***)			

注: *** 、** 、* 分别表示在 1%、5% 和 10% 的水平上显著;所有 t 值均经过异方差稳健标准误(Huber-White)调整。

六、研究结论

本节研究了酒文化对独立董事异议投票的影响，同时探究了该影响在异地与本地独立董事间的不对称性。研究发现，公司办公地所在省份的酒文化氛围越浓厚，独立董事发表异议意见的概率显著越低，这揭示了饮酒拉近了独立董事与管理层之间的关系，损害了独立董事的独立性，削弱了独立董事的监督作用，在一定程度上使公司治理由规则型治理转为关系型治理，最终减少了独立董事提出异议的概率。此外，酒文化与独立董事异议的负关系仅这在异地独立董事样本中成立。进一步的研究发现，酒文化对独立董事异议的抑制作用仅在非国有企业、独立董事年龄较小、董事会规模较小以及企业规模较小时成立。

本节研究存在着几个方面的启示：第一，酒文化长期被用于建立关系和联络感情，但其对公司治理的负面影响却鲜少被关注；本节研究丰富了酒文化经济后果的文献，揭示了一个新的影响独立董事提出异议的因素。第二，基于独立董事在公司治理中扮演着重要的监督和咨询的角色，前期研究多从独立董事个人特征及其社会关系的视角出发，探究影响独立董事独立性的因素，而本节则探讨了酒文化对独立董事履行监督功能的影响，为 Williamson（2000）社会制度分析框架的研究提供了重要的证据支持。

本节揭示了酒文化对独立董事异议意见的抑制作用，因此存在着以下实践价值：

第一，本节的发现凸显了文化因素（地区社会氛围）对公司治理影响的重要性。的确，伴随着中国资本市场的发展，公司治理机制等正式制度日益完善，然而正式制度始终无法完全覆盖公司治理的所有领域，因此关注文化的影响亦是不断完善公司治理的重要途径。本节发现衍生自酒文化的关系型文化深刻影响着独立董事的建言行为，这为监管部门改进独立董事的监督效率提供了重要的视角。

第二，目前监管条款并未围绕上市公司对独立董事的殷勤招待作出明确规定。前期文献指出，公司的殷勤招待会影响审计师独立性（杜兴强，2018），且本节发现酒文化削弱了独立董事的独立性，导致了独立董事异议投票概率降低，从而弱化了独立董事的监督角色。为此，监管部门应注意就企业对独立董事的殷勤行为尽早制定相关政策进行规范和监督。

第三，监管部门应着重对公司选聘独立董事的动机进行关注。独立董事能够通过建言献策帮助公司提高运营效率，并通过监督防止企业的不道德行为。但是，独立董事的监督作用的充分发挥必须以其独立性为前提。本节研究发现异地独立董事更易受到酒文化的不利影响，进而导致其实质独立性被削弱，这提示有关监管部门以及投资者应关注公司选聘独立董事的动机及独立董事与公司内部成员的社会关系，以此为依据判断独立董事的独立性及独立董事能否发挥应有的监督作用。

第四，独立董事异议偏低意味着绝大部分独立董事并未发挥出应有的"进谏"的作用，反映出中国上市公司独立董事的尽职情况不容乐观。基于此，监管部门应当加强引导，企业应当配合执行，避免关系因素削弱独立董事的监督动机。

第五，自中央八项规定颁布以来，中国的体制内单位在公款招待方面受到极大的限制，因此许多部门通过酒进行关系疏导的渠道被阻塞,这表明中央八项规定对关系型治理存在一定的抑制作用。结合本节研究结论,可知坚持不懈贯彻中央八项规定,同时针对民营公司制定相应规章,将有助于进一步减小非正式制度的负面作用。

本研究还存在一定的局限性:第一,受制于酒文化的数据披露限制,本节参考前期 Li 等(2016)采用了各省人均酒精消费金额作为酒文化浓厚程度的代理变量的这一做法,然而同一省份的不同地区之间也可能存在饮酒习惯和氛围的差异,因此未来研究可以进一步构建地市级、区县级层面的酒文化代理变量来验证本节的研究结论。第二,本节研究了酒文化对独立董事的公开异议行为的影响,然而由于独立董事与管理层的博弈和妥协可能在表决前已经发生,即部分受酒文化影响导致的独立董事监督作用丧失未能通过数据验证体现,因此研究人员可以考虑通过问卷或田野调查的方式验证本节的结论。第三,本节根植于中国背景,探究衍生于中国酒文化的关系文化对独立董事监督作用的影响,因此本节的研究结论在其他国家背景下未必成立,未来可以进一步采用其他制度背景下的数据验证酒文化对独立董事监督作用的影响。

参考文献

陈睿,王治,段从清,2015. 独立董事"逆淘汰"效应研究——基于独立意见的经验证据[J]. 中国工业经济,8:145-160.

陈文平,段锦云,田晓明,2013. 员工为什么不建言:基于中国文化视角的解析[J]. 心理科学进展,12(5):905-913.

曹春方,林雁,2017. 异地独董、履职职能与公司过度投资[J]. 南开管理评论,20(1):16-29.

戴亦一,肖金利,潘越,2016."乡音"能否降低公司代理成本?——基于方言视角的研究[J]. 经济研究,51(12):147-160.

杜兴强,2018. 殷勤款待与审计独立性:天下有白吃的午餐吗?[J]. 会计研究,5:83-89.

杜兴强,殷敬伟,赖少娟,2017. 论资排辈、CEO 任期与独立董事的异议行为[J]. 中国工业经济,12:151-169.

高枫,2011. 中国酒文化的精神内涵[J]. 山西师大学报(社会科学版),38(S3):120-122.

高凤莲,王志强,2016. 独立董事个人社会资本异质性的治理效应研究[J]. 中国工业经济,3:146-160.

费孝通,1984. 乡土中国[M]. 北京:人民出版社.

李世刚,蒋煦涵,蒋尧明,2019. 独立董事内部薪酬差距与异议行为[J]. 经济管理,41(3):124-140.

梁权熙,曾海舰,2016. 独立董事制度改革、独立董事的独立性与股价崩盘风险[J]. 管理世界,3:144-159.

梁漱溟,1949. 中国文化要义[M]. 上海:上海人民出版社.

刘诚,杨继东,周斯洁,2012. 社会关系、独立董事任命与董事会独立性[J]. 世界经济, 35(12):83-101.

刘琳晨,陈暮紫,吴武清,2019. 独立董事的高管背景与"独立性"——基于董事会投票的经验证据[J]. 南开经济研究,6:199-218.

罗进辉,黄泽悦,朱军,2017. 独立董事地理距离对公司代理成本的影响[J]. 中国工业经济,8:100-119.

强舸,2019. 制度环境与治理需要如何塑造中国官场的酒文化——基于县域官员饮酒行为的实证研究[J]. 社会学研究,34(4):170-192,245-246.

孙亮,刘春,2014. 公司为什么聘请异地独立董事?[J]. 管理世界,9:131-142,188.

唐雪松,申慧,杜军,2010. 独立董事监督中的动机——基于独立意见的经验证据[J]. 管理世界,9:138-149.

魏立群,王智慧,2002. 我国上市公司高管特征与企业绩效的实证研究[J]. 南开管理评论,4:16-22.

严霞,王宁,2013. "公款吃喝"的隐性制度化——一个中国县级政府的个案研究[J]. 社会学研究,28(5):1-25,242.

叶康涛,祝继高,陆正飞,等,2011. 独立董事的独立性:基于董事会投票的证据[J]. 经济研究,46(1):126-139.

郑志刚,胡晓霁,黄继承,2019. 超额委派董事、大股东机会主义与董事投票行为[J]. 中国工业经济,10:155-174.

祝继高,叶康涛,陆正飞,2015. 谁是更积极的监督者:非控股股东董事还是独立董事?[J]. 经济研究,50(9):170-184.

ALLEN F, QIAN J, QIAN M,2005. Law, finance, and economic growth in China[J]. Journal of financial economics, 77(1): 57-116.

ANTLE R, GORDON E, NARAYANAMOORTHY G, et al., 2006.The joint determination of audit fees, non-audit fees, and abnormal accruals[J]. Review of quantitative finance and accounting, 27(3): 235-266.

BRICKLEY J A, COLES J, TERRY R, 1994.Outside directors and the adoption of poison pills[J]. Journal of financial economics, 35(3): 371-390.

BYRNE D, NEUMAN J H, 1992. The implications of attraction research for organizational issues[J]. Advances in psychology, 82(08): 29-70.

CAI H, FANG H, XU L C, 2011. Eat, drink, firms, government: an investigation of corruption from the entertainment and travel costs of Chinese firms[J]. Journal of law and economics, 54(1): 55-78.

CHERPITEL C J, 1993. Alcohol, injury, and risk-taking behavior: data from a national sample[J]. Alcoholism: clinical and experimental research, 17(4): 762-766.

COCHRANE J, CHEN H, CONIGRAVE K M, et al., 2003.Alcohol use in China

[J]. Alcohol and alcoholism, 38(6): 537-542.

COLES J L, DANIEL N D, NAVEENL, 2014. Co-opted boards[J]. Review of financial studies, 27(6): 1751-1796.

CHHAOCHHARIA V, NIESSEN-RUENZI A, KUMAR A, 2015.Local investors and corporate governance[J]. Journal of accounting and economics, 54(1): 42-67.

DU J, HE Q, RUI M, (2012). Inside the black box of board room? China's corporate governance reform experiment with the independent director system [R]. Working Paper.

DU X, 2013. Does religion matter to owner-manager agency costs? Evidence from China[J]. Journal of business ethics, 118(2): 319-347.

DU X, 2015. Does Confucianism reduce minority shareholder expropriation? Evidence from China[J]. Journal of business ethics, 132(4): 661-716.

DU X, 2016. Does Confucianism reduce board gender diversity? Firm-level evidence from China[J]. Journal of business ethics, 136(2): 399-436.

DU X, 2019. Does CEO-auditor dialect sharing impair pre-IPO audit quality? Evidence from China[J]. Journal of business ethics, 156(3): 699-735.

DU X, 2021. On informal institutions and accounting behavior[M]. Berlin: Springer.

DU X, WENG J, ZENG Q, et al., 2017. Culture, marketization, and owner-manager agency costs: a case of merchant guild culture in China[J]. Journal of business ethics, 143(2): 353-386.

DU X, YIN J, HAN J, et al., 2020.The price of sinful behavior window dressing: cultural embeddedness on cigarette packages and financial reporting quality[J]. Journal of accounting and public policy, 39(6), 106776.

FAMA E F, JENSEN M C, 1983. Separation of ownership and control[J]. Journal of law and economics, 26(2): 301-325.

FICH E M, SHIVDASANI A, 2007.Financial fraud, director reputation, and shareholder wealth[J]. Journal of financial economics, 86(2): 306-336.

FISMAN R, MIGUEL E, 2007. Corruption, norms, and legal enforcement: Evidence from diplomatic parking tickets[J]. Journal of political economy, 115(6): 1020-1048

FRACASSI C, TATE G, 2012. External networking and internal firm governance[J]. Journal of finance, 67(1): 153-194.

GAO H, HSU P H, LI K, et al., 2018. The real effect of smoking bans: evidence from corporate innovation[J]. Journal of financial and quantitative analysis, 55(2): 387-427.

GRANT, 1998. Alcohol and emerging markets[M]. Oxford: Taylor and Francis

Group.

GUIDI M，SOGIAKAS V，VAGENAS-NANOS E，et al.，2020. Spreading the sin：an empirical assessment from corporate takeovers[J]. International review of financial analysis，2020，71：101535.

GUISO L，SAPIENZA P，ZINGALES L，2006.Does culture affect economic outcomes？[J]. Journal of economic perspectives，20：23-48.

HECKMAN J J，1979. Sample selection bias as a specification error [J]. Econometrica，47(1)：153-161.

HERMALIN B E，WEISBACH M S，2001. Boards of directors as an endogenously determined institution：a survey of the economic literature[J]. Federal Reserve Bank of New York economic policy review，9(4)：7-26.

HILARY G，HUI K，2009. Does religion matter in corporate decision making in America？[J]. Journal of financial economics，93：455-473.

HOFSTEDE G H，1984. Culture's consequences：international differences in work-related values[M]. London：Sage Publications.

HONG H，KACPERCZYK M，2009.The price of sin：the effects of social norms on markets[J]. Journal of financial economics，93(1)：15-36.

HWANG K K，1987. Face and favor：the Chinese power game[J]. American journal of sociology，92(4)：35-41.

HWANG B H，KIMS，2009. It pays to have friends[J]. Journal of financial economics，93(1)：138-158.

LANE S D，CHEREK D R，PIETRAS C J，et al.，2004. Alcohol effects on human risk taking[J]. Psychopharmacology，172(1)：68-77.

JIANG W，WAN H，ZHAO S，2016.Reputation concerns of independent directors：evidence from individual director voting[J]. Review of financial studies，29(3)：655-696.

LI Z，MASSA M，XU N，et al.，(2016)[2022-03-05]. The impact of sin culture：evidence from earnings management and alcohol consumption in China[EB/OL]. http：//papers.ssrn.com/abstract＝2786214.

LIANG J，FARH C I C，FARH J L，2012. Psychological antecedents of promotive and prohibitive voice：a two-wave examination[J]. The academy of management journal，55(1)：71-92.

LIN K，PIOTROSKI J D，YANG Y G，et al.，(2012)[2022-03-05].Voice or exit？Independent director decisions in an emerging economy[EB/OL]. http：//papers.ssrn.com/sol3/papers.cfm？abstract_id＝2166876.

MA J，KHANNA T，2013. Independent directors' dissent on boards：evidence from listed companies in China[J]. Strategic management journal，37(8)：1547-1557.

MASULIS R W，MOBBS S，2014. Independent director incentives：where do talented directors spend their limited time and energy？[J]. Journal of financial economics，111（2）：406-429.

MASULIS R W，WANG C，XIE F，2012.Globalizing the boardroom：the effects of foreign directors on corporate governance and firm performance[J]. Journal of accounting and economics，53（3）：527-554.

PEVZNER M，XIE F，XIN X，2013. When firms talk，do investors listen？The role of trust in stock market reactions to corporate earnings announcements[J]. Journal of financial economics，117（1）：190-223.

SHEN A，ANTONOPOULOS G A，2017. "No banquet can do without liquor"：alcohol counterfeiting in the People's Republic of China[J]. Trends in organized crime，20（3）：273-295.

SU C，LITTLEFIELD J E，2001. Entering guanxi：a business ethical dilemma in mainland China[J]？Journal of business ethics，33（3）：199-210.

TANG X，DU J，HOU Q，2013.The effectiveness of the mandatory disclosure of independent directors' opinions：empirical evidence from China[J]. Journal of accounting and public policy，32（3）：89-125.

VAN DYNE L，ANG S，BOTERO I C，2003.Conceptualizing employee silence and employee voice as multidimensional constructs[J]. Journal of management studies，40：1359-1392.

WHITE H A，1980. Heteroskedasticity-consistent covariance matrix estimator and a direct test for heteroskedasticity[J]. Econometrica，48（4）：817-838.

WILLIAMSON O E，2000. The new institutional economics：taking stock，looking ahead[J]. Journal of economic literature，38（3）：595-613.

WONG Y H，CHAN Y K，1999. Relationship marketing in China：guanxi，favoritism and adaptation[J]. Journal of business ethics，22（2）：107-118.

第二节　投机文化与公司创新

摘要：非正式制度对公司治理的影响是当前研究的一个热点问题,而投机(博彩)文化是非正式制度的一个重要维度。本节以 2008—2018 年的 A 股上市公司为样本,基于手工收集的企业和彩票销售点之间的地理近邻性数据构建了准公司层面的投机(博彩)文化变量,实证检验了投机(博彩)文化对公司创新的影响。研究结果显示,投机(博彩)文化与公司创新显著正相关,这表明投机(博彩)文化氛围越浓厚的地区的企业越富有冒险精神、创新水平越高。进一步地,经济发展水平削弱了投机(博彩)文化对公司创新的正向影响。本节的发现还包括:管理者过度自信是投机(博彩)文化与公司创新的中介路径;投机(博彩)文化对公司创新的促进作用在非高科技企业中更为突出;投机(博彩)文化不仅能促进公司创新,还能提升公司创新质量。本节研究结论为投机(博彩)文化与公司创新之间的关系提供了经验证据。

一、引言

投机(即博彩,下同)作为社会文化形态之一,源远流长,我国先秦时代就存在着六博、弈棋、斗戏和蹴鞠等博彩活动(郭双林,肖梅花,1995)。在当代中国,除了澳门地区以外,赌博活动都是法律明令禁止的活动,但是社交博彩活动(如扑克牌、麻将等)是被社会认可与接受的娱乐形式,尤其是在春节、生日聚会或婚礼庆典等节日中(Loo et al.,2008)。除了民间社交博彩活动以外,1981年国家为了支持社会公益事业而特许专门机构垄断发行彩票,由此形成中国内地可以普遍参与的合法博彩活动。数据显示,2019年中国福利彩票销售额为1 912.38亿元,体育彩票销售额为2 308.15亿元,这说明我国目前仍有大量的人群参与博彩活动。那么,这种具有广泛群众基础的博彩活动所孕育的社会规范或投机文化是否会影响当前企业的公司治理呢?

前期研究(Fan et al.,2007;Du et al.,2014a;Du,2015a)表明,在中国这样一个新兴市场国家、非正式制度在影响公司决策方面发挥着极其重要的作用。文化是非正式制度的一个重要维度,任何个体的行为都会被周围的文化与社会规范所影响,进而在无形中塑造着个体的决策模式(Elster,1989;Festre,2010)。社区规范理论指出,社会氛围会影响社区里的所有个体,进而使个体行为符合所在社区的社会规范(Marquis et al.,2007;El Ghoul et al.,2012;Du et al.,2014b,2020)。基于文化视角的前期研究(Du,2013,2014b,2016;Du et al.,2015,2017;陈冬华 等,2013;修宗峰,周泽将,2018)分别探索了宗教文化、儒家文化和商帮文化对企业社会责任、盈余管理、代理成本、企业捐赠等企业会计审计行为及公司治理方面的影响,支持了社区规范理论的预测。结合社区规范理论和本节研究背景,可以预测投机活动和文化会对当地企业的公司治理产生影响。

前期研究(Chen et al.,2014;Adhikari,Agrawal,2016)通过对不同宗教教义对博彩行为的偏好以及彩票消费情况对一个地区的投机(博彩)文化进行度量,发现投机(博彩)文化能够显著影响企业的投资行为、激励契约、并购行为、审计行为等。投机(博彩)活动具有"以小博大"、高失败率的特点,而公司创新同样具有高风险、高失败率,以及一旦研发成功将获得巨大的经济收益的特征(Holmstrom,1989;Chen et al.,2014)。实际上,企业研发投入具有典型的"博彩特征",那么投机(博彩)文化是否会影响公司创新呢? 一方面,公司创新会激发企业管理层追求超额收益、新颖刺激经历的冲动,进而可能会强化公司创新;另一方面,投机(博彩)文化也可能诱发企业的投机偏好,导致公司创新水平低下或者自主突破性创新减少(Chen et al.,2014;赵奇锋 等,2018)。因此本节主要基于中国背景,探索投机(博彩)文化这一非正式制度对公司创新的影响。进一步地,Williamson(2000)将社会制度从高到低依次划分为四个层级,分别是非正式制度安排、制度环境、治理规则、资源的配置与使用,其中第一个是非正式制度层级,后三个是正式制度层级。投机(博彩)文化是典型的非正式制度,如果投机(博彩)文化会对公司创新产生影响,那么正式制度安排是否会影响投机(博彩)文化与公司创新间的联系呢? 因此,本节进一步探讨了地区经济发展水平作为正式制度(维度之一)对投机(博彩)文化与公司创新的调节作用。

为了检验上述问题,本节参考 Du(2013,2015b)对于宗教文化和儒家文化的度量,利用企业所在地与其邻近的彩票销售点的距离及数量,构建了准企业层面的、基于地理近邻性的投机(博彩)文化变量,然后实证检验了投机文化与公司创新间的联系。研究发现:投机文化与公司创新投入和创新产出显著正相关,即投机文化促进了公司创新;经济发展水平削弱了投机文化与公司创新间的正关系,即企业所在地的经济发展水平越高,投机文化对公司创新的促进作用越弱;机制检验表明投机文化对公司创新的促进作用存在过度自信路径;行业异质性测试表明投机文化对公司创新的促进作用在非高科技企业中更突出;投机文化与创新质量之间的关系表明投机文化不仅能够使公司创新投入和创新产出数量增加,而且能提升公司创新质量。

本节的研究贡献主要体现在:第一,本节基于准企业层面的投机文化变量,发现投机文化与公司创新正相关,有助于丰富对非正式制度在中国新兴市场中作用的认识;此外,在投机文化度量上的突破也有助于弥合前期研究中的分歧。前期研究基于地区(省/县级)层面的数据,得出了截然相反的结论。Chen 等(2014)、Adhikari 和 Agrawal(2016)以不同宗教教义对投机活动的偏好差异度量地区层面的投机文化,研究发现投机文化与公司创新正相关;而赵奇锋等(2018)以彩票销售数据度量省级层面的投机文化,研究发现投机文化与公司创新负相关。其原因可能在于,上述研究都是基于地区层面的投机文化度量;一方面,地区层面的变量不仅忽略了地区内部的企业异质性,而且不能有效地度量各地区边界附近企业的文化氛围;另一方面,地区层面的变量容易产生严重的截面自相关问题(Du,2015b)。本节基于准企业层面度量投机文化变量、检验投机文化与公司创新间的联系,有望弥合前期文献的结论分歧。第二,本节将正式制度引入分析框架,探讨地区发展水平对投机文化与公司创新间关系的调节作用,发现经济发展水平显著地削弱了投机文化与公司创新间的正关系,表明以经济发展水平为代表的正式制度和以投机文化为代表的非正式制度对公司创新的影响存在着互相替代的关系。这个发现为后期研究投机文化对公司治理的影响提供了一个有益的参考视角,也为 Williamson(2000)框架提供了经验证据。第三,参考 Du(2013,2015b)的研究,本节基于地理近邻性概念度量宗教文化和儒家文化的变量,并结合中国的独特背景,首次以企业地理位置与彩票销售点的地理位置构建了基于地理近邻性的投机文化变量来度量准企业层面的投机文化,将投机文化的度量由地区层面推进到准企业层面,为后续展开投机文化对企业会计审计行为及公司治理等方面的影响的研究提供了一个有益的参考。

本节后续内容安排如下:第二部分是文献回顾与研究假设;第三部分是模型设定、变量和样本选择;第四部分是实证结果及分析;第五部分是敏感性测试与进一步分析;第六部分是本节结论及实践启示。

二、文献综述与研究假设

（一）文献综述

博彩文化会导致行为人从事更多的风险投机行为（Kumar et al.，2011；Chen et al.，2014；Christensen et al.，2018），从而会对投资者的投资行为和公司治理产生一系列影响。譬如，低价格、高特质偏度和高特质波动率特征的股票常被视为具有博彩性质的股票（Kumar，2009；郑振龙，孙清泉，2013）。博彩文化会强化投资者"以小博大"的投资心理，进而影响投资者的投资决策。Kumar 等（2011）发现，高博彩偏好地区的个人投资者更偏好于具有博彩性质的股票；Shu 等（2012）发现博彩偏好会促使机构投资者从事更多的风险投机行为，位于投机文化浓厚地区的机构投资者表现出明显更高的收益波动率、更高的投资组合集中度和周转率以及更频繁的临时交易。

基于投机文化对公司治理的影响，前期文献探索了其对员工激励、企业并购、审计等公司行为的影响。Kumar 等（2011）发现，博彩文化浓厚地区的企业更倾向于推行员工股票期权计划激励员工。Schneider 和 Spalt（2017）的研究揭示，博彩倾向会影响 CEO 的并购决策，使 CEO 更偏好于选择风险较高的企业作为被并购对象，尽管可能会降低企业价值。Callen 和 Fang（2020）发现，审计师会给予位于博彩文化浓厚地区的企业更高的风险评级并安排更多的审计时间，进而导致博彩文化浓厚地区的企业审计收费会更高。Christensen 等（2018）将管理层为了缓解来自各方的业绩压力，不断地试探或尝试突破会计准则底线的行为视为一种典型的冒险行为，发现位于博彩文化浓厚地区的个体的风险容忍度高，企业或个人突破会计准则的行为更容易被接受，因此博彩文化浓厚地区的企业出现财务错报的概率更高。博彩文化浓厚的地区会鼓励个人冒险，因此个人的风险容忍度会提高，企业的创新投入会更多，Chen 等（2014）、Adhikari 和 Agrawal（2016）以一个地区不同宗教教众对赌博的态度度量地区博彩偏好，发现地区博彩文化与公司创新正相关；赵奇锋等（2018）认为博彩文化降低了企业的创新投入规模、创新效率以及企业内部个体发明家的创新参与意愿，并以地区彩票销售额作为博彩文化的代理变量验证了博彩文化与公司创新间的负相关关系。

综合上述分析，投机（博彩）文化对企业的投资行为、公司治理等方面产生了重要的影响。但是，有关投机（博彩）文化对公司创新的影响的研究结论却并不一致，而以地区层面的宏观变量度量的投机（博彩）文化可能是造成两种结论差异的重要原因。为此，本节拟通过拓展准企业层面的投机（博彩）文化度量，以进一步检验投机（博彩）文化与公司创新间的联系。

（二）研究假设

投机（博彩）文化会从行为层面和文化氛围层面影响公司创新。行为层面上，主要是因为投机(博彩)活动与创新在经济行为上具有相似性,进而影响个体和企业的创新;文化层面上,主要是由于受投机(博彩)文化影响的组织文化或社区文化氛围会对公司创新产生影响。

首先,投机(博彩)行为具有"以较小的经济投入博取巨大的经济收益"和"高失败率"两个鲜明的特征。公司创新活动在一定意义上具有典型的博彩特征,因为创新投资获得成功的概率较低,但一旦成功也将获得巨大的经济收益。创新活动中投入产出的不对称性将会对偏好投机(博彩)活动的人产生巨大的吸引力,进而强化创新投资(Chen et al.,2014;Adhikari,Agrawal,2016;赵奇锋 等,2018)。其次,偏好投机(博彩)活动的个体具有追求感官刺激的性格,这样的性格会激励行为人从事更多新颖的、多样化的、紧张刺激的以及冒险的活动(Shu et al.,2012)。Sunder 等(2017)的研究表明,具有追求刺激性格的CEO会更倾向于将冒险与追求新颖渴望结合起来且会更具有创造力,从而提升企业的创新水平。最后,容忍失败对于激发和培育创新至关重要,创新活动由于其高度不确定性以及高失败率将需要企业或个人对失败具有非同寻常的忍耐度(Holmstrom,1989)。由于博彩活动有高失败率,因此热衷于博彩活动的个体将具有更高的失败容忍度(Chen et al.,2014;Christensen et al.,2018),更能容忍创新活动的失败,进而促进公司的创新投资(Tian,Wang,2014)。

博彩文化所蕴含的冒险、追求新颖刺激经历与超额收益的文化特质会从组织文化层面影响公司创新。首先,博彩文化会影响企业内部文化,形成一种追求超额收益、新颖刺激经历以及高失败容忍度的文化氛围,进而鼓励公司创新。博彩文化影响下的管理层更热衷于追求与创新相关的超额潜在收益(Holmstrom,1989;Chen et al.,2014)。社区规范理论表明,社会氛围会影响社区里的每一个个体,进而塑造个体行为使其符合所在社区的社会规范,而且这种行为塑造与个体是否支持或认可这种社会规范无关(Marquis et al.,2007;El Ghoul et al.,2012)。譬如,Du 等(2020)发现,烟盒上一系列精美图案形成的文化嵌入会降低吸烟者对吸烟行为的罪恶感,进而培育出一种包容不道德行为的社会规范,且这种社会规范会降低企业的财务报表质量;Du 等(2020),文化嵌入产生的包容不道德行为的社会规范对企业财务报表的影响,与企业的利益相关者是否吸烟无关。参考前期研究(Marquis et al.,2007;Du et al.,2020)可知,或许并非所有员工都具有高博彩倾向,但根据社区规范理论,此时所有人的行为不得不符合博彩文化所塑造的具有高失败容忍度以及追求新颖刺激经历的组织规范,进而这种具有高失败容忍度以及追求新颖刺激经历的组织文化氛围将促进公司创新。其次,投机(博彩)文化还会影响企业员工构成结构以及企业激励合约。投机(博彩)文化影响下的企业会更倾向于提供给雇员更多的鼓励风险性项目投资的激励性合约(Kumar et al.,2011;Chang et al.,2015)。同时,投机(博彩)文化塑造的这种追求冒险与新颖刺激经历的组织文化会吸引更多具有类似性格特质的员工加入企业,这进一步强化了企业的投机氛围(Christensen et al.,2018)。基于上述分析,本节提出如下假设:

假设 8.2.1:限定其他条件,投机(博彩)文化与公司创新正相关。

中国幅员辽阔,各省份经济发展水平严重不平衡(樊纲 等,2011;Du,2013)。经济发展水平越高的省份或地区,基础配套设施、人力资本和金融市场环境等都更加有利于公司创新。那么经济发展水平是否会影响投机(博彩)文化与公司创新间的关系呢?本节参考

Williamson(2000)的观点对三者的关系进行阐释。Williamson(2000)将社会制度划分为非正式制度安排、制度环境、治理规则、资源配置与使用四个层次,且从非正式制度安排到资源配置与使用层次依次降低,高层次的制度安排决定或影响低层次的制度安排。经济发展水平属于第三层次治理规则或第四层次资源配置与使用范畴(Du,2016),投机(博彩)文化属于第一层次的非正式制度安排范畴。

首先,正式制度能够对非正式制度的经济后果产生调节作用,Du(2016)发现经济发展水平能够抑制儒家文化在两性平等方面的负面影响,进而降低儒家文化对董事会女性董事比例的负面效果。结合本节研究内容可知,经济发展水平越高,企业面临的外部环境越好,企业可以调用的经济资源、人力资本更丰富,则企业的创新氛围更好、创新动力更强,这一点已为刘思明等(2020)所支持——发达国家的创新动力普遍高于发展中国家。其次,经济发展水平越高,企业对创新收益的正向预期越强,其创新意愿越能被强化。整体而言,高经济发展水平催生的创新动力和创新意识对企业而言更直接,更能契合"企业利润最大化"或"企业价值最大化"的经济目标,因此直接的经济利益对公司创新动力的刺激可能会替代或降低投机(博彩)文化催生的文化冲动对公司创新的影响。基于上述讨论,本节提出如下假设:

假设 8.2.2:限定其他条件,经济发展水平削弱了投机(博彩)文化对公司创新的正向影响。

三、研究设计

(一)样本与数据来源

本节以中国 2008—2018 年的 A 股上市公司为样本,并按以下标准对样本进行了筛选:剔除银行、保险和其他金融行业的观测值;剔除 ST、* ST 或 PT 类等非正常交易状态的观测值;剔除变量数据缺失的观测值。彩票销售点的数据及公司经纬度数据根据高德地图手工收集而得,公司创新投入与专利数据来自中国研究数据服务平台(CNRDS),其余数据均来自国泰安数据库(Chinese research data services,简称 CSMAR)。为了避免极端值对结果的影响,本节对所有连续性变量进行了 1% 与 99% 分位的缩尾处理。

(二)模型设定

假设 8.2.1 预测投机(博彩)文化促进了公司创新。为了检验假设 8.2.1,本节参考前期研究(Chen et al.,2014;孔东民 等,2017;权小锋,尹洪英,2017),用式(8.2.1)测度投机(博彩)文化对公司创新的影响。

$$R\&D/PATENT = \alpha_0 + \alpha_1 LOTT\_R + \alpha_2 FIRST + \alpha_3 DUAL + \alpha_4 INDR + \alpha_5 SIZE + \alpha_6 LEV + \alpha_7 ROA + \alpha_8 TANGIBLE + \alpha_9 GROWTH + \alpha_{10} HHI + \alpha_{11} AGE + \alpha_{12} STATE + Industry\ Dummies + Year\ Dummies + \varepsilon \tag{8.2.1}$$

式(8.2.1)分别从创新投入 R&D 和创新产出 PATENT 两个角度对公司创新进行度量,解释变量是投机(博彩)文化 LOTT_R。若式(8.2.1)中 LOTT_R 的系数 α_1 显著为正(即 $\alpha_1>0$),则假设 8.2.1 被支持。

假设 8.2.2 预测经济发展水平削弱了投机(博彩)文化与公司创新间的正相关关系。为了检验假设 8.2.2,本节在式(8.2.1)的基础上增加了 GDP_PC、投机文化与经济发展水平的交乘项 LOTT_R×GDP_PC 构建了式(8.2.2)。

$$R\&D/PATENT = \beta_0 + \beta_1 LOTT\_R + \beta_2 GDP\_PC + \beta_3 LOTT\_R \times GDP\_PC + \beta_4 FIRST +$$
$$\beta_5 DUBL + \beta_6 INDR + \beta_7 SIZE + \beta_8 LEV + \beta_9 ROA + \beta_{10} TBNGIBLE +$$
$$\beta_{11} GROWTH + \beta_{12} HHI + \beta_{13} BGE + \beta_{14} STATE + Industry\ Dummies +$$
$$Year\ Dummies + \varepsilon \tag{8.2.2}$$

式(8.2.2)中被解释变量是公司创新 R&D/PBTENT,解释变量是 LOTT_R。若式(8.2.2)中投机(博彩)文化与经济发展水平的交乘项 LOTT_R×GDP_PC 系数 β_3 显著为负(即 $\beta_3<0$),则假设 8.2.2 被支持。

(三)变量定义

1.被解释变量

参考前期研究(孔东民等,2017;权小锋,尹洪英,2017),本节从投入和产出两个角度对公司创新进行度量。创新投入 R&D 等于企业研发投入总额与资产总额的比值再乘以 100。创新产出 PATENT 以专利申请数量进行度量;由于我国专利分为发明专利、实用新型专利和外观专利三类,因此本节参考孔东民等(2017)的研究,以三种类型的专利申请数量之和加 1 取对数进行度量。

2.解释变量

前期研究中对投机(博彩)文化的度量主要可分为两类:第一类是基于不同宗教教义对博彩行为的偏好不同进行度量,如天主教、犹太教的宗教教义对博彩活动容忍度高,而新教和摩门教的宗教教义对博彩的可接受度程度较低。具体地,博彩文化被度量为一个地区天主教教众人数与新教教众人数的比例,或者一个地区天主教教众与犹太教教众人数之和除以新教教众与摩门教教众人数之和(Kumar et al.,2011;Chen et al.,2014;Christensen et al.,2018)。第二类是以一个地区彩票销售情况作为赌博文化的代理变量,这类研究认为购买彩票的行为就是一种真实的、合法的博彩行为(Christensen et al.,2018;赵奇锋 等,2019)。这两种度量方式采用的数据是宏观层面(省/县层面)的数据,忽略了同一地区企业异质性,且在实证研究中容易产生截面自相关问题(Du,2015b)。因此本节参考 Du(2013,2015b)对于宗教文化和儒家文化的度量,构造了准企业层面的基于地理近邻性概念的投机(博彩)文化变量。

参考前期研究(Christensen et al.,2018;赵奇锋等,2019),可知彩票是一种合法的、大众可以广泛参与的博彩活动,而彩票销售点是彩民聚集、交流以及购买彩票的重要场所,因此彩票销售点的数量可以反映一个地区博彩活动受欢迎的程度。中国彩票类型包括福利彩票和体育彩票,分别由中华人民共和国民政部和国家体育总局负责管理,并受中华人民共和国财政部统一监督。彩票销售点的设立、销售经营、迁址以及撤销等受到各级彩票管理中心的严格管理,同时各个彩票销售点也是中国内地唯一合法的具有经营类似博彩业务资质的营业场所。基于此,可以利用彩票销售点的数量度量博彩文化。具体地,本节首先收集了企业所在地和所有彩票销售点的经纬度数据,然后计算了每个企业 R($R=50,100,200$)千米内彩票(包括福利彩票和体育彩票)销售点的数量,然后对其进行 0—1 标准化处理,将处理后的数值作为投机(博彩)文化 LOTT_R 的代理变量。LOTT_R 的取值越高,表明企业的投机(博彩)文化越强。

3.调节变量

参考 Du(2016)的研究,以公司所在省(自治区/直辖市)的人均 GDP 作为经济发展水平 GDP_PC 的代理变量。

4.控制变量

控制变量包括第一大股东持股比例(FIRST)、董事长和 CEO 两职合一(DUAL)、独立董事比例(INDR)、企业规模(SIZE)、财务杠杆(LEV)、总资产收益率(ROA)、固定资产比例(TANGIBLE)、销售收入变化(GROWTH)、行业集中度(HHI)、公司成立年龄(ES-TAGE)、最终控制人性质(STATE)以及年度和行业虚拟变量。变量定义见表 8.2.1。

表 8.2.1　变量定义

变量	变量定义
R&D	企业研发投入与资产总额的比值再乘以 100
PATENT	发明专利、实用新型专利和外观设计专利申请数量之和加 1 取自然对数
LOTT_R	投机(博彩)文化强度变量,等于公司所在地 R 千米内彩票(包括福利彩票和体育彩票)销售点的数量进行 0—1 标准化处理后的数值(R=50,100,200)
GDP_PC	公司所在省、自治区或直辖市的人均 GDP(单位:千元/人)
FIRST	第一大股东持股比例,等于第一大股东持有股份与公司总股份的比值
DUAL	董事长与 CEO 两职合一的虚拟变量,若董事长与 CEO 两职合一则赋值为 1,否则为 0
INDR	独立董事人数与董事会总人数的比值
SIZE	公司规模,等于公司总资产的自然对数
LEV	财务杠杆,等于公司总负债与总资产的比值
ROA	总资产收益率,等于净利润与年末总资产的比值
TANGIBLE	固定资产与资产总额的比值
GROWTH	销售收入变化,等于主营业务收入增长率
HHI	行业内销售额排名前五名企业的市场占有率平方和
ESTAGE	公司成立年限,等于当前年度减去公司成立年份的差取自然对数

续表

变量	变量定义
STATE	最终控制人性质,等于各级政府或国有企业所持股份与公司总股份的比值
LNRD	企业研发投入的自然对数
PATENT_INV	发明专利,发明专利申请的数量加 1 取自然对数
PATENT_NINV	非发明专利,实用新型专利和外观设计专利申请数量之和加 1 取自然对数
LOTT_R_DUM	投机(博彩)文化虚拟变量,若投机(博彩)文化强度变量 LOTT_R 大于样本均值则取值为 1,否则取值为 0(R=50,100,200)
OVERCON	过度自信虚拟变量,若管理者自愿增持本公司股票则取值为 1,否则为 0
LNLOTT	企业所在省、自治区或直辖市的彩票销售额取自然对数
SELF_EMP	企业所在省、自治区或直辖市的个体户数量取自然对数
PATENT_CITE	该年申请专利三年内的平均非自引次数加 1 取自然对数

四、实证结果

(一)描述性统计

表 8.2.2 报告了本节变量的描述统计结果。被解释变量 R&D 的均值为 1.506 4,表明企业的研发投入平均占企业资产比例的 1.506 4%。PATENT 的均值为 2.223 0,表明企业平均每年申请 8($e^{2.223 0}$—1)项专利。解释变量投机(博彩)文化 LOTT_50、LOTT_100、LOTT_200 的均值分别为 0.344 7、0.408 4 和 0.464 9。调节变量(经济发展水平)GDP_PC 的均值为 64.807 0,表明人均 GDP 为 64 807 元人民币。

控制变量的结果显示:第一大股东持股比例(FIRST)的均值为 0.355 0,24.25% 的企业董事长和 CEO 两职合一(DUAL),董事会平均有 37.28% 的独立董事(INDR),企业规模(SIZE)的均值为 39.08($e^{22.086 4}$)亿元,企业的平均财务杠杆(LEV)为 43.87%,资产收益率(ROA)的均值为 0.039 5,固定资产比例 TANGIBLE 的均值为 0.227 8,平均的销售收入变化 GROWTH 为 0.204 3,行业集中度 HHI 的均值为 0.238 9,企业的平均成立年限 ESTAGE 为 14($e^{2.670 0}$)年,国有持股 STATE 平均为 5.63%。

表 8.2.2　描述性统计结果

变量	均值	标准差	最小值	1/4 分位数	中位数	3/4 位数	最大值
R&D	1.506 4	1.759 0	0.000 0	0.000 0	1.040 9	2.352 3	8.596 9
PATENT	2.223 0	1.750 1	0.000 0	0.000 0	2.302 6	3.496 5	6.700 7

续表

变量	均值	标准差	最小值	1/4 分位数	中位数	3/4 位数	最大值
LOTT_50	0.344 7	0.162 3	0.025 5	0.247 8	0.327 8	0.433 5	0.820 4
LOTT_100	0.408 4	0.231 0	0.041 9	0.246 2	0.336 7	0.531 0	0.957 7
LOTT_200	0.464 9	0.227 3	0.050 8	0.291 7	0.425 8	0.640 5	0.927 7
GDP_PC	64.807 0	29.487 1	15.495 0	40.564 0	62.574 0	84.916 0	140.211 2
FIRST	0.355 0	0.150 3	0.087 2	0.235 0	0.336 8	0.458 0	0.750 0
DUAL	0.242 5	0.428 6	0.000 0	0.000 0	0.000 0	0.000 0	1.000 0
INDR	0.372 8	0.052 9	0.333 3	0.333 3	0.333 3	0.428 6	0.571 4
SIZE	22.086 4	1.292 2	19.621 9	21.151 9	21.908 2	22.821 7	26.060 5
LEV	0.438 7	0.211 0	0.051 5	0.269 7	0.434 0	0.598 2	0.926 4
ROA	0.039 5	0.055 0	−0.199 3	0.014 7	0.036 6	0.065 7	0.196 9
TANGIBLE	0.227 8	0.170 3	0.002 1	0.093 9	0.193 3	0.326 9	0.727 1
GROWTH	0.204 3	0.485 0	−0.562 2	−0.010 5	0.120 5	0.287 9	3.302 9
HHI	0.238 9	0.078 0	0.200 0	0.200 0	0.207 0	0.241 8	0.631 4
ESTAGE	2.670 0	0.409 1	1.386 3	2.397 9	2.772 6	2.944 4	3.367 3
STATE	0.056 3	0.144 7	0.000 0	0.000 0	0.000 0	0.000 0	0.673 7

（二）Pearson 相关性分析

表 8.2.3 报告了 Pearson 相关性分析结果。LOTT_50、LOTT_100、LOTT_200 与 R&D 和 PATENT 都在 1% 的水平上显著正相关，表明企业投机（博彩）文化氛围越强，则创新投入与创新产出水平越高，这与假设 8.2.1 的预测一致，初步支持了本节假设 8.2.1。经济发展水平 GDP_PC 与 R&D 和 PATENT 都在 1% 的水平上显著正相关，表明企业所在地区经济发展水平越高，则公司创新水平越高，这与前文理论预测一致。

表 8.2.3　Pearson 相关性分析结果

变量	(1)	(2)	(3)	(4)	(5)	(6)	(7)	(8)	(9)	(10)	(11)	(12)	(13)	(14)	(15)	(16)	(17)
(1) R&D	1.000																
(2) PATENT	0.376***	1.000															
(3) LOTT_50	0.117***	0.079***	1.000														
(4) LOTT_100	0.167***	0.112***	0.840***	1.000													
(5) LOTT_200	0.133***	0.099***	0.524***	0.747***	1.000												
(6) GDP_PC	0.239***	0.128***	0.256***	0.322***	0.456***	1.000											
(7) FIRST	-0.108***	0.026***	-0.005	-0.017*	0.014**	-0.007	1.000										
(8) DUAL	0.159***	0.035***	0.092***	0.115***	0.086***	0.116***	-0.058***	1.000									
(9) INDR	0.039***	0.030***	0.045***	0.028***	-0.007	0.061***	0.042***	0.116***	1.000								
(10) SIZE	-0.186***	0.301***	-0.065***	-0.081***	-0.045***	0.121***	0.220***	-0.167***	0.026***	1.000							
(11) LEV	-0.297***	0.005	-0.077***	-0.102***	-0.088***	-0.121***	0.070***	-0.153***	-0.010	0.464***	1.000						
(12) ROA	0.170***	0.085***	0.041***	0.065***	0.081***	0.046***	0.101***	0.047***	-0.026***	-0.003	-0.376***	1.000					
(13) TANGIBLE	-0.176***	-0.052***	-0.159***	-0.148***	-0.126***	-0.237***	0.078***	-0.099***	-0.066***	0.077***	0.104***	-0.133***	1.000				
(14) GROWTH	0.009	0.001	0.016***	0.010	-0.009	0.000	0.013***	0.021***	0.006	0.047***	0.044***	0.185***	-0.092***	1.000			
(15) HHI	0.132***	-0.143***	-0.022***	-0.034***	-0.029***	-0.052***	-0.070***	0.015***	0.003	-0.170***	-0.103***	0.049***	-0.109***	0.026***	1.000		
(16) ESTAGE	-0.308***	-0.070***	-0.128***	-0.151***	-0.118***	-0.061***	-0.062***	-0.224***	-0.030***	0.351***	0.383***	-0.187***	0.106***	-0.022***	-0.097***	1.000	
(17) STATE	-0.163***	-0.056***	-0.079***	-0.114***	-0.109***	-0.168***	0.248***	-0.129***	-0.034***	0.130***	0.117***	-0.013***	0.132***	0.066***	0.014***	0.032***	1.000

注：***，**，*分别表示在 1%，5%，10%的水平上显著；下同。

（三）假设 8.2.1 回归结果

假设 8.2.1 预测投机（博彩）文化会促进公司创新。表 8.2.4 的被解释变量为公司创新投入 R&D，解释变量为投机（博彩）文化 LOTT_R。表 8.2.4 的结果显示，第（1）～（3）列的 LOTT_R（R＝50,100,200）的系数都在 1% 的水平上显著为正（系数＝0.537 4，t 值＝7.50；系数＝0.676 3，t 值＝13.32；系数＝0.558 0，t 值＝10.75），这表明投机（博彩）文化氛围越强，企业的创新投入水平越高。第（4）～（6）列的被解释变量是公司创新产出 PATENT，解释变量为投机（博彩）文化 LOTT_R（R＝50,100,200），其系数都在 1% 的水平上显著为正（系数＝0.676 0，t 值＝12.62；系数＝0.593 2，t 值＝15.64；系数＝0.491 7，t 值＝12.69），表明投机（博彩）文化氛围越强，企业的创新产出水平越高。上述结果支持了假设 8.2.1。LOTT_R（R＝50,100,200）系数的经济意义表明，企业投机（博彩）文化强度 LOTT_R（R＝50,100,200）每增加一个标准差，企业的创新投入分别增加 1.11%、5.78% 和 4.70%，创新产出分别增加 4.94%、6.16% 和 5.02%。综上可知，无论是在统计意义还是在经济意义上，投机（博彩）文化对公司创新均存在显著影响。

表 8.2.4　投机（博彩）文化与公司创新

变量	因变量：R&D			因变量：PATENT		
	(1)R＝50	(2)R＝100	(3)R＝200	(4)R＝50	(5)R＝100	(6)R＝200
	系数(t 值)	系数(t 值)	系数(t 值)	系数(t 值)	系数(t 值)	系数(t 值)
LOTT_R	0.537 4*** (7.50)	0.676 3*** (13.32)	0.558 0*** (10.75)	0.676 0*** (12.62)	0.593 2*** (15.64)	0.491 7*** (12.69)
FIRST	−0.213 9** (−2.56)	−0.223 0*** (−2.68)	−0.245 6*** (−2.94)	−0.192 5*** (−3.02)	−0.195 4*** (−3.07)	−0.213 7*** (−3.34)
DUAL	0.141 0*** (5.18)	0.124 6*** (4.59)	0.135 1*** (4.97)	0.064 5*** (3.18)	0.055 3*** (2.73)	0.063 3*** (3.12)
INDR	−0.211 5 (−0.96)	−0.194 1 (−0.89)	−0.109 1 (−0.50)	0.051 8 (0.31)	0.089 5 (0.53)	0.156 4 (0.93)
SIZE	−0.046 5*** (−3.95)	−0.043 7*** (−3.73)	−0.048 0*** (−4.09)	0.609 1*** (66.68)	0.609 6*** (66.68)	0.605 7*** (66.03)
LEV	−0.406 0*** (−5.34)	−0.389 2*** (−5.13)	−0.395 5*** (−5.21)	−0.211 9*** (−3.75)	−0.199 3*** (−3.53)	−0.205 3*** (−3.64)
ROA	4.908 8*** (20.22)	4.817 0*** (19.90)	4.791 2*** (19.74)	1.819 3*** (10.04)	1.756 1*** (9.73)	1.739 4*** (9.61)
TANGIBLE	−0.971 4*** (−11.21)	−0.955 1*** (−11.07)	−0.992 0*** (−11.49)	−0.925 7*** (−13.78)	−0.927 4*** (−13.87)	−0.952 5*** (−14.21)
GROWTH	−0.101 8*** (−3.92)	−0.102 2*** (−3.94)	−0.096 6*** (−3.72)	−0.108 3*** (−5.46)	−0.106 9*** (−5.41)	−0.102 2*** (−5.15)
HHI	0.022 9 (0.08)	0.039 1 (0.14)	0.027 3 (0.10)	0.703 7*** (3.10)	0.718 2*** (3.18)	0.706 8*** (3.12)

续表

变量	因变量:R&D			因变量:PATENT		
	(1)R=50	(2)R=100	(3)R=200	(4)R=50	(5)R=100	(6)R=200
	系数(t 值)	系数(t 值)	系数(t 值)	系数(t 值)	系数(t 值)	系数(t 值)
ESTAGE	−0.651 8***	−0.644 2***	−0.661 3***	−0.212 9***	−0.211 3***	−0.223 5***
	(−20.37)	(−20.20)	(−20.72)	(−8.99)	(−8.94)	(−9.44)
STATE	−0.099 6	−0.034 9	−0.038 6	−0.109 1	−0.072 0	−0.079 6
	(−1.05)	(−0.37)	(−0.41)	(−1.60)	(−1.06)	(−1.16)
常数项	1.110 3***	0.996 8***	1.106 6***	−11.954 1***	−11.966 2***	−11.870 6***
	(3.71)	(3.35)	(3.71)	(−53.28)	(−53.45)	(−52.96)
行业/年度	控制	控制	控制	控制	控制	控制
观测值	22 316	22 316	22 316	22 316	22316	22 316
Pseudo/Adj_R^2	0.188 4	0.189 8	0.189 1	0.471 9	0.473 8	0.472 0
LR Chi^2/F-value	15 749.65	15 870.27	15 808.93	521.69	528.16	519.67

控制变量的结果显示,第一大股东持股比例(FIRST)、财务杠杆(LEV)、固定资产比例(TANGIBLE)、销售收入变化(GROWTH)、公司成立年龄(ESTAGE)同公司创新投入(R&D)和创新产出(PATENT)均显著负相关,董事长和 CEO 两职合一虚拟变量(DUAL)、资产收益率(ROA)与 R&D 和 PATENT 显著正相关,企业规模(SIZE)与 R&D 显著负相关,企业规模(SIZE)和行业集中度(HHI)与创新产出(PATENT)显著正相关。

(四)假设 8.2.2 回归结果

假设 8.2.2 预测经济发展水平会削弱投机(博彩)文化与公司创新间的正相关联系。表 8.2.5 报告了式(8.2.2)的回归结果。第(1)~(3)列结果显示,投机(博彩)文化与经济发展水平的交乘项 LOTT_R×GDP_PC(R=50,100,200)与 R&D 在 1% 的水平上显著负相关(系数=−0.017 7,t 值=−5.88;系数=−0.017 3,t 值=−8.08;系数=−0.020 4,t 值=−10.71),表明企业所在地的经济发展水平越高,投机(博彩)文化氛围对公司创新投入的正向促进作用越弱。第(4)~(6)列的结果显示,投机(博彩)文化与经济发展水平的交乘项 LOTT_R×GDP_PC(R=50,100,200)与 PATENT 在 1% 的水平上显著负相关(系数=−0.009 7,t 值=−4.46;系数=−0.008 4,t 值=−5.44;系数=−0.012 3,t 值=−8.74),表明企业所在地的经济发展水平越高,投机(博彩)文化氛围对公司创新产出的正向促进作用越弱。上述实证结果支持了假设 8.2.2,即经济发展水平会削弱投机(博彩)文化与公司创新间的正相关联系。此外,第(1)~(6)列的结果显示,投机(博彩)文化 LOTT_R(R=50,100,200)在 1% 的水平上显著为正数,经济发展水平(GDP_PC)与公司创新投入(R&D)和创新产出(PATENT)也都在 1% 的水平上显著正相关,结合投机(博彩)文化与经济发展水平的交乘项 LOTT_R×GDP_PC(R=50,100,200)的显著性和符号可以合理得出投机(博彩)文化和经济发展水平在对公司创新的影响方面存在着替代作用的结论,即以投机(博彩)

文化为代表的非正式制度和以经济发展水平为代表的正式制度对公司创新的影响之间存在互相替代关系。

表 8.2.5　投机(博彩)文化、经济发展水平与公司创新

变量	因变量：R&D			因变量：PATENT		
	(1)R=50	(2)R=100	(3)R=200	(4)R=50	(5)R=100	(6)R=200
	系数(t 值)	系数(t 值)	系数(t 值)	系数(t 值)	系数(t 值)	系数(t 值)
LOTT_R	1.533 6***	1.725 7***	1.764 2***	1.218 3***	1.097 7***	1.252 1***
	(7.30)	(11.17)	(12.28)	(8.20)	(9.98)	(11.91)
GDP_PC	0.010 3***	0.009 6***	0.012 6***	0.005 3***	0.004 4***	0.006 5***
	(9.68)	(10.75)	(12.58)	(6.71)	(6.61)	(8.64)
LOTT_R×GDP_PC	−0.017 7***	−0.017 3***	−0.020 4***	−0.009 7***	−0.008 4***	−0.012 3***
	(−5.88)	(−8.08)	(−10.71)	(−4.46)	(−5.44)	(−8.74)
FIRST	−0.242 3***	−0.241 3***	−0.251 6***	−0.208 2***	−0.206 3***	−0.217 3***
	(−2.91)	(−2.90)	(−3.02)	(−3.26)	(−3.24)	(−3.41)
DUAL	0.124 4***	0.113 0***	0.121 8***	0.057 3***	0.051 3**	0.058 5***
	(4.58)	(4.17)	(4.50)	(2.82)	(2.52)	(2.88)
INDR	−0.180 8	−0.177 8	−0.107 3	0.077 4	0.108 6	0.180 7
	(−0.82)	(−0.81)	(−0.49)	(0.46)	(0.64)	(1.07)
SIZE	−0.059 1***	−0.056 7***	−0.062 7***	0.602 3***	0.603 5***	0.598 7***
	(−5.02)	(−4.82)	(−5.33)	(65.93)	(65.92)	(65.19)
LEV	−0.342 3***	−0.337 5***	−0.349 1***	−0.178 3***	−0.175 6***	−0.187 6***
	(−4.51)	(−4.46)	(−4.61)	(−3.15)	(−3.11)	(−3.32)
ROA	4.921 1***	4.828 2***	4.804 7***	1.835 5***	1.768 1***	1.742 4***
	(20.35)	(20.01)	(19.88)	(10.14)	(9.80)	(9.66)
TANGIBLE	−0.885 4***	−0.882 2***	−0.925 2***	−0.882 1***	−0.893 7***	−0.922 5***
	(−10.21)	(−10.21)	(−10.71)	(−13.11)	(−13.31)	(−13.72)
GROWTH	−0.097 1***	−0.099 4***	−0.095 4***	−0.105 7***	−0.105 2***	−0.101 3***
	(−3.75)	(−3.85)	(−3.69)	(−5.33)	(−5.32)	(−5.11)
HHI	0.071 6	0.093 6	0.071 7	0.728 3***	0.739 6***	0.718 2***
	(0.25)	(0.33)	(0.25)	(3.21)	(3.27)	(3.17)
ESTAGE	−0.644 5***	−0.632 7***	−0.636 0***	−0.210 8***	−0.207 2***	−0.210 7***
	(−20.21)	(−19.90)	(−19.98)	(−8.93)	(−8.79)	(−8.91)
STATE	−0.063 6	0.007 7	0.007 3	−0.090 8	−0.052 8	−0.053 5
	(−0.67)	(0.08)	(0.08)	(−1.34)	(−0.78)	(−0.79)
常数项	0.871 2***	0.745 1**	0.727 7**	−12.079 2***	−12.081 4***	−12.109 4***
	(2.88)	(2.49)	(2.42)	(−53.19)	(−53.69)	(−53.60)
行业/年度	控制	控制	控制	控制	控制	控制
观测值	22 316	22 316	22 316	22 316	22 316	22 316
Pseudo/Adj_R^2	0.189 9	0.191 2	0.191 0	0.473 1	0.474 8	0.473 9
LR Chi^2/F-value	15 875.81	15 987.34	15 966.78	501.22	505.07	496.98

五、敏感性测试与进一步分析

(一)敏感性测试

1.公司创新代理变量的稳健性测试

为了保证研究结论的稳健性,本节进一步采用其他替代变量度量公司创新投入和创新产出。本节以企业研发费用的自然对数 LNRD 度量创新投入,并参考孔东民等(2017)的研究,根据是否为发明专利将专利申请划分为发明专利申请数量 PATENT_INV(等于发明专利申请数量加 1 取自然对数)和非发明专利申请数量 PATENT_NINV(等于实用新型专利和外观专利申请数量之和加 1 取自然对数)。

表 8.2.6 的 Panel A 报告了假设 8.2.1 的检验结果。表 8.2.6 的第(1)~(3)列显示,投机(博彩)文化 LOTT_R(R=50,100,200)与 LNRD(即 R&D)在 1%的水平上显著正相关;第(4)~(9)列的结果显示,投机(博彩)文化 LOTT_R(R=50,100,200)与 PATENT_INV 和 PATENT_NINV 均在 1%的水平上显著正相关。上述数据结果表明,投机(博彩)文化促进了公司创新投入与创新产出,这进一步支持了假设 8.2.1。

表 8.2.6 的 Panel B 报告了假设 8.2.2 的检验结果,表 8.2.6 的第(1)~(9)列显示,投机(博彩)文化与经济发展水平的交乘项 LOTT_R×GDP_PC(R=50,100,200)与公司创新投入 R&D 在 1%的水平上显著负相关,与企业发明专利申请数量 PATENT_INV 和非发明专利申请数量 PATENT_NINV 在 1%的水平上显著负相关。上述结果表明经济发展水平削弱了投机(博彩)文化氛围对公司创新投入与创新产出的正向影响,支持了假设 8.2.2。

表 8.2.6 因变量敏感性测试:投机(博彩)文化与公司创新

Panel A:假设 8.2.1 的敏感性测试

变量	因变量:LNRD			因变量:PATENT_INV			因变量:PATENT_NINV		
	(1)R=50	(2)R=100	(3)R=200	(4)R=50	(5)R=100	(6)R=200	(7)R=50	(8)R=100	(9)R=200
	系数 (t 值)	系数 (t 值)	系数 (t 值)	系数 (t 值)	系数 (t 值)	系数 (t 值)	系数(t 值)	系数(t 值)	系数(t 值)
LOTT_R	1.540 8 ***	1.423 5 ***	1.588 3 ***	0.505 8 ***	0.466 6 ***	0.353 5 ***	0.632 6 ***	0.504 5 ***	0.395 5 ***
	(7.13)	(9.28)	(9.84)	(10.52)	(13.59)	(10.30)	(11.97)	(13.65)	(10.55)
FIRST	−0.054 0	−0.063 9	−0.145 0	−0.289 8 ***	−0.293 0 ***	−0.304 4 ***	−0.048 7	−0.049 2	−0.062 7
	(−0.21)	(−0.24)	(−0.55)	(−5.05)	(−5.11)	(−5.29)	(−0.80)	(−0.81)	(−1.02)
DUAL	0.305 0 ***	0.281 4 ***	0.289 4 ***	0.038 1 **	0.030 4	0.037 6 **	0.025 7	0.018 9	0.026 4
	(3.79)	(3.50)	(3.61)	(2.04)	(1.63)	(2.01)	(1.30)	(0.95)	(1.33)
INDR	−2.953 5 ***	−2.869 5 ***	−2.667 5 ***	0.179 4	0.207 0	0.256 2 *	0.091 9	0.128 7	0.183 2
	(−4.31)	(−4.19)	(−3.89)	(1.16)	(1.34)	(1.66)	(0.57)	(0.80)	(1.13)
SIZE	1.037 9 ***	1.039 5 ***	1.030 1 ***	0.537 4 ***	0.537 9 ***	0.534 8 ***	0.517 9 ***	0.518 1 ***	0.514 8 ***
	(25.21)	(25.24)	(25.03)	(63.39)	(63.34)	(62.88)	(59.44)	(59.35)	(58.76)

续表

变量	因变量:LNRD			因变量:PATENT_INV			因变量:PATENT_NINV		
	(1)R=50	(2)R=100	(3)R=200	(4)R=50	(5)R=100	(6)R=200	(7)R=50	(8)R=100	(9)R=200
	系数 (t值)	系数 (t值)	系数 (t值)	系数 (t值)	系数 (t值)	系数 (t值)	系数 (t值)	系数 (t值)	系数 (t值)
LEV	−2.068 7*** (−8.04)	−2.036 5*** (−7.90)	−2.031 3*** (−7.89)	−0.233 5*** (−4.75)	−0.223 0*** (−4.53)	−0.229 3*** (−4.66)	−0.009 7 (−0.18)	−0.000 5 (−0.01)	−0.006 7 (−0.13)
ROA	4.082 7*** (5.19)	3.928 8*** (5.00)	3.807 1*** (4.84)	1.321 4*** (8.32)	1.271 0*** (8.03)	1.264 5*** (7.97)	1.580 7*** (9.13)	1.528 5*** (8.84)	1.518 8*** (8.77)
TANGIBLE	−3.061 2*** (−10.23)	−3.056 5*** (−10.24)	−3.078 4*** (−10.31)	−0.828 4*** (−14.20)	−0.826 9*** (−14.24)	−0.849 8*** (−14.61)	−0.670 1*** (−10.75)	−0.677 7*** (−10.90)	−0.701 2*** (−11.26)
GROWTH	−0.161 5* (−1.81)	−0.158 4* (−1.77)	−0.143 6 (−1.61)	−0.070 1*** (−4.11)	−0.069 1*** (−4.05)	−0.065 7*** (−3.84)	−0.092 7*** (−5.16)	−0.091 4*** (−5.11)	−0.087 7*** (−4.89)
HHI	1.078 7 (1.25)	1.114 8 (1.30)	1.098 2 (1.28)	0.935 4*** (4.52)	0.947 2*** (4.58)	0.937 4*** (4.53)	0.473 7** (2.38)	0.485 2** (2.44)	0.474 9** (2.38)
ESTAGE	−2.171 4*** (−21.90)	−2.165 7*** (−21.85)	−2.192 5*** (−22.15)	−0.133 7*** (−6.19)	−0.131 8*** (−6.11)	−0.141 7*** (−6.56)	−0.193 7*** (−8.41)	−0.193 5*** (−8.41)	−0.204 1*** (−8.86)
STATE	−0.080 2 (−0.24)	0.013 4 (0.04)	0.051 6 (0.15)	0.011 0 (0.18)	0.041 7 (0.69)	0.031 1 (0.51)	−0.083 0 (−1.31)	−0.054 7 (−0.87)	−0.064 3 (−1.01)
常数项	−11.378 2*** (−11.03)	−11.437 4*** (−11.09)	−11.347 0*** (−11.01)	−10.995 3*** (−52.62)	−11.014 5*** (−52.67)	−10.927 9*** (−52.26)	−10.469 6*** (−49.39)	−10.458 4*** (−49.41)	−10.369 4*** (−48.92)
行业/年度	控制	控制	控制	控制	控制	控制	控制	控制	控制
观测值	22 316	22 316	22 316	22 316	22 316	22 316	22 316	22 316	22 316
Adj_R^2	0.542 2	0.542 8	0.543 2	0.407 2	0.409 2	0.407 1	0.439 3	0.440 3	0.438 4
F-value	721.80	724.13	723.20	372.68	376.04	372.90	457.88	462.27	455.58

Panel B:假设 8.2.2 的敏感性测试

变量	因变量:LNRD			因变量:PATENT_INV			因变量:PATENT_NINV		
	(1)R=50	(2)R=100	(3)R=200	(4)R=50	(5)R=100		(7)R=50	(8)R=100	(9)R=200
	系数 (t值)	系数 (t值)	系数 (t值)	系数 (t值)	系数 (t值)		系数 (t值)	系数 (t值)	系数 (t值)
LOTT_R	3.264 9*** (4.75)	2.395 3*** (4.78)	2.967 5*** (6.10)	0.741 7*** (5.76)	0.668 3*** (6.90)		1.217 6*** (8.44)	1.065 3*** (10.12)	1.184 5*** (11.82)
GDP_PC	0.016 0*** (4.96)	0.010 5*** (3.82)	0.010 8*** (3.50)	0.004 5*** (6.36)	0.003 7*** (6.18)	0.005 7*** (8.28)	0.003 8*** (5.01)	0.003 2*** (4.99)	0.005 0*** (6.90)
LOTT_R×GDP_PC	−0.030 6*** (−3.34)	−0.017 1*** (−2.63)	−0.021 7*** (−3.59)	−0.005 2*** (−2.72)	−0.004 2*** (−3.04)	−0.007 4*** (−5.96)	−0.009 6*** (−4.56)	−0.008 6*** (−5.81)	−0.011 7*** (−8.73)
FIRST	−0.097 9 (−0.37)	−0.098 9 (−0.38)	−0.147 5 (−0.56)	−0.312 7*** (−5.45)	−0.311 5*** (−5.43)	−0.315 5*** (−5.49)	−0.051 8 (−0.85)	−0.049 0 (−0.80)	−0.059 6 (−0.98)
DUAL	0.284 1*** (3.53)	0.270 2*** (3.36)	0.282 1*** (3.52)	0.029 9 (1.60)	0.025 2 (1.35)	0.031 5* (1.69)	0.022 3 (1.12)	0.017 5 (0.88)	0.024 0 (1.21)

续表

变量	因变量:LNRD			因变量:PATENT_INV			因变量:PATENT_NINV		
	(1)R=50	(2)R=100	(3)R=200	(4)R=50	(5)R=100		(7)R=50	(8)R=100	(9)R=200
	系数 (t值)	系数 (t值)	系数 (t值)	系数 (t值)	系数 (t值)	系数 (t值)	系数 (t值)	系数 (t值)	系数 (t值)
INDR	−2.876 5 ***	−2.825 3 ***	−2.622 7 ***	0.202 0	0.222 1	0.266 3 *	0.109 6	0.143 4	0.209 7
	(−4.20)	(−4.12)	(−3.82)	(1.31)	(1.44)	(1.73)	(0.68)	(0.89)	(1.30)
SIZE	1.018 0 ***	1.023 6 ***	1.019 2 ***	0.530 1 ***	0.531 3 ***	0.527 1 ***	0.514 4 ***	0.514 8 ***	0.510 6 ***
	(24.58)	(24.64)	(24.53)	(62.84)	(62.81)	(62.21)	(58.84)	(58.76)	(58.11)
LEV	−1.971 2 ***	−1.970 5 ***	−2.007 9 ***	−0.194 8 ***	−0.193 0 ***	−0.199 7 ***	0.005 7	0.008 1	−0.003 5
	(−7.62)	(−7.61)	(−7.76)	(−3.96)	(−3.92)	(−4.06)	(0.11)	(0.15)	(−0.07)
ROA	4.130 4 ***	3.966 2 ***	3.802 0 ***	1.338 3 ***	1.290 2 ***	1.291 4 ***	1.589 6 ***	1.529 2 ***	1.503 5 ***
	(5.25)	(5.04)	(4.84)	(8.45)	(8.16)	(8.16)	(9.19)	(8.85)	(8.71)
TANGIBLE	−2.934 3 ***	−2.965 2 ***	−3.035 6 ***	−0.779 6 ***	−0.786 9 ***	−0.807 2 ***	−0.648 9 ***	−0.663 3 ***	−0.690 3 ***
	(−9.81)	(−9.93)	(−10.16)	(−13.34)	(−13.50)	(−13.83)	(−10.37)	(−10.62)	(−11.03)
GROWTH	−0.154 3 *	−0.153 2 *	−0.142 4	−0.066 7 ***	−0.066 5 ***	−0.064 0 ***	−0.092 0 ***	−0.091 2 ***	−0.087 6 ***
	(−1.72)	(−1.71)	(−1.59)	(−3.91)	(−3.90)	(−3.74)	(−5.11)	(−5.08)	(−4.88)
HHI	1.148 4	1.174 6	1.110 4	0.967 9 ***	0.974 6 ***	0.962 9 ***	0.481 3 **	0.492 6 **	0.472 2 **
	(1.33)	(1.37)	(1.30)	(4.68)	(4.72)	(4.65)	(2.41)	(2.47)	(2.37)
ESTAGE	−2.165 1 ***	−2.156 6 ***	−2.170 6 ***	−0.131 2 ***	−0.128 8 ***	−0.131 9 ***	−0.192 8 ***	−0.190 2 ***	−0.193 3 ***
	(−21.87)	(−21.74)	(−21.86)	(−6.10)	(−6.00)	(−6.13)	(−8.38)	(−8.28)	(−8.39)
STATE	−0.025 7	0.055 6	0.098 2	0.028 2	0.054 7	0.045 5	−0.071 3	−0.038 0	−0.038 5
	(−0.08)	(0.16)	(0.29)	(0.47)	(0.90)	(0.75)	(−1.13)	(−0.60)	(−0.61)
常数项	−11.780 5 ***	−11.644 2 ***	−11.783 1 ***	−11.037 4 ***	−11.045 4 ***	−11.036 9 ***	−10.615 1 ***	−10.599 6 ***	−10.622 3 ***
	(−11.31)	(−11.24)	(−11.33)	(−52.41)	(−52.67)	(−52.56)	(−49.31)	(−49.68)	(−49.57)
行业/年度	控制	控制	控制	控制	控制	控制	控制	控制	控制
观测值	22 316	22 316	22 316	22 316	22 316	22 316	22 316	22 316	22 316
Adj_R^2	0.542 7	0.543 1	0.543 5	0.409 2	0.410 5	0.409 0	0.439 9	0.441 0	0.440 2
F-value	690.22	691.80	689.87	358.46	360.26	357.26	438.37	441.29	434.75

2.投机(博彩)文化变量的稳健性测试

本部分将进一步构建投机(博彩)文化强度虚拟变量 LOTT_R_DUM,再一次检验投机(博彩)文化与公司创新的关系。具体地,以投机(博彩)文化 LOTT_R 的均值作为划分依据,大于样本均值则投机(博彩)文化虚拟变量 LOTT_R_DUM 取值为 1,否则取值为 0。此外,用投机(博彩)文化强度虚拟变量 LOTT_R_DUM 取代式(8.2.1)、(8.2.2)中的变量博彩文化 LOTT_R,相关结果再次支持了假设 8.2.1、8.2.2。

表 8.2.7 的 Panel A 报告了假设 8.2.1 的结果。第(1)~(3)列中,投机(博彩)文化虚拟变量 LOTT_R_DUM(R=50,100,200)与 R&D 在 1%的水平上显著正相关,表明投机(博彩)文化强度越高,企业的创新投入水平越高。第(4)~(6)列的 LOTT_R_DUM(R=50,100,200)与 PATENT 在 1%的水平上显著正相关,表明投机(博彩)文化氛围越强,企业的

创新产出水平越高。上述实证结果再次支持了假设 8.2.1。

  表 8.2.7 的 Panel B 报告了假设 8.2.2 的结果。第(1)～(3)列中,投机(博彩)文化虚拟变量与经济发展水平的交乘项 LOTT_R_DUM×GDP_PC(R=50,100,200)与 R&D 在 1% 的水平上显著负相关,表明经济发展水平削弱了投机(博彩)文化与公司创新投入间的正相关联系。第(4)～(6)列的投机(博彩)文化虚拟变量与经济发展水平的交乘项 LOTT_R_DUM×GDP_PC(R=50,100,200)与 PATENT 在 1% 的水平上显著负相关,表明经济发展水平削弱了投机(博彩)文化与公司创新产出间的正相关联系。上述结果表明企业所在地经济发展水平越高,投机(博彩)文化与公司创新投入和产出间的正相关联系越弱,这支持了假设 8.2.2。

表 8.2.7　自变量敏感性测试:投机(博彩)文化与公司创新

Panel A:假设 8.2.1 的敏感性测试

变量	因变量:R&D			因变量:PATENT		
	(1)R=50	(2)R=100	(3)R=200	(4)R=50	(5)R=100	(6)R=200
	系数 (t 值)	系数 (t 值)	系数 (t 值)	系数 (t 值)	系数 (t 值)	系数 (t 值)
LOTT_R_DUM	0.126 5*** (5.36)	0.235 5*** (9.94)	0.237 1*** (10.09)	0.182 3*** (10.41)	0.184 0*** (10.47)	0.193 5*** (11.06)
FIRST	−0.215 6*** (−2.58)	−0.228 3*** (−2.74)	−0.224 6*** (−2.69)	−0.195 2*** (−3.05)	−0.195 1*** (−3.05)	−0.193 4*** (−3.03)
DUAL	0.145 1*** (5.33)	0.134 4*** (4.95)	0.134 2*** (4.94)	0.067 4*** (3.32)	0.064 8*** (3.19)	0.063 9*** (3.15)
INDR	−0.173 8 (−0.79)	−0.176 3 (−0.80)	−0.152 2 (−0.69)	0.092 2 (0.55)	0.097 8 (0.58)	0.117 0 (0.69)
SIZE	−0.045 7*** (−3.88)	−0.046 2*** (−3.94)	−0.046 4*** (−3.95)	0.610 9*** (66.75)	0.607 4*** (66.23)	0.607 4*** (66.07)
LEV	−0.410 9*** (−5.40)	−0.402 3*** (−5.30)	−0.407 2*** (−5.36)	−0.217 1*** (−3.84)	−0.212 0*** (−3.75)	−0.214 9*** (−3.80)
ROA	4.906 5*** (20.19)	4.814 8*** (19.84)	4.790 4*** (19.73)	1.817 5*** (10.02)	1.765 5*** (9.74)	1.744 7*** (9.63)
TANGIBLE	−0.994 5*** (−11.48)	−0.986 4*** (−11.42)	−1.012 7*** (−11.74)	−0.945 7*** (−14.04)	−0.959 4*** (−14.29)	−0.976 9*** (−14.55)
GROWTH	−0.101 7*** (−3.91)	−0.100 5*** (−3.87)	−0.097 3*** (−3.75)	−0.107 8*** (−5.43)	−0.106 0*** (−5.34)	−0.103 5*** (−5.22)
HHI	0.019 1 (0.07)	0.031 1 (0.11)	0.042 9 (0.15)	0.694 7*** (3.06)	0.705 6*** (3.11)	0.714 3*** (3.15)
ESTAGE	−0.660 2*** (−20.64)	−0.665 5*** (−20.85)	−0.663 0*** (−20.77)	−0.222 3*** (−9.40)	−0.228 6*** (−9.65)	−0.226 7*** (−9.57)
STATE	−0.110 7 (−1.16)	−0.054 0 (−0.57)	−0.044 2 (−0.46)	−0.118 1* (−1.73)	−0.097 5 (−1.42)	−0.089 3 (−1.31)

续表

变量	因变量:R&D			因变量:PATENT		
	(1)R=50	(2)R=100	(3)R=200	(4)R=50	(5)R=100	(6)R=200
	系数 (t 值)	系数 (t 值)	系数 (t 值)	系数 (t 值)	系数 (t 值)	系数 (t 值)
常数项	1.205 1*** (4.03)	1.217 0*** (4.09)	1.206 9*** (4.05)	−11.856 2*** (−52.89)	−11.763 4*** (−52.48)	−11.777 0*** (−52.45)
行业/年度	控制	控制	控制	控制	控制	控制
观测值	22 316	22 316	22 316	22 316	22 316	22 316
Pseudo/Adj_R^2	0.188 1	0.188 9	0.188 9	0.470 7	0.470 8	0.471 1
LR Chi²/F-value	15 722.24	15 792.04	15 795.14	521.38	520.47	518.53

Panel B:假设 8.2.2 的敏感性测试

变量	因变量:R&D			因变量:PATENT		
	(1)R=50	(2)R=100	(3)R=200	(4)R=50	(5)R=100	(6)R=200
	系数 (t 值)	系数 (t 值)	系数 (t 值)	系数 (t 值)	系数 (t 值)	系数 (t 值)
LOTT_R_DUM	0.354 3*** (5.66)	0.630 2*** (9.12)	0.583 5*** (9.16)	0.294 0*** (6.56)	0.347 8*** (6.95)	0.396 4*** (8.38)
GDP_PC	0.006 3*** (11.25)	0.006 0*** (10.63)	0.006 3*** (10.80)	0.003 2*** (7.40)	0.002 9*** (6.82)	0.003 3*** (7.42)
LOTT_R_DUM×GDP_PC	−0.003 9*** (−4.68)	−0.006 4*** (−7.11)	−0.005 9*** (−6.92)	−0.002 0*** (−3.26)	−0.002 8*** (−4.25)	−0.003 5*** (−5.42)
FIRST	−0.252 7*** (−3.03)	−0.252 3*** (−3.03)	−0.251 9*** (−3.02)	−0.215 7*** (−3.37)	−0.210 4*** (−3.29)	−0.209 0*** (−3.27)
DUAL	0.127 0*** (4.68)	0.120 4*** (4.44)	0.121 9*** (4.50)	0.058 9*** (2.89)	0.058 5*** (2.87)	0.058 3*** (2.87)
INDR	−0.163 4 (−0.74)	−0.164 6 (−0.75)	−0.161 1 (−0.74)	0.106 7 (0.63)	0.114 5 (0.68)	0.126 0 (0.75)
SIZE	−0.057 3*** (−4.86)	−0.058 6*** (−4.99)	−0.059 6*** (−5.07)	0.604 5*** (66.14)	0.600 9*** (65.59)	0.600 0*** (65.32)
LEV	−0.341 3*** (−4.49)	−0.341 9*** (−4.51)	−0.352 6*** (−4.65)	−0.179 2*** (−3.16)	−0.180 3*** (−3.19)	−0.185 3*** (−3.27)
ROA	4.933 2*** (20.38)	4.837 8*** (20.01)	4.814 7*** (19.90)	1.841 7*** (10.18)	1.786 4*** (9.87)	1.766 0*** (9.77)
TANGIBLE	−0.903 4*** (−10.42)	−0.911 7*** (−10.54)	−0.937 7*** (−10.84)	−0.898 5*** (−13.34)	−0.919 0*** (−13.66)	−0.936 6*** (−13.91)
GROWTH	−0.096 4*** (−3.72)	−0.097 9*** (−3.78)	−0.093 4*** (−3.61)	−0.104 9*** (−5.29)	−0.104 0*** (−5.25)	−0.101 1*** (−5.11)
HHI	0.072 9 (0.26)	0.072 3 (0.25)	0.123 1 (0.43)	0.724 8*** (3.19)	0.728 0*** (3.21)	0.756 6*** (3.34)

续表

变量	因变量:R&D			因变量:PATENT		
	(1)R=50	(2)R=100	(3)R=200	(4)R=50	(5)R=100	(6)R=200
	系数 (t 值)	系数 (t 值)	系数 (t 值)	系数 (t 值)	系数 (t 值)	系数 (t 值)
ESTAGE	−0.646 7 *** (−20.27)	−0.643 0 *** (−20.16)	−0.641 5 *** (−20.12)	−0.216 6 *** (−9.18)	−0.219 0 *** (−9.26)	−0.215 4 *** (−9.12)
STATE	−0.075 9 (−0.80)	−0.018 0 (−0.19)	−0.009 1 (−0.10)	−0.100 9 (−1.48)	−0.082 4 (−1.21)	−0.071 2 (−1.05)
常数项	1.155 1 *** (3.87)	1.161 1 *** (3.91)	1.159 9 *** (3.91)	−11.878 2 *** (−53.11)	−11.783 7 *** (−52.80)	−11.805 0 *** (−52.76)
行业/年度	控制	控制	控制	控制	控制	控制
观测值	22 316	22 316	22 316	22 316	22 316	22 316
Pseudo/Adj_R^2	0.189 6	0.190 3	0.190 4	0.472 1	0.471 9	0.472 5
LR Chi²/F-value	158 49.06	15 913.16	15 914.62	502.55	500.78	498.79

3.使用省级层面的投机(博彩)文化变量的敏感性测试

本部分参考前期研究(Du,2013;Christensen et al.,2018;赵奇锋 等,2019),以省级层面的数据度量投机(博彩)文化。具体地,本节以企业所在省、自治区或直辖市的彩票销售额取自然对数作为省级层面的投机(博彩)文化 LNLOTT 变量,再次检验假设 8.2.1、8.2.2。

表 8.2.8 的第(1)、(2)列结果显示省级层面的投机(博彩)文化 LNLOTT 与公司创新投入 R&D、创新产出 PATENT 均在 1%的水平上显著正相关(系数=0.253 8,t 值=14.02;系数=0.193 9,t 值=14.48),这表明投机(博彩)文化与公司创新显著正相关,即采用省级层面的投机(博彩)数据度量投机(博彩)文化的相关实证结果依然支持假设 8.2.1。第(3)、(4)列中,省级层面的投机(博彩)文化与经济发展水平的交乘项 LNLOTT×GDP_PC 与公司创新投入 R&D、公司创新产出 PATENT 均在 1%的水平上显著负相关(系数=−0.002 7,t 值=−4.43;系数=−0.002 2,t 值=−5.09),这表明经济发展水平降低了投机(博彩)文化对公司创新的促进作用,支持了假设 8.2.2。

表 8.2.8　使用省级层面的投机(博彩)文化变量的敏感性测试结果

变量	假设 8.2.1		假设 8.2.2	
	(1)因变量:R&D	(2)因变量:PATENT	(3)因变量:R&D	(4)因变量:PATENT
	系数 (t 值)	系数 (t 值)	系数 (t 值)	系数 (t 值)
LNLOTT	0.253 8 *** (14.02)	0.193 9 *** (14.48)	0.405 7 *** (9.29)	0.318 2 *** (10.51)
GDP_PC			0.042 0 *** (4.95)	0.032 7 *** (5.49)

续表

变量	假设 8.2.1		假设 8.2.2	
	(1)因变量:R&D	(2)因变量:PATENT	(3)因变量:R&D	(4)因变量:PATENT
	系数 (t 值)	系数 (t 值)	系数 (t 值)	系数 (t 值)
LNLOTT×GDP_PC			−0.002 7*** (−4.43)	−0.002 2*** (−5.09)
FIRST	−0.171 7** (−2.06)	−0.155 7** (−2.44)	−0.219 1*** (−2.63)	−0.184 6*** (−2.90)
DUAL	0.126 5*** (4.66)	0.059 0*** (2.91)	0.114 0*** (4.21)	0.053 4*** (2.63)
INDR	−0.091 3 (−0.42)	0.175 4 (1.04)	−0.095 3 (−0.44)	0.188 5 (1.12)
SIZE	−0.046 1*** (−3.93)	0.607 2*** (66.37)	−0.057 9*** (−4.93)	0.598 4*** (65.44)
LEV	−0.384 7*** (−5.07)	−0.201 2*** (−3.58)	−0.319 8*** (−4.21)	−0.155 6*** (−2.76)
ROA	4.758 1*** (19.64)	1.716 5*** (9.52)	4.783 5*** (19.80)	1.744 8*** (9.70)
TANGIBLE	−1.028 4*** (−11.94)	−0.983 5*** (−14.73)	−0.941 7*** (−10.90)	−0.931 5*** (−13.91)
GROWTH	−0.099 9*** (−3.85)	−0.104 3*** (−5.26)	−0.094 3*** (−3.65)	−0.100 2*** (−5.06)
HHI	−0.037 8 (−0.13)	0.638 1*** (2.83)	0.015 0 (0.05)	0.663 6*** (2.94)
ESTAGE	−0.631 5*** (−19.78)	−0.202 3*** (−8.52)	−0.628 8*** (−19.75)	−0.202 7*** (−8.58)
STATE	−0.044 2 (−0.47)	−0.090 9 (−1.33)	−0.007 9 (−0.08)	−0.070 0 (−1.03)
常数项	−2.080 9*** (−5.42)	−14.276 9*** (−51.14)	−4.046 8*** (−6.28)	−15.865 8*** (−35.44)
行业/年度	控制	控制	控制	控制
观测值	22 316	22 316	22 316	22 316
Pseudo/Adj_R^2	0.190 1	0.473 2	0.191 3	0.474 7
LR Chi^2/F-value	15 889.67	522.53	15 993.66	500.73

4.内生性问题讨论

本部分以基于地理近邻性概念度量的投机(博彩)文化变量检验了投机(博彩)文化对公

司创新的影响，因此企业的和彩票销售点的地理位置对投机（博彩）文化的度量具有决定性影响。企业的地理选址决策更多的是考虑一个地区的劳动力成本、税收和交通运输情况（Loughran，Schultz，2005；Du，2013，2016；Du et al.，2014b），而彩票销售点的地理位置是不太可能影响企业的选址决策的。除此之外，一个地区的文化氛围是长期稳定的，几乎是千年保持不变的（Williamson，2000；Du，2016），因此公司创新和企业投机（博彩）文化间存在互为因果类型的内生性问题的可能性较低，但仍旧可能存在遗漏变量导致的内生性问题，因此为了降低遗漏变量类型的潜在内生性问题，本部分进一步采用工具变量法对潜在内生性进行控制。

本部分选取了个体户数量 SELF_EMP 作为工具变量，主要基于以下考虑：第一，个体户经营属于一种创业行为，与务工相比风险更高，也反映当地人群具有更强的风险偏好，即投机（博彩）文化氛围强度更高，满足工具变量的相关性要求；第二，个体户一般经营着与人们日常生活相关的服务业以及一些简单加工的制造业（汪海粟，姜玉勇，2014），其生产技术水平较低，不能从技术、人力资本层面直接对企业的技术创新产生影响，满足工具变量的排他性要求。具体地，本节以企业所在省、自治区或直辖市的个体户数量的自然对数来度量个体户数量 SELF_EM。表 8.2.9 报告了以个体户数量 SELF_EMP 作为解释变量，投机（博彩）文化作为被解释变量的第一阶段回归结果。

表 8.2.9Panel A 的第（1）～（3）列中，个体户数量 SELF_EMP 与 LOTT_R（R＝50，100，200）在 1% 的水平上显著正相关，表明地区个体户数量越多，企业投机（博彩）文化氛围强度越高，此与理论预测一致。

表 8.2.9 的 Panel B 报告了采用工具变量控制内生性后第二阶段检验假设 8.2.1 的回归结果。第（1）～（3）列显示投机（博彩）文化 $LOTT\_R^*$（R＝50，100，200）与公司创新投入 R&D 在 1% 的水平上显著正相关；第（4）～（6）列的结果显示，$LOTT\_R^*$（R＝50，100，200）与 PATENT 在 1% 的水平上显著正相关（系数＝2.438 0，t 值＝18.07；系数＝1.228 7，t 值＝18.42；系数＝1.400 0，t 值＝18.44）。上述结果表明控制了内生性后投机（博彩）文化仍然与公司创新投入与创新产出显著正相关，这再次支持了假设 8.2.1。

表 8.2.9 的 Panel C 报告了采用工具变量控制内生性后第二阶段检验假设 8.2.2 的回归结果。第（1）～（2）列显示投机（博彩）文化与经济发展水平的交乘项 $LOTT\_R^* \times GDP\_PC$（R＝50，100）与 R&D 在 1% 的水平上显著负相关（系数＝－0.037 1，t 值＝－4.58；系数＝－0.019 7，t 值＝－4.71），（3）列的 $LOTT\_200^* \times GDP\_PC$ 的系数为负，且边际显著；第（4）～（5）投机（博彩）文化与经济发展水平的交乘项 $LOTT\_R^* \times GDP\_PC$（R＝50，100）与 PATENT 在 1% 的水平上显著负相关（系数＝－0.020 0，t 值＝－3.38；系数＝－0.010 4，t 值＝－3.48），（6）列的 $LOTT\_200^* \times GDP\_PC$ 的系数不显著。上述结果整体上表明经济发展水平削弱了投机（博彩）文化与公司创新投入和产出间的正相关联系，支持了假设 8.2.2。

表 8.2.9　使用工具变量控制内生性

Panel A:第一阶段回归结果

变量	因变量:LOTT_R		
	(1)R=50	(2)R=100	(3)R=200
	系数 (t 值)	系数 (t 值)	系数 (t 值)
SELF_EMP	0.122 7*** (58.40)	0.243 6*** (78.05)	0.213 8*** (84.35)
FIRST	0.043 9*** (5.23)	0.064 8*** (6.17)	0.098 6*** (9.49)
DUAL	0.011 2*** (4.06)	0.021 8*** (6.31)	0.015 2*** (4.39)
INDR	0.148 5*** (6.64)	0.126 1*** (4.56)	−0.064 2** (−2.42)
SIZE	−0.007 1*** (−5.97)	−0.009 2*** (−6.06)	−0.006 0*** (−4.10)
LEV	0.000 4 (0.05)	0.000 2 (0.02)	0.024 8*** (2.61)
ROA	−0.033 1 (−1.29)	0.036 0 (1.12)	0.154 5*** (4.95)
TANGIBLE	−0.106 5*** (−12.85)	−0.104 6*** (−10.02)	−0.051 9*** (−5.24)
GROWTH	0.005 4** (2.18)	0.005 8* (1.76)	−0.005 1 (−1.57)
HHI	−0.010 7 (−0.38)	−0.043 4 (−1.19)	−0.037 9 (−1.00)
ESTAGE	−0.018 8*** (−5.65)	−0.025 3*** (−6.11)	−0.018 5*** (−4.68)
STATE	−0.025 2*** (−2.85)	−0.074 0*** (−6.93)	−0.091 0*** (−8.59)
常数项	−0.194 1*** (−6.10)	−0.685 5*** (−16.94)	−0.552 5*** (−14.97)
行业年度	控制	控制	控制
观测值	17 753	17 753	17 753
Adj_R^2	0.250 0	0.427 7	0.368 0
$F-$value	146.65	233.86	256.26

续表

Panel B 第二阶段回归结果（假设 8.2.1）

变量	因变量：R&D			因变量：PATENT		
	(1)R=50	(2)R=100	(3)R=200	(4)R=50	(5)R=100	(6)R=200
	系数（t 值）	系数（t 值）	系数（t 值）	系数（t 值）	系数（t 值）	系数（t 值）
LOTT_R*	3.195 3*** (17.22)	1.597 1*** (17.61)	1.832 7*** (17.58)	2.438 0*** (18.07)	1.228 7*** (18.42)	1.400 0*** (18.44)
FIRST	−0.209 4** (−2.21)	−0.172 7* (−1.88)	−0.250 1*** (−2.70)	−0.445 9*** (−6.04)	−0.418 4*** (−5.81)	−0.476 8*** (−6.57)
DUAL	0.061 4** (2.00)	0.061 6** (2.07)	0.069 2** (2.31)	0.052 7** (2.24)	0.053 1** (2.32)	0.058 6** (2.54)
INDR	−0.904 6*** (−3.58)	−0.630 8*** (−2.59)	−0.309 0 (−1.26)	−0.499 1** (−2.52)	−0.292 0 (−1.51)	−0.047 2 (−0.24)
SIZE	−0.037 2*** (−2.68)	−0.045 2*** (−3.36)	−0.048 9*** (−3.61)	0.570 7*** (52.81)	0.564 6*** (52.90)	0.561 7*** (51.96)
LEV	−0.323 7*** (−3.77)	−0.324 0*** (−3.89)	−0.366 8*** (−4.38)	−0.131 9** (−2.01)	−0.131 1** (−2.04)	−0.165 5*** (−2.58)
ROA	5.082 0*** (18.62)	4.912 0*** (18.55)	4.686 2*** (17.48)	1.975 5*** (9.43)	1.850 6*** (9.07)	1.678 5*** (8.16)
TANGIBLE	−0.458 4*** (−4.65)	−0.632 8*** (−6.74)	−0.709 4*** (−7.54)	−0.809 5*** (−10.58)	−0.940 7*** (−12.71)	−0.996 6*** (−13.45)
GROWTH	−0.119 4*** (−4.07)	−0.111 2*** (−3.90)	−0.092 9*** (−3.23)	−0.100 0*** (−4.37)	−0.094 0*** (−4.20)	−0.079 7*** (−3.51)
HHI	0.284 1 (0.78)	0.308 1 (0.87)	0.316 1 (0.89)	0.706 8** (2.47)	0.734 1*** (2.62)	0.733 8*** (2.59)
ESTAGE	−0.535 2*** (−14.61)	−0.554 1*** (−15.68)	−0.562 5*** (−15.80)	−0.113 2*** (−4.18)	−0.128 0*** (−4.86)	−0.133 1*** (−5.00)
STATE	0.034 6 (0.31)	0.072 4 (0.67)	0.125 4 (1.15)	−0.106 2 (−1.36)	−0.076 9 (−1.00)	−0.040 3 (−0.52)
常数项	0.266 7 (0.75)	0.759 5** (2.22)	0.662 4* (1.92)	−11.465 1*** (−42.50)	−11.096 2*** (−42.33)	−11.164 9*** (−42.26)
行业/年度	控制	控制	控制	控制	控制	控制
观测值	17 753	17 753	17 753	17 753	17 753	17 753
Pseudo/Adj_R^2	0.180 3	0.180 3	0.180 3	0.417 6	0.444 0	0.435 7
LR Chi^2/F-value	11 432.68	11 974.66	11 836.18	375.48	395.86	382.60

续表

Panel C：第二阶段回归结果（假设 8.2.2）

变量	因变量：R&D			因变量：PATENT		
	(1)R＝50	(2)R＝100	(3)R＝200	(4)R＝50	(5)R＝100	(6)R＝200
	系数 （t 值）	系数 （t 值）	系数 （t 值）	系数 （t 值）	系数 （t 值）	系数 （t 值）
LOTT_R*	6.256 6 ***	3.103 8 ***	3.662 7 ***	5.086 5 ***	2.498 2 ***	3.180 9 ***
	(10.70)	(10.90)	(12.58)	(12.13)	(12.52)	(15.29)
GDP_PC	0.004 7	0.001 4	−0.016 6 ***	−0.005 1 **	−0.006 6 ***	−0.026 5 ***
	(1.47)	(0.61)	(−3.79)	(−2.10)	(−3.80)	(−7.66)
LOTT_R* ×GDP_PC	−0.037 1 ***	−0.019 7 ***	−0.006 9	−0.020 0 ***	−0.010 4 ***	0.002 3
	(−4.58)	(−4.71)	(−1.48)	(−3.38)	(−3.48)	(0.66)
FIRST	−0.197 1 **	−0.157 7 *	−0.305 3 ***	−0.455 8 ***	−0.415 5 ***	−0.570 9 ***
	(−2.04)	(−1.72)	(−3.17)	(−5.91)	(−5.72)	(−7.44)
DUAL	0.066 1 **	0.068 6 **	0.095 4 ***	0.063 2 **	0.065 0 ***	0.092 1 ***
	(2.11)	(2.31)	(3.12)	(2.57)	(2.81)	(3.79)
INDR	−0.990 5 ***	−0.669 7 ***	−0.330 6	−0.734 7 ***	−0.410 1 **	−0.067 4
	(−3.78)	(−2.73)	(−1.32)	(−3.50)	(−2.09)	(−0.33)
SIZE	−0.039 9 ***	−0.049 7 ***	−0.053 0 ***	0.572 1 ***	0.562 6 ***	0.560 0 ***
	(−2.81)	(−3.68)	(−3.83)	(50.57)	(51.96)	(48.87)
LEV	−0.323 4 ***	−0.328 4 ***	−0.426 7 ***	−0.141 2 **	−0.142 6 **	−0.242 9 ***
	(−3.70)	(−3.94)	(−4.97)	(−2.05)	(−2.19)	(−3.57)
ROA	5.150 1 ***	4.9210***	4.556 7 ***	2.085 9 ***	1.876 0 ***	1.509 8 ***
	(18.50)	(18.54)	(16.54)	(9.40)	(9.04)	(6.87)
TANGIBLE	−0.390 9 ***	−0.626 8 ***	−0.728 5 ***	−0.696 9 ***	−0.917 4 ***	−1.004 7 ***
	(−3.79)	(−6.64)	(−7.58)	(−8.49)	(−12.18)	(−12.87)
GROWTH	−0.127 9 ***	−0.116 3 ***	−0.090 9 ***	−0.111 7 ***	−0.100 9 ***	−0.075 5 ***
	(−4.27)	(−4.07)	(−3.10)	(−4.66)	(−4.45)	(−3.15)
HHI	0.207 9	0.267 8	0.280 7	0.644 3 **	0.700 5 **	0.700 5 **
	(0.56)	(0.76)	(0.77)	(2.16)	(2.46)	(2.35)
ESTAGE	−0.536 7 ***	−0.558 8 ***	−0.557 2 ***	−0.103 5 ***	−0.126 2 ***	−0.123 2 ***
	(−14.29)	(−15.75)	(−15.25)	(−3.61)	(−4.73)	(−4.39)
STATE	0.048 8	0.103 5	0.176 1	−0.109 0	−0.060 6	0.009 6
	(0.43)	(0.96)	(1.58)	(−1.32)	(−0.77)	(0.12)
常数项	−0.355 2	0.531 0	0.681 1 *	−11.872 5 ***	−11.136 5 ***	−10.972 3 ***
	(−0.91)	(1.51)	(1.87)	(−39.11)	(−41.11)	(−38.39)
行业/年度	控制	控制	控制	控制	控制	控制
观测值	17 753	17 753	17 753	17 753	17 753	17 753
Pseudo/Adj_R^2	0.180 5	0.180 4	0.180 4	0.362 2	0.433 7	0.379 5
LR Chi²/F-value	11 109.72	11 945.58	11 450.82	322.43	367.08	324.74

(二)进一步研究

1.机制研究

前文研究指出投机(博彩)文化会塑造行为人追求感官刺激的性格,行为人会更倾向于从事更多新颖的、多样化的、紧张刺激的冒险活动(Shu et al.,2012),进而促进公司创新投入与产出增加。进一步地,本节进一步探索投机(博彩)文化是如何塑造管理层行为,进而影响公司创新的。

Hirshleifer 等(2012)的研究认为过度自信的个体会高估来自不确定性行为的收益,以及不确定活动成功的概率,因此过度自信的 CEO 领导的管理层将会更加热衷于高风险、高挑战性的项目,且过度自信的 CEO 会强化企业的创新投资。参考 Hirshleifer 等(2012)的研究,本部分认为过度自信的个体热衷于不确定性行为带来的收益,与投机(博彩)文化下影响的热衷于“以小博大”等投机(博彩)活动的个体具有潜在的行为一致性。由此便可提出以下问题:投机(博彩)文化是否会强化管理层的过度自信,进而影响公司创新呢? 本节参考前期研究(Baron,Kenny,1986;温忠麟,叶宝娟,2014),采用 Sobel 中介因子检验对上述问题进行检验,并构造了如下模型:

$$R\&D/PATENT = \alpha_0 + \alpha_1 LOTT\_R + \alpha_2 FIRST + \alpha_3 DUAL + \alpha_4 INDR + \alpha_5 SIZE + \alpha_6 LEV +$$
$$\alpha_7 ROA + \alpha_8 TANGIBLE + \alpha_9 GROWTH + \alpha_{10} HHI + \alpha_{11} AGE + \alpha_{12} STATE +$$
$$Industry\ Dummies + Year\ Dummies + \varepsilon \qquad (Path\ A)$$

$$OVERCON = \beta_0 + \beta_1 LOTT\_R + \beta_2 FIRST + \beta_3 DUBL + \beta_4 INDR + \beta_5 SIZE + \beta_6 LEV + \beta_7 ROB +$$
$$\beta_8 TBNGIBLE + \beta_9 GROWTH + \beta_{10} HHI + \beta_{11} BGE + \beta_{12} STBTE +$$
$$Industry\ Dummies + Year\ Dummies + \varepsilon \qquad (Path\ B)$$

$$R\&D/PΓTENT = \gamma_0 + \gamma_1 LOTT\_R + \gamma_2 OVERCON + \gamma_3 FIRST + \gamma_4 DUΓL + \gamma_5 INDR +$$
$$\gamma_6 SIZE + \gamma_7 LEV + \gamma_8 ROΓ + \gamma_9 TΓNGIBLE + \gamma_{10} GROWTH + \gamma_{11} HHI +$$
$$\gamma_{12} ESTAGE + \gamma_{13} STΓTE ++ Industry\ Dummies + Year\ Dummies + \varepsilon$$
$$(Path\ C)$$

式(Path A)与式(8.2.1)相同,检验的是投机(博彩)文化对公司创新的影响;式(Path B)中以管理者过度自信 OVERCON 为被解释变量,以投机(博彩)文化 LOTT_R 为解释变量,检验投机(博彩)文化是否会使管理层过度自信。由于投机(博彩)文化对企业的影响涉及企业中所有雇员,而不仅仅是 CEO 或董事长(Chen et al.,2014),因此参考前期研究(Malmendier,Tate,2005;梁上坤,2015;刘柏 等,2020)构造了管理者[①]过度自信 OVERCON 虚拟变量,若管理者自愿增持本公司股票则取值为1,否则为 0。若式(Path B)中 LOTT_R 的系数 β_1 显著为正数(即 $\beta_1 > 0$),则表明投机(博彩)文化强化了管理层过度自信。式(Path C)是在式(Path A)的基础上加入理者过度自信 OVERCON,并通过结合

---

① 参考前期研究,本节将管理者界定为公司年报披露的高管和董事会、监事会等的成员,具体包括:董事会成员、CEO(总裁)、副 CEO(副总裁)、监事会成员、财务总监、总经济师、董事长秘书等。

(Path A)、(Path B)的回归结果综合检验管理者过度自信是否是投机(博彩)文化影响公司创新的中介路径。

具体地,当式(Path A)、式(Path B)、式(Path C)的回归结果符合以下两种情形时,管理者过度自信是投机(博彩)文化影响公司创新的中介路径:第一,式(Path A)中 LOTT_R 的系数 α_1、式(Path B)中 LOTT_R 的系数 β_1、式(Path C)中 LOTT_R 和 OVERCON 的系数 γ_1 和 γ_2 都显著,且 Sobel Z 值统计上显著;第二,式(Path A)中 LOTT_R 的系数 α_1、式(Path B)中 LOTT_R 的系数 β_1、式(Path C)中 OVERCON 的系数 γ_2 都显著,而式(Path C)中 LOTT_R 的系数 γ_1 不显著,但 Sobel Z 值统计上显著。表 8.2.10 报告了中介效应检验结果。

表 8.2.10　机制分析回归结果

变量	因变量:OVERCON			因变量:R&D			因变量:PATENT		
	(1)R=50	(2)R=100	(3)R=200	(4)R=50	(5)R=100	(6)R=200	(7)R=50	(8)R=100	(9)R=200
	系数(t 值)	系数(t 值)	系数(t 值)	系数(t 值)	系数(t 值)	系数(t 值)	系数(t 值)	系数(t 值)	系数(t 值)
LOTT_R	0.560 3 *** (5.72)	0.478 7 *** (6.90)	0.119 6 * (1.71)	0.517 7 *** (7.22)	0.660 3 *** (13.01)	0.552 0 *** (10.65)	0.665 0 *** (12.41)	0.584 2 *** (15.40)	0.489 1 *** (12.63)
OVERCON				0.179 3 *** (6.87)	0.170 4 *** (6.55)	0.182 3 *** (7.00)	0.099 2 *** (5.06)	0.094 3 *** (4.81)	0.105 7 *** (5.40)
FIRST	−1.477 2 *** (−12.56)	−1.478 8 *** (−12.57)	−1.469 6 *** (−12.51)	−0.159 9 * (−1.91)	−0.171 5 ** (−2.05)	−0.190 7 ** (−2.28)	−0.165 2 *** (−2.58)	−0.169 4 *** (−2.65)	−0.184 8 *** (−2.88)
DUAL	0.185 8 *** (5.08)	0.178 7 *** (4.88)	0.192 3 *** (5.27)	0.134 4 *** (4.94)	0.118 6 *** (4.37)	0.128 2 *** (4.72)	0.060 8 *** (3.00)	0.051 9 ** (2.56)	0.059 2 *** (2.92)
INDR	−1.112 8 *** (−3.64)	−1.082 5 *** (−3.55)	−1.046 3 *** (−3.43)	−0.172 2 (−0.78)	−0.157 9 (−0.72)	−0.071 7 (−0.33)	0.072 0 (0.43)	0.108 1 (0.64)	0.176 7 (1.05)
SIZE	0.090 5 *** (5.74)	0.091 3 *** (5.79)	0.087 4 *** (5.55)	−0.049 7 *** (−4.22)	−0.046 8 *** (−3.99)	−0.051 2 *** (−4.36)	0.607 5 *** (66.52)	0.608 1 *** (66.53)	0.604 1 *** (65.88)
LEV	−0.378 2 *** (−3.74)	−0.371 0 *** (−3.67)	−0.383 2 *** (−3.79)	−0.392 1 *** (−5.16)	−0.376 2 *** (−4.97)	−0.381 3 *** (−5.02)	−0.205 6 *** (−3.64)	−0.193 5 *** (−3.43)	−0.198 4 *** (−3.52)
ROA	2.367 6 *** (7.02)	2.309 2 *** (6.85)	2.355 9 *** (6.99)	4.825 8 *** (19.87)	4.740 2 *** (19.58)	4.707 8 *** (19.39)	1.775 1 *** (9.79)	1.715 1 *** (9.49)	1.692 5 *** (9.35)
TANGIBLE	−0.412 0 *** (−3.57)	−0.417 6 *** (−3.61)	−0.462 0 *** (−4.01)	−0.957 4 *** (−11.05)	−0.941 6 *** (−10.92)	−0.976 1 *** (−11.31)	−0.918 6 *** (−13.68)	−0.920 6 *** (−13.78)	−0.943 9 *** (−14.10)
GROWTH	0.171 8 *** (5.36)	0.173 2 *** (5.40)	0.174 0 *** (5.42)	−0.108 3 *** (−4.17)	−0.108 4 *** (−4.18)	−0.103 3 *** (−3.98)	−0.111 6 *** (−5.62)	−0.110 0 *** (−5.56)	−0.105 8 *** (−5.33)
HHI	0.169 9 (0.45)	0.181 7 (0.48)	0.161 2 (0.43)	0.032 5 (0.11)	0.047 9 (0.17)	0.037 1 (0.13)	0.704 5 *** (3.11)	0.718 8 *** (3.18)	0.707 8 *** (3.12)
ESTAGE	−0.566 2 *** (−13.01)	−0.564 1 *** (−12.98)	−0.578 3 *** (−13.30)	−0.631 1 *** (−19.66)	−0.624 5 *** (−19.52)	−0.639 8 *** (−19.98)	−0.202 1 *** (−8.51)	−0.201 0 *** (−8.48)	−0.211 8 *** (−8.91)
STATE	−0.713 9 *** (−5.15)	−0.681 7 *** (−4.92)	−0.733 1 *** (−5.27)	−0.077 2 (−0.81)	−0.014 7 (−0.15)	−0.015 6 (−0.16)	−0.098 8 (−1.45)	−0.062 8 (−0.92)	−0.068 3 (−1.00)

续表

变量	因变量：OVERCON			因变量：R&D			因变量：PATENT		
	(1)R＝50	(2)R＝100	(3)R＝200	(4)R＝50	(5)R＝100	(6)R＝200	(7)R＝50	(8)R＝100	(9)R＝200
	系数 （t值）	系数 （t值）	系数 （t值）	系数 （t值）	系数 （t值）	系数 （t值）	系数 （t值）	系数 （t值）	系数 （t值）
常数项	−0.438 6 （−1.09）	−0.452 5 （−1.13）	−0.261 3 （−0.66）	1.033 4 *** （3.46）	0.924 0 *** （3.10）	1.022 9 *** （3.43）	−11.995 2 *** （−53.44）	−12.005 1 *** （−53.60）	−11.917 8 *** （−53.15）
行业/年度	控制	控制	控制	控制	控制	控制	控制	控制	控制
观测值	22 316	22 316	22 316	22 316	22 316	22 316	22 316	22 316	22 316
Pseudo/Adj_R^2	0.075	0.075	0.074	0.188 9	0.190 3	0.189 7	0.472	0.474	0.473
LR Chi²/F-value	1 751.91	1 765.43	1 719.14	15 796.80	15 913.12	15 857.85	511.72	517.97	509.95
Sobel Z				4.560 ***	4.912 ***	1.835 *	3.857 ***	4.000 ***	1.790 *

　　表 8.2.10 第(1)～(3)列报告了式(Path B)的结果，投机(博彩)文化 LOTT_R(R＝50，100，200)与管理者过度自信 OVERCON 在 1％的水平上显著正相关，表明投机(博彩)文化强化了管理者过度自信，这与前文理论预测一致。第(4)～(9)列报告了式(Path C)的回归结果，结果显示投机(博彩)文化 LOTT_R(R＝50，100，200)与创新投入 R&D 和创新产出 PATENT 均在 1％的水平上显著正相关，管理者过度自信 OVERCON 与创新投入 R&D 和创新产出 PATENT 均在 1％的水平上显著正相关，且表 8.2.10 的最后一行数值表明 Sobel Z 至少在 10％的水平上显著。该结果符合上述描述的第一种中介路径的情形，表明投机(博彩)文化促进了管理者的过度自信，进而强化了公司创新，即管理者过度自信是投机(博彩)文化与公司创新间的中介路径。

　　2.行业异质性的影响

　　企业所处的行业不同，创新对与其经营的重要性也不同，那么投机(博彩)文化对公司创新的影响可能会在不同行业间存在差异，尤其是在高科技行业和非高科技行业之间。本节参考彭红星和毛新述(2017)的研究，将样本划分为高科技行业[①]和非高科技行业两组，然后回归式(8.2.1)。

　　表 8.2.11 的 Panel A 和 Panel B 分别报告了行业异质性对投机(博彩)文化对公司创新投入与创新产出的关系的影响。Panel A 最后一行报告了按照行业异质性分组的组间差异检验结果，组间差异在 1％的水平上显著，揭示了按照行业异质性进行分组的必要性。(1)～(6)列显示无论是在高科技行业和非高科技行业分组，投机(博彩)文化 LOTT_R(R＝50，100，200)都与公司创新投入 R&D 至少在 5％的水平上显著正相关，但 Panel A 的倒数第二行的系数差异检验显示 LOTT_R(R＝50,100,200)在非高科技行业分组中的系数在 1％显

---

　　①　按照证监会的《上市公司行业分类指引》(2012 年修订)，企业所处行业属以下 19 个大类则可将其划分为高科技行业分组：C25、C26、C27、C28、C29、C31、C32、C34、C35、C36、C37、C38、C39、C40、C41、I63、I64、I65、M73。

著性水平上高于在高科技行业中的系数,即投机(博彩)文化对公司创新投入的正向影响在非高科技企业中更突出。Panel B 回归结果报告了相似的结论,即投机(博彩)文化对公司创新产出的正向影响在非高科技企业中更突出。综上可知,投机(博彩)文化对公司创新的正向作用在非高科技企业中更突出。

前期研究(Hong,Chiu,1988;Loo et al.,2008;Kumar,2009)发现低教育水平的个体更倾向于从事更多的投机(博彩)活动,购买更多的投机(博彩)性质的股票。结合上述实证检验结果,本部分认为由于高科技企业的平均教育水平更高,因此削弱了投机(博彩)文化对个体的影响,进而削弱了投机(博彩)文化对公司创新的正向作用。

表 8.2.11　行业异质性对投机(博彩)文化与公司创新的关系的影响

Panel A:行业异质性对投机(博彩)文化与公司创新投入间联系的影响

变量	因变量:R&D					
	R=50		R=100		R=200	
	(1) 非高科技企业	(2) 高科技企业	(3) 非高科技企业	(4) 高科技企业	(5) 非高科技企业	(6) 高科技企业
	系数 (t 值)	系数 (t 值)	系数 (t 值)	系数 (t 值)	系数 (t 值)	系数 (t 值)
LOTT_R	1.026 3*** (11.35)	0.210 2** (2.20)	0.941 4*** (15.01)	0.462 6*** (6.77)	0.927 6*** (14.86)	0.253 2*** (3.58)
FIRST	−0.238 7** (−2.42)	−0.211 6* (−1.83)	−0.241 7** (−2.47)	−0.215 9* (−1.87)	−0.246 5** (−2.52)	−0.231 7** (−2.00)
DUAL	0.097 3*** (2.82)	0.143 6*** (3.98)	0.091 4*** (2.66)	0.127 2*** (3.53)	0.087 0** (2.53)	0.140 8*** (3.91)
INDR	−1.069 5*** (−4.20)	0.517 9* (1.68)	−0.987 6*** (−3.90)	0.502 7 (1.63)	−0.879 0*** (−3.47)	0.558 5* (1.81)
SIZE	−0.011 7 (−0.86)	−0.094 4*** (−5.67)	−0.012 8 (−0.95)	−0.089 8*** (−5.40)	−0.021 4 (−1.59)	−0.093 8*** (−5.64)
LEV	−0.400 1*** (−4.31)	−0.331 6*** (−3.22)	−0.392 0*** (−4.26)	−0.318 0*** (−3.09)	−0.411 4*** (−4.46)	−0.323 4*** (−3.14)
ROA	2.335 8*** (7.55)	6.355 1*** (19.67)	2.239 6*** (7.30)	6.283 4*** (19.47)	2.240 6*** (7.29)	6.287 3*** (19.43)
TANGIBLE	−0.341 2*** (−3.51)	−0.919 3*** (−7.27)	−0.329 2*** (−3.42)	−0.900 7*** (−7.15)	−0.341 0*** (−3.54)	−0.934 8*** (−7.41)
GROWTH	0.004 7 (0.16)	−0.171 5*** (−4.64)	0.005 6 (0.19)	−0.172 5*** (−4.68)	0.016 5 (0.57)	−0.169 7*** (−4.60)
HHI	0.076 4 (0.20)	−0.085 1 (−0.23)	0.098 9 (0.25)	−0.080 3 (−0.21)	0.095 7 (0.25)	−0.085 1 (−0.23)
ESTAGE	−0.602 4*** (−15.48)	−0.608 5*** (−13.90)	−0.611 0*** (−15.83)	−0.597 5*** (−13.68)	−0.623 2*** (−16.13)	−0.612 5*** (−14.01)
STATE	−0.255 9** (−2.55)	−0.003 9 (−0.03)	−0.219 8** (−2.20)	0.071 4 (0.50)	−0.203 0** (−2.03)	0.035 6 (0.25)

续表

变量	因变量：R&D					
	R＝50		R＝100		R＝200	
	(1)	(2)	(3)	(4)	(5)	(6)
	非高科技企业	高科技企业	非高科技企业	高科技企业	非高科技企业	高科技企业
	系数 (t 值)	系数 (t 值)	系数 (t 值)	系数 (t 值)	系数 (t 值)	系数 (t 值)
常数项	1.017 4*** (2.92)	2.792 7*** (4.48)	1.057 7*** (3.07)	2.527 3*** (4.07)	1.177 4*** (3.41)	2.744 7*** (4.41)
行业/年度	控制	控制	控制	控制	控制	控制
观测值	9 956	12 360	9 956	12 360	9 956	12 360
Pseudo R^2	0.213 8	0.091 4	0.217 3	0.092 2	0.217 2	0.091 6
LR Chi²	5 639.25	4 601.74	5 733.72	4 642.58	5 730.23	4 609.67
系数差异(t-value)	−6.09***		−5.36***		−7.24***	
组间 Chow 测试（F-value)	101.54***		101.50***		101.47***	

Panel B：行业异质性对投机(博彩)文化与公司创新产出间联系的影响

变量	因变量：PATENT					
	R＝50		R＝100		R＝200	
	(1)	(2)	(3)	(4)	(5)	(6)
	非高科技企业	高科技企业	非高科技企业	高科技企业	非高科技企业	高科技企业
	系数 (t 值)	系数 (t 值)	系数 (t 值)	系数 (t 值)	系数 (t 值)	系数 (t 值)
LOTT_R	0.816 6*** (9.29)	0.578 2*** (8.79)	0.730 9*** (11.88)	0.519 4*** (11.08)	0.818 8*** (13.55)	0.294 3*** (6.03)
FIRST	0.166 6* (1.76)	−0.488 1*** (−5.78)	0.164 8* (1.75)	−0.493 4*** (−5.85)	0.147 1 (1.56)	−0.511 6*** (−6.03)
DUAL	0.084 6** (2.48)	0.053 7** (2.19)	0.082 3** (2.43)	0.042 0* (1.71)	0.075 7** (2.23)	0.057 0** (2.32)
INDR	0.217 7 (0.85)	−0.057 3 (−0.26)	0.286 6 (1.12)	−0.040 2 (−0.18)	0.380 7 (1.50)	0.021 6 (0.10)
SIZE	0.502 0*** (36.98)	0.703 7*** (61.23)	0.500 4*** (36.81)	0.705 4*** (61.44)	0.492 6*** (36.07)	0.701 2*** (60.70)
LEV	−0.457 5*** (−5.31)	−0.054 3 (−0.75)	−0.446 5*** (−5.19)	−0.041 8 (−0.58)	−0.451 2*** (−5.28)	−0.047 2 (−0.65)
ROA	0.694 8** (2.31)	2.505 6*** (11.20)	0.646 9** (2.16)	2.438 1*** (10.96)	0.646 5** (2.17)	2.438 0*** (10.89)
TANGIBLE	−0.490 5*** (−5.40)	−1.081 2*** (−11.52)	−0.474 1*** (−5.25)	−1.094 3*** (−11.73)	−0.453 5*** (−5.00)	−1.130 8*** (−12.10)

续表

变量	因变量:PATENT					
	R=50		R=100		R=200	
	(1) 非高科技企业	(2) 高科技企业	(3) 非高科技企业	(4) 高科技企业	(5) 非高科技企业	(6) 高科技企业
	系数 (t 值)	系数 (t 值)	系数 (t 值)	系数 (t 值)	系数 (t 值)	系数 (t 值)
GROWTH	−0.095 8*** (−3.83)	−0.123 3*** (−4.09)	−0.093 1*** (−3.75)	−0.123 0*** (−4.08)	−0.084 1*** (−3.39)	−0.120 0*** (−3.97)
HHI	0.336 4 (0.95)	0.778 4*** (2.65)	0.355 5 (1.01)	0.791 8*** (2.70)	0.371 0 (1.04)	0.786 7*** (2.67)
ESTAGE	−0.282 5*** (−7.39)	−0.206 7*** (−6.85)	−0.288 8*** (−7.58)	−0.202 2*** (−6.71)	−0.294 1*** (−7.72)	−0.218 1*** (−7.21)
STATE	−0.170 5* (−1.94)	−0.186 5* (−1.76)	−0.153 3* (−1.74)	−0.127 4 (−1.20)	−0.147 6* (−1.68)	−0.167 0 (−1.56)
常数项	−9.486 3*** (−28.33)	−12.137 9*** (−44.82)	−9.450 4*** (−28.35)	−12.211 0*** (−45.23)	−9.379 3*** (−28.06)	−12.026 5*** (−44.40)
行业/年度	控制	控制	控制	控制	控制	控制
观测值	9 956	12 360	9 956	12 360	9 956	12 360
Adj_R^2	0.396 0	0.421 8	0.399 5	0.423 8	0.402 1	0.419 9
F-value	166.94	391.97	170.39	395.14	169.57	383.74
系数差异(t-value)	−2.17**		−2.73***		−6.76***	
组间 Chow 测试(F-value)	16.57***		16.99***		18.17***	

3.投机(博彩)文化对创新质量的影响

前文研究发现投机(博彩)文化促进了公司创新投入与产出数量上的增长,那么这些创新是高水平的技术突破?还是一系列简单的、低水平的技术改进?一方面,投机(博彩)文化会塑造一种追求超额收益、新颖刺激经历以及高失败容忍度的文化氛围进而促进公司创新;另一方面,投机(博彩)文化可能诱致赌徒心理,强化企业投机偏好与鲁莽投资,进而导致企业更多的低水平创新(Chen et al.,2014;赵奇锋 等,2018)。本节参考 He 和 Tian(2013)的研究,以专利引用的数量作为公司创新质量 PATENT_CITE 的代理变量。具体地,以该年申请的专利在三年内的平均非自引次数加 1 取自然对数进行度量。之所以限定年限为三年,是由于专利申请年限越久专利的引用次数越多,因此参考 He 和 Tian(2013)的研究以专利三年内的引用次数为计算依据。由于引用次数要滞后三年,因此本节的数据年限为2008—2015 年。表 8.2.12 报告了投机(博彩)文化与公司创新质量的回归结果。

表 8.2.12　投机(博彩)文化与创新质量

变量	因变量:PATENT_CITE		
	(1)R=50	(2)R=100	(3)R=200
	系数 (t 值)	系数 (t 值)	系数 (t 值)
LOTT_R	0.247 8 *** (6.13)	0.254 2 *** (8.95)	0.272 3 *** (9.56)
FIRST	0.192 8 *** (32.38)	0.193 0 *** (32.44)	0.191 0 *** (32.12)
DUAL	−0.206 7 *** (−5.03)	−0.198 6 *** (−4.84)	−0.201 4 *** (−4.93)
INDR	−0.331 5 *** (−7.26)	−0.328 5 *** (−7.22)	−0.331 9 *** (−7.29)
SIZE	0.764 0 *** (5.57)	0.741 5 *** (5.41)	0.723 9 *** (5.30)
LEV	−0.031 9 ** (−2.53)	−0.031 2 ** (−2.48)	−0.028 7 ** (−2.28)
ROA	0.353 0 (1.63)	0.359 1 * (1.66)	0.359 8 * (1.66)
TANGIBLE	−0.081 0 *** (−4.77)	−0.080 1 *** (−4.72)	−0.084 2 *** (−4.96)
GROWTH	0.039 9 ** (2.50)	0.035 0 ** (2.20)	0.037 7 ** (2.37)
HHI	−0.224 7 * (−1.88)	−0.213 2 * (−1.78)	−0.178 2 (−1.49)
ESTAGE	−0.062 2 (−1.39)	−0.043 2 (−0.96)	−0.037 8 (−0.84)
STATE	−0.244 8 *** (−5.64)	−0.249 6 *** (−5.76)	−0.263 3 *** (−6.06)
常数项	−3.267 4 *** (−20.67)	−3.280 6 *** (−20.79)	−3.256 2 *** (−20.66)
行业/年度	控 制	控 制	控 制
观测值	14 129	14 129	14 129
Adj_R^2	0.249 7	0.251 9	0.252 4
F-value	227.92	228.61	222.54

　　表 8.2.12 的第(1)～(3)列的被解释变量是公司创新质量 PATENT_CITE,解释变量 LOTT_R(R=50,100,200)与 PATENT_CITE 在 1% 的水平上显著正相关(系数=0.247 8,t 值=6.13;系数=0.254 2,t 值=8.95;系数=0.272 3,t 值=9.56),这表明投机(博彩)文化氛围越强,企业的创新质量越高。该结果进一步表明投机(博彩)文化并非强化了企业在研发投资方面的投机、鲁莽行为,而是通过塑造的一种追求超额收益、新颖刺激经历以及高失败容忍度的文化氛围促进公司创新投入与产出数量的增长,以及公司产出质量的提高。

六、结论与实践启示

前期研究（Kumar et al.，2011；Chen et al.，2014；Schneider，Spalt，2017；Adhikari，Agrawal；2016；Christensen et al.，2018）探索了地区层面的投机（博彩）文化对企业的投资行为、员工激励、企业并购、审计收费以及公司创新等公司治理方面的影响，本节基于企业所在地与彩票销售点的地理位置，构造了准公司层面的基于地理近邻性的投机（博彩）文化变量，并实证检验了投机（博彩）文化对公司创新的影响。

本节研究发现投机（博彩）文化显著地提升了公司创新投入与创新产出水平，但公司所在地的经济发展水平会削弱投机（博彩）文化与公司创新间的正相关联系，上述研究结论在采用其他投机（博彩）文化、公司创新的代理变量以及控制潜在内生性后依然成立。本节进一步地探索了投机（博彩）文化与公司创新间的机制路径、行业异质性对两者间联系的影响以及投机（博彩）文化对公司创新质量的影响。研究发现管理者过度自信是投机（博彩）文化与公司创新间的中介路径，即投机（博彩）文化强化了管理者的过度自信，进而促进了公司创新。本节将企业划分为高科技企业和非高科技企业两类，检验了行业异质性对投机（博彩）文化与公司创新间联系的影响，研究发现投机（博彩）文化对公司创新的促进作用在两类企业中都存在，但是在非高科技企业中更突出。本节以专利引用数量作为公司创新质量的代理变量检验了投机（博彩）文化与公司创新质量之间的关系，研究发现投机（博彩）文化氛围浓厚的企业创新质量更高，即投机（博彩）文化不仅促使公司创新投入与创新产出的数量提升，同时也促使企业有更多的高质量创新。

本节的研究结论对企业治理实践也有一定的启示：过度地参与投机（博彩）活动不仅会损害个体及家庭幸福，甚至还可能危及社会安全稳定，这已成为当前的社会共识。但本节基于投机（博彩）文化中蕴含的追求超额收益、感官刺激与高失败容忍度的文化特质，发现了投机（博彩）文化促进了公司创新，即发现了投机（博彩）文化对公司治理的积极作用。由此，本节认为企业应该辩证地看待投机（博彩）文化的经济后果，具有适度投机（博彩）偏好的管理层及员工更具有创新活力，更能克服研发创造过程中的困难，进而提升企业的创新水平。因此在企业研发活动攻坚克难的过程中以及在为开拓新业务挑选合适的管理层或员工时，适度的投机（博彩）偏好人格特征也是一个有益的参考指标。

当然，本节也存在一定的研究局限：首先，本节参考前期研究（Du，2013；陈冬华 等，2013；Du，2015b；曾泉 等，2018）对宗教文化、儒家文化的度量方法，采用基于地理近邻性概念度量准企业层面的投机（博彩）文化，但仍未能有效直接度量企业管理层的投机（博彩）偏好，未来的研究可以借助问卷、访谈等方法从这一角度切入进行补充。其次，本节于 2020 年初基于高德地图收集了彩票销售点的数据，然后基于地理近邻性角度度量了企业的投机（博彩）文化。虽然一个地区的文化氛围是长期稳定的且几乎千年保持不变的（Williamson，2000；Du，2016），且彩票销售点只是地区投机（博彩）文化的经济体现，但未能准确收集到各年的彩票销售点的地理位置信息仍旧是本节研究的缺陷，未来的研究可以从这一角度切入进行补充。

参考文献

陈冬华,胡晓莉,梁上坤,等,2013. 宗教传统与公司治理[J]. 经济研究,48(9):71-84.

樊纲,王小鲁,朱恒鹏,2011. 中国市场化指数——各地区市场化相对进程 2011 年报告[M]. 北京:经济科学出版社.

郭双林,肖梅花. 1995. 中华赌博史[M]. 北京:中国社会科学出版社.

孔东民,徐茗丽,孔高文,2017. 企业内部薪酬差距与创新[J]. 经济研究,(10):144-157.

梁上坤,2015. 管理者过度自信、债务约束与成本黏性[J]. 南开管理评论,18(3):122-131.

刘柏,卢家锐,琚涛,2020. 管理者过度自信异质性与企业研发投资及其绩效[J]. 管理学报,17(1):66-75.

刘思明,侯鹏,赵彦云,2015. 知识产权保护与中国工业创新能力——来自省级大中型工业企业面板数据的实证研究[J]. 数量经济技术经济研究,3:40-57.

彭红星,毛新述,2017. 政府创新补贴、公司高管背景与研发投入——来自我国高科技行业的经验证据[J]. 财贸经济,38(3):147-161.

权小锋,尹洪英,2017. 中国式卖空机制与公司创新——基于融资融券分步扩容的自然实验[J]. 管理世界,1:128-144,187-188.

汪海粟,姜玉勇,2014. 个体工商户的行业分布、生存状态及其或然走向[J]. 改革,4:112-119.

温忠麟,叶宝娟,2014. 中介效应分析:方法和模型发展?[J]. 心理科学进展,22(5):731-745.

修宗峰,周泽将,2018. 商帮文化情境下民营上市公司业绩对慈善捐赠的影响[J]. 管理学报,15(9):1347-1358.

曾泉,杜兴强,常莹莹,2018. 宗教社会规范强度影响企业的节能减排成效吗?[J]. 经济管理,40(10):27-43.

赵奇锋,赵文哲,卢获,等,2018. 博彩与企业创新:基于文化视角的研究[J]. 财贸经济,39(9):122-140.

郑振龙,孙清泉,2013. 彩票类股票交易行为分析:来自中国 A 股市场的证据[J]. 经济研究,48(5):128-140.

ADHIKARI B K, AGRAWAL A, 2016. Religion, gambling attitudes and corporate innovation[J]. Journal of corporate finance, 37: 229-248.

BARON R M, KENNY D A, 1986. The moderator-mediator variable distinction in social psychological research: conceptual, strategic, and statistical considerations[J]. Journal of personality and social psychology, 51(6): 1173-1182.

CALLEN J L, FANG X H, 2020. Local gambling norms and audit pricing[J].

Journal of business ethics，164(1)：151-173.

CHANG X，FU K，LOW A，et al.，2015. Non-executive employee stock options and corporate innovation[J]. Journal of financial economics，115(1)：168-188.

CHEN Y Y，PODOLSKI E J，RHEE S G，et al.，2014. Local gambling preferences and corporate innovative success[J]. Journal of financial and quantitative analysis，49(1)：77-106.

CHRISTENSEN D M，JONES K L，KENCHINGTON D G，2018. Gambling attitudes and financial misreporting［J］. Contemporary accounting research，35（3）：1229-1261.

DU X，2013. Does religion matter to owner-manager agency costs? Evidence from China[J]. Journal of business ethics，118(2)：319-347.

DU X，2014. Does religion mitigate tunneling? Evidence from Chinese Buddhism[J]. Journal of business ethics，125(2)：299-327.

DU X，2015. Does Confucianism reduce minority shareholder expropriation? Evidence from China[J]. Journal of business ethics，132(4)：661-716.

DU X，2015. Is corporate philanthropy used as environmental misconduct dressing? Evidence from Chinese family-owned firms［J］. Journal of business ethics，129（2）：341-361.

DU X，2016. Does Confucianism reduce board gender diversity? Firm-level evidence from China[J]. Journal of business ethics，136(2)：399-436.

DU X，JIAN W，DU Y，et al.，2014b. Religion，the nature of ultimate owner，and corporate philanthropic giving：evidence from China[J]. Journal of business ethics，123（2）：235-256.

DU X，JIAN W，ZENG Q，et al.，2014a.Corporate environmental responsibility in polluting industries：does religion matter? ［J］. Journal of business ethics，124(3)：485-507.

DU X，JIAN W，LAI S，et al.，2015. Does religion mitigate earnings management? Evidence from China[J]. Journal of business ethics，131(3)：699-749.

DU X，WENG J，ZENG Q，et al.，2017. Culture，marketization，and owner-manager agency costs：a case of merchant guild culture in China[J]. Journal of business ethics，143（2）：353-386.

DU X，YIN J，HAN J，et al.，2020. The price of sinful behavior window dressing：cultural embeddedness on cigarette packages and financial reporting quality? ［J］. Journal of accounting and public policy，39(6)：106776.

EL GHOUL S，GUEDHAMI O，NI Y，et al.，2012. Does religion matter to equity pricing? ［J］. Journal of business ethics，111(4)：491-518.

ELSTER J，1989. Social norms and economic-theory[J]. Journal of economic perspectives，3(4)：99-117.

FAN J P H，WONG T J，ZHANG T，2007. Politically connected CEOs，corporate governance，and post-IPO performance of China's newly partially privatized firms[J]. Journal of financial economics，84(2)：330-357.

FESTRE A，2010. Incentives and social norms：a motivation-based economic analysis of social norms[J]. Journal of economic surveys，24(3)：511-538.

HE J，TIAN X，2013. The dark side of analyst coverage：the case of innovation[J]. Journal of financial economics，109(3)：856-878.

HIRSHLEIFER D，LOW A，TEOH S H，2012. Are overconfident CEOs better innovators？[J]. The journal of finance，67(4)：1457-1498.

HOLMSTRÖM B R，1989. Agency costs and innovation[J]. Journal of economic behavior & organization，12(3)：305-327.

HONG Y Y，CHIU C Y，1988. Sex，locus of control，and illusion of control in Hong-Kong as correlates of gambling involvement[J]. Journal of social psychology，128(5)：667-673.

KUMAR A，2009. Who gambles in the stock market？[J]. The journal of finance，64(4)：1889-1933.

KUMAR A，PAGE J K，SPALT O G，2011. Religious beliefs，gambling attitudes，and financial market outcomes[J]. Journal of financial economics，102(3)：671-708.

LOO J M Y，RAYLU N，OEI T P S，2008. Gambling among the Chinese：a comprehensive review[J]. Clinical psychology review，28(7)：1152-1166.

LOUGHRAN T，SCHULTZ P，2005. Liquidity：urban versus rural firms[J]. Journal of financial economics，78(2)：341-374.

MALMENDIER U，TATE G，2005. CEO overconfidence and corporate investment[J]. The journal of finance，60(6)：2661-2700.

MARQUIS C，GLYNN M A，DAVIS G F，2007. Community isomorphism and corporate social action[J]. Academy of management review，32(3)：925-945.

SCHNEIDER C，SPALT O，2017. Acquisitions as lotteries？The selection of target-firm risk and its impact on merger outcomes[J]. Critical finance review，6：77-132.

SHU T，SULAEMAN J，YEUNG P E，2012. Local religious beliefs and mutual fund risk-taking behaviors[J]. Management science，58(10)：1779-1796.

SUNDER J，SUNDER S V，ZHANG J J，2017.Pilot CEOs and corporate innovation[J]. Journal of financial economics，123(1)：209-224.

TIAN X，WANG T Y，2014. Tolerance for failure and corporate innovation[J]. Review of financial studies，27(1)：211-255.

WILLIAMSON O E，2000. The new institutional economics：taking stock，looking ahead[J]. Journal of economic literature，38(3)：595-613.

第三节　投机(博彩)文化与审计质量

摘要：本节以 2008—2019 年的 A 股上市公司为样本,利用手工收集的会计师事务所分所和彩票销售点地理信息,构建了基于地理近邻性概念的、准会计师事务所分所层面的审计师投机(博彩)文化变量,并实证检验了审计师投机(博彩)文化对审计质量的影响。研究结果表明,审计师投机(博彩)文化与审计质量显著负相关,这表明受投机(博彩)文化影响的审计师具有更强的投机倾向和风险偏好,进而损害其谨慎性和专业怀疑能力,导致审计质量降低。此外,会计师事务所规模能够削弱审计师投机(博彩)文化对审计质量的负面影响。进一步的分析表明外部监督强弱与企业财务异质性也会影响审计师投机(博彩)文化与审计质量间的联系,研究发现审计师投机(博彩)文化对审计质量的消极影响在弱市场监督、弱媒体监督、弱行政监督和财务困境的企业中更突出。本节的研究结论为审计师投机(博彩)文化与审计质量间的关系提供了经验证据,拓展了非正式制度对审计师行为影响的研究的相关文献。

一、引言

审计为企业会计信息的可信度提供合理保证,有利于提高资源配置和合约效率(DeFond,Zhang,2014)。审计质量一直是审计研究领域的核心问题,大量的历史文献探索了审计质量的影响因素。DeFond 和 Zhang(2014)提出了一个审计质量的分析框架,认为客户需求、监管干预和审计师供给共同决定审计质量。出具审计报告的审计师是对企业财务报告提供合理保证的直接责任人,因此审计师特征会对审计质量产生重要影响。一支文献(DeAngelo,1981;Guan et al.,2016;Lennox,Wu,2018;Defond et al.,2020;Lennox et al.,2020)从可观测的个人特征、组织特征角度(如审计师社会关系、会计师事务所规模、组织形式、所有权结构等)探索了审计供给对审计质量的影响。另一支现存不多但日益增加的文献从文化、习俗等非正式制度角度探索了审计师供给对审计质量的影响。Williamson(2000)研究指出当正式制度缺失的时候,文化、习俗和社会规范等非正式制度在公司治理、产权归属等领域发挥着持久且深远的影响。相对于发达经济体而言,中国的正式制度建设仍不够完善,因而文化、习俗等非正式制度在社会治理和公司治理中发挥了相当大的作用(Du,2013;陈冬华 等,2013)。中国在几千年历史发展中构建的许多独特的历史文化、习俗都对当前的企业治理产生深远的影响,前期文献(Du,2019a,2019b;孟庆斌 等,2019;Du,2020)研究发现审计师与 CEO 姓氏关联、审计师与 CEO 方言关联以及审计师出生地区的饮食文化和社会信任氛围都会影响审计质量。

投机(博彩)是一种以财物或其他具有价值的物品作为标的并以一个结果不确定的事项

作为判定输赢依据的活动(Loo et al.,2008)，常见的投机(博彩)活动包括赛马、彩票等。在世界各国都有各种各样的投机(博彩)活动，投机(博彩)活动的典型特征就是有一定概率赢取巨额收益(Binde,2013)，投机(博彩)活动与一系列企业经营与治理具有类似的特征，如投机(博彩)与创新投资和股票投资等都是高风险且有潜力获得高回报的活动。前期文献(Kumar et al.,2009；Kumar et al.,2011；Chen et al.,2014；Adhikari，Agrawal，2016；Christensen et al.,2018；陈欣，陈德球，2021；Ji et al.,2021)基于区域性的投机(博彩)文化，发现投机(博彩)文化会影响企业创新活动、投资活动、股价崩盘风险以及财务报表质量等。Callen 和 Fang(2020)研究发现审计师意识到投机(博彩)文化会导致企业管理层采取更多机会主义行为和激进的会计政策，进而向高投机(博彩)偏好地区的企业收取更高的审计收费作为更多审计投入和更高审计风险的补偿。审计师会针对客户的投机(博彩)文化氛围差异制定差异化的定价策略，那么投机(博彩)文化对审计师本身是否会产生影响呢？是否会影响审计师的审计质量呢？如果投机(博彩)文化会影响审计师提供的审计质量，那么会计师事务所特征、外部监督环境以及企业异质性会不会对审计师投机(博彩)文化与审计质量间的联系产生影响呢？本节主要针对上述问题进行了探索。

本节借鉴 Du(2013,2015)对于宗教文化和儒家文化的度量，利用审计师所在地与其邻近的彩票销售点的距离及数量，构建了基于地理近邻性概念的投机(博彩)文化变量。审计师所在的会计师事务所分所分布在各个省份，不同省份文化背景和经济环境差别很大，因此本节首先通过手动收集中国注册会计师协会和各省、自治区、直辖市的注册会计师协会公布的注册会计师任职资格检查名单，确定了注册会计师所任职的分所名称及地理信息；然后与上市公司的审计数据进行匹配，确定具体负责审计上市公司审计业务的会计师事务所分所信息；再基于具体的会计师事务所分所地址信息和其邻近的彩票销售点的距离及数量构建了准会计师事务所分所层面的、基于地理近邻性概念的投机(博彩)文化变量。本节利用准会计师事务所分所层面的投机(博彩)文化变量检验了审计师投机(博彩)文化与审计质量间的联系。研究发现：第一，审计师投机(博彩)文化与审计质量负相关，表明审计师投机(博彩)文化损害了审计质量；第二，会计师事务所规模削弱了审计师投机(博彩)文化对审计质量的负面影响；第三，强有力的外部监督能够有效地抑制审计师投机(博彩)文化对审计质量的负面影响，具体地，审计师投机(博彩)文化对审计质量的负面影响在弱市场监督、弱媒体监督和弱行政监督的企业中更突出；第四，审计师投机(博彩)文化对审计质量的消极影响在财务困境企业中更突出。

本节的研究贡献主要体现在以下几个方面：

第一，本节首次探索了审计师投机(博彩)文化对审计质量的影响，拓展了影响审计师行为的非正式制度这一维度的研究。前期文献(Kumar et al.,2009；Kumar et al.,2011；Chen et al.,2014；Adhikari，Agrawal，2016；Schneider，Spalt，2017；Christensen et al.,2018；赵奇锋 等,2018；陈欣，陈德球，2021；Ji et al.,2021)主要聚焦于投机(博彩)文化对上市公司的公司治理、投资活动等的影响，而 Callen 和 Fang(2020)研究的是审计师对投机(博彩)文化氛围浓厚地区的上市公司的审计定价策略，而非投机(博彩)文化对审计师的直接影响。前期文献(Du,2019a,2019b;孟庆斌 等,2019;Du,2020;Xiong et al.,2020)主要聚焦于姓氏文化、方言文化、饮食文化、地区信任和地区种植文化对审计师行为的影响,本节的研究发现了审计师投机(博彩)文化对审计质量的影响,拓展了直接影响审计师行为的非正式制度这一维度的研究。

第二,本节首次探索了审计师投机(博彩)文化与审计质量间的联系,发现审计师投机(博彩)文化与审计质量负相关,这表明审计师投机(博彩)文化损害了审计质量。本节发现的审计师投机(博彩)文化对审计师的负面影响丰富了前期关于非正式制度对审计师行为产生正面或负面影响的相关文献,并可以为未来展开对审计师投机(博彩)文化与审计质量以外的其他经济后果的关系的相关研究提供参考。

第三,本节发现会计师事务所规模可有效抑制审计师投机(博彩)文化对审计质量的负面影响,丰富了会计师事务所规模与审计质量间的联系的相关文献。前期研究(DeAngelo,1981;DeFond,Zhang,2014)指出会计师事务所规模可以提升审计质量主要是因为大规模的会计师事务所具有更高的声誉价值且在审计失败后会面临更高的诉讼风险,然而本节发现审计师规模还可以通过抑制投机(博彩)文化这一非正式制度的负面影响进而提升审计质量,本节的研究结论丰富了会计师事务所规模对审计质量的影响路径研究。

第四,本节利用审计师所在地与其邻近的彩票销售点的距离及数量,构建了基于地理近邻性概念、准会计师事务所分所层面的投机(博彩)文化变量,为未来研究对审计师投机(博彩)文化的度量提供了参考。前期研究对投机(博彩)文化的度量方式主要包括地区宗教教众构成(Kumar et al.,2009;Kumar et al.,2011;Chen et al.,2014;Adhikari,Agrawal,2016;Christensen et al.,2018)和彩票消费情况(Christensen et al.,2018;赵奇锋 等,2018;陈欣,陈德球,2021)两类,这两类投机(博彩)文化的度量都是地区层面的,而基于地区层面的文化变量忽视了地区内部的文化异质性,且使用地区层面的变量度量企业文化在回归模型中易产生截面自相关问题(Du,2015)。本节构造的准会计师事务所分所层面的审计师投机(博彩)文化变量,为后续展开对审计师投机(博彩)文化的研究提供了度量方面的参考。

本节后续内容安排如下:第二部分是文献回顾与研究假设;第三部分是样本选择和模型设定;第四部分是实证结果及分析;第五部分是敏感性测试与进一步分析;第六部分是本节结论及实践启示。

二、文献回顾与研究假设

(一)文献回顾

投机(博彩)文化会对投资者、企业管理层与审计师等市场参与者产生广泛的影响。投机(博彩)文化会强化个体投资者和机构投资者的投机需求,使得投资者将股票投资活动博彩化,促使个体投资者和机构投资者投资更多低价格、高特质偏度和高特质波动率的股票(Kumar et al.,2009;Kumar et al.,2011),以及影响共同基金投资者的投资组合和交易频率

（Shu et al.,2012）。博彩文化对投资者投资偏好的影响,会进一步催生市场对有低价格、高特质偏度和高特质波动率特征的股票的需求,进而在市场上产生共振现象(Kumar et al.,2016)。投机(博彩)文化会加剧管理层的风险偏好倾向,增大企业并购风险(Schneider,Spalt,2017)。投机(博彩)文化对企业管理层的风险偏好的影响虽然会加剧企业的投资风险,但是却能改善企业的创新氛围。创新活动需要企业管理层具有较高的风险承受能力和失败容忍度,而投机(博彩)文化影响下的企业管理层具有的较高风险偏好恰好符合相应的要求,因此投机(博彩)文化能够促进企业创新水平的提升(Chen et al.,2014;Adhikari,Agrawal,2016;陈欣,陈德球,2021)。

除了对企业投资行为产生影响,投机(博彩)文化还会对企业战略和信息环境产生影响。投机(博彩)文化会导致企业制定激进的企业战略,为了实现战略目标,企业会进行正向盈余管理,采取激进的会计政策与信息披露策略,更倾向于隐藏"坏消息",释放"好消息",导致企业股价崩盘风险增加(Ji et al.,2021)。投机(博彩)文化会诱致管理层的机会主义行为增加,进而使得管理层不断挑战或突破会计准则,导致企业财务报表质量降低(Christensen et al.,2018)。投资人意识到投机(博彩)文化催生的管理层高机会主义倾向,因此将希望通过更严格的外部审计监督对管理层进行约束,同时,为了降低审计风险,审计师将会加大审计投入,进而提高审计定价(Callen,Fang,2020)。

综上所述,前期文献较多地聚焦于投机(博彩)文化对投资者和企业管理层的影响,仅Callen和Fang(2020)的研究探索了投机(博彩)文化影响下的企业审计定价策略差异,目前尚未有研究就投机(博彩)文化对审计师自身的直接影响展开探索。审计质量是审计师工作的核心指标,而审计质量的高低取决于客户需求、监管干预和审计师供给(DeFond,Zhang,2014),那么投机(博彩)文化是否会通过影响审计师行为进而影响其审计质量呢? 本节将对上述问题展开探索。

(二)研究假设

高阶梯队理论认为管理者的个体经验、价值观和社会背景都会影响其经营决策和战略选择(Hambrick,Mason,1984)。前期大量研究聚焦于宗教信仰、儒家文化、职业背景、教育经历、性别等一系列社会学和人口学特征对企业管理层的投融资决策、股利分配等公司治理和经营策略的影响(Du,2013,2015,2016,2020;Du et al.,2014;陈冬华 等,2013;杜兴强,谭雪,2017;章永奎等,2019;杜兴强,2020)。近年来逐渐兴起的一部分文献关注审计师个人特征、社会联系和文化因素对审计师的影响。基于审计师个人特征,前期研究表明审计师专长、海外经历、社会关系等会对审计师的胜任能力、独立性和审计质量产生影响(Gul et al.,2013;王晓珂等,2016;He et al.,2017;Lennox,Wu,2018;杜兴强,侯菲,2019;Defond et al.,2020)。Williamson(2000)将人类社会制度划分为四个层次,并将文化、习俗和社会规范划分为第一层次,认为文化、习俗和社会规范对公司治理和产权制度等有着持久且深远的影响。基于高阶梯队理论或Williamson(2000)的视角,也有为数不多的文献研究得出了文化对审计师行为的影响。前期研究(Du,2019a,2019b)表明审计师和企业CEO的姓氏关联、方言关联都会降低审计师的独立性,进而损害审计质量。Xiong 等(2020)研究认为来自水稻种植区的审计师集体主义更强,更易屈从于管理层,从而导致独立性和审计质量降低。Du(2020)研究发现审计师的饮食文化也会影响其审计质量,结论表明食辣的审计师具有更强的抗压能力,更不容易屈服于管理层的压力,进而独立性更强、审计质量更高。基于上述发现,可知投机(博彩)文化也会影响审计师的行为,进而对审计质量产生影响。

博彩活动的典型特征就是有一定概率赢取巨额收益(Binde,2013),如彩票的奖金常常以百万、千万计,但往往失败的概率非常高。因此,强博彩偏好的个体往往具有更强的投机倾向和更高的风险承担水平(Kumar et al.,2009;Chen et al.,2014;Adhikari,Agrawal,2016)。参考高阶梯队理论(Hambrick,Mason,1984)的观点,受投机(博彩)文化影响产生的投机冲动与冒险冲动也将会影响个体的行为决策。Christensen 等(2018)研究指出由于博彩文化强化了企业管理层的风险承担水平,因此受投机(博彩)文化影响的管理层更可能突破会计准则并缓解企业业绩压力。借鉴这一思路,投机(博彩)文化对审计师风险偏好的影响将会导致审计师更可能挑战或违背审计准则,更不可能充分践行审计师的职责。投机(博彩)文化催生的审计师高风险偏好将会损害其谨慎性和专业怀疑能力,例如,在审计实践中设定更高报表层次与账户层次的重要性水平,认可企业管理层更激进的会计估计、会计政策,以及降低对模棱两可的审计事项的专业怀疑等。除了投机(博彩)文化对个体审计师的风险偏好影响也会对审计实践产生影响以外,投机(博彩)文化塑造的伦理氛围也会从整体上影响审计师的审计实践。伦理氛围不仅能为组织成员对特定行为的可接受性、价值判断和理解提供依据,而且也是在特定情况下组织成员判断行为对错与采取何种行为的重要信息来源(Victor,Cullen,1988;Andiola et al.,2020)。博彩文化塑造的高风险偏好组织氛围使得整个组织更倾向于接受这类谨慎性和专业怀疑不足的审计实践,进而导致整个审计师团队与组织的谨慎性和专业怀疑能力下降。

中国宽松的制度环境也加剧了投机(博彩)文化对审计实践的负面影响。首先,中国作为新兴经济体,正式制度建设不够健全,金融市场不够完善,对外部股东和中小投资者的保护力度不够,审计师面临的诉讼风险较低(Allen et al. 2005;Yang,Linda,2009;Du et al.,2019b),因此在低诉讼风险的制度背景下博彩文化滋生的投机主义与高风险偏好行为受到法律惩罚的概率以及被惩罚的严厉程度较低,进而助长了博彩文化对审计实践的负面影响。其次,中国审计市场集中程度低,激烈的市场竞争损害了审计师独立性(Choi,Wong,2007;陈艳萍,2011;吴溪 等,2018;杜兴强,2020)。当特定公司选择某项会计估计或会计政策的风险较高时,投机(博彩)文化影响下的具有高风险承担水平的审计师更敢于接受企业管理层更激进的财务决策,即在高度竞争的中国审计市场环境下,投机(博彩)文化对审计师的独立性、谨慎性和合理的专业怀疑水平的负面影响更严重。

正如前期(El Ghoul et al.,2012;Du,2016;Du et al.,2020)对宗教、儒家文化、有罪文化掩饰的研究一样,文化塑造的组织氛围会对所有组织成员产生影响,而与组织成员是否是这一信仰或价值观念的忠实支持者无关。投机(博彩)文化塑造的投机主义和高风险偏好,会使得会计师事务所的每个审计师个体倾向于利用这一套伦理理念判断或指导审计实践

（Marquis et al.，2007；Andiola et al.，2020）。基于上述讨论，本节提出如下假设：

假设 8.3.1：限定其他条件，审计师投机（博彩）文化与审计质量负相关。

DeAngelo（1981）研究指出大规模的会计师事务所有更强的能力和动力提供高质量的审计，即会计师事务所规模大有助于提升审计质量。前期研究表明大规模会计师事务所的确能提供更高质量的审计治理服务，如抑制企业的费用黏性（梁上坤 等，2015）和税收激进（曾姝，李青原，2016），降低企业股价崩盘风险（Callen at al.，2020）等。因此，本节进一步探索了会计师事务所规模对投机（博彩）文化与审计质量间的联系的影响。

相对于小规模的会计师事务所而言，大规模会计师事务所的成员的受教育水平和专业化程度更高，更能提供高质量的审计服务（曾姝，李青原，2016）。此外，大规模的事务所具有好的内部控制程序，能够提供更标准化的审计服务，降低审计师个体差异的影响（Choi，Kim，2010）。那么大规模的会计师事务所拥有的更高的专业化水平和更好的内部控制程序能否抑制投机（博彩）文化滋生的审计师的投机行为和高风险偏好行为呢？Williamson（2000）研究指出，当正式制度缺失时，文化、习俗、宗教等非正式制度对公司治理、产权配置发挥着持久且深远的作用，那么当存在正式制度时，正式制度如何影响非正式制度的作用呢？Du（2020）研究指出，当正式制度对个体的决策和行为约束更加直接时，正式制度会对非正式制度产生挤出效应。大规模会计师事务所拥有的高专业化水平和严格的内部控制程序能够更加直接地作用于审计师个体的审计实践，进而影响审计师的服务质量。Xiong 等（2020）研究表明会计师事务所规模能够抑制水稻种植区的审计师审计质量的降低。因此本节认为会计师事务所规模对审计师个体在实践中的影响比文化因素对审计师的影响更直接，会计师事务所规模将会对投机（博彩）文化与审计质量间的联系产生挤出效应。基于上述讨论，本节提出如下假设：

假设 8.3.2：限定其他条件，会计师事务所规模削弱了审计师投机（博彩）文化与审计质量间的负相关关系。

三、数据来源与研究设计

（一）样本与数据来源

本节以 2008—2019 年的 A 股上市公司为样本，并按以下标准对样本进行了筛选：剔除银行、保险和其他金融行业的观测值；剔除交叉上市的观测值；剔除负责上市公司年报审计的会计师事务所分所缺失的观察值；剔除变量数据缺失的观测值。注册会计师所在会计师事务所分所数据由作者从中国注册会计师协会和各省、自治区、直辖市的注册会计师协会公布的注册会计师任职资格检查名单中手工收集，会计师事务所分所和彩票销售点的经纬度数据由作者从高德地图手工收集，其余财务数据来自国泰安数据库（CSMAR）。为了避免极端值对结果的影响，本节对所有连续性变量进行了 1％与 99％分位的缩尾处理。

(二)研究设计

1.被解释变量

本节以审计意见做审计质量的代理变量,若企业被出具非标准无保留审计意见则审计意见 MAO 取值为 1,否则取值为 0。非标准无保留审计意见包括带解释性说明的无保留意见、保留意见、无法表示意见和否定意见。

2.主要解释变量

前期研究对投机(博彩)文化的关注几乎都聚焦于博彩文化对企业治理的影响,主要的度量方式包括宗教教众构成(Kumar et al.,2009;Kumar et al.,2011;Chen et al.,2014;Adhikari,Agrawal,2016;Christensen et al.,2018)和彩票消费情况(Christensen et al.,2018;赵奇锋等,2018;陈欣,陈德球,2021)两类,且这两类投机(博彩)文化的度量采用的都是地区层面的变量。Du(2015)研究指出使用地区层面的变量度量企业文化在多元回归分析中易产生截面自相关问题,且忽略了地区内部的文化异质性。因此本节拟以准企业层面的变量来度量审计师投机(博彩)文化。

一个会计师事务所由众多的分所组成,各个分所广泛分布在中国各个地区,而各个地区及地区内部文化氛围差别较大,因此若将一个事务所整体作为研究投机(博彩)文化的研究对象,会在相当大程度上扭曲各个分所的投机(博彩)文化氛围。前期研究(Francis,Yu,2009;Francis,Michas,2013;Xu,Kalelkar,2020)发现会计师事务所分所层面的低质量审计具有传染效应,且市场也会对提供低质量审计的会计师事务所分所予以惩罚,并指出具体执行业务的会计师事务所分所是审计实践的主要决策单元。因此本节认为基于会计师事务所分所层面度量投机(博彩)文化是更准确的。众所周知,在中国内地商业博彩业务的经营是被法律明令禁止的,仅有为支持社会公益事业而特许的专门机构垄断发行的福利彩票和体育彩票构成中国内地普遍参与的合法博彩活动。彩票销售点是彩民聚集、交流以及购买彩票的重要场所,因此彩票销售点的数量可以反映一个地区博彩活动的受欢迎程度,进而可以反映一个区域的投机(博彩)文化氛围。基于这一思路,本节借鉴 Du(2013,2015)基于地理近邻性概念度量宗教文化和儒家文化的研究,利用彩票销售点和会计师事务所分所的数据构造了基于地理近邻性概念的、准会计师事务所分所层面的投机(博彩)文化变量。具体地,本节采用如下步骤构建:

第一,基于中国注册会计师协会和各省、自治区、直辖市的注册会计师协会公布的注册会计师任职资格检查名单,确定注册会计师所任职的分所的名称、地址信息;

第二,通过高德地图手动收集会计师事务所分所和中国内地所有彩票销售点的经纬度数据;

第三,利用会计师事务所分所和所有彩票销售点的经纬度信息确定每个分所 R(R=50,100)千米内彩票(福利彩票和体育彩票)销售点的数量,然后对其进行 0—1 标准化,处理后的数值作为审计师的投机(博彩)文化 LOTT_R 的代理变量,数值越大,审计师投机(博彩)文化氛围越强；

第四,将会计师事务所分所的审计师投机(博彩)文化数据与上市公司年报审计数据进行匹配,确定执行上市公司年报审计的会计师事务所分所的投机(博彩)文化 LOTT_R 变量。

3.调节变量

本节以会计师事务所是否为国际"四大"会计师事务所作为事务所规模的代理变量,若会计师事务所是国际"四大"会计师事务所,则 BIG4 取值为 1,否则为 0。

4.控制变量

本节控制了下列变量:第一是公司治理层面的变量,包括第一大股东持股比例 FIRST、机构投资者持股比例 INST_SHR、董事会规模 BOARD、独立董事比例 INDR、会计师事务所行业专长虚拟变量 IND_SEPC;第二是企业财务变量,包括企业规模 SIZE、财务杠杆 LEV、盈余管理动机虚拟变量 EMI、资产周转率 AC_AUR、审计复杂程度 COMPLEX、总资产收益率 ROA、销售收入变化 GROWTH、经营活动现金流 OCF、亏损虚拟变量 LOSS、公司再融资 IS-SUE;第三是最终控制人性质 STATE 、行业和年度固定效应。变量定义详见表 8.3.1。

表 8.3.1　变量定义

变量	变量定义
MAO	审计意见虚拟变量,若上市公司当年被审计师出具非标准审计意见则取值为 1,否则为 0
LOTT_R	审计师投机(博彩)文化,等于会计师事务所分所所在地 R 千米内彩票(福利彩票和体育彩票)销售点的数量进行 0—1 标准化处理后的数值(R=50,100)
BIG4	会计师事务所虚拟变量,当公司聘请四大会计师事务所审计师时赋值为 1,否则赋值为 0
FIRST	第一大股东持股比例,等于第一大股东所持股份与公司总股份的比值
INST_SHR	机构投资者的持股比例
BOARD	董事会规模,等于董事会总人数的自然对数
INDR	独立董事人数与董事会总人数的比值
IND_SPEC	会计师事务所行业专长的虚拟变量,若按两位数(大类代码用两位阿拉伯数字表示)证监会行业分类的客户资产计算,当会计师事务所拥有的市场份额排名第一时则取值为 1,否则取值为 0
SIZE	公司规模,等于公司总资产的自然对数
LEV	财务杠杆,等于有息负债总额(包括短期借款、应付票据、一年内到期的非流动负债、长期借款和应付债券)与资产总额的比值
EMI	盈余管理动机虚拟变量,当满足以下条件之一时赋值为 1:(1)微利[$0<ROA<1\%$;ROA(return on assets)为资产回报率];(2)公司亏损,ROA 低于当年亏损的所有上市公司 ROA 的中位数;(3)ROE(return on equity,净资产收益率)略高于证监会规定的增发条件($6\%\sim7\%$),否则为 0
AC_AUR	资产周转率,等于营业收入除以总资产
COMPLEX	审计复杂度,等于存货与应收账款之和与总资产的比值

续表

变量	变量定义
ROA	总资产收益率,等于净利润与年末总资产的比值
GROWTH	销售收入变化,等于主营业务收入增长率
OCF	经营活动现金流,等于经营活动现金流量净额与总资产的比值
LOSS	亏损虚拟变量,若公司净利润为负则赋值为 1,否则为 0
ISSUE	公司再融资,等于公司发行债务和权益的总和与总资产的比值
STATE	最终控制人性质,若公司最终控制人是中央或地方政府、政府控股公司则赋值为 1,否则为 0

5.模型设定

假设 8.3.1 预测审计师投机(博彩)文化降低了审计质量。为了检验假设 8.3.1,本节参考前期研究(Du,2019a;Du et al.,2020)设定了式(8.3.1)测度审计师投机(博彩)文化与审计质量间的联系。

$$
\begin{aligned}
\mathrm{MAO} = {} & \alpha_0 + \alpha_1 \mathrm{LOTT\_R} + \alpha_2 \mathrm{BIG4} + \alpha_3 \mathrm{FIRST} + \alpha_4 \mathrm{INST\_SHR} + \alpha_5 \mathrm{BOARD} + \alpha_6 \mathrm{INDR} + \\
& \alpha_7 \mathrm{IND\_SEPC} + \alpha_8 \mathrm{SIZE} + \alpha_9 \mathrm{LEV} + \alpha_{10} \mathrm{EMI} + \alpha_{11} \mathrm{AC\_AUR} + \alpha_{12} \mathrm{COMPLEX} + \\
& \alpha_{13} \mathrm{ROA} + \alpha_{14} \mathrm{GROWTH} + \alpha_{15} \mathrm{OCF} + \alpha_{16} \mathrm{LOSS} + \alpha_{17} \mathrm{ISSUE} + \alpha_{18} \mathrm{STATE} + \\
& \mathrm{Industry\ Dummies} + \mathrm{Year\ Dummies} + \varepsilon
\end{aligned}
\tag{8.3.1}
$$

式(8.3.1)中审计质量 MAO 为被解释变量,主要的解释变量是审计师的投机(博彩)文化 LOTT_R(R=50,100),若式(8.3.1)中 LOTT_R 的系数 α_1 显著为负数(即 $\alpha_1 < 0$),则假设 8.3.1 被支持。

假设 8.3.2 预测会计师事务所规模削弱了审计师投机(博彩)文化与审计质量间的负相关关系。为了检验假设 8.3.2,本节设定了式(8.3.2),如下所示:

$$
\begin{aligned}
\mathrm{MAO} = {} & \alpha_0 + \alpha_1 \mathrm{LOTT\_R} + \alpha_2 \mathrm{BIG4} + \alpha_3 \mathrm{LOTT\_R} \times \mathrm{BIG4} + \alpha_4 \mathrm{FIRST} + \alpha_5 \mathrm{INST\_SHR} + \\
& \alpha_6 \mathrm{BOARD} + \alpha_7 \mathrm{INDR} + \alpha_8 \mathrm{IND\_SEPC} + \alpha_9 \mathrm{SIZE} + \alpha_{10} \mathrm{LEV} + \alpha_{11} \mathrm{EMI} + \alpha_{12} \mathrm{AC\_AUR} + \\
& \alpha_{13} \mathrm{COMPLEX} + \alpha_{14} \mathrm{ROA} + \alpha_{15} \mathrm{GROWTH} + \alpha_{16} \mathrm{OCF} + \alpha_{17} \mathrm{LOSS} + \alpha_{18} \mathrm{ISSUE} + \\
& \alpha_{19} \mathrm{STATE} + \mathrm{Industry\ Dummies} + \mathrm{Year\ Dummies} + \varepsilon
\end{aligned}
\tag{8.3.2}
$$

式(8.3.2)中被解释变量仍为审计质量 MAO,主要的解释变量是审计师投机(博彩)文化与会计师事务所规模的交乘项 LOTT_R×BIG4(R=50,100),若式(8.3.2)中交乘项的系数 α_3 显著为正数(即 $\alpha_3 > 0$),则假设 8.3.2 被支持。

四、实证结果

(一)描述性统计

表 8.3.2 报告了本节主要变量的描述性统计结果。被解释变量 MAO 的均值为

0.036 2，表明有 3.62％的样本被审计师出具非标准无保留审计意见。解释变量审计师的投机（博彩）文化 LOTT_50、LOTT_100 的均值分别为 0.387 6、0.389 0。调节变量 BIG4 的均值为 0.033 1，表明有 3.31％的样本的年报由国际"四大"会计师事务所审计。

控制变量显示：第一大股东（FIRST）平均持股 34.94％，机构投资者（INST_SHR）平均持股 37.74％，董事会（BOARD）平均有 9 名董事，其中独立董事（INDR）平均占比 38.58％。有 3.81％的样本由具有行业特长的会计师事务所（IND_SEPC）审计，平均的资产（SIZE）为 36.88 亿人民币，平均的财务杠杆（LEV）为 20.19％，有 10.14％的样本存在盈余管理动机（EMI），平均资产周转率（AC_AUR）为 0.615 3，存货和应收账款（COMPLEX）平均占资产的 27.08％，平均的总资产报酬率（ROA）为 3.46％，销售收入变化（GROWTH）为 19.25％，经营活动现金流量（OCF）平均占资产的 4.29％，有 10.19％的样本发生了亏损（LOSS），当年发行股票募集到的资金（ISSUE）平均占资产的 2.83％，最终控制人是国有企业或各级政府（STATE）的样本为 38.07％。

表 8.3.2　描述性统计

变量	均值	标准差	最小值	1/4 分位数	中位数	3/4 分位数	最大值
MAO	0.036 2	0.186 7	0.000 0	0.000 0	0.000 0	0.000 0	1.000 0
LOTT_50	0.387 6	0.115 0	0.179 8	0.302 6	0.367 4	0.451 5	0.829 2
LOTT_100	0.389 0	0.201 2	0.056 4	0.241 0	0.337 3	0.502 6	0.943 9
BIG4	0.033 1	0.178 8	0.000 0	0.000 0	0.000 0	0.000 0	1.000 0
FIRST	34.942 0	14.815 3	9.130 0	23.280 0	32.860 0	44.980 0	74.860 0
INST_SHR	37.736 4	22.872 5	0.020 0	18.220 0	38.450 0	55.700 0	85.350 0
BOARD	2.209 8	0.290 7	1.386 3	2.079 4	2.197 2	2.397 9	2.890 4
INDR	38.579 7	10.417 8	0.000 0	33.333 3	37.500 0	44.444 4	66.666 7
IND_SPEC	0.038 1	0.191 4	0.000 0	0.000 0	0.000 0	0.000 0	1.000 0
SIZE	22.028 3	1.202 1	19.567 7	21.164 1	21.900 0	22.754 0	25.553 5
LEV	0.201 9	0.159 6	0.000 0	0.062 2	0.182 0	0.311 7	0.637 5
EMI	0.101 4	0.301 9	0.000 0	0.000 0	0.000 0	0.000 0	1.000 0
AC_AUR	0.615 3	0.418 6	0.062 6	0.338 8	0.519 6	0.765 2	2.412 1
COMPLEX	0.270 8	0.169 4	0.007 3	0.143 4	0.249 8	0.368 7	0.759 6
ROA	0.034 6	0.065 1	−0.301 6	0.012 9	0.035 1	0.064 4	0.192 7
GROWTH	0.192 5	0.485 9	−0.591 6	−0.023 1	0.111 5	0.276 5	3.273 0
OCF	0.042 9	0.111 5	−10.216 2	0.004 5	0.043 1	0.085 8	1.127 3
LOSS	0.101 9	0.302 5	0.000 0	0.000 0	0.000 0	0.000 0	1.000 0
ISSUE	0.028 3	0.075 5	0.000 0	0.000 0	0.000 0	0.000 0	0.416 1
STATE	0.380 7	0.485 6	0.000 0	0.000 0	0.000 0	1.000 0	1.000 0

（二）Pearson 相关性分析

表 8.3.3 报告了 Pearson 相关性分析结果。审计师投机（博彩）文化 LOTT_50、LOTT_100 与审计质量 MAO 都在 1％的显著性水平上正相关，表明审计师投机（博彩）文化氛围越强，企业获得的非标准无保留审计意见越少，这初步支持了假设 8.3.1。此外，控制变量之间的相关系数都在 0.5 以下，表明控制变量间不存在严重的共线性问题。

表 8.3.3　Pearson 相关性分析结果

变量	(1)	(2)	(3)	(4)	(5)	(6)	(7)	(8)	(9)	(10)	(11)	(12)	(13)	(14)	(15)	(16)	(17)	(18)	(19)	(20)
(1) MAO	1.000																			
(2) LOTT_50	-0.034***	1.000																		
(3) LOTT_100	-0.032**	0.856***	1.000																	
(4) BIG4	-0.029**	0.015**	0.016**	1.000																
(5) FIRST	-0.092***	-0.005	-0.017**	0.132***	1.000															
(6) INST_SHR	-0.053***	-0.082***	-0.107***	0.132***	0.347***	1.000														
(7) BOARD	0.042***	-0.085***	-0.099***	0.030***	-0.015**	0.142***	1.000													
(8) INDR	-0.041***	0.026**	0.032**	-0.008	0.050***	-0.011*	-0.018***	1.000												
(9) IND_SPEC	-0.008	0.038***	0.069***	0.069***	0.039***	0.032***	0.024***	0.000	1.000											
(10) SIZE	-0.086***	-0.060***	-0.075***	0.207***	0.221***	0.407***	0.211***	-0.067***	0.107***	1.000										
(11) LEV	0.066***	-0.039***	-0.047***	0.013*	0.014**	0.081***	0.093***	-0.049***	0.034***	0.382***	1.000									
(12) EMI	0.292***	-0.038***	-0.048***	-0.018***	-0.096***	-0.065***	0.048***	-0.036***	-0.016***	-0.075***	0.162***	1.000								
(13) AC_AUR	-0.037***	0.034**	0.024***	0.062***	0.082***	0.111***	0.011*	0.002	0.026***	0.034***	0.065***	-0.069***	1.000							
(14) COMPLEX	-0.042***	0.036***	0.060***	-0.032***	-0.014**	-0.054***	-0.059***	0.027***	-0.041***	0.018***	0.089***	-0.023***	0.084***	1.000						
(15) ROA	-0.348***	0.038***	0.053***	0.041***	0.143***	0.107***	-0.068***	0.055***	0.031***	0.027***	-0.316***	-0.673***	0.118***	-0.058***	1.000					
(16) GROWTH	-0.063***	-0.008	0.006	-0.012**	0.019***	-0.004	-0.006	0.004	0.011**	0.057***	-0.316***	-0.673***	0.118***	-0.058***	0.228***	1.000				
(17) OCF	-0.092***	0.018***	0.017***	0.041***	0.069***	0.080***	0.031***	-0.008	0.030***	0.038***	-0.108***	-0.115***	0.076***	-0.193***	0.228***	0.019***	1.000			
(18) LOSS	0.295***	-0.036***	-0.046***	-0.018***	-0.097***	-0.066***	0.048***	-0.038***	-0.015***	-0.076***	0.161***	0.991***	-0.068***	-0.022***	-0.675***	-0.169***	-0.115***	1.000		
(19) ISSUE	-0.047***	-0.009	-0.008	0.008	-0.021***	0.051***	0.046***	0.038***	0.013***	0.137***	0.003	-0.061***	-0.060***	-0.055***	0.025***	0.178***	-0.034***	-0.115***	1.000	
(20) STATE	-0.030***	-0.163***	-0.235***	0.071***	0.218***	0.339***	0.193***	-0.033***	0.002	0.303***	0.174***	0.029***	0.078***	-0.086***	-0.068***	-0.055***	0.021***	0.027***	0.002	1.000

注：***，**，* 分别表示在 1%，5%，10% 的显著性水平上显著。

（三）多元回归分析

1.审计师投机（博彩）文化与审计质量

为检验假设 8.3.1，本节采用 Probit 模型对式(8.3.1)进行检验，所有报告的 z 检验值均经过 White(1980)调整。假设 8.3.1 的检验结果如表 8.3.4 所示。审计师投机（博彩）文化变量 LOTT_50、LOTT_100 的系数均在 1% 的显著性水平上显著为负数（系数＝－0.585 1，z 值＝－3.18；系数＝－0.264 3，z 值＝－2.56），表明投机（博彩）文化提高了审计师的风险承担水平，降低了审计师的谨慎性，导致了审计质量降低，这支持了本节假设 8.3.1。进一步地，经济意义显示审计师投机（博彩）文化变量 LOTT_50、LOTT_100 对企业获得非标准审计意见概率的边际影响分别是－3.41% 和－1.54%。可见，投机（博彩）文化对审计师审计质量在统计意义和经济意义上均存在显著影响。

控制变量的回归结果显示，会计师事务所虚拟变量 BIG4、第一大股东持股比例 FIRST、独立董事比例 INDR、企业规模 SIZE、资产周转率 AC_AUR、审计复杂程度 COMPLEX、总资产收益率 ROA、经营活动现金流 OCF、公司再融资 ISSUE 和最终控制人性质 STATE 与审计质量 MAO 至少在 10% 的显著性水平上显著负相关，董事会规模 BOARD、财务杠杆 LEV、销售收入变化 GROWTH 与审计质量 MAO 至少在 10% 的水平上显著正相关。

表 8.3.4　审计师投机（博彩）文化与审计质量

变量	因变量：MAO	
	(1)R＝50	(2)R＝100
	系数 （t 值）	系数 （t 值）
LOTT_R	－0.585 1*** （－3.18）	－0.264 3** （－2.56）
BIG4	－0.364 9* （－1.86）	－0.367 6* （－1.88）
FIRST	－0.007 4*** （－4.59）	－0.007 4*** （－4.61）
INST_SHR	0.000 6 （0.59）	0.000 7 （0.63）
BOARD	0.296 0*** （4.13）	0.299 0*** （4.17）
INDR	－0.003 8* （－1.89）	－0.003 9* （－1.92）
IND_SPEC	0.011 6 （0.10）	0.019 5 （0.18）
SIZE	－0.180 6*** （－7.58）	－0.179 6*** （－7.55）

续表

变量	因变量：MAO	
	(1)R＝50	(2)R＝100
	系数 （t 值）	系数 （t 值）
LEV	0.747 4 ***	0.744 3 ***
	(5.23)	(5.21)
EMI	−0.224 7	−0.215 8
	(−0.55)	(−0.53)
AC_AUR	−0.106 9 *	−0.107 5 *
	(−1.78)	(−1.79)
COMPLEX	−0.795 9 ***	−0.794 2 ***
	(−5.43)	(−5.41)
ROA	−4.632 8 ***	−4.624 0 ***
	(−13.52)	(−13.49)
GROWTH	0.079 8 *	0.080 5 *
	(1.65)	(1.67)
OCF	−0.547 9 **	−0.552 5 **
	(−2.55)	(−2.56)
LOSS	0.577 0	0.569 4
	(1.42)	(1.41)
ISSUE	−1.238 6 ***	−1.242 1 ***
	(−3.11)	(−3.11)
STATE	−0.143 4 ***	−0.148 2 ***
	(−3.18)	(−3.29)
常数项	2.616 5 ***	2.473 5 ***
	(5.14)	(4.90)
行业/年度	控 制	控 制
观测值	22 139	22 139
Pseudo R^2	0.281 4	0.280 8
LR Chi²	1 555.29 ***	1 556.58 ***

注：***、**、* 分别表示在 1%、5%、10% 的显著性水平上显著。

2.会计师事务所规模的调节效应

表 8.3.5 报告了假设 8.3.2 的检验结果。如表 8.3.5 所示，审计师投机（博彩）文化变量 LOTT_50、LOTT_100 与审计质量 MAO 仍在 1% 的显著性水平上显著负相关（系数＝−0.598 5，z 值＝−3.23；系数＝−0.273 1，z 值＝−2.63），这进一步支持了假设 8.3.1。审计师投机（博彩）文化与会计师事务所规模的交乘项 LOTT_50×BIG4、LOTT_100×BIG4 的系数分别在 5% 和 1% 的显著性水平上显著为正数（系数＝1.883 2，z 值＝1.98；系数＝1.385 8，z 值＝3.42），表明具有更高专业水平和内部控制能力的大规模会计师事务所能有效抑制审计师投机（博彩）文化对审计质量的负面影响，这支持了本节假设 8.3.2。

表 8.3.5　会计师事务所对审计师投机(博彩)文化与审计质量间联系的调节效应

变量	因变量：MAO	
	(1)R＝50	(2)R＝100
	系数 （t 值）	系数 （t 值）
LOTT_R	−0.598 5 *** （−3.23）	−0.273 1 *** （−2.63）
BIG4	−1.113 8 *** （−2.61）	−0.943 8 *** （−3.87）
LOTT_R×BIG4	1.883 2 ** （1.98）	1.385 8 *** （3.42）
FIRST	−0.007 4 *** （−4.58）	−0.007 4 *** （−4.61）
INST_SHR	0.000 6 （0.59）	0.000 6 （0.61）
BOARD	0.295 3 *** （4.12）	0.297 9 *** （4.15）
INDR	−0.003 8 * （−1.88）	−0.003 9 * （−1.92）
IND_SPEC	0.012 9 （0.12）	0.021 4 （0.19）
SIZE	−0.180 5 *** （−7.58）	−0.179 4 *** （−7.54）
LEV	0.746 9 *** （5.23）	0.743 6 *** （5.21）
EMI	−0.225 2 （−0.55）	−0.216 2 （−0.53）
AC_AUR	−0.106 8 * （−1.78）	−0.107 0 * （−1.78）
COMPLEX	−0.798 2 *** （−5.44）	−0.797 0 *** （−5.42）
ROA	−4.634 5 *** （−13.52）	−4.625 7 *** （−13.49）
GROWTH	0.079 9 * （1.65）	0.080 5 * （1.67）

续表

变量	因变量：MAO	
	(1)R=50	(2)R=100
	系数 （t 值）	系数 （t 值）
OCF	−0.547 6 ** （−2.55）	−0.552 8 ** （−2.55）
LOSS	0.577 7 （1.42）	0.570 1 （1.41）
ISSUE	−1.240 9 *** （−3.11）	−1.244 3 *** （−3.11）
STATE	−0.143 7 *** （−3.19）	−0.148 3 *** （−3.29）
常数项	2.621 3 *** （5.15）	2.474 2 *** （4.90）
行业/年度	控制	控制
观测值	22 139	22 139
Pseudo R^2	0.281 6	0.281 0
LR Chi^2	1 557.07 ***	1 563.11 ***

注：*** 、** 、* 分别表示在 1%、5%、10% 的显著性水平上显著。

五、敏感性测试与进一步分析

（一）敏感性测试

1.被解释变量的敏感性测试

前文采用审计意见作为审计质量的代理变量，为了保证结果的稳健性，本节以持续经营审计意见 GC 作为审计质量的代理变量。若审计报告认为企业持续经营能力存在重大不确定性则持续经营审计意见 GC 取值为 1，否则为 0。此外，本节用持续经营审计意见 GC 替代模型（8.3.1）、（8.3.2）中的审计意见 MAO，然后检验假设 8.3.1、8.3.2。

表 8.3.6 报告了假设 8.3.1、8.3.2 的检验结果。第（1）、（2）列中审计师投机（博彩）文化变量 LOTT_50、LOTT_100 的系数均在 1% 的显著性水平上显著为负数，表明投机（博彩）文化导致审计师给企业出具更少的持续经营审计意见，支持了假设 8.3.1。第（3）、（4）列中审计师投机（博彩）文化变量 LOTT_50、LOTT_100 的系数仍均在 1% 的显著性水平上显著为负数，更重要的是，审计师投机（博彩）文化与会计师事务所规模的交乘项 LOTT_50×BIG4、LOTT_100×BIG4 的系数分别在 10% 和 1% 的显著性水平上显著为正数，表明会计师事务所规模能够抑制投机（博彩）文化对审计质量的负面影响，这进一步支持了假设 8.3.2。

表 8.3.6　审计质量代理变量的敏感性测试

变量	因变量：GC			
	(1)R＝50	(2)R＝100	(3)R＝50	(4)R＝100
	系数 （t 值）	系数 （t 值）	系数 （t 值）	系数 （t 值）
LOTT_R	−1.193 6 *** （−4.69）	−0.702 0 *** （−4.82）	−1.196 8 *** （−4.69）	−0.708 5 *** （−4.85）
BIG4	−0.445 4 （−1.05）	−0.442 9 （−1.04）	−0.944 1 （−1.59）	−1.226 8 ** （−2.47）
LOTT_R×BIG4			1.325 7 * （1.82）	1.979 5 *** （4.18）
FIRST	−0.007 1 *** （−3.01）	−0.007 2 *** （−3.04）	−0.007 1 *** （−3.01）	−0.007 2 *** （−3.04）
INST_SHR	−0.001 3 （−0.85）	−0.001 2 （−0.79）	−0.001 3 （−0.85）	−0.001 3 （−0.80）
BOARD	0.260 0 *** （2.59）	0.264 6 *** （2.63）	0.259 9 *** （2.59）	0.263 5 *** （2.62）
INDR	−0.003 2 （−1.06）	−0.003 2 （−1.07）	−0.003 2 （−1.06）	−0.003 2 （−1.07）
IND_SPEC	−0.040 5 （−0.22）	0.007 7 （0.04）	−0.040 2 （−0.22）	0.009 0 （0.05）
SIZE	−0.371 5 *** （−9.26）	−0.368 0 *** （−9.24）	−0.371 5 *** （−9.26）	−0.368 0 *** （−9.24）
LEV	1.237 6 *** （6.28）	1.231 5 *** （6.23）	1.237 5 *** （6.28）	1.230 9 *** （6.23）
EMI	1.515 1 *** （3.25）	1.498 1 *** （3.17）	1.515 2 *** （3.25）	1.498 5 *** （3.17）
AC_AUR	−0.125 6 （−1.41）	−0.120 4 （−1.36）	−0.125 6 （−1.41）	−0.119 5 （−1.35）
COMPLEX	−1.169 2 *** （−5.00）	−1.160 8 *** （−4.96）	−1.169 9 *** （−5.00）	−1.163 4 *** （−4.97）
ROA	−4.486 0 *** （−10.38）	−4.476 4 *** （−10.34）	−4.486 6 *** （−10.38）	−4.477 8 *** （−10.34）
GROWTH	0.118 9 * （1.67）	0.119 4 * （1.68）	0.118 9 * （1.68）	0.119 4 * （1.68）
OCF	−0.405 3 *** （−3.30）	−0.409 7 *** （−3.31）	−0.405 4 *** （−3.30）	−0.410 2 *** （−3.31）
LOSS	−1.077 7 ** （−2.30）	−1.063 2 ** （−2.24）	−1.077 9 ** （−2.30）	−1.063 2 ** （−2.24）
ISSUE	−1.054 8 （−1.59）	−1.063 0 （−1.60）	−1.054 9 （−1.59）	−1.062 8 （−1.60）
STATE	0.137 1 ** （2.21）	0.115 6 * （1.85）	0.137 1 ** （2.21）	0.116 1 * （1.86）

续表

变量	因变量:GC			
	(1)R=50	(2)R=100	(3)R=50	(4)R=100
	系数 (t 值)	系数 (t 值)	系数 (t 值)	系数 (t 值)
常数项	6.256 4***	5.980 8***	6.258 3***	5.985 6***
	(7.53)	(7.25)	(7.54)	(7.26)
行业/年度	控制	控制	控制	控制
观测值	22 139	22 139	22 139	22 139
Pseudo R^2	0.399 3	0.399 8	0.399 3	0.399 9
LR Chi²	1 177.43***	1 177.79***	1 184.13***	1 178.97***

注:***、**、*分别表示在1%、5%、10%的显著性水平上显著。

2.投机(博彩)文化变量的敏感性测试

本节进一步构建了审计师投机(博彩)文化虚拟变量 LOTT_R_DUM 进行敏感性测试。当审计师投机(博彩)文化 LOTT_R 大于样本均值时审计师投机(博彩)文化虚拟变量 LOTT_R_DUM 取值为1,否则为0。本节随后用审计师投机(博彩)虚拟变量 LOTT_R_DUM 取代模型(8.3.1)、(8.3.2)中的投机(博彩)文化 LOTT_R 变量,相关实证结果再次支持了假设8.3.1、8.3.2。

表8.3.7报告了假设8.3.1、8.3.2的检验结果,第(1)、(2)列中审计师投机(博彩)文化虚拟变量 LOTT_50_DUM、LOTT_100_DUM 的系数分别在5%和10%的显著性水平上显著为负数,表明投机(博彩)文化导致审计师给企业出具更少的非标准无保留审计意见,这为假设8.3.1提供了支持性证据。第(3)、(4)列中,审计师投机(博彩)文化虚拟变量 LOTT_50_DUM、LOTT_100_DUM 的系数仍至少在10%的显著性水平上显著为负数,且投机(博彩)文化与会计师事务所规模的交乘项 LOTT_50_DUM×BIG4、LOTT_100_DUM×BIG4 的系数均在1%的显著性水平上显著为正数,表明会计师事务所规模能够抑制投机(博彩)文化对审计质量的负面影响,这为假设8.3.2提供了支持。

表8.3.7 投机(博彩)文化变量的敏感性测试

变量	因变量:MAO			
	(1)R=50	(2)R=100	(3)R=50	(4)R=100
	系数 (t 值)	系数 (t 值)	系数 (t 值)	系数 (t 值)
LOTT_R_DUM	−0.087 7**	−0.067 0*	−0.099 4**	−0.075 2*
	(−2.22)	(−1.68)	(−2.50)	(−1.87)
BIG4	−0.369 4*	−0.362 2*	−4.688 3***	−4.726 4***
	(−1.88)	(−1.86)	(−20.28)	(−20.11)
LOTT_R_DUM×BIG4			4.726 6***	4.611 9***
			(15.11)	(14.69)

续表

变量	因变量：MAO			
	(1)R=50	(2)R=100	(3)R=50	(4)R=100
	系数 （t 值）	系数 （t 值）	系数 （t 值）	系数 （t 值）
FIRST	−0.007 5 ***	−0.007 5 ***	−0.007 4 ***	−0.007 5 ***
	（−4.62）	（−4.63）	（−4.59）	（−4.63）
INST_SHR	0.000 7	0.000 7	0.000 7	0.000 7
	（0.63）	（0.67）	（0.64）	（0.64）
BOARD	0.300 7 ***	0.302 5 ***	0.296 9 ***	0.300 3 ***
	（4.20）	（4.21）	（4.14）	（4.18）
INDR	−0.003 9 *	−0.004 0 **	−0.003 9 *	−0.004 0 **
	（−1.93）	（−1.96）	（−1.90）	（−1.97）
IND_SPEC	0.021 3	0.015 4	0.029 0	0.018 4
	（0.19）	（0.14）	（0.26）	（0.16）
SIZE	−0.181 5 ***	−0.180 5 ***	−0.182 6 ***	−0.180 5 ***
	（−7.60）	（−7.57）	（−7.65）	（−7.57）
LEV	0.744 9 ***	0.745 7 ***	0.747 7 ***	0.746 8 ***
	（5.22）	（5.22）	（5.24）	（5.23）
EMI	−0.219 2	−0.209 5	−0.218 9	−0.209 3
	（−0.54）	（−0.52）	（−0.54）	（−0.52）
AC_AUR	−0.109 8 *	−0.108 9 *	−0.107 8 *	−0.105 9 *
	（−1.82）	（−1.81）	（−1.79）	（−1.76）
COMPLEX	−0.799 7 ***	−0.797 1 ***	−0.808 9 ***	−0.805 1 ***
	（−5.45）	（−5.43）	（−5.49）	（−5.47）
ROA	−4.614 0 ***	−4.612 7 ***	−4.606 1 ***	−4.613 2 ***
	（−13.45）	（−13.44）	（−13.42）	（−13.43）
GROWTH	0.080 6 *	0.081 3 *	0.080 4 *	0.081 0 *
	（1.67）	（1.68）	（1.66）	（1.67）
OCF	−0.550 0 **	−0.552 4 **	−0.549 8 **	−0.553 2 **
	（−2.55）	（−2.55）	（−2.54）	（−2.54）
LOSS	0.575 7	0.565 3	0.579 1	0.566 1
	（1.42）	（1.40）	（1.43）	（1.40）
ISSUE	−1.236 1 ***	−1.243 9 ***	−1.240 2 ***	−1.244 9 ***
	（−3.09）	（−3.10）	（−3.09）	（−3.10）
STATE	−0.138 6 ***	−0.141 4 ***	−0.139 0 ***	−0.141 0 ***
	（−3.09）	（−3.14）	（−3.09）	（−3.13）
常数项	2.461 6 ***	2.432 8 ***	2.491 7 ***	2.438 1 ***
	（4.87）	（4.82）	（4.93）	（4.83）
行业/年度	控制	控制	控制	控制
观测值	22 139	22 139	22 139	22 139
Pseudo R^2	0.280 5	0.280 2	0.282 0	0.281 1
LR Chi^2	1 554.14 ***	1 549.98 ***	1 789.04 ***	1 782.38 ***

注：***、**、* 分别表示在 1%、5%、10% 的显著性水平上显著。

3.内生性问题讨论

本节基于地理近邻性概念度量了审计师投机(博彩)文化氛围强度,并探索了审计师投机(博彩)文化对审计质量的影响,由于对审计师的投机(博彩)文化的度量是基于地理位置信息进行的,会计师事务所分所和彩票销售点的地理信息本身不具有强烈的相关性,所以本节讨论的审计师投机(博彩)文化和审计质量互为因果的可能性较低。但由于本节创造性地采用地理近邻性概念度量审计师投机(博彩)文化,可能存在度量偏差或因遗漏变量导致的潜在内生性问题,因此本节采用工具变量法来避免潜在的内生性问题对研究结论的影响。

本节选择会计师事务所分所所在省份交通事故死亡人数作为工具变量。首先,交通肇事死亡的一个重要原因就是驾驶人员违规、违法操作,如酒驾、疲劳驾驶和不遵守交通规则等(任英,彭红星,2013)。驾驶人员的违规、违法操作是一种不遵守规则的冒险行为,而一个地区的交通事故死亡人数在一定程度上反映了一个地区的冒险倾向,这种冒险倾向与投机(博彩)文化催生的投机行为、高风险偏好有相当高的内在逻辑一致性,即地区交通事故死亡人数与投机(博彩)文化存在正相关关系,因此交通事故死亡人数满足工具变量的相关性要求。其次,交通事故是一种不可预测的意外事件,不能对会计师事务所分所和企业的治理产生直接的影响,满足工具变量的排他性要求。具体地,由于交通肇事数量与车辆有关,因此本节以会计师事务所分所所在省份交通事故死亡人数与汽车数量的比值 TRAFFIC 作为工具变量。表8.3.8报告了采用工具变量法控制了潜在内生性后假设 8.3.1、8.3.2 的检验结果。

表 8.3.8　内生性问题讨论

变量	因变量:LOTT_R		因变量:MAO		因变量:MAO	
	(1)R=50	(2)R=100	(3)R=50	(4)R=100	(5)R=50	(6)R=100
	系数 (t 值)	系数 (t 值)	系数 (t 值)	系数 (t 值)	系数 (t 值)	系数 (t 值)
TRAFFIC	0.007 5*** (19.05)	0.011 6*** (17.19)				
LOTT_R*			−3.104 2*** (−2.62)	−1.923 1*** (−2.60)	−3.313 0*** (−2.73)	−2.117 9*** (−2.74)
BIG4	0.021 7*** (5.81)	0.041 2*** (6.21)	−0.289 8 (−1.40)	−0.276 4 (−1.34)	−3.431 1*** (−3.83)	−1.845 2*** (−4.50)
LOTT_R* ×BIG4					7.909 5*** (3.37)	3.851 2*** (3.70)
FIRST	0.000 3*** (4.87)	0.000 5*** (5.01)	−0.006 6*** (−3.75)	−0.006 4*** (−3.62)	−0.006 3*** (−3.60)	−0.006 2*** (−3.48)
INST_SHR	−0.000 2*** (−5.26)	−0.000 4*** (−5.17)	−0.000 1 (−0.07)	−0.000 1 (−0.09)	−0.000 1 (−0.13)	−0.000 2 (−0.19)
BOARD	−0.020 7*** (−6.91)	−0.033 9*** (−6.61)	0.224 7*** (2.66)	0.220 3*** (2.58)	0.217 6** (2.57)	0.208 7** (2.41)
INDR	0.000 4*** (4.14)	0.000 5*** (3.47)	−0.003 1 (−1.42)	−0.003 2 (−1.47)	−0.002 9 (−1.34)	−0.003 0 (−1.39)
IND_SPEC	0.018 3*** (6.37)	0.067 0*** (12.82)	0.103 2 (0.91)	0.176 8 (1.46)	0.127 4 (1.12)	0.204 5* (1.67)

续表

变量	因变量:LOTT_R		因变量:MAO		因变量:MAO	
	(1)R=50	(2)R=100	(3)R=50	(4)R=100	(5)R=50	(6)R=100
	系数 (t 值)	系数 (t 值)	系数 (t 值)	系数 (t 值)	系数 (t 值)	系数 (t 值)
SIZE	−0.000 4 (−0.41)	−0.000 6 (−0.38)	−0.185 0*** (−7.18)	−0.181 7*** (−7.04)	−0.182 7*** (−7.07)	−0.178 9*** (−6.89)
LEV	−0.008 4 (−1.30)	−0.001 9 (−0.17)	0.744 5*** (4.94)	0.750 4*** (5.03)	0.742 1*** (4.95)	0.747 3*** (5.04)
EMI	−0.040 6* (−1.95)	−0.080 4** (−2.22)	−0.321 0 (−0.79)	−0.339 9 (−0.84)	−0.327 9 (−0.81)	−0.353 3 (−0.88)
AC_AUR	0.009 6*** (4.10)	0.015 2*** (3.89)	−0.074 6 (−1.18)	−0.072 3 (−1.15)	−0.075 4 (−1.20)	−0.072 6 (−1.16)
COMPLEX	0.018 9*** (3.26)	0.029 9*** (2.97)	−0.820 2*** (−5.06)	−0.806 0*** (−4.94)	−0.820 1*** (−5.07)	−0.796 7*** (−4.86)
ROA	0.015 4 (0.83)	0.086 7*** (2.68)	−4.635 1*** (−10.80)	−4.459 1*** (−9.34)	−4.599 2*** (−10.50)	−4.384 6*** (−8.73)
GROWTH	−0.005 0*** (−3.15)	−0.007 3** (−2.57)	0.091 9* (1.90)	0.091 1* (1.90)	0.092 0* (1.91)	0.088 6* (1.86)
OCF	0.017 9*** (3.18)	0.034 7*** (2.94)	−0.457 8** (−2.25)	−0.441 8** (−2.17)	−0.453 2** (−2.24)	−0.429 4** (−2.12)
LOSS	0.033 4 (1.61)	0.070 0* (1.94)	0.620 7 (1.54)	0.638 1 (1.59)	0.625 0 (1.56)	0.645 7 (1.62)
ISSUE	0.009 3 (0.89)	0.015 6 (0.85)	−1.138 8*** (−2.99)	−1.125 4*** (−2.97)	−1.131 9*** (−2.99)	−1.113 2*** (−2.97)
STATE	−0.028 0*** (−14.66)	−0.077 5*** (−23.72)	−0.178 7*** (−3.06)	−0.240 5*** (−3.25)	−0.182 6*** (−3.13)	−0.251 8*** (−3.37)
常数项	0.299 7*** (15.73)	0.239 0*** (7.24)	3.676 5*** (5.63)	3.143 5*** (5.69)	3.717 0*** (5.74)	3.172 5*** (5.84)
行业/年度	控制	控制	控制	控制	控制	控制
观测值	19 706	19 706	19 706	19706	19 706	19 706
Adj_R^2/Pseudo R^2	0.071 2	0.110 0	0.280 4	0.280 4	0.280 5	0.280 5
F-value/LR Chi²	46.09***	73.09***	1 469.01***	1 521.63***	1 510.76***	1 588.63***

注：***、**、*分别表示在1%、5%、10%的显著性水平上显著。

表8.3.8的第(1)、(2)列报告了第一阶段的回归结果,交通事故死亡变量 TRAFFIC 分别与投机(博彩)文化变量 LOTT_50、LOTT_100 在1%的显著性水平上显著正相关(系数=0.007 5,t 值=19.05;系数=0.011 6,t 值=17.19),表明地区交通事故死亡人数越多,会计师事务所所在地的投机(博彩)文化氛围强度越高,符合理论预测。

表8.3.8的第(3)、(4)列报告了第二阶段假设8.3.1的检验结果,审计师投机(博彩)文化 LOTT_50*、LOTT_100* 的系数在1%的显著性水平上显著为负(系数=−3.104 2,t 值=−2.62;系数=−1.923 1,t 值=−2.60),表明控制了潜在内生性后审计师投机(博彩)文化与审计质量仍显著负相关,这再次支持了假设8.3.1。表8.3.8的第(5)、(6)列报告了第二阶段假设8.3.2的检验结果,审计师投机(博彩)文化 LOTT_50*、LOTT_100* 的系数仍

在 1% 的显著性水平上显著为负数（系数＝－3.313 0，t 值＝－2.73；系数＝－2.117 9，t 值＝－2.74），更重要的是，投机（博彩）文化与会计师事务所规模的交乘项 LOTT_50* × BIG4、LOTT_100* × BIG4 的系数均在 1% 的显著性水平上显著为正数（系数＝7.909 5，t 值＝3.37；系数＝3.851 2，t 值＝3.70），表明控制了潜在内生性后会计师事务所规模仍能有效抑制投机（博彩）文化对审计质量的负面影响，这进一步支持了假设 8.3.2。

（二）进一步分析

1. 外部监督的影响

正如前文理论部分所述，审计师投机（博彩）文化对其审计质量产生负面影响，主要是由于投机（博彩）文化催生的投机倾向和高风险偏好导致审计师的谨慎性和专业怀疑水平降低。同时，较低的诉讼风险和较高的市场竞争加剧了二者之间的负相关关系，那么有效的强外部监督是否能够削弱审计师投机（博彩）文化与审计质量之间的联系呢？本节拟对这个问题进行回答。

前期研究（DeFond et al.，2018；Gong et al.，2018；Wu，Ye，2020）表明有效的外部监督能够强化审计的治理效应，资本市场常见的有三股监督力量，包括市场监督、媒体监督和行政监督。本节采用分析师跟踪人数、媒体报道新闻数以及企业与企业所在地的证监局的距离分别度量市场监督、媒体监督和行政监督，并在每一类监督的度量中以年度均值为分组依据将该组样本又划分为两组。分组回归式（8.3.1）检验外部监督对审计师投机（博彩）文化与审计质量间联系的影响。

表 8.3.9 报告了外部监督对审计师投机（博彩）文化与审计质量间的影响的检验结果。表 8.3.9 的最后一行分别报告了强、弱外部监督分组的组间差异检验结果，结果显示各组的组间差异都在 1% 的显著性水平上显著，这为按照外部监督强弱分组的必要性提供了依据。表8.3.9 的第（1）～（4）列报告了市场监督的影响，结果显示：在第（1）、（3）列的弱市场监督组，审计师投机（博彩）文化 LOTT_50、LOTT_100 的系数在 1% 的显著性水平上显著为负数；在第（2）、（4）列强市场监督组，审计师投机（博彩）文化 LOTT_50、LOTT_100 的系数不显著，以上结果表明市场监督能有效降低审计师投机（博彩）文化对审计质量的负面影响。表 8.3.9 的第（5）～（8）列报告了媒体监督的影响，在第（5）、（7）列的弱媒体监督组，审计师投机（博彩）文化 LOTT_50、LOTT_100 的系数在 1% 的显著性水平上显著为负数；在第（6）、（8）列的强媒体监督组，审计师投机（博彩）文化 LOTT_50、LOTT_100 的系数不显著，以上结果表明审计师投机（博彩）文化对审计质量的负面影响在弱媒体监督的企业中更突出。表 8.3.9 的第（9）～（12）列报告了行政监督的影响，在第（9）、（11）列的弱行政监督组，审计师投机（博彩）文化 LOTT_50、LOTT_100 的系数分别在 1% 和 5% 的显著性水平上显著为负数；在第（10）、（12）列的强行政监督组审计师投机（博彩）文化 LOTT_50、LOTT_100 的系数不显著，以上结果表明审计师投机（博彩）文化对审计质量的负面影响在弱行政监督的企业中更突出。综合上述结果可以发现，有效的外部监督能降低审计师投机（博彩）文化对审计质量的负面影响，具体而言，审计师投机（博彩）文化对审计质量的消极影响在弱市场监督、弱媒体监督和弱行政监督的企业中更突出。

表 8.3.9　外部监督的影响

因变量：MAO

变量	市场监督				媒体监督				行政监督			
	R=50		R=100		R=50		R=100		R=50		R=100	
	(1)弱市场监督 系数（t值）	(2)强市场监督 系数（t值）	(3)弱市场监督 系数（t值）	(4)强市场监督 系数（t值）	(5)弱媒体监督 系数（t值）	(6)强媒体监督 系数（t值）	(7)弱媒体监督 系数（t值）	(8)强媒体监督 系数（t值）	(9)弱行政监督 系数（t值）	(10)强行政监督 系数（t值）	(11)弱行政监督 系数（t值）	(12)强行政监督 系数（t值）
LOTT_R	-0.669 5*** (-3.37)	0.153 5 (0.32)	-0.325 7*** (-2.91)	0.272 5 (1.04)	-0.672 2*** (-3.25)	-0.234 3 (-0.55)	-0.349 2*** (-3.02)	0.134 8 (0.57)	-0.896 6*** (-3.49)	-0.333 4 (-1.35)	-0.331 5** (-2.43)	-0.232 4 (-1.52)
BIG4	-0.356 4 (-1.54)	-0.616 6* (-1.68)	-0.358 4 (-1.56)	-0.620 2* (-1.69)	-0.545 3* (-1.78)	-0.160 9 (-0.58)	-0.549 3* (-1.80)	-0.166 8 (-0.61)	-0.306 8 (-1.40)	-0.574 8 (-1.24)	-0.318 6 (-1.46)	-0.572 0 (-1.23)
FIRST	-0.008 7*** (-4.82)	0.002 0 (0.57)	-0.008 8*** (-4.84)	0.002 0 (0.56)	-0.008 4*** (-4.59)	-0.003 9 (-1.08)	-0.008 4*** (-4.61)	-0.004 0 (-1.10)	-0.006 3*** (-3.18)	-0.009 5*** (-3.37)	-0.006 4*** (-3.20)	-0.009 5*** (-3.37)
INST_SHR	0.002 3* (1.90)	-0.006 2** (-2.38)	0.002 3* (1.95)	-0.006 1** (-2.32)	0.000 9 (0.76)	-0.001 6 (-0.64)	0.000 9 (0.80)	-0.001 8 (-0.68)	-0.000 1 (-0.07)	0.001 9 (1.06)	-0.000 1 (-0.08)	0.001 9 (1.05)
BOARD	0.258 1*** (3.38)	0.487 0** (2.61)	0.261 8*** (3.42)	0.489 6** (2.61)	0.247 1*** (3.14)	0.608 1*** (3.31)	0.250 1*** (3.18)	0.605 6*** (3.30)	0.436 2*** (4.88)	0.070 8 (0.59)	0.441 8*** (4.93)	0.070 4 (0.59)
INDR	-0.003 0 (-1.36)	-0.009 5* (-1.70)	-0.003 0 (-1.38)	-0.009 5* (-1.70)	-0.003 2 (-1.44)	-0.003 3 (-0.62)	-0.003 2 (-1.46)	-0.003 2 (-0.60)	-0.005 7** (-2.33)	-0.001 2 (-0.35)	-0.005 9** (-2.38)	-0.001 2 (-0.34)
IND_SPEC	0.049 2 (0.39)	-0.174 4 (-0.61)	0.062 1 (0.50)	-0.192 0 (-0.67)	0.025 3 (0.21)	-0.071 4 (-0.23)	0.040 9 (0.33)	-0.093 5 (-0.31)	0.008 4 (0.06)	0.063 9 (0.33)	0.014 7 (0.11)	0.073 9 (0.39)
SIZE	-0.188 9*** (-7.19)	0.192 1*** (3.34)	-0.187 2*** (-7.14)	0.192 8*** (3.36)	-0.185 7*** (-6.79)	-0.196 6*** (-3.42)	-0.184 1*** (-6.73)	-0.192 5*** (-3.35)	-0.195 2*** (-6.67)	-0.161 1*** (-3.81)	-0.193 7*** (-6.65)	-0.159 6*** (-3.78)
LEV	0.774 2*** (5.14)	0.234 0 (0.52)	0.768 8*** (5.10)	0.239 7 (0.53)	0.802 2*** (5.23)	0.514 3 (1.32)	0.798 1*** (5.20)	0.484 1 (1.25)	0.699 0*** (3.88)	0.884 3*** (3.71)	0.694 1*** (3.86)	0.885 0*** (3.71)
EMI	-0.022 6 (-0.05)	-1.739 4** (-2.14)	-0.020 5 (-0.05)	-1.719 8** (-2.08)	-0.837 4*** (-2.90)	1.449 5*** (2.63)	-0.827 6*** (-2.87)	1.466 0*** (2.70)	-0.379 0 (-0.80)	-0.022 7 (-0.03)	-0.361 6 (-0.77)	-0.030 7 (-0.04)
AC_AUR	-0.075 0 (-1.18)	-0.341 0* (-1.70)	-0.074 8 (-1.18)	-0.340 4* (-1.70)	-0.083 9 (-1.27)	-0.230 5 (-1.52)	-0.083 9 (-1.27)	-0.235 8 (-1.55)	-0.122 2 (-1.62)	-0.135 9 (-1.35)	-0.124 3* (-1.66)	-0.134 7 (-1.34)

续表

因变量:MAO

变量	市场监督 R=50 (1)弱市场监督 系数(t值)	市场监督 R=50 (2)强市场监督 系数(t值)	市场监督 R=100 (3)弱市场监督 系数(t值)	市场监督 R=100 (4)强市场监督 系数(t值)	媒体监督 R=50 (5)弱媒体监督 系数(t值)	媒体监督 R=50 (6)强媒体监督 系数(t值)	媒体监督 R=100 (7)弱媒体监督 系数(t值)	媒体监督 R=100 (8)强媒体监督 系数(t值)	行政监督 R=50 (9)弱行政监督 系数(t值)	行政监督 R=50 (10)强行政监督 系数(t值)	行政监督 R=100 (11)弱行政监督 系数(t值)	行政监督 R=100 (12)强行政监督 系数(t值)
COMPLEX	-0.784 4*** (-5.03)	-0.274 9 (-0.71)	-0.780 9*** (-5.00)	-0.285 4 (-0.73)	-0.776 9*** (-4.78)	-0.762 2** (-2.16)	-0.774 5*** (-4.76)	-0.787 0** (-2.21)	-0.967 5*** (-5.39)	-0.344 9 (-1.33)	-0.961 0*** (-5.32)	-0.341 6 (-1.32)
ROA	-4.617 4*** (-12.67)	-4.062 7*** (-3.33)	-4.606 4*** (-12.64)	-4.047 9*** (-3.34)	-4.797 7*** (-12.81)	-4.744 0*** (-5.17)	-4.783 7*** (-12.76)	-4.767 1*** (-5.19)	-4.597 3*** (-10.60)	-4.843 1*** (-8.33)	-4.589 5*** (-10.58)	-4.837 0*** (-8.32)
GROWTH	0.093 8* (1.95)	-0.049 1 (-0.29)	0.094 1* (1.96)	-0.046 4 (-0.27)	0.088 2* (1.72)	-0.073 8 (-0.47)	0.088 6* (1.73)	-0.074 0 (-0.47)	0.077 8 (1.30)	0.070 6 (0.84)	0.078 3 (1.31)	0.070 2 (0.84)
OCF	-0.554 9** (-2.46)	1.119 7 (1.12)	-0.558 0** (-2.47)	1.092 0 (1.09)	-0.486 6** (-2.58)	-0.620 4 (-0.90)	-0.490 1** (-2.57)	-0.665 7 (-0.97)	-0.531 0** (-2.33)	-0.581 9 (-1.25)	-0.541 9** (-2.32)	-0.578 1 (-1.24)
LOSS	0.337 0 (0.78)	2.332 2** (2.84)	0.336 1 (0.78)	2.314 8** (2.77)	1.114 7*** (3.87)	-0.860 2 (-1.52)	1.106 4*** (3.86)	-0.878 4 (-1.58)	0.738 0 (1.55)	0.392 8 (0.52)	0.720 5 (1.53)	0.401 5 (0.53)
ISSUE	-1.334 6*** (-2.71)	-0.705 9 (-1.00)	-1.333 2*** (-2.70)	-0.718 0 (-1.01)	-1.070 1** (-2.55)	-2.184 3* (-1.82)	-1.070 8** (-2.55)	-2.239 2* (-1.84)	-1.175 7** (-2.41)	-1.329 1* (-1.92)	-1.170 4** (-2.39)	-1.327 9* (-1.92)
STATE	-0.182 6*** (-3.74)	-0.342 9** (-2.28)	-0.190 5*** (-3.90)	-0.320 1** (-2.13)	-0.135 8** (-2.70)	-0.214 0** (-2.05)	-0.145 6*** (-2.89)	-0.189 8* (-1.85)	-0.121 0** (-2.14)	-0.168 1** (-2.13)	-0.124 1** (-2.20)	-0.177 4** (-2.24)
常数项	3.000 0*** (5.41)	-6.516 3*** (-4.79)	2.828 9*** (5.14)	-6.577 0*** (-4.84)	2.709 2*** (4.62)	2.361 8** (2.06)	2.546 7*** (4.37)	2.169 9* (1.91)	3.189 6*** (4.99)	1.895 7** (2.18)	2.961 4*** (4.70)	1.810 1** (2.10)
行业/年度	控制	控制	控制	控制	控制	控制	控制	控制	控制	控制	控制	控制
观测值	14 544	6 411	14 544	6 411	17 644	3 829	17 644	3 829	14 620	7 519	14 620	7 519
Pseudo R^2	0.265 9	0.229 3	0.265 5	0.230 4	0.272 9	0.360 5	0.272 6	0.360 5	0.291 3	0.296 3	0.289 8	0.296 5
LR Chi^2	1 220.38	221.21	1 222.48	231.40	1 221.98	384.69	1 224.25	382.96	1 028.84	591.15	1 025.68	590.06
组间差异检验	117.32***		118.94***		133.88***		135.97***		86.70***		84.44***	

注:***、**、* 分别表示在1%、5%、10%的显著性水平上显著。

2.企业财务状况的影响

企业的财务状况会影响企业会计政策选择,如财务困境企业更可能操纵企业盈余(Du,
Lai,2018)和从事内部交易(周冬华等,2015)。企业财务状况恶化会导致企业采取更多盈余
操纵的行为,前文理论分析部分提到投机(博彩)文化导致审计师的谨慎性和专业怀疑能力
降低,进而更可能接受管理层激进的会计政策,那么可以合理地预测投机(博彩)文化对审计
质量的影响会在不同财务状况的企业中存在差异,因此本节旨在通过实证分析检验企业财
务状况对投机(博彩)文化与审计质量间联系的影响。

本节参考 Zhang 等(2010)的研究计算 Z 指数[①]作为财务状况的代理变量,并分组回归
式(8.3.1)。具体地,若 Z 小于 0.5,则企业为财务困境的企业,否则为非财务困境的企业。
表 8.3.10 报告了财务状况对审计师投机(博彩)文化与审计质量间联系的影响。

表 8.3.10　财务状况的影响

变量	因变量:MAO			
	R=50		R=100	
	(1)非财务困境	(2)财务困境	(3)非财务困境	(4)财务困境
	系数 (t 值)	系数 (t 值)	系数 (t 值)	系数 (t 值)
LOTT_R	−0.087 2 (−0.33)	−0.899 9*** (−3.53)	−0.005 0 (−0.03)	−0.383 8*** (−2.66)
BIG4	−0.199 7 (−0.94)	−0.660 8** (−2.06)	−0.200 8 (−0.95)	−0.662 5** (−2.07)
FIRST	−0.005 6** (−2.37)	−0.005 8** (−2.52)	−0.005 6** (−2.38)	−0.005 9** (−2.57)
INST_SHR	−0.001 0 (−0.61)	0.000 7 (0.47)	−0.000 9 (−0.60)	0.000 8 (0.49)
BOARD	0.179 9* (1.67)	0.336 8*** (3.48)	0.180 9* (1.68)	0.343 5*** (3.54)
INDR	−0.006 3** (−2.30)	0.000 1 (0.04)	−0.006 4** (−2.32)	−0.000 1 (−0.03)
IND_SPEC	−0.021 4 (−0.14)	0.117 6 (0.72)	−0.023 7 (−0.15)	0.136 9 (0.83)
SIZE	−0.045 8 (−1.25)	−0.224 7*** (−7.60)	−0.045 6 (−1.24)	−0.222 1*** (−7.54)
LEV	0.157 0 (0.55)	0.473 7*** (2.62)	0.154 6 (0.54)	0.467 5*** (2.59)
EMI	0.616 6 (0.45)	−0.533 2 (−1.46)	0.617 9 (0.45)	−0.513 9 (−1.42)

---

① 具体地,采用如下模型计算:$Z=0.517-0.460×x_1+9.320×x_2+0.388×x_3+1.158×x_4$。$x_1$ 表
示资产负债率,x_2 表示净资产与资产总额的比值,x_3 表示营运资本与资产总额的比值,x_4 表示留存收益
与资产总额的比值。

续表

变量	因变量:MAO			
	R=50		R=100	
	(1)非财务困境	(2)财务困境	(3)非财务困境	(4)财务困境
	系数 (t 值)	系数 (t 值)	系数 (t 值)	系数 (t 值)
AC_AUR	−0.159 8 (−1.42)	−0.034 6 (−0.48)	−0.160 8 (−1.43)	−0.035 3 (−0.49)
COMPLEX	−0.438 9* (−1.92)	−0.793 6*** (−4.25)	−0.437 0* (−1.91)	−0.793 4*** (−4.24)
ROA	−2.871 4** (−2.49)	−4.330 3*** (−11.27)	−2.874 5** (−2.49)	−4.305 5*** (−11.20)
GROWTH	0.066 9 (0.89)	0.034 2 (0.58)	0.067 5 (0.90)	0.034 5 (0.59)
OCF	−0.071 5 (−0.18)	−0.824 4** (−2.32)	−0.070 1 (−0.17)	−0.838 1** (−2.35)
LOSS	−0.196 7 (−0.14)	0.536 1 (1.47)	−0.197 6 (−0.14)	0.519 2 (1.43)
ISSUE	−0.674 2 (−1.41)	−1.841 5*** (−2.73)	−0.672 4 (−1.41)	−1.861 6*** (−2.76)
STATE	−0.234 8*** (−3.04)	−0.205 6*** (−3.54)	−0.233 1*** (−3.04)	−0.212 0*** (−3.62)
常数项	−0.218 1 (−0.27)	3.803 0*** (6.07)	−0.248 7 (−0.31)	3.559 3*** (5.74)
行业/年度	控 制	控 制	控 制	控 制
观测值	17 213	4 872	17 213	4 872
Pseudo R^2	0.070 6	0.235 4	0.070 6	0.233 9
LR Chi^2	131.27***	700.64***	131.39***	696.97***
组间差异检验	224.63***		223.08***	

注:***、**、* 分别表示在1%、5%、10%的显著性水平上显著。

表 8.3.10 最后一行报告了财务困境企业和非财务困境企业分组的组间差异结果,两组的组间差异均在1%的显著性水平上显著,为按照财务状况分组研究审计师投机(博彩)文化与审计质量间联系的必要性提供了证据支持。表 8.3.10 的第(1)、(3)列的非财务困境组审计师投机(博彩)文化 LOTT_50、LOTT_100 的系数均不显著,第(2)、(4)列的财务困境组审计师投机(博彩)文化 LOTT_50、LOTT_100 的系数均在1%的显著性水平上显著为负数,表明审计师投机(博彩)文化对审计质量的消极影响在财务困境企业中更突出,这支持了前文的理论分析,由于投机(博彩)文化导致审计师有更强的投机主义倾向和高风险偏好,更可能接受企业激进的会计政策,进而导致审计质量降低。

六、结论与启示

(一)研究结论

本节以 2008—2019 年的 A 股上市公司为样本,关注了基于地理近邻性概念度量的、准会计师事务所分所层面的投机(博彩)文化对审计质量的影响。研究结果表明审计师投机(博彩)文化与审计质量负相关,这说明受投机(博彩)文化影响的审计师有更强的投机倾向和更高的风险偏好,进而损害了其谨慎性和专业怀疑能力,导致审计质量降低。此外,实证结果表明会计师事务所规模能够削弱审计师投机(博彩)文化对审计质量的负面影响。上述结论在经过一系列敏感性测试和控制潜在内生性后依然成立。本节进一步探索了外部监督和企业财务异质性对审计师投机(博彩)文化与审计质量间联系的影响,研究结果表明,较强的外部监督能够有效地降低审计师投机(博彩)文化对审计质量的负面影响,具体表现为审计师投机(博彩)文化与审计质量间的负相关关系在弱市场监督、弱媒体监督和弱行政监督的企业中更突出。在区分企业财务异质性后,研究发现审计师投机(博彩)文化对审计质量的消极影响在财务困境企业中更突出。

(二)实践启示

本节发现审计师投机(博彩)文化与审计质量负相关。因此,对证监会和注册会计师协会等监督上市公司审计质量的监管者而言,需要在政策制定和具体监管过程中考虑投机(博彩)文化等非正式制度对审计师行为的影响,如就投机(博彩)文化而言,对投机(博彩)文化氛围浓厚的会计师事务所分所予以重点监管以及更多的审计过程监督,采用常态化和突击式结合的综合监管方式减少甚至杜绝审计师在审计过程中的投机行为,从而从源头上控制审计质量。

自 2010 年中华人民共和国财政部推进中国会计师事务所做大做强以来,中国资本市场已经出现一批优秀的本土会计师事务所,但当前中国审计市场仍存在市场集中度低的问题。本节发现会计师事务所规模能有效抑制投机(博彩)文化对审计质量的影响,这为未来进一步推动审计市场建设,以及构建大中规模会计师事务所的必要性提供了证据支持。

强有力的外部监督是推动资本市场健康发展的重要力量,本节研究发现强有力的市场监督、媒体监督和行政监督都能降低审计师投机(博彩)文化对审计质量的负面影响。该结论表明在对审计师的监管过程中,要综合利用市场、媒体和行政监督的力量,力图以最小的整体制度运行成本实现对审计市场的有效监督。

财务困境企业出于保牌、业绩压力等目的会采取更多的机会主义行为和激进的会计政策,而受投机(博彩)文化影响的审计师更可能给这一类企业出具标准无保留审计意见。因此在未来的市场监管中,市场监管者应该对财务困境企业尤其是由受强投机(博彩)文化氛围影响的审计师负责的财务困境企业予以更为严格的监管,保证其审计质量。

（三）研究局限

当然，本节也有一定的研究局限：

首先，本节借鉴于 Du(2013,2015)关于宗教文化与儒家文化的研究，基于地理近邻性概念度量了准会计师事务所分所层面的投机(博彩)文化；Du(2013,2015)使用寺庙、孔庙(儒家文化中心)作为宗教文化与儒家文化的度量依据，本节则使用 2020 年年初从高德地图收集的所有彩票销售点的数据。寺庙、孔庙(儒家文化中心)是一个长期存在的建筑物或文化中心，而彩票销售点的数据是一种现存的经济现象，彩票销售点的数据会随着时间的变化而发生改变，这就造成了本节数据来源的局限性。但是本节认为彩票销售点的数量只是地区投机(博彩)文化强弱的一种经济体现，由于在具体度量投机(博彩)文化时对彩票销售点数据进行了 0—1 标准化的处理，将具体的彩票销售点数量转化为体现所有会计师事务所分所相对强弱的投机(博彩)文化的变量，进而实现了对准会计师事务所分所层面的投机(博彩)文化的度量，因此在未来采用基于地理近邻性概念度量审计师的投机(博彩)文化时，若能收集到各年度的彩票销售点数量，将更有利于探索审计师投机(博彩)文化的经济后果。

其次，囿于审计师个人的投机(博彩)倾向数据不可得，本节采用了基于地理近邻性概念度量的、准会计师事务所分所层面的投机(博彩)文化探索审计师的投机(博彩)文化对审计质量的影响，在未来的研究中可用调查问卷、实地访谈等方法进行补充研究。

参考文献

陈冬华,胡晓莉,梁上坤,等,2013.宗教传统与公司治理[J].经济研究,48(9):71-84.

陈欣,陈德球,2021.投机文化、管理者特征与公司创新[J].管理评论,33(1):133-143.

陈艳萍,2011.我国审计市场竞争态势:完全竞争还是垄断竞争?[J].会计研究,6:92-94.

杜兴强,2020.儒家文化与会计审计行为研究[M].厦门:厦门大学出版社.

杜兴强,侯菲,2019.审计师的海外经历与审计质量[J].管理科学,32(6):133-148.

杜兴强,谭雪,2017.国际化董事会、分析师关注与现金股利分配[J].金融研究,8:192-206.

梁上坤,陈冬,胡晓莉,2015.外部审计师类型与上市公司费用黏性[J].会计研究,2:79-86,94.

孟庆斌,施佳宏,鲁冰,等,2019."轻信"的注册会计师影响了审计质量吗——基于中国综合社会调查(CGSS)的经验研究[J].会计研究,7:12-20.

任英,彭红星,2013.中国交通事故伤亡人数影响因素的实证分析[J].预测,32(3):1-7.

王晓珂,王艳艳,于李胜,等,2016.审计师个人经验与审计质量[J].会计研究,9:75-81.

吴溪,王春飞,李勃,2018.公共会计服务市场的竞争秩序——来自中国证券审计市场新设分所的证据[J].会计研究,12:12-18.

曾姝,李青原,2016.税收激进行为的外溢效应——来自共同审计师的证据[J].会计研究,6:70-76,95.

章永奎,赖少娟,杜兴强,2019.学者型独立董事、产品市场竞争与公司创新投入[J].经济管理,41(10):123-142.

赵奇锋,赵文哲,卢荻,等,2018.博彩与企业创新:基于文化视角的研究[J].财贸经济,39(9):122-140.

周冬华,康华,赵玉洁,2015.内部人交易与持续经营审计意见——来自财务困境类上市公司的经验证据[J].审计研究,2:97-105.

ADHIKARI B K, AGRAWAL A,2016.Religion, gambling attitudes and corporate innovation[J]. Journal of corporate finance,37:229-248.

ALLEN F, QIAN J, QIAN M J, 2005. Law, finance, and economic growth in China[J]. Journal of financial economics,77(1):57-116.

ANDIOLA L M, DOWNEY D H, WESTERMANN K D,2020. Examining climate and culture in audit firms: insights, practice implications, and future research directions[J]. Auditing: a journal of practice and theory,39(4):1-29.

BINDE P,2013. Why people gamble: a model with five motivational dimensions[J]. International gambling studies,13(1):81-97.

CALLEN J L, FANG X, XIN B, et al.,2020. Capital market consequences of audit office size: evidence from stock price crash risk[J]. Auditing: a journal of practice and theory,39(2):1-26.

CALLEN J L, FANG X H, 2020. Local gambling norms and audit pricing[J]. Journal of business ethics,164(1):151-173.

CHEN Y Y, PODOLSKI E J, RHEE S G, et al.,2014. Local gambling preferences and corporate innovative success[J]. Journal of financial and quantitative analysis,49(1):77-106.

CHOI J H, KIM C, KIM J B, et al.,2010. Audit office size, audit quality, and audit pricing[J]. Auditing: a journal of practice and theory,29(1):73-97.

CHOI J H, WONG T J, 2007. Auditors' governance functions and legal environments: An international investigation[J]. Contemporary accounting research,24(1):13-46.

CHRISTENSEN D M, JONES K L, KENCHINGTON D G,2018. Gambling attitudes and financial misreporting [J]. Contemporary accounting research,35(3):1229-1261.

DEANGELO L E,1981. Auditor size and audit quality[J]. Journal of accounting and economics,3(3):183-199.

DEFOND M, ZHANG J,2014. A review of archival auditing research[J]. Journal of accounting and economics，58(2-3)：275-326.

DEFOND M L，FRANCIS J R，HALLMAN N J，2018. Awareness of sec enforcement and auditor reporting decisions[J]. Contemporary accounting research，35（1）：277-313.

DEFOND M L，ZHANG F，ZHANG J，2020. Auditing research using Chinese data：what's next？[J]. Accounting and business research：1-14.

DU X，2013. Does religion matter to owner-manager agency costs？Evidence from China[J]. Journal of business ethics，118(2)：319-347.

DU X，2015. Does Confucianism reduce minority shareholder expropriation？Evidence from China[J]. Journal of business ethics，132(4)：661-716.

DU X，2016. Does Confucianism reduce board gender diversity？Firm-level evidence from China[J]. Journal of business ethics，136(2)：399-436.

DU X，2019a. Does CEO-auditor dialect sharing impair pre-IPO audit quality？Evidence from China[J]. Journal of business ethics，156(3)：699-735.

DU X，2019b. What's in a surname？The effect of auditor-CEO surname sharing on financial misstatement[J]. Journal of business ethics，158(3)：849-874.

DU X，2020. On informal institutions and accounting behavior[M].Netherlands：Springer.

DU X，JIAN W，DU Y，et al.，2014. Religion，the nature of ultimate owner，and corporate philanthropic giving：evidence from China[J]. Journal of business ethics，123(2)：235-256.

DU X，LAI S，2018. Financial distress，investment opportunity，and the contagion effect of low audit quality：evidence from China[J]. Journal of business ethics，147(3)：565-593.

DU X，YIN J，HAN J，et al.，2020. The price of sinful behavior window dressing：cultural embeddedness on cigarette packages and financial reporting quality[J]. Journal of accounting and public policy，39(6)：106776.

EL GHOUL S，GUEDHAMI O，NI Y，et al.，2012. Does religion matter to equity pricing？[J].Journal of business ethics，111(4)：491-518.

FRANCIS J R，MICHAS P N，2013. The contagion effect of low-quality audits[J]. Accounting review，88(2)：521-552.

FRANCIS J R，YU M，2009. Big 4 office size and audit quality[J]. The accounting review，84(5)：1521-1552.

GONG S X，GUL F A，SHAN L，2018. Do auditors respond to media coverage？Evidence from China[J]. Accounting horizons，32(3)：169-194.

GUAN Y，SU L，WU D，et al.，2016.Do school ties between auditors and client executives influence audit outcomes? [J]. Journal of accounting and economics, 61(2-3): 506-525.

GUL F A, WU D, YANG Z, 2013. Do individual auditors affect audit quality? Evidence from archival data[J]. Accounting review, 88(6): 1993-2023.

HAMBRICK D C, MASON P A, 1984. Upper echelons-the organization as a reflection of its top managers[J]. Academy of management review, 9(2): 193-206.

HE X, PITTMAN J A, RUI O M, et al., 2017. Do social ties between external auditors and audit committee members affect audit quality? [J]. Accounting review, 92(5): 61-87.

JI Q, QUAN X, YIN H, et al., 2021. Gambling preferences and stock price crash risk: Evidence from China[J]. Journal of banking and finance, 128: 151-173.

LOO J M Y, RAYLU N, OEI T P S, 2008. Gambling among the Chinese: a comprehensive review [J]. Clinical psychology review, 28(7): 1152-1166.

KUMAR A, 2009. Who gambles in the stock market? [J] The journal of finance, 64(4): 1889-1933.

KUMAR A, PAGE J K, SPALT O G, 2011. Religious beliefs, gambling attitudes, and financial market outcomes[J]. Journal of financial economics, 102(3): 671-708.

KUMAR A, PAGE J K, SPALT O G, 2016. Gambling and comovement[J]. Journal of financial and quantitative analysis, 51(1): 85-111.

LENNOX C, WANG C, WU X, 2020. Opening up the "black box" of audit firms: The effects of audit partner ownership on audit adjustments[J]. Journal of accounting research, 58(5): 1299-1341.

LENNOX C S, WU X, 2018. A review of the archival literature on audit partners[J]. Accounting horizons, 32(2): 1-35.

MARQUIS C, GLYNN M A, DAVIS G F, 2007. Community is omorphism and corporate social action[J]. Academy of management review, 32(3): 925-945.

SCHNEIDER C, SPALT O, 2017. Acquisitions as lotteries? The selection of target-firm risk and its impact on merger outcomes[J]. Critical finance review, 6: 77-132.

SHU T, SULAEMAN J, YEUNG P E, 2012. Local religious beliefs and mutual fund risk-taking behaviors[J]. Management science, 58(10): 1779-1796.

VICTOR B, CULLEN J B, 1988. The organizational bases of ethical work climates [J]. Administrative science quarterly, 33(1): 101-125.

WHITE H, 1980. A heteroskedasticity-consistent covariance-matrix estimator and a direct test for heteroskedasticity[J]. Econometrica, 48(4): 817-838.

WILLIAMSON O E, 2000. The new institutional economics: taking stock, looking ahead[J]. Journal of economic literature, 38(3): 595-613.

WU D，YE Q，2020. Public attention and auditor behavior：the case of hurun rich list in China[J]. Journal of accounting research，58(3)：777-825.

XIONG H，HOU F，LI H，et al.，2020. Does rice farming shape audit quality：evidence from signing auditors level analysis[J]. Economic modelling，91：403-420.

XU Q，KALELKAR R，2020. Consequences of going-concern opinion inaccuracy at the audit office level[J]. Auditing：a journal of practice and theory，39(3)：185-208.

YANG Y，LINDA Y，2009. Law，finance，and economic growth in China：an introduction[J]. World development，37(4)：753-762.

ZHANG L，ALTMAN E I，YEN J，2010. Corporate financial distress diagnosis model and application in credit rating for listing firms in China[J]. Frontiers of computer science in China，4(2)：220-236.

第九章　饮食文化与会计审计行为

在中国素有"民以食为天"的说法,西方国家亦有谚语"you are what you eat"揭示饮食习惯与个体行为之间的关系。此外,亦有科学证据表明"食面为王、食米为相"。因此,基于广义的饮食概念,第九章关注茶、嗜辣、水稻/小麦等饮食文化对会计审计行为的影响。具体地,与酒文化相反,饮茶能够让人冷静和沉思,从而降低了从事非伦理活动的可能性;嗜辣的审计师往往更为激进和不屈服,从而其与企业进行合谋的可能性降低,最终提高了审计质量;主食分别为水稻和小米的群体有着不同的个性,正所谓一方水土养育一方人,来自稻米与小麦产区的审计师带有不同的性格烙印,从而使审计质量不同。第九章的主要内容包括:

（1）茶文化是否抑制盈余管理;

（2）审计师嗜辣与财务报告质量;

（3）水稻种植与审计质量的关系。

第一节　茶文化是否抑制盈余管理

摘要:茶文化是中国传统文化的重要组成部分之一。茶具有自省、淡泊、和谐的文化属性,塑造了人们平静、质朴、高雅的人格,潜移默化地影响着人的行为。本节利用省市统计年鉴中的县（区）级茶叶生产种植数据（茶叶产量和面积）,量化了公司所在地的茶文化氛围。基于中国 A 股市场 2007—2017 年间 19 858 个公司—年度观测值,本节发现,县（区）级茶叶产量与上市公司的可操纵性应计绝对值显著负相关,说明地区茶文化氛围可以降低企业盈余管理、提高财务报告质量。此外,国际"四大"会计师事务所审计作为一种外部监督,弱化了茶文化与企业盈余管理的负相关关系。上述结果经一系列敏感性测试及控制内生性后依然稳健。本节进一步发现,茶文化氛围降低了企业发生财务重述的可能。

一、引言

习近平总书记指出:"一个国家、一个民族的强盛,总是以文化兴盛为支撑的,中华民族伟大复兴需要以中华文化发展繁荣为条件。对历史文化特别是先人传承下来的道德规范，要坚持古为今用、推陈出新，有鉴别地加以对待，有扬弃地予以继承。"①诺贝尔经济学奖获得者 Williamson(2000)指出，在社会制度框架体系中，非正式制度(如文化、风俗等)会影响正式制度、治理机制以及公司行为。会计是一种社会与技术交互的产物，因此文化传统和风俗习惯也必然会影响到会计规则与制度的执行效果。Wong(2016)的"Top-Down(自顶向下)"理论指出，国家制度层面的各种因素中，政治经济、法律、文化和社会规范均对市场及公司治理产生显著影响。实际上，文化对宏观市场与微观企业行为的影响近年来日益受到广泛关注(Eugster,Parchet,2019;Guiso et al.,2006;Hilary,Hui,2009)。具体到中国制度背景上，前期文献发现了儒家文化、方言文化和酒文化等对企业微观行为的影响(Du,2013,2014,2015,2019;Du et al.,2015;Li et al.,2017)。但是，中国茶文化是否以及如何影响公司行为，目前并未受到足够的关注。基于此，本节旨在探究中国茶文化是否以及如何影响上市公司的盈余管理和财务报告质量，以对"文化与企业行为"的相关研究形成补充。

中国是茶的发祥地，陆羽《茶经》一书的著成标志着中国茶文化的正式形成(冈夫，1995)。实际上，茶文化在发展过程中深受中国儒家、佛家思想影响，形成了茶所特有的自省、淡泊、和谐的文化属性(董德贤,1996)。饮茶可自省，并创造和谐的氛围，且饮茶有助于思虑顿悟，加强道德修养。在中国，茶通常被视为高雅之物，具有养廉、抗奢靡之风的特性(Li,1993)，因此饮茶者需是精行俭德之人。制度可以塑造人的行为(North,1990)，而茶文化作为非正式制度的一种，可以塑造人的道德伦理。鉴于中国资本市场制度背景下投资者保护相对薄弱(Allen et al.,2005)、商业道德较为不成熟、正式制度并不完善(Du,2015)，所以非正式制度可以作为替代与补充机制，约束企业的不当行为(Ghoul et al.,2012)。非正式制度中的文化习俗往往在千年的时间内基本保持不变，影响深远。例如，茶文化提倡自省、淡泊、和谐的一面与扭曲真实会计信息的盈余管理行为就非常不相容;企业接触的茶文化氛围越浓，其传递的平静、质朴、高雅的人格属性会发挥积极的治理效应，从而降低企业盈余管理。鉴于此，本节预测企业所在地的茶文化氛围可抑制企业盈余管理。

本节首先运用各省、市统计年鉴和农村统计年鉴中所属县(区)级行政区茶叶生产种植数据，量化了上市公司所在地的茶文化氛围。然后，本节以 2007—2017 年间中国上市公司作为研究样本，探讨茶文化与上市公司盈余管理之间的关系，研究发现:(1)企业所在地茶叶产量与上市公司盈余管理显著负相关，这说明地区茶文化氛围可以抑制盈余管理行为;(2)国际"四大"会计师事务所审计作为一种正式的外部监督治理机制，弱化了茶文化对盈余管理的抑制作用;(3)上述结果经敏感性测试及工具变量回归后依然稳健;(4)进一步的研究发现，公司所在地的茶文化氛围可以降低该公司财务重述的可能。

本节可能的贡献在于:(1)现有文献主要关注儒家文化、宗教文化、方言文化、酒文化等对公司行为的影响(Du,2013;Du et al.,2015;Du,2019;Li et al.,2017;陈冬华等,2013;古志辉,2015;金智 等,2017)，但是鲜有学者关注茶文化是否以及如何影响公司行为。因此，本

① 习近平,2014.习近平论中国传统文化——十八大以来重要论述选编[J].党建,(3):7-9.

节通过分析茶文化对盈余管理的影响,拓展了中国传统文化对企业微观行为影响相关研究的研究范畴。(2)本节以茶文化为出发点,通过剖析茶文化的内涵哲学,强调茶文化氛围可以提升道德观念、约束企业的不道德行为、抑制盈余管理,从而拓展了关于企业盈余管理影响因素的研究(Healy,Wahlen,1999;于忠泊 等,2011)。(3)本节发现四大会计师事务所审计弱化了茶文化与盈余管理的负关系,揭示了正式制度机制与茶文化作为非正式制度机制对公司行为影响的替代效应。(4)茶文化与盈余管理关系的研究补充了 Allen 等(2005)、Du(2013,2014)、Pistor 和 Xu(2005)等提出的非正式制度影响企业行为的文献。

本节其余部分安排如下:第二部分为文献回顾、制度背景与研究假设,第三部分为研究设计,第四部分为实证结果及分析,第五部分为研究结论与不足。

二、文献回顾、制度背景与研究假设

(一)文化与公司行为相关研究

陈冬华等(2013)、Allen 等(2005)、Du(2014,2015)认为,在资本市场制度建设与法律执行效率不完善的情况下,非正式制度可以帮助理解中国的社会经济问题与公司行为。文化作为非正式制度的内容之一(Williamson,2000),能够在潜移默化中塑造企业家的精神世界,因此可以通过文化来理解现代企业行为。已有研究发现,文化可作为个体共同的信仰和偏好,影响制度建设和经济成果(Guiso et al.,2006;Eugster,Parchet,2019),也会影响个体行为与公司行为(Li et al.,2013;Gentili et al.,2017)。

儒家文化是中国传统文化不可忽视的组成部分。古智辉(2015)发现儒家文化可以降低代理成本、提高代理效率。Du(2015)以地理邻近的儒家氛围度量,研究发现儒家思想可以加强商业道德、建立人们普遍接受的商业文化、影响道德判断,从而能够抑制大股东资金占用。但是,儒家文化也有其消极的一面。譬如 Du(2016)发现,儒家文化中的"男尊女卑"思想会对董事会性别构成产生影响,即儒家文化氛围越浓,董事会女性占比越低。杜兴强等(2017a)研究发现,论资排辈作为儒家文化的重要部分,降低了独立董事发表异议意见的概率及数量。金智等(2017)发现公司受儒家文化影响越大,则风险承担水平越低,从而公司的市场回报会降低。基于罪恶文化的视角,Li 等(2017)研究发现,更多接触到酒精这种有罪文化的公司表现为程度更高的盈余管理。除了儒家文化,中国自古以来还受到佛教、道教文化的影响,Du(2013,2014)、Du 等(2015)提供了宗教氛围影响代理成本、大股东资金占用、盈余管理的经验证据。

综上所述,文化对公司行为产生影响是一个不争的事实。然而,中国历经千年所形成的茶文化并未受到关注,茶文化中所蕴含的丰富哲学思想与价值观念是否会影响公司行为,仍然有待进一步的探讨。

(二)企业盈余管理相关文献概述

现有文献关注了盈余管理动机及盈余管理的影响因素,如公司治理、高管特征、外部监督、政治关联等(Lu,2007;于忠泊 等,2011)。Healy 和 Wahlen(1999)认为,外部监督与治理机制的非有效性使得管理者道德水平参差不齐,会计报告的自由裁量权为企业盈余管理提供了机会。

企业盈余管理的动机主要有以下三个方面:(1)资本市场动机,包括公开发行证券之前对业绩表现进行粉饰以达到市场预期,管理者为更好的股价表现而操纵盈余,为避免带帽或摘牌而进行盈余管理(蔡春 等,2013);(2)契约动机,即管理者为了增加自身薪酬与工作保障(Healy,1985),当高管预期工作保障受到威胁、任期降低,则其行为会有短视化特征,为避免违反契约规定(Sweeney,1994),其会频繁进行盈余管理(Dechow,Sloan,1991);(3)监管动机,即管理者为避免受到监管层关注而进行盈余操纵(Healy,Wahlen,1999)。

为避免盈余管理产生的信息不对称与资源的错配,良好的公司治理显得尤为重要,因为公司治理可以弱化企业盈余管理行为(Lu,2007)。值得注意的是,除了公司治理,企业商业道德水平同样可以对盈余管理产生影响(Du et al.,2015)。会计的确认和计量需要相应的判断,主观的选择判断会产生一定道德风险,管理者会选择自身利益最大化的方式进行确认和估计。尽管并非所有的盈余管理都会产生不利影响(Arya et al.,2003),但若盈余管理是为满足管理者私人利益就被认为是不道德的(Kaplan,2001)。Du 等(2015)和 Staubus(2005)也指出,道德水平影响着信息披露的质量。

综上所述,提升财务报告质量,除了完善公司治理外,加强企业道德水平建设也尤为重要。文化能够塑造个体不同的道德水平,这为茶文化影响公司行为和盈余管理提供了一定的文献支持。

(三)中国的茶文化概述

茶文化则是中国文化不可或缺的一部分。茶原产于中国,始于南方巴蜀,最早可追溯至上古时期,文献早有"神农尝百草,日遇七十二毒,得茶(荼)而解之"的记载(〔清〕陈元龙,1987)。《茶经》提及:"茶之为饮,发乎神农氏,闻于鲁周公"(〔唐〕陆羽,〔清〕陆廷灿,2005)。茶叶发展历经如下阶段:先秦以前作为食物和药用,而后在西汉时作为饮料,和其他食材如小米熬粥同饮;后来,源于三国时期,茶叶被磨碎用开水泡而饮(Li,1993)。随着烘焙技术的出现,茶"兴于唐,盛于宋"(姜天喜,2006)。如今,"柴米油盐酱醋茶"早已成为中国人日常生活的缩影。中国有上千年的茶业发展史,在茶的种植、生产、消费中积累了丰富的经验,同时也孕育了中国所特有的茶文化。刘勤晋(2014)认为,茶文化"以茶作为载体,表达人与人之间、人与自然之间各种理念、信仰、情感、爱憎等思想观念"。如今的茶,早已不是单纯的饮品,而是寄托着人们对生活的态度。茶与其他生活品的不同在于,茶一直被视为纯洁高雅之物(Li,1993)。

自西汉末年佛教由印度传入中国后,茶便与禅结下不解之缘。禅定打坐之时,可能会瞌睡,而茶可驱逐睡意,僧人可饮茶破睡,"禅茶一味"就此形成(董德贤,1996)。茶之功能,决定了"禅茶文化"的形成。《神农食经》记载:"茶茗宜久服,令人有力悦志"(〔宋〕李昉 等,1960)。《茶经》提及:"茶之为用,味至寒,为饮,最宜精行俭德之人"(〔唐〕陆羽,〔清〕陆廷灿,

2005）。对佛教弟子而言，坐定静思，外息诸缘，内心无端，专心静虑，祛除妄念杂想，最终顿悟成佛。而茶本身质朴，有着淡雅、纯和的特性，与佛理相通。为"了却苦难，得悟正道"，以茶参禅自然而然被佛家所接受。饮茶的过程，不只是品味茶的芳香以及清新的口感，更是通过该过程寻求一种对自然和生活的感悟，以一种平和、淡泊的态度对待人生境遇。佛教对中国茶文化的发展功不可没，茶文化的精神内涵自然受佛家思想所影响（史修竹，2009）。此外，董德贤（1996）认为，儒家思想作为中国文化的重要组成部分，其深刻地影响着茶文化。"仁义礼智信"的儒家道德标准，"中庸"的儒家处世信条，与茶的"修身、雅志、表敬意、树礼"所传达的"俭、清、和、敬、静"相吻合。

"诗词歌赋文曲茶"被视为文人雅士修身养性寄情之要件，茶被赋予了高雅的特性。唐代诗人白居易的《两碗茶》描写了食后睡起两碗茶、看日影西南斜、感叹时光易逝的情景，传达了以一种无喜无忧的态度对待生活和顺应自然的态度。宋徽宗赵佶在《大观茶论》序提及："至若茶之为物，擅瓯闽之秀气，钟山川之灵禀，祛襟涤滞，致清导和，则非庸人孺子可得而知矣。中澹闲洁，韵高致清，则非遑遽之时可得而好尚矣"（〔宋〕赵佶，1999）。他认为，茶吸收天地之灵秀气韵，寄托着对美好的希冀，茶可祛除内心郁结，促使心态平和，非高雅之人感受不到。茶带来了淡泊、高洁、纯和、意态宁静的心境。文人墨客、士大夫阶级认为松下泉边、当炉煮饮是一种超凡脱俗之事（董德贤，1996）。明太祖之子朱权在《茶谱》中记载："予法举白眼而望青天，汲清泉而烹活火，自谓与天语以扩心志之大，符水火以副内练之功，得非游心于茶灶，又将有裨于修养之道矣"，也认为茶是一种修身养性、提高道德修养之物。品茶需要内心宁静、平和，品茶的过程是一个自省的过程（Li，1993）。

总的来说，中国茶文化历经千年，受中国儒家、佛教思想影响，形成了特有的文化内涵，倡导一种廉俭朴实、顺应自然的生活态度，讲求自省、淡泊、和谐的哲学内涵，其平静、质朴、高雅的特性在潜移默化中影响着人们的行为。

（四）茶文化对盈余管理的影响（假设9.1.1）

Schwartz（1994）认为，一种悠久的文化会在社会成员的思维与行为方式上打上烙印，从而长久地影响人们的行为决策。不同的文化氛围自然而然会使个体形成不同的道德水平。中国的茶叶生产历史悠久，形成了内涵丰富的茶文化体系。虽然茶早已普及，使得人们在同一地区能够获取不同产地的各类茶叶，便利的交通更是为茶叶的流通提供了方便，但是，并非任何地区都能够产茶，产茶地区的茶叶种植规模与产量也不尽相同，这就造成了人们接触茶叶生产以及体会茶文化内涵的机会的差异。唐代诗人韦应物《喜园中茶生》一诗，描绘了"洁性不可污，为饮涤尘烦。此物信灵味，本自出山原。聊因理郡馀，率尔植荒园。喜随众草长，得与幽人言"。实际上，正因为诗人韦应物离开长安后在茶区工作，工作之余，自己开辟荒园种植茶树，才能真正体会到茶所蕴含的特性。茶蕴含着高洁的特性，可涤尽尘世烦忧，促使饮茶之人以一种淡泊的态度来面对人生境遇，这为接触茶叶生产的人们发生观念转变提供了初步的证据。徐尚昆（2011）指出，企业道德观念的形成与企业所处的环境息息相关。盈余管理受公司治理与商业道德的共同约束（Du et al.，2015），茶文化作为非正式制度文化中的一种,会影响人们的道德观念。基于此,本节试图从茶文化本身的内涵来探求其对企业盈余管理的影响。

首先,茶文化的形成与佛教密不可分。佛教弟子因禅定而种茶,也因佛教的盛行,推动了茶叶的生产与茶文化的形成。中国佛教历史久远,对中国哲学文化的发展产生了深远影响。"禅茶一味"即佛家弟子以茶修禅,不仅在饮茶中感受茶的清新雅致,而且在静思中获得对人世与佛理的认知,从苦难与妄念中解脱,以此顿悟成佛。茶是禅的载体,禅是茶文化的内涵之一。佛教强调"持五戒,修十善",以此完善人格。Du(2014)指出,佛教重视道德,佛教氛围越强,越可以缓解控股股东的不道德行为。因此,在佛教的影响之下,茶文化不可避免地融合了部分佛家思想,形成了茶的自省、淡泊、平静的文化属性。茶文化氛围浓厚的地区的人们的物质欲念与激进行为会弱化,这与盈余管理的自利动机以及行为短视化不一致。

其次,茶文化的形成与发展一直受儒家文化的影响。董德贤(1996)认为,茶有四德——修身、雅致、树礼、表敬,表现为儒家所提倡的中庸之道,注重人际关系,以及廉简朴实、和诚处事。儒家文化积极的一面可以降低企业代理成本,抑制大股东资金占用(Du,2015;古智辉,2015)。基于儒家文化,茶一直被视为高雅之物,为文人墨客所大加赞扬,认为其可以修身养性、陶冶情操,这也赋予了茶平静质朴、纯净和谐的本质属性(Li,1993)。盈余管理行为导致误导性的信息披露,因而是典型的不道德行为(Du et al.,2015;Kaplan,2001),而茶文化可以提升人们的价值观念与道德修养,能在一定程度上抑制盈余管理这一不道德行为。

最后,企业的会计信息披露涉及不同程度的认知及判断,而影响这种判断的因素包括企业道德水平与个人伦理水平(Du et al.,2015)。根据社会规范理论,社会规范会促使个体行为与同伴群体行为相一致。Johnson等(2012)的研究指出,个人倾向于遵循在团队中观测到的同伴的道德行为。茶文化可被认为是一种社会规范,若公司所在地茶文化氛围浓厚,企业更有可能被茶文化的内涵所影响,从而塑造更高的道德水平。茶文化包含平静、纯净、质朴、高雅的基本特性,茶可使人自省,减少对物质生活的过度追求,这在一定程度上弱化了管理者基于私利而操纵盈余的行为。Lo(2008)指出,文化的差异性会对可接受的盈余管理数量和类型产生重大影响。茶文化有其美学价值、历史文化价值,茶文化所带来的价值观念转变、心灵平静、妄念淡化会影响管理者的行为决策,在很大程度上降低了不道德行为发生的可能。基于以上分析,提出本节第一个假设:

假设9.1.1:限定其他条件,上市公司所在地的茶文化氛围与盈余管理程度负相关。

(五)高质量审计的调节作用(假设9.1.2)

外部审计能够发现财务报表的错误与舞弊,最终提升所披露会计信息的质量。影响审计结果的因素在于会计师事务所的独立性与胜任能力(DeFond,Zhang,2014)。Francis和Yu(2009)发现,国际四大会计师事务所提供的审计质量更高。Choi等(2010)认为,大型会计师事务所的审计师更可能保持独立性,其屈从于客户压力而损害审计独立性的可能更低,从而个人与客户之间不太可能建立能够损害审计师独立性的经济纽带。基于上述分

析,可以得出执业能力与独立性相对更强的国际四大会计师事务所审计对盈余管理会产
生抑制作用。

接下来,本节进一步分析高质量外部审计(国际"四大"会计师事务所审计)如何调节茶
文化与盈余管理的关系。Williamson(2000)指出,社会制度框架体系中较高层次的非正式
制度(如文化、习俗等)和相对较低层次的正式制度可能相互替代(Du et al.,2015)。显然,
茶文化属于非正式制度,而外部高质量审计属于正式制度。根据 Williamson(2000)的研
究,外部高质量审计可能调节和弱化茶文化作为一种非正式制度对盈余管理的抑制作用。
基于上述分析,提出本节的第二个假设:

假设 9.1.2:限定其他条件,四大会计师事务所审计弱化了茶文化氛围与上市公司盈余
管理之间的负关系。

三、研究设计

(一)样本选择和数据来源

本节样本是 2007—2017 年的所有 A 股上市公司,并按照以下步骤进行筛选:(1)剔除
金融保险行业的观测值;(2)剔除资产总额、负债总额小于或者等于 0 的观测值;(3)剔除被
ST、* ST 的观测值;(4)剔除企业上市不到一年的观测值;(5)剔除茶文化及公司层面变量
缺失的观测值。最终,本节得到 2 830 家 A 股上市公司的 19 858 个观测值。为避免数据极
端值对研究结果的可靠性产生影响,本节对所有连续变量进行了 1％和 99％分位的缩尾
处理。

本节数据来源如下:(1)企业财务层面数据来自 CSMAR 数据库,企业性质、大股东持
股比例数据来自 Wind 金融数据库;(2)茶文化数据,即上市公司所在区、县级行政区层面的
茶叶产量、茶树种植面积来源于省级统计年鉴、市级统计年鉴、省级农村统计年鉴,年鉴内容
来源于省市两级统计局官网、中国知网、纸质统计年鉴;(3)事务所规模数据源自 CSMAR
数据库;(4)GDP 的增长率来源于各年《中国统计年鉴》并通过计算获得;(5)县(区)级每日
天气数据来源于中国研究数据服务平台(CNRDS);(6)公司财务重述数据来源于巨潮资讯
网的年报前期差错更正公告和补充更正公告,最终通过手工整理获取。

(二)模型与变量

1.假设 9.1.1 的检验模型

为了检验茶文化对企业盈余管理的影响,本节构建了如下模型:

$$|DA| = \alpha_0 + \alpha_1 TEA + \alpha_2 SIZE + \alpha_3 LEV + \alpha_4 ROA + \alpha_5 GROWTH + \alpha_6 LOSS + \alpha_7 STATE +$$
$$\alpha_8 TOPFIVE + \alpha_9 BOARD + \alpha_{10} INDR + \alpha_{11} INST\_SHR + \alpha_{12} GDP\_G +$$
$$Industry\ Dummies + Year\ Dummies + \gamma \tag{9.1.1}$$

如式(9.1.1)所示,茶文化(TEA)有两种度量方式:TEA_YIELD 等于公司所在办公地县(区)级茶叶产量(万吨),作为主要的解释变量;TEA_AREA 等于公司所在办公地县(区)级茶叶种植面积(万公顷),作为敏感性测试。TEA 值越大,公司越有可能接触到茶文化,所感受到的茶文化氛围越浓。

|DA|是可操纵性应计的绝对值,表示盈余管理程度。使用绝对值的原因在于,不管盈余是被上调还是下调,都会使实际盈余信息失真,从而误导投资者决策,降低资源的配置效率。本节用四种不同的方法度量可操纵性应计:以基于 Dechow 等(1995)的修正 Jones 模型,Kothari 等(2005)在传统 Jones 模型上引入业绩变量计算的|DA|和|DA_PM|作为主要被解释变量;使用 Dechow 等(2003)提出的前瞻性修正 Jones 模型,考虑无形资产下的修正 Jones 修正模型计算的|DA_DC|和|DA_IA|作为敏感性测试变量。

此外,为检验假设 9.1.1,控制了如下变量:公司规模(SIZE);财务杠杆(LEV);总资产收益率(ROA);销售收入变化(GROWTH);亏损虚拟变量(LOSS);最终控制人性质(STATE);前五大股东持股比例(TOPFIVE);董事会规模(BOARD);独立董事比例(INDR);机构投资者持股比(INST_SHR);GDP 增长率,即公司所在省级行政区国内生产总值增长率(GDP_G)。此外,模型还控制了行业与年度的虚拟变量。式(9.1.1)变量的具体定义如表 9.1.1 所示。

表 9.1.1 变量定义

变量名	变量定义
被解释变量	
|DA|	基于修正琼斯模型(Dechow et al.,1995)计算的可操纵性应计绝对值
|DA_PM|	基于 Kothari 等(2005)的研究计算的关于业绩配对的可操纵性应计
TEA_YIELD	茶文化影响程度,用公司所在办公地的县(区)级行政区茶叶产量(万吨)进行度量
BIG4	会计师事务所虚拟变量,当公司聘请国际四大会计师事务所审计师赋值为 1,否则赋值为 0
SIZE	公司规模,等于公司总资产的自然对数
LEV	财务杠杆,等于公司总负债与总资产的比值
ROA	总资产收益率,等于净利润与总资产的比值
GROWTH	销售收入变化,等于主营业务收入增长率
LOSS	上一年度亏损虚拟变量,若公司净利润为负则赋值为 1,否则为 0
STATE	最终控制人性质,若公司的最终控制人是中央或地方政府则赋值为 1,否则赋值为 0
TOPFIVE	前五大股东的持股比例,前五大股东持有股份与公司总股份的比值
BOARD	董事会规模,等于董事会总人数
INDR	独立董事比例,等于独立董事人数与董事会总人数的比值
INST_SHR	机构投资者的持股比例
GDP_G	国内生产总值增长率

续表

变量名	变量定义
敏感性测试及内生性检验变量	
|DA_DC|	基于 Dechow 等（2003）提出的前瞻性修正 Jones 模型计算的可操纵性应计的绝对值
|DA_IA|	基于陆建桥（1999）在修正 Jones 模型的基础上考虑无形资产所计算的可操纵性应计的绝对值
TEA_AREA	茶文化影响程度，用公司所在办公地的县（区）级行政区茶叶种植面积（万公顷）进行度量
RAIN_RATIO	地区降雨情况，该县（区）一年天气情况中含"中雨"字样，但不同时包含"暴雨""冻雨"字样的天数占全年有效天数［即全年有详细天气情况的总天数（≥330 天）］的比例。

2.假设 9.1.2 的检验模型

为了检验假设 9.1.2，本节构建了式（9.1.2），在式（9.1.1）的基础上加入了调节项：四大会计师事务所的虚拟变量（BIG4），以及茶文化与四大会计师事务所的虚拟变量的交乘项（TEA×BIG4）：

$$
\begin{aligned}
|\,DA\,| = &\ \beta_0 + \beta_1 TEA + \beta_2 BIG4 + \beta_3 TEA \times BIG4 + \beta_4 SIZE + \beta_5 LEV + \beta_6 ROA + \\
&\ \beta_7 GROWTH + \beta_8 LOSS + \beta_9 STATE + \beta_{10} TOPFIVE + \beta_{11} BOARD + \beta_{12} INDR + \\
&\ \beta_{13} INST\_SHR + \beta_{14} GDP\_G + Industry\ Dummies + Year\ Dummies + \zeta
\end{aligned} \quad (9.1.2)
$$

茶文化作为一种属于非正式制度的社会文化氛围，对企业盈余管理的影响会受到正式制度的削弱，即外部高质量的独立审计削弱了茶文化对企业盈余管理的影响。可以预见，若假设 9.1.2 得到支持，交互项（TEA×BIG4）的系数 β_3 应显著为正。式（9.1.2）与式（9.1.1）有着相同的控制变量，并且本节使用 Stata15 软件进行所有数据分析及实证检验。

3.盈余管理的度量

本节通过分年度分行业的 OLS 回归模型［式（9.1.3）～（9.1.6）］计算对应的可操纵性应计 \|DA\|－\|DA_IA\|。

（1）修正 Jones 模型

$$
\begin{aligned}
TA_{i,t}/Asset_{i,t-1} = &\ \mu_0 + \mu_1 \times (1/Asset_{i,t-1}) + \mu_2 \times (\Delta REV_{i,t} - \Delta REC_{i,t})/Asset_{i,t-1} + \mu_3 \times \\
&\ PPE_{i,t}/Asset_{i,t-1} + \xi_{i,t}
\end{aligned} \quad (9.1.3)
$$

（2）业绩匹配 Jones 模型

$$
\begin{aligned}
TA_{i,t}/Asset_{i,t-1} = &\ \lambda_0 + \lambda_1 \times (1/Asset_{i,t-1}) + \lambda_2 \times \Delta REV_{i,t}/Asset_{i,t-1} + \lambda_3 \times PPE_{i,t}/Asset_{i,t-1} + \\
&\ \lambda_4 ROA_{i,t}/Asset_{i,t-1} + \upsilon_{i,t}
\end{aligned} \quad (9.1.4)
$$

（3）前瞻性 Jones 模型

$$
\begin{aligned}
TA_{i,t}/Asset_{i,t-1} = &\ \theta_0 + \theta_1 \times (1/Asset_{i,t-1}) + \theta_2 \times [\Delta REV_{i,t} - (1-k)\Delta REC_{i,t}]/Asset_{i,t-1} + \theta_3 \times \\
&\ PPE_{i,t}/Asset_{i,t-1} + \theta_4 TA_{i,t-1}/Asset_{i,t-1} + \theta_5 GRREV_{i,t+1}/Asset_{i,t-1} + \varphi_{i,t}
\end{aligned} \quad (9.1.5)
$$

其中，$\Delta REC_{i,t} = \rho + k\Delta REV_{i,t} + \omega_{i,t}$。

（4）无形资产 Jones 模型：

$$TA_{i,t}/Asset_{i,t-1} = \psi_0 + \psi_1 \times (1/Asset_{i,t-1}) + \psi_2 \times (\Delta REV_{i,t} - \Delta REC_{i,t})/Asset_{i,t-1} + \psi_3 \times$$
$$PPE_{i,t}/Asset_{i,t-1} + \psi_4 \times IA_{i,t}/Asset_{i,t-1} + \psi_{i,t} \tag{9.1.6}$$

式（9.1.3）~（9.1.6）中，$TA_{i,t}$ 表示 i 公司 t 年经营活动利润减去经营活动现金流量；$Asset_{i,t-1}$ 是 i 公司滞后一期总资产；$\Delta REV_{i,t}$ 是 i 公司 t 年与 $t-1$ 年营业收入之差；$\Delta REC_{i,t}$ 是 i 公司 t 年与 $t-1$ 年应收账款净额之差；$ROA_{i,t}$ 是 i 公司 t 年的总资产收益率；$PPE_{i,t}$ 是 i 企业 t 年末固定资产净额；$GRREV_{i,t+1}$ 是 i 公司未来一期销售增长率；$IA_{i,t}$ 是 i 公司 t 年末无形资产净额。

四、实证结果及分析

（一）变量描述性统计

表 9.1.2 是变量的描述性统计。表 9.1.2 的结果显示，$|DA|$ 和 $|DA\_PM|$ 的均值分别为 0.066 与 0.063，这揭示了中国上市公司盈余管理的基本特征。茶文化变量 TEA_YIELD 均值是 0.027（万吨），但均值与最大值差异较大，这也从侧面反映了不同地区的公司会接触到显著不同的茶文化氛围。BIG4 的均值是 0.060，表示只有少部分企业会聘请国际四大会计师事务所进行审计。

控制变量方面的描述性统计结果如下：LEV 均值为 0.443，最大值为 0.898，表明上市公司在样本区间拥有一个相对较高的财务杠杆水平。ROA 均值为 0.039，说明样本企业的盈利水平表现并不突出。GROWTH 的均值为 0.477，说明样本区间企业的主营业务收入增长较快，而 LOSS 的均值为 0.073，说明上一年度发生亏损的企业比例并不高。STATE 均值为 0.411，说明上市企业的控股股东的 41.1% 为国有性质。TOPFIVE 的均值为 0.527，表明前五大股东持股比例较高，也体现了中国上市企业股权集中的特征。BOARD 和 INDR 的均值分别为 8.817 和 0.382，说明董事会规模接近 9 人，独立董事比例略高于三分之一，与现代公司治理特征相一致。其他描述性特征可详见表 9.1.2。

表 9.1.2　描述性统计

变量	观测值	均值	标准差	最小值	1/4 分位	中位数	3/4 分位	最大值
$\|DA\|$	19 858	0.066	0.079	0.000	0.019	0.042	0.083	0.489
$\|DA\_PM\|$	19 858	0.063	0.071	0.001	0.019	0.042	0.080	0.435
TEA_YIELD	19 858	0.027	0.113	0.000	0.000	0.000	0.000	0.795
BIG4	19 858	0.060	0.238	0.000	0.000	0.000	0.000	1.000

续表

变量	观测值	均值	标准差	最小值	1/4 分位	中位数	3/4 分位	最大值
SIZE	19 858	22.041	1.268	19.654	21.123	21.871	22.758	25.984
LEV	19 858	0.443	0.209	0.051	0.276	0.442	0.605	0.898
ROA	19 858	0.039	0.052	−0.171	0.014	0.036	0.064	0.192
GROWTH	19 858	0.477	1.416	−0.707	−0.035	0.139	0.447	10.632
LOSS	19 858	0.073	0.261	0.000	0.000	0.000	0.000	1.000
STATE	19 858	0.411	0.492	0.000	0.000	0.000	1.000	1.000
TOPFIVE	19 858	0.527	0.156	0.186	0.412	0.529	0.642	0.882
BOARD	19 858	8.817	1.770	5.000	8.000	9.000	9.000	15.000
INDR	19 858	0.371	0.053	0.308	0.333	0.333	0.400	0.571
INST_SHR	19 858	0.382	0.233	0.004	0.184	0.381	0.565	0.876
GDP_G	19 858	0.114	0.052	0.004	0.077	0.100	0.141	0.248

（二）Pearson 相关系数分析

表 9.1.3 是变量的 Pearson 相关系数分析。TEA_YIELD 与 |DA| 与 |DA_PM| 显著负相关，初步支持了假设 9.1.1——茶文化氛围越浓，盈余管理程度越低。此外，BIG4、STATE、INST_SHR 与 |DA| 显著负相关，分别表明高质量审计与机构投资者持股比例可提升信息披露质量，降低盈余管理；国有企业盈余管理动机不强，盈余管理程度较低。LOSS 与 |DA| 显著正相关，表明企业上一年度发生亏损，盈余管理动机增强，表现出更高的可操纵性应计。此外，控制变量之间的相关性系数都小于 0.5，说明不存在严重的多重共线性问题。

表 9.1.3 Pearson 相关系数

变量		(1)	(2)	(3)	(4)	(5)	(6)	(7)	(8)	(9)	(10)	(11)	(12)	(13)	(14)	(15)
|DA|	(1)	1														
|DA_PM|	(2)	0.817***	1													
TEA_YIELD	(3)	-0.015**	-0.019***	1												
BIG4	(4)	-0.042***	-0.039***	-0.038***	1											
SIZE	(5)	-0.061***	-0.043***	-0.058***	0.373***	1										
LEV	(6)	0.095***	0.090***	-0.034***	0.111***	0.465***	1									
ROA	(7)	-0.054***	-0.008	0.031***	0.042***	0.00500	-0.380***	1								
GROWTH	(8)	0.142***	0.160***	-0.029***	-0.030***	0.010	0.086***	-0.001	1							
LOSS	(9)	0.057***	0.041***	-0.00100	-0.015*	-0.057***	0.143***	-0.262***	0.039***	1						
STATE	(10)	-0.055***	-0.054***	-0.134***	0.139***	0.320***	0.281***	-0.097***	-0.00600	0.033***	1					
TOPFIVE	(11)	-0.024***	-0.00500	0.010	0.187***	0.200***	-0.069***	0.199***	-0.00900	-0.097***	0.048***	1				
BOARD	(12)	-0.058***	-0.055***	-0.030***	0.124***	0.264***	0.177***	0.002	-0.040***	-0.012*	0.271***	0.028***	1			
INDR	(13)	0.014*	0.009	-0.007	0.039***	0.028***	-0.019***	-0.025***	0.021***	0.009	-0.065***	0.042***	-0.430***	1		
INST_SHR	(14)	-0.040***	-0.041***	-0.047***	0.196***	0.402***	0.172***	0.122***	0.000	-0.033***	0.300***	0.329***	0.154***	-0.022***	1	
GDP_G	(15)	0.032***	0.028***	-0.019***	-0.003	-0.108***	0.069***	0.068***	-0.022***	-0.057***	0.103***	-0.022***	0.104***	-0.052***	-0.089***	1

注：***、**、* 分别表示在 1%、5%、10% 的水平上显著；所有 t 值均经过了异方差稳健标准误（Huber-White）调整。

（三）茶文化对盈余管理的影响

表 9.1.4 列示了假设 9.1.1 的实证检验结果。为了降低异方差的影响，所有的 t 值均经过 White(1980)稳健调整。从表 9.1.4 的第(1)列可以看出，当被解释变量是基于修正 Jones 模型(Dechow et al.,1995)计算得到的 |DA| 时，TEA_YIELD 的系数在 1% 的水平上显著为负(系数=−0.016，t 值=−3.06)；从第(2)列可以看出，当被解释变量是基于引入业绩变量的修正 Jones 模型(Kothari et al.,2005)计算得到的 |DA_PM| 时，TEA_YIELD 的系数同样在 1% 的水平上显著为负(系数=−0.016，t 值=−3.54)。上述结果表明，地区茶产量越高，意味着茶文化氛围越浓，则企业受到所在地茶文化的影响会越大，这会降低企业的盈余管理，该结果支持了假设 9.1.1。

此外，控制变量财务杠杆(LEV)、销售收入变化(GROWTH)、上一年度亏损虚拟变量(LOSS)和前五大股东持股比例(TOPFIVE)的系数显著为正，即负债程度越高、企业增长越快、上一年度亏损、股权越集中，会造成企业更高程度的盈余管理；而公司规模(SIZE)、最终控制人性质(STATE)和董事会规模(BOARD)系数显著为负，表明这三者与企业盈余管理呈负相关关系。上述结果与之前研究结果保持一致(Du et al.,2015；杜兴强 等,2017 b)。

表 9.1.4　茶文化对盈余管理的影响

变量	(1)|DA|		(2)|DA_PM|	
	系数	t 值	系数	t 值
TEA_YIELD	−0.016***	−3.06	−0.016***	−3.54
SIZE	−0.007***	−9.40	−0.006***	−8.13
LEV	0.044***	9.47	0.044***	10.73
ROA	0.006	0.32	0.074***	4.91
GROWTH	0.005***	7.63	0.005***	7.60
LOSS	0.010***	3.96	0.008***	3.33
STATE	−0.009***	−5.69	−0.007***	−5.22
TOPFIVE	0.012***	2.72	0.017***	3.98
BOARD	−0.001***	−3.16	−0.001***	−3.16
INDR	0.006	0.49	−0.005	−0.44
INST_SHR	−0.001	−0.18	−0.008***	−2.86
GDP_G	−0.029	−1.27	−0.040*	−1.91
常数项	0.199***	12.28	0.180***	11.74
行业/年度	控制		控制	
Adj_R^2	0.089		0.097	
观测值	19 858		19 858	
F(p-value)	20.147(<0.001)		21.955(<0.001)	

注：***、**、* 分别表示在 1%、5%、10% 的水平上显著；所有 t 值均经过了异方差稳健标准误(Huber-White)调整。

(四)高质量外部审计的调节效应

假设 9.1.2 预测,高质量的外部审计可以调节茶文化与企业盈余管理之间的负向关系。表 9.1.5 的实证结果证实了这一假设。从表 9.1.5 第(1)列可以看出,(TEA_YIELD×BIG4)的系数在 1% 的水平上显著为正(系数=0.060,t 值=3.25),支持了本节的假设 9.1.2,说明国际四大会计师事务所作为高质量的外部独立审计和一种正式的外部监督治理机制,可以削弱非正式制度即茶文化的影响。从第(2)列可以看出,TEA_YIELD×BIG4 的系数仍然在 1% 的水平上显著为正(系数=0.055,t 值=4.01),这进一步为假设 9.1.2 提供了经验证据。同时,TEA_YIELD 的系数在第(1)和(2)列仍然显著为负,这表明表 9.1.5 的结论同表 9.1.4 的结论一致。

表 9.1.5　高质量外部审计对茶文化与盈余管理关系的调节效应

变量	(1)|DA|		(2)|DA_PM|	
	系数	t 值	系数	t 值
TEA_YIELD	−0.017***	−3.28	−0.017***	−3.77
BIG4	−0.005**	−2.08	−0.005**	−2.27
TEA_YIELD×BIG4	0.060***	3.25	0.055***	4.01
SIZE	−0.007***	−8.40	−0.005***	−7.21
LEV	0.043***	9.35	0.044***	10.61
ROA	0.005	0.29	0.074***	4.88
GROWTH	0.005***	7.61	0.005***	7.58
LOSS	0.010***	4.02	0.008***	3.40
STATE	−0.009***	−5.72	−0.007***	−5.25
TOPFIVE	0.013***	2.82	0.018***	4.09
BOARD	−0.001***	−3.13	−0.001***	−3.13
INDR	0.008	0.59	−0.004	−0.33
INST_SHR	−0.000	−0.11	−0.008***	−2.79
GDP_G	−0.030	−1.32	−0.041*	−1.96
常数项	0.191***	11.12	0.172***	10.67
行业/年度	控制		控制	
Adj_R^2	0.089		0.097	
观测值	19 858		19 858	
F(p-value)	19.900(<0.001)		21.404(<0.001)	

注:***、**、*分别表示在 1%、5%、10% 的水平上显著;所有 t 值均经过了异方差稳健标准误(Huber-White)调整。

（五）敏感性测试

1.基于茶树种植面积的敏感性测试

本节使用公司所在地的县（区）级行政区茶树种植面积（TEA_AREA）替代公司所在地的县（区）级行政区茶叶产量（TEA_YIELD）作为自变量进行敏感性测试。表 9.1.6 列示了相应回归结果，从（1）、（2）列可以看出，TEA_AREA 的系数在 1% 水平上仍然显著为负，这一结果再次支持了假设 9.1.1；在第（3）、（4）列中，TEA_AREA×BIG4 的系数都在 1% 水平上显著为正，表明国际"四大"会计师事务所审计削弱了茶文化对企业盈余管理的负向影响，这为假设 9.1.2 提供了进一步的支撑。

表 9.1.6　基于茶树种植面积的敏感性测试

变量	H9.1.1				H9.1.2			
	(1)|DA|		(2)|DA_PM|		(3)|DA|		(4)|DA_PM|	
	系数	t 值	系数	t 值	系数	t 值	系数	t 值
TEA_AREA	-0.017^{***}	-2.78	-0.021^{***}	-3.91	-0.019^{***}	-3.05	-0.023^{***}	-4.20
BIG4					-0.005^{*}	-1.95	-0.006^{**}	-2.46
TEA_AREA×BIG4					0.056^{***}	3.23	0.054^{***}	4.84
SIZE	-0.007^{***}	-9.41	-0.006^{***}	-8.08	-0.007^{***}	-8.43	-0.005^{***}	-7.12
LEV	0.046^{***}	9.88	0.045^{***}	10.65	0.046^{***}	9.76	0.045^{***}	10.52
ROA	0.005	0.27	0.071^{***}	4.61	0.004	0.24	0.070^{***}	4.56
GROWTH	0.005^{***}	7.22	0.005^{***}	7.26	0.005^{***}	7.20	0.005^{***}	7.23
LOSS	0.011^{***}	4.05	0.008^{***}	3.24	0.011^{***}	4.10	0.008^{***}	3.31
STATE	-0.009^{***}	-5.70	-0.008^{***}	-5.39	-0.009^{***}	-5.72	-0.008^{***}	-5.43
TOPFIVE	0.012^{***}	2.58	0.016^{***}	3.69	0.012^{***}	2.67	0.017^{***}	3.82
BOARD	-0.001^{***}	-2.79	-0.001^{***}	-2.79	-0.001^{***}	-2.75	-0.001^{***}	-2.74
INDR	0.004	0.33	-0.005	-0.46	0.006	0.43	-0.004	-0.33
INST_SHR	-0.002	-0.50	-0.008^{***}	-2.89	-0.001	-0.44	-0.008^{***}	-2.82
GDP_G	-0.028	-1.20	-0.041^{*}	-1.95	-0.029	-1.25	-0.042^{**}	-2.01
常数项	0.203^{***}	12.44	0.182^{***}	11.64	0.196^{***}	11.27	0.173^{***}	10.51
行业/年度	控制		控制		控制		控制	
Adj_R^2	0.087		0.094		0.087		0.094	
观测值	19 201		19 201		19 201		19 201	
F(p-value)	18.849($<$0.001)		20.557($<$0.001)		18.673($<$0.001)		20.231($<$0.001)	

注：***、**、*分别表示在 1%、5%、10% 的水平上显著；所有 t 值均经过了异方差稳健标准误（Huber-White）调整。

2.基于其他盈余管理度量的敏感性测试

本节继续使用 Dechow 等(2003)提出的前瞻性修正 Jones 模型及由此计算的可操纵性应计|DA_DC|,以及陆建桥(1999)考虑了无形资产的修正 Jones 修正模型及据此计算的可操纵性应计|DA_IA|进行敏感性测试。从表 9.1.7 第(1)、(2)列可以看出,TEA_YIELD 的系数分别在 5% 和 1% 的水平上显著为负,支持了假设 9.1.1。从第(3)、(4)列可以看出,TEA_YIELD×BIG4 的系数分别在 1% 的水平上显著为正和边际显著为正,基本支持了假设9.1.2。

表 9.1.7　基于其他盈余管理度量的敏感性测试

| 变量 | H9.1.1 | | | | H9.1.2 | | | |
| | (1)\|DA_DC\| | | (2)\|DA_IA\| | | (3)\|DA_DC\| | | (4)\|DA_IA\| | |
	系数	t 值	系数	t 值	系数	t 值	系数	t 值
TEA_YIELD	-0.011^{**}	-2.21	-0.017^{***}	-3.33	-0.012^{**}	-2.38	-0.018^{***}	-3.39
BIG4					-0.005^{**}	-2.08	-0.004^{*}	-1.72
TEA_YIELD×BIG4					0.045^{***}	3.34	0.024	1.22
SIZE	-0.006^{***}	-8.55	-0.007^{***}	-8.82	-0.006^{***}	-7.50	-0.007^{***}	-7.98
LEV	0.041^{***}	8.99	0.046^{***}	9.92	0.040^{***}	8.85	0.046^{***}	9.82
ROA	0.004	0.22	0.025	1.46	0.003	0.19	0.025	1.44
GROWTH	0.005^{***}	7.07	0.005^{***}	7.63	0.005^{***}	7.05	0.005^{***}	7.62
LOSS	0.010^{***}	3.97	0.010^{***}	3.88	0.010^{***}	4.04	0.010^{***}	3.93
STATE	-0.007^{***}	-4.87	-0.009^{***}	-6.05	-0.007^{***}	-4.90	-0.009^{***}	-6.07
TOPFIVE	0.014^{***}	3.16	0.016^{***}	3.41	0.015^{***}	3.29	0.016^{***}	3.50
BOARD	-0.001^{***}	-3.25	-0.001^{***}	-3.27	-0.001^{***}	-3.20	-0.001^{***}	-3.24
INDR	0.003	0.26	-0.003	-0.25	0.005	0.37	-0.002	-0.16
INST_SHR	-0.006^{**}	-2.07	-0.004	-1.30	-0.006^{**}	-2.00	-0.004	-1.25
GDP_G	-0.032	-1.43	-0.043^{*}	-1.82	-0.033	-1.48	-0.044^{*}	-1.86
常数项	0.191^{***}	12.30	0.209^{***}	12.38	0.183^{***}	11.09	0.202^{***}	11.37
行业/年度	控制		控制		控制		控制	
Adj_R^2	0.091		0.086		0.091		0.086	
观测值	19 858		19 858		19 858		19 858	
$F(p\text{-value})$	21.550(<0.001)		21.727(<0.001)		21.085(<0.001)		21.228(<0.001)	

注:***、**、*分别表示在 1%、5%、10% 的水平上显著;所有 t 值均经过了异方差稳健标准误(Huber-White)调整。

（六）内生性问题：工具变量的两阶段回归

茶叶产量与盈余管理之间不太可能存在双向因果关系，但可能受到遗漏变量问题的影响。为此本节采用工具变量回归，识别茶文化与企业盈余管理之间的因果关系。对于寻找的工具变量而言，需要能够解释核心自变量县（区）级茶叶产量，但是又不能影响企业盈余管理。通过之前的研究可知，土壤的酸碱度、光照条件、温度、海拔、地区的降雨量等都会影响茶叶的生长，从而影响茶叶的产量（李时睿 等，2014；金志凤 等，2014），但是，县级层面的土壤酸碱度和光照条件的数据获取难度大。此外，不同茶叶品种生长所需的温度和海拔不同，云南茶区的海拔普遍为 1200～2200 米，与传统茶区海拔显著不同（李家华 等，2001），高山地区茶对低温的耐受力更强，但本节并没有区分茶树类别，因此，从数据的可获得性与影响茶叶产量的直接相关性而言，本节选取地区的降雨情况作为工具变量。理论上，地区的降雨情况与茶叶的产量息息相关，但对于地区的降雨情况影响企业盈余管理并没有直接的文献支持。

本节通过 CNRDS 获得了 2011—2017 年中国县（区）级层面每日天气情况，剔除县（区）级层面全年有效天数不足 330 天的天气情况样本，统计该地区年有效天数天气中含"中雨"字样，但不同时包含"暴雨""冻雨"字样的天数[①]，计算其占全年有效天数的比例，作为该地区的降雨情况（RAIN_RATIO）。茶树本产于气候湿润多雨的环境，土壤与空气中的含水量直接影响茶树的生长发育（金志凤 等，2014），因此可以预测，该地区一年中中雨天数越多，茶叶产量越高。

表 9.1.8 列示了使用降雨情况（RAIN_RATIO）作为工具变量的回归结果。从第一阶段的回归结果可见，RAIN_RATIO 的系数在 1% 的水平上显著为正（系数 $=1.061$，t 值 $=4.78$），并且 F 统计量超过 Staiger 和 Stock（1997）弱工具变量检验的临界值 10，表明不存在弱工具变量问题。第（2）、（3）列的回归结果显示，TEA_YIELD* 仍然与 |DA| 和 |DA_PM| 显著负相关，这再次支持了假设 9.1.1；第（4）列中 TEA_YIELD* × BIG4 的系数在 5% 水平上显著为正，尽管第（5）列 TEA_YIELD* × BIG4 的系数并没有达到最低 10% 的显著水平，但是方向一致，t 值达到 1.48，和预期基本相符。整体来看，实证检验结果表明国际四大会计师事务所审计削弱了茶文化氛围对企业盈余管理的影响，即假设 9.1.2 得到支持[②]。此外，上述检验结果说明本节不存在严重的内生性问题。

---

① 因为暴雨可能造成茶园积水、洪涝等不利影响；而冻雨可能造成霜冻，使茶芽受冻枯黄，最终减产（金志凤 等，2014）。

② 样本减少的原因在于天气数据的初始年度为 2011 年，并且对于部分县（区）只能获得 2016—2017 年的日天气数据。

表 9.1.8　内生性测试:工具变量两阶段回归

	第一阶段		第二阶段							
	(1) 因变量:TEA_YIELD		H9.1.1				H9.1.2			
			(2) 因变量:|DA|		(3) 因变量:|DA_PM|		(4) 因变量:|DA|		(5) 因变量:|DA_PM|	
变量	系数	t 值	系数	t 值	系数	t 值	系数	t 值	系数	t 值
RAIN_RATIO	1.061***	4.78								
TEA_YIELD*			−0.058**	−2.50	−0.073***	−3.35	−0.064***	−2.74	−0.077***	−3.51
BIG4							−0.010**	−2.37	−0.008*	−1.96
TEA_YIELD*×BIG4							0.169**	2.05	0.122	1.48
SIZE	−0.003	−1.15	−0.008***	−6.70	−0.007***	−7.13	−0.007***	−6.06	−0.007***	−6.47
LEV	0.026	1.35	0.049***	7.12	0.053***	8.81	0.048***	7.05	0.053***	8.74
ROA	0.043	0.95	−0.024	−0.94	0.070***	3.32	−0.025	−0.97	0.069***	3.29
GROWTH	−0.002**	−2.15	0.005***	5.23	0.005***	5.12	0.005***	5.21	0.005***	5.11
LOSS	0.009	1.24	0.010***	2.69	0.011***	3.13	0.010***	2.70	0.011***	3.14
STATE	−0.027***	−4.45	−0.009***	−4.03	−0.007***	−3.35	−0.009***	−3.99	−0.007***	−3.31
TOPFIVE	0.007	0.36	0.007	0.98	0.013**	2.05	0.008	1.13	0.014**	2.18
BOARD	0.000	0.05	−0.001	−1.43	−0.001*	−1.74	−0.001	−1.48	−0.001*	−1.79
INDR	0.033	0.69	0.018	0.96	0.010	0.58	0.020	1.05	0.012	0.67
INST_SHR	0.007	0.54	−0.001	−0.22	−0.009**	−2.14	−0.001	−0.20	−0.008**	−2.11
GDP_G	−0.075	−0.55	0.012	0.31	−0.020	−0.59	0.013	0.35	−0.019	−0.56
常数项	0.068	0.90	0.203***	8.14	0.203***	9.27	0.195***	7.39	0.195***	8.42
行业/年度	控制		控制		控制		控制		控制	
Adj_R^2	0.124		0.094		0.099		0.094		0.099	
观测值	8 821		8 821		8 821		8 821		8 821	
$F(p\text{-value})$	12.188(<0.001)		10.606(<0.001)		11.594(<0.001)		10.500(<0.001)		11.298(<0.001)	

注:***,**,* 分别表示在 1%、5%、10% 的水平上显著;所有 t 值均经过了异方差稳健标准误(Huber-White)调整。

（七）进一步分析：茶文化与企业财务重述

企业财务重述的原因包含外部压力与内在自利动机。由于企业经常面临不同融资需求，而资本市场要求有融资需求的企业要有较高的业绩表现。在面对资金压力时，企业可能会选择通过财务重述来调整盈余，以达到资本提供方的业绩要求（Dechow et al., 1996）；管理层也可能基于个人薪酬、职务晋升、公司并购等原因进行盈余操纵，最终重述财务信息以满足自身利益。不管是出于何种原因，财务重述扭曲了当前企业的真实财务信息，误导利益相关者进行决策。从信息需求者的角度来看，该行为本身就是不道德的。根据本节前述研究，可知茶文化本身具有自省、淡泊、和谐的文化属性，而财务重述行为与此相悖。浓厚的茶文化氛围可以降低企业盈余管理水平，因此，本节认为茶文化也可能降低企业财务重述的可能。

表 9.1.9 列示了茶文化对财务重述（MIS_DUM）影响的回归结果。TEA_YIELD 和 TEA_AREA 的系数在 1% 的水平上显著为负，说明地区茶叶产量越高，茶文化氛围越浓，企业越能接触到茶文化相关的内涵，因而降低了企业财务重述的可能。该结论再次印证了茶文化作为中国传统文化的一部分积极地影响着公司行为。

表 9.1.9　茶文化与企业财务重述

变量	因变量：MIS_DUM			
	(1)		(2)	
	系数	z 值	系数	z 值
TEA_YIELD	-1.472^{***}	-2.71		
TEA_AREA			-1.870^{***}	-2.70
SIZE	-0.004	-0.07	0.004	0.07
LEV	0.781^{**}	2.36	0.900^{***}	2.65
ROA	-4.063^{***}	-4.36	-4.073^{***}	-4.27
GROWTH	0.028	1.08	0.039	1.52
LOSS	0.465^{***}	3.39	0.505^{***}	3.62
STATE	0.020	0.17	-0.007	-0.06
TOPFIVE	-0.723^{**}	-2.08	-0.812^{**}	-2.27
BOARD	0.018	0.56	0.021	0.63
INDR	0.090	0.09	-0.250	-0.23
INST_SHR	-0.613^{**}	-2.33	-0.679^{**}	-2.51
GDP_G	5.699^{***}	3.40	4.583^{***}	2.74
常数项	-2.460^{*}	-1.83	-2.388^{*}	-1.76
行业/年度	控制		控制	
Pseudo R^2	0.080		0.081	
观测值	19 709		19 058	
Wald Chi^2（p-value）	448.02（<0.001）		442.23（<0.001）	

注：***、**、* 分别表示在 1%、5%、10% 的水平上显著；所有 z 值均经过了异方差稳健标准误（Huber-White）调整。

五、研究结论与不足

本节主要研究了公司所在地茶文化氛围对盈余管理的影响,有如下发现:首先,公司所在地县(区)级行政区茶叶产量越高,盈余管理程度越低,说明浓厚的茶文化氛围塑造了人们的道德价值观念,从而降低了公司盈余管理水平。其次,国际四大会计师事务所审计与茶文化之间具有替代作用,表现为若公司被四大会计师事务所审计,则会削弱茶文化氛围与盈余管理之间的负相关关系。最后,浓厚的茶文化氛围降低了企业发生财务重述的可能。

本节的研究发现有如下几个方面的启示:(1)中华文化历史悠久,茶文化作为饮食文化的一种,能够通过影响管理层的道德伦理行为来抑制盈余管理。茶之所以能被大众广泛接受,不仅是因为其食用价值,更是因为其有独特的文化内涵,能对个体身心产生影响,可以给个体塑造积极的价值观念与道德水平。本节研究表明,茶文化是一种重要的非正式制度,确实会影响公司行为,从而补充了文化对企业经营决策影响的文献。(2)虽然现有研究已从儒家、宗教和酒文化等角度探讨其对企业盈余质量的影响,但对茶文化的经济后果的关注不足。本节研究发现,茶文化影响着企业盈余质量,有降低企业盈余管理与财务重述的可能,因此丰富了企业盈余质量研究的文献。(3)国际四大会计师事务所的审计削弱了茶文化对盈余管理的影响,说明茶文化作为非正式制度(文化维度)与正式制度(外部高质量审计)相互替代、共同约束着盈余管理行为。当正式制度不健全时,非正式制度中的茶文化作为一种社会规范,可以在潜移默化中提升人们的道德水平,能够积极地发挥治理功能。

本节研究将宏观地区文化差异与企业微观行为相结合,揭示了上千年的茶文化传统以其本身潜在的价值规范影响企业的行为决策。因此,本节可能蕴含的政策建议包括:(1)对监管方而言,除了关注正式制度在资本市场发挥的作用,也应该重视文化这种非正式制度的功能与作用。正式制度的实施(诸如法律、规则等)依赖于具体执行该制度的人,而执行制度的人又会受到非正式制度(如文化)的影响,所以非正式制度决定了正式制度的最终实施效果。尤其是在中国这一新兴市场之中,理解并发挥文化作为非正式制度的作用有助于补充正式制度的不足。中国是一个文化璀璨的国度,发掘和研究核心文化要素,最终能够获得对公司行为、资本市场行为新的发现与认识。此外,文化的广泛传播直接、深远地影响着会计的理论与实践,文化量化研究有助于监管方和实务界更好地认识文化的本质内涵。(2)对企业管理者而言,应该认识到文化在塑造个体价值观念与行为规范中的作用。由于传统文化的历史积淀深厚,若能在公司文化中融入中国传统文化积极的一面,则更能有效加强员工道德修养与减少企业不当行为。基于本节的发现——茶文化可以减少企业盈余管理为——揭示了茶文化积极的一面,因此公司经营中可以尽可能地融入茶文化体验,如举行茶园游览、品茶鉴茶等相关活动,潜移默化地提高组织成员的道德水平。(3)对政策制定者而言,目前我国的正式制度建设仍然不够健全,因此文化作为非正式制度的一种,可以作为正式制度的补充机制融入资本市场建设中,以达到提升资本市场资源配置效率的作用。正因为文化是一种不可见的、无形的意识软约束,所以才长期以来被监管者所忽视。中华文化作为东方文化的代表,能够历经千年延续至今,说明其本身就扎根在人们的思想之中,会潜移默化地影响着人的行为,对文化的重视和理解,有助于国家在顶层设计中将传统文化因素纳入资本市场的发展建设,从而利用传统文化引导正式制度的完善。(4)对资本市场投资者而言,在进行投资决策时,应该思考企业经营管理背后深层次的社会文化因素。本节发现说明了茶文化会影响盈余管理质量,因此茶文化应作为识别公司行为背后逻辑的文化因素之一。

本节的研究有两个方面的局限:首先,茶文化本身是无形、不可触摸的,只能感受,因此受限于数据的可获得性,本节使用茶叶产量与种植面积量化茶文化氛围。茶叶种植区会给当地人带来直观视觉感受和心灵的震撼,所以当地人更可能受到茶文化的影响。后续的研究可以从茶叶的消费情况量化茶文化,因为茶叶的流通为人们接触茶文化带来了便利,茶叶的消费情况将是未来研究中量化茶文化的备选变量之一。其次,本节选择工具变量两阶段回归解决可能存在的内生性问题,但是由于可获取的天气数据仅为2011—2017年这一区间的,影响茶叶生产的其他因素的数据获取难度大,造成了样本的减少,从而使得本研究的结论可能还不够完善。未来的研究可在这两个方面加强。

参考文献

蔡春,李明,和辉,2013. 约束条件、IPO盈余管理方式与公司业绩——基于应计盈余管理与真实盈余管理的研究[J]. 会计研究,(10):35-42.

陈冬华,胡晓莉,梁上坤,等,2013. 宗教传统与公司治理[J]. 经济研究,(9):71-84.

陈元龙,1987. 格致镜原[M]:卷二十二.上海:上海古籍出版社:284.

董德贤,1996. 中国茶道的本质及茶文化的发展[J]. 茶业通报,(2):46-49.

杜兴强,赖少娟,裴红梅,2017. 女性高管总能抑制盈余管理吗?:基于中国资本市场的经验证据[J]. 会计研究,(1):39-45.

杜兴强,殷敬伟,赖少娟,2017b. 论资排辈、CEO任期与独立董事的异议行为[J]. 中国工业经济,(12):153-171.

冈夫,1995. 茶文化[M]. 北京:中国经济出版社.

古志辉,2015. 全球化情境中的儒家伦理与代理成本[J]. 管理世界,(3):113-123.

姜天喜,2006. 论中国茶文化的形成与发展[J]. 西北大学学报(哲学社会科学版),(6):30-32.

金志凤,叶建刚,杨再强,等,2014. 浙江省茶叶生长的气候适宜性[J]. 应用生态学报,(4):967-973.

金智,徐慧,马永强,2017. 儒家文化与公司风险承担[J]. 世界经济,(11):170-192.

李昉,李穆,徐铉,1960. 太平御览:卷八六七[M]. 北京:中华书局:3844.

李家华,周红杰,伊和春,等,2001. 云南高海拔山区茶树覆膜栽培技术[J]. 农业科技通讯,(4):12-13.

李时睿,王治海,杨再强,等,2014. 江南茶区茶叶生产现状和气候资源特征分析[J]. 干旱气象,(6):1007-1014.

刘勤晋,2014. 茶文化学[M]. 北京:中国农业出版社.

陆建桥,1999. 中国亏损上市公司盈余管理实证研究[J]. 会计研究,(9):25-35.

陆羽,陆廷灿,2005. 茶经 续茶经[M].西安:三秦出版社:3,35.

史修竹,2009. 茶禅一味:论中国的禅茶文化[J]. 消费导刊,(21):231-232.

徐尚昆,2011. 组织文化与员工行为[M]. 北京:中国社会科学出版社.

于忠泊,田高良,齐保垒,等,2011. 媒体关注的公司治理机制:基于盈余管理视角的考察[J]. 管理世界,(9):127-140.

赵佶,1999. 大观茶论[J]. 农业考古,(4):283-286.

ALLEN F, QIAN J, QIAN M, 2005. Law, finance, and economic growth in china[J]. Journal of financial economics, 77(1):57-116.

ARYA A, GLOVER J C, SUNDER S, 2003. Are unmanaged earnings always better for shareholders? [J]. Accounting horizons, 17:111-116.

CHOI J H, KIM J B, KIM C, et al., 2010. Audit office size, audit quality and audit pricing[J]. Auditing: a journal of practice and theory, 29(1):73-97.

DECHOW P M, SLOAN R G, 1991. Executive incentives and the horizon problem: an empirical investigation[J]. Journal of accounting and economics, 14(1):51-89.

DECHOW P M, RICHARDSON S A, TUNA I, 2003. Why are earnings kinky? An examination of the earnings management explanation[J]. Review of accounting studies, 8(2-3):355-384.

DECHOW P M, SLOAN R G, HUTTON A P, 1995. Detecting earnings management[J]. The accounting review, 70(2):193-225.

DECHOW P, SLOAN R G, HUTTON A P, 1996. Causes and consequences of earnings manipulation: an analysis of firms subject to enforcement actions by the SEC[J]. Contemporary accounting research, 13(1):1-36.

DEFOND M, ZHANG J, 2014. A review of archival auditing research[J]. Journal of accounting and economics, 58(2-3):275-326.

DU X, 2013. Does religion matter to owner-manager agency costs? Evidence from China[J]. Journal of business ethics, 118(2):319-347.

DU X, 2014. Does religion mitigate tunneling? Evidence from Chinese Buddhism[J]. Journal of business ethics, 125(2):299-327.

DU X, 2015. Does Confucianism reduce minority shareholder expropriation? Evidence from China[J]. Journal of business ethics, 132(4):661-716.

DU X, 2016. Does Confucianism reduce board gender diversity? Firm-level evidence from China[J]. Journal of business ethics, 136(2):399-436.

DU X, 2019. Does CEO-auditor dialect sharing impair pre-IPO audit quality?

Evidence from China[J]. Journal of business ethics，156(3)：699-735.

DU X，JIAN W，LAI S，et al.，2015. Does religion mitigate earnings management? Evidence from China[J]. Journal of business ethics，131(3)：699-749.

EUGSTER B，PARCHET R，2019. Culture and taxes[J]. Journal of political economy，127(1)：296-337.

FRANCIS J R，YU M D，2009. Big 4 office size and audit quality[J]. The accounting review，84(5)：1521-1552.

GENTILI E，MASIERO G，MAZZONNA F，2017. The role of culture in long-term care arrangement decisions[J]. Journal of economic behavior & organization，143：186-200.

GHOUL S E，GUEDHAMI O，NI Y，2012. Does religion matter to equity pricing? [J]. Journal of business ethics，111(4)：491-518.

GUISO L，SAPIENZA P，ZINGALES L，2006. Does culture affect economic outcomes? [J]. Journal of economic perspectives，20(2)：23-48.

HEALY P M，WAHLEN J M，1999. A review of the earnings management literature and its implications for standard setting[J]. Accounting horizons，13(4)：365-383.

HEALY P M，1985. The effect of bonus schemes on accounting decisions[J]. Journal of accounting and economics，7(1-3)：85-107.

HILARY G，HUI K W，2009. Does religion matter in corporate decision making in America? [J]. Journal of financial economics，93(3)：455-473.

JOHNSON E N，FLEISCHMAN G M，VALENTINE S，et al.，2012. Managers' ethical evaluations of earnings management and its consequences[J]. Contemporary accounting research，29(3)：910-927.

KAPLAN S E，2001. Ethically related judgments by observers of earnings management[J]. Journal of business ethics，32(4)：285-298.

KOTHARI S P，LEONE A J，WASLEY C E，2005. Performance matched discretionary accrual measure[J]. Journal of accounting and economics，39(1)：163-197.

LI X，1993. Chinese tea culture[J]. Journal of popular culture，27(2)：75-90.

LI K，GRIFFIN D，YUE H，et al.，2013. How does culture influence corporate risk-taking? [J]. Journal of corporate finance，23(4)：1-22.

LI Z，MASSA M，XU N，et al.，2017. The impact of sin culture：evidence from earnings management and alcohol consumption in China[R]. Working Paper，Available at SSRN：https://ssrn.com/abstract＝2786214.

LO K，2008. Earnings management and earnings quality[J]. Journal of accounting and economics，45(2)：350-357.

LU Z J，2007. Corporate governance and earnings management in the Chinese listed firms：a tunneling perspective[J]. Journal of corporate finance，13(5)：881-906.

NORTH D C，1990. INST_SHR titutions，INST_SHR titutional change and economic performance[J]. Cambridge，UK：Cambridge University Press.

PISTOR K，XU C，2005. Governing stock markets in transition economies：lessons from China[J]. American law and economics review，7(1)：184-210.

SCHWARTZ S H，1994. Beyond individualism-collectivism：new cultural dimensions of values[J]. Los Angeles：SAGE Publications.

STAIGER D，STOCK J H，1997. INST_SHR trumental variables regression with weak INST_SHR truments[J]. Econometrica，65(3)：557-586.

STAUBUS G J，2005. Ethics failures in corporate financial reporting[J]. Journal of business ethics，57(1)：5-15.

SWEENEYA，1994. Debt-covenant violations and managers'accounting responses[J]. Journal of accounting and economics，17：281-308.

WHITE H，1980. A heteroskedasticity-consistent covariance matrix estimator and a direct test for heteroskedasticity[J]. Econometrica，48(4)：817-838.

WILLIAMSON O E，2000. The new INST_SHR titutional economics：taking stock，looking ahead[J]. Journal of economic literature，38(3)：595-613.

WONG T J，2016. Corporate governance research on listed firms in China：INST_SHR titutions，governance and accountability[J]. Foundations and trends in accounting，9(4)：259-326.

第二节　审计师嗜辣与财务报告质量

摘要：著名谚语"人如其食"表明人们所吃的食物反映了他们的性格特点。然而审计师是否"人如其食"至今尚未被检验过。本节利用中国上市公司的样本研究签字审计师嗜辣指数与财务报告质量的反向代理变量——可操纵性应计之间的关系，填补了文献的空白。研究发现，签字审计师的嗜辣指数与可操纵性应计显著负相关，表明喜欢吃辣的签字审计师勇敢，有男子气概和激进的性格特征，能够保持审计独立性，更不容易屈从于客户公司高管的压力，并且最终能够导致更低的可操纵性应计（更高的财务报告质量）。此外，相比于国有企业，签字审计师嗜辣指数和可操纵性应计的负相关关系在非国有企业中的显著性更高。以上结果在进行了一系列敏感性测试后依然稳健，并且在控制了内生性后，上述结论仍然成立。本节对现有关于文化对审计师独立性影响的研究作出了贡献，对监管机构和政策制定者具有重要意义。

一、引言

审计师独立性是当代资本市场财务报告质量（特别是会计信息可靠性）的试金石（Wall-man，1996）。现有研究发现，在高度竞争的审计市场中（如中国审计市场），审计师可能会屈从于高管的压力，掩盖与财务报告不符的事件，导致更低的财务报告质量（更高的可操纵性应计）。然而，签字审计师是否会屈从于高管的压力取决于审计师特定的个人特征，以及签字审计师与 CEO（高管）之间的关系（Guan et al.，2016）。

一个人的性格特征可能是由童年时期（青春期）发生的难忘事件和特殊经历，例如早年的从军经历所塑造而成的（Bernile et al.，2017；Gul et al.，2013；Law，Mills，2017）。然而，个人对于饮食口味的偏好是否影响了他（她）的性格特征，以往研究尚未提供相关的证据。为了填补这个空白，本节关注了"审计师是否人如其食"这一尚未被检验的话题，在中国背景下研究签字审计师嗜辣指数（即签字审计师对于辛辣菜肴的偏好，下同）对审计师独立性和财务报告质量的影响（将可操纵性应计作为代理变量）。此外，本节进一步检验了以上影响在国有企业和非国有企业之间是否存在差异。

在审计业务中，签字审计师面临着来自客户公司高管的压力。由于中国审计市场的高度竞争损害了审计师独立性（Guan et al.，2016；Du，2019），所以在某些情况下，签字审计师不得不屈从于来自高管的压力。心理学和社会学的现有文献（如 Batra et al.，2017；Byrnes，2014；Rozin，Schiller，1980）已经提出，辛辣食物在一定程度上可以塑造一个人勇敢、激进的个人特征和男子气概，这些特征被视为是有利于审计师独立性的。在拓展已有文献的基础上，饮食偏好是否也能够对签字审计师的个人特征产生影响，从而导致更高的审计师独立性和审计质量，是一个值得注意的问题。

现有文献已经研究了影响辛辣食物摄入的决定因素，并建立了辛辣食物的摄入与个人情绪和个性特征之间的联系（Batra et al.，2017；Billing，Sherman，1998；Byrnes，2014；Byrnes，Hayes，2013；Cai et al.，2017；Ji et al.，2013；Rozin，Schiller，1980）。特别是 Batra 等（2017）发现辛辣食物与攻击行为之间存在正相关关系——吃辣的人在思考和行动上更具有攻击性，并且他们表现出更高水平的特质性攻击。Cai 等（2017）、Ji 等（2013）发现，喜欢吃辣的人脾气火暴，这些人更不容易屈服于强权。根据以往文献，本节可以推断，偏好辛辣食物的签字审计师可能更加激进、勇敢和具有男子气概，所以他们更不可能在费用依赖的压力下向高管妥协，因此审计师嗜辣可能导致更高的审计独立性和财务报告质量。由此本节假设审计师的嗜辣指数与财务报告质量显著正相关。

直到目前为止，即使是在改革开放四十多年以后，中国上市公司仍然有相当大的一部分是国有股权占主导地位的国有企业。Wang 和 Yung（2011）发现了国有股权与可操纵性应计显著负相关（国有股权显著提高了可操纵性应计质量）。Du 等（2017）发现国有企业的盈余管理更弱，进一步验证了 Wang 和 Yung（2011）的研究结论。这些发现促使本节进一步讨论签字审计师的嗜辣指数对于财务报告质量的影响在国有企业和非国有企业中是否存在差异。鉴于我国审计市场高度竞争所带来的压力,以及签字审计师(会计师事务所)相对于国有企业处于弱势地位,因此本节预期:相比于国有企业,审计师嗜辣指数与财务报告质量的正相关关系在非国有企业中更加显著。

在检验签字审计师的嗜辣指数与财务报告质量关系的过程中,要找到同时满足以下条件的独特研究背景对于研究人员来说是一个巨大的挑战:(1)审计师的人口特征能够被获取;(2)每道菜谱的原料是公开的,没有被法律法规要求保密;(3)签字审计师的家乡信息能够通过个人身份证获取。由于对个人隐私的保护,上述信息在绝大多数国家无法取得。幸运的是,在中国背景下,研究人员可以手工收集关于审计师人口特征和所有大众菜谱的原料数据;并且在公共信息的基础上,个人身份证信息可以通过数据挖掘获取,这使本节能够准确地定位审计师的家乡。因此,本节在中国背景的基础上进行研究。

另外一个巨大的挑战是,本节需要构建一个审计师嗜辣指数(主要解释变量)的合理变量。本节首先利用个人身份证的信息(从公共信息中通过数据挖掘而得)将每个签字审计师与他(她)的家乡进行匹配,接着从审计师家乡的 200 道经典菜肴中计算出辣度指数,作为审计师嗜辣指数的代理变量。这个方法使本节能够构建出准个人层面的变量,能够减少由于省份(国家/县级)层面的变量而产生的横截面自相关问题。

本节以 2004—2014 年的中国上市公司为样本,研究发现:第一,签字审计师的嗜辣指数与财务报告质量(可操纵性应计)显著正(负)相关。具体而言,签字审计师嗜辣指数每增加一个标准差会导致可操纵性应计降低 5.27%——这在经济上具有显著性。这个发现表明嗜辣的审计师更加激进、勇敢和具有男子气概,因此他们更不容易屈从于管理层的压力,并且独立性更高,从而导致更高的财务报告质量。第二,与非国有企业相比,国有企业的盈余管理水平显著更低,这是一个有趣的发现,并且为之前的文献提供了重要的支持(Du et al.,2017;Wang,Yung,2011)。第三,相比于国有企业,审计师嗜辣指数与财务报告质量(可操纵性应计)的正(负)相关关系在非国有企业中更加显著。这个发现与有关国有企业和非国有企业间的审计行为差异的现有研究发现是一致的(Wang et al.,2008)。第四,上述发现在使用签字审计师嗜辣指数和可操纵性应计(财务报告质量的反向代理变量)的替代变量进行敏感性测试后仍旧是稳健的。第五,上述发现在控制了内生性问题后仍然成立。第六,附加测试表明,在考虑了户籍制度、人口流动和地区经济发展水平后,本节的结论仍然成立。

本节在以下几个方面对现有文献作出了贡献:

第一,本节是会计与审计领域中首次研究食物(菜肴)与个性特征之间关系的文献。具体而言,本节探究了辛辣菜肴对审计师个人特征的影响,并且基于菜肴与个人行为的关系研究了"审计师是否人如其食"。现有文献已经研究了费用依赖和非审计服务对审计独立性以及财务报告质量的影响(Antle,1984;Antle et al.,2006;Craswell et al.,2002;DeAngelo,1981;DeFond et al.,2002;Frankel et al.,2002;Ghosh et al.,2009)。此外,以往文献也研究了签字审计师与 CEO(CFO、其他高管等)的关系(即校友关系、方言关系;Du,2019;Guan et al.,2016)对审计质量的影响。然而,很少有文献研究签字审计师对辛辣菜肴的偏好是否会影响审计师的个人特征,并进一步影响审计师独立性和财务报告质量。本节填补了上述空白，并且本节将影响审计师独立性的决定因素拓展到饮食偏好，对补充关于审计师独立性的现有文献作出了贡献。

第二，基于签字审计师的嗜辣指数，本节发现签字审计师对辛辣菜肴的偏好会影响签字审计师的个人特征，促使审计师更加激进、大胆和具有男子气概，使得签字审计师更不容易屈从于来自高管的压力，最终导致更高的财务报告质量。因此，本节发现饮食偏好能够使审计师在审计过程中更加独立，从而提高财务报告质量。综上，本节丰富了研究审计师独立性和财务报告质量关系的文献（如 Chen et al.，2008；Myers et al.，2003；Nagy，2005）。此外，本节激励未来研究多关注饮食或菜肴对审计师独立性和财务报告（审计）质量的影响。

第三，激励结构（制度）被视为高管进行盈余管理的重要影响因素，该因素在国有企业和非国有企业中具有很大的差别。本节研究表明（中央或/和地方）政府对国有产权的保护会抑制国有企业高管进行盈余管理，这为现有文献提供了重要支持（Du et al.，2017；Wang，Yung，2011）。此外，本节在以往文献的基础上（Myers et al.，2003；Nagy，2005）研究了签字审计师嗜辣指数对财务报告质量的影响在国有企业和非国有企业之间的差异。因此，本节的研究发现激励未来基于中国背景的研究更加关注国有产权在审计师独立性和财务报告质量之间的调节作用（Du et al.，2017；Wang et al.，2008）。

第四，本节首次发现了度量签字审计师嗜辣偏好的方法。这个方法基于（中国）饮食文化来计算审计师嗜辣指数，所以它是可被观测、复制和检验的。因此，这个度量方法对于未来相似的研究具有重要意义。

二、背景、文献回顾和假设发展

（一）中国菜肴的多样性

中国幅员辽阔、地理特征复杂、气候多样，因此不同地区和省份的菜肴具有很大的差异。川菜、鲁菜、粤菜和淮扬菜被称为中国传统四大菜系。值得注意的是，随着人口迁徙和贸易的发展，不同菜系在一定程度上相互融合，但是不同菜系都有对调味料的偏好。

在中国，菜肴是文化的重要组成部分（维度）。在中国哲学中，菜肴和食物是隐含表达信息或个人意图的常用渠道（途径）。比如，在著名的哲学著作《易经》中，作者就强调"君子以慎言语，节饮食"。

评价中国菜主要是根据色、香、味以及配料和调味料来进行的。例如，川菜就因善用调味而闻名。而在所有的调味中，辣味在当代中国和其他国家都是最具有影响力和最流行的（Byrnes，2014）。

不同的菜系与不同的个人特征紧密联系（Rozin，Schiller，1980），由于世界上嗜辣人口数量最多，因此本节集中关注辛辣菜肴（Byrnes，2014）。外部审计要求审计师保持形式上和实质上的独立性，而对于辛辣菜肴的偏好可能会形成审计师独特的性格特征，这些性格特征有利于保持审计独立性和改善财务报告质量。受到与饮食相关的性格特征和谚语"人如其食"的启发,本节重点关注辛辣菜肴以检验签字审计师嗜辣指数对财务报告质量的影响(以可操纵性应计作为反向代理变量)。

(二)关于饮食(菜肴)偏好与个人特征的文献

辣是世界各地许多菜肴的"支柱"。以往研究大部分集中在心理学和食物科学的领域(Ludy,Mattes,2012;Rozin,1990;Rozin,Schiller,1980;Saliba et al.,2009),研究辛辣食物对个人行为的影响。近年来,有一支不断发展的文献对辛辣食物摄入与个人性格特征之间的联系进行了研究(Batra et al.,2017;Billing,Sherman,1998;Byrnes,2014;Byrnes,Hayes,2013;Cai et al.,2017;Ji et al.,2013;Rozin,Schiller,1980)。总体而言,一方面,以往文献研究了个人特征、生理差异、社会和文化因素对辛辣食物摄入的影响(Duffy,Bartoshuk,2000;Stevens,1990);另一方面,以往文献还检验了辛辣食物是否会影响一个人的性格特征(比如 Batra et al.,2017;Ji et al.,2013)。

Rozin 和 Schiller(1980)在他们具有开创性的研究中发现,经常食用辛辣食物的人更倾向于寻求刺激和享受"可约束的风险"。接着 Batra 等(2017)研究了辛辣食物对攻击性认知的影响,并得出以下结论:(1)喜欢吃辣的人更容易产生攻击性的想法;(2)喜欢吃辣的人具有更高水平的特质性攻击;(3)在某种程度上,即使仅仅接触到辛辣食物也可能激发一个人产生攻击性的想法,并且导致更高水平的可感知的攻击性意图。

根据以往的研究,一个人对于辛辣食物的偏好表明了他有激进、勇敢的性格特征并具有男子气概(Rozin,Schiller,1980)。因此,如果签字审计师偏好辛辣食物,则表明他更有能力和勇气抵抗住来自客户公司高管的压力,从而影响财务报告质量。

(三)中国股票市场的财务报告质量和审计师独立性

与其他经济体的发达市场相比,中国股票市场的发展历史相对较短。因此,许多上市公司的财务报告质量并不乐观,盈余操纵的方法和模式以及盈余管理的程度令人吃惊(Chen,Yuan,2004)。现有研究已经发现,不完善的治理机制、薄弱的外部监督和道德意识的缺失导致了中国上市公司较低的财务报告质量(Guan et al.,2016;Wang,Yun,2011)。此外,中国独特的 IPO 制度加剧了盈余操纵(管理)(Huang,2011)。公司在寻求 IPO 的过程中,需要满足一系列严格的要求,包括盈余目标。为了得到成功 IPO 带来的好处,拟上市公司在 IPO 的过程中往往存在向上的盈余操纵行为,并且在 IPO 之后,这些公司不得不相应地调低盈余(Du,2019)。因此,盈余管理在中国股票市场随处可见。

在中国,审计师独立性的缺乏是财务报告质量较低的重要原因(Du,2019)。中国审计市场竞争激烈并且集中度较低(Choi,Wong,2007;Ettredge et al.,2013;Guan et al.,2016;Wang et al.,2008)。因此,中国审计市场的过度竞争会导致审计师独立性的损害,就如同Shleifer(2004)所说"竞争会破坏道德行为"。此外,以往的文献表明薄弱的声誉机制和诉讼风险加剧了审计师独立性缺失的负面后果,因此中国上市公司存在着较高程度的可操纵性应计和较低的财务报告质量。

（四）签字审计师嗜辣与财务报告质量

根据 Solomon(1977)的非联想理论,当一种刺激引发某种情感反应时,重复接触该刺激会使人们产生相反的情绪。具体而言,食辣的灼痛感使人们感到危险,但是这些危险属于"可约束的风险"(Rozin,Schiller,1980)。实际上,吃辣通常被认为与力量、勇敢和男子气概有关(Rozin,Schiller,1980)。此外,Batra 等(2017)发现,吃辣会导致攻击行为。过去的研究发现和 Solomon(1977)的非联想理论为审计师嗜辣可以提高审计独立性和财务报告质量这一观点提供了重要支持。

一般来说,人们通常将辛辣食物与力量联系起来(Rozin,Schiller,1980;Byrnes,2014)。力量意味着在困难的环境中具有信心、勇气和影响力(见《科林斯词典》中关于力量的定义,下同)。鉴于中国审计市场的高度竞争(Choi,Wong,2007;Guan et al.,2016),外部审计专家和签字审计师(会计师事务所)面临着保持审计独立性和真实披露客户公司盈余管理、财务报告违规而导致客户流失的抉择。在这种情况下,如同现有研究(如 Rozin,Schiller,1980)所发现的,嗜辣的签字审计师可能会展现出维护职业声誉和保持审计师独立性的勇气或信心,从而在一定程度上降低客户公司财务报告的可操纵性应计,改善财务报告质量。更具体地说,嗜辣可能与签字审计师激进、勇敢的个人特征和有男子气概相关。

首先,研究发现嗜辣与勇敢这一性格特征紧密相关。勇敢意味着一个人不怕做激怒他人的事情。签字审计师面临着来自客户公司高管的压力,他们可能会被要求允许客户公司具有较高的可操纵性应计,但这是以职业声誉和审计独立性为代价的。在中国审计市场的背景下,签字审计师和/或会计师事务所可能由于费用依赖屈从于高管的压力(Guan et al.,2016)。但是以往的心理学文献表明(Byrnes,Hayes,2013;Ji et al.,2013;Rozin,Schiller,1980),嗜辣能够塑造一个人勇敢的性格特征,因此嗜辣会使签字审计师更加捍卫审计独立性,即使是以牺牲客户公司和降低审计费用为代价。

其次,嗜辣通常意味着男子气概(Rozin and Schiller,1980),这表示一个人具有力量或自信等品质。换句话说,男子气概代表果断、良好的计算(权衡)能力和长远的眼光(Mangan,Walvin,1991;Mansfield,2006)。因此,嗜辣及其相关的性格特征(男子气概)可能会使审计师更加维护长期声誉——传递了高审计质量的信号以及吸引更多客户公司,而不是以声誉(较高的诉讼风险)为代价获取短期利益。所以与嗜辣相联系的男子气概使签字审计师不愿意向客户公司妥协,从而带来更高的财务报告质量(更低的可操纵性应计)。

最后,嗜辣更可能导致寻求刺激、攻击性和冒险的行为(Batra et al.,2017;Rozin,Schiller,1980)。根据 Rozin 和 Schiller(1980)的研究,对辛辣食物的偏好与一个人对"可约束的风险"的承担行为密切相关。"可约束的风险"指的是发现"负面刺激或防御反应并不危险或不会威胁生命安全"所产生的一种开心的体验和一种成就感,更进一步地说,是认知和身体反应之间的差异导致了这种愉悦的兴奋(Rozin,Schiller,1980)。因此,根据以往文献,嗜辣的签字审计师可能会享受"可约束的风险",并且重复接触失去客户的风险——引发情感反应的刺激——可能导致签字审计师保持审计独立性。

总之,嗜辣会使签字审计师有激进、勇敢的性格特征和男子气概,从而导致更高的审计独立性、更低的可操纵性应计和更高的财务报告质量。因此,提出本节的第一个假设:

假设 9.2.1:在其他条件相同的情况下,签字审计师嗜辣指数与财务报告质量(可操纵性应计)显著正(负)相关。

(五)所有权性质的调节作用

尽管私有部门(经济)在中国发展迅速,但是中国仍然有相当大的一部分企业是由政府或政府控制的企业所主导的,这些企业就是国有企业。由于国有企业和非国有企业的盈余管理存在着较大差异,所以本节进一步研究审计师嗜辣指数和财务报告质量之间的正相关关系是否取决于企业不同的所有权性质。

首先,在我国,由于政府对国有企业的保护,使得国有企业的激励结构不同于非国有企业。具体而言,尽管实现盈余目标对于国有企业是重要的,但是盈余目标并不是评价国有企业高管的唯一绩效指标(Chen et al.,2016;Wang,Yung,2011)。国有企业的高管需要关注政府分配的各种经济和政治任务指标,如就业率、宏观税收目标和社会稳定。作为交换,国有企业能够获得政府的保护,并且国有企业的经营目标是多维度的,并不是单一的盈余指标。因此,国有企业和非国有企业之间因政府对国有产权的保护形成的不同激励结构抑制了高管为迎合盈余目标进行盈余管理的压力(Du et al.,2017;Wang,Yung,2011)。

其次,相比于非国有企业,国有企业具有更大的公司规模,在股票市场上也更具有影响力。因此平均而言,作为客户公司,无论采用何种变量(比如总资产、审计费用、社会影响力等)度量客户重要性,国有企业在单个审计师或/和会计师事务所层面上都代表了更大的客户重要性。由于中国审计市场的高度竞争性(Guan et al.,2016),审计师嗜辣指数对可操纵性应计(财务报告质量)的负(正)面影响会由于国有企业更大的客户重要性而被削弱。

最后,对于充分市场竞争下的非国有企业,签字审计师具有与高管协商的能力,因此向高管屈服并不是签字审计师的唯一选择,因为中国日益完善的股票(审计)市场可能会惩罚为了更高程度的盈余管理而更换签字审计师的公司(如 Chen et al.,2016)。对于非国有企业来说,签字审计师嗜辣可能会起到降低可操纵性应计的作用。但是对于国有企业来说,由于政府对国有产权的保护,签字审计师可能难以抵抗高管要求进行(更高)盈余管理的压力。实际上,一旦签字审计师拒绝向国有企业的高管妥协,不仅会触犯国有企业,更会触犯当地政府(Chan et al.,2006;Du,2019;Guan et al.,2016)。中国审计市场上高度的政府干预(Lee,2001;Huang,2011)意味着当地政府有能力说服当地(上市、拟上市或其他)企业成为或不成为签字审计师的客户(Du,2019)。因此,签字审计师(会计师事务所)更宁愿面对失去更多客户公司而不是失去现有客户公司的风险,签字审计师很难不屈从于来自当地政府的政治影响和压力或来自国有企业高管的压力,允许企业存在更高的可操纵性应计。最终,审计师嗜辣指数对财务报告质量(可操纵性应计)的正(负)向影响在国有企业中会被削弱。基于以上讨论,提出本节的第二个假设:

假设 9.2.2：在其他条件相同的情况下，审计师嗜辣指数与财务报告指数（可操纵性应计）的正（负）相关关系在非国有企业中比在国有企业中更强。

三、研究设计

（一）样本

参考《中国菜谱》系列丛书，本节的初始样本仅包含了由出生于具有详细菜谱的省份的审计师审计的上市公司，这对于计算审计师嗜辣指数（主要解释变量）来说是必要的。接着本节基于以下原则选择研究样本（见表 9.2.1 Panel A）：第一，本节删除了银行、保险和其他金融行业的公司，因为他们的财务特征与其他企业不同；第二，本节删除了在两个或多个股票市场上市的公司，因为这些公司的监管规定不同；[①]第三，本节删除了在计算可操纵性应计时有缺失值的公司—年度观测值；第四，本节删除了无法获得公司特定控制变量的公司—年度观测值。最终，本节得到了包括 1 645 家公司的 7 333 个公司—年度观测值。为了减少极端观测值对回归结果的影响，本节对所有连续变量在原始值的基础上进行 1% 和 99% 分位的缩尾处理。

表 9.2.1 的 Panel B 报告了样本的年度和行业分布。在本节中，行业是根据中国证监会行业分类标准（2001）划分的。由于制造业（代码为 C）是最大的行业（占据了研究样本的 50% 以上），根据第二位行业代码将其进一步划分为 10 个子行业。如表 9.2.1 的 Panel B 所示，年度和行业聚类效应除 C4 和 C7 外并不严重。本节报告的所有 t 值都基于经过公司层面聚类调整以后的标准误（Petersen，2009）。

Panel C 报告了研究样本的省份分布。广东、北京和江苏是公司—年度观测值数量排名前三的省份。

（二）数据来源

变量的数据来源如下：（1）财务报告质量（可操纵性应计；|DA_CF|）的数据是在中国股票市场与会计研究（CSMAR）数据库的原始数据基础上计算和手工收集的。（2）签字审计师嗜辣的数据（SPICY）是在《中国菜谱》系列丛书的基础上手工收集的。《中国菜谱》系列丛书提供了省份（地区）的 200 道经典（传统）菜谱，利用这些数据可以计算嗜辣指数，计算方法为每道菜谱中辛辣调料的加权平均数除以菜肴原料的总加权平均数。（3）审计师个人层面的数据，如 GENDER_AUD、AGE_AUD、EDU_AUD、MAJOR_AUD 和 CI_AUD 的数据是在中国注册会计师协会官网（www.cicpa.org.cn）的原始信息基础上手工收集和计算的。（4）BIG10 的数据是从中国注册会计师协会官网上获取的；（5）其他数据来源于 CSMAR 数据库。

---

① 本节加入在两个或多个股票市场上市的公司—年度观测值以后得到的结果与之前的结果基本相同。未列表的结果备索（下同）。

（三）财务报告质量（可操纵性应计）

Nagy（2005）使用可操纵性应计作为财务报告质量的代理变量。Chen 等（2008）和 Myers 等（2003）以可操纵性应计为代理变量,研究了审计任期对财务报告质量的影响。因此本节利用可操纵性应计（|DA_CF|）作为财务报告质量的反向代理变量。

具体而言,|DA_CF|是基于经营活动现金流,Ball 和 Shivakumar 提出的扩展 Jones 模型计算的可操纵性应计的绝对值。Ball 和 Shivakumar（2006）的模型考虑了利得和损失确认的不对称及时性,在他们的模型中加入了应计与现金流的非线性关系,增强了模型对发现盈余操纵的解释力,并且降低了时间序列方法导致的潜在选择偏差（Jeter,Shivakumar,1999）。中国的股票市场历史较短,大部分上市公司也比较年轻。因此,Ball 和 Shivakumar（2006）的横截面方法更有利于确保样本规模的充足性。

根据 Ball 和 Shivakumar（2006）,j 公司在第 t 年的可操纵性应计（|DA_CF|）为总应计与非可操纵性应计项目之间的差额。非操纵性应计项目可按照年度和行业（使用中国证监会 21 个两位数代码的行业）,根据式（9.2.1）计算如下:

$$
\begin{aligned}
\mathrm{TACC}_{j,t}/\mathrm{TA}_{j,t-1} = & \delta_1[1/\mathrm{TA}_{j,t-1}] + \delta_2[\Delta\mathrm{REV}_{jt}/\mathrm{TA}_{j,t-1}] + \delta_3[\mathrm{PPE}_{j,t}/\mathrm{TA}_{j,t-1}] + \\
& \delta_4[\mathrm{CFO}_{j,t}/\mathrm{TA}_{j,t-1}] + \delta_5\mathrm{DCFO}_{j,t} + \delta_6[(\mathrm{CFO}_{j,t}/\mathrm{TA}_{j,t-1}) \times \\
& \mathrm{DCFO}_{j,t}] + \theta_{j,t}
\end{aligned}
\tag{9.2.1}
$$

式（9.2.1）中的 TACC 表示总应计利润,等于净利润减去经营活动现金流;TA 表示总资产;$\Delta\mathrm{REV}_{jt}$ 表示销售收入的变化;PPE 表示房产、厂房和设备总值;CFO 是经营活动现金流;DCFO 是一个虚拟变量,当 CFO 为负时取 1,否则取 0。

（四）审计师嗜辣指数

本节利用签字审计师嗜辣指数（SPICY）度量签字审计师对辛辣食物的偏好。具体而言,签字审计的嗜辣指数是通过以下步骤定义的:

首先,绝大多数签字审计师的个人身份证（信息）可以在公共信息的基础上通过数据挖掘得到。每张个人身份证的前六位数字可以用来判断签字审计师（其他人也一样）的出生地。[①]

其次,通过个人身份证识别每个签字审计师的家乡后,本节进一步手工收集了签字审计师出生地的经典菜谱。具体而言,根据《中国菜谱》系列丛书,本节收集了每个地区的 200 道经典菜谱。对于每道经典菜谱,辣度指数可以通过辛辣调料的加权平均数除以菜肴原料的总加权平均数计算得到,而每个签字审计师的嗜辣指数则可以根据每个地区 200 道经典菜肴的辣度指数计算得到。

最后,本节将签字审计师的嗜辣指数定义为两个或两个以上签字审计师嗜辣指数的平均值。

---

① 在中国,身份证号码前六位数字的前两位、中间两位和最后两位分别代表了一个人出生地所在的省份、地级市和县。比如,对于一张身份证号码前六位数是"142327"的身份证,14、23 和 27 分别代表山西（省）、运城（市）和芮城（县）。

表 9.2.1 样本选择和样本分布

Panel A：样本选择过程

初始样本（由出生于具有详细菜谱的省份的审计师审计的上市公司构成）	10 374
删除银行、保险和其他金融行业的公司	(-99)
删除在两个或多个股票市场上市的公司	(535)
删除在计算可操纵性应计时有缺失值的观测值	(1 778)
删除无法获取公司特定控制变量的观测值	(629)
最终公司—年度观测值	7 333
公司数目	1 645

Panel B：年度、行业样本分布

行业	代码	年度											行业合计	百分比/%
		2004	2005	2006	2007	2008	2009	2010	2011	2012	2013	2014		
农、林、牧、渔业	A	3	3	2	5	2	1	3	3	4	3	0	29	2.81
采矿业	B	1	0	0	1	0	1	0	0	0	0	0	3	0.29
食品和饮料业	C0	4	6	7	6	6	2	3	3	3	2	1	43	4.17
纺织、服装制造、皮革和皮毛制品业	C1	4	2	3	3	7	5	6	7	4	5	1	47	4.55
木材和家具业	C2	0	1	1	0	0	0	0	1	0	0	0	3	0.29
造纸和印刷业	C3	4	3	3	5	1	0	1	1	2	4	1	25	2.42
石油、化工、塑料和橡胶制品业	C4	9	7	10	8	11	8	12	19	20	13	8	125	12.11
电子设备业	C5	3	4	4	1	4	5	4	4	5	3	3	40	3.88
金属和非金属业	C6	3	8	8	7	14	11	10	10	9	8	6	94	9.11
机械、设备和仪器制造业	C7	19	21	22	15	15	13	13	21	19	10	8	176	17.05
医药和生物制品制造业	C8	4	5	5	4	9	7	7	8	10	8	3	70	6.78

续表

行业	代码	2004	2005	2006	2007	2008	2009	2010	2011	2012	2013	2014	行业合计	百分比/%
其他制造业	C9	1	0	0	1	2	1	3	2	1	0	0	11	1.07
电力,热力,燃气及水生产和供应业	D	2	0	1	0	2	1	2	4	3	5	0	20	1.94
建筑业	E	2	1	1	1	0	0	0	1	1	0	0	7	0.68
交通运输,仓储业	F	2	2	2	3	5	4	2	1	1	1	3	26	2.52
信息技术业	G	4	5	4	13	14	12	10	14	9	7	0	92	8.91
批发和零售业	H	9	6	6	7	7	6	8	6	6	6	1	68	6.59
房地产业	J	2	4	2	3	4	5	6	5	4	6	2	43	4.17
居民服务业	K	2	3	1	0	2	2	2	2	3	2	1	20	1.94
通信和文化业	L	1	2	2	1	2	1	1	3	3	3	1	20	1.94
综合性行业	M	14	10	4	7	7	7	5	5	7	3	1	70	6.78
年度合计		424	423	475	480	496	566	636	734	960	1 045	1 094	7 333	
百分比/%		5.78	5.77	6.48	6.55	6.76	7.72	8.67	10.01	13.09	14.25	14.92		100

Panel C:省份样本分布

省份	2004	2005	2006	2007	2008	2009	2010	2011	2012	2013	2014	合计	百分比/%
安徽	11	12	13	18	17	22	23	26	37	41	37	257	3.50
北京	47	39	53	49	55	64	67	79	102	99	113	767	10.46
重庆	18	16	20	21	17	17	19	14	20	20	21	203	2.77
福建	13	20	17	19	18	17	21	19	32	27	30	233	3.18
甘肃	0	0	3	1	1	2	6	5	3	5	3	29	0.40
广东	57	45	52	48	55	65	81	104	139	148	172	966	13.17
广西	7	9	10	6	7	9	8	12	12	14	14	108	1.47
贵州	3	2	5	8	9	9	11	10	11	12	11	91	1.24

续表

省份	年度											合计	百分比/%
	2004	2005	2006	2007	2008	2009	2010	2011	2012	2013	2014		
海南	1	2	3	2	4	4	4	4	5	5	4	38	0.52
河北	3	3	5	6	7	7	8	15	19	21	25	119	1.62
河南	12	11	10	13	8	10	12	13	15	17	19	140	1.91
黑龙江	7	6	6	5	3	5	3	8	8	7	6	64	0.87
湖北	29	25	30	30	30	31	36	40	51	51	50	403	5.50
湖南	23	23	27	22	23	26	26	32	42	47	45	336	4.58
吉林	2	4	4	5	6	5	5	7	6	9	6	59	0.80
江苏	30	35	39	41	41	49	74	84	109	129	127	758	10.34
江西	1	3	4	2	2	3	3	1	7	8	10	44	0.60
辽宁	9	8	7	3	3	6	6	5	5	7	11	70	0.95
内蒙古	3	4	2	5	4	4	3	6	8	4	7	50	0.68
宁夏	0	1	2	2	3	3	2	2	1	1	1	18	0.25
青海	3	2	1	0	1	2	1	2	1	1	2	16	0.22
山东	23	27	31	36	42	42	50	58	72	86	88	555	7.57
山西	2	1	1	2	3	8	4	4	7	9	8	49	0.67
陕西	12	10	15	14	14	16	18	21	27	27	29	203	2.77
上海	28	33	26	32	34	37	34	42	65	77	75	483	6.59
四川	42	42	42	38	35	39	41	45	58	68	66	516	7.04
天津	3	5	5	5	6	6	5	5	9	10	11	70	0.95
西藏	4	3	4	3	3	3	2	3	5	5	5	40	0.55
新疆	6	6	7	5	5	11	10	11	13	13	13	100	1.36
云南	4	3	8	8	7	8	11	10	12	10	7	88	1.20
浙江	21	23	23	31	33	36	42	47	59	67	78	460	6.27
年度合计	424	423	475	480	496	566	636	734	960	1 045	1 094	7 333	
百分比/%	5.78	5.77	6.48	6.55	6.76	7.72	8.67	10.01	13.09	14.25	14.92		100

（五）假设 9.2.1 的研究模型

为了检验假设 9.2.1，即审计师嗜辣指数与财务报告质量的正相关关系，本节构建了式（9.2.2）的 OLS 回归模型：

$$
\begin{aligned}
|\,\text{DA\_CF}\,| =\ & \alpha_0 + \alpha_1 \text{SPICY} + \alpha_2 \text{STATE} + \alpha_3 \text{GENDER\_AUD} + \alpha_4 \text{AGE\_AUD} + \alpha_5 \text{EDU\_AUD} + \\
& \alpha_6 \text{MAJOR\_AUD} + \alpha_7 \text{CI\_AUD} + \alpha_8 \text{BIG10} + \alpha_9 \text{FIRST} + \alpha_{10} \text{MAN\_SHR} + \\
& \alpha_{11} \text{DUAL} + \alpha_{12} \text{BOARD} + \alpha_{13} \text{INDR} + \alpha_{14} \text{SIZE} + \alpha_{15} \text{LEV} + \alpha_{16} \text{ROA} + \alpha_{17} \text{OCF} + \\
& \alpha_{18} \text{GROWTH} + \alpha_{19} \text{LOSS} + \alpha_{20} \text{AGACCR} + \alpha_{21} \text{LISTAGE} + \text{E} + \\
& \text{Industry Dummies} + \text{Year Dummies} + \text{Audit Firm Dummies}
\end{aligned}
\tag{9.2.2}
$$

在式（9.2.2）中，被解释变量为可操纵性应计（$|\text{DA\_CF}|$），它是财务报告质量的反向代理变量（Myers et al.，2003；Nagy，2005）。主要解释变量是签字审计师嗜辣指数（SPICY），以签字审计师家乡的 200 道经典菜肴的辣度指数衡量。在式（9.2.2）中，如果 SPICY 的系数（也就是 α_1）显著为负，则假设 9.2.1 得到经验证据的支持。

为了分离审计师嗜辣指数对财务报告质量的影响，式（9.2.2）包含了一组控制变量（详见表 9.2.2 中的变量定义）。第一，现有研究（Du et al.，2017；Wang，Yung，2011）发现国有企业与非国有企业的盈余管理存在差异，因此式（9.2.2）中包含了虚拟变量 STATE，当公司的最终控制人是（中央或地方）政府或其控制的国有企业时，STATE 取值为 1，否则为 0（Guan et al.，2016）。

第二，参考现有文献（Chen et al.，2016），式（9.2.2）中还包含了五个审计师个体层面的变量（GENDER_AUD、AGE_AUD、EDU_AUD、MAJOR_AUD 和 CI_AUD）和会计师事务所层面的变量（BIG10）。GENDER_AUD 代表签字审计师的平均性别特征（审计师性别的虚拟变量，若一个或多个签字审计师为女性则取值为 1，否则为 0；Gul et al.，2013）。AGE_AUD 是签字审计师平均年龄的自然对数（Gul et al.，2013）。EDU_AUD 是签字审计师教育水平的虚拟变量（Gul et al.，2013）。MAJOR_AUD 是签字审计师的专业背景虚拟变量（若一个或多个签字审计师大学期间主修会计、审计或财务专业则取值为 1，否则为 0；Gul et al.，2013）。CI_AUD 是审计师层面的客户重要性。单个审计师层面的客户重要性是通过"$\text{LN}(\text{TA}_j^{\text{IA}})/\sum_{t=1}^{n}\text{LN}(\text{TA}_t^{\text{IA}})$"来计算的（LN 表示取自然对数；TA 表示客户的总资产；IA 表示单个审计师；n 表示单个审计师的客户数量；j 表示客户）（Chen et al.，2016；Guan et al.，2016）。BIG10 是十大会计师事务所的虚拟变量，当公司聘请前十大会计师事务所（中国注册会计师协会年度排名的相关信息可得）审计师时赋值为 1，否则赋值为 0（Guan et al.，2016）。Boone 等（2010）发现国际四大会计师事务所与其他会计师事务所的真实审计质量没有较大差别。由于四大会计师事务所在中国高度竞争（集中度较低）的审计市场中所占的市场份额较小，因此本节使用 BIG10 作为审计师声誉的代理变量。

第三，式（9.2.2）中还包含了五个公司治理变量（FIRST、MAN_SHR、DUAL、BOARD 和 INDR）。FIRST 表示第一大股东持股比例（Leuz et al.，2003）。MAN_SHR 是高管的持

股比例（Warfield et al.，1995）。DUAL 是董事长与 CEO 两职合一的虚拟变量，若董事长与 CEO 两职合一则赋值为 1，否则为 0（Bowen et al.，2008）。BOARD 表示董事会规模，等于董事会总人数的自然对数（Xie et al.，2003）。INDR 为独立董事比例，等于独立董事人数与董事会总人数的比值（Xie et al.，2003）。

第四，参考已有研究，公司层面的财务特征变量 SIZE、LEV、ROA、OCF、GROWTH、LOSS 和 LAGACCR 也包含在式（9.2.2）中（Chen et al.，2016；Guan et al.，2016；Gul et al.，2013；Wang et al.，2014）。SIZE 表示公司规模，等于公司营业收入的自然对数（Gul et al.，2013）。LEV 表示财务杠杆，等于公司总负债与总资产的比值（Wang et al.，2014）。ROA 表示总资产收益率，等于净利润与当年期初总资产和期末总资产的平均值的比值（Wang et al.，2014）。OCF 为经营活动现金流，等于经营活动现金流量净额与期初总资产和期末总资产的平均值的比值（Guan et al.，2016）。GROWTH 表示销售收入变化，等于 $[t$ 年销售额 $-(t-1)$ 年销售额 $]/(t-1)$ 年销售额（Chen et al.，2016）。LOSS 是亏损虚拟变量，若公司净利润为负则赋值为 1，否则为 0（Guan et al.，2016；Gul et al.，2013）。根据 Kim 等（2003），式（9.2.2）中还包含了滞后一期的应计盈余（LAGACCR）。

第五，由于中国股票市场是最大的新兴市场，宏观政策在不断变化，因此 LISTAGE 也包含在式（9.2.2）中。LISTAGE 等于公司上市年限取自然对数（Guan et al.，2016；Gul et al.，2013）。

第六，式（9.2.2）还包括了行业、年度和会计师事务所虚拟变量。

表 9.2.2　变量定义

变量	定义	数据来源
主要测试中的变量		
|DA_CF|	基于 Ball 和 Shivakumar（2006）调整的琼斯模型计算的考虑经营活动现金流的可操纵性应计的绝对值	计算得到
SPICY	签字审计师的平均嗜辣指数，根据签字审计师家乡（出生地）200 道经典（传统）菜谱计算而来。本节通过数据挖掘技术获取个人身份证前六位数字并确定签字审计师的家乡（出生地）。接下来，进一步手工收集签字审计师出生地的经典菜谱。具体而言，《中国菜谱》系列丛书提供了各省份的 200 道经典菜谱。对于每一道经典菜谱，辣度指数的计算方法为辛辣调料的加权平均数除以菜肴原料的总加权平均数。每个签字审计师的嗜辣指数基于每个省份的 200 道经典菜谱计算而得。最后，本节将签字审计师的嗜辣指数定义为两个或两个以上签字审计师嗜辣指数的平均值	手工收集
STATE	最终控制人性质，若公司的最终控制人是中央或地方政府、政府控股公司则赋值为 1，否则赋值为 0（Guan et al.，2016）	CSMAR
GENDER_AUD	审计师性别的虚拟变量，若一个或多个签字审计师为女性则赋值为 1，否则为 0（Gul et al.，2013）	手工收集
AGE_AUD	签字审计师的平均年龄的自然对数（Gul et al.，2013）	手工收集

续表

变量	定义	数据来源
EDU_AUD	签字审计师教育水平的虚拟变量,若有一个或多个签字会计师获得本科及以上学历则赋值为1,否则为0(Gul et al.,2013)	手工收集
MAJOR_AUD	专业背景的虚拟变量,若一个或多个签字审计师大学期间主修会计、审计或财务专业则赋值为1,否则为0(Gul et al.,2013)	手工收集
CI_AUD	审计师层面的客户重要性,等于被审计单位总资产的自然对数除以审计师当年审计的所有公司总资产的自然对数(Chen et al.,2016;Guan et al.,2016)	计算得到
BIG10	会计师事务所虚拟变量,当公司聘请前十大会计师事务所(根据中国注册会计师协会年度排名的相关信息可得)审计师时赋值为1,否则赋值为0(Chen et al.,2016;Guan et al.,2016)	www.cicpa.org.cn
FIRST	第一大股东持股比例,等于第一大股东持有股份与公司总股份的比值(Leuz et al.,2003)	CSMAR
MAN_SHR	高管的持股比例(Warfield et al.,1995)	CSMAR
DUAL	董事长与CEO两职合一的虚拟变量,若董事长与CEO两职合一则赋值为1,否则为0(Bowen et al.,2008)	CSMAR
BOARD	董事会规模,等于董事会总人数的自然对数(Xie et al.,2003)	CSMAR
INDR	独立董事比例,等于独立董事人数与董事会总人数的比值(Xie et al.,2003)	CSMAR
SIZE	公司规模,等于公司营业收入的自然对数(Gul et al.,2013)	CSMAR
LEV	财务杆杆,等于公司总负债与总资产的比值(Wang et al.,2014)	CSMAR
ROA	总资产收益率,等于净利润与当年期初总资产和期末总资产的平均值的比值(Gul et al.,2013;Wang et al.,2014)	CSMAR
OCF	经营活动现金流,经营活动现金流量净额与期初总资产和期末总资产的平均值的比值(Guan et al.,2016;Wang et al.,2016)	CSMAR
GROWTH	销售收入变化,等于主营业务收入增长率(Chen et al.,2016)	CSMAR
LOSS	亏损虚拟变量,若公司净利润为负则赋值为1,否则为0(Guan et al.,2016;Gul et al.,2013)	CSMAR
LAGACCR	滞后一期的应计盈余,应计盈余的计算方法为:(营业利润－经营活动现金流)/总资产的滞后项(Kim et al. 2003)	CSMAR
LISTAGE	公司年龄,等于公司上市年限取自然对数(Guan et al.,2016;Gul et al.,2013)	CSMAR

稳健性测试、内生性测试和附加测试中使用的变量

变量	定义	数据来源
SPICY_EXP	基于扩大范围的签字审计师平均嗜辣指数(在更广泛的意义上,包括辣、胡辣和麻辣),根据签字审计师家乡的200道经典(传统)菜谱计算而得	手工收集
SPICY_MAX	签字审计师嗜辣指数的最大值,根据签字审计师家乡的200道经典(传统)菜谱计算而得	手工收集

续表

变量	定义	数据来源
|DA_BS|	基于 Ball 和 Shivakumar(2006)调整的琼斯模型计算的、考虑行业调整的经营活动现金流的可操纵性应计绝对值	计算得到
|DA|	基于修正琼斯模型(Dechow et al.,1995)计算的可操纵性应计	计算得到
TEMP	签字审计师家乡所在地区平均温度的排名(具有最高平均温度的地区赋值最大)	中国统计年鉴
HUMID	签字审计师家乡所在地区平均湿度的排名(具有最高平均湿度的地区赋值最大)	中国统计年鉴
GDP_PC	等于签字审计师出生地所在省份的人均 GDP 的均值取自然对数	中国统计年鉴

(六)假设 9.2.2 的研究模型

假设 9.2.2 预期签字审计师嗜辣指数与财务报告质量间的正向(负向)影响在非国有企业中比在国有企业中更强。为了检验假设 9.2.2,本节首先将全部样本分为两个子样本:国有企业子样本和非国有企业子样本。接着,分别在两个子样本中对式(9.2.2)重新进行回归(进行子样本测试时,STATE 变量被去掉)。如果 SPICY 的系数在非国有企业中显著为负,但是在国有企业中不显著;或者 SPICY 的系数在国有企业和非国有企业中都显著为负,但非国有企业样本中系数的绝对值大于国有企业样本中系数的绝对值,则说明假设 9.2.2 得到支持。

四、实证结果

(一)描述性统计和 Pearson 相关系数分析

表 9.2.3 展示了主回归中所使用的变量的描述性统计结果。被解释变量 \|DA_CF\| 均值为 0.043 2,表明样本公司可操纵性应计(财务报告的反向代理变量)平均绝对值为 0.043 2。SPICY 的平均值为 0.283 7,表明签字审计师家乡(出生地)的 200 道经典菜谱的平均辣度。STATE 的平均值为 0.527 2,表明大约 52.72% 的样本公司最终控制人是(中央或地方)政府或者政府控股的国有企业。控制变量描述性统计的结果与以往文献大致相同(如 Gul et al.,2013;Chen et al.,2016;Du et al.,2015;Guan et al.,2016)。

表 9.2.3　描述性统计

变量	观测值	均值	标准差	最小值	25%分位	中位数	75%分位	最大值
|DA_CF|	7 333	0.043 2	0.051 4	0.000 1	0.011 8	0.028 2	0.054 2	0.395 1
SPICY	7 333	0.283 7	0.379 1	0.029 0	0.083 0	0.117 5	0.187 0	1.290 0
STATE	7 333	0.527 2	0.499 3	0.000 0	0.000 0	1.000 0	1.000 0	1.000 0

续表

变量	观测值	均值	标准差	最小值	25%分位	中位数	75%分位	最大值
GENDER_AUD	7 333	0.260 7	0.317 2	0.000 0	0.000 0	0.000 0	0.500 0	1.000 0
AGE_AUD	7 333	3.714 0	0.115 5	3.417 7	3.637 6	3.713 6	3.784 2	4.043 1
EDU_AUD	7 333	0.700 9	0.349 3	0.000 0	0.500 0	1.000 0	1.000 0	1.000 0
MAJOR_AUD	7 333	0.548 1	0.376 7	0.000 0	0.500 0	0.500 0	1.000 0	1.000 0
CI_AUD	7 333	0.271 4	0.214 0	0.056 2	0.136 9	0.202 7	0.330 2	1.000 0
BIG10	7 333	0.386 2	0.486 9	0.000 0	0.000 0	0.000 0	1.000 0	1.000 0
$FIRST$	7 333	0.357 9	0.148 9	0.076 4	0.237 4	0.337 5	0.464 4	0.780 8
MAN_SHR	7 333	0.036 0	0.104 7	0.000 0	0.000 0	0.000 0	0.001 9	0.644 3
DUAL	7 333	0.190 9	0.393 1	0.000 0	0.000 0	0.000 0	0.000 0	1.000 0
BOARD	7 333	2.181 1	0.200 3	1.609 4	2.079 4	2.197 2	2.197 2	2.708 1
INDR	7 333	0.364 1	0.050 7	0.250 0	0.333 3	0.333 3	0.375 0	0.571 4
SIZE	7 333	21.034 9	1.326 4	16.178 8	20.175 0	21.007 5	21.867 9	25.045 1
LEV	7 333	0.477 1	0.213 9	0.028 3	0.319 6	0.487 8	0.634 4	3.248 7
ROA	7 333	0.033 1	0.064 5	−0.577 8	0.011 6	0.031 5	0.058 9	0.332 1
OCF	7 333	0.054 6	0.103 0	−0.410 8	0.005 4	0.050 8	0.101 6	0.604 4
GROWTH	7 333	0.249 1	0.849 8	−0.865 3	−0.014 9	0.127 8	0.297 8	10.080 5
LOSS	7 333	0.103 9	0.305 2	0.000 0	0.000 0	0.000 0	0.000 0	1.000 0
LAGACCR	7 333	0.075 0	0.092 7	0.000 5	0.021 7	0.049 9	0.095 2	0.932 5
LISTAGE	7 333	2.150 0	0.590 6	0.693 1	1.609 4	2.302 6	2.639 1	3.091 0

表 9.2.4 报告了 Pearson 相关统计分析的结果。首先,表 9.2.4 显示 SPICY 和|DA_CF|的相关系数为负,但并不显著,这为假设 9.2.1 提供了一个初步且相对较弱的支持。然而,关于 SPICY 对|DA_CF|的净影响还需要分离其他潜在因素以后通过多元统计回归进一步研究。其次,STATE 和|DA_CF|的相关系数为负也表明所有权性质会对财务报告质量产生影响,促使本节进一步研究 SPICY 对|DA_CF|的影响在国有企业和非国有企业中是否存在不同(假设 9.2.2);且|DA_CF|与 GENDER_AUD、FIRST、BOARD、SIZE、ROA 和 LISTAGE(AGE_AUD、BIG10、MAN_SHR、DUAL、GROWTH、LOSS 和 LAGACCR)显著负(正)相关。最后,控制变量两两之间的相关系数非常低,意味着将这些控制变量同时包含进来不会出现严重的多重共线性问题。[①]

---

① 未列表的结果显示控制变量两两之间的方差膨胀因子小于 10,表明将这些控制变量同时包含在回归分析中不会出现严重的多重共线性问题(Gujarati,2004)。

表 9.2.4　Pearson 相关系数

变量	(1)	(2)	(3)	(4)	(5)	(6)	(7)	(8)	(9)	(10)	(11)	(12)	(13)	(14)	(15)	(16)	(17)	(18)	(19)	(20)	(21)	(22)
(1) |DA_CF|	1.0000																					
(2) SPICY	-0.0055	1.0000																				
(3) STATE	-0.0897***	0.0390***	1.0000																			
(4) GENDER_AUD	-0.0199*	-0.0333***	0.0137	1.0000																		
(5) AGE_AUD	0.0263	0.0735***	-0.0567***	0.0435***	1.0000																	
(6) EDU_AUD	-0.0171	-0.0270**	0.0236	-0.0619***	-0.1561***	1.0000																
(7) MAJOR_AUD	0.0021	0.0985***	-0.0293**	0.0099	0.0651***	-0.0021	1.0000															
(8) CI_AUD	0.0093	-0.0735***	0.0482***	0.0722***	0.0153	-0.0853***	-0.0700***	1.0000														
(9) BIG10	0.0409***	0.0048	-0.0679***	0.0020	0.0236**	-0.0862***	0.0037	0.0100	1.0000													
(10) FIRST	-0.0200**	-0.0070	0.2218***	0.0056	-0.0457***	0.0062	-0.0230**	0.0253**	0.0002	1.0000												
(11) MAN_SHR	0.0664***	-0.0395***	-0.3445***	-0.0070	0.0239**	0.0009	-0.0096	-0.0474***	0.1116***	-0.0491***	1.0000											
(12) DUAL	0.0406***	-0.0049	-0.2099***	-0.0009	0.0031	-0.0087	-0.0013	-0.0323***	0.0836***	-0.0340***	0.4089***	1.0000										
(13) BOARD	-0.0580***	0.0442***	0.2183***	-0.0203**	-0.0566***	0.0216*	-0.0152	-0.0113	-0.0329***	-0.0039	-0.1406***	-0.1437***	1.0000									
(14) INDR	0.0036	-0.0454***	-0.0609***	0.0074	0.0596***	-0.0009	-0.0321***	0.0186	0.0449***	0.0294***	0.1037***	0.0784***	-0.3671***	1.0000								
(15) SIZE	-0.0816***	-0.0668***	0.2274***	0.0145	0.0555***	0.0099	-0.0393***	0.0544***	0.0920***	0.2137***	-0.1218***	-0.0905***	0.1853***	0.0070	1.0000							
(16) LEV	-0.0038	0.0362***	0.2174***	-0.0340***	-0.0081	-0.0233**	-0.0291**	0.0496***	-0.0481***	0.0128	-0.2743***	-0.1209***	0.1436***	-0.0540***	0.3278***	1.0000						
(17) ROA	-0.1486***	-0.0229**	-0.0727***	0.0487***	0.0114	0.0340***	0.0297**	-0.0264**	0.0301**	0.0659***	0.1043***	-0.0017	0.0098	0.0203**	0.1758***	-0.3994***	1.0000					
(18) OCF	0.0132	0.0176	0.0462***	0.0233**	-0.0365***	0.0206**	0.0196*	-0.0061	-0.0261**	0.0579***	-0.0171	-0.0364***	0.0494***	-0.0104	0.1174***	-0.1218***	0.3044***	1.0000				
(19) GROWTH	0.0585***	-0.0150	-0.0176	-0.0003	-0.0035	0.0113	-0.0122	0.0127	-0.0208**	0.0501***	0.0048	0.0004	-0.0026	0.0133	0.0680***	0.0564***	0.1319***	0.1750***	1.0000			
(20) LOSS	0.2689***	0.0353***	0.0396***	-0.0449***	-0.0101	-0.0183	-0.0183	0.0082	-0.0140	-0.0703***	-0.0581***	0.0017	-0.0202**	-0.0162	-0.1533***	0.2209***	-0.6242***	-0.1569***	-0.1108***	1.0000		
(21) LAGACCR	0.0581***	-0.0060	-0.0144	-0.0099	-0.0028	-0.0005	-0.0117	0.0065	-0.0333***	0.0558***	-0.0268**	0.0072	-0.0234**	0.0120	0.0068	0.1419***	0.0033	-0.0625***	0.0618***	-0.0010	1.0000	
(22) LISTAGE	-0.0306***	0.0790***	0.3329***	0.0213*	0.0816***	-0.0014	0.0185	0.0279**	-0.0485***	-0.1030***	-0.4222***	-0.1644***	0.0345***	0.0141	0.1896***	0.3384***	-0.1140***	-0.0023	0.0079	0.0793***	0.0484***	1.0000

注：***、**、*分别表示在1%、5%、10%的水平上显著；所有 t 值都是根据公司层面聚类面板类调整以后的稳健标准差计算而得的。

(二)假设 9.2.1 的回归结果

假设 9.2.1 预期签字审计师嗜辣指数与财务报告质量(可操纵性应计)正(负)相关。表 9.2.5 报告了使用 OLS 回归的结果,报告的所有 t 值都基于经过公司层面聚类调整后的标准误(Petersen,2009;下同)。

根据表 9.2.5,SPICY 的系数在 1% 的水平上显著为负(系数 $=-0.006\,0$,t$=-3.24$),表明审计师的饮食越辣,可操纵性应计(财务报告质量)显著越低(越高)。这个发现为假设 9.2.1 提供了支持,即嗜辣能够塑造签字审计师激进、勇敢的性格特征并使其具有男子气概,降低了签字审计师向高管屈服的可能性,提高了审计独立性,最终削弱(提高)可操纵性应计(财务报告质量)水平。此外,SPICY 的系数估计表明 SPICY 每增加一个标准差会导致可操纵性应计降低 5.27%。显然,这个数字不仅具有统计显著性,还具有经济显著性。

对于控制变量,有以下几个方面值得注意:(1)STATE 的系数在 1% 的水平上显著为负(系数 $=-0.005\,4$,$t=-2.36$),表明盈余管理在国有企业中比在非国有企业中更少。这个发现与以往研究相一致(如 Du et al.,2017;Wang,Yung,2011)。(2)MAN_SHR 的系数显著为正(系数 $=0.013\,9$,$t=1.83$),表明管理层持股比例越高越可能会促使高管进行盈余管理。(3)SIZE 的系数显著为负(系数 $=-0.002\,4$,$t=-2.96$),表明规模越大的公司盈余管理(财务报告质量)水平越低(高)。(4)OCF、GROWTH、LOSS 与 $|DA\_CF|$ 显著正相关,表明经营现金流越多、成长越快、净利润为负的公司盈余管理水平越高。(5)与预期一致,滞后一期的应计盈余(LAGACCR)与当期的 $|DA\_CF|$ 显著正相关。

表 9.2.5　签字审计师嗜辣对财务报告质量(可操纵性应计)的影响

变量	被解释变量:$|DA\_CF|$	
	系数	t 值
SPICY	$-0.006\,0^{***}$	-3.24
STATE	$-0.005\,4^{***}$	-3.36
GENDER_AUD	$-0.001\,8$	-0.98
AGE_AUD	$-0.002\,5$	-0.44
EDU_AUD	$0.000\,2$	0.09
MAJOR_AUD	$0.002\,0$	1.27
CI_AUD	$0.000\,3$	0.12
BIG10	$0.001\,1$	0.59
FIRST	$0.007\,6$	1.59
MAN_SHR	$0.013\,9^{*}$	1.83
DUAL	$-0.000\,5$	-0.29
BOARD	$-0.002\,3$	-0.68

续表

变量	被解释变量：|DA_CF|	
	系数	t 值
INDR	$-0.019\,7$	-1.53
SIZE	$-0.002\,4\,{}^{***}$	-2.96
LEV	$-0.001\,3$	-0.22
ROA	$-0.020\,0$	-0.49
OCF	$0.032\,1\,{}^{***}$	3.13
GROWTH	$0.005\,2\,{}^{***}$	4.11
LOSS	$0.045\,7\,{}^{***}$	11.00
LAGACCR	$0.038\,2\,{}^{***}$	5.32
LISTAGE	$0.000\,1$	0.09
截距	$0.081\,6\,{}^{***}$	3.04
行业	控制	
年度	控制	
会计师事务所	控制	
观测值	7 333	
Adj_R^2	14.91%	
F（p-value）	$14.38\,{}^{***}$（0.000 0）	

注：***、**、* 分别表示在 1%、5%、10% 的水平上显著；所有 t 值都是根据公司层面聚类调整以后的稳健标准差计算而得的。

(三)假设 9.2.2 的回归结果

假设 9.2.2 探讨的是签字审计师嗜辣指数和财务报告质量之间的正相关关系在国有企业和非国有企业中是否存在差异。为了检验假设 9.2.2，表 9.2.6 将全部样本分为国有企业子样本和非国有企业子样本，利用两个子样本检验签字审计师嗜辣指数和财务报告质量（可操纵性应计）之间的关系。

从表 9.2.6 的第（1）列可知，国有企业子样本的 SPICY 系数不显著，而从表 9.2.6 的第（2）列可知，非国有企业样本的 SPICY 系数在 1% 的水平上显著为负（系数=-0.010 0，t=-3.15）。这些结果表明了相比于国有企业，签字审计师嗜辣指数和财务报告质量（可操纵性应计）之间的正（负）相关关系在非国有企业中更加显著，这支持了假设 9.2.2。Du 等（2017）、Wang 和 Yung（2011）的研究支持了上述结果。此外，表 9.2.6 的第（2）列中 SPICY 的系数表明，对于非国有企业而言，SPICY 每增加一个标准差，会使可操纵性应计（\|DA_CF\|）降低8.87%，这在经济上具有显著性。

表 9.2.6　签字审计师嗜辣指数对财务报告质量(可操纵性应计)的影响的子样本测试

变量	被解释变量：|DA_CF|			
	(1)		(2)	
	国有企业子样本		非国有企业子样本	
	系数	t 值	系数	t 值
SPICY	−0.002 7	−1.21	−0.010 0***	−3.15
GENDER_AUD	−0.003 9*	−1.82	−0.000 1	−0.01
AGE_AUD	0.002 0	0.29	−0.005 2	−0.57
EDU_AUD	−0.000 3	−0.13	−0.000 1	−0.01
MAJOR_AUD	0.004 4**	2.26	−0.001 4	−0.53
CI_AUD	−0.001 2	−0.35	0.003 5	0.70
BIG10	−0.000 2	−0.09	0.003 7	1.12
FIRST	0.011 9**	1.99	0.003 8	0.49
MAN_SHR	0.112 4*	1.69	0.014 9*	1.81
DUAL	0.001 0	0.42	−0.002 4	−0.99
BOARD	−0.003 9	−1.01	−0.001 8	−0.30
INDR	−0.009 2	−0.61	−0.025 9	−1.21
SIZE	−0.002 4**	−2.43	−0.001 7	−1.27
LEV	0.000 8	0.10	−0.007 2	−0.81
ROA	−0.049 1	−0.89	−0.006 8	−0.12
OCF	0.034 7***	3.30	0.028 6	1.56
GROWTH	0.004 2***	3.01	0.005 9***	2.91
LOSS	0.039 9***	7.59	0.051 2***	7.70
LAGACCR	0.040 3***	4.11	0.035 7***	3.27
LISTAGE	0.000 5	0.26	0.000 3	0.12
截距	0.051 2	1.61	0.092 6**	1.97
行业	控制		控制	
年度	控制		控制	
会计师事务所	控制		控制	
观测值	3 866		3 467	
Adj_R^2	17.75%		12.41%	
F(p-value)	9.97*** (0.000 0)		6.34*** (0.000 0)	

注：***、**、*分别表示在1%、5%、10%的水平上显著；所有 t 值都是根据公司层面聚类调整以后的稳健标准差计算而得的。

（四）使用审计师嗜辣指数的其他变量进行假设 9.2.1 和 9.2.2 的稳健性检验

为了进一步确认表 9.2.5 和表 9.2.6 的主要发现，本节在签字审计师家乡的 200 道经典（传统）菜谱的基础上构建了两个额外变量进行敏感性测试：（1）SPICY_EXP，基于扩大范围的签字审计师平均嗜辣指数（在更广泛的意义上，包括辣、胡辣和麻辣）；（2）SPICY_MAX，签字审计师嗜辣指数的最大值。实证检验结果如表 9.2.7 所示。表 9.2.7 中，Panel A 和 Panel B 的解释变量分别为 SPICY_EXP 和 SPICY_MAX。

首先，如表 9.2.7Panel A 的第（1）列所示，SPICY_EXP 的系数显著为负，这进一步支持了假设 9.2.1。此外，如 Panel A 的第（2）列所示，国有企业子样本的 SPICY_EXP 系数不显著，而 Panel A 的第（3）列中非国有企业子样本的 SPICY_EXP 系数显著为负。以上结果共同对假设 9.2.2 提供了支持。

其次，对于全样本，表 9.2.7 的 Panel B 中的第（1）列显示，SPICY_MAX 的系数显著为负，支持了假设 9.2.1。此外，如 Panel B 的第（2）、（3）列所示，国有企业子样本的 SPICY_MAX 系数不显著，而非国有企业子样本的 SPICY_MAX 显著为负，这再一次支持了假设 9.2.2。

总而言之，表 9.2.7 中使用签字审计师嗜辣指数其他变量进行检验的结果与表 9.2.5 和表 9.2.6 的结果基本一致。

表 9.2.7　使用签字审计师嗜辣指数的其他变量进行稳健性检验

Panel A：使用 SPICY_EXP 进行稳健性检验

变量	被解释变量：|DA_CF|					
	假设 9.2.1		假设 9.2.2			
	（1）		（2）		（3）	
	全样本		国有企业子样本		非国有企业子样本	
	系数	t 值	系数	t 值	系数	t 值
SPICY_EXP	−0.005 4 ***	−3.23	−0.002 9	−1.41	−0.008 5 ***	−2.96
STATE	−0.005 4 ***	−3.36				
控制变量	控制		控制		控制	
截距	0.081 9 ***	3.05	0.051 6	1.62	0.092 1 **	1.96
行业	控制		控制		控制	
年度	控制		控制		控制	
会计师事务所	控制		控制		控制	
观测值	7 333		3 866		3 467	
Adj_R^2	14.91%		17.76%		12.39%	
F（p-value）	14.38 *** (0.000 0)		9.97 *** (0.000 0)		6.33 *** (0.000 0)	

续表

Panel B:使用 SPICY_MAX 进行稳健性检验

变量	被解释变量:｜DA_CF｜					
	假设 9.2.1		假设 9.2.2			
	(1)		(2)		(3)	
	全样本		国有企业子样本		非国有企业子样本	
	系数	t 值	系数	t 值	系数	t 值
SPICY_MAX	−0.004 6**	−2.56	−0.001 3	−0.56	−0.008 6***	−2.98
STATE	−0.005 4***	−3.37				
控制变量	控制		控制		控制	
截距	0.080 7***	3.01	0.050 8	1.60	0.091 2*	1.94
行业	控制		控制		控制	
年度	控制		控制		控制	
会计师事务所	控制		控制		控制	
观测值	7 333		3 866		3 467	
Adj_R^2	14.87%		17.72%		12.38%	
F(p-value)	14.34*** (0.000 0)		9.95*** (0.000 0)		6.32*** (0.000 0)	

注:***、**、*分别表示在 1%、5%、10% 的水平上显著;所有 t 值都是根据公司层面聚类调整以后的稳健标准差计算而得的。

(五)使用可操纵性应计的其他变量进行假设 9.2.1 和 9.2.2 的稳健性检验

本节使用可操纵性应计的其他变量检验表 9.2.5 和 9.2.6 中的主要发现是否稳健。本节计算了可操纵性应计的两个额外变量:(1)｜DA_BS｜,基于 Ball 和 Shivakumar(2006)调整的琼斯模型计算的、考虑行业调整的经营活动现金流的可操纵性应计的绝对值;(2)｜DA｜,基于修正琼斯模型(Dechow et al.,1995)计算的可操纵性应计绝对值。

首先,在表 9.2.8 的 Panel A 中使用｜DA_BS｜作为被解释变量,第(1)列显示,全样本的检验结果支持了假设 9.2.1。Panel A 中第(2)、(3)列的结果表明国有企业子样本中 SPICY 对｜DA_BS｜的影响不显著,而非国有企业子样本中 SPICY 对｜DA_BS｜的影响为负显著,这两个结果共同支持了假设 9.2.2。

其次,在表 9.2.8 的 Panel B 中使用｜DA｜作为被解释变量。Panel B 第(1)列的结果进一步支持了假设 9.2.1,第(2)、(3)列的结果支持了假设 9.2.2。

总之,表 9.2.8 中使用替代被解释变量和可操纵性应计的不同计算方法得出的结果与表 9.2.5 和表 9.2.6 大致相同。

表 9.2.8　使用可操纵性应计的其他变量进行稳健性检验

Panel A：使用 |DA_BS| 进行稳健性测试

变量	被解释变量：|DA_BS|					
	假设 9.2.1		假设 9.2.2			
	（1）		（2）		（3）	
	全样本		国有企业子样本		非国有企业子样本	
	系数	t 值	系数	t 值	系数	t 值
SPICY	−0.005 2 ***	−2.91	−0.001 3	−0.61	−0.009 8 ***	−3.16
STATE	−0.003 5 **	−2.28				
控制变量	控制		控制		控制	
截距	0.079 8 ***	3.05	0.037 2	1.19	0.114 0 **	2.50
行业	控制		控制		控制	
年度	控制		控制		控制	
会计师事务所	控制		控制		控制	
观测值	7 333		3 866		3 467	
Adj_R²	15.94%		19.31%		13.14%	
F (p-value)	15.48 *** (0.000 0)		10.95 *** (0.000 0)		6.70 *** (0.000 0)	

Panel B：使用 |DA| 进行稳健性检验

变量	被解释变量：|DA|					
	假设 9.2.1		假设 9.2.2			
	（1）		（2）		（3）	
	全样本		国有企业子样本		非国有企业子样本	
	系数	t 值	系数	t 值	系数	t 值
SPICY	−0.006 7 *	−1.95	−0.004 3	−0.99	−0.009 4 *	−1.67
STATE	−0.002 4	−0.85				
控制变量	控制		控制		控制	
截距	0.188 9 ***	3.81	0.142 3 **	2.16	0.209 2 **	2.57
行业	控制		控制		控制	
年度	控制		控制		控制	
会计师事务所	控制		控制		控制	
观测值	7 333		3 866		3 467	
Adj_R²	13.39%		15.35%		11.85%	
F (p-value)	12.81 *** (0.000 0)		8.54 *** (0.000 0)		6.06 *** (0.000 0)	

　　注：*** 、** 、* 分别表示在 1%、5%、10% 的水平上显著；所有 t 值都是根据公司层面聚类调整以后的稳健标准差计算而得的。

五、内生性测试和附加测试

(一)内生性测试

接下来,本节进一步使用两阶段最小二乘法(2SLS)解决签字审计师嗜辣和财务报告质量(可操纵性应计)之间的内生性问题。中国地域辽阔,气候从东北到南方都有所不同(Simoon,1990),这意味着温度和湿度等气候条件可能会影响人们对特定食物(辛辣菜肴)的偏好。Billing 和 Sherman(1998)发现年平均温度是影响辛辣菜肴摄入的重要因素。因此,本节首先确定 2SLS 第一阶段的两个工具变量:(1)TEMP,签字审计师家乡所在地区的平均温度的排名(即有最高平均温度的地区赋值最大);(2)HUMID,签字审计师家乡所在地区的平均湿度的排名(即有最高平均湿度的地区赋值最大)。接着,将两个工具变量和式(9.2.2)中的控制变量包括进来,构建式(9.2.3)作为 2SLS 的第一阶段:

$$SPICY = \beta_0 + \beta_1 TEMP + \beta_2 HUMID + \beta_j Control\ variables + (Industry, Year, and\ Audit\ Firm\ Fixed\ Effects) + \varepsilon \tag{9.2.3}$$

理论上,地区平均温度(TEMP)和地区平均湿度(HUMID)与当地居民(包括签字审计师)的嗜辣偏好相关,而且 TEMP 和 HUMID 不太可能影响财务报告质量(盈余管理)。但是本节仍然进行了三个额外测试来判断 TEMP 和 HUMID 是否可以作为合适的工具变量。如表9.2.9 的 Panel A 所示,Wooldridge(伍德里奇)检验、Sargan(萨金)检验和 Basmann(巴斯曼)检验的Chi² 值结果都不显著,意味着 TEMP 和 HUMID 作为两个工具变量与误差项不相关,揭示了TEMP 和 HUMID 作为工具变量的合理性。表 9.2.9 的 Panel B 报告了 2SLS 第一阶段的结果(为了节省篇幅,只列示了主要解释变量),与预期一致,TEMP(HUMID)的系数显著为负(正)。

Panel C 使用 SPICY 的拟合值(即 SPICY*)进行 2SLS 第二阶段的结果。在 Panel C的第(1)列中,SPICY* 与|DA_CF|显著负相关,这与假设 9.2.1 一致。Panel C 第(2)、(3)列的结果共同支持了假设 9.2.2。

总之,表 9.2.9 的结果表明在使用 2SLS 方法控制了潜在的内生性以后,本节的主要结论仍然成立。

表 9.2.9　使用两阶段最小二乘法(2SLS)进行内生性测试

Panel A:工具变量的过度识别检验

Test	(1)Wooldridge's test	(2)Sargan's test	(3)Basmann's test
Chi²(p-value)	0.003 0(0.956 7)	0.002 9(0.957 4)	0.002 8(0.957 1)

Panel B:2SLS 第一阶段回归结果

变量	被解释变量：SPICY	
	系数	t 值
TEMP	−0.028 4***	−14.85

续表

变量	被解释变量： SPICY	
	系数	t 值
HUMID	0.045 4***	28.73
其他变量	控制	
截距	0.163 7	0.82
行业	控制	
年度	控制	
会计师事务所	控制	
观测值	7 333	
Adj_R^2	67.95%	
$F(p\text{-value})$	161.22*** (0.000 0)	

Panel C:2SLS 第二阶段回归结果

变量	被解释变量：|DA_CF|					
	假设 9.2.1		假设 9.2.2			
	(1)		(2)		(3)	
	全样本		国有企业子样本		非国有企业子样本	
	系数	t 值	系数	t 值	系数	t 值
SPICY*	−0.006 8**	−2.29	−0.003 2	−0.90	−0.010 3**	−2.03
STATE	−0.005 4***	−3.36				
控制变量	控制		控制		控制	
截距	0.082 0***	3.05	0.051 9	1.63	0.089 7*	1.92
行业	控制		控制		控制	
年度	控制		控制		控制	
会计师事务所	控制		控制		控制	
观测值	7 333		3 866		3 467	
Adj_R^2	14.86%		17.73%		12.29%	
$F(p\text{-value})$	14.33*** (0.000 0)		9.96*** (0.000 0)		6.28*** (0.000 0)	

注：***、**、* 分别表示在 1%、5%、10% 的水平上显著；所有 t 值都是根据公司层面聚类调整以后的稳健标准差计算而得的。

（二）使用仅包括 1978 年以前出生的签字审计师的样本进行附加测试

在主测试中,本节假设签字审计师嗜辣指数是由他们的出生地所决定的。由于在 1978 年以前(以后),中国的户籍制度比较严格(宽松),人口流动减少(较多),年纪较大(较小)的审计师在他们的童年时期和青春期受到外地菜肴影响的机会较少(较多)。① 所以,当签字审计师离开家乡到其他地区或省份工作时,他们的嗜辣指数可能会被调节(加强或削弱)。因此为了进一步增强主要发现的稳健性,本节仅选择由 1978 年以前出生的签字审计师审计

———————————

① 1978 年以前,由于户籍制度和人口流动的限制,大多数人只吃当地食物和菜肴。因此,使用限定范围的样本能够降低回归结果的偏误。

的公司—年度观测值作为样本,重新检验假设 9.2.1 和 9.2.2。如表 9.2.10 的 Panel A 所示,经验证据仍然支持假设 9.2.1[见第(1)列]和假设 9.2.2[见第(2)、(3)列]。

（三）考虑签字审计师出生地经济发展水平的附加测试

现有研究表明经济发展和个人收入水平可能会对个人饮食偏好产生影响(Chung et al.,2008;Fafchamps,1992)。此外,财务报告质量(可操纵性应计)在中国不同地区存在差异(Du,2019)。为了分离签字审计师出生地经济发展水平的影响,本节在式(9.2.2)中加入了 GDP_PC 的额外变量重新对假设 9.2.1 和 9.2.2 进行检验。GDP_PC 的计算方法为签字审计师出生地所在省份的人均 GDP 的均值取自然对数。表 9.2.10 中 Panel B 的结果再次支持了假设 9.2.1 和 9.2.2。

表 9.2.10　考虑其他背景的附加测试

Panel A:使用 1978 年以前出生的签字审计师的样本进行附加测试

变量	被解释变量:	DA_CF						
	假设 9.2.1		假设 9.2.2			
	(1)		(2)		(3)	
	全样本		国有企业子样本		非国有企业子样本	
	系数	t 值	系数	t 值	系数	t 值
SPICY	−0.004 9***	−2.64	−0.002 1	−0.95	−0.008 8***	−2.69
STATE	−0.005 4***	−3.36				
控制变量	控制		控制		控制	
截距	0.059 5**	2.11	0.031 7	0.93	0.061 6	1.31
行业	控制		控制		控制	
年度	控制		控制		控制	
会计师事务所	控制		控制		控制	
观测值	6 453		3 452		3 001	
Adj_R^2	14.62%		17.17%		12.42%	
F(p-value)	12.51*** (0.000 0)		8.78*** (0.000 0)		5.63*** (0.000 0)	

Panel B:考虑签字审计师出生地经济发展水平的附加测试

变量	被解释变量:	DA_CF						
	假设 9.2.1		假设 9.2.2			
	(1)		(2)		(3)	
	全样本		国有企业子样本		非国有企业子样本	
	系数	t 值	系数	t 值	系数	t 值
SPICY	−0.005 3**	−2.47	−0.000 5	−0.19	−0.011 8***	−3.14
STATE	−0.005 4***	−3.36				

续表

变量	被解释变量：|DA_CF|					
	假设 9.2.1		假设 9.2.2			
	(1)		(2)		(3)	
	全样本		国有企业子样本		非国有企业子样本	
	系数	t 值	系数	t 值	系数	t 值
GDP_PC	0.001 2	0.62	0.003 7*	1.81	−0.003 5	−0.96
控制变量	控制		控制		控制	
截距	0.070 3**	2.15	0.016 5	0.45	0.127 7**	2.07
行业	控制		控制		控制	
年度	控制		控制		控制	
会计师事务所	控制		控制		控制	
观测值	7 333		3 866		3 467	
Adj_R^2	14.90%		17.80%		12.41%	
F(p-value)	14.23*** (0.000 0)		9.90*** (0.000 0)		6.28*** (0.000 0)	

注：***、**、* 分别表示在 1%、5%、10% 的水平上显著；所有 t 值都是根据公司层面聚类调整以后的稳健标准差计算而得的。

（四）其他附加测试

本节还进行了如下三个附加测试，为了节省篇幅未列示结果[①]：

第一，本节加入在两个或多个股票市场上市的公司—年度观测值，对假设 9.2.1 和 9.2.2 重新进行检验，所得结果与表 9.2.5 和表 9.2.6 的结果相同。

第二，删除有三个或以上签字审计师的公司—年度观测值并对假设 9.2.1 和 9.2.2 进行重新检验，所得结果与表 9.2.5 和表 9.2.6 的结果相同。[②]

第三，参考现有文献（Chen，Yuan，2004），本节以异常的非经常性损益作为被解释变量[③]，回归结果与表 9.2.5 和表 9.2.6 的结果相同。

六、结论

本节假设嗜辣的签字审计师更加激进、勇敢和具有男子气概，从而会导致更高的财务报告质量。为了检验上述猜想，本节利用中国上市公司样本检验签字审计师嗜辣指数是否能

---

① 未列表的结果备索。

② 在中国，中国注册会计师协会（CICPA）规定至少需有两名审计师（在一些情况下是三个或多个审计师）在公司的财务报告上签名。

③ 由于 CSMAR 数据库的限制，2004—2006 年的非经常性损益需通过"营业外收入−营业外支出＋投资收益＋财政补贴收入"计算，2007—2014 年的数据可以直接获取。

够塑造审计师个人特征以及加强审计独立性,从而改善财务报告质量。研究结果支持了以上猜想,表明嗜辣指数较高的签字审计师更不容易屈从于高管以及更加独立,最终能够降低可操纵性应计,改善财务报告质量。此外,签字审计师嗜辣指数与财务报告质量之间的正相关关系仅在非国有企业中成立,在国有企业中不成立。本节首次研究了饮食文化是否影响审计师个人特征以及财务报告质量(以可操纵性应计作为反向代理变量),对现有关于文化与审计师独立性的关系的文献作出了贡献。

除了在"引言"部分所提及的理论贡献以外,本节还具有如下的管理启示:

首先,本节以辛辣菜肴为关注点,支持了审计师确实"人如其食",即签字审计师对辛辣菜肴的偏好与财务报告质量之间存在正相关关系。这个结论鼓励监管机构,如证券监管部门和注册会计师监督协会关注可观测因素——签字审计师的饮食偏好对审计师独立性的影响。

其次,上市公司的审计委员会应该重视进行审计业务的签字审计师的嗜辣偏好——这是可以被观察到的。换言之,由于饮食偏好塑造了审计师的性格特征,影响(削弱或加强)了审计师独立性,因此审计师对于某种菜肴的偏好可以作为审计委员会初步判断潜在的和实质上的审计独立性的有用信号。

最后,签字审计师嗜辣对财务报告质量的正向影响取决于股权性质,并且上述影响只存在于非国有企业中。这个发现激励监管机构进一步考虑对财务报告质量(审计质量)进行分类管理。

本节存在以下几点局限性,相应的问题有待未来研究进一步探讨:首先,本节使用家乡菜肴的辛辣程度作为签字审计师嗜辣的代理变量,研究签字审计师嗜辣指数和财务报告质量之间的关系。这个度量是创造性的,并且是审计师准个人层面的度量,但是它并不完全等同于签字审计师真实的嗜辣偏好,审计师真实的嗜辣偏好只能通过问卷调查获得。未来的研究可以进一步使用问卷调查的数据为本节的研究提供支持性或补充性的证据。其次,参考已有文献(Myers et al.,2003;Nagy,2005),本节使用可操纵性应计作为财务报告质量的反向代理变量。未来的研究可以进一步研究签字审计师嗜辣指数是否影响以及如何影响财务报告质量和审计质量的其他代理变量。最后,本节的研究是在中国背景下进行的,因此将这个发现推广到其他经济体中应用时需要谨慎。也许未来基于国际背景的研究可以提供一个关于"审计师是否人如其食"的结论性框架。如同Fajardo(2014)指出的,大约75%的美国人对辛辣食物感兴趣,并且愿意在餐馆品尝胡椒、辣椒和香料,这为研究人员进行基于签字审计师嗜辣指数的国际比较研究提供了可能性。

参考文献

《中国菜谱》编写组,1982. 中国菜谱:卷 1-12[M]. 北京:中国财经出版社.

ANTLE R, 1984. Auditor independence[J]. Journal of accounting research, 22(1): 1-20.

ANTLE R，GORDON E，NARAYANAMOORTHY G，et al.，2006. The joint determination of audit fees，non-audit fees，and abnormal accruals［J］. Review of quantitative finance and accounting，27（3）：235-266.

BALL R，SHIVAKUMAR L，2006. The role of accruals in asymmetrically timely gain and loss recognition［J］. Journal of accounting research，44（2）：207-242.

BASMANN R L，1960. On finite sample distributions of generalized classical linear identifiability test statistics［J］. Journal of the American statistical association，55：650-659.

BATRAR K，GHOSHAL T，RAGHUNATHAN R，2017. You are what you eat：an empirical investigation of the relationship between spicy food and aggressive cognition［J］. Journal of experimental social psychology，71：42-48.

BERNILE G，BHAGWAT V，RAU P R，2017. What doesn't kill you will only make you more risk-loving：early-life disasters and CEO behavior［J］. The journal of finance，72（1）：167-206.

BILLING J，SHERMAN P W，1998. Antimicrobial functions of spices：why some like it hot［J］. The quarterly review of biology，73（1）：3-49.

BOONE J P，KHURANA I K，RAMAN K K，2010. Do the Big 4 and the second-tier firms provide audits of similar quality？［J］. Journal of accounting and public policy，29（4）：330-352.

BOWEN R M，RAJGOPAL S，VENKATACHALAM M，2008. Accounting discretion，corporate governance，and firm performance［J］. Contemporary accounting research，25（2）：351-405.

BYRNES N K，2014. The influence of personality and experience on the perception liking，and intake of spicy foods［D］. Pennsylvania：The Pennsylvania State University.

BYRNES N K，HAYES J E，2013. Personality factors predict spicy food liking and intake［J］. Food quality and preference，28（1）：213-221.

CAI F，YANG Z，WYER R S，2017. The interactive effects of bitter flavor and mood on the decision to spend or save money［J］. Journal of experimental social psychology，70：48-58.

CHAN K H，LIN K Z，MO P L，2006. A political-economic analysis of auditor reporting and auditor switches［J］. Review of accounting studies，11（1）：21-48.

CHEN C Y，LIN C J，LIN Y C，2008. Audit partner tenure，audit firm tenure，and discretionary accruals：does long auditor tenure impair earnings quality？［J］. Contemporary accounting research，25（2）：415-445.

CHEN F，PENG S，XUE S，et al.，2016. Do audit clients successfully engage in opinion shopping？ Partner-level evidence［J］. Journal of accounting research，54（1）：79-112.

CHEN K C，YUAN H，2004. Earnings management and capital resource allocation：

evidence from China's accounting-based regulation of rights issues[J]. The accounting review，79(3)：645-665.

CHOI J H，WONG T J，2007. Auditors' governance functions and legal environments：an international investigation[J]. Contemporary accounting research，24 (1)：13-46.

CHUNG H，EUM Y H，KIM J Y，2008. A study on the children's eating habits and food preference according to their parents' economic status(I)：Seoul Gyeonggi(Incheon) area[J]. Korean journal of nutrition，41(1)：77-88.

CRASWELL A，STOKES D J，LAUGHTON J，2002. Auditor independence and fee dependence[J]. Journal of accounting and economics，33(2)：253-275.

DEANGELO L E，1981. Auditor independence，low-balling and disclosure regulation [J]. Journal of accounting and economics，3(1)：113-127.

DECHOW P M，SLOAN R G，SWEENEY A P，1995. Detecting earnings management[J]. The accounting review，70(2)：193-225.

DEFOND M L，RAGHUNANDAN K，SUBRAMANYAM K R，2002. Do non-audit service fees impair auditor independence? Evidence from going concern audit opinions[J]. Journal of accounting research，40(4)：1247-1274.

DU X，2019. Does CEO-auditor dialect sharing impair pre-IPO audit quality? Evidence from China[J]. Journal of business ethics，156(3)：699-735.

DU X，JIAN W，LAI S，et al.，2015. Does religion mitigate earnings management? Evidence from China[J]. Journal of business ethics，131(3)：699-749.

DU X，JIAN W，LAI S，2017. Do foreign directors mitigate earnings management? Evidence from China[J]. The international journal of accounting，52(2)：142-177.

DUFFY V B，BARTOSHUK L M，2000. Food acceptance and genetic variation in taste[J]. Journal of the american dietetic association，100(6)：647-655.

ETTREDGE M，FUERHERM E E，LI C，2013. Fee pressure and audit quality[J]. Accounting，organizations and society，39(4)：247-263.

FAFCHAMPS M，1992. Cash crop production，food price volatility，and rural market integration in the third world[J]. American journal of agricultural economics，74 (1)：90-99.

FAJARDO K，(2014)[2021-11-18]. Innovation on the Menu：flavor trends[EB/OL]. https：//reports.mintel.com/search/? q＝Innovation＋on＋the＋Menu％3A＋Flavor＋Trends&go＝.

FRANKEL R M，JOHNSON M F，NELSON K K，2002. The relation between auditors' fees for non-audit services and earnings management[J]. The accounting review，77 (1)：71-105.

GHOSH A，KALLAPUR S，MOON D，2009. Audit and non-audit fees and capital market perception of auditor independence[J]. Journal of accounting and public policy，28 (5)：369-385.

GUAN Y，SU L N，WU D，2016. Do school ties between auditors and client executives influence audit outcomes? [J]. Journal of accounting and economics，61（2-3）：506-525.

GUJARATI D N，2004. Basic econometrics[M]. 4th ed. New York：The McGraw-Hill Education.

GUL F A，WU D，YANG Z，2013. Do individual auditors affect audit quality? Evidence from archival data[J]. Accounting review，88(6)：1993-2023.

HUANG H，2011. The regulation of securities offerings in China：reconsidering the merit review element in light of the global financial crisis[J]. Hong Kong law journal，41：261-284.

JETER D C，SHIVAKUMAR L，1999. Cross-sectional estimation of abnormal accruals using quarterly and annual data：effectiveness[J]. Accounting and business research，29(4)：299-319.

JI T T，DING Y，DENG H，2013. Does "spicy girl" have a peppery temper? The metaphorical link between spicy tastes and anger[J]. Social behavior and personality，41 (8)：1379-1386.

KIM J B，CHUNG R，FIRTH M，2003. Auditor conservatism，asymmetric monitoring，and earnings management[J]. Contemporary accounting research，20(2)：323-359.

LAW K K，MILLS L F，2017. Military experience and corporate tax avoidance[J]. Review of accounting studies，22(1)：141-184.

LEE C W J，2001. Financial restructuring of state owned enterprises in China：the case of shanghai sunve pharmaceutical corporation[J]. Accounting，organization and society，26(7-8)：673-689.

LEUZ C，NANDA D，WYSOCKI P D，2003. Earnings management and investor protection：an international comparison [J]. Journal of financial economics，69（3）：505-527.

LUDY M J，MATTES R D，2012. Comparison of sensory，physiological，personality，and cultural attributes in regular spicy food users and non-users[J]. Appetite，58(1)：19-27.

MANGAN J A，WALVIN J，1991. Manliness and morality：middle-class masculinity in Britain and America，1800-1940[M]. Manchester，UK：Manchester University Press.

MANSFIELD H C，2006. Manliness[M]. New Haven，CT：Yale University Press.

MYERS J N，MYERS L A，OMER T C，2003. Exploring the term of the auditor-client relationship and the quality of earnings: a case for mandatory auditor rotation? [J]. The accounting review, 78(3): 779-799.

NAGY A L, 2005. Mandatory audit firm turnover, financial reporting quality, and client bargaining power: the case of Arthur Andersen[J]. Accounting Horizons, 19(2): 51-68.

PETERSEN M A, 2009. Estimating standard errors in finance panel data sets: comparing approaches[J]. The review of financial studies, 22(1): 435-480.

ROZIN P, 1990. Getting to like the burn of chili pepper: biological, psychological and cultural perspectives[A]// Green B G, Mason J R, Kare M R. Chemical senses[C]. Volume 2: Irritation. New York: Marcel Dekker, Inc. 231-269.

ROZIN P, SCHILLER D, 1980. The nature and acquisition of a preference for chili pepper by humans[J]. Motivation and emotion, 4(1): 77-101.

SALIBA A J, WRAGG K, RICHARDSON P, 2009. Sweet taste preference and personality traits using a white wine[J]. Food quality and preference, 20(8): 572-575.

SARGAN J D, 1958. The estimation of economic relationships using instrumental variables[J]. Econometrica, 26(3): 393-415.

SHLEIFER A, 2004. Does competition destroy ethical behavior? [J]. American economic review papers and proceedings, 94(2): 414-418.

SIMOONS F J, 1990. Food in China: a cultural and historical inquiry[M]. 1st ed. Florida: CRC Press.

SOLOMON R L. An opponent-process theory of motivation: IV. The affective dynamics of drug addiction[C]//MASER J, SELIGMAN M E P,1977. Psychopathology: experimental models. San Francisco: W. H. Freeman: 66-103.

STEVENS D A, 1990. Personality variables in the perception of oral irritation and flavor[J]. Chemical senses, 2: 217-228.

WANG Q, WONG T J, XIA L, 2008. State ownership, the institutional environment, and auditor choice: evidence from China[J]. Journal of accounting and economics, 46(1): 112-134.

WANG Y, YU L, ZHAO Y, 2014. The association between audit-partner quality and engagement quality: evidence from financial report misstatements[J]. Auditing: a journal of practice theory, 34(3): 81-111.

WANG L, YUNG K, 2011. Do state enterprises manage earnings more than privately owned firms? The case of China[J]. Journal of business finance accounting, 38(7-8): 794-812.

WALLMAN S M, 1996. The future of accounting(Part III): reliability and auditor independence[J]. Accounting horizons, 10(4): 76-97.

WARFIELD T D，WILD J J，WILD K L，1995. Managerial ownership, accounting choices, and informativeness of earnings[J]. Journal of accounting and economics，20(1)：61-91.

WOOLDRIDGE J M. Score diagnostics for linear models estimated by two stage least squares. [C]// MADDALA G S，PHILLIPS P C B，SRINIVASAN T N，1995. Advances in econometrics and quantitative economics：essays in honor of professor Rao C. R. Oxford：Blackwell：66-87.

XIE B，DAVIDSON W N，DADALT P J，2003. Earnings management and corporate governance：the role of the board and the audit committee[J]. Journal of corporate finance，9(3)：295-316.

第三节　水稻种植与审计质量：一方水土养一方人？

摘要：本节以签字审计师个体特征为切入点，使用 2004—2015 年中国资本市场 A 股上市公司作为分析样本，考察来自水稻种植区的签字审计师对审计质量的作用机理。研究发现，水稻种植区的签字审计师与财务重述显著正相关，即水稻种植区的签字审计师降低了审计质量。进一步研究发现，会计师事务所的规模、会计师事务所行业专长调节了水稻种植区的签字审计师与财务重述之间的正相关关系，即与十大会计师事务所、行业专长会计师事务所相比，水稻种植区的签字审计师与财务重述之间的负相关关系在非十大会计师事务所、非行业专长会计师事务所中表现得更强。而且，在进行了一系列的稳健性测试后，本节的结论依然成立。本节丰富并拓展了有关签字审计师个体特征的研究，为确定审计质量的影响因素提供了进一步的经验证据。

一、引言

审计作为重要的治理机制，在保证资本市场有效运行方面发挥着关键作用。随着研究的逐步深入，学者们开始关注到签字审计师行为特征对审计质量的影响。签字审计师作为审计工作的直接执行人和负责人，其个体特征差异势必会影响审计工作的结果（DeFond，Francis，2005；Church et al.，2008；Gul et al.，2013），因此，在研究审计质量时，签字审计师的行为特征是不可忽视的重要因素。

个体的认知和行为偏好在一定程度上是由个体的成长环境和经历所决定的（Becker，1992），所谓"一方水土养一方人""一方文化塑一方魂"。前期大量文献表明不同的地理环境特征塑造着个体的不同行为（Georgas et al.，2004；van de Vliert，2008；Kööts et al.，2011；van de Vliert，Postmes，2012；苏红，任孝鹏，2014）。中国从北至南跨越了北温带到热带的诸多温度带,而这些温度带上的地理生态、生活方式都有着鲜明的区别,所谓"橘生淮南则为橘,生于淮北则为枳"。因此,中国的自然环境特征为本节研究环境对个体的影响提供了有效的自然实验背景(Talhelm et al.,2014)。自古以来,中国长江以南地区种植水稻,长江以北地区种植小麦。Talhelm 等(2014)提出了著名的水稻理论,即水稻种植区的个体通常更偏好集体思维,人情观念更重;而小麦种植区的个体则偏好独立思维。那么,对于审计质量而言,来自水稻种植区和小麦种植区的签字审计师是否会对审计质量产生不同影响?目前尚未有针对这一问题的研究。中国上市公司审计报告提供签字审计师个人姓名,中国注册会计师协会网站(http://www.cicpa.org.cn/)提供有关签字审计师个人特征的查询(Gul et al.,2013),这为研究签字审计师个体特征提供了数据支持。基于此,本节以 2004—2015 年 A 股资本市场上市公司为研究样本,根据签字审计师的家乡所在地,区分水稻种植区和小麦种植区,以此研究其对审计质量的影响以及作用机理。实证结果表明,来自水稻种植区的签字审计师的审计质量更低。进一步的,考虑到会计师事务所规模、会计师事务所行业专长对审计质量的影响,本节考察了会计师事务所规模与会计师事务所行业专长对二者关系的调节作用,研究发现来自水稻种植区的签字审计师与审计质量的负相关关系在非十大会计师事务所中、非行业专长的会计师事务所中表现得更强,说明会计师事务所规模、行业专长调节了来自水稻种植区的审计师与审计质量之间的关系。

本节研究可能的贡献为:首先,本节是首次根据签字审计师的家乡所在地,探讨签字审计师的家乡所在地是否是水稻种植区对审计质量的影响,从而拓展了签字审计师个体层面的研究维度,回应了审计的研究应该拓展到签字审计师个体层面的呼吁(DeFond,Francis,2005;Church et al.,2008;Gul et al.,2013),为有关签字审计师个体特征影响审计质量的研究提供了新的证据,进一步丰富并拓展了有关签字审计师个体特征的研究。其次,地理环境对个体行为有着重要的影响,以往的文献主要关注社会学和心理学层面,而本节将其拓展到审计领域,考察来自水稻种植区的审计师对审计质量的影响,拓展并丰富了相关研究文献。最后,前期文献表明会计师事务所特征(规模、行业专长)是影响审计质量的重要因素(Lennox,Pittman,2010;Krishnan,2003)。本节的实证结果表明,会计师事务所的规模、行业专长调节了水稻种植区审计师与审计质量的相关关系,为前期研究提供了进一步的支持。

本节剩余部分的内容安排如下:第二部分是文献综述、理论基础与假设发展,第三部分是样本选择与研究设计,第四部分是实证结果分析,第五部分是研究结论与启示。

二、文献综述、理论基础与假设发展

(一)文献综述

1.地理环境对个体行为的影响

地理环境和地理条件影响着人们的生产、生活方式、文化观念等,从而对人们的行为产生影响(Georgas et al.,2004;van de Vliert,2008;Kööts et al.,2011;van de Vliert,

Postmes,2012；苏红，任孝鹏，2014）。例如，平原地区的农业文化塑造了个体勤俭节约、保守务实的品格，这与稳定的农耕生活相关；游牧文化塑造了个体粗犷彪悍的个性，这与草原恶劣的气候条件和游牧生活方式紧密相连；而海洋商业文明中的开拓进取精神，则与海洋为人们提供的生产生活方式相关（王保国，2006）。可见，环境会在人们身上打上烙印，会影响个体的价值观念、行为模式等（李慕寒，沈守兵，1996；刘益，1997）。

现有文献就自然环境特征对个体的影响展开了探讨，研究了气候、天气、地域饮食习惯等对个体价值观念、行为模式等的影响。Varnum和Kitayama（2011）研究了美国50个州个体的独立性差异，采用常见名字百分比作为衡量指标，结果发现，相比于东部新英格兰地区，迁移到西部边疆各州的父母给孩子起名字时使用常见名字的百分比较低，表明西部比东部人们的独立性更强。van de Vliert和Postmes（2012）检验了气候条件对个体的集体主义观的影响，以来自中国15个省份的1 662个参与者为研究样本，发现在气候环境恶劣且收入少的省份（如黑龙江）集体主义表现最强，而在气候环境恶劣且收入较多的省份（如河南），集体主义表现较强，在气候宜人的省份（如广东）集体主义最弱。李杨和黎赔肆（2011）分析了地域特征对企业家精神和创业的影响，通过对比湖南和河南两省，发现湖南省的创业状况和企业家精神培育在一定程度上优于河南省。Persinger（1975）发现个体的心情与晴天的时间长短显著负相关。Saunders（1993）研究了天气与股票价格的影响，发现纽约的天气通过影响投资者的情绪进而显著影响着股价。Denissen等（2008）探讨了天气（气温、风力、阳光）对个体心情的影响，发现恶劣的天气状态对个体心情有负面的影响。Dehaan等（2017）考察了天气因素对分析师工作效率和决策的影响，以1997—2004年的美国上市公司为研究样本，研究分析师所在地的天气情况与分析师对公司盈余公告反应的关系，结果发现，相比于经历宜人天气的分析师，经历不愉快天气的分析师对同一公司盈余公告反应较慢。朱小能和刘鹏林（2018）发现空气质量改善地区的分析师对公司盈余和投资评级的预测更为乐观。Smith和Jehlička（2007）通过研究波兰和捷克共和国的饮食传记后发现，该地居民的饮食习惯与他们对政治观，即对自治权的看法息息相关。Byrnes和Hayes（2013）发现，嗜辣的人在有关追求感官刺激的人格测试中得分较高，说明嗜辣的人更喜欢冒险和挑战。Batra等（2017）通过研究发现，感官体验会影响认知过程，攻击性强的人具备的某些特征与其对麻辣食物的偏好有关，而麻辣食物中的辣椒素已被揭示会导致不适、烦躁，甚至痛苦，这种不适或者痛苦能够引发人的攻击性。

2.签字审计师的特质

审计在很大程度上是一种专业判断，在审计过程中，签字审计师负责评估客户公司的风险水平、制订审计计划、执行审计程序、出具审计意见，并对最终结果负责。Nelson和Tan（2005）指出个体审计师在能力、独立性、认知、道德标准等方面存在着差异，而这些差异影响着审计工作的进行，从而带来不同的审计结果。从理论上来看，签字审计师作为审计工作的直接执行人，其个体特征会影响审计结果的呈现及质量。因此，不少学者建议应该将研究拓展至个体审计师层面（DeFond，Francis，2005；Church et al.，2008）。近年来，为回应这一呼吁，越来越多的研究在可获得数据的基础上实证检验了签字审计师个体特征（性别、年龄、教育水平、任期、行业专长、客户数量等)对审计质量的重要影响。例如,Gul 等(2013)以中国上市公司为样本,实证验证了个体审计师特质对审计质量的影响,进一步地,该研究检验了签字审计师的性别、年龄、教育水平、工作经验、政治联系对审计质量的影响。Ittonen 等(2013)、Hardies 等(2016)的研究表明女性审计师的审计质量更高,表现为更低的盈余管理水平和出具的持续经营审计意见更多。Chen 等(2008)发现签字审计师的任期与盈余管理显著正相关,这表明任期越长,审计师的独立性越差。Chin 和 Chi(2009)以中国台湾地区上市公司为研究样本,发现签字审计师行业专长能有效减少财务重述发生的概率。Chen 等(2010)发现相比于分所层面的客户重要性,签字审计师层面的客户重要性对独立性的影响起着主要作用。Ittonen 等(2015)发现签字审计师审计的客户公司越多,审计质量越高。Guan 等(2016)发现签字审计师与公司高管之间的校友关系降低了审计师的独立性,导致审计质量更低。Du(2019)发现当签字审计师与公司 CEO 属于同一方言区时,IPO 前的审计质量更差。因此,关注签字审计师个体层面更有助于理解审计作用的发挥。

(二)理论基础与假设发展

Talhelm 等(2014)指出务农活动的遗产仍在影响着现代世界中的人们。自古以来,中国长江以南地区种植水稻,长江以北地区种植小麦,在这样的生产方式造就了成长在其中的个体的不同行为偏好(朱滢,2015)。水稻种植需要极多的劳动力,且必须人与人合作才能完成,从而形成了相互依赖、集体主义观念更强的文化特征。例如,灌溉系统是种植水稻必不可少的,不仅在灌溉时与邻居协调用水量、用水时间等,而且修建、维护灌溉系统也需要同邻居合作。与之相比,长江以北地区种植小麦的历史造就了一种独立性的文化,因为种植小麦需要的劳动量小,不需与人合作也可独立完成。在这样的影响下,水稻种植区的个体更加偏重整体性思维,相互依赖,裙带观念更重,更加偏爱"自己人",而小麦稻种植区的个体则更加独立(Talhelm et al.,2014;朱滢,2014)。Talhelm 等(2014)提出的水稻理论探讨的是长期以来人们种植水稻或小麦所形成与传递的文化,这种文化即使在大多数人不再耕种水稻或小麦以后,也依然会对个体产生影响。

审计师的独立性是审计的灵魂所在,是保证审计质量的关键(DeAngelo,1981)。已有文献指出影响独立性的因素有很多,如审计师的声誉(Becker et al.,1998)、客户重要性(Chen et al.,2010)、客户数量(Ittonen et al.,2015)等。中国是一个关系型社会,人情关系是维系经济活动和社会生活的基本纽带,在商业环境和其他领域人际交往中普遍存在且至关重要(Xin,Pearce,1996)。陆瑶和胡江燕(2016)发现 CEO 与董事之间的老乡关系加大了公司发生违规的概率。戴亦一等(2016)从方言文化这一视角衡量人情关系,发现董事长和总经理的方言一致性显著降低了代理成本。Du 等(2017)的研究指出外籍董事较少地受人情关系的束缚,坚持按规则办事,因此可以更好地发挥监督作用。同样地,人情关系也作用于审计领域中,影响着审计师的独立性。Guan 等(2016)发现签字审计师与高管的校友关系使得审计师的独立性下降。Du(2019)发现签字审计师与高管公司之间的方言一致性损害了审计师的独立性,使得审计质量降低。

　　基于以上的分析，本节认为来自水稻种植区的签字审计师因为更加注重人情往来，所以看重裙带关系，这种关系文化导致签字审计师更可能会被管理层所俘获，从而牺牲独立性。如果签字审计师缺乏独立性，那么在审计过程中就不能保持应有的职业怀疑精神与谨慎态度，就不能有效地报告客户公司财务报告中的重大错报或漏报，无法客观公正地对公司财务报告发表审计意见，从而使得审计质量降低。相比之下，来自小麦种植区的签字审计师则往往会更加独立，更少受到人情关系的束缚，在执业时更能保持独立与谨慎，由此提高审计质量。因此，本节预测，来自水稻种植区的签字审计师审计质量更差。

　　根据以上分析，本节提出第一个假设：

　　假设 9.3.1：限定其他条件，来自水稻种植区的审计师的审计质量更低。

　　已有文献表明会计师事务所的规模是影响审计质量的重要因素（DeAngelo，1981）。Becker 等（1998）发现相比于国际四大会计师事务所，非国际四大会计师事务所对客户公司的盈余管理的容忍度更高。Lennox（1999）的研究发现大规模会计师事务所为维护声誉、避免高额的诉讼损失，更倾向于提供高质量的审计服务。漆江娜等（2004）发现经国际四大会计师事务所审计的公司的盈余管理程度显著低于经非国际四大会计师事务所审计的公司，这表明大规模会计师事务所提供的审计质量较高。

　　根据前期文献，本节认为相比于小规模会计师事务所，大规模会计师事务所拥有的客户数量较多，对单个客户公司的依赖性较低，因此，其保持独立性的动机更高，进行机会主义行为的动机更小（DeAngelo，1981）。而且，大规模的会计师事务所具有更强的声誉维护动机，为维护其声誉，在执业时更能保持独立性，提供更高质量的审计服务（Becker et al.，1998）。此外，根据"深口袋"理论，规模越大的会计师事务所的财富越多，赔偿能力越大，被起诉的可能性也随之加大。为降低起诉风险，大规模会计师事务所更倾向于提供高质量的审计（Palmrose，1988）。基于以上分析，大规模会计师事务所具有更强的声誉保护动机，更倾向于保持独立性，这些优势可以有效降低来自水稻种植区的审计师带来的不利影响。综合以上分析，本节认为来自水稻种植区的审计师在独立性方面的劣势在十大会计师事务所中被弱化，基于此，本节提出第二个假设：

　　假设 9.3.2：限定其他条件，相比于十大会计师事务所，来自水稻种植区的审计师与审计质量之间的负向关系在非十大会计师事务所中表现得更强。

　　会计师事务所行业专长是指会计师事务所具有某一行业的专有知识和专业技能（夏立军，2004）。前期文献表明会计师事务所行业专长是影响审计质量的重要因素。Krishnan（2003）探讨了审计师行业专长与盈余管理的关系，发现选择不具有行业专长审计师的公司盈余管理程度比选择具有行业专长审计师公司平均高出 1.2%，表明审计师行业专长能够有效约束客户公司的盈余操纵行为。Balsam 等（2003）研究发现，具有行业专长的会计师事务所的客户公司比不具有行业专长会计师事务所的客户公司有更低的可操纵性应计和更高的盈余反应系数。Reichelt 和 Wang（2010）发现审计师行业专长与盈余管理显著负相关，与达到或超过分析师盈利预测的可能性负相关，与持续经营审计意见正相关，这说明审计师行业专长有利于审计质量的提高。因此，本节进一步探讨会计师事务所行业专长对来自水稻种植区的审计师与审计质量之间关系的调节作用。

　　具有行业专长的审计师拥有特定的专有知识和专业技能,因此,能够更好地评估客户公司的审计风险,在制订审计计划时能较好地识别应该关注的事项,能作出更准确的审计判断,更有效地揭示财务报告舞弊(Krishnan,2003;夏立军,2004)。而且,行业专长可以被看成是审计师专业素养和审计服务质量的一种信号,某一领域的行业专长带来更高的市场份额和利润(韩洪灵,陈汉文,2008)。具有行业专长的审计师为了更好地发挥信号作用,更有动机保持独立性以维护自身的声誉(Chin,Chi,2009;Reichelt,Wang,2010)。因此,具有行业专长的审计师具有比较高的专业胜任能力,且有较高的动机保持独立性,由此带来较高的审计质量。在这样的影响下,会计师事务所行业专长可以有效弥补水稻种植区的审计师的劣势,弱化来自水稻种植区的审计师对审计质量带来的消极影响。基于此,本节提出第三个假设:

　　假设9.3.3:限定其他条件,相比于具有行业专长的会计师事务所,来自水稻种植区的审计师与审计质量之间的负向关系在不具有行业专长的会计师事务所中表现得更强。

三、研究设计

(一)数据来源与样本选择

　　为研究来自水稻种植区的审计师对审计质量的影响,本节选取2004—2015年沪深A股上市公司作为初始样本,通过查找上市公司公开披露的IPO申报审计报告、半年度审计报告、年度审计报告、内部控制审计报告、并购审计报告、专项审计报告等,手工收集了审计师的身份证信息,根据签字审计师的姓名、所在的会计师事务所、注册会计师证书编号等与上市公司审计报告所披露的签字审计师进行匹配,最终得到公司样本15 065个。中国的身份证前六位指代了身份证持有者的家乡所在地,本节根据中华人民共和国国家统计局公布的行政区域信息,逐个与身份证前六位进行匹配,从而得到审计师的家乡所在地。本节对所得的样本进行如下筛选:(1)剔除金融保险行业的公司样本数据;(2)剔除ST、ST * 、PT的公司样本数据;(3)剔除签字审计师的家乡所在地为新疆、内蒙古、西藏的样本数据;(4)剔除控制变量缺失的公司样本数据,最终得到12 099个样本值。签字审计师的个体特征、十大会计师事务所数据系笔者从中国注册会计师协会网站手工收集而得,其他数据来自CSMAR数据库。为了避免极端值对本节的影响,本节对所有连续变量进行了上下1%缩尾处理。

(二)模型构建与变量定义

1.模型构建

　　为了检验本节提出的假设9.3.1,本节构建了如下的回归模型进行检验:

$$MIS\_DUM = \alpha_0 + \alpha_1 AR\_RICE + \alpha_2 EDU\_AUD + \alpha_3 AGE\_AUD + \alpha_4 MAJOR\_AUD + \alpha_5 CI\_AUD + $$
$$\alpha_6 CI\_FIRM + \alpha_7 BIG10 + \alpha_8 IND\_SPEC + \alpha_9 ANALYST + \alpha_{10} SIZE + \alpha_{11} ROA + $$
$$\alpha_{12} LEV + \alpha_{13} LNBGS + \alpha_{14} BTM + \alpha_{15} OCF + \alpha_{16} STATE + Industry\ Dummies + $$
$$Year\ Dummies + Audit\ Firm\ Dummies + \varepsilon \tag{9.3.1}$$

式中，α_0 为截距项，α_1 至 α_{16} 为各变量的回归系数，ε 为随机误差项。Year Dummies 代表年度固定效应，Industry Dummies 表示行业固定效应，Audit Firm Dummies 代表会计师事务所固定效应。若 AR_RICE 的回归系数 α_1 显著为正，则假设 9.3.1 被支持，即来自水稻种植区的签字审计师降低了审计质量。为了检验假设 9.3.2、9.3.3，本节按照会计师事务所规模和会计师事务所行业专长进行分组，将样本分为十大会计师事务所（BIG10＝1）子样本和非十大会计师事务所（BIG10＝0）子样本、有行业专长的会计师事务所（IND_SPEC＝1）子样本和无行业专长的会计师事务所（IND_SPEC＝0）子样本，若来自水稻种植区的签字审计师与审计质量的相关关系在非十大会计师事务所子样本和无行业专长的会计师事务所中表现得更强，则假设 9.3.2 和 9.3.3 得到了支持。

2.变量定义

(1)因变量

借鉴前期文献（Gul et al.，2013；Guan et al.，2016），本节使用财务重述来衡量审计质量。具体地，本节使用发生财务重述的概率（MIS_DUM）来定义财务重述。财务重述发生的概率（MIS_DUM）是指当公司财务报表在以后年份重述（损益相关事项）时赋值为 1，否则赋值为 0。参考 Gul 等（2013）、Guan 等（2016）的研究，本节通过逐一整理财务报表中的"重大会计差错的成因及影响"部分，统计了公司发生财务报告重述的概率和金额，特别地，剔除了因会计准则、政府税收规则变更而导致的财务重述以及其他与会计违规行为无关的变更项。

(2)自变量

本节的自变量为水稻种植区审计师（AR_RICE）。本节通过手工收集审计师的身份证数据来判断审计师的家乡所在地。根据 Talhelm 等（2014）的研究，本节通过审计师家乡所在地的水稻、小麦种植面积来判断审计师是属于水稻种植区还是小麦种植区。Talhelm 等（2014）指出由于新疆、内蒙古、西藏都是畜牧业比较发达且少数民族较多的地区，因此需要将这几个地区剔除。参考 Talhelm 等（2014）的划分，若审计师的家乡所在地为重庆、湖北、四川、江苏、云南、贵州、湖南、江西、福建、浙江、广西、广东、海南、上海则赋值为 1，否则赋值为 0。

(3)控制变量

根据已有研究（Gul et al.，2013；Guan et al.，2016），本节还控制了签字审计师的个体特征：签字审计师的教育程度虚拟变量（EDU_AUD）、签字审计师的平均年龄（AGE_AUD）、签字审计师的专业背景虚拟变量（MAJOR_AUD）、签字审计师层面的客户重要性（CI_AUD）；控制了会计师事务所特征：会计师事务所层面的客户重要性（CI_FIRM）、十大会计师事务所的虚拟变量（BIG10）、会计师事务所行业专长（IND_SPEC）；控制了外部监督机制：分析师关注（ANALYST）；控制了公司特征：公司规模（SIZE）、总资产收益率（ROA）、财务杠杆（LEV）、公司业务复杂性（LNBGS）、账面市值比（BTM）、经营活动现金流（OCF）、最终控制人性质（STATE）。此外，为了控制行业、年度以及会计师事务所固定效应的影响，本研究在回归模型中加入了行业、年度以及会计师事务所虚拟变量。具体的变量定义见表9.3.1。

表 9.3.1　主要变量说明

变量名称	变量符号	变量定义
财务重述	MIS_DUM	财务重述虚拟变量，当公司财务报表在以后年份重述（损益相关事项）时赋值为1，否则赋值为0
水稻种植区审计师	AR_RICE	当审计师的家乡所在地为水稻种植区时则赋值为1，否则取值为0；取组合的最大值
签字审计师的教育程度虚拟变量	EDU_AUD	签字审计师教育水平的虚拟变量，若有一个或多个签字会计师获得硕士及以上学历则赋值为1，否则为0
签字审计师的平均年龄	AGE_AUD	审计师的年龄；取组合的最大值
签字审计师的专业背景虚拟变量	MAJOR_AUD	若审计师的专业为会计、财务、审计则赋值为1，否则赋值为0；取组合的最大值
审计师层面的客户重要性	CI_AUD	审计师层面的客户重要性，等于被审计单位总资产的自然对数除以审计师当年审计的所有公司总资产的自然对数
会计师事务所层面的客户重要性	CI_FIRM	会计师事务所层面的客户重要性，等于被审计单位总资产的自然对数除以事务所当年审计的所有公司总资产的自然对数
十大会计师事务所的虚拟变量	BIG10	会计师事务所虚拟变量，当公司聘请前十大会计师事务所（根据中国注册会计师协会年度排名的相关信息可得）审计师时赋值为1，否则赋值为0
会计师事务所行业专长	IND_SPEC	会计师事务所行业专长的虚拟变量，若事务所在某一行业中审计的客户总资产加总排名第一或市场份额超过10%则赋值为1，否则为0
分析师关注	ANALYST	分析师关注，等于跟踪公司的分析师数量加1后，取自然对数
公司规模	SIZE	公司规模，等于公司总资产的自然对数
总资产收益率	ROA	总资产收益率，等于净利润与总资产的比值
财务杠杆	LEV	财务杠杆，等于公司总负债与总资产的比值
公司业务复杂性	LNBGS	公司业务复杂性，等于 ln(公司的部门数＋公司业务涉及的地区数－1)
账面市值比	BTM	账面市值比，等于账面价值与市场价值之比
经营活动现金流	OCF	经营活动现金流，等于经营活动现金流量净额与滞后的总资产的比值
最终控制人性质	STATE	最终控制人性质，若公司的最终控制人是中央或地方政府、政府控股公司则赋值为1，否则赋值为0

四、实证结果分析

（一）主要变量描述性统计

本节的描述性统计结果见表 9.3.2。由表 9.3.2 可知,财务重述发生的概率(MIS_DUM)的均值为 0.050,标准差为 0.217,最大值为 1.000,说明约有 5% 的公司发生财务重述。水稻种植区的审计师(AR_RICE)的均值为 0.616,中位数为 1.000,最大值为 1.000,说明超过一半的审计师的家乡所在地为水稻种植区。签字审计师的教育程度虚拟变量(EDU_AUD)的均值为 0.189,说明审计师的学历为硕士及其以上的依然占少数。签字审计师的平均年龄(AGE_AUD)均值为 43.062,最大值为 62.000。签字审计师的专业背景虚拟变量(MAJOR_AUD)的均值为 0.622,说明超过一半的审计师的专业为会计、审计、财务。签字审计师层面的客户重要性(CI_AUD)的均值为 0.290,中位数为 0.216。会计师事务所层面的客户重要性(CI_FIRM)的均值为 0.025,表明公司对会计师事务所的重要程度平均为 2.5%。十大会计师事务所的虚拟变量(BIG10)的均值为 0.416,说明约有 41.6% 的上市公司选择十大会计师事务所进行审计。会计师事务所行业专长(IND_SPEC)的均值为 0.158,说明具有行业专长的会计师事务所平均占 15.8%。分析师关注(ANALYST)的均值为 1.384,说明上市公司的分析师数量平均为 3 人。公司规模(SIZE)的均值为 21.767,中位数为 21.640。总资产收益率(ROA)的均值为 0.039。财务杠杆(LEV)的均值(中位数)为 0.459(0.468)。业务复杂程度(LNBGS)的均值(中位数)为 1.786(1.792)。账面市值比(BTM)的均值为 0.544。经营活动现金流(OCF)的均值为 0.052。最终控制人性质(STATE)的均值为 0.504,说明 50.4% 的上市公司为国有控股公司。

表 9.3.2　描述性统计结果

变量	样本量	均值	标准差	最小值	p25	中位数	p75	最大值
MIS_DUM	12 099	0.050	0.217	0.000	0.000	0.000	0.000	1.000
AR_RICE	12 099	0.616	0.486	0.000	0.000	1.000	1.000	1.000
EDU_AUD	12 099	0.189	0.392	0.000	0.000	0.000	0.000	1.000
AGE_AUD	12 099	43.062	6.212	30.000	39.000	43.000	47.000	62.000
MAJOR_AUD	12 099	0.622	0.485	0.000	0.000	1.000	1.000	1.000
CI_AUD	12 099	0.290	0.225	0.062	0.144	0.216	0.338	1.000
CI_FIRM	12 099	0.025	0.029	0.002	0.007	0.017	0.035	0.186
BIG10	12 099	0.416	0.493	0.000	0.000	0.000	1.000	1.000

续表

变量	样本量	均值	标准差	最小值	p25	中位数	p75	最大值
IND_SPEC	12 099	0.158	0.365	0.000	0.000	0.000	0.000	1.000
ANALYST	12 099	1.384	1.130	0.000	0.000	1.386	2.303	3.638
SIZE	12 099	21.767	1.140	19.475	20.939	21.640	22.427	25.181
ROA	12 099	0.039	0.057	−0.178	0.012	0.035	0.067	0.210
LEV	12 099	0.459	0.208	0.049	0.300	0.468	0.621	0.902
LNBGS	12 099	1.786	0.631	0.000	1.386	1.792	2.197	2.944
BTM	12 099	0.544	0.254	0.092	0.338	0.521	0.735	1.121
OCF	12 099	0.052	0.095	−0.256	0.003	0.049	0.101	0.366
STATE	12 099	0.504	0.500	0.000	0.000	1.000	1.000	1.000

(二)变量相关性分析

表9.3.3列示了变量间的相关性分析。从表9.3.3可以发现,水稻种植区审计师(AR_RICE)的系数为正,但不具有统计上的显著性,这表明本节的假设还需要进一步的实证检验。此外,签字审计师的平均年龄(AGE_AUD)与财务重述(MIS_DUM)在1%水平上显著负相关,会计师事务所层面的客户重要性(CI_FIRM)与财务重述(MIS_DUM)在1%水平上显著正相关,十大会计师事务所的虚拟变量(BIG10)、会计师事务所行业专长(IND_SPEC)与财务重述(MIS_DUM)在1%水平上显著负相关;分析师关注(ANALYST)、公司规模(SIZE)、总资产收益率(ROA)、公司业务复杂性(LNBGS)、经营活动现金流(OCF)与财务重述(MIS_DUM)在1%水平上显著负相关;财务杠杆(LEV)、账面市值比(BTM)、最终控制人性质(STATE)与财务重述(MIS_DUM)在1%水平上显著正相关。所有变量的相关系数均未超过0.500,故回归模型不存在严重的多重共线性问题。

表 9.3.3 Pearson 相关性分析结果

变量		(1)	(2)	(3)	(4)	(5)	(6)	(7)	(8)	(9)	(10)	(11)	(12)	(13)	(14)	(15)	(16)	(17)
MIS_DUM	(1)	1.000																
AR_RICE	(2)	0.002	1.000															
EDU_AUD	(3)	0.011	-0.007	1.000														
AGE_AUD	(4)	-0.043***	0.032***	0.099***	1.000													
MAJOR_AUD	(5)	-0.009	0.147***	-0.043***	0.109***	1.000												
CI_AUD	(6)	0.010	-0.115***	0.005	-0.035***	-0.070***	1.000											
CI_FIRM	(7)	0.075***	-0.072***	0.013	-0.043***	-0.003	0.182***	1.000										
BIG10	(8)	-0.068***	0.016*	-0.006	0.059***	0.001	-0.001	-0.470***	1.000									
IND_SPEC	(9)	-0.034***	0.033***	-0.001	0.050***	0.011	0.013	-0.237***	0.381***	1.000								
ANALYST	(10)	-0.086***	-0.004	0.003	0.070***	-0.004	0.036***	-0.121***	0.130***	0.052***	1.000							
SIZE	(11)	-0.027***	-0.046***	0.011	0.058***	-0.002	0.098***	-0.035***	0.135***	0.157***	0.386***	1.000						
ROA	(12)	-0.096***	0.033***	0.019***	0.002	0.016*	-0.015	-0.033***	0.039***	-0.001	0.455***	0.047***	1.000					
LEV	(13)	0.073***	-0.006	0.021**	-0.042***	-0.013	0.059***	0.119***	-0.037***	0.033***	-0.120***	0.432***	-0.386***	1.000				
LNBGS	(14)	-0.036***	0.035***	0.005	0.069***	0.013	0.029***	-0.045***	0.051***	0.048***	0.125***	0.119***	0.034***	-0.021**	1.000			
BTM	(15)	0.062***	-0.022***	0.023***	-0.095***	-0.006	0.016***	0.135***	-0.068***	0.010	-0.154***	0.459***	-0.291***	0.403***	-0.006	1.000		
OCF	(16)	-0.030***	0.026***	0.001	-0.036***	0.007	-0.011	0.025***	-0.008	-0.002	0.180***	0.027***	0.360***	-0.115***	-0.047***	-0.119***	1.000	
STATE	(17)	0.057***	-0.088***	0.054***	-0.099***	-0.014	0.064***	0.105***	-0.052***	-0.013	-0.081***	0.265***	-0.121***	0.272***	-0.087***	0.281***	0.041***	1.000

注：***、**、* 分别表示在 1%、5%、10% 的水平上显著。

(三)回归分析

1.水稻种植区审计师与审计质量

为检验假设 9.3.1,本节采纳模型(9.3.1)进行 Logit 回归,并控制了年度、行业及会计师事务所的固定效应。本节中报告的所有 t/z 值均经过 White 调整(White,1980)。

表 9.3.4 列示了假设 9.3.1 的回归结果。如表 9.3.4 所示,水稻种植区审计师(AR_RICE)与财务重述的发生概率(MIS_DUM)显著负相关(系数=0.283,z 值=2.70),这表明水稻种植区审计师增加了财务重述的发生概率,降低了审计质量。

签字审计师的平均年龄(AGE_AUD)与财务重述(MIS_DUM)在 10% 的水平上显著正相关。十大会计师事务所的虚拟变量(BIG10)与财务重述(MIS_DUM)呈负相关关系,显著性水平为 1%,表明规模越大的会计师事务所,其审计质量越高。总资产收益率(ROA)与财务重述(MIS_DUM)在 1% 水平上显著负相关。财务杠杆(LEV)与财务重述(MIS_DUM)在 10% 水平上显著正相关。经营活动现金流(OCF)与财务重述(MIS_DUM)在 5% 水平上显著负相关,说明经营活动现金流越好的公司的审计质量越高。

表 9.3.4　水稻种植区审计师与审计质量

变量	MIS_DUM (1)	
	系数	z 值
AR_RICE	0.283 ***	2.70
EDU_AUD	0.090	0.79
AGE_AUD	0.013 *	1.71
MAJOR_AUD	−0.000	−0.00
CI_AUD	0.096	0.49
CI_FIRM	0.924	0.42
BIG10	−0.412 ***	−3.09
IND_SPEC	−0.228	−1.44
ANALYST	−0.096	−1.59
SIZE	0.114	1.51
ROA	−4.482 ***	−4.95
LEV	0.517 *	1.79
LNBGS	−0.113	−1.64
BTM	0.067	0.24
OCF	−1.081 **	−2.05
STATE	0.047	0.48
截距	−4.483 ***	−3.07
年度/行业	控制	
会计师事务所	控制	
观测值	12 099	
Adj_R^2	0.111	
LR Chi²	515.294 ***	

注:***、**、* 分别表示在 1%、5%、10% 的水平上显著;所有 z 值均经过了异方差稳健标准误(Huber-White)调整。

2.按照会计师事务所规模、行业专长分组：水稻种植区签字审计师与审计质量

表 9.3.5 列示了假设 9.3.2 的检验结果，如表 9.3.5 所示，在非十大会计师事务所的子样本中，水稻种植区签字审计师与财务重述显著正相关，显著性水平为 10%（系数＝0.269，z＝1.92），而在十大会计师事务所的子样本中，水稻种植区签字审计师与财务重述之间的关系不具有统计上的显著性。在非行业专长的会计师事务所子样本中，水稻种植区签字审计师与财务重述显著正相关，显著性水平为 10%（系数＝0.263，z＝2.20）。在行业专长会计师事务所子样本中，水稻种植区签字审计师不具有统计上的显著性。以上结果说明水稻种植区签字审计师与审计质量之间的负向关系在非十大会计师事务所、非行业专长会计师事务所中表现得更强，假设 9.3.2 和 9.3.3 得到支持。

表 9.3.5　按会计师事务所规模、行业专长分组：水稻种植区审计师与审计质量

| 变量 | MIS_DUM | | | | | | | |
| | BIG10＝0 | | BIG10＝1 | | IND_SPEC＝0 | | IND_SPEC＝1 | |
	系数	z 值	系数	z 值	系数	z 值	系数	z 值
AR_RICE	0.269*	1.92	−0.042	−0.22	0.263**	2.20	−0.186	−0.57
EDU_AUD	0.063	0.46	−0.181	−0.90	0.013	0.11	0.084	0.24
AGE_AUD	0.012	1.32	0.016	1.06	0.012	1.41	0.029	1.11
MAJOR_AUD	−0.014	−0.13	−0.082	−0.46	−0.040	−0.41	0.066	0.21
CI_AUD	0.319	1.36	−0.050	−0.13	0.289	1.46	−0.148	−0.21
CI_FIRM	−1.075	−0.42	0.678	0.14	0.409	0.19	−33.090*	−1.95
BIG10					−0.318**	−2.28	−0.319	−0.50
IND_SPEC	−0.187	−0.68	−0.208	−1.03				
ANALYST	−0.133*	−1.84	−0.037	−0.34	−0.101	−1.58	−0.041	−0.23
SIZE	0.164*	1.79	0.074	0.54	0.121	1.52	0.154	0.75
ROA	−3.916***	−3.72	−6.327***	−3.66	−4.097***	−4.30	−11.248***	−3.74
LEV	0.880**	2.52	−0.237	−0.44	0.556*	1.77	−0.091	−0.09
LNBGS	−0.134*	−1.67	−0.091	−0.63	−0.132*	−1.80	−0.136	−0.58
BTM	−0.079	−0.23	0.276	0.54	−0.089	−0.29	0.486	0.63
OCF	−0.769	−1.22	−2.030**	−2.09	−1.095*	−1.92	−0.819	−0.54
STATE	0.033	0.28	0.181	0.97	0.014	0.14	0.611*	1.75
截距	−5.172***	−2.90	−18.389***	−6.85	−4.286***	−2.76	−20.187***	−4.76
年度/行业	控制		控制		控制		控制	
会计师事务所	控制		控制		控制		控制	
观测值	7 065		5 034		10 188		1 911	
Adj_R^2	0.113		0.102		0.107		0.194	
LR Chi^2	371.711***		146.632***		450.005***		106.117 2***	

注：***、**、* 分别表示在 1%、5%、10% 的水平上显著；所有 z 值均经过了异方差稳健标准误（Huber-White）调整。

(四)稳健性检验

为了保证本节研究结论的可靠性,本节进行了如下的稳健性检验:

1.因变量稳健性检验

(1)财务重述的其他衡量方法

本节使用发生财务重述的金额(MIS_MAG)替代财务重述的发生概率,重复表 9.3.4、9.3.5 的回归。表 9.3.6 列示了相关的回归结果,结果表明水稻种植区签字审计师显著提高了财务重述的金额,而且二者之间的正向关系在非十大会计师事务所、非行业专长会计师事务所中表现得更强。表 9.3.6 的结果进一步支持了本节的假设 9.3.1、9.3.2 和 9.3.3。

表 9.3.6　稳健性测试:水稻种植区审计师与审计质量(财务重述的金额)

| 变量 | 假设 9.3.1 | | 假设 9.3.2 | | | | 假设 9.3.3 | | | |
| | | | BIG10＝0 | | BIG10＝1 | | IND_SPEC＝0 | | IND_SPEC＝1 | |
	系数	t 值	系数	t 值	系数	t 值	系数	t 值	系数	t 值
AR_RICE	0.118***	3.07	0.117**	2.31	−0.028	−1.34	0.106**	2.39	−0.045	−0.46
EDU_AUD	0.039	0.92	0.035	0.68	−0.078***	−4.60	0.008	0.18	0.088	0.86
AGE_AUD	0.005*	1.65	0.003	1.01	0.007***	12.49	0.004	1.33	0.009	1.18
MAJOR_AUD	−0.002	−0.06	0.000	0.00	−0.033	−1.62	−0.013	−0.36	−0.006	−0.07
CI_AUD	−0.010	−0.14	0.069	0.84	−0.033	−0.72	0.058	0.79	−0.050	−0.27
CI_FIRM	0.296	0.35	−0.286	−0.30	−0.705	−1.28	0.291	0.35	−9.583**	−1.99
BIG10	−0.139***	−2.76					−0.114**	−2.17	−0.128	−0.63
IND_SPEC	−0.098*	−1.71	−0.052	−0.49	−0.106***	−5.59				
ANALYST	−0.033	−1.49	−0.044*	−1.73	−0.017*	−1.84	−0.040*	−1.70	0.010	0.17
SIZE	0.027	0.98	0.040	1.24	0.020***	17.09	0.033	1.13	0.008	0.12
ROA	−1.916***	−5.19	−1.617***	−3.87	−2.706***	−21.57	−1.655***	−4.30	−4.887***	−4.54
LEV	0.194*	1.80	0.321**	2.49	−0.076*	−1.81	0.228*	1.93	−0.147	−0.51
LNBGS	−0.044*	−1.67	−0.053*	−1.77	−0.050***	−4.09	−0.051*	−1.80	−0.060	−0.77
BTM	−0.034	−0.31	−0.105	−0.83	0.077**	2.12	−0.107	−0.91	0.219	0.81
OCF	−0.385**	−2.01	−0.269	−1.22	−0.709***	−9.32	−0.413**	−2.03	−0.124	−0.26
STATE	0.008	0.23	0.010	0.24	0.065***	3.07	−0.007	−0.17	0.220**	2.04
截距	−1.436***	−2.73	−1.508**	−2.42	−5.479***	−209.51	−1.397**	−2.49	−0.677	−0.55
年度/行业	控制		控制		控制		控制		控制	
会计师事务所	控制		控制		控制		控制		控制	
观测值	12 099		7 065		5 034		10 188		1 911	
Adj_R^2	0.111		0.113		0.107		0.105		0.230	
LR Chi^2	527.489***		368.810***		154.018***		444.511***		124.279***	

注:***、**、*分别表示在 1%、5%、10% 的水平上显著;所有 t 值均经过了异方差稳健标准误(Huber-White)调整。

（2）审计意见

本节使用审计意见衡量审计质量，进一步检验本节的假设。根据 Chen 等（2010）、Gul 等（2013）的研究，本节将审计意见（MAO）定义为"若上市公司当年被审计师出具非标审计意见则取值为 1，否则为 0"，重复表 9.3.4、9.3.5 的回归。表 9.3.7 列示了相关的回归结果，结果显示水稻种植区审计师（AR_RICE）与审计意见（MAO）在 5% 水平上显著负相关，这表明水稻种植区审计师的独立性更低，发表非标准审计意见的可能性更低，而且二者之间的负相关关系在非十大会计师事务所、非行业专长会计师事务所中表现得更强，这进一步支持了本节的假设 9.3.1、9.3.2 和 9.3.3。

表 9.3.7　稳健性测试:水稻种植区审计师与审计质量(审计意见)

| 变量 | 假设 9.3.1 | | 假设 9.3.2 | | | | 假设 9.3.3 | | | |
| | | | BIG10=0 | | BIG10=1 | | IND_SPEC=0 | | IND_SPEC=1 | |
	系数	z 值	系数	z 值	系数	z 值	系数	z 值	系数	z 值
AR_RICE	−0.313**	−2.12	−0.346*	−1.82	−0.299	−1.19	−0.328**	−2.06	−0.097	−0.22
EDU_AUD	−0.004	−0.02	−0.013	−0.06	−0.053	−0.20	−0.046	−0.26	0.260	0.56
AGE_AUD	0.013	1.33	0.016	1.45	0.000	0.02	0.016	1.56	0.000	0.00
MAJOR_AUD	0.243*	1.84	0.211	1.24	0.249	1.12	0.183	1.30	0.807*	1.68
CI_AUD	0.807***	2.98	1.203***	3.69	0.019	0.04	0.906***	3.20	0.122	0.12
CI_FIRM	−2.058	−0.73	−1.867	−0.61	−17.635	−1.39	−2.447	−0.85	−33.968	−0.89
BIG10	−0.066	−0.37			.		−0.120	−0.63	0.757	1.17
IND_SPEC	−0.160	−0.77	−0.579	−0.93	−0.137	−0.56				
ANALYST	−0.488***	−5.06	−0.417***	−3.16	−0.541***	−3.62	−0.548***	−5.12	0.066	0.28
SIZE	0.124	1.10	0.106	0.74	0.141	0.75	0.221*	1.81	−0.467	−1.12
ROA	−15.164***	−15.87	−16.465***	−14.15	−14.016***	−8.08	−15.084***	−14.25	−21.267***	−6.35
LEV	2.180***	5.81	1.390***	2.94	3.850***	6.08	1.865***	4.58	3.770***	3.18
LNBGS	−0.388***	−3.77	−0.478***	−3.83	−0.185	−0.96	−0.348***	−3.17	−0.767**	−2.21
BTM	−1.635***	−3.64	−1.634***	−2.95	−1.843**	−2.17	−2.167***	−4.57	2.292	1.27
OCF	−1.865**	−2.44	−2.262**	−2.44	−1.248	−0.85	−1.744**	−2.06	−3.056*	−1.76
STATE	−0.415***	−3.16	−0.434***	−2.58	−0.463**	−2.20	−0.444***	−3.17	−0.085	−0.19
截距	−4.578**	−2.16	−17.477***	−6.54	−19.019***	−5.16	−19.696***	−8.74	0.631	0.08
年度/行业	控制		控制		控制		控制		控制	
会计师事务所	控制		控制		控制		控制		控制	
观测值	12 099		7 065		5 034		10 188		1 911	
Adj_R^2	0.293		0.322		0.296		0.294		0.430	
LR Chi^2	972.796***		689.979***		344.638***		843.469***		192.999***	

注:***、**、* 分别表示在 1%、5%、10% 的水平上显著;所有 z 值均经过了异方差稳健标准误(Huber-White)调整。

（3）盈余管理

本节根据 Dechow 等（1995）的研究,使用修正琼斯模型计算的可操纵性应计衡量审计质量。表 9.3.8 的结果表明来自水稻种植区的审计师所审计的公司的盈余管理程度更高,且二者之间的关系只存在于非十大会计师事务所和非行业专长会计师事务所中,为本节的假设提供了进一步的支持。

表 9.3.8　稳健性测试:水稻种植区审计师与审计质量（盈余管理）

| 变量 | 假设 9.3.1 | | 假设 9.3.2 | | | | 假设 9.3.3 | | | |
| | | | BIG10＝0 | | BIG10＝1 | | IND_SPEC＝0 | | IND_SPEC＝1 | |
	系数	t 值	系数	t 值	系数	t 值	系数	t 值	系数	t 值
AR_RICE	0.002*	1.84	0.005***	3.14	0.001	0.36	0.002*	1.87	0.001	0.41
EDU_AUD	−0.001	−0.64	−0.002	−0.84	0.000	0.20	−0.001	−1.00	0.002	0.53
AGE_AUD	0.000	0.24	−0.000	−0.24	0.000	0.32	−0.000	−0.58	0.000	0.70
MAJOR_AUD	0.000	0.47	0.000	0.36	−0.001	−0.63	0.001	0.46	0.001	0.38
CI_AUD	−0.000	−0.11	−0.003	−0.70	0.002	0.58	−0.001	−0.34	0.006	1.22
CI_FIRM	−0.027	−0.79	−0.019	−0.47	0.066	1.21	−0.018	−0.52	−0.331**	−2.49
BIG10	−0.002	−1.13					−0.001	−0.66	0.002	0.23
IND_SPEC	0.001	0.69	−0.003	−0.76	0.001	0.49				
ANALYST	−0.000	−0.56	0.000	0.40	−0.002*	−1.67	0.000	0.40	−0.004*	−1.94
SIZE	0.006***	5.61	0.005***	3.95	0.007***	4.68	0.004***	3.97	0.013***	5.01
ROA	1.036***	67.27	1.015***	50.68	1.083***	44.49	1.027***	60.61	1.086***	30.20
LEV	−0.010***	−2.83	−0.011**	−2.43	−0.013**	−2.16	−0.010***	−2.63	−0.008	−0.90
LNBGS	−0.002*	−1.75	−0.001	−0.92	−0.002	−1.37	−0.001	−1.40	−0.004*	−1.65
BTM	−0.009**	−2.41	−0.012**	−2.36	−0.014**	−2.37	−0.007*	−1.70	−0.022**	−2.35
OCF	−0.868***	−87.40	−0.854***	−67.01	−0.897***	−55.59	−0.874***	−82.78	−0.840***	−29.74
STATE	−0.001	−0.86	−0.003*	−1.95	0.000	0.09	−0.001	−0.83	−0.001	−0.45
截距	−0.077***	−3.95	−0.068***	−2.59	−0.112***	−3.70	−0.044**	−2.07	−0.240***	−4.69
年度/行业	控制		控制		控制		控制		控制	
会计师事务所	控制		控制		控制		控制		控制	
观测值	11 020		6 480		4 540		9 249		1 771	
Adj R²	0.713		0.710		0.725		0.718		0.694	
F	360.981***		248.807***		222.631***		315.554***		88.465***	

注:***、**、* 分别表示在 1%、5%、10% 的水平上显著;所有 t 值均经过了异方差稳健标准误（Huber-White）调整。

2.自变量稳健性检验

水稻和小麦种植区的划分是以长江为分界点,从而造成四川、重庆、湖北、安徽、江西这几个省份既是水稻种植区，也是小麦种植区（Talhelm et al.，2014）。借鉴 Talhelm 等（2014）的研究，本节对这几个省份分别按照城市统计了水稻与小麦的种植面积，以判断其是水稻种植区还是小麦种植区，以此来定义水稻种植区审计师（AR_RICE_1）。进一步地，本节剔除了家乡所在地为四川、重庆、湖北、安徽、江西的审计师样本，以此定义水稻种植区审计师（AR_RICE_2）。表 9.3.9 的 Panel A 和 Panel B 分别列示了 AR_RICE_1、AR_RICE_2 的回归结果，结果表明，水稻种植区审计师（AR_RICE_1、AR_RICE_2）与财务重述均在 1% 的水平上显著正相关，且二者之间的关系只存在于非十大会计师事务所和非行业专长会计师事务所中，这进一步支持了本节的假设。

表 9.3.9　稳健性测试：水稻种植区审计师与审计质量（自变量）

Panel A

| 变量 | 假设 9.3.1 | | 假设 9.3.2 | | | | 假设 9.3.3 | | | |
| | | | BIG10＝0 | | BIG10＝1 | | IND_SPEC＝0 | | IND_SPEC＝1 | |
	系数	z 值	系数	z 值	系数	z 值	系数	z 值	系数	z 值
AR_RICE_1	0.304 ***	2.87	0.342 **	2.43	−0.105	−0.56	0.282 **	2.38	−0.013	−0.04
EDU_AUD	0.098	0.87	0.072	0.53	−0.179	−0.89	0.019	0.16	0.066	0.19
AGE_AUD	0.013 *	1.73	0.013	1.33	0.016	1.05	0.012	1.42	0.029	1.11
MAJOR_AUD	0.008	0.09	−0.013	−0.12	−0.077	−0.43	−0.036	−0.37	0.053	0.17
CI_AUD	0.108	0.55	0.329	1.40	−0.058	−0.15	0.299	1.50	−0.107	−0.15
CI_FIRM	0.939	0.43	−1.021	−0.40	0.731	0.16	0.401	0.19	−33.175 *	−1.95
BIG10	−0.397 ***	−2.98					−0.316 **	−2.26	−0.316	−0.49
IND_SPEC	−0.224	−1.42	−0.189	−0.69	−0.207	−1.03				
ANALYST	−0.097	−1.62	−0.135 *	−1.86	−0.037	−0.34	−0.102	−1.59	−0.042	−0.23
SIZE	0.118	1.57	0.169 *	1.84	0.073	0.53	0.124	1.56	0.155	0.75
ROA	−4.505 ***	−4.97	−3.928 ***	−3.73	−6.300 ***	−3.64	−4.101 ***	−4.30	−11.321 ***	−3.78
LEV	0.510 *	1.77	0.871 **	2.49	−0.231	−0.43	0.552 *	1.76	−0.103	−0.10
LNBGS	−0.112	−1.62	−0.138 *	−1.71	−0.090	−0.62	−0.133 *	−1.81	−0.138	−0.59
BTM	0.059	0.21	−0.083	−0.24	0.273	0.53	−0.094	−0.31	0.523	0.67
OCF	−1.081 **	−2.05	−0.771	−1.22	−2.033 **	−2.09	−1.090 *	−1.92	−0.870	−0.57
STATE	0.043	0.44	0.033	0.29	0.183	0.98	0.011	0.11	0.614 *	1.75
截距	−4.626 ***	−3.17	−5.319 ***	−2.98	−18.339 ***	−6.72	−4.391 ***	−2.83	−20.321 ***	−4.77
年度/行业	控制		控制		控制		控制		控制	
会计师事务所	控制		控制		控制		控制		控制	
观测值	12 099		7 065		5 034		10 188		1 911	
Adj_R^2	0.111		0.114		0.103		0.107		0.193	
LR Chi^2	531.464 ***		374.133 ***		146.879 ***		450.774 ***		105.800 ***	

续表

Panel B

变量	假设 9.3.1		假设 9.3.2				假设 9.3.3			
			BIG10＝0		BIG10＝1		IND_SPEC＝0		IND_SPEC＝1	
	系数	z 值	系数	z 值	系数	z 值	系数	z 值	系数	z 值
AR_RICE_2	0.335***	2.77	0.396**	2.32	−0.322	−1.36	0.470***	3.61	−0.672	−1.38
EDU_AUD	0.051	0.39	0.036	0.22	−0.384	−1.61	0.016	0.11	0.031	0.08
AGE_AUD	0.013	1.35	0.005	0.41	0.032*	1.78	0.011	1.11	0.029	1.01
MAJOR_AUD	0.055	0.50	0.056	0.42	−0.039	−0.19	0.038	0.32	0.246	0.63
CI_AUD	−0.021	−0.09	0.262	0.90	−0.172	−0.40	0.016	0.07	0.296	0.46
CI_FIRM	−0.701	−0.29	−3.141	−1.12	−0.356	−0.07	−0.547	−0.23	6.960	0.58
BIG10	−0.412***	−2.70					−0.398**	−2.52	−0.555	−0.50
IND_SPEC	−0.403**	−2.13	−0.464	−1.18	−0.277	−1.27				
ANALYST	−0.058	−0.79	−0.112	−1.25	−0.007	−0.06	−0.073	−0.92	0.140	0.66
SIZE	0.101	1.05	0.083	0.71	0.182	1.07	0.068	0.66	0.060	0.26
ROA	−4.943***	−4.63	−3.949***	−3.17	−7.919***	−4.05	−4.062***	−3.60	−15.470***	−4.42
LEV	0.541	1.48	0.954**	2.11	−0.260	−0.40	0.530	1.36	0.737	0.50
LNBGS	−0.120	−1.46	−0.167*	−1.71	−0.081	−0.48	−0.143	−1.64	−0.086	−0.29
BTM	−0.009	−0.02	−0.015	−0.03	−0.260	−0.41	−0.028	−0.07	0.111	0.12
OCF	−1.232*	−1.94	−0.694	−0.88	−3.158***	−2.87	−1.199*	−1.76	−0.400	−0.18
STATE	0.114	0.97	0.129	0.90	0.162	0.76	0.093	0.76	0.694	1.41
截距	−4.118**	−2.23	−3.181	−1.41	−20.897***	−6.09	−3.416*	−1.72	−9.315*	−1.90
年度/行业	控制		控制		控制		控制		控制	
会计师事务所	控制		控制		控制		控制		控制	
观测值	8 669		4 831		3 838		7 208		1 461	
Adj_R^2	0.124		0.125		0.119		0.121		0.264	
LR Chi²	416.158***		280.207***		128.448***		358.457***		102.449***	

注：***、**、*分别表示在1％、5％、10％的水平上显著；所有 z 值均经过了异方差稳健标准误（Huber-White）调整。

3.控制公司所在省份的固定效应

为了更好地检验本节的假设,本节进一步控制了公司所在省份的固定效应。表 9.3.10 列示了相关的检验结果,相关结果与表 9.3.4、9.3.5 的结果一致,表明在控制了公司所在省份的固定效应以后，假设 9.3.1、9.3.2 和 9.3.3 依然成立。

表 9.3.10　稳健性测试：水稻种植区审计师与审计质量（控制省份固定效应）

| 变量 | 假设 9.3.1 | | 假设 9.3.2 | | | | 假设 9.3.3 | | | |
| | | | BIG10＝0 | | BIG10＝1 | | IND_SPEC＝0 | | IND_SPEC＝1 | |
	系数	z 值	系数	z 值	系数	z 值	系数	z 值	系数	z 值
AR_RICE	0.276 **	2.38	0.299 **	1.98	−0.044	−0.22	0.248 *	1.95	0.179	0.47
EDU_AUD	0.078	0.68	0.024	0.17	−0.100	−0.46	0.025	0.20	0.145	0.35
AGE_AUD	0.014 *	1.74	0.010	1.07	0.013	0.83	0.008	0.91	0.033	1.14
MAJOR_AUD	0.034	0.36	0.051	0.45	−0.074	−0.39	0.022	0.22	−0.038	−0.11
CI_AUD	0.076	0.37	0.234	0.94	−0.153	−0.40	0.255	1.22	0.029	0.04
CI_FIRM	0.949	0.41	−1.258	−0.46	1.341	0.26	0.400	0.17	−36.537 *	−1.84
BIG10	−0.369 ***	−2.70	0.000				−0.272 *	−1.90	−0.334	−0.47
IND_SPEC	−0.256	−1.59	−0.306	−1.02	−0.190	−0.95				
ANALYST	−0.099	−1.63	−0.152 **	−2.06	−0.008	−0.07	−0.113 *	−1.76	0.046	0.25
SIZE	0.127 *	1.66	0.201 **	2.11	0.081	0.62	0.145 *	1.78	0.040	0.18
ROA	−4.269 ***	−4.65	−3.745 ***	−3.49	−6.116 ***	−3.36	−3.801 ***	−3.92	−12.537 ***	−3.78
LEV	0.543 *	1.87	0.911 ***	2.58	−0.265	−0.49	0.622 **	1.97	0.209	0.19
LNBGS	−0.125 *	−1.79	−0.143 *	−1.74	−0.129	−0.91	−0.147 **	−1.97	−0.079	−0.29
BTM	0.107	0.38	−0.113	−0.33	0.421	0.84	−0.064	−0.21	0.852	1.05
OCF	−1.056 **	−2.01	−0.766	−1.21	−2.031 **	−2.10	−1.103 *	−1.94	−1.160	−0.75
STATE	0.044	0.44	0.001	0.01	0.057	0.29	−0.012	−0.12	0.582	1.43
截距	−4.707 ***	−3.18	−6.014 ***	−3.24	−19.266 ***	−8.93	−4.683 ***	−2.97	−18.311 ***	−4.13
年度/行业	控制		控制		控制		控制		控制	
会计师事务所	控制		控制		控制		控制		控制	
公司所在省份	控制		控制		控制		控制		控制	
观测值	12 099		7 065		5 034		10 188		1 911	
Adj_R^2	0.122		0.126		0.131		0.120		0.245	
LR Chi^2	584.670 ***		414.277 ***		187.189 ***		506.508 ***		134.296 ***	

注：***、**、* 分别表示在 1%、5%、10% 的水平上显著；所有 z 值均经过了异方差稳健标准误（Huber-White）调整。

4. 内生性测试

水稻种植区审计师与审计质量之间可能存在着内生性问题，例如，会计信息质量好的公司更倾向于选择水稻种植区审计师。为更好地解决二者之间的内生性问题，本研究采用 Heckman 两阶段法来控制水稻种植区审计师与审计质量的潜在内生性问题。具体地，本研究选取以下外生变量：公司所在省份的高校数量与全国高校数量的比值（UNV）；公司所在省份高速公路里程的自然对数（HIGHWY）；公司所在城市的人均生产总值的自然对数（CITYGDP）；公司所在地是否为水稻种植区（FIRM_RICE）。表 9.3.11 Panel A 列示了第一阶段的回归结果。结果表明，教育水平（UNV）、公司所在地是水稻种植区（FIRM_RICE）与公司选择水稻种植区审计师的概率显著正相关，交通便捷度（HIGHWY）、公司所在城市的经济发展水平（CITYGDP）与公司选择水稻种植区审计师的概率显著负相关。表 9.3.11 Panel B 列示了第二阶段的回归结果，结果表明水稻种植区审计师与财务重述显著正相关，且二者之间的关系只存在于非十大事务所和非行业专长会计师事务所中，说明在控制了水稻种植区审计师与审计质量之间的内生性问题之后，本节的结论依然成立。

表 9.3.11 内生性测试（Heckman 两阶段）：水稻种植区审计师与审计质量

Panel A：第一阶段

变量	被解释变量：AR_RICE	
	系数	z 值
UNV	4.971***	2.89
CITYGDP	−0.107***	−3.17
HIGHWY	−0.075**	−2.28
*F*IRM_RICE	1.453***	44.25
EDU_AUD	0.019	0.52
AGE_AUD	−0.002	−0.59
MAJOR_AUD	0.292***	9.65
CI_AUD	−0.316***	−4.83
CI_FIRM	−1.662**	−2.24
BIG10	−0.241***	−4.93
IND_SPEC	0.050	1.04
ANALYST	0.090***	5.08
SIZE	−0.019	−0.81
ROA	0.216	0.66
LEV	0.212**	2.26
LNBGS	0.016	0.66
BTM	0.049	0.48
OCF	0.370**	2.22
STATE	−0.130***	−3.87
截距	0.535	0.86
年度/行业	控制	
会计师事务所	控制	
观测值	11 522	
Adj_R^2	0.347	
LR Chi^2	3730.905***	

续表

Panel B:第二阶段:水稻种植区审计师与审计质量

| 变量 | 假设 9.3.1 | | 假设 9.3.2 | | | | 假设 9.3.3 | | | |
| | | | BIG10＝0 | | BIG10＝1 | | IND_SPEC＝0 | | IND_SPEC＝1 | |
	系数	z 值	系数	z 值	系数	z 值	系数	z 值	系数	z 值
AR_RICE	0.577**	2.55	0.657**	2.35	0.268	0.77	0.883***	3.66	−0.140	−0.24
EDU_AUD	0.120	1.03	0.081	0.57	−0.008	−0.04	0.034	0.27	0.190	0.56
AGE_AUD	0.014*	1.75	0.014	1.47	0.008	0.55	0.014	1.61	0.023	0.88
MAJOR_AUD	−0.060	−0.62	−0.052	−0.46	−0.118	−0.64	−0.109	−1.07	0.149	0.46
CI_AUD	0.142	0.69	0.435*	1.82	−0.040	−0.10	0.371*	1.83	−0.385	−0.57
CI_FIRM	2.416	1.16	−1.305	−0.52	2.578	0.62	0.271	0.13	−33.976**	−2.17
BIG10	−0.509***	−3.48					−0.274*	−1.90	−0.536	−0.79
IND_SPEC	−0.238	−1.39	−0.266	−0.93	−0.267	−1.34				
ANALYST	−0.119*	−1.93	−0.157**	−2.09	−0.016	−0.15	−0.120*	−1.83	−0.074	−0.40
SIZE	0.170**	2.19	0.195**	2.06	0.122	0.89	0.168**	2.06	0.149	0.70
ROA	−4.581***	−5.03	−3.796***	−3.52	−7.234***	−4.50	−4.272***	−4.46	−11.401***	−3.79
LEV	0.487	1.61	1.010***	2.76	−0.320	−0.60	0.571*	1.76	−0.170	−0.17
LNBGS	−0.153**	−2.09	−0.132	−1.57	−0.139	−0.93	−0.144*	−1.86	−0.142	−0.62
BTM	−0.045	−0.15	−0.057	−0.16	0.095	0.18	−0.118	−0.37	0.261	0.34
OCF	−1.052*	−1.94	−0.650	−1.00	−2.145**	−2.17	−1.017*	−1.74	−0.852	−0.57
STATE	0.058	0.57	0.035	0.29	0.229	1.20	0.042	0.40	0.617*	1.74
IMM	−0.358***	−2.58	−0.289*	−1.66	−0.291	−1.33	−0.445***	−2.99	−0.116	−0.28
截距	−6.486***	−4.16	−5.708***	−3.09	−19.366***	−7.22	−5.168***	−3.25	−4.240	−1.00
年度/行业	控制		控制		控制		控制		控制	
会计师事务所	控制		控制		控制		控制		控制	
观测值	11 522		6 715		4 807		9 707		1 815	
Adj_R^2	0.123		0.117		0.101		0.111		0.193	
LR Chi^2	560.403***		368.008***		139.678***		447.966***		102.974***	

注:***、**、*分别表示在 1%、5%、10% 的水平上显著;所有 z 值均经过了异方差稳健标准误(Huber-White)调整。

五、研究结论

本节以中国资本市场 2004—2015 年的 A 股上市公司为样本,考察了水稻种植区的签字审计师对审计质量的影响。本节发现水稻种植区的签字审计师与财务重述显著正相关,即水稻种植区的签字审计师提高了公司发生财务重述的概率,说明来自水稻种植区的签字审计师使得审计质量更低。进一步地,本节考察了会计师事务所的规模、会计师事务所行业专长对二者之间关系的调节作用,发现相比于十大会计师事务所,水稻种植区的签字审计师与审计质量的负相关关系在非十大事务所中表现得更强。与具有行业专长的会计师事务所相比,水稻种植区的签字审计师与审计质量的负相关关系在非行业专长会计师事务所中表现得更强。本节的研究拓展了有关签字审计师个体特征研究的维度,为确定影响审计质量的因素提供了增量的经验证据。

本节的结论主要有以下的政策启示:(1)对于会计师事务所而言,签字审计师个体特征对审计质量有着重要的影响,因此,在签字审计师的选择、培训、配搭等方面应该考虑到签字审计师的特征,以提供高质量的审计服务。我国财政部和注册会计师协会等各部门应该积极推进注册会计师行业建设,提高签字注册会计师的素质,继续加强行业领军人才和复合型人才的培养,保证审计行业健康持续发展。(2)本节的结论表明会计师事务所是影响审计质量的重要因素,因此,相关部门应该进一步鼓励会计师事务所做大做强,进而提高整个审计市场的审计质量。(3)会计师事务所行业专长是影响审计质量的重要因素。本节的结论表明行业专长可以有效提高审计质量,为加强审计师行业专业能力建设、提高审计质量提供了一定的理论参考意义。

参考文献

戴亦一,肖金利,潘越,2016."乡音"能否降低公司代理成本?——基于方言视角的研究[J].经济研究,(12):147-160,186.

韩洪灵,陈汉文,2008.会计师事务所的行业专门化是一种有效的竞争战略吗?:来自中国审计市场的经验证据[J].审计研究,(1):53-60.

龚永新,2006.茶文化与茶道艺术[M].北京:中国农业出版社.

李慕寒,沈守兵,1996.试论中国地域文化的地理特征[J].人文地理,(1):7-11.

李杨,黎赔肆,2011.地域文化特征对企业家精神与创业活动的影响研究:以湖南与河南两省为例[J].南华大学学报:社会科学版,(6):49-52.

刘益,1997.岭南文化的特点及其形成的地理因素[J].人文地理,(1):46.

陆瑶,胡江燕,2016.CEO与董事间"老乡"关系对公司违规行为的影响研究[J].南开管理评论,(2):52-62.

漆江娜,陈慧霖,张阳,2004.事务所规模·品牌·价格与审计质量——国际"四大"中国审计市场收费与质量研究[J].审计研究,(3):59-65.

夏立军,2004.审计师行业专长与审计市场研究综述及启示[J].外国经济与管理,(7):39-44.

苏红,任孝鹏,2014.个体主义的地区差异和代际变迁[J].心理科学进展,(6):1006-1015.

王保国,2006.地理环境,农耕文明与中原文化的基本趋向[J].殷都学刊,(1):97-101.

朱滢,2014. 检验"水稻理论"[J].心理科学,(5):1261-1262.

朱滢,2015. 再谈检验"水稻理论"[J].心理研究,(3):3-4.

朱小能,刘鹏林,2018. 雾里看花——空气质量影响了分析师的预期吗？[J]. 经济管理,(10):173-192.

BALSAM S, KRISHNAN J, YANG J S, 2003. Auditor industry specialization and earnings quality[J]. Auditing: a journal of practice & theory, 22(2): 71-97.

BATRA R K, GHOSHAL T, RAGHUNATHAN R, 2017. You are what you eat: an empirical investigation of the relationship between spicy food and aggressive cognition [J]. Journal of experimental social psychology, 71: 42-48.

BECKER G S, 1992. Habits, addictions, and traditions[J]. Kyklos, 45(3): 327-345.

BECKER C L, DEFOND M L, JIAMBALVO J, et al., 1998. The effect of audit quality on earnings management[J]. Contemporary accounting research, 15(1): 1-24.

BYRNES N K, HAYES J E, 2013. Personality factors predict spicy food liking and intake[J]. Food guality and preference, 28(1): 213-221.

CHEN C Y, LIN C J, LIN Y C, 2008. Audit partner tenure, audit firm tenure, and discretionary accruals: does long auditor tenure impair earnings quality? [J]. Contemporary accounting research, 25(2): 415-445.

CHEN S, SUN S Y J, WU D, 2010. Client importance, institutional improvements, and audit quality in China: an office and individual auditor level analysis[J]. The accounting review, 85(1): 127-158.

CHIN C L, CHI H Y, 2009. Reducing restatements with increased industry expertise [J]. Contemporary accounting research, 26(3): 729-765.

CHURCH B K, DAVIS S M, MCCRACKEN S A, 2008. The auditor's reporting model: a literature overview and research synthesis[J]. Accounting horizons, 22(1): 69-90.

DEANGELO L E, 1981. Auditor size and audit quality[J]. Journal of accounting and economics, 3(3): 183-199.

DECHOW P M, SLOAN R G, SWEENEY A P, 1995. Detecting earnings management[J]. Accounting review, 70(2): 193-225.

DEFOND M L, FRANCIS J R, 2005. Audit research after sarbanes-oxley[J]. Auditing: a Journal of practice & theory, 24(s-1): 5-30.

DEHAAN E, MADSEN J, PIOTROAKI J D, 2017. Do weather-induced moods affect the processing of earnings news? [J]. Journal of accounting research, 55(3): 509-550.

DENISSEN J J A, BUTALID L, PENKE L, et al., 2008. The effects of weather on daily mood: a multilevel approach[J]. Emotion, 8(5), 662-667.

DU X，JIAN W，LAI S，2017. Do foreign directors mitigate earnings management? Evidence from China[J]. The international journal of accounting，52(2)：142-177.

DU X，2019. Does CEO-auditor dialect sharing impair pre-IPO audit quality? Evidence from China[J]. Journal of business ethics，156(3)：699-735.

GEORGAS J，VAN DE VIJVER F J R，BERRY J W，2004. The ecocultural framework，ecosocial indices，and psychological variables in cross-cultural research [J]. Journal of cross-cultural psychology，35(1)：74-96.

GUAN Y，SU L N，WU D，2016. Do school ties between auditors and client executives influence audit outcomes？[J]. Journal of accounting and economics，61(2-3)：506-525.

GUL F A，WU D，YANG Z，2013. Do individual auditors affect audit quality? Evidence from archival data[J]. The accounting review，88(6)：1993-2023.

HARDIES K，BREESCH D，BRANSON J，2016. Do (fe)male auditors impair audit quality? Evidence from going-concern opinions[J]. European accounting review，25(1)：7-34.

ITTONEN K，JOHNSTONE K，MYLLYMäKI E R，2015. Audit partner public-client specialisation and client abnormal accruals[J]. European accounting review，24(3)：607-633.

ITTONEN K，VäHäMAA E，VäHäMAA S，2013. Female auditors and accruals quality[J]. Accounting horizons，27(2)：205-228.

KööTS L，REALO A，ALLIK J，2011. The influence of the weather on affective experience[J]. Journal of individual differences，32(2)：74-84.

KRISHNANG V，2003. Does Big 6 auditor industry expertise constrain earnings management？[J]. Accounting horizons，17(Supplement)：1-16.

LENNOX C，1999. Are large auditors more accurate than small auditors？[J]. Accounting and business research，29(3)：217-227.

LENNOX C，PITTMAN J A，2010. Big five audits and accounting fraud[J]. Contemporary accounting research，27(1)：209-247.

NELSON M，TAN H T，2005. Judgment and decision making research in auditing：a task，person，and interpersonal interaction perspective[J]. Auditing：a journal of practice & theory，24(s-1)：41-71.

PALMROSE Z V，1988. 1987competitive manuscript co-winner：an analysis of auditor litigation and audit service quality[J]. Accounting review，63(1)：55-73.

PERSINGER M A，1975. Lag responses in mood reports to changes in the weather matrix[J]. International journal of biometeorology，19(2)：108-114.

REICHELT K J，WANG D，2010. National and office-specific measures of auditor industry expertise and effects on audit quality[J]. Journal of accounting research，48(3)：647-686.

SAUNDERS E M,1993. Stock prices and Wall Street weather[J]. The American economic review，83(5)：1337-1345.

SMITH J，JEHLIČKA P，2007. Stories around food，politics and change in Poland and the Czech Republic[J]. Transactions of the institute of British geographers，32(3)：395-410.

TALHELM T，ZHANG X，OISHI S，et al.，2014. Large-scale psychological differences within China explained by rice versus wheat agriculture[J]. Science，344(6184)：603-608.

VAN DE VLIERT E，POSTMES T，2012. Climato-economic livability predicts societal collectivism and political autocracy better than parasitic stress does[J]. Behavioral and brain sciences，35(2)：94-95.

VAN DE VLIERT E，2008. Climate，affluence，and culture[M]. Cambridge，UK：Cambridge University Press.

VARNUM M E W，KITAYAMA S，2011. What's in a name? Popular names are less common on frontiers[J]. Psychological science，22(2)：176-183.

WHITE H，1980. A heteroscedasticity-consistent covariance matrix estimator and a direct test for heteroscedasticity [J]. Econometrica：journal of the econometric society，48(4)：817-838.

XIN K K，PEARCE J L，1996. Guanxi：connections as substitutes for formal institutional support[J]. Academy of management journal，39(6)：1641-1658.

第十章　关系文化与会计审计行为

关系在中国社会中扮演着不容忽略的角色。以前的文献、包括笔者以前的论著曾讨论过政治联系、银企关系、潜规则等关系维度对会计审计行为的影响。实际上，关系的维度不仅于此，还包括更为隐秘的维度，如审计师—券商之间的绑定关系、发审委联系等。为此，第十章将侧重于分析如下问题：

(1) 独立董事返聘与公司违规："学习效应"抑或"关系效应"？

(2) 审计师—券商绑定关系与 IPO 盈余管理。

(3) 发审委联系与 IPO 抑价。

第一节　独立董事返聘与公司违规："学习效应"抑或"关系效应"？

摘要：本节关注独立董事任期届满后离任，但经过一段"冷却期"后再次被原上市公司返聘的现象（即独立董事返聘）。本节以 2003—2016 年沪深两市 A 股上市公司为研究对象，研究了独立董事返聘对公司违规的影响是基于"学习效应"的抑制效果抑或是"关系效应"的助长效果。研究发现：(1) 返聘独立董事的公司相对于冷却期、返聘期的公司违规显著更少（纵向对比）；(2) 返聘的独立董事首任期间，公司违规要显著低于冷却期（纵向对比）；(3) 相较无独立董事返聘、返聘人数更少的公司，返聘人数更多的公司违规显著更少（横向对比）。本节的研究发现支持了"学习效应"假说，即独立董事返聘抑制了公司违规，这并非是规避任期规定的手段。本节发现为投资者理解中国资本市场中独立董事返聘现象提供了经验证据，有助于公司施行聘任独立董事的决策，为解决公司违规问题提供了新的视角和路径，并有助于监管部门完善相关监管制度。

一、引言

自 1993 年青岛啤酒股份有限公司设立独立董事以来，独立董事制度在中国证券市场已存续了 25 年。伴随着资本市场发展及监管的完善，独立董事制度经历了从各企业自发选择是否设立到各企业被强制规定必须要设立的发展历程。1997 年 12 月，中国证券监督委员会发布《上市公司章程指引》，将设立独立董事作为选择性条款列入董事会的制度规范。2001 年 8 月，中国证券监督委员会颁布《关于在上市公司建立独立董事制度的指导意见》，要求上市公司修改公司章程，聘任独立董事，并规定独立董事任期届满可连任，但连任时间不得超过六年。尽管存在着这一限制，但仍有为数不少的独立董事虽任期届满后离任，但经过一段时间后再次被原上市公司返聘。在此制度背景下，学术界及实务界对独立董事制度有效性和作用进行了广泛的探讨。在"六年任期"的限制下，返聘的独立董事是否能够更好地发挥其公司治理角色，则为学者们提供了重要的研究契机。

独立董事返聘指的是独立董事被上市公司聘请，在其离任后经历一段"冷却期"（被其他独立董事替换），冷却期结束后又再次被原上市公司聘任为独立董事的现象。根据本节手工整理的资料（独立董事任期统计数据截止到 2017 年 12 月 31 日），沪深 A 股上市公司共有587 名独立董事在经过冷却期后重回原上市公司（老东家）任职，即存在独立董事返聘现象。此外，存在独立董事返聘现象的公司有 470 家，其中有 96 家公司拥有 2 个及以上返聘独立董事；较为特殊的是，有 15 家公司拥有 3 名返聘独立董事，有 3 家公司拥有 4 名返聘独立董事[①]。可见，独立董事返聘并非个案，而是具有一定代表性的现象。目前制度规范并未对上市公司能否再次聘请曾于该公司任职的独立董事做出相关规定，仅规定独立董事任满六年后，一年内不得被提名为该上市公司的独立董事候选人。返聘独立董事第一次任期均值（中位数）平均达 5.297（5.984）年，最长达 9.204 年[②]；冷却期的独立董事任期均值（中位数）平均达 4.211（3.354）年；返聘独立董事均值（中位数）平均达 2.355（1.973）年。

目前中国资本市场中独立董事资源并不稀缺，但为何部分公司仍选择以往曾聘任过的独立董事？是返聘的独立董事相比于其他独立董事对公司情况更为了解和熟悉，故而可以更好地履行其监督和咨询的公司治理角色？还是返聘的独立董事经历了冷却期，看似与公司内部并无关系，但实则是"熟人好办事"？一方面，基于"学习效应"，返聘的独立董事在知识经验积累与缔结潜在关系方面可能区别于上市公司首次聘任的独立董事，所以能够更好地发挥监督与咨询作用；另一方面，基于"关系效应"，返聘的独立董事则可能碍于"情面"，从而在履行监督和咨询等职能时"流于形式"。独立董事返聘作为中国资本市场日益涌现的重要现象，其前因后果亟待实证检验以辅助实践及政策完善。为此，本节以 2003—2016 年沪深两市 A 股上市公司为研究对象，以上市公司财务违规情况作为独立董事监督咨询有效性的代理变量，检验独立董事返聘的前因后果，并比较有无此类独立董事的上市公司之间的横向差异。研究发现：（1）相较于独立董事处于冷却期时，独立董事处于返聘期（独立董事于同一家公司离任后，再次被聘请称为返聘期）时的上市公司违规显著更少；（2）当返聘的独立董

---

① 限于篇幅，表格从略（表格备索，下同）。

② 独立董事任期超过 6 年的原因：一是独立董事自 2001 年之前就在公司任职，任期起点早于中国证券监督委员会对任期不得超过 6 年的规定颁布的时间；二是公司董事换届时间延后以及新独立董事尚未上任；三是有上市公司独立董事任期超期违反相关规定的现象。

事在冷却期前的首次任期内,此时的公司违规要显著低于独立董事处于冷却期时;(3)与无返聘独立董事在任或返聘独立董事在任人数更少的公司相比,返聘独立董事在任更多的上市公司违规情况显著更低。本节的经验证据支持了独立董事返聘对公司违规的影响是基于"学习效应"的抑制效果假说的,同时为中国上市公司独立董事制度的有效性提供了支持,揭示了独立董事返聘可能带来的正向经济后果。

本节可能的贡献包括:(1)基于独立董事返聘这一独特视角,尝试对独立董事与公司治理的相关文献作出补充。目前,部分文献支持独立董事任期的延长有益于发挥其治理作用,并强调对独立董事任期加以限制是不恰当的(Dou et al.,2015;陈冬华,相加凤,2017)。但是,随着任期的延长,独立董事可能因与管理层建立了更为紧密的关系而导致其独立性降低(Vafeas,2003;郭放,王立彦,2018)。针对前期文献的不一致结果,本节使用独立董事返聘样本,分析返聘独立董事对公司治理的影响,力图为有关独立董事任期问题的研究提供补充。具体地,因为独立董事选择是一个内生决定变量(Hermalin,Weisbach,1998),许多有关独立董事制度有效性研究的结论受到内生性问题影响,因此,本节对独立董事有效性文献的一个重要贡献还在于通过返聘独立董事首任、离任、续聘三个期间的对比(纵向对比),在一定程度上缓解了独立董事选择受到公司治理结构、公司业绩等变量影响而产生的内生性问题。(2)对独立董事返聘的经济后果及动因进行了探索。在中国资本市场制度背景下,独立董事返聘并非个案特例,而是具有一定数量的资本市场特殊现象。目前的文献并未系统剖析独立董事返聘现象的经济后果(对公司违规的影响),亦未对独立董事返聘现象的成因进行深入分析。在这些方面,本节进行了有益的尝试,可以对相关文献形成重要的补充。(3)在前期文献中,陈冬华和相加凤(2017)分析了"独立董事任期是否应该延续、延续多久更合理"的问题,发现独立董事仅连任6年并不合理,应适当延长独立董事任期。不同于陈冬华和相加凤(2017)仅在敏感性测试部分关注"去而复返"的独立董事及其治理效果的做法,本节自始至终地主要使用独立董事返聘的样本,旨在揭示返聘的独立董事相比于在其离职期间接替其职位的独立董事、是否在返聘期间具有更好的治理效果(或)更少的公司违规。本节力图回答曾在公司任职的独立董事任期届满或因其他原因离职后,是否还应再次成为公司独立董事选聘的对象或是否应该被公司优先再次聘请为独立董事。此外,陈冬华和相加凤(2017)研究发现,在中国制度背景下适当延长独立董事任期是合理的,但并未提及独立董事任期限制适当延长多少年合适。本节发现,在独立董事任期届满或因其他原因离职后,经过"冷却期",若再次被返聘回公司担任独立董事,则其公司治理效果更佳(或)公司违规概率显著更低。(4)本节研究具有一定的实践意义。目前证券监管法规指出,独立董事任期不得超过6年。为此,从理论和实践角度出发来看,独立董事返聘的前因后果均迫切需要系统研究,以为独立董事监管政策的完善提供依据。本节的研究发现支持了返聘独立董事能够发挥更好的治理作用,从而为独立董事制度提供了有益的经验证据支持。

余文结构安排如下:第二部分是文献回顾;第三部分是研究假设;第四部分是研究设计,包括数据来源、研究模型与变量定义;第五部分是实证结果及分析,包括敏感性测试;第六部分是内生性讨论与进一步测试;第七部分是本节的研究结论。

二、文献回顾

(一)独立董事制度在中国资本市场中有效吗?

只有在独立董事制度运作有效,能改善公司治理的前提下,不同独立董事履职表现的差异才能得以显现,上市公司才可能对高质量独立董事产生自发需求,通过独立董事任期内履职表现甄选更优秀的独立董事。但是,当独立董事制度仅是上市公司为迎合监管要求而设立的时,公司将不会基于独立董事的任职表现决定是否返聘独立董事。

1.独立董事制度的有效性

董事会是公司内部治理机制的重要组成部分,独立董事被认为具有监督和咨询功能(Fama,Jensen,1983;Adams,Ferreira,2007;Raheja,2005)。关于独立董事制度的有效性,前期文献提供了重要的经验证据(Weisbach,1988;Core et al.,1999;Nguyen,Nielsen,2010;Ravina,Sapienza,2006;王跃堂 等,2006;王兵,2007)。声誉机制理论认为,声誉资本是促使独立董事履行监督职能的主要动机(Fama,1980;Fama,Jensen,1983),因为独立董事如果未能尽职,则其声誉将会受损,从而导致其未来更难被其他公司新聘为独立董事,且目前公司的独立董事职位也可能丢失(Fich,Shivdasani,2007)。独立董事通常是专家学者,因此具有一定社会地位,所以他们对声望的珍惜会驱使其履行监督职能(谭劲松,2003)。近年来,伴随着中国上市公司独立董事制度规范的日益完善,独立董事履行监督职能、减轻代理冲突,对改进公司治理产生了积极影响(郑志刚,2010)。譬如,辛清泉等(2013)发现独立董事在中国证券市场面临着严格的监管环境,且追溯处罚机制发挥了作用,使得独立董事并不能通过提前离职逃脱惩罚。

独立董事具有更高的独立性,能够对选聘与解聘管理当局发表意见,对缓解内部人控制、监督和制约管理当局滥用权力、保障股东利益、有效降低代理成本产生重要的影响(Fama,1980;Fama,Jensen,1983;Nguyen,Nielsen,2010),也能在一定程度上抑制管理当局和公司的违规行为。此外,股权集中是中国市场的显著特征,处于绝对控股地位的大股东对中小股东利益的侵占是中国市场严重的代理问题(李增泉 等,2004;姜国华,岳衡,2005)。在这一点上,叶康涛等(2007)发现独立董事制度对改善公司治理、缓解大股东与中小股东代理问题、抑制因大股东对中小股东利益侵占而产生的公司违规行为具有重要的作用。当然,独立董事具有的专业知识和技能(Weisbach,1988)确保其能够帮助上市公司合规披露,抑制公司违规。

给定中国资本市场制度背景下独立董事制度有效,独立董事能够履行监督职能,减轻代理冲突,对改进公司治理产生正向经济后果。因此,在独立董事制度有效性下,独立董事并非“花瓶”或所谓“制度负担”,如果上市公司选择此前曾在公司任职的表现优秀的独立董事,那么其初衷可能就是择优选聘,而不是与独立董事建立某种意义上的“关系”。基于上述分析,返聘的独立董事可能会有效发挥监督作用,降低公司的违规。

2.关于独立董事制度有效性的质疑

目前,国内外一部分研究无法支持独立董事能够有效地发挥其治理作用(Mehran,1995;Bhagat,Black,1999;Agrawal,Knoeber,1996)。中国资本市场背景中独立董事无法达到期望的治理效果可能的原因在于:(1)独立性受限。独立董事往往由大股东指定(白重恩 等,2005;唐雪松 等,2010),因此大股东和内部人有动机选择"顺从"的独立董事,最终损害了独立董事的独立性。此外,独立董事的薪酬制定同样会影响其独立性,不领取薪酬或过少的薪酬使得独立董事履职的动机不足;过高的薪酬则可能会使独立董事与被监督对象有更强的利益关联,独立董事的独立性也随之受损(高明华,马守莉,2002;唐雪松 等,2010)。(2)独立董事的监督职能发挥受到无法获取充分信息的限制。独立董事作为"外部人",其履行监督职能依赖于管理当局提供的信息,但管理当局有动机隐瞒对其不利的信息(Adams,Ferreira,2007)。此外,独立董事任职通常属于兼职的性质,且任职者往往同时在多家公司任职,时间和精力的制约都影响了独立董事监督角色的发挥(Shivdasani,Yermack,1999)。(3)监督悖论。声誉理论指出,独立董事基于声誉考量往往会履行监督职责。但是,控股股东主导独立董事聘任,他们可能更倾向于聘任与之存在某些"关联"(关系)的独立董事(Fich,Shivdasani,2007;唐雪松 等 2010)。基于此,与控股股东(管理当局)存在关联的独立董事很难发挥其监督职能。

由于给定中国资本市场制度背景下的独立董事制度并不一定有效,所以上市公司可能将独立董事安排看成一种制度负担,自然就缺乏聘请高质量独立董事的需求。因此,在独立董事资源并不稀缺的情况下,如果上市公司仍选择此前曾在公司任职的独立董事,那么其初衷可能就并非是择优选聘,而是选择"熟知""有关系"的独立董事。基于上述分析,返聘的独立董事可能无法有效发挥监督作用,从而导致无法降低公司的违规。

结合上述两个小节对于独立董事制度有效性的讨论,可知现有文献结论不一致。鉴于这一问题的复杂性,独立董事制度的有效性仍需进一步检验与论证。

(二)独立董事制度经济后果

独立董事制度作为一种公司治理机制,在董事会中履行监督作用,且声誉机制为独立董事履行监督角色提供了激励(Fama,1980;Fama,Jensen,1983)。除了监督功能,独立董事还具有咨询功能(Fama,Jensen,1983;Adams,Ferreira,2007;Raheja,2005)。尽管如此,前期文献对独立董事能否履行监督职能结论并不一致。Rosenstein 和 Wyatt(1990)、Core 等(1999)、Barnhart 等(1994)等发现市场对独立董事进入董事会作出正向反映可以提高公司绩效。但是,另一些研究并未发现独立董事制度对公司绩效的贡献(Mehran,1995;Bhagat,Black,1999;Agrawal,Knoeber,1996;Nguyen,Nielsen,2010)。至于基于中国资本市场的研究,一些学者提供了独立董事引入与公司绩效的正向关系的证据(王跃堂 等,2006),部分学者发现独立董事引入与公司绩效并无统计意义相关性(于东智,2003),还有一些学者提供了独立董事比例与公司绩效呈显著反向关系的证据(王华,黄之骏,2006)。

上述不一致的结论可能是因为独立董事的独立性受到制约(比如被 CEO 任命)(Shivdasani，Yermack，1999）、董事会的内生决定性（Hermalin，Weisbach，1998）、独立董事对公司价值的贡献确实微小（Hermalin，Weisbach，1991；Nguyen，Nielsen，2010）。前期文献往往使用独立董事的比例来度量董事会独立性，但并未得出一致性结论。因此，一些文献基于CEO 与独立董事的相对任期（Hermalin，Weisbach，1998；Shivdasani，Yermack，1999）、独立董事的任期长度（Johnson et al.，1993；Nguyen，Nielsen，2010）、独立董事个人背景（年龄、性别、教育、多重董事、工作背景、政府背景、董事网络位置等）（Farrell，Hersch，2005；Fich，2005；唐松莲，胡奕明，2008；陈运森，谢德仁，2011）等视角来衡量独立董事的独立性及其对公司治理的影响。关于独立董事对公司行为的影响，前期文献关注了独立董事对会计欺诈、盈余信息质量、信息披露、审计质量、大股东资金占用等方面的影响（Beasley，1996；Weisbach，1988；叶康涛 等，2007）。

综上，现有文献并未对本节关注的独立董事返聘现象进行系统分析，本节借助这一特殊现象对独立董事制度有效性进行探究具有独特性；本节采用了公司内部纵向对比检验返聘独立董事的原因及经济后果，在一定程度上控制了独立董事选择受到公司治理结构、公司业绩等其他变量影响的内生性问题。此外，学术界对导致企业违规行为以及抑制企业违规行为的因素做了多方面探讨（张俊生，曾亚敏，2004；陆瑶，李茶，2016）。本节则从返聘独立董事出发，探究其对违规行为的影响，推进董事会与公司违规关系的研究。

三、研究假设

返聘的独立董事在返聘期时与其在首次任期时相比，可能在知识经验积累方面更具优势（学习效应），也可能进一步与大股东或管理当局缔结更为亲密的关系（关系效应）。更多的知识经验积累可能促使返聘的独立董事更好地履行独立董事的职责，但更亲密的关系则可能导致返聘的独立董事失去独立性，使得其监督作用被削弱。本节以下内容侧重于从返聘的独立董事所具有的"学习效应"与"关系效应"两个方面进行进一步深入分析。

（一）独立董事返聘与公司违规："学习效应"假说

虽然独立董事自身的专业知识和个人能力是基础，但充分的信息获取对独立董事履行监督和咨询职能至关重要（Johnson et al.，1993；Armstrong et al.，2010）。在任职初期，新任独立董事对上市公司状况并不熟悉，因此在有限的时间和精力的制约下，往往难以取得充分的信息来进行有效监督。但随着任职时间的延长与经验的累积，独立董事对公司经营和财务状况将更了解和熟悉，因而更有经验及胜任工作的能力（Dou et al.，2015；陈冬华，相加凤，2017；郭放，王立彦，2018）。基于此，独立董事处于返聘期时与其首次在同一家公司担任独立董事的时期相比，往往有更丰富的任职经验，因此能够更为充分地与董事会、管理当局进行交流，能更深入地了解公司的经营状况。基于此，经验的增长、信息获取可能性的增加以及更多的公司专属知识与行业知识，将有助于返聘的独立董事更好地履行其公司治理角色。

从内部信息获取角度来看,大股东或管理当局欲发挥独立董事的咨询或部分监督作用,就必须提供一定的信息。由于法律规定上市公司应保证独立董事享有与其他董事同等的知情权,所以管理当局通常并不愿意与独立董事分享充分的信息,以免决策行为受制于独立董事(Raheja,2005;Adams,Ferreira,2007;Armstrong et al.,2010)。因此,相对于内部董事,独立董事往往并不具有信息平等权,甚至处于信息劣势。实际上,非全职的独立董事通常在多家上市公司兼职,有限的精力也使得独立董事难以对企业进行充分的了解(于东智,2003;Armstrong et al.,2010)。在这种情况下,返聘的独立董事因拥有首次任职经历而掌握了更多的信息,更多的信息与经验有助于其监督角色的履行。

从学习效应角度来看,学习与经验积累能够改进工作效率[一个动态过程和学习过程(Yelle,1979)]。返聘的独立董事知识学习与经验积累带来的产出体现了边际增长,将能帮助独立董事更好地履行监督角色、降低企业违规。因此,基于独立董事的"学习效应",提出本节的第一个假设:

假设 10.1.1a:限定其他条件,与返聘的独立董事处于冷却期相比,当返聘的独立董事处于返聘期时,公司的违规次数更少。

(二)独立董事返聘与公司违规:"关系效应"假说

Williamson(2000)构建了一个制度分析框架,将社会制度分为非正式制度、制度环境、治理规则、资源分配与使用等四个层次,其中位于最高层次的非正式制度因素支配和影响低层次的治理规则(杜兴强 等,2017)。在中国情境下,在制度尚未规范或难以规范的领域,以文化为代表的非正式制度对公司治理机制有效性的影响深刻。譬如,《中华人民共和国公司法》和《关于在上市公司建立独立董事制度的指导意见》等法律法规在能否及如何选聘曾在本公司任职的独立董事方面并未做出明确规定,这留给上市公司一定的酌定权。因此,在独立董事返聘的过程中,非正式制度如文化、关系等因素将有可能发挥其作用。

在中国制度背景下,关系是商业成功的关键要素,人们往往尝试建立各种关系(Yang,1994;杜兴强,2018)。为此,在独立董事资源并不稀缺的背景下,上市公司仍选择曾在本公司任职的独立董事,将可能是基于"最高任期六年"的法律法规制约而必须更换独立董事,所以被动地进行轮换。上市公司选择返聘独立董事可能反映了大股东或管理当局相关的社会关系,亦可能涉及上市公司以再次聘任作为与独立董事之间的利益交换。一方面,对于独立董事而言,保持与大股东或管理当局的友好关系有利于其再次获得返聘;另一方面,建立、保持、加强与独立董事的友好关系能够帮助大股东或管理当局规避独立董事有效履职带来的监督与制约。基于此,独立董事返聘有可能强化独立董事与管理当局(大股东)之间的社会关系,但却损害了独立董事有效履职的独立性保证,增加了上市公司违规的可能性。

从熟悉效应角度出发来看,任职增加将导致独立董事(董事)以牺牲股东利益为代价与管理层建立社会关系,最终导致独立董事的独立性被削弱,阻碍其监督职能的有效履行(Vafeas,2003;郭放和王立彦,2018)。中国社会是一个情理社会(翟学伟,2004),情理法"三位一体"的通盘考虑体现了中国式观念(范忠信 等,1992)。独立董事首次在上市公司任职时，与大股东及管理当局间更少存在社会或私人联系，因此更可能遵守规范、保持独立性，履行监督职能。当独立董事被返聘后，随着任期增加，在公司任职时间更久，与被监督对象的交流沟通更多，在这一过程中建立人情关系的可能性更高。相比熟人，人们更倾向于伤害陌生人（杜兴强，2018），独立董事通过两次任职经历与管理当局或大股东发展成更为熟悉的社会关系，使得独立董事保护与其关系更不紧密的中小股东的利益的可能更小。因独立性被削弱，返聘的独立董事遵照法律法规、抑制管理当局及大股东的违规行为的作用将在很大程度上被抑制。因此，基于独立董事的"关系效应"，提出本节的第二个假设①：

假设10.1.1b： 限定其他条件，与返聘的独立董事处于冷却期相比，当返聘的独立董事处于返聘期时，公司的违规次数更多。

四、研究设计

(一)样本选择和数据来源

2001年中国证券监督管理委员会颁布的《关于在上市公司建立独立董事制度的指导意见》规定"在二〇〇三年六月三十日前，上市公司董事会成员中应当至少包括三分之一独立董事"，因此本节以2003年作为样本范围起始年。本节以2003—2016年沪深A股上市公司返聘的独立董事为研究样本，对样本进行如下初始处理，进行实证分析：(1)剔除金融保险行业观测值（得到6 586行观测值）；(2)剔除变量缺失观测值（得到5 482行观测值）；(3)对所有连续变量进行上下1%分位缩尾处理。

数据来源如下：独立董事任职数据来自中国研究数据服务平台（CNRDS）（缺失和错误的数据经手工查询年报补充和修改）；最终控制人的类型及上市公司交易状态数据来自中国经济研究中心（CCER）官网；市场化水平指数来自樊纲等（2011）及王小鲁等（2017）的研究；其他公司层面数据来自CSMAR数据库。值得指出的是，2005—2016年返聘独立董事的人数（存在独立董事返聘的公司数目）情况如下：2005年：1(1)；2006年：2(2)；2007年：10(8)；2008年：18(16)；2009年：31(29)；2010年：49(45)；2011年：86(78)；2012年：119(107)；2013年：150(133)；2014年：230(205)；2015年：295(257)；2016年：318(280)。

(二)研究模型

本节构建泊松回归模型[式(10.1.1)]检验假设10.1.1a和假设10.1.1b：

---

① 本节理论分析部分提出的是竞争性的研究假说，即如果"学习效应"假说成立，则表明独立董事制度有效；如果"关系效应"假说成立，则无法支持独立董事制度的有效性。只有在独立董事制度运作有效、可以改善公司治理的前提下，不同独立董事履职表现存在差异，上市公司才可能对高质量独立董事产生自发需求，通过独立董事任期内履职表现甄选更优秀的独立董事。但是，当独立董事制度仅是上市公司为迎合监管要求而设立的时，公司将不会基于独立董事的任职表现决定是否返聘独立董事。

$$
\begin{aligned}
\text{SANCTION\_NUM} = &\ \alpha_0 + \alpha_1 \text{POST\_COOL\_N} + \alpha_2 \text{FIRST} + \alpha_3 \text{DUAL} + \alpha_4 \text{BOARD} + \\
&\ \alpha_5 \text{MEET\_BOARD} + \alpha_6 \text{INDR} + \alpha_7 \text{BIG4} + \alpha_8 \text{SIZE} + \alpha_9 \text{LEV} + \alpha_{10} \text{BTM} + \\
&\ \alpha_{11} \text{RET} + \alpha_{12} \text{LAGACCR} + \alpha_{13} \text{ROE} + \alpha_{14} \text{LOSS} + \alpha_{15} \text{ST} + \alpha_{16} \text{STATE} + \\
&\ \alpha_{17} \text{LISTAGE} + \text{Industry Dummies} + \text{Year Dummies} + \varepsilon
\end{aligned}
\tag{10.1.1}
$$

上式中涉及 N 种划分返聘期与冷却期的变量:在返聘期的第 1 年,返聘独立董事抑制公司违规的能力高于冷却期(返聘期开始前 1 年,冷却期的最后 1 年);返聘期延续到第 2 年时,返聘独立董事抑制公司违规的能力高于冷却期(返聘期开始前 2 年,冷却期的最后 2 年)……其余以 N 为依据的分组变量延续上述思路,不再赘述。具体地,解释变量 POST_COOL_N($N=1,2,3,4,5,6,\text{ALL}$)等一系列虚拟变量在返聘的独立董事(在上市公司经历首次任期、离职后冷却期、再次被聘请的返聘期)返聘期开始、任期交接的时点后一年取 1,前一年取 0;POST_COOL_2 亦为虚拟变量,在返聘的独立董事(在上市公司经历首次任期、离职后冷却期、再次被聘请的返聘期)返聘期开始、任期交接的时点后二年取 1,前二年取 0;POST_COOL_N($N=3,4,5,6$)的变量设置逻辑与上述一致。由于一些其他不常见的原因使得独立董事的任期可能超过 6 年,因此本节还设置了 POST_COOL_ALL,当返聘独立董事在返聘期时全程取 1,在冷却期时全程取 0。换言之,式(10.1.1)中所提 POST_COOL 是以 N 为依据的分组哑变量。式(10.1.1)中,若回归系数 α_1 显著为负,则本节假设 10.1.1a 被经验证据支持;若 α_1 显著为正,则假设 10.1.1b 得到支持。

(三)变量定义

1.被解释变量

本节以公司违规的发生频率作为主要被解释变量,以公司违规的发生概率作为敏感性测试被解释变量。当年公司发生包括虚构利润、虚列资产、虚假叙述(误导性陈述)在内的虚假记载的次数记为 SANCTION_NUM;SANCTION_N 为公司违规虚拟变量,当年公司发生违规则赋值为 1,否则为 0。

2.解释变量

本节解释变量为返聘独立董事任期阶段的虚拟变量,返聘独立董事的工作经历分为三个阶段:首次任职期、冷却期(离任)、返聘期。PRE 代表返聘独立董事的首次任职期,COOL 代表返聘独立董事的冷却期,POST 代表返聘独立董事的返聘期间。[①] 根据涉及的任期时间长度范围的不同,本节解释变量有 7 个:(1)POST_COOL_1:在冷却期结束、返聘期开始时,令交接职位的时间点为 t,t 后 1 年取值为 1,t 前 1 年取值为 0;(2)POST_COOL_2～POST_COOL_6 以此类推;(3)POST_COOL_ALL:返聘独立董事在返聘期间所有年度时取值为 1,在冷却期所有年度时取值为 0。进一步测试中涉及的变量 PRE_COOL_N

[①] 独立董事于 6 月 30 日前上任,则视为当年在任;独立董事于 7 月 1 日后上任,视为下一年度在任;独立董事于当年 6 月 30 日前离任,视为任期截止到上一年度;独立董事于当年 7 月 1 日后离职,视为任期截止到当年。

（$N=1,2,3,4,5,6$）、PRE_COOL_ALL 取值原则与上述类似，例如，PRE_COOL_1 表示在首次任职结束、冷却期开始时，令交接职位的时点为 t，t 后 1 年取值为 0，t 前 1 年取值为 1。

3.控制变量

借鉴国内外文献（Chen et al.，2006；Wang et al.，2010；陆瑶，李茶，2016），本节控制了第一大股东持股比例（FIRST）、董事长与 CEO 两职合一（DUAL）、董事会规模（BOARD）、董事会会议次数（MEET_BOARD）、独立董事比例（INDR）、国际四大会计师事务所的虚拟变量（BIG4）、公司规模（SIZE）、财务杠杆（LEV）、账面市值比（BTM）、股票回报率（RET）、滞后一期的应计盈余（LAGACCR）、净资产收益率（ROE）、亏损虚拟变量（LOSS）、退市风险（ST）、最终控制人性质（STATE）、公司年龄（LISTAGE）、行业（INDUSTRY）和年度（YEAR）固定效应。具体变量符号、定义、衡量标准参见表 10.1.1。

表 10.1.1 变量说明

变量名称	说明
SANCTION_NUM	公司当年发生会计违规的数量
POST_COOL_N	返聘的独立董事冷却期结束、返聘期开始，任期交接时点后 N 年取 1；任期交接（其他独立董事在任）时点前 N 年取 0（N＝1,2,3,4,5,6）
POST_COOL_ALL	返聘独立董事的虚拟变量，返聘的独立董事冷却期结束、返聘期开始，任期交接后取 1；任期交接（其他独立董事在任）前取 0
FIRST	第一大股东持股比例，等于第一大股东持有股份与公司总股份的比值
DUAL	董事长与 CEO 两职合一的虚拟变量，若董事长与 CEO 两职合一则赋值为 1，否则为 0
BOARD	董事会规模，等于董事会总人数的自然对数
MEET_BOARD	等于当年召开董事会会议的自然对数
INDR	独立董事比例，等于独立董事人数与董事会总人数的比值
BIG4	会计师事务所虚拟变量，当公司聘请国际"四大"会计师事务所审计师时赋值为 1，否则赋值为 0
SIZE	公司规模，等于公司总资产的自然对数
LEV	财务杠杆，等于年末负债总额除以年末资产总额
BTM	账面市值比，等于账面价值与市场价值之比
RET	公司股票的年个股回报率
LAGACCR	滞后一期的应计盈余，应计盈余计算方法为：（营业利润－经营活动现金流）/总资产的滞后项
ROE	净资产收益率，等于净利润与股东权益的比值
LOSS	亏损虚拟变量，若公司净利润为负则赋值为 1，否则为 0
ST	退市风险的虚拟变量，如果公司处于"ST""＊ST""PT"状态之下则赋值为 1，否则为 0

续表

变量名称	说明
STATE	最终控制人性质,若公司的最终控制人是中央或地方政府、政府控股公司则赋值为1,否则赋值为0
LISTAGE	公司年龄,等于公司上市年限加1后,取自然对数
SANCTION_N	公司财务违规的虚拟变量,若上市公司当年发生财务违规[包括虚构利润、虚列资产、虚假记载(误导性陈述)]则取值为1,否则为0
PRE_COOL_N	返聘独立董事的虚拟变量,返聘的独立董事首次任期结束、冷却期开始(其他独立董事在任),任期交接前 N 年取1;任期交接后 N 年取0(N=1,2,3,4,5,6)
PRE_COOL_ALL	返聘独立董事的虚拟变量,返聘的独立董事首次任期结束、冷却期开始(其他独立董事在任),任期交接前取1;任期交接后取0
REHIRE	上市公司成立至今是否聘任过独立董事或返聘之前的独立董事,是则取1,否则取0
REHIRE_DUM	是否有返聘的独立董事在任,公司当年有返聘的董事在任取1,否则取0
REHIRE_FRE	返聘独立董事在任人数,公司当年有返聘的董事在任则取值为在任人数;否则取0
MATCH1	虚拟变量,若某位独立董事被返聘(考虑冷却期则取0),则 MATCH1 取值为1,但该独立董事在其他上市公司初次任职(非返聘)时 MACTH1 取值为0
MATCH2	虚拟变量,若某位独立董事被返聘(不考虑冷却期),则 MATCH2 取值为1,但该独立董事在其他上市公司初次任职(非返聘)时 MACTH2 取值为0
UNIV	公司办公地址所在省份的"985"和"211"工程大学数量
MKT	省级市场化指数,衡量我国省际制度发展与投资者保护的指标(樊纲 等,2011;王小鲁 等,2017)

资料来源:CNRDS,CCER,CSMAR 数据库,参考文献,作者手工整理;详细指标来源介绍参见正文的"样本选择和数据来源"部分。

五、实证结果

(一)描述性统计

表 10.1.2 列示了本节主要变量的描述性统计结果,公司违规次数(SANCTION_NUM)的均值为 0.055,最大值为 4,表明样本范围内上市公司违规次数最大为 4 次。返聘独立董事任期虚拟变量 POST_COOL_N(N=1,2,3,4,5,6)、POST_COOL_ALL 的观测值因限定年限长度不同而各不相同,POST 期占比普遍较小(POST_COOL 小于 50%)的原因在于:独立董事经历 PRE、COOL、POST 三个时段,时间线较长,POST 期往往处于本节样本右上限,因而样本量及占比均较少。由表 10.1.2 可知,本节控制变量描述性统计结果分布均在合理范围内。

表 10.1.2　描述性统计

变量	观测值	均值	标准差	最小值	1/4 分位数	中位数	3/4 分位数	最大值
SANCTION_NUM	5 482	0.055	0.289	0.000	0.000	0.000	0.000	4.000
POST_COOL_1	959	0.453	0.498	0.000	0.000	0.000	1.000	1.000
POST_COOL_2	1 828	0.423	0.494	0.000	0.000	0.000	1.000	1.000
POST_COOL_3	2 530	0.394	0.489	0.000	0.000	0.000	1.000	1.000
POST_COOL_4	2 920	0.379	0.485	0.000	0.000	0.000	1.000	1.000
POST_COOL_5	3 222	0.368	0.482	0.000	0.000	0.000	1.000	1.000
POST_COOL_6	3 458	0.357	0.479	0.000	0.000	0.000	1.000	1.000
POST_COOL_ALL	3 542	0.351	0.477	0.000	0.000	0.000	1.000	1.000
$FIRST$	5 482	35.523	15.202	9.000	23.550	33.575	47.670	71.540
DUAL	5 482	0.175	0.380	0.000	0.000	0.000	0.000	1.000
BOARD	5 482	2.225	0.222	1.609	2.197	2.197	2.398	2.833
MEET_BOARD	5 482	2.150	0.390	1.386	1.946	2.079	2.398	3.178
INDR	5 482	0.366	0.052	0.273	0.333	0.333	0.375	0.571
BIG4	5 482	0.075	0.264	0.000	0.000	0.000	0.000	1.000
SIZE	5 482	22.124	1.255	19.300	21.234	21.987	22.859	25.416
LEV	5 482	0.502	0.203	0.061	0.354	0.510	0.654	1.000
BTM	5 482	2.274	1.503	0.891	1.296	1.775	2.677	9.225
RET	5 482	0.358	0.845	−0.741	−0.209	0.101	0.683	3.591
LAGACCR	5 482	−0.004	0.094	−0.271	−0.056	−0.010	0.041	0.352
ROE	5 482	0.071	0.129	−0.618	0.031	0.075	0.126	0.468
LOSS	5 482	0.091	0.287	0.000	0.000	0.000	0.000	1.000
ST	5 482	0.041	0.197	0.000	0.000	0.000	0.000	1.000
STATE	5 482	0.547	0.498	0.000	0.000	1.000	1.000	1.000
LISTAGE	5 482	2.357	0.526	0.693	2.079	2.485	2.773	3.178

（二）Pearson 相关系数

表 10.1.3 列示了本节主要变量的 Pearson 相关系数（其他控制变量的系数从略、备索）。POST_COOL_N（$N=1,2,3,4,5,6$）、POST_COOL_ALL 与因变量企业违规次数（SANCTION_NUM）负相关，POST_COOL 与 SANCTION_NUM 的相关系数在 1‰～10‰水平上显著，这支持了假设 10.1.1a。此外，绝大部分变量两两之间的相关系数都较小，所以回归过程中不大可能产生严重的多重共线性问题。Pearson 相关系数仅刻画了单变量之间的关

系,还需控制其他因素的影响进行多元回归分析,进一步检验本节的假设。

表 10.1.3 Pearson 相关系数

变量		(1)	(2)	(3)	(4)	(5)	(6)	(7)	(8)
SANCTION_NUM	(1)	1.000							
POST_COOL_1	(2)	-0.054^*	1.000						
POST_COOL_2	(3)	-0.066^{***}	1.000	1.000					
POST_COOL_3	(4)	-0.056^{***}	1.000	1.000	1.000				
POST_COOL_4	(5)	-0.053^{***}	1.000	1.000	1.000	1.000			
POST_COOL_5	(6)	-0.049^{***}	1.000	1.000	1.000	1.000	1.000		
POST_COOL_6	(7)	-0.040^{**}	1.000	1.000	1.000	1.000	1.000^{***}	1.000	
POST_COOL_ALL	(8)	-0.040^{**}	1.000	1.000	1.000	1.000	1.000^{***}	1.000^{***}	1.000

注:***、**、*分别代表在 1%、5%、10%的水平上显著。

(三)多元回归分析结果:独立董事返聘期和冷却期与公司违规行为

本节使用泊松回归和式(10.1.1)对竞争性假设 10.1.1a 和假设 10.1.1b 进行检验(见表 10.1.4)。POST_COOL_N 代表返聘的独立董事在 COOL 期与 POST 期交接时点前后 N 年的虚拟变量($N=1,2,3,4,5,6$)。表 10.1.4 中第(1)~(6)列中,POST_COOL_N 的系数均显著(在 1%~10%显著性水平上)为负,说明当独立董事处于返聘期时,公司违规确实降低了。进一步地,泊松模型的平均边际效应(POST_COOL_N 对 SANCTION_NUM 的边际影响)分别为-4.18%、-4.85%、-3.63%、-3.48%、-3.12%、-2.73%,各自约占 SANCTION_NUM 均值(5.51%)的-75.86%、-88.02%、-65.88%、-63.16%、-56.62%、-49.55%。显然,这些结果不仅具有统计上的显著性,而且具有重要的经济意义。上述结果联合支持假设10.1.1a,表明上市公司在返聘的独立董事处于返聘期时的违规次数比在返聘的独立董事处于冷却期时的违规次数少,因此上市公司选择返聘的独立董事能够显著降低公司的违规。

表 10.1.4 的列(7)不再区分时间范围,而是以返聘的独立董事在 POST 期全部任职年度取 1、COOL 期全部任职年度取 0 设置虚拟变量(POST_COOL_ALL)。结果表明,POST_COOL_ALL 的系数在 5%水平上显著为负(系数=-0.433,z 值=-2.437),且平均边际效应(POST_COOL_ALL 对 SANCTION_NUM 的边际影响)为-2.77%,约占 SANCTION_NUM 均值(5.51%)的-50.27%,具有经济显著性。以上结果表明,独立董事返聘期内的公司违规相较于冷却期显著更低,这进一步支持了假设 10.1.1a。

在控制变量方面,第一大股东持股比例(FIRST)、公司规模(SIZE)、账面市值比(BTM)与公司违规行总体上呈显著负相关。此外,董事会会议次数(MEET_BOARD)、财务杠杆(LEV)、滞后一期的应计盈余(LAGACCR)[见列(1)~(3)]、亏损虚拟变量(LOSS)、退市风险(ST)与公司违规行为总体上呈显著正相关。

表 10.1.4　比较返聘独立董事返聘期（POST）与冷却期（COOL）的公司违规

变量	被解释变量：SANCTION_NUM						
	(1)	(2)	(3)	(4)	(5)	(6)	(7)
	$N=1$	$N=2$	$N=3$	$N=4$	$N=5$	$N=6$	$N=\text{ALL}$
	系数/z 值	系数/z 值	系数/z 值	系数/z 值	系数/z 值	系数/z 值	系数/z 值
POST_COOL_N	−0.573*	−0.721***	−0.554***	−0.532***	−0.493***	−0.431**	−0.433**
	(−1.794)	(−2.983)	(−2.714)	(−2.748)	(−2.584)	(−2.403)	(−2.437)
FIRST	−0.036***	−0.030**	−0.025**	−0.027***	−0.029***	−0.030***	−0.029***
	(−2.723)	(−2.380)	(−2.303)	(−2.879)	(−3.130)	(−3.337)	(−3.392)
DUAL	0.360	−0.018	0.151	0.188	0.186	0.189	0.154
	(1.113)	(−0.059)	(0.628)	(0.835)	(0.867)	(0.928)	(0.758)
BOARD	0.779	0.320	0.616	0.417	0.274	0.207	0.182
	(1.339)	(0.697)	(1.533)	(0.929)	(0.623)	(0.481)	(0.437)
MEET_BOARD	0.677*	0.307	0.400	0.527**	0.416*	0.442*	0.422*
	(1.728)	(1.091)	(1.480)	(2.069)	(1.723)	(1.828)	(1.778)
INDR	1.942	1.044	−0.432	0.147	−0.131	0.773	0.469
	(0.944)	(0.561)	(−0.244)	(0.089)	(−0.081)	(0.507)	(0.314)
BIG4	−0.504	−1.101	−1.507	−0.577	−0.298	−0.059	−0.171
	(−0.453)	(−1.049)	(−1.442)	(−0.889)	(−0.511)	(−0.114)	(−0.330)
SIZE	−0.446**	−0.345**	−0.456***	−0.403***	−0.420***	−0.456***	−0.397***
	(−2.443)	(−2.239)	(−3.603)	(−3.349)	(−3.527)	(−3.810)	(−3.402)
LEV	1.764*	1.981***	1.830***	1.791***	1.938***	2.193***	2.036***
	(1.889)	(3.059)	(2.980)	(3.154)	(3.574)	(4.005)	(3.807)
BTM	−0.142	−0.172**	−0.230***	−0.199**	−0.206**	−0.193**	−0.153*
	(−1.348)	(−2.003)	(−2.872)	(−2.245)	(−2.291)	(−2.290)	(−1.855)
RET	−0.703*	−0.047	−0.020	0.066	0.031	−0.008	−0.041
	(−1.840)	(−0.191)	(−0.091)	(0.322)	(0.153)	(−0.040)	(−0.215)
LAGACCR	3.104**	2.491***	2.611***	1.636	1.638	1.112	0.981
	(2.393)	(2.616)	(2.838)	(1.552)	(1.525)	(1.029)	(0.922)
ROE	0.312	0.035	−0.173	0.539	0.467	0.481	0.544
	(0.390)	(0.054)	(−0.370)	(1.018)	(0.884)	(0.939)	(1.047)
LOSS	1.137***	0.931***	0.819***	1.033***	0.938***	0.905***	0.929***
	(2.626)	(2.617)	(2.677)	(3.703)	(3.358)	(3.439)	(3.574)
ST	1.129**	0.951***	0.786***	0.438	0.321	0.147	0.149
	(2.571)	(2.587)	(2.624)	(1.352)	(1.003)	(0.471)	(0.478)
STATE	0.209	0.035	−0.072	−0.247	−0.264	−0.336*	−0.362*
	(0.584)	(0.133)	(−0.339)	(−1.210)	(−1.343)	(−1.761)	(−1.935)
LISTAGE	0.133	0.166	0.126	0.022	−0.012	−0.116	−0.077
	(0.250)	(0.455)	(0.443)	(0.089)	(−0.050)	(−0.533)	(−0.360)
截距	3.699	3.453	5.854*	4.870*	6.094**	7.016***	5.724**
	(0.906)	(1.004)	(1.956)	(1.814)	(2.312)	(2.720)	(2.234)

续表

变量	被解释变量:SANCTION_NUM						
	(1)	(2)	(3)	(4)	(5)	(6)	(7)
	$N=1$	$N=2$	$N=3$	$N=4$	$N=5$	$N=6$	$N=$ALL
	系数/z值	系数/z值	系数/z值	系数/z值	系数/z值	系数/z值	系数/z值
年度/行业	控制	控制	控制	控制	控制	控制	控制
观测值	959	1 828	2 530	2 920	3 222	3 458	3 542
Pseudo R^2	31.77%	25.65%	23.54%	21.40%	19.99%	19.48%	18.10%
Log Likelihood	−182.196	−358.500	−498.673	−591.264	−645.893	−697.032	−729.754
Wald Chi²	13 019.62***	21 114.81***	16 358.81***	12 977.85***	13 490.44***	10 343.77***	10 451.43***

注:***、**、*分别表示在1%、5%、10%的水平上显著;所有z值均经过了异方差稳健标准误(Huber-White)调整。

(四)敏感性测试

1.以是否存在公司违规作为被解释变量

本节敏感性测试的因变量由公司违规次数(SANCTION_NUM)变换为公司是否财务违规的虚拟变量(SANCTION_N),鉴于因变量由计数变量变更为虚拟变量,模型估计方法随之由泊松回归变更为 Logistic 回归。表 10.1.5 中,列(1)自变量 POST_COOL_1 与 SANTION_N 负相关、不显著,但在小于15%的水平上边际显著(系数=−0.590,$z=-1.598$,$p=0.110$);列(2)~(7)的自变量回归系数均在1%~10%水平上显著为负。上述结果表明,返聘的独立董事抑制公司违规的结论在整体上依然成立。

表 10.1.5 因变量敏感性测试:是否违规虚拟变量(SANCTION_N)

变量	被解释变量:SANCTION_N						
	(1)	(2)	(3)	(4)	(5)	(6)	(7)
	$N=1$	$N=2$	$N=3$	$N=4$	$N=5$	$N=6$	$N=$ALL
	系数/z值	系数/z值	系数/z值	系数/z值	系数/z值	系数/z值	系数/z值
POST_COOL_N	−0.590 (−1.598)	−0.744*** (−2.773)	−0.530** (−2.328)	−0.446** (−2.119)	−0.390* (−1.916)	−0.345* (−1.774)	−0.337* (−1.765)
截距	9.159* (1.903)	10.375*** (3.042)	1.726 (0.609)	−0.683 (−0.246)	−0.456 (−0.164)	−0.586 (−0.218)	−2.824 (−1.096)
行业/年度/控制变量	控制	控制	控制	控制	控制	控制	控制
观测值	812	1 595	2 377	2 766	3 053	3 364	3 445
Pseudo R^2	31.31%	23.03%	21.69%	18.63%	17.12%	17.31%	15.83%
Log Likelihood	−134.552	−268.594	−385.811	−460.372	−512.872	−554.153	−582.394
Wald Chi²	109.74***	169.23***	440.94***	437.07***	461.63***	232.01***	219.13***

注:***、**、*分别表示在1%、5%、10%的水平上显著;所有z值均经过了异方差稳健标准误(Huber-White)调整。限于文章篇幅,控制变量回归系数及z值在此不再列示(下同)。

2.考虑其他公司治理维度的敏感性测试

本节继续增加公司治理的其他考察维度,包括大股东资金占用、关联购销、关联担保、盈余管理,来进行敏感性测试。其中,大股东资金占用(TUL)使用大股东对上市公司的现金占用(一种赤裸裸的"掏空")来衡量。关联购销(RPT)是利用上市公司的总资产、资本结构以及市值账面比来衡量的,首先分年度、分行业对上市公司关联购销水平进行了回归分析,然后采用回归残差的绝对值表征异常关联购销水平(Jian,Wong,2010;陈冬华,相加凤,2017)。关联担保(RG)等于上市公司为股东、实际控制人及其关联方提供担保的余额除以期末净资产。公司的盈余管理(可操纵性应计,|DA|)等于根据修正的 Jones 模型计算的可操纵性应计利润的绝对值。

表 10.1.6 的 Panel A～D 表明,独立董事返聘期间,公司的大股东资金占用(TUL)低于冷却期(采纳其他应收款度量大股东资金占用的结果与之类似),关联购销水平(RPT)、关联担保水平(RG)、盈余管理(可操纵性应计,|DA|)水平低于冷却期。上述结果表明,本节主要发现可从公司违规维度拓展到大股东资金占用(现金侵占)、关联购销水平、关联担保水平和盈余管理等公司治理维度,这揭示了本节结果的稳健性,进一步支持了返聘独立董事有利于公司治理的提升。

表 10.1.6　独立董事返聘对其他公司治理维度的影响

Panel A:大股东资金占用(TUL)

变量	(1) N=1 系数/t 值	(2) N=2 系数/t 值	(3) N=3 系数/t 值	(4) N=4 系数/t 值	(5) N=5 系数/t 值	(6) N=6 系数/t 值	(7) N=ALL 系数/t 值
POST_COOL_N	−0.004*** (−6.454)	−0.002*** (−5.172)	−0.002*** (−6.212)	−0.001*** (−5.093)	−0.001*** (−4.858)	−0.001*** (−5.287)	−0.001*** (−5.181)
截距	−0.160*** (−189.338)	−0.088*** (−183.279)	−0.095*** (−248.928)	−0.093*** (−270.692)	−0.089*** (−281.111)	−0.089*** (−286.965)	−0.088*** (−293.852)
行业/年度/控制变量	控制	控制	控制	控制	控制	控制	控制
观测值	948	1 816	2 514	2 901	3 197	3 424	3 506
Adj_R^2	5.7%	14.2%	6.8%	5.5%	4.5%	3.8%	3.7%
F	1.29	6.82***	4.12***	3.75***	3.38***	3.05***	2.99***

Panel B:关联购销(RPT)

变量	(1) N=1 系数/t 值	(2) N=2 系数/t 值	(3) N=3 系数/t 值	(4) N=4 系数/t 值	(5) N=5 系数/t 值	(6) N=6 系数/t 值	(7) N=ALL 系数/t 值
POST_COOL_N	−0.050 (−1.456)	−0.056** (−2.171)	−0.047** (−2.194)	−0.032 (−1.443)	−0.038* (−1.725)	−0.037* (−1.693)	−0.038* (−1.752)
截距	−0.094 (−0.173)	−0.716* (−1.919)	−0.742** (−2.421)	−0.357 (−0.973)	−0.656* (−1.711)	−0.805** (−2.160)	−0.820** (−2.083)

续表

变量	(1)	(2)	(3)	(4)	(5)	(6)	(7)
	$N=1$	$N=2$	$N=3$	$N=4$	$N=5$	$N=6$	$N=$ALL
	系数/t值	系数/t值	系数/t值	系数/t值	系数/t值	系数/t值	系数/t值
行业/年度/控制变量	控制	控制	控制	控制	控制	控制	控制
观测值	835	1 600	2 203	2 547	2 818	3 019	3 085
Adj_R^2	23.71%	22.72%	22.45%	21.40%	23.09%	22.16%	22.16%
F	7.03***	11.69***	15.16***	16.41***	19.79***	20.10***	20.51***

Panel C:关联担保(RG)

变量	(1)	(2)	(3)	(4)	(5)	(6)	(7)
	$N=1$	$N=2$	$N=3$	$N=4$	$N=5$	$N=6$	$N=$ALL
	系数/t值	系数/t值	系数/t值	系数/t值	系数/t值	系数/t值	系数/t值
POST_COOL_N	−0.002	−0.003*	−0.004**	−0.005***	−0.005***	−0.005***	−0.005***
	(−0.729)	(−1.759)	(−2.104)	(−2.690)	(−2.781)	(−2.753)	(−2.835)
截距	−0.007	0.005	0.017	0.044	0.048	0.058*	0.058*
	(−0.133)	(0.151)	(0.550)	(1.455)	(1.584)	(1.892)	(1.926)
行业/年度/控制变量	控制	控制	控制	控制	控制	控制	控制
观测值	898	1 728	2 391	2 754	3 030	3 242	3 313
Adj_R^2	5.51%	3.15%	4.06%	4.29%	4.80%	5.59%	6.21%
F	2.14***	2.19***	3.11***	3.57***	4.18***	5.00***	5.57***

Panel D:盈余管理(可操纵性应计,|DA|)

变量	(1)	(2)	(3)	(4)	(5)	(6)	(7)
	$N=1$	$N=2$	$N=3$	$N=4$	$N=5$	$N=6$	$N=$ALL
	系数/t值	系数/t值	系数/t值	系数/t值	系数/t值	系数/t值	系数/t值
POST_COOL_N	−0.001	−0.007*	−0.006*	−0.007**	−0.007**	−0.006**	−0.006*
	(−0.180)	(−1.699)	(−1.917)	(−2.061)	(−2.183)	(−1.999)	(−1.942)
截距	0.247***	0.174***	0.226***	0.235***	0.211***	0.195***	0.192***
	(2.862)	(3.083)	(4.154)	(4.615)	(4.170)	(4.149)	(4.109)
行业/年度/控制变量	控制	控制	控制	控制	控制	控制	控制
观测值	944	1 808	2 503	2 880	3 168	3 389	3 462
Adj_R^2	6.82%	6.90%	8.71%	8.40%	9.12%	9.22%	9.20%
F	2.60***	4.04***	6.30***	6.86***	8.07***	8.64***	8.79***

注:***、**、*分别表示在1%、5%、10%的水平上显著;所有t值均经过了异方差稳健标准误(Huber-White)调整。

3.使用回归估计方法的敏感性测试

本节将式(10.1.1)的估计方法由泊松回归变换为 Ordered-Logistic 估计,因变量为公司违规次数(SANCTION_NUM)。表 10.1.7 中,POST_COOL_N、POST_COOL_ALL 均与上市公司是否违规负相关,自变量回归系数均在 1%～10% 水平上显著,由此可见表 10.1.7 结果与本节主回归结果一致,进一步支持了假设 10.1.1a。

表 10.1.7　使用 Ordered-Logistic 回归的敏感性测试

变量	被解释变量：SANCTION_NUM						
	(1)	(2)	(3)	(4)	(5)	(6)	(7)
	$N=1$	$N=2$	$N=3$	$N=4$	$N=5$	$N=6$	$N=$ALL
	系数/z 值	系数/z 值	系数/z 值	系数/z 值	系数/z 值	系数/z 值	系数/z 值
POST_COOL_N	-0.731^{**}	-0.763^{***}	-0.561^{**}	-0.469^{**}	-0.410^{**}	-0.361^{*}	-0.353^{*}
	(-2.013)	(-2.902)	(-2.484)	(-2.252)	(-2.025)	(-1.870)	(-1.860)
Constant cut1	-5.886	-8.258^{**}	-10.912^{***}	-8.552^{***}	-9.383^{***}	-10.216^{***}	-8.651^{***}
	(-1.096)	(-2.277)	(-3.544)	(-2.803)	(-3.102)	(-3.488)	(-3.011)
Constant cut2	-3.998	-6.539^{*}	-9.102^{***}	-6.806^{**}	-7.569^{**}	-8.430^{***}	-6.871^{**}
	(-0.749)	(-1.822)	(-3.005)	(-2.249)	(-2.521)	(-2.897)	(-2.408)
Constant cut3	-2.947	-5.608	-8.266^{***}	-6.004^{**}	-6.777^{**}	-7.545^{***}	-5.958^{**}
	(-0.547)	(-1.568)	(-2.713)	(-1.981)	(-2.249)	(-2.584)	(-2.079)
Constant cut4		-4.016	-6.395^{**}	-4.418	-5.200^{*}	-5.979^{**}	-4.395
		(-1.170)	(-2.177)	(-1.489)	(-1.757)	(-2.077)	(-1.550)
行业/年度/控制变量	控制	控制	控制	控制	控制	控制	控制
观测值	959	1 828	2 530	2 920	3 222	3 458	3 542
Pseudo R^2	29.47%	21.74%	19.74%	16.94%	15.82%	15.39%	14.15%
Log Likelihood	-170.314	-336.513	-472.169	-561.062	-616.289	-666.868	-698.335
Wald Chi^2	5 551.58***	9 601.81***	9 534.58***	9 797.31***	11 017.39***	7 765.22***	8 539.16***

注：*** 、** 、* 分别表示在 1%、5%、10% 的水平上显著;所有 z 值均经过了异方差稳健标准误(Huber-White)调整。

六、内生性测试与进一步测试

(一)内生性测试

1.内生性问题的理论分析

从理论上讲,独立董事可能倾向于选择优质企业,这给本节分析返聘独立董事对公司违规的影响带来内生性的困扰。如果独立董事在决定是否接受返聘时优先选择优质企业,那么说明进行独立董事返聘的企业本身的公司治理质量更高。如果对公司违规产生影响的是公司本身的治理质量而非返聘的独立董事的履职表现,那么在独立董事首次任期结束,接替其职位的其他独立董事在职的时候(也就是返聘的独立董事冷却期),公司治理质量似乎不应有所下降,因为若公司本身是优质企业,那么公司的治理质量无论是在独立董事首次聘任期、冷却期还是返聘期都是相对更高的。

但是,本节通过对拥有返聘独立董事的公司自身时间序列上的纵向对比发现,相比于冷却期,处于返聘独立董事返聘期的公司的违规情况更低。这一结果说明,那些拥有返聘的独立董事的公司,正是因为返聘独立董事的存在而导致返聘的独立董事不同任期内公司的违规情况不同,所以本节分析独立董事返聘对公司违规的影响时较少受到自选择问题——返聘的独立董事选择优质企业——的困扰。

为此,本节通过比较"某位被返聘的独立董事任职的公司的违规行为"与"该独立董事在其他上市公司初次任职(非返聘)的公司的违规行为",来判断内生性问题对本节结果的影响程度。如果上述两类公司在公司违规方面并不存在显著差异,则说明"返聘独立董事倾向于选择优质企业"的内生性问题存在的概率较低。未报告表格(限于篇幅从略、备索)的结果支持了本节上述猜想,说明"返聘独立董事倾向于选择优质企业"的内生性问题并不会导致本节结果出现太大偏差[①]。

2.Heckman 两阶段回归控制内生性

本节的表 10.1.4 侧重于对于返聘的独立董事的公司样本内部的纵向分析,无返聘独立董事的公司并不包含在样本中。上述非随机选择可能造成自选择偏差,为此本节使用Heckman 两阶段方法对样本的自选择问题进行修正。Heckman 两阶段回归的第一阶段估计了上市公司返聘独立董事(REHIRE)概率的 Probit 模型,解释变量包括公司所在省份的"985"和"211"工程大学数目(UNIV)、市场化水平指数(MKT)、董事会规模(BOARD)、公司规模(SIZE)、净资产收益率(ROE)。正如表 10.1.8 的 Panel A 所示,公司所在省份"985"和"211"工程高校数目与公司返聘独立董事显著负相关,公司所在省份市场化指数、董事会

[①]　具体地,本节设置一个虚拟变量 MACTH:若某位独立董事被公司返聘,则在首次任期、冷却期、返聘期整个连续期间 MACTH 均取值为 1,但该独立董事在其他上市公司初次任职(非返聘)时 MACTH 取值为 0。回归结果显示,MATCH 的系数并不显著。限于篇幅,结果从略但备索。

规模、公司规模、净资产收益率与公司返聘独立董事显著正相关[①]。

表 10.1.8　采用 Heckman 两阶段方法控制内生性

Panel A：第一阶段（被解释变量：REHIRE）

变量	系数	z 值
UNIV	-0.002^{***}	-4.629
MKT	0.007^{***}	3.620
BOARD	0.185^{***}	12.064
SIZE	0.038^{***}	14.355
ROE	0.068^{***}	3.870
年度/行业	控制	
观测值	21 824	
Pseudo_R^2	3.80%	
Log Likelihood	$-11\,810.523$	
LR Chi^2（p-value）	932.54^{***}（0.000）	

Panel B：第二阶段

变量	被解释变量：SANCTION_NUM						
	(1)	(2)	(3)	(4)	(5)	(6)	(7)
	$N=1$	$N=2$	$N=3$	$N=4$	$N=5$	$N=6$	$N=$ALL
	系数/z 值	系数/z 值	系数/z 值	系数/z 值	系数/z 值	系数/z 值	系数/z 值
POST_COOL_N	-0.583^*	-0.740^{***}	-0.550^{***}	-0.532^{***}	-0.496^{**}	-0.436^{**}	-0.438^{**}
	(-1.855)	(-3.031)	(-2.670)	(-2.711)	(-2.564)	(-2.381)	(-2.409)
IMR	-0.615	-0.715	-1.392	-3.164	-3.106	-2.615	-2.274
	(-0.139)	(-0.207)	(-0.440)	(-0.986)	(-1.005)	(-0.893)	(-0.795)
截距	7.504	6.521	11.432	18.021	19.078	17.925	15.315
	(0.405)	(0.434)	(0.827)	(1.280)	(1.414)	(1.401)	(1.225)

---

① 本节选取工具变量的依据如下：(1)公司所在省份"985"和"211"高校数目（UNIV）。知名高校会计学相关专业教师是上市公司独立董事选聘的重要来源，为此公司所在省"985"和"211"工程高校越多，较高治理水平的独立董事资源越丰富，公司选聘新独立董事的可选择性越大，则返聘的独立董事在返聘之前曾于其他公司任职独立董事的概率越低。(2)市场化指数（MKT）。公司所在省份市场化环境越好，公司运行越可能遵从市场化规则，越有动机聘请熟悉公司运行、能更好发挥监督与咨询功能的独立董事，所以越有动机返聘曾任职的独立董事。(3)董事会规模（BOARD）。董事会规模越大、所需独立董事人数越多（独立董事人数不少于 1/3），曾在公司任职的独立董事被返聘的机会则越多。(4)公司规模（SIZE）。公司规模越大，公司治理越规范，则公司越有动机聘请相对熟悉公司情况、能够发挥其监督与咨询功能的独立董事，因此曾于公司任职的独立董事被返聘的概率更高。(5)净资产收益率（ROE）。净资产收益率越高、经营绩效越好，公司越希望通过聘任相对熟悉公司运营情况、曾于公司任职的独立董事，借以向资本市场传递公司治理的良好"信号"。

续表

变量	被解释变量:SANCTION_NUM						
	(1)	(2)	(3)	(4)	(5)	(6)	(7)
	$N=1$	$N=2$	$N=3$	$N=4$	$N=5$	$N=6$	$N=$ALL
	系数/z 值	系数/z 值	系数/z 值	系数/z 值	系数/z 值	系数/z 值	系数/z 值
行业/年度/控制变量	控制	控制	控制	控制	控制	控制	控制
观测值	957	1 823	2 523	2 912	3 213	3 448	3 532
Pseudo R^2	32.45%	25.93%	23.60%	21.52%	20.25%	19.62%	18.21%
Log Likelihood	−180.276	−356.886	−497.880	−589.896	−643.337	−695.310	−728.249
Wald Chi^2	12 962.80***	21 574.47***	16 826.33***	15 590.44***	25 056.30***	9674.08***	9 782.26***

注:***、**、* 分别表示在 1%、5%、10% 的水平上显著;所有 z 值均经过了异方差稳健标准误(Huber-White)调整。

表 10.1.8 的 Panel B 报告了 Heckman 两阶段回归的结果,本节控制了逆米尔斯比率(IMR)以缓解可能存在的自选择偏误。正如 Panel B 的列(1)~(7)所示,POST_COOL_N($N=1,2,3,4,5,6$)与 POST_COOL_ALL 的回归系数均在 1%~10% 水平上显著为负,这表明假设 10.1.1a 依然被经验证据所支持。

3.使用倾向得分匹配(PSM)方法控制内生性

第一阶段选择全部上市公司为样本,根据是否存在返聘独立董事继续分组,对处理组和对照组按照半径<0.001 的阈值和 1∶1 进行倾向得分匹配。倾向得分匹配第一阶段的结果见表 10.1.9 的 Panel A。根据第一阶段回归结果以及平行假设检验,匹配前全样本控制组和对照组的变量间有显著差异;但是,在进行倾向得分匹配与平行假设检验后,控制组和对照组并无显著差异(见 Panel B)。上述结果说明了倾向得分匹配第一阶段匹配的相对合理性。在倾向得分匹配的第二阶段(见 Panel C),REHIRE_DUM 的系数在 10% 水平上显著为负,表明相比于无返聘独立董事在任的公司,存在独立董事返聘的上市公司的公司违规更少。

表 10.1.9　采用倾向得分匹配方法(PSM)控制内生性

Panel A:第一阶段

变量	被解释变量:REHIRE	
	系数	z 值
UNIV	−0.005***	−4.63
MKT	0.022***	3.62
BOARD	0.594***	12.06
SIZE	0.122***	14.36

续表

变量	被解释变量：REHIRE	
	系数	z 值
ROE	0.218 ***	3.87
截距	−4.773 ***	−22.77
年度/行业	控制	
观测值	21 824	
Pseudo R^2	3.80%	
Log Likelihood	−11 810.523	
LR Chi² (p-value)	932.54 *** (0.000)	

Panel B：组间差异分析

变量	全样本 Unmatched				匹配样本 Matched			
	Treated 均值 (N=5 460)	Control 均值 (N=16 364)	%bias	t 检验	Treated 均值 (N=5 369)	Control 均值 (N=5 369)	%bias	t 检验
UNIV	8.556	8.774	−2.4	−1.53	8.572	8.604	−0.4	−0.19
MKT	8.056	7.992	3.5	2.22 **	8.050	8.037	0.7	0.35
BOARD	2.223	2.163	28.3	18.46 ***	2.216	2.217	−0.2	−0.13
SIZE	22.120	21.842	21.9	14.00 ***	22.089	22.110	−1.7	−0.86
ROE	0.070	0.053	10.0	6.15 ***	0.069	0.070	−0.9	−0.49

Panel C：第二阶段

变量	被解释变量：SANCTION_NUM	
	系数	z 值
REHIRE_DUM	−0.204 *	−1.947
截距	3.641 **	1.995
行业/年度/控制变量	控制	
观测值	10 738	
Pseudo R^2	12.88%	
Log Likelihood	−2 124.545	
Wald Chi²	595.34 ***	

注：*** 、** 、* 分别表示在1%、5%、10%的水平上显著；所有z值均经过了异方差稳健标准误（Huber-White）调整。

4.内生性测试：使用针对返聘独立董事的匹配样本

独立董事通常不只在一家公司任职，因此在某公司被返聘的独立董事，可能是初次在其他公司任职（非返聘）。根据独立董事代码，本节将"某公司返聘的独立董事"与"在其他公司初次任职的同一独立董事"进行匹配，借以检验独立董事返聘与非返聘对公司违规的影响，即控制其他因素后，同一个（群）独立董事被返聘相比非返聘对公司违规的抑制是否有显著差别。MATCH1 为虚拟变量,若某位独立董事被返聘,则 MATCH1 取值为 1,但该独立董事在其他上市公司初次任职(非返聘)时 MACTH1 取值为 0。MACTH2 为虚拟变量,若某位独立董事被返聘(不考虑冷却期),则 MATCH2 取值为 1,但该独立董事在其他上市公司初次任职(非返聘)时 MACTH2 取值为 0。

如表 10.1.10 所示,MATCH1 和 MATCH2 的系数分别在 1% 和 5% 的水平上显著为负,表明独立董事在返聘状态下比在非返聘状态下能够更好地抑制公司违规。表 10.1.10 以同一个(群)独立董事的不同任职状态进行对比,从而在一定程度上可以控制遗漏变量的问题,为支持假设 10.1.1a 提供了进一步的经验证据。

表 10.1.10　内生性控制:匹配返聘的独立董事与其在其他上市公司任职(非返聘)的样本

变量	被解释变量:违规次数 SANCTION_NUM			
	系数	z 值	系数	z 值
MATCH1	-0.353^{***}	-2.997		
MATCH2			-0.302^{**}	-2.284
截距	5.016^{***}	3.142	5.808^{***}	3.041
行业/年度/控制变量	控制		控制	
观测值	9 386		7 087	
Pseudo R^2	14.95%		14.88%	
Log Likelihood	$-1\ 836.153$		$-1\ 284.360$	
Wald Chi^2	$15\ 474.57^{***}$		$11\ 019.49^{***}$	

注:*** 、** 、* 分别表示在 1%、5%、10% 的水平上显著;所有 z 值均经过了异方差稳健标准误(Huber-White)调整。

5.内生性测试:控制公司层面的固定效应

表 10.1.11 中,本节进一步控制公司层面的固定效应回归,目的是更好地控制可能存在的变量遗漏。表 10.1.11 中,POST_COOL_N($N=2,3,4,5,6$,ALL)的系数均为正显著,POST_COOL_1 的系数也边际显著($p=12.6\%$)。总体而言,公司层面的固定效应回归结果支持了本节主要结果。

表 10.1.11　采用公司层面的固定效应控制内生性[①]

变量	被解释变量:SANCTION_NUM						
	(1)	(2)	(3)	(4)	(5)	(6)	(7)
	$N=1$	$N=2$	$N=3$	$N=4$	$N=5$	$N=6$	$N=$ALL
	系数/z 值	系数/z 值	系数/z 值	系数/z 值	系数/z 值	系数/z 值	系数/z 值
POST_COOL_N	0.649	-0.468^{*}	-0.507^{*}	-0.585^{**}	-0.682^{***}	-0.817^{***}	-0.763^{***}
	(1.529)	(-1.777)	(-1.872)	(-2.284)	(-2.744)	(-3.347)	(-3.044)

---

①　对于泊松回归中的公司层面固定效应回归,计量软件如 STATA 并不报告截距项及 R^2(Wu et al.,2005;袁建国 等,2015)。

续表

变量	被解释变量：SANCTION_NUM						
	(1)	(2)	(3)	(4)	(5)	(6)	(7)
	N=1	N=2	N=3	N=4	N=5	N=6	N=ALL
	系数/z 值	系数/z 值	系数/z 值	系数/z 值	系数/z 值	系数/z 值	系数/z 值
公司/年度/控制变量	控制	控制	控制	控制	控制	控制	控制
观测值	71	174	293	377	433	500	524
Log Likelihood	−22.037 9	−92.196 2	−154.546 6	−197.727 5	−225.184 8	−253.297 6	−266.757 1
Wald Chi²	765.36***	864.66***	1254.89***	76.76***	83.75***	78.62***	71.31***

注：***、**、*分别表示在1%、5%、10%的水平上显著；所有z值均经过了异方差稳健标准误（Huber-White）调整。

(二)进一步测试

1.独立董事在首次任期与冷却期时公司违规的比较

本节构建泊松回归模型，比较独立董事在首次任期与冷却期时公司违规的差异。表10.1.12报告了模型的回归结果，其中 PRE_COOL_N 代表返聘的独立董事在首次任期（PRE）与冷却期（COOL）交接时点后 N 年的虚拟变量（$N=1,2,3,4,5,6$）。结果显示，除 PRE_COOL_1 的系数为负但不显著外，PRE_COOL_N（$N=2,3,4,5,6$）、PRE_COOL_ALL 的系数均在1%或5%的水平上负显著，支持了假设10.1.1a，表明首次任职期间与冷却期相比，当返聘的独立董事在首次任职时，公司违规次数更少。PRE_COOL_1系数不显著可能有两个方面原因：(1)在换届年，交接职位的两任独立董事对上市公司可能共同产生影响，两者的交互作用稀释了返聘独立董事对企业违规行为的抑制作用。(2)在换届第1年，冷却期新任独立董事尚未能对公司产生重要影响；亦有可能"新官上任三把火"，刚脱离冷却期的独立董事履职表现良好，没有显著增加企业违规行为。

上述发现表明，公司返聘特定的独立董事，是因为在冷却期前的首次任期内，其更好地履行了独立董事的职责，因此公司对比欲返聘的独立董事与当欲返聘的独立董事处于冷却期时公司聘请的其他独立董事的工作成效后，在制度允许的范围内，作出了续聘原独立董事而非新聘其他独立董事的决策。

表 10.1.12　比较独立董事在首次任期(PRE)与冷却期(COOL)时的公司违规

变量	被解释变量：SANCTION_NUM						
	(1)	(2)	(3)	(4)	(5)	(6)	(7)
	N=1	N=2	N=3	N=4	N=5	N=6	N=ALL
	系数/z 值	系数/z 值	系数/z 值	系数/z 值	系数/z 值	系数/z 值	系数/z 值
PRE_COOL_N	−0.345 (−1.287)	−0.515** (−2.457)	−0.425** (−2.316)	−0.499*** (−2.691)	−0.539*** (−2.882)	−0.549*** (−2.920)	−0.552*** (−2.973)

续表

变量	被解释变量：SANCTION_NUM						
	(1)	(2)	(3)	(4)	(5)	(6)	(7)
	$N=1$	$N=2$	$N=3$	$N=4$	$N=5$	$N=6$	$N=$ALL
	系数/z值	系数/z值	系数/z值	系数/z值	系数/z值	系数/z值	系数/z值
截距	5.140	9.133***	8.586***	10.257***	9.706***	7.578***	7.436***
	(1.305)	(2.891)	(2.886)	(3.793)	(3.929)	(3.132)	(3.160)
行业/年度/控制变量	控制	控制	控制	控制	控制	控制	控制
观测值	1 031	2 011	2 843	3 379	3 798	4 125	4 239
Pseudo R^2	24.26%	19.69%	20.08%	20.85%	20.33%	19.44%	19.08%
Log Likelihood	−205.411	−407.424	−552.952	−623.740	−685.916	−765.379	−797.780
Wald Chi²	19 282.22***	17 840.50***	26 228.80***	23 697.51***	27 705.14***	25 220.57***	6 755.73***

注：***、**、*分别表示在1%、5%、10%的水平上显著；所有z值均经过了异方差稳健标准误(Huber-White)调整。

2.返聘独立董事与公司违规：公司间的横向对比

表10.1.13使用泊松回归模型进行横向对比，进一步分析了返聘独立董事在任与否(REHIRE_DUM)及当年返聘独立董事数目(REHIRE_FRE)对公司违规次数的影响。公司间的横向对比使样本扩大到20 899个公司—年度观测值。如表10.1.13所示，自变量REHIRE_DUM与REHIRE_FRE的系数分别在5%(系数=−0.240,z=−2.199)与1%(系数=−0.244,z=−2.735)的水平上显著为负。上述结果表明，相比于无返聘独立董事的公司，拥有返聘独立董事人数更多的公司，违规次数显著更低。上述结果进一步支持了假设10.1.1a。

表10.1.13 返聘独立董事与公司违规(公司之间横向比较)①

变量	被解释变量：违规次数 SANCTION_NUM			
	(1)		(2)	
	系数	z值	系数	z值
REHIRE_DUM	−0.240**	−2.199		
REHIRE_FRE			−0.244***	−2.735
截距	3.618***	3.067	3.564***	3.020
行业/年度/控制变量	控制		控制	
观测值	20 899		20 899	

---

① 将样本限定为返聘独立董事的公司可以更好地比较返聘独立董事(返聘期)与当其在冷却期时接替其职位的其他独立董事对公司违规的影响是否存在差异，也在最大程度上使研究结果免受内生性问题的困扰。也就是说，实验组和对照组涉及的公司一致，差别主要在于同一(些)公司的不同时段——首次聘任期、冷却期与返聘期；因此，在同一(些)公司之间做时间序列的检验，可在很大程度上限制公司层面的其他未观测到的因素对实证结论的影响。

续表

变量	被解释变量:违规次数 SANCTION_NUM			
	(1)		(2)	
	系数	z 值	系数	z 值
Pseudo R^2	8.87%		8.90%	
Log Likelihood	−5 017.133		−5 015.574	
Wald Chi^2	4 685.24***		4 692.64***	

注：***、**、*分别表示在1%、5%、10%的水平上显著；所有 z 值均经过了异方差稳健标准误(Hu-ber-White)调整。

3.返聘独立董事的首次任期与返聘期的对比

本节主要关注返聘独立董事的经济后果，将返聘期与冷却期作比较，相关结论支持了独立董事返聘的"学习效应"。进而，本节检验了返聘独立董事在首次任期与冷却期的公司违规情况，发现被返聘的独立董事在首次任期就表现出比接任其职位的独立董事更高的治理质量。接着本节进一步将返聘独立董事的返聘期与首次聘期进行对照[①]，分析返聘的独立董事在返聘期与首个任期对公司治理（公司违规）方面的影响的差异。正如表 10.1.14 所示，在控制了其他因素之后，相比于首个聘期，返聘期的独立董事对公司违规起到了显著的抑制作用。

表 10.1.14　比较返聘独立董事返聘期(POST)与首次任期(PRE)时的公司违规

变量	被解释变量:违规次数 SANCTION_NUM			
	(1)		(2)	
	系数	z 值	系数	z 值
POST_PRE_1	−6.076***	−3.174		
POST_PRE_2			−2.138***	−3.745
截距	7.324	1.024	9.644	1.133
行业/年度/控制变量	控制		控制	
观测值	575		1 106	
Pseudo R^2	39.99%		26.91%	
Log Likelihood	−68.083		−124.737	
Wald Chi^2	11 274.58***		12 435.14***	

注：***、**、*分别表示在1%、5%、10%的水平上显著；所有 z 值均经过了异方差稳健标准误(Hu-ber-White)调整。

4.采纳其他返聘独立董事的度量

首先，本节采纳陈冬华和相加凤（2017）的变量，将首次任期≥3 年后离职、冷却期≤3 年

---

① 对照期间没有包括首次聘任期的原因在于，返聘独立董事首次聘任期与返聘期间存在相隔较长（均值 4.2 年）的冷却期，若直接将返聘期与冷却期比较，因为时间间隔较长，这可能会给实证检验带来其他未观测到因素的影响。

的独立董事界定为返聘独立董事。因为数据量大幅减少,泊松回归不收敛,所以采取 t 检验替代。如表 10.1.15 的 t 检验结果所有,针对 POST_COOL_N(N=1,2,3,4,5,6,ALL),SANCTION_NUM 在独立董事返聘期比冷却期均显著更低,说明相对于冷却期,独立董事返聘期时的公司的公司违规(SANCTION_NUM)显著更低。

表 10.1.15 返聘独立董事返聘期(POST)与冷却期(COOL)时的公司违规 t 检验

因变量	自变量	返聘期观测值	均值	冷却期观测值	均值	MeanDiff
SANCTION_NUM	POST_COOL_1	107	0.019	133	0.083	-0.064^{*}
SANCTION_NUM	POST_COOL_2	201	0.035	244	0.090	-0.055^{*}
SANCTION_NUM	POST_COOL_3	266	0.038	314	0.096	-0.058^{**}
SANCTION_NUM	POST_COOL_4	311	0.032	314	0.096	-0.063^{***}
SANCTION_NUM	POST_COOL_5	344	0.032	314	0.096	-0.064^{***}
SANCTION_NUM	POST_COOL_6	362	0.030	314	0.096	-0.065^{***}
SANCTION_NUM	POST_COOL_ALL	366	0.033	314	0.096	-0.063^{***}

注:$***$、$**$、$*$ 分别表示在 1%、5%、10% 的水平上显著。

其次,本节将首次任期(≥3 年)后离职、冷却期≤6 年的独立董事界定为返聘独立董事,构建变量 POST_COOL_N_R(N=1,2,3,4,5,6,ALL)。表 10.1.16 的结果整体上与本节的主回归结果一致。

表 10.1.16 采纳其他返聘独立董事度量的敏感性测试

变量	被解释变量:SANCTION_NUM						
	(1)	(2)	(3)	(4)	(5)	(6)	(7)
	系数/z 值	系数/z 值	系数/z 值	系数/z 值	系数/z 值	系数/z 值	系数/z 值
POST_COOL_N_R	-0.741	-0.724^{**}	-0.629^{**}	-0.620^{***}	-0.632^{***}	-0.583^{***}	-0.565^{***}
	(-1.638)	(-2.497)	(-2.531)	(-2.691)	(-2.823)	(-2.754)	(-2.683)
截距	4.131	6.676^{*}	10.154^{***}	8.560^{**}	9.417^{***}	8.803^{***}	8.803^{***}
	(0.828)	(1.801)	(3.048)	(2.559)	(2.852)	(2.982)	(3.010)
行业/年度/控制变量	控制	控制	控制	控制	控制	控制	控制
观测值	682	1 306	1 809	2 039	2 191	2 291	2 298
Pseudo R^2	33.07%	24.20%	22.89%	21.86%	21.13%	21.64%	21.43%
Log Likelihood	-112.574	-244.881	-341.539	-402.887	-435.990	-461.297	-465.004
Wald Chi^2	9 149.53***	12 300.06***	21 352.25***	14 406.04***	15 678.29***	15 447.17***	15 282.41***

注:$***$、$**$、$*$ 分别表示在 1%、5%、10% 的水平上显著;所有 z 值均经过了异方差稳健标准误(Huber-White)调整。POST_COOL_N_R(N=1,2,3,4,5,6,ALL)是指将首次任期(≥3 年)后离职、冷却期≤6 年的独立董事界定为返聘的独立董事;其他定义相同。

5.本节与"独立董事任期与公司治理"相关研究的区别与贡献

本节以独立董事任期(TENURE)为切入点,以独立董事任期长度为自变量、公司违规情况为因变量进行泊松回归,检验任期长度与公司违规行为的关系,以厘清本节的研究与"独立董事任期与公司治理"相关研究的区别与贡献。如表 10.1.17 的列(1)所示(全样本),TENURE 与公司违规(SANCTION_NUM)并不存在显著关系,不支持独立董事任期与公司治理效应之间的线性关系。进一步地,如表 10.1.17 的列(2)所示(全样本),TENURE 与 SANCTION_NUM 显著负相关,但 TENURE^2 与公司违规(SANCTION_NUM)显著正相关,说明 TENURE 与公司违规(SANCTION_NUM)之间并非是线性关系而是存在着非线性关系。

基于上述分析,可知"返聘独立董事与公司违规"的研究有别于"独立董事任期与公司治理"的研究。后者回答的是独立董事任期延续多久更合理的问题,而本节的研究主要回答"曾在公司任职过的独立董事,任期满或其他原因离职后,是否还应再成为公司选聘的对象及是否应被公司优先考虑再次聘请"。本节研究支持了至少在其再次被聘请的 6 年内,返聘独立董事存在更好的治理效果;选择返聘曾在公司任职、治理效果优于冷却期继任者的独立董事,有助于降低公司违规。

表 10.1.17 独立董事任期与公司违规

变量	被解释变量:违规次数 SANCTION_NUM			
	(1)		(2)	
	系数	z 值	系数	z 值
TENURE	−0.050	−1.626	−0.195**	−2.063
TENURE^2			0.029*	1.670
截距	3.650***	3.094	3.624***	3.068
行业/年度/控制变量	控制		控制	
观测值	20 899		20 899	
Pseudo R^2	8.85%		8.88%	
Log Likelihood	−5 018.479		−5 016.809	
Wald Chi^2	4 675.19***		4 682.77***	

注:***、**、* 分别表示在 1%、5%、10% 的水平上显著;所有 z 值均经过了异方差稳健标准误(Huber-White)调整。

七、研究结论

围绕独立董事返聘及其对公司违规的影响,本节提出两个竞争性的假说:基于"学习效应"的抑制效果假说与基于"关系效应"的助长效果假说。本节以 2003—2016 年沪深 A 股上市公司为样本进行研究,相关的研究结果表明:(1)上市公司返聘的独立董事在经历冷却期后再次被聘任时表现出了比冷却期的其他接任独立董事对上市公司违规行为更强的抑制作用。(2)进一步的检验发现,返聘独立董事在首次任职期间比在冷却期更好地抑制了上市公司违规行为,公司是比较了拟返聘的独立董事与冷却期的其他独立董事的履职表现后,在满足独立董事正式制度规范前提下,才作出了续聘原独立董事的决策。(3)此外,通过横向对比,本节研究发现有返聘独立董事在任的上市公司比无返聘独立董事在任的上市公司违规行为显著更低;相比于返聘独立董事在任人数更少的上市公司,返聘独立董事在任人数更多的上市公司违规次数显著更低。上述研究发现为"学习效应"提供了重要支持,表明上市公司返聘独立董事并非是基于首次任期与返聘独立董事建立的"关系"选择独立性更低、履职效果更差的独立董事,而是基于遴选高质量且能履行监督咨询职能独立董事的动机返聘独立董事。

本节研究结果具有一定的政策启示。首先,本节研究结论支持了独立董事的"学习效应"——返聘高质量独立董事可以有效抑制公司违规行为。基于此,公司应将曾在本公司任职的独立董事纳入独立董事候选人范围内,比较独立董事在任期间履职表现,择优进行聘任。该结论也为上市公司提供了一条减少公司违规的参考路径。其次,本节研究促使监管部门从外部制度完善以及制度执行两方面思考如何强化对返聘独立董事的有效约束,避免公司为了避开 6 年任期监管规范而"技术性地轮换独立董事",然后再进行返聘,由此导致独立董事的独立性被削弱的情况。最后,本节为独立董事制度有效性提供了支撑,为投资者理解中国资本市场中独立董事作用的发挥以及独立董事返聘现象提供了重要的经验证据。可以预期,独立董事返聘可以成为投资者分析公司治理的一个新的视角或信号,丰富投资者的信息获取维度,帮助投资者制定投资决策。

本节研究仍存在一些局限性。首先,尽管本节的发现支持了返聘独立董事的"学习效应"及其对公司违规的抑制作用,但无法测度"学习效应"与"关系效应"动态演化的过程及独立董事"学习效应"与"关系效应"发挥作用的约束条件。其次,本节发现了独立董事返聘对公司违规的抑制作用,但并未探讨独立董事返聘能否降低管理当局—股东之间的代理成本。最后,由于研究主题的制约,本节并未严格区分返聘独立董事的类型(如技术型与财务型、学者型与实务型等)。上述局限性将是未来研究进一步努力的方向。

参考文献

白重恩,刘俏,陆洲,等.2005. 中国上市公司治理结构的实证研究[J]. 经济研究,(2):81-91.

陈冬华,相加凤. 2017. 独立董事只能连任 6 年合理吗?——基于我国 A 股上市公司的实证研究[J]. 管理世界,(5):144-157.

陈运森,谢德仁,2011. 网络位置、独立董事治理与投资效率[J]. 管理世界,(7):113-127.

杜兴强,殷敬伟,赖少娟,2017. 论资排辈、CEO 任期与独立董事的异议行为[J]. 中国工业经济,(12):151-169.

杜兴强,2018. 殷勤款待与审计独立性:天下有白吃的午餐吗?[J]. 会计研究,(5):83-89.

樊纲,王小鲁,朱恒鹏,2011. 中国市场化指数:各地区市场化相对进程(2011 年)[M].北京:经济科学出版社.

范忠信,1992. 情理法与中国人[M]. 北京:中国人民大学出版社.

高明华,马守莉,2002. 独立董事制度与公司绩效关系的实证分析:兼论中国独立董事有效行权的制度环境[J]. 南开经济研究,(2):64-68.

郭放,王立彦,2018. 独立董事特征与两个任期内监督效果变化[J]. 产业经济评论,(2):69-85.

胡奕明,唐松莲,2008. 独立董事与上市公司盈余信息质量[J]. 管理世界,(9):149-160.

姜国华,岳衡,2005. 大股东占用上市公司资金与上市公司股票回报率关系的研究[J].管理世界,(9):119-126.

李增泉,孙铮,王志伟,2004."掏空"与所有权安排:来自我国上市公司大股东资金占用的经验证据[J]. 会计研究,(12):3-13.

陆瑶,李茶,2016. CEO 对董事会的影响力与上市公司违规犯罪[J]. 金融研究,(1):176-191.

谭劲松,2003. 独立董事"独立性"研究[J]. 中国工业经济,(10):64-73.

唐雪松,杜军,申慧,2010. 独立董事监督中的动机:基于独立意见的经验证据[J]. 管理世界,(9):138-149.

王兵,2007. 独立董事监督了吗？ 基于中国上市公司盈余质量的视角[J]. 金融研究,(1):109-121.

王华,黄之骏,2006. 经营者股权激励、董事会组成与企业价值:基于内生性视角的经验分析[J]. 管理世界,(9):101-116.

王小鲁,樊纲,余静文,2017. 中国分省份市场化指数报告[M]. 北京:社会科学文献出版社.

王跃堂,赵子夜,魏晓雁,2006. 董事会的独立性是否影响公司绩效？[J]. 经济研究,(5):62-73.

辛清泉,黄曼丽,易浩然,2013. 上市公司虚假陈述与独立董事监管处罚:基于独立董事个体视角的分析[J]. 管理世界,(5):131-143.

叶康涛,陆正飞,张志华,2007. 独立董事能否抑制大股东的"掏空"？[J]. 经济研究,(4):101-111.

于东智,2003. 董事会、公司治理与绩效:对中国上市公司的经验分析[J]. 中国社会科学,(3):29-41.

袁建国,侯青松,程晨,2015. 企业政治资源的诅咒效应:基于政治关联与企业技术创新的考察[J]. 管理世界,(1):139-155.

翟学伟,2004. 人情、面子与权力的再生产:情理社会中的社会交换方式[J]. 社会学研究,(5):48-57.

张俊生,曾亚敏,2004. 上市公司的失信行为:公司治理角度的分析[J]. 经济科学,(6):

87-95.

郑志刚,2010. 对公司治理内涵的重新认识[J]. 金融研究,(8):184-198.

ADAMS R B, FERREIRA D, 2007. A theory of friendly boards[J]. Journal of finance, 62(1): 217-250.

AGRAWAL A, KNOEBER C R, 1996. Firm performance and mechanisms to control agency problems between managers and shareholders [J]. Journal of financial & quantitative analysis, 31(3): 377-397.

ARMSTRONG C S, GUAY W R, WEBER J , 2010. The role of information and financial reporting in corporate governance and debt contracting[J]. Journal of accounting & economics, 50(2): 179-234.

BARNHART S W, MARR M W, ROSENSTEIN S, 1994. Firm performance and board composition: some new evidence[J]. Managerial & decision economics, 15(4): 329-340.

BEASLEY M S, 1996. An empirical analysis of the relation between the board of director composition and financial statement fraud[J]. Accounting review, 71(4): 443-465.

BHAGAT S, BLACK B, 1999. The uncertain relationship between board composition and firm performance[J]. Business lawyer, 54(3): 921-963.

CHEN G, FIRTH M, GAO D N, 2006. Ownership structure, corporate governance, and fraud: evidence from China[J]. Journal of corporate finance, 12(3): 424-448.

CORE J E, HOLTHAUSEN R W, LARCKER D F, 1999. Corporate governance, chief executive officer compensation, and firm performance[J]. Journal of financial economics, 51(2): 141-152.

DOU Y, SAHGAL S, ZHANG E J, 2015. Should independent directors have term limits? The role of experience in corporate governance[J]. Financial management, 44(3): 583-621.

FAMA E F, JENSEN M C, 1983. Separation of ownership and control[J]. Journal of law & economics, 26(2): 301-325.

FAMA E, 1980. Agency problems and the theory of the firm[J]. Journal of political economy, 88(2): 288-307.

FARRELL K A, HERSCH P L, 2005. Additions to corporate boards: the effect of gender[J]. Journal of corporate finance, 11(1): 85-106.

FICH E M, SHIVDASANI A, 2007. Financial fraud, director reputation, and shareholder wealth[J]. Journal of financial economics, 86(2): 306-336.

FICH E M, 2005. Are some outside directors better than others? Evidence from director appointments by fortune 1000 firms[J]. Journal of business, 78(5): 1943-1972.

HERMALIN B E, WEISBACH M S, 1991. The effects of board composition and direct incentives on firm performance[J]. Financial management, 20(4): 101-112.

HERMALIN B E, WEISBACH M S, 1998. Endogenously chosen boards of directors and their monitoring of the CEO[J]. American economic review, 88(1): 96-118.

JIAN M, WONG T J, 2010. Propping through related party transactions[J]. Review of accounting studies, 15(1): 70-105.

JOHNSON R A, HOSKISSON R E, HITT M A, 1993. Board of director involvement in restructuring: the effects of board versus managerial controls and characteristics [J]. Strategic management journal, 14(S1): 33-50.

MEHRAN H, 1995. Executive compensation structure, ownership, and firm performance[J]. Journal of financial economics, 38(2): 163-184.

NGUYEN B D, NIELSEN K M, 2010. The value of independent directors: evidence from sudden deaths[J]. Journal of financial economics, 98(3): 550-567.

RAHEJA C G, 2005. Determinants of board size and composition: a theory of corporate boards[J]. Journal of financial and quantitative analysis, 40(2): 283-306.

RAVINA E, SAPIENZA P, 2006. What do independent directors know? Evidence from their trading[J]. Cepr discussion papers, 23(3): 962-1003.

ROSENSTEIN S, WYATT J G, 1990. Outside directors, board independence, and shareholder wealth[J]. Journal of financial economics, 26(2): 175-191.

SHIVDASANI A, YERMACK D L, 1999. CEO involvement in the selection of new board members: an empirical analysis[J]. Journal of finance, 54(5): 1829-1853.

VAFEAS N, 2003. Length of board tenure and outside director independence[J]. Journal of business finance & accounting, 30(7-8): 1043-1064.

WANG T Y, WINTON A, YU X, 2010. Corporate fraud and business conditions: evidence from IPOs[J]. The journal of finance, 65(6): 2255-2292.

WEISBACH M S, 1988. Outside directors and CEO turnover[J]. Journal of financial economics, 20(88): 431-460.

WILLIAMSON O E, 2000. The new institutional economics: taking stock, looking ahead[J]. Global jurist, 38(3): 595-613.

WU S, LEVITAS E, PRIEM R L, 2005. CEO tenure and company invention under differing levels of technological dynamism[J]. Academy of management journal, 48(5): 859-873.

YANG M H, 1994. Gifts, favors, banquets: the art of social relationship in China [M]. Ithaca, NY: Cornell University Press.

YELLE L E, 1979. The learning curve: historical review and comprehensive survey [J]. Decision sciences, 10(2): 302-328.

第二节　券商—审计师绑定关系与 IPO 盈余管理

摘要:外部的中介机构是缓解 IPO 市场上信息不对称的重要保证。本节从中介机构的相互关系,即券商与审计师之间的绑定关系,来考察其对于拟 IPO 公司盈余管理行为的影响。本节选取 A 股市场的所有拟 IPO 公司作为样本,经实证研究发现,存在券商—审计师绑定关系的拟 IPO 公司,其上市前财务数据的盈余管理水平显著更高。此外,会计师事务所的行业专长弱化了券商—审计师绑定关系与 IPO 盈余管理水平之间的正相关关系。本节结果表明,券商和审计师之间的"过密"联系会损害审计独立性,从而加剧 IPO 过程中的信息不对称问题。这一研究结论为加强对拟 IPO 公司及中介机构的监管提供了借鉴。

一、引言

IPO 过程中投资者与拟 IPO 公司之间存在广泛的信息不对称情况(Teoh et al.,1998a)。一方面,公司在上市前不具有向公众披露财务情况等信息的义务;另一方面,媒体对于非上市公司的跟踪报道相较于上市公司往往更少。信息不对称的存在以及拟 IPO 公司对于提高股票发行价格、增加募集资金总数的需求,引起了 IPO 过程中的盈余管理行为(Teoh et al.,1998a; Teoh et al.,1998b; Aharony et al.,2000; Chen,Yuan,2004; Ball,Shivakumar,2008)。因而,为了向潜在投资者报告关于公司未来前景的信息,拟 IPO 公司聘请券商和审计师审查与核实公司的情况。中介机构通过其专业和独立的工作,了解和掌握关于公司财务状况、发展趋势等信息并向社会公众进行披露,从而有效地缓解信息不对称的情况。以往的文献通常分别地探讨券商或审计师的规模、声誉对于减轻信息不对称、抑制 IPO 盈余管理的作用(如 Beatty,1989; Lee,Masulis,2011)。然而,对券商—审计师之间由于业务合作而形成的绑定关系,及这一绑定关系对于公司 IPO 行为的影响却鲜有研究。特别地,由于中国 IPO 市场特殊的制度背景和竞争环境使得中介机构之间不能做到真正意义的(形式上和实质上)相互独立,因此形成了典型的绑定关系。最近两年 A 股 IPO 市场暴露了一系列严重的财务造假事件,使得数家证券公司和会计师事务所牵涉其中,财经新闻媒体更进一步挖掘了券商和审计师等中介机构在 IPO 利益链中的位置与相互关系相关结果表明中介机构之间特定的联系可能导致包庇和纵容拟 IPO 公司的盈余管理行为,削弱了其缓解信息不对称的作用。

为了进一步填补文献研究中的空白,同时为券商与审计师的业务绑定关系会加剧盈余管理水平的观点提供严谨的经验证据,本节以中国资本市场 A 股的拟 IPO 公司为样本,手工搜集了相关数据,并计算了券商与审计师之间的绑定关系,实证研究了绑定关系对 IPO 过程中公司的盈余管理行为的影响。本节的研究结果显示,具有券商—审计师绑定关系的拟 IPO 公司，其上市前财务数据的盈余管理水平显著更高。进一步地，会计师事务所行业专长削弱了券商—审计师绑定关系与 IPO 盈余管理水平之间的正相关关系，即相比于不具有行业专长的会计师事务所审计的公司，具有行业专长的会计师事务所审计的公司样本中券商—审计师绑定关系与盈余管理水平之间的正向关系显著更弱。实证结果表明，券商—审计师之间形成的"过密"联系的确损害了审计独立性，加剧了投资者与拟 IPO 公司之间信息不对称的情况，而会计师事务所的行业专长可以有效地缓解绑定关系的影响。

本节可能的贡献在于：第一，虽然关于审计师、券商与 IPO 盈余管理水平的前期研究有很多，但是把中介机构联系起来，考察它们之间的相互关系对于企业 IPO 行为影响的文献仍然存在空白。第二，本节的研究发现，由于券商在 IPO 市场中的强势和主导地位，因而存在审计师向券商妥协并损害自身独立性的情况。该发现进一步地补充了关于审计独立性的研究。第三，在中国 A 股的 IPO 市场面临财务自查风暴、拟 IPO 公司的财务数据备受质疑的背景之下，本节的结论为加强对拟 IPO 公司及相关中介机构的监管提供了重要的借鉴。

本节余下部分的安排如下：第二部分是制度环境、文献回顾和假设发展；第三部分是模型构建、变量定义和数据来源；第四部分是实证研究结果及分析；第五部分是敏感性测试与进一步测试；第六部分是结论及进一步的研究方向。

二、制度背景、文献回顾、理论分析与研究假设

（一）制度背景

中国 IPO 市场上券商和审计师面临着不同的竞争情况。一方面，由于新股发行实行保荐人制度而长期以来我国的保荐人市场都存在供不应求的状况，因而导致大型的券商联合占据了大部分的 IPO 市场份额。2003 年末中国证券监督管理委员会（以下简称证监会）发布了《证券发行上市保荐制度暂行办法》，保荐人制度于 2004 年开始正式施行。2004 年初证监会公布的首批保荐代表人名单中仅包括 609 人，其中有两家券商分别有 30 人以上具有保荐人资格，而超过一半的券商只有少于 10 个保荐代表人。可见，大型券商掌握了大量的保荐人"资源"从而占据大部分的 IPO 业务。根据中国证券业协会的统计，2006—2009 年排名前 3 名的券商负责包办了当年 IPO 业务募集资金总数的 50% 以上，并且承销费用排名第一的券商收取的承销保荐费占所有券商总收费的 20% 以上。2010 年至今，随着创业板的开启以及 IPO 公司数量的增长，中小券商获得快速的发展，但仍然由前十大券商包办了 IPO 业务募集资金总数的一半以上，而排名第一的券商收取的承销保荐费占所有券商收费的比例仍高达 12% 以上[①]。并且，券商获取的报酬也构成了拟 IPO 公司发行费用的绝大部分。根据 2012 年《证券时报》的报道，券商收取的承销保荐费用占 IPO 总发行费用的 85% 以上，

[①] 数据来源：中国证券业协会（http://www.sac.net.cn/.）分年统计的证券公司股票主承销金额排名。

其他各家中介机构,包括会计师事务所、律师事务所、评估机构等仅瓜分剩下 15％的发行费用①。可见,大规模的券商在 A 股 IPO 市场上不仅拥有高份额的市场占有率,而且获得了高收益的回报,占据了明显的竞争优势和地位。

另一方面,审计师则面临相对激烈的市场竞争(夏冬林,林震昊,2003;朱红军 等,2004;杜兴强 等,2011)。这主要是由我国上市公司/拟 IPO 公司的审计需求决定的。之前的文献发现我国的 IPO 公司缺乏对于高质量审计的需求,其原因是投资者认为大多数新上市公司的背后有政府的支持,因而其上市后的表现和发展的保障是政府力量而非上市前的财务状况(DeFond et al.,1999)。夏立军(2006)、朱红军等(2004)、王兵等(2009)等的研究进一步指出政府管制是中国上市公司最为重要的审计需求,即公司倾向于选择管制便利的事务所来对公司进行审计。因此,高质量的审计需求不足使得具有高声誉的会计师事务所无法占据绝对领先的竞争地位,而本地所、中小所等能为拟 IPO 公司提供管制便利,这导致了审计市场的地域分割和竞争激烈的现状。

正是由于券商与审计师在 IPO 市场中面临的竞争情况有所不同,以及它们在 IPO 业务中承担的责任和义务有所区别,因而导致两者在业务合作中难以保持地位平等及相互独立,并形成审计师对于券商的妥协与两者之间的捆绑关系。

(二)文献回顾

1.首次公开发行公司盈余管理行为

首次公开发行的公司由于股东和管理层的自利性动机而存在典型的盈余管理的行为(Teoh et al.,1998a;Teoh et al.,1998b;Aharony et al.,2000;Chen,Yuan,2004;Ball,Shivakumar,2008)。对于盈余管理的动机和影响因素的研究,构成了有关 IPO 盈余管理的文献的两个重要方面。

首先,提高发行价格、增加募集资金是 IPO 公司最重要的需求。Teoh 等(1998a)发现 IPO 公司具有显著更高水平的可操纵性应计,并且 IPO 当年的正向可操纵性应计和发行后股票糟糕的长期回报率之间存在显著的相关关系,由此认为 IPO 公司通过盈余管理来达成上市时的利益需求,并且在上市后遭受市场业绩的下滑。Healy 和 Wahlen(1999)指出管理层会调增报告的会计盈余以向投资者展示公司良好的发展前景,从而达到提高发行价格的目的。上市后可操纵性应计的转回则带来股价的下跌。DuCharme 等(2001)直接对 IPO 前盈余管理水平和发行价格之间的关系进行了研究,并发现发行前的可操纵性应计与发行价格正相关。我国学者从证监会对新股发行价格存在管制的制度背景出发,探讨 IPO 盈余管理与发行价格的关系。陈述云(2001)、胡旭阳和吴秋瑾(2004)的研究均发现会计盈余指标是决定新股发行价格的重要因素。陈胜蓝(2010)指出虽然监管机构对 IPO 发行价格的管制逐渐趋于放松,但是由于 IPO 定价制度本身的不完善,因而促使公司仍然具有通过操纵会计盈余以提高发行价格的动机;并提供了可操纵性应计与发行价格显著正相关的经验证

---

① 李东亮,2012. IPO 产业链:券商拿走 85％发行费[N]. 证券时报,2-22.

据。刘少波和李锦霖(2011)关注 2009 年度中国 IPO 市场上的普遍超募资金现象,认为这与控股股东及主承销商由于利益驱动而形成的推高发行价的合谋行为有关。

其次,一系列文献对影响 IPO 公司盈余管理的因素进行了研究。IPO 盈余管理行为增加了投资者与拟 IPO 公司之间的信息不对称程度,因而学者们关注能够约束和抑制 IPO 公司盈余管理的各项因素。Beatty(1989)的研究表明高质量的审计可以降低 IPO 的初始收益率,即缓解了首发过程中的信息不对称,从而减少 IPO 抑价程度。Lee 和 Masulis(2011)提供了关于高声誉的投行和风险资本能够显著降低 IPO 盈余管理的经验证据。Ball 和 Shivakumar(2008)、Armstrong 等(2008)的研究均指出,外部市场参与者对于 IPO 盈余管理具有约束效力,除了监管机构以外,审计师、投资银行、分析师以及财经媒体都会对财务信息进行层层监督;企业 IPO 时的盈余管理行为会在未来带来更大的诉讼风险,表明法律也在一定程度上发挥了阻碍发行前操控利润的行为的作用。此外,Morsfield 和 Tan(2006)的研究发现具有风险投资背景的公司在 IPO 当年的异常应计显著更低。Venkataraman 等(2008)则发现审计委员会具有缓解首次公开发行中盈余管理水平的作用。而对于中国 IPO 市场的研究,也提供了关于风险投资背景、审计质量、社会资本、企业生命周期以及发行制度改革等因素能够抑制上市前的盈余管理行为的证据(李仙,聂丽洁,2007;徐浩萍,陈超,2009;刘阳,彭韶兵,2012;潘越 等,2010)。

2.首次公开发行过程中券商对审计师选择的影响

券商和审计师作为公司 IPO 过程中两个重要的中介机构,他们之间的相互关系会对拟 IPO 公司的行为产生重大影响。很多的前期文献关注到投行对拟 IPO 公司的审计师选择的影响,Beatty 和 Ritter(1986)指出投行由于害怕受到市场或发行公司的"惩罚"而不能背离折价的均衡点,因此有动机敦促公司聘请高质量的审计师来保证信息的可靠性、维护自身声誉。Balvers 等(1988)的研究发现,有声望的投行更常使用有声誉的审计师,两者共同降低了首次公开发行公司关于未来前景的不确定性,帮助减少 IPO 折价的程度。Menon 和 Williams(1991)则认为,声誉良好的审计师可以降低投行获取可靠信息的成本,并增加拟 IPO 公司对投资者的吸引力,从而降低投行面临的风险。

国外的文献发现券商主要受到声誉机制的制约,从而有动机选择(或敦促发行公司选择)高声誉的审计师。但是,这与我国拟 IPO 公司缺乏高质量的审计需求的情况有所不符(DeFond et al.,1999),中国 IPO 市场中券商的主要需求仍然是通过提高发行价格获取更多的承销保荐费用。

综上,以往的文献或是分别地研究券商或审计师的规模和声誉对于减轻信息不对称、抑制 IPO 盈余管理的作用,或是从券商的角度考查其对于审计师选择的影响,很少有关于券商与审计师之间的直接关系及其对于上市前盈余管理行为影响的研究。本节将以券商与审计师的 IPO 业务合作关系界定他们之间的绑定关系,并分析和研究这一关系对于 IPO 盈余管理行为的影响。

(三)理论分析与研究假设

在制度完善、投资者保护充分的资本市场上,外部中介机构必须保持良好的独立性以维持声誉。而在中国 IPO 市场中,仍然缺乏制约拟 IPO 公司及中介机构机会主义行为的有力的法律制度和相应的监管执行机制。此前爆发的一系列恶劣的 IPO 财务造假事件即可以反映出中介方和公司"合谋"的现象屡禁不止。甚至,财经媒体更进一步披露了作为中介机构的券商和审计师之间也存在业务捆绑的情况。2011 年,《理财周报》上发布的相关统计结果显示,大量的大型券商都有与特定的会计师事务所合作的偏好,并且合作的次数占据券商 IPO 业务量相当大的比例①。下面,本节将逐步分析券商与审计师绑定关系的形成及其对 IPO 盈余管理行为的影响。

第一,券商和审计师作为参与公司 IPO 过程的两个重要的中介机构,其承担的风险与责任具有显著差异,导致它们与拟 IPO 公司的关系紧密程度不同。一方面,券商通常同时负责保荐和承销两项工作,即包括推荐公司申请上市以及发行时的股票销售和发行价格的制定。特别地,在股票承销环节,券商的利益与拟 IPO 公司密不可分。券商不仅按照实际募集资金的约定比例获取报酬,而且承担了股票滞销时的销售风险。因此,为了避免佣金的降低和包揽滞销股票的风险,券商倾向于"美化"拟 IPO 公司的财务业绩以吸引投资者。另一方面,审计师只针对公司的上市前的财务情况出具鉴证意见,并且为了维护审计独立性的需求,往往与拟 IPO 公司保持相对疏远的关系。因为审计师收费与审计风险和审计业务量相关,与拟 IPO 公司是否发行成功及上市时的表现并没有直接关系,所以相较于券商,审计师在 IPO 业务中的涉入程度和面临的风险都更小,同时与拟 IPO 公司保持更为独立的相互关系。

第二,在中国审计市场竞争激烈但 IPO 市场对高质量审计的需求不足的情况之下,审计师的独立性备受挑战(夏冬林,林震昃,2003;朱红军 等,2004;杜兴强 等,2011)。券商在 IPO 业务中与公司的紧密联系,使得券商能够显著地影响拟 IPO 公司的相关决策,包括审计师选择的决策。具体地,券商不仅可能建议公司替换正在合作的审计师,也可以在新的 IPO 业务中向客户介绍自己熟悉的审计师,为审计师带来更多的后续业务。由此,券商通过与审计师多次的 IPO 业务合作拥有了影响审计师经济利益的能力,从而促使审计师向券商的要求妥协,进而损害审计师的独立性。

第三,正如前文所述,中国 IPO 市场中券商的主要需求是提高发行价格、增加募集资金总数。资本市场的惩罚力度不足,一直被认为是 IPO 违规行为屡禁不止的原因之一(罗党论,杨毓,2013;苏文鹏,2013)。涉入 IPO 财务欺诈的券商,虽然会受到证监会的行政处罚,但是对其后续的其他 IPO 业务的影响并不大,投资者对其保荐的其他股票也没有作出相应

---

① 丁青云,2011. IPO 投行利益链:平安宠华普天健 国信爱鹏城[N]. 理财周报,8-01.

的处罚[①]。因此，券商在违规成本相对低的预期之下没有动机维护自身的声誉，反而会通过粉饰拟IPO公司的招股说明书以提高新股发行价格和增加募集资金总数。此外，拟IPO公司自身也缺乏对高质量审计的需求。因而，券商倾向于选择（或督促公司选择）自己熟悉的、更愿意配合的审计师。

第四，由于监管和处罚的乏力、声誉机制的失效，促使审计师和券商根据自身的需求达成共识，形成"合谋"，加剧了投资者和拟IPO公司之间的信息不对称程度。具体而言，券商为了提高发行价格和募集资金数，选择熟悉的审计师进行合作；而审计师为了获得更多的IPO市场份额，选择向券商和拟IPO公司的要求妥协，默许和纵容公司向上操纵盈余的盈余管理行为。并且，在多次的IPO业务合作（不只一家的拟IPO公司业务）中券商和审计师形成特定的绑定关系，即券商偏好特定的审计师，审计师配合特定的券商行为。可以合理预期的是，形成绑定关系的券商和审计师，其提供中介服务的拟IPO公司的盈余管理水平更高。

综合以上分析，本节提出第一个假设：

假设10.2.1：限定其他条件，拟IPO公司的盈余管理水平与券商—审计师的绑定关系正相关。

DeAngelo(1981)指出会计师事务所的行业专长会对审计质量产生影响。而审计质量的高低直接影响被审计公司的盈余管理行为。之前的文献研究发现，具有行业专长的会计师事务所显著增强了被审计公司的盈余质量。Dunn(2000)发现在财务分析师眼里，具有行业专长的会计师事务所审计的客户的信息披露质量更高。Balsam等(2003)提供了会计师事务所行业专长和所审计客户的可操纵性应计利润的绝对值显著负相关并且与盈余反应系数正相关的证据。另外，陈涛和张雁翎(2006)、苏菲(2012)以中国资本市场为背景，实证研究发现具有行业专长的审计师能够有效抑制被审计公司的盈余管理行为。因而，虽然审计师可能由于其IPO业务对券商的经济依赖性而向券商的要求妥协，损害自身审计独立性，但是会计师事务所的行业专长身份却具有相反的作用，即约束和抑制拟IPO公司的盈余管理行为。一方面，具有行业专长的会计师事务所更了解该行业的经营特点、竞争环境以及行业特定风险等信息，同时更好地掌握了检查和审计该行业财务报表的专业技能，从而有利于提高职业判断能力和审计工作的有效性。另一方面，相比于不具有行业专长的会计师事务所，具有行业专长的会计师事务所往往在该行业中拥有更高的品牌和声誉效应。假如被审计公司出现财务报表差错或瑕疵，具有行业专长的会计师事务所可能面临更多的潜在业务损失。因此，具有行业专长的审计师为了维护固有的声誉，会有更强烈的约束公司盈余管理行为的动机。

而对于券商—审计师的绑定关系，可以合理地预期，有行业专长的会计师事务所承受来

[①] 平安证券即是一个鲜明的例子，平安证券在过去3年间前后涉入了湖南胜景山河生物科技股份有限公司、万福生科股份有限公司、深圳海联讯科技股份有限公司等IPO财务造假事件中，甚至被指为IPO造假"惯犯"。但是平安证券在2010—2012年期间，无论是IPO承销数量、承销保荐收费还是承销金额，都位列全国券商的前三名。

自券商/拟 IPO 公司的压力的能力更大,其独立性受到经济利益威胁的程度也更小。有行业专长的会计师事务所由于专业能力强、声誉良好,在和券商的合作关系中获得相对高的地位,并且更有能力影响拟 IPO 公司及券商的决策,从而减轻了具有绑定关系的公司的盈余管理水平。因此,本节预测会计师事务所的行业专长有助于削弱券商—审计师的绑定关系和拟 IPO 公司盈余管理水平之间的正相关关系。基于以上分析,本节提出第二个假设:

　　假设 10.2.2:限定其他条件,会计师事务所行业专长削弱了券商—审计师绑定关系与盈余管理水平之间的正相关关系。

三、模型、变量和数据来源

(一)模型构建与关键变量

1.模型

为了实证检验假设 10.2.1,本节构建了如下的模型[式(10.2.1)]:

$$
\begin{aligned}
|DA| = &\ \alpha_0 + \alpha_1 BOND + \alpha_2 IND\_SPEC + \alpha_3 BIG4 + \alpha_4 REPT + \alpha_5 CONCENT + \alpha_6 OVERLAP + \\
&\ \alpha_7 SUCCESS + \alpha_8 FIRST + \alpha_9 BIG2\_5 + \alpha_{10} DUAL + \alpha_{11} INDR + \alpha_{12} BOARD + \\
&\ \alpha_{13} MAN\_SHR + \alpha_{14} SIZE + \alpha_{15} LEV + \alpha_{16} OCF + \alpha_{17} ROE + \alpha_{18} GROWTH + \\
&\ \alpha_{19} STATE + \alpha_{20} FIRMAGE + \text{Industry Dummies} + \text{Year Dummies} + \varepsilon
\end{aligned}
\tag{10.2.1}
$$

式(10.2.1)为 OLS 模型,其中:因变量 |DA| 表示拟 IPO 公司上市前的盈余管理水平,等于上市前两期的平均可操纵性应计的绝对值。拟 IPO 公司的可操纵性应计的计算详见下文。主要解释变量 BOND 为券商和审计师绑定关系的虚拟变量,即如果券商与特定审计师的 IPO 业务合作数量占券商总 IPO 业务量的 20% 以上则赋值为 1,否则为 0。并且,在处理样本时剔除了券商和审计师合作次数小于两次的情况,从而避免将偶然合作包含在绑定关系之中。若 BOND 的系数 α_1 为正并显著,则假设 10.2.1 得到经验证据的支持。

为了实证检验假设 10.2.2,本节构建了如下的模型[式(10.2.2)]:

$$
\begin{aligned}
|DA| = &\ \beta_0 + \beta_1 BOND + \beta_2 IND\_SPEC + \beta_3 BOND \times IND\_SPEC + \beta_4 BIG4 + \beta_5 REPT + \\
&\ \beta_6 CONCENT + \beta_7 OVERLAP + \beta_8 SUCCESS + \beta_9 FIRST + \beta_{10} BIG2\_5 + \beta_{11} DUAL + \\
&\ \beta_{12} INDR + \beta_{13} BOARD + \beta_{14} MAN\_SHR + \beta_{15} SIZE + \beta_{16} LEV + \beta_{17} OCF + \beta_{18} ROE + \\
&\ \beta_{19} GROWTH + \beta_{20} STATE + \beta_{21} FIRMAGE + \text{Industry Dummies} + \text{Year Dummies} + \zeta
\end{aligned}
$$

$$\tag{10.2.2}$$

式(10.2.2)在式(10.2.1)的基础上加入了券商—审计师绑定关系和会计师事务所行业专长变量的交乘项 BOND×IND_SPEC,其他变量与式(10.2.1)一致。若交乘项 BOND× IND_SPEC 的系数 β_3 为负并显著,则假设 10.2.2 得到经验证据的支持。

此外,式(10.2.1)、(10.2.2)还包括了一系列的控制变量:IND_SPEC 为会计师事务所行业专长变量,若会计师事务所在拟 IPO 公司所在行业拥有的客户数排名第一则取值为 1,否则为 0。BIG4 为四大会计师事务所的虚拟变量。REPT 为券商声誉变量,若券商在证券业协会的承销业务金额的排名中位于前十则取值为 1,否则为 0。CONCENT 为审计集中度变量,是以各会计师事务所的客户数目为基础计算的赫芬达尔指数。OVERLAP 表示券商和会计师事务所的行业专长重合,若券商和会计师事务所拥有的客户数同时在公司所处行业位列第一则取值为 1,否则为 0。SUCCESS 用以衡量券商和会计师事务所合作成功的概率,等于券商和会计师事务所上一期合作的、成功上市的业务占其合作业务量的百分比。公司治理变量包括:FIRST 表示第一大股东持股比例;BIG2_5 用以衡量股权制衡水平,等于第二至第五大股东持股比例之和;DUAL 为董事长和 CEO 两职合一的虚拟变量;INDR 为独立董事比例;BOARD 等于董事会总人数的自然对数;MAN_SHR 表示管理层的持股比例;SIZE 等于公司上市前最后一个完整会计年度的总资产取自然对数;LEV 等于公司上市前最后一个完整会计年度的总负债除以总资产的比例;OCF 为公司上市前的平均经营活动现金流量净额与滞后的总资产的比值;ROE 为公司上市前的平均净资产收益率;GROWTH 为上市前的平均销售收入变化;STATE 表示拟 IPO 公司的最终控制人性质,若公司的最终控制人是中央或地方政府、政府控股公司则赋值为 1,否则赋值为 0;FIRMAGE 等于截至公司申报上市时公司成立的年限取自然对数。此外,式(10.2.1)和(10.2.2)还控制了行业和年度虚拟变量。

2.券商—审计师绑定关系与盈余管理的衡量

本节依据如下步骤定义券商—审计师绑定关系变量:首先,对每一家券商的 IPO 业务次数进行统计;其次,对每一家券商和各家会计师事务所的 IPO 业务合作次数进行统计;最后,计算每一家券商与各家会计师事务所的 IPO 业务合作次数占该券商 IPO 业务次数的比例,若合作次数大于或等于两次且合作比例达到 20% 以上,则判断为存在券商—审计师绑定关系,并赋值为 1,否则为 0。

为了衡量拟 IPO 公司上市前的盈余管理水平,本节采用 Ball 和 Shivakumar(2008)的方法,分年分行业计算拟 IPO 公司的可操纵性应计:

$$ACC_{jt}/TA_{jt-1} = \beta_1(1/TA_{jt-1}) + \beta_2(\Delta REV_{jt}/TA_{jt-1}) + \beta_3(PPE_{jt}/TA_{jt-1}) +$$
$$\beta_4(\Delta CF_{jt}/TA_{jt-1}) + \beta_5 D\Delta CF_{jt} + \beta_6(\Delta CF_{jt}/TA_{jt-1}) \times D\Delta CF_{jt} + \varepsilon_{jt}$$

$$(10.2.3)$$

Ball 和 Shivakumar(2008)在 Jones 模型的基础上,加入经营活动现金流的变化量、经营活动现金流减少的虚拟变量以及两者的交乘项。Ball 和 Shivakumar 模型的优点在于考虑了公司对于盈利和损失确认的不对称性,并能够解释更大一部分的应计波动。本节计算各拟 IPO 公司上市前两期的可操纵性应计的绝对值,再取其平均值作为公司盈余管理水平的替代变量。

(二)样本与数据来源

为了获取拟 IPO 公司的上市前的财务数据,本节选取 2006—2012 年中国资本市场共

1 543例 IPO 申请公司作为初始样本①,并按照如下原则进行样本筛选:(1)剔除属于金融保险类上市公司的观测值 20 个;(2)剔除相关信息或财务资料缺失的观测值 155 个,最终获得共计 1 368 个样本观测值。值得说明的是,本节采用拟 IPO 公司样本,包括通过 IPO 审核的公司和未通过 IPO 审核的公司,以避免潜在的样本自选择问题。因为通过审核的公司本身的财务状况及盈余管理行为就可能与未通过审核的公司存在显著差异,从而导致对绑定关系和盈余管理水平之间关系的研究产生系统性偏差。

本节所采用的数据来源包括:(1)绑定关系数据为作者手工搜集、计算得到的。(2)拟 IPO 公司的盈余管理水平、会计师事务所行业专长、审计集中度、券商与会计师事务所行业专长的重合、上一期 IPO 成功比例以及拟 IPO 公司的公司治理和成立年限数据,均为作者根据拟 IPO 公司招股说明书的申报稿资料计算、统计得到的。(3)公司上市前的财务数据来自 WIND 数据库。(4)四大会计师事务所和券商声誉数据是分别从中国注册会计师协会网站和中国证券业协会网站上搜集得到的。为了避免极端值的影响,本节对所有连续变量进行了 1%和 99%分位的数据缩尾处理。

四、实证研究结果及分析

(一)描述性统计及 t/z 检验

表 10.2.1 的 Panel A 列示了本节采用的各个变量的描述统计结果,其中:(1)拟 IPO 公司上市前的平均可操纵性应计(绝对值)占总资产的 13.52%,显示了公司在上市前较高的盈余管理水平;(2)10.89%的拟 IPO 公司样本具有券商—审计师绑定关系;(3)33.77%的拟 IPO 公司选择了具有行业专长的会计师事务所;(4)由四大会计师事务所进行 IPO 审计的公司占样本的 3.36%;(5)41.37%的拟 IPO 公司由前十大券商进行保荐;(6)以 IPO 客户数计算的会计师事务所的赫芬达尔指数均值为 0.257 7;(7)3.44%的拟 IPO 公司的券商和会计师事务所在公司所在行业中同时具有行业专长;(8)券商和会计师事务所上一期合作业务中成功 IPO 上市的比例平均为 26.94%;(9)在公司治理变量方面,第一大股东平均持有50.52%的公司股份,而第二至第五大股东平均持有 36.07%的公司股份,37.72%的拟 IPO 公司的董事长和 CEO 由同一个人担任,独立董事的比例平均为 36.55%,董事会平均由 9 个人组成($e^{2.144\,2}$),管理层持股比例的均值为 37.27%;(10)拟 IPO 公司的总资产平均为 5.13亿元($e^{20.055\,5}$),财务杠杆均值为 0.474 1;(11)拟 IPO 公司上市前三年的平均经营活动现金流占总资产的比例的均值为 18.65%,平均净资产收益率的均值为 0.273 9,平均的销售收入增长率为 39.05%,反映了公司在上市前"名义上"的良好的财务状况;(12)13.60%的样本公司的最终控制人为政府部门或由政府控制的企业法人;(13)截至申报上市时,拟 IPO 公司

---

①　2004 年以前的未通过审核的拟 IPO 公司数据缺失严重,而 2005 年的 IPO"停摆"造成观测值偏少,因而本节的研究选择 2006 年以后的样本。

的平均成立年限为 6 年（$e^{1.8446}$）。

表 10.2.1　描述性统计和 t/z 检验

Panel A:变量的描述性统计

变量	观测值	均值	标准差	最小值	25%分位	中位数	75%分位	最大值
|DA|	1 368	0.135 2	0.133 3	0.001 5	0.053 4	0.098 9	0.168 9	1.402 0
BOND	1 368	0.108 9	0.311 7	0.000 0	0.000 0	0.000 0	0.000 0	1.000 0
IND_SPEC	1 368	0.337 7	0.473 1	0.000 0	0.000 0	0.000 0	1.000 0	1.000 0
BIG4	1 368	0.033 6	0.180 3	0.000 0	0.000 0	0.000 0	0.000 0	1.000 0
REPT	1 368	0.413 7	0.492 7	0.000 0	0.000 0	0.000 0	1.000 0	1.000 0
CONCENT	1 368	0.257 7	0.188 1	0.086 5	0.128 5	0.207 1	0.320 0	1.000 0
OVERLAP	1 368	0.034 4	0.182 2	0.000 0	0.000 0	0.000 0	0.000 0	1.000 0
SUCCESS	1 368	0.269 4	0.432 3	0.000 0	0.000 0	0.000 0	0.666 7	1.000 0
FIRST	1 368	0.505 2	0.187 2	0.139 8	0.360 2	0.500 0	0.650 0	0.959 5
BIG2_5	1 368	0.360 7	0.149 5	0.024 8	0.251 4	0.359 9	0.470 4	0.676 0
DUAL	1 368	0.377 2	0.484 9	0.000 0	0.000 0	0.000 0	1.000 0	1.000 0
INDR	1 368	0.365 5	0.048 4	0.250 0	0.333 3	0.333 3	0.400 0	0.750 0
BOARD	1 368	2.144 2	0.190 2	1.098 6	2.079 4	2.197 2	2.197 2	2.890 4
MAN_SHR	1 368	0.372 7	0.336 2	0.000 0	0.009 3	0.326 2	0.679 0	0.984 8
SIZE	1 368	20.055 5	1.049 2	18.301 5	19.356 2	19.843 9	20.546 3	24.715 4
LEV	1 368	0.474 1	0.160 0	0.081 6	0.360 2	0.476 8	0.593 8	0.847 5
OCF	1 368	0.186 5	0.129 0	0.022 1	0.103 4	0.155 1	0.230 4	0.743 1
ROE	1 368	0.273 9	0.102 9	0.087 7	0.201 7	0.257 7	0.324 7	0.644 6
GROWTH	1 368	0.390 5	0.292 7	0.046 2	0.205 3	0.312 0	0.490 3	1.766 6
STATE	1 368	0.136 0	0.342 9	0.000 0	0.000 0	0.000 0	0.000 0	1.000 0
FIRMAGE	1 368	1.844 6	0.786 2	0.000 0	1.386 3	2.079 4	2.397 9	3.049 2

Panel B:t/z 检验

变量	(1)BOND=1			(1)BOND=0			t 值	z 值
	均值	中位数	标准差	均值	中位数	标准差		
|DA|	0.154 7	0.115 3	0.176 8	0.132 8	0.097 7	0.126 8	1.90*	1.24
IND_SPEC	0.322 1	0.000 0	0.468 9	0.339 6	0.000 0	0.473 8	−0.43	−0.43
BIG4	0.026 8	0.000 0	0.162 2	0.034 5	0.000 0	0.182 5	−0.48	−0.486
REPT	0.033 6	0.000 0	0.180 7	0.460 2	0.000 0	0.498 6	−10.36***	−9.98***
CONCENT	0.308 4	0.250 0	0.229 4	0.251 5	0.200 0	0.181 5	3.50***	3.28***
OVERLAP	0.000 0	0.000 0	0.000 0	0.038 5	0.000 0	0.192 6	−2.44**	−2.44**
SUCCESS	0.238 3	0.000 0	0.412 0	0.273 2	0.000 0	0.434 7	−0.93	−0.85
FIRST	0.490 8	0.482 0	0.196 8	0.506 9	0.500 0	0.186 0	−0.99	−1.06
BIG2_5	0.364 8	0.371 5	0.152 8	0.360 1	0.359 0	0.149 1	0.36	0.57

续表

变量	(1)BOND＝1			(1)BOND＝0			t 值	z 值
	均值	中位数	标准差	均值	中位数	标准差		
DUAL	0.389 3	0.000 0	0.489 2	0.375 7	0.000 0	0.484 5	0.32	0.32
INDR	0.360 7	0.333 3	0.042 8	0.366 0	0.333 3	0.049 0	−1.27	−1.14
BOARD	20.163 7	20.197 2	0.174 0	20.141 8	20.197 2	0.192 0	1.32	1.05
MAN_SHR	0.399 9	0.415 2	0.332 4	0.369 4	0.296 5	0.336 7	1.05	0.99
SIZE	19.897 7	19.683 4	0.994 1	20.074 8	19.859 2	1.054 5	−1.95*	−2.46**
LEV	0.491 5	0.484 6	0.149 4	0.471 9	0.472 7	0.161 2	1.41	1.40
OCF	0.169 3	0.147 6	0.121 8	0.188 6	0.155 9	0.129 8	−1.73*	−2.03**
ROE	0.261 1	0.247 5	0.102 4	0.276 8	0.258 6	0.111 9	−1.63	−1.95*
GROWTH	0.390 3	0.297 1	0.298 4	0.390 5	0.312 1	0.292 1	−0.01	−0.19
STATE	0.127 5	0.000 0	0.334 7	0.137 0	0.000 0	0.344 0	−0.32	−0.32
FIRMAGE	1.886 2	2.079 4	0.763 6	1.839 5	2.079 4	0.789 1	0.68	0.76

注：***、**、*分别表示在 1％、5％、10％ 的水平上显著。

表 10.2.1 的 Panel B 报告了各变量按照券商—审计师绑定关系分组的 t/z 检验的结果。结果显示，有券商—审计师绑定关系组与无券商—审计师绑定关系组相比而言，IPO 盈余管理水平（|DA|）的均值 t 检验在 10％ 水平上正显著，而中位数 z 检验的 z 统计值为 1.24，这表明有券商—审计师绑定关系的拟 IPO 公司的平均盈余管理水平显著高于无绑定关系的拟 IPO 公司。此外，REPT、CONCENT、OVERLAP、SIZE、OCF 的均值和中位数在有券商—审计师绑定关系组和无绑定关系组均存在显著差异，ROE 的中位数在有券商—审计师绑定关系组和无绑定关系组差异显著。

(二)相关性分析

表 10.2.2 列示了各变量之间的 Pearson 相关系数。结果显示，|DA| 与 BOND 在 10％ 水平上显著正相关，相关系数为 0.051 3，初步表明了具有券商—审计师绑定关系的拟 IPO 公司上市前的盈余管理水平显著地更高，这与本节的假设 10.2.1 一致。进一步地，|DA| 与 IND_SPEC 之间相关系数为 −0.038 8，p 值为 0.151 6，初步表明选择具有行业专长会计师事务所的拟 IPO 公司，其上市前的盈余管理水平更低，这与本节的假设 10.2.2 一致。

此外，|DA| 与 BIG4、CONCENT、FIRST、BOARD、SIZE、LEV、STATE 显著负相关，表明由四大会计师事务所审计、处于审计集中度高的地区、第一大股东持股比例高、董事会规模大、资产规模大、财务杠杆高以及最终控制人为政府部门或政府控制下的企业的拟 IPO 公司上市前的盈余管理水平更低。|DA| 与 BIG2_5、DUAL、INDR、MAN_SHR、OCF、ROE、GROWTH 显著正相关，表明第二至第五大股东持股比例越高、董事长和总经理由同一人担任、独立董事比例越高、管理层持股比例越高以及上市前的平均经营活动现金流、净资产收益率和销售收入增长率越高，拟 IPO 公司的盈余管理水平更高。另外，各控制变量之间的相关系数较小，说明本节的研究模型不存在严重的多重共线性的问题。

表 10.2.2　Pearson 相关系数

变量		(1)	(2)	(3)	(4)	(5)	(6)	(7)	(8)	(9)	(10)	(11)	(12)	(13)	(14)	(15)	(16)	(17)	(18)	(19)	(20)	(21)
|DA|	(1)	1																				
BOND	(2)	0.051 3 *	1																			
IND_SPEC	(3)	-0.038 8	-0.011 5	1																		
BIG4	(4)	-0.100 2 ***	-0.013 1	-0.030 3	1																	
REPT	(5)	-0.006 6	-0.269 9 ***	0.021 5	0.090 3 ***	1																
CONCENT	(6)	-0.045 4 ***	0.094 3 ***	-0.041 9	-0.026 6	-0.040 8	1															
OVERLAP	(7)	-0.017 3	-0.065 9 ***	0.264 1 ***	-0.035 2	0.159 3 ***	0.011 7	1														
SUCCESS	(8)	-0.002 6	-0.025 2	0.000 3	-0.041 2	0.218 0 ***	0.034 6	0.041 2	1													
FIRST	(9)	-0.124 7 ***	-0.026 9	0.017 5	0.090 2 ***	0.040 8	0.072 6 ***	0.010 8	0.046 5 *	1												
BIG2_5	(10)	0.125 9 ***	0.009 7	-0.064 0 ***	-0.071 0 ***	-0.002 6	-0.074 4 ***	-0.019 1	-0.025 4	-0.677 2 ***	1											
DUAL	(11)	0.082 1 ***	0.008 7	0.062 9 ***	-0.053 1 ***	0.023 0	-0.057 7 ***	0.027 1	-0.021 1	0.033 5	-0.054 0 **	1										
INDR	(12)	0.089 2 ***	-0.034 2	0.022 0	0.005 4	0.032 6	-0.024 1	0.025 3	0.018 7	0.147 9 ***	-0.037 9	0.079 3 ***	1									
BOARD	(13)	-0.172 1 ***	0.035 8	0.004 6	0.058 0 ***	0.033 6	0.099 5 ***	-0.014 9	0.021 8	-0.102 3 ***	-0.024 3	-0.090 9 ***	-0.494 8 ***	1								
MAN_SHR	(14)	0.203 1 ***	0.028 3	0.002 7	-0.154 9 ***	0.000 0	-0.105 0 ***	-0.018 4	-0.014 4	-0.238 7 ***	0.183 2 ***	0.162 4 ***	0.140 3 ***	-0.213 1 ***	1							
SIZE	(15)	-0.448 8 ***	-0.052 6 ***	0.002 3	0.378 7 ***	0.143 1 ***	0.030 5	-0.003 4	0.017 2	0.194 3 ***	-0.181 8 ***	-0.146 7 ***	-0.031 2	0.260 0 ***	-0.344 6 ***	1						
LEV	(16)	-0.427 9 ***	0.038 2	-0.001 4	0.066 6 ***	-0.066 2 ***	0.048 4 *	-0.000 0	-0.042 2	0.116 7 ***	-0.125 4 ***	-0.116 6 ***	-0.025 7	0.127 2 ***	-0.177 7 ***	0.521 6 ***	1					
OCF	(17)	0.424 0 ***	-0.046 8	0.006 2	-0.032 5	0.045 0 *	-0.005 6	-0.041 5	0.040 6	-0.068 1 ***	0.123 5 ***	0.065 2 ***	0.043 2	-0.079 7 ***	0.118 4 ***	-0.251 4 ***	-0.379 3 ***	1				
ROE	(18)	0.411 8 ***	-0.044 0	0.020 7	-0.031 4	0.021 9	-0.002 8	-0.028 6	0.000 6	-0.035 0	0.096 5 ***	0.080 4 ***	0.109 1 ***	-0.135 4 ***	0.153 2 ***	-0.168 7 ***	-0.078 2 ***	0.529 4 ***	1			
GROWTH	(19)	0.429 7 ***	-0.000 1	0.002 0	0.004 7	0.041 7	-0.028 6	-0.031 4	-0.033 6	-0.082 8 ***	0.072 8 ***	0.060 9 ***	-0.000 5	-0.002 4	0.071 5 ***	-0.091 8 ***	-0.039 1	0.300 4 ***	0.278 2 ***	1		
STATE	(20)	-0.158 9 ***	-0.008 6	-0.039 8 ***	0.162 6 ***	0.026 2	0.105 0 ***	-0.016 3	-0.007 1	0.149 2 ***	-0.114 8 ***	-0.225 1 ***	-0.103 4 ***	0.260 9 ***	-0.373 9 ***	0.362 4 ***	0.130 4 ***	-0.081 1 ***	-0.167 8 ***	-0.070 2 ***	1	
FIRMAGE	(21)	-0.021 6	0.018 5	0.056 8 ***	-0.006 3	-0.019 1	-0.052 2 *	-0.001 5	0.085 1 ***	-0.029 5	0.007 8	0.086 3 ***	-0.030 0	0.029 2	0.035 3	-0.012 8	-0.077 2	-0.018 1	-0.088 5 ***	-0.049 2 ***	-0.054 1	1

注：***、**、* 分别表示在 1%、5%、10% 的水平上显著。序号表示的变量如下所示：（1）\|DA\|；（2）BOND；（3）IND_SPEC；（4）BIG4；（5）REPT；（6）CONCENT；（7）OVERLAP；（8）SUCCESS；（9）FIRST；（10）BIG2_5；（11）DUAL；（12）INDR；（13）BOARD；（14）MAN_SHR；（15）SIZE；（16）LEV；（17）OCF；（18）ROE；（19）GROWTH；（20）STATE；（21）FIRMAGE。

(三)多元回归结果及分析

1.券商—审计师绑定关系和 IPO 盈余管理

表 10.2.3 报告了券商—审计师绑定关系和 IPO 盈余管理的回归结果。本节采用 OLS 回归,并且为了避免异方差的影响,所有的 t 值均基于 White(1980)调整的标准误计算得到。表 10.2.3 的第(1)列报告了全样本下的回归结果,结果显示拟 IPO 公司的盈余管理水平 |DA| 与券商—审计师绑定关系 BOND 在 5% 水平上显著正相关(系数=0.030 2,t 值= 2.37),表明券商—审计师绑定关系的确增加了拟 IPO 公司的上市前的盈余管理水平,支持了本节的研究假设 10.2.1。此外,券商—审计师绑定关系 BOND 的系数显示,具有券商— 审计师绑定关系的拟 IPO 公司上市前的可操纵性应计比不具有绑定关系的拟 IPO 公司平均高 0.030 2,达到盈余管理水平(|DA|)均值的 22.34%,这一系数具有统计上和经济上的显著性。

表 10.2.3 的第(2)、(3)列报告了区分可操纵性应计正负符号的子样本的断尾回归 (truncated regression)结果。第(2)列中 BOND 对 |DA| 的回归系数在 1% 水平上显著正相关(系数=0.033 5,t 值=2.75);第(3)列中 BOND 对 |DA| 的回归系数为负但不显著(系数 =−0.036 3,t 值=−0.89)。这些结果说明,在 DA>0 组,即向上操控盈余的组别中,券商—审计师绑定关系与拟 IPO 公司上市前的盈余管理水平正相关;而在 DA<0 组,即向下操控盈余的组别中,券商—审计师绑定关系对拟 IPO 公司上市前的盈余管理水平没有影响。此外,DA>0 组的 BOND 的系数表明,具有券商—审计师绑定关系的拟 IPO 公司向上的可操纵性应计比不具有券商—审计师绑定关系的拟 IPO 公司平均高 0.033 5,为该组可操纵性应计均值的 26.59%(DA>0 组的可操纵性应计的均值为 0.126 0)。第(2)、(3)列结果进一步说明,券商—审计师绑定关系促进了拟 IPO 公司向上的盈余管理行为,而不影响拟 IPO 公司向下的盈余管理。

控制变量方面的结果如下:第(1)列的结果显示,|DA| 与 IND_SPEC、FIRST、SIZE 和 LEV 均显著负相关,表明具有行业专长的会计师事务所和外部债权人对拟 IPO 公司的盈余管理行为形成了有效的监督和约束,并且第一大股东持股比例越高、公司规模越大,拟 IPO 公司的盈余管理水平越低。|DA| 与 INDR、ROE、GROWTH 和 STATE 均显著正相关,表明独立董事比例越高、上市前的平均净资产收益率和销售收入增长率越高以及最终控制人为政府部门或者政府控制下的企业的拟 IPO 公司,其上市前的盈余管理水平越高。第 (2)列的结果显示,BIG4、SIZE、LEV、OCF 和 FIRMAGE 的系数均为负显著,说明由四大会计师事务所审计、公司规模大、财务杠杆高、上市前的平均经营活动现金流高以及成立年限长的拟 IPO 公司,其向上操纵盈余的程度更低;OVERLAP、ROE 和 GROWTH 的系数均为正显著,说明券商和审计师同为行业专家、上市前的平均净资产收益率和销售收入增长率高的拟 IPO 公司,其向上的盈余管理更高。第(3)列的回归结果显示,SUCCESS、OCF 和 GROWTH 均显著为负,反映了券商与审计师上一期 IPO 合作业务的成功率越高、公司上市前的平均经营活动现金流和销售收入增长率越高,拟 IPO 公司的向下的盈余管理水平越

低；OVERLAP 和 SIZE 的回归系数均显著为正，反映了券商和审计师同为行业专家以及规模大的拟 IPO 公司，其向下的盈余管理水平更高。

表 10.2.3　券商—审计师绑定关系与 IPO 盈余管理

变量	(1)全样本		(2)DA＞0		(3)DA＜0	
	系数	t 值	系数	t 值	系数	t 值
BOND	0.030 2**	2.37	0.033 5***	2.75	−0.036 3	−0.89
IND_SPEC	−0.017 3***	−3.01	−0.010 4	−1.38	0.008 6	0.23
BIG4	0.004 4	0.32	−0.046 9*	−1.68	−0.021 8	−0.07
REPT	0.001 6	0.25	0.000 8	0.11	−0.007 7	−0.23
CONCENT	−0.005 4	−0.39	0.021 3	1.03	0.051 0	0.61
OVERLAP	0.018 1	1.28	0.034 4*	1.79	0.217 9***	2.76
SUCCESS	−0.003 6	−0.56	0.004 1	0.49	−0.067 7**	−2.30
*F*IRST	−0.030 0*	−1.67	−0.016 5	−0.69	0.138 7	1.29
BIG2_5	−0.027 6	−1.21	−0.027 0	−0.84	−0.004 0	−0.03
DUAL	−0.004 3	−0.74	0.009 7	1.36	0.022 6	0.70
INDR	0.121 1*	1.86	−0.004 9	−0.06	−0.339 8	−0.80
BOARD	−0.025 1	−1.55	−0.035 5	−1.51	0.110 5	1.05
MAN_SHR	0.000 3	0.03	0.015 3	1.36	−0.024 5	−0.53
SIZE	−0.029 8***	−8.40	−0.043 8***	−6.25	0.212 2***	4.90
LEV	−0.230 0***	−9.30	−0.397 6***	−11.83	−0.254 8	−1.59
OCF	0.046 9	0.87	−0.197 4***	−4.39	−0.341 9***	−2.78
ROE	0.300 2***	5.56	0.635 2***	11.47	0.023 5	0.13
GROWTH	0.104 5***	4.17	0.077 3***	4.65	−0.052 0***	−2.91
STATE	0.013 8*	1.88	0.000 4	0.03	−0.069 3	−1.23
FIRMAGE	0.001 2	0.32	−0.018 8***	−2.74	0.033 5	1.40
截距	0.706 0***	8.38	1.063 4***	6.74	−3.308 1***	−3.69
行业	控制		控制		控制	
年度	控制		控制		控制	
Adj_R^2/Log likelihood	48.84%		1 759.04		406.99	
观测值	1 368		1 144		224	
F/Wald Chi^2(p-value)	18.01***(0.000 0)		571.61***(0.000 0)		80.04***(0.000 0)	

注：***、**、* 分别表示在 1%、5%、10% 的水平上显著；所有 t 值均经过了异方差稳健标准误（Huber-White）调整。

2.券商—审计师绑定关系、会计师事务所专长与 IPO 盈余管理

表 10.2.4 报告了券商—审计师绑定关系、会计师事务所专长和 IPO 盈余管理的回归结

果。结果显示,|DA|与 BOND 在 1%水平上显著正相关(系数＝0.045 2,t 值＝2.66),说明券商—审计师绑定关系增加了拟 IPO 公司上市前的盈余管理水平,这为本节的假设 10.2.1 提供了额外的经验证据的支持;|DA|与 IND_SPEC 在 5%水平上显著负相关(系数＝−0.012 1,t 值＝−2.08),说明具有行业专长的会计师事务所有效地降低了拟 IPO 公司的盈余管理水平。更重要地,券商—审计师绑定关系和会计师事务所行业专长的交乘项 BOND×IND_SPEC 的系数显著为负(系数＝−0.046 6,t 值＝−2.39),表明会计师事务所的行业专长削弱了券商—审计师绑定关系与拟 IPO 公司之间的正向关系,这支持了本节的研究假设 10.2.2。

在控制变量方面,除了第一大股东持股比例 FIRST 和管理层持股 MAN_SHR 以外,其他控制变量的符号和显著性水平均与表 10.2.3 中列(1)的结果保持高度一致,本节不再一一赘述。

表 10.2.4　券商—审计师绑定关系、会计师事务所专长与 IPO 盈余管理

变量	系数	t 值	p 值
BOND	0.045 2***	2.66	0.008
IND_SPEC	−0.012 1**	−2.08	0.038
BOND×IND_SPEC	−0.046 6**	−2.39	0.017
BIG4	0.004 6	−0.45	0.741
REPT	0.001 5	1.01	0.816
CONCENT	−0.006 2	−0.44	0.656
OVERLAP	0.014 4	0.33	0.310
SUCCESS	−0.002 8	0.23	0.663
FIRST	−0.029 7	−1.64	0.101
BIG2_5	−0.027 7	−1.21	0.226
DUAL	−0.003 8	−0.67	0.500
INDR	0.117 6*	1.80	0.072
BOARD	−0.023 9	−1.48	0.140
MAN_SHR	−0.000 5	−0.05	0.960
SIZE	−0.030 1***	−8.47	0.000
LEV	−0.229 0***	−9.32	0.000
OCF	0.044 9	0.84	0.400
ROE	0.301 9***	5.61	0.000
GROWTH	0.104 6***	4.21	0.000
STATE	0.015 2**	2.10	0.036
FIRMAGE	0.001 0	0.26	0.796
截距	0.711 2***	8.43	0.000
行业	控制		
年度	控制		
Adj_R²	49.06%		
观测值	1 368		
F(p-value)	17.52*** (0.000 0)		

注:***、**、*分别表示在 1%、5%、10%的水平上显著;所有 t 值均经过了异方差稳健标准误(Huber-White)调整。

五、敏感性测试和进一步检验结果及分析

为了避免研究结果是依赖于特定的变量的选择，以及考虑可能存在的内生性问题，本节进行了一系列的敏感性测试和进一步检验。

（一）以修正的 Jones 模型计算 IPO 盈余管理

表 10.2.5 列示了以修正的 Jones 模型（Dechow et al.，1995）计算盈余管理水平的回归结果。第（1）列显示，|DA| 与 BOND 在 5% 的水平上显著正相关（系数＝0.029 8，t 值＝2.41），表明券商—审计师绑定关系增加了拟 IPO 公司的盈余管理，进一步支持了本节的假设 10.2.1。第（2）列显示，BOND 的系数在 1% 水平上显著为正（系数＝0.046 4，t 值＝2.85），说明绑定关系与 IPO 盈余管理水平正相关，这与假设 10.2.1 一致；IND_SPEC 的系数在 10% 水平上显著为负（系数＝－0.012 4，t 值＝－1.68），表明会计师事务所具有行业专长的拟 IPO 公司的盈余管理更少。更进一步地，交乘项 BOND× IND_SPEC 的系数在 5% 水平上显著为负（系数＝－0.051 5，t 值＝－2.33），说明会计师事务所的行业专长削弱了券商—审计师绑定关系对 IPO 盈余管理的消极作用，这为假设 10.2.2 提供了进一步的经验证据的支持。

表 10.2.5　敏感性测试——以修正的 Jones 模型计算盈余管理水平

变量	(1)假设 10.2.1		(2)假设 10.2.2	
	系数	t 值	系数	t 值
BOND	0.029 8 **	2.41	0.046 4 ***	2.85
IND_SPEC	−0.018 1 **	−2.54	−0.012 4 *	−1.68
BOND×IND_SPEC			−0.051 5 **	−2.33
BIG4	0.007 9	0.53	0.008 1	0.54
REPT	−0.000 4	−0.05	−0.000 5	−0.08
CONCENT	0.000 1	0.01	−0.000 8	−0.05
OVERLAP	0.022 8	1.06	0.018 8	0.87
SUCCESS	−0.004 9	−0.61	−0.004 0	−0.50
FIRST	−0.031 9	−1.55	−0.031 5	−1.53
BIG2_5	−0.022 4	−0.81	−0.022 5	−0.82
DUAL	0.006 5	1.00	0.0070	1.08
INDR	0.078 0	1.05	0.074 2	1.00
BOARD	−0.044 2 **	−2.31	−0.042 9 **	−2.25
MAN_SHR	−0.000 1	−0.01	−0.001 0	−0.09
SIZE	−0.027 7 ***	−6.93	−0.028 1 ***	−6.98
LEV	−0.031 8	−1.06	−0.030 7	−1.02
OCF	0.280 8 ***	5.06	0.278 6 ***	5.06
ROE	0.057 4	1.40	0.059 3	1.45

续表

变量	(1)假设 10.2.1		(2)假设 10.2.2	
	系数	t 值	系数	t 值
GROWTH	0.110 4 ***	7.23	0.110 5 ***	7.34
STATE	0.015 1 *	1.88	0.016 6 **	2.07
FIRMAGE	−0.004 4	−1.00	−0.004 6	−1.06
截距	0.594 5 ***	6.11	0.600 2 ***	6.14
行业/年度	控制		控制	
Adj_ R^2	38.80%		39.02%	
观测值	1 368		1 368	
$F(p\text{-value})$	9.13 *** (0.000 0)		9.09 *** (0.000 0)	

注：***、**、* 分别表示在 1%、5%、10% 的水平上显著；所有 t 值均经过了异方差稳健标准误(Huber-White)调整。

(二)分别以 15% 和 25% 为标准定义券商—审计师绑定关系

本部分进一步将标准放宽至 15% 和 25% 重新定义券商—审计师绑定关系,并重复主回归。表 10.2.6 报告了分别以 15% 和 25% 为标准定义券商—审计师绑定关系的回归结果。第(1)、(2)列的结果显示,|DA| 和 BOND_15%、BOND_25% 均在 5% 水平上显著正相关(系数=0.019 6,0.031 5;t 值=2.49,2.04),反映了券商—审计师关系与 IPO 盈余管理水平正相关,这进一步支持了本节的假设 10.2.1。第(3)、(4)列的结果显示,|DA| 和 BOND_15%、BOND_25% 分别在 1% 和 5% 水平上显著正相关(系数=0.028 1,0.048 4;t 值=2.74,2.31),反映了券商—审计师关系增加了 IPO 盈余管理水平,这与本节的假设 10.2.1 一致;|DA| 和 IND_SPEC 分别在 10% 和 5% 水平上显著负相关(系数=−0.011 2,−0.012 8;t 值=−1.74,−2.20),表明具有行业专长的会计师事务所有效地约束了拟 IPO 公司的盈余管理行为。更重要地,|DA| 和交乘项 BOND_15%×IND_SPEC、BOND_25%×IND_SPEC 分别在 10% 和 5% 水平上显著负相关(系数=−0.026 5,−0.053 3;t 值=−1.82,−2.46),显示了具有行业专长的会计师事务所削弱了券商—审计师绑定关系和 IPO 盈余管理之间的正向关系,为本节的假设 10.2.2 提供了进一步的经验证据的支持。

表 10.2.6 敏感性测试——以 15% 和 25% 定义券商—审计师绑定关系

变量	假设 10.2.1				假设 10.2.2			
	(1)		(2)		(3)		(4)	
	系数	t 值	系数	t 值	系数	t 值	系数	t 值
BOND_15%	0.019 6 **	2.49			0.028 1 ***	2.74		
BOND_25%			0.031 5 **	2.04			0.048 4 **	2.31
IND_SPEC	−0.017 0 ***	−2.97	−0.017 1 ***	−2.98	−0.011 2 *	−1.74	−0.012 8 **	−2.20
BOND_15%×IND_SPEC					−0.026 5 *	−1.82		

续表

变量	假设 10.2.1				假设 10.2.2			
	(1)		(2)		(3)		(4)	
	系数	t 值	系数	t 值	系数	t 值	系数	t 值
BOND_25%×IND_SPEC							−0.053 3 **	−2.46
BIG4	0.003 0	0.21	0.003 6	0.26	0.002 3	0.17	0.003 8	0.27
REPT	−0.000 2	−0.04	0.000 2	0.04	−0.000 3	−0.05	0.000 2	0.03
CONCENT	−0.006 0	−0.44	−0.004 4	−0.32	−0.005 6	−0.40	−0.004 9	−0.36
OVERLAP	0.017 8	1.27	0.017 6	1.25	0.015 2	1.04	0.014 6	1.03
SUCCESS	−0.005 2	−0.80	−0.002 8	−0.43	−0.004 3	−0.68	−0.002 3	−0.37
FIRST	−0.029 1	−1.62	−0.031 0 *	−1.71	−0.028 8	−1.60	−0.031 1 *	−1.71
BIG2_5	−0.025 8	−1.13	−0.027 5	−1.21	−0.025 2	−1.10	−0.028 5	−1.25
DUAL	−0.003 9	−0.68	−0.004 0	−0.70	−0.003 5	−0.62	−0.004 0	−0.70
INDR	0.117 6 *	1.79	0.120 0 *	1.84	0.123 9 *	1.88	0.119 9 *	1.84
BOARD	−0.024 0	−1.47	−0.024 1	−1.50	−0.022 6	−1.38	−0.022 8	−1.42
MAN_SHR	0.000 4	0.05	0.000 4	0.04	0.000 0	0.00	0.000 1	0.01
SIZE	−0.030 0 ***	−8.44	−0.029 7 ***	−8.34	−0.030 1 ***	−8.45	−0.030 1 ***	−8.43
LEV	−0.229 6 ***	−9.27	−0.228 7 ***	−9.26	−0.228 6 ***	−9.27	−0.226 4 ***	−9.23
OCF	0.043 4	0.81	0.047 5	0.88	0.042 2	0.79	0.046 9	0.87
ROE	0.299 7 ***	5.55	0.297 9 ***	5.53	0.301 2 ***	5.58	0.298 0 ***	5.55
GROWTH	0.104 9 ***	4.19	0.105 0 ***	4.20	0.105 1 ***	4.22	0.104 8 ***	4.21
STATE	0.014 8 **	2.04	0.013 4 *	1.82	0.015 5 **	2.15	0.014 4 **	1.99
FIRMAGE	0.001 1	0.29	0.001 1	0.29	0.001 0	0.28	0.000 9	0.25
截距	0.706 1 ***	8.33	0.705 5 ***	8.36	0.700 0 ***	8.23	0.708 0 ***	8.38
行业/年度	控制		控制		控制		控制	
Adj_R^2	48.73%		48.77%		48.83%		48.98%	
观测值	1 368		1 368		1 368		1 368	
F(p-value)	17.94 *** (0.002 0)		17.97 *** (0.000 0)		17.40 *** (0.000 0)		17.54 *** (0.000 0)	

注：***、**、* 分别表示在 1%、5%、10% 的水平上显著；所有 t 值均经过了异方差稳健标准误（Huber-White）调整。

（三）分别按照会计师事务所规模、最终控制人性质和拟上市板块进行分组检验

本节进一步区分四大/非四大会计师事务所、国有/非国有企业以及中小板和创业板/主板子样本，对假设 10.2.1 和假设 10.2.2 进行检验。表 10.2.7 中列示了分子样本回归的结果。

表 10.2.7　进一步检验——券商—审计师绑定关系、会计师事务所专长和盈余管理分组测试

变量	假设 10.2.1						假设 10.2.2					
	四大/非四大分组		国有/非国有分组		拟上市板块分组		四大/非四大分组		国有/非国有分组		拟上市板块分组	
	(1) 四大	(2) 非四大	(3) 国有	(4) 非国有	(5) 中小板及创业板	(6) 主板	(7) 四大	(8) 非四大	(9) 国有	(10) 非国有	(11) 中小板及创业板	(12) 主板
	系数 (t 值)	系数 (t 值)	系数 (t 值)	系数 (t 值)	系数 (t 值)	系数 (t 值)	系数 (t 值)	系数 (t 值)	系数 (t 值)	系数 (t 值)	系数 (t 值)	系数 (t 值)
BOND	-0.029 2 (-0.63)	0.023 2*** (2.62)	0.020 5 (1.06)	0.021 0* (2.20)	0.024 9*** (2.81)	0.004 8 (0.22)	-0.025 1 (-0.60)	0.034 7*** (3.01)	0.027 1 (0.98)	0.032 4*** (2.68)	0.038 1*** (3.33)	-0.023 9 (-1.18)
IND_SPEC	0.005 6 (0.23)	-0.018 1*** (-2.97)	-0.020 0 (-1.55)	-0.016 0** (-2.47)	-0.018 1*** (-2.84)	-0.012 5 (-1.08)	0.029 6 (1.05)	-0.014 4** (-2.31)	-0.017 9 (-1.37)	-0.012 4* (-1.87)	-0.013 7** (-2.09)	-0.014 7 (-1.22)
BOND×IND_SPEC							-0.221 3* (-2.15)	-0.035 6** (-2.30)	-0.015 3 (-0.46)	-0.037 5** (-2.23)	-0.041 8*** (-2.66)	0.050 9 (1.46)
BIG4	—	—	-0.008 3 (-0.44)	0.0063 (0.42)	-0.024 6 (-1.30)	0.004 7 (0.47)	—	—	-0.008 6 (-0.46)	0.007 3 (0.48)	-0.024 6 (-1.31)	0.004 3 (0.42)
REPT	0.002 5 (0.11)	0.001 3 (0.24)	0.004 0 (0.39)	0.001 2 (0.22)	0.000 6 (0.12)	0.007 7 (0.79)	-0.011 5 (-0.55)	0.001 0 (0.19)	0.004 4 (0.42)	0.000 8 (0.14)	0.000 3 (0.06)	0.009 6 (0.95)
CONCENT	-0.009 3 (-0.16)	-0.001 6 (-0.12)	-0.017 8 (-0.70)	0.006 3 (0.40)	-0.002 9 (-0.20)	-0.023 5 (-1.04)	-0.021 6 (-0.33)	-0.002 1 (-0.16)	-0.016 4 (-0.65)	0.004 4 (0.28)	-0.003 5 (-0.24)	-0.0212 (-0.97)
OVERLAP	0.038 1 (1.05)	0.001 7 (0.32)	0.006 2 (0.62)	0.000 8 (0.15)	0.003 8 (0.70)	-0.007 4 (-0.93)	0.053 8 (1.61)	0.001 7 (0.33)	0.005 8 (0.58)	0.000 9 (0.17)	0.003 9 (0.73)	-0.006 2 (-0.76)
SUCCESS	0.036 1 (1.09)	-0.002 6 (-0.42)	-0.002 5 (-0.20)	-0.001 4 (-0.22)	-0.000 2 (-0.03)	-0.002 5 (-0.21)	0.046 4 (1.77)	-0.001 9 (-0.31)	-0.002 4 (-0.19)	-0.000 8 (-0.13)	0.000 4 (0.07)	-0.003 5 (-0.30)
FIRST	0.055 3 (0.52)	-0.034 6* (-1.95)	-0.023 8 (-0.63)	-0.034 4* (-1.75)	-0.039 9* (-2.15)	0.015 4 (0.44)	-0.050 4 (-0.55)	-0.034 2* (-1.92)	-0.022 9 (-0.60)	-0.034 7* (-1.75)	-0.039 8** (-2.13)	0.014 9 (0.43)
BIG2_5	-0.088 1 (-0.72)	-0.032 0 (-1.46)	-0.030 3 (-0.65)	-0.028 3 (-1.16)	-0.036 6 (-1.58)	0.005 1 (0.13)	-0.155 7 (-1.51)	-0.031 9 (-1.45)	-0.031 2 (-0.67)	-0.027 7 (-1.13)	-0.037 0 (-1.59)	0.003 0 (0.07)

续表

变量	假设 10.2.1 四大/非四大分组 (1) 四大 系数 (t值)	(2) 非四大 系数 (t值)	国有/非国有分组 (3) 国有 系数 (t值)	(4) 非国有 系数 (t值)	拟上市板块分组 (5) 中小板及创业板 系数 (t值)	(6) 主板 系数 (t值)	假设 10.2.2 四大/非四大分组 (7) 四大 系数 (t值)	(8) 非四大 系数 (t值)	国有/非国有分组 (9) 国有 系数 (t值)	(10) 非国有 系数 (t值)	拟上市板块分组 (11) 中小板及创业板 系数 (t值)	(12) 主板 系数 (t值)
DUAL	-0.052 7 (-1.34)	-0.000 8 (-0.16)	-0.013 6 (-1.18)	-0.000 4 (-0.07)	0.002 2 (0.42)	-0.023 1 (-1.44)	-0.057 3 (-1.70)	-0.000 5 (-0.10)	-0.014 7 (-1.24)	0.000 1 (0.02)	0.002 5 (0.48)	-0.024 9 (-1.53)
INDR	-0.080 3 (-0.29)	0.111 3* (1.88)	0.037 0 (0.46)	0.100 1 (1.55)	0.107 9* (1.69)	-0.047 3 (-0.75)	0.135 1 (0.50)	0.108 7* (1.83)	0.030 0 (0.37)	0.099 0 (1.53)	0.105 2* (1.65)	-0.041 0 (-0.64)
BOARD	-0.016 1 (-0.26)	-0.024 3 (-1.55)	-0.038 9 (-1.26)	-0.014 3 (-0.85)	-0.025 7 (-1.56)	-0.003 3 (-0.14)	0.065 1 (0.96)	-0.023 5 (-1.50)	-0.039 2 (-1.26)	-0.013 0 (-0.78)	-0.024 6 (-1.50)	-0.004 5 (-0.19)
MAN_SHR	0.134 5* (1.79)	0.000 9 (0.10)	0.046 4 (1.11)	-0.002 9 (-0.35)	-0.002 8 (-0.33)	0.021 4 (0.62)	0.118 2 (1.73)	0.000 2 (0.03)	0.047 6 (1.13)	-0.003 6 (-0.43)	-0.003 6 (-0.42)	0.019 3 (0.56)
SIZE	-0.001 3 (-0.14)	-0.031 0*** (-8.07)	-0.013 3*** (-3.22)	-0.040 0*** (-8.40)	-0.043 3*** (-8.63)	-0.015 7** (-2.45)	0.001 5 (0.16)	-0.031 3*** (-8.12)	-0.013 2*** (-3.19)	-0.040 2*** (-8.45)	-0.044 1*** (-8.80)	-0.016 7** (-2.52)
LEV	-0.069 2 (-0.56)	-0.223 4*** (-9.67)	-0.151 4*** (-3.82)	-0.203 3*** (-7.56)	-0.204 8*** (-8.02)	-0.086 6** (-2.56)	-0.072 6 (-0.70)	-0.222 5*** (-9.67)	-0.151 8*** (-3.80)	-0.202 0*** (-7.53)	-0.202 8*** (-7.98)	-0.085 8** (-2.50)
OCF	0.055 8 (0.31)	0.016 5 (0.40)	0.056 3 (0.76)	0.017 7 (0.40)	0.026 4 (0.64)	0.015 4 (0.15)	0.223 6 (1.26)	0.015 0 (0.37)	0.057 2 (0.77)	0.015 8 (0.37)	0.024 8 (0.61)	0.013 5 (0.13)
ROE	0.066 1 (0.47)	0.333 0*** (6.76)	0.242 0*** (3.27)	0.333 9*** (6.38)	0.333 8*** (6.67)	0.161 0*** (2.81)	0.198 5 (1.67)	0.334 2*** (6.80)	0.242 3*** (3.27)	0.336 0*** (6.42)	0.335 0*** (6.71)	0.158 7*** (2.76)
GROWTH	0.084 2 (1.71)	0.083 2*** (5.83)	0.039 0 (1.41)	0.083 5*** (5.73)	0.082 3*** (5.76)	0.057 7** (2.28)	0.035 5 (0.65)	0.083 3*** (5.91)	0.038 4 (1.38)	0.083 6*** (5.80)	0.082 4*** (5.86)	0.062 5** (2.42)
STATE	-0.017 3 (-0.46)	0.013 6** (1.97)	—	—	0.007 2 (0.97)	-0.011 3 (-0.74)	-0.018 9 (-0.51)	0.014 9** (2.17)	—	—	0.008 8 (1.18)	-0.010 6 (-0.69)

续表

	假设 10.2.1						假设 10.2.2					
	四大/非四大分组		国有/非国有分组		拟上市板块分组		四大/非四大分组		国有/非国有分组		拟上市板块分组	
变量	(1) 四大	(2) 非四大	(3) 国有	(4) 非国有	(5) 中小板及创业板	(6) 主板	(7) 四大	(8) 非四大	(9) 国有	(10) 非国有	(11) 中小板及创业板	(12) 主板
	系数 (t 值)	系数 (t 值)	系数 (t 值)	系数 (t 值)	系数 (t 值)	系数 (t 值)	系数 (t 值)	系数 (t 值)	系数 (t 值)	系数 (t 值)	系数 (t 值)	系数 (t 值)
FIRMAGE	0.019 8 (0.87)	−0.000 2 (−0.05)	−0.006 3 (−0.94)	0.000 8 (0.22)	0.001 9 (0.52)	−0.005 9 (−1.01)	0.033 4 (1.61)	−0.000 3 (−0.09)	−0.006 5 (−0.97)	0.000 7 (0.18)	0.001 8 (0.50)	−0.005 0 (−0.87)
截距	0.067 1 (0.21)	0.729 5*** (8.37)	0.509 4*** (3.95)	0.861 8*** (8.50)	0.954 7*** (8.93)	0.431 9*** (2.87)	−0.247 0 (−0.79)	0.735 7*** (8.43)	0.510 8*** (3.95)	0.865 5*** (8.54)	0.969 4*** (9.10)	0.453 0*** (2.91)
行业/年度	控制	控制	控制	控制	控制	控制	控制	控制	控制	控制	控制	控制
Adj_R^2	8.37%	51.22%	38.74%	50.96%	51.54%	39.21%	26.52%	51.36%	38.42%	51.11%	51.75%	39.30%
观测值	46	1 322	186	1 182	1 245	123	46	1 322	186	1 182	1 245	123
F(p-value)	1.13 (0.4253)	20.42*** (0.0000)	4.55*** (0.0000)	19.03*** (0.0000)	19.58*** (0.0000)	3.86*** (0.0000)	1.49(0.2334)	19.94*** (0.0000)	4.39*** (0.0000)	18.61*** (0.0000)	19.30*** (0.0000)	3.87*** (0.0000)

注：***、**、* 分别表示在 1%、5%、10% 的水平上显著；所有 t 值均经过了异方差稳健标准误（Huber-White）调整。

列(1)中 BOND 的系数为负但不显著,而列(2)中 BOND 的系数在 1% 水平上显著为正(系数=0.023 2,t 值=2.62),表明券商—审计师绑定关系在非国际四大会计师事务所组别中与拟 IPO 公司上市前的盈余管理正相关,在四大会计师事务所组别中二者无相关关系。表 10.2.7 的第(7)、(8)列显示,在国际四大会计师事务所组别中,交乘项 BOND×IND_SPEC 的系数在 10% 水平上显著为负(系数=-0.221 3,t 值=-2.15),但 BOND 和 IND_SPEC 的系数均不显著;在非四大会计师事务所组别中,BOND 的系数在 1% 水平上显著为正(系数=0.034 7,t 值=3.01),IND_SPEC 的系数在 5% 水平上显著为负(系数=-0.014 4,t 值=-2.31),交乘项 BOND×IND_SPEC 的系数在 5% 水平上显著为负(系数=-0.035 6,t 值=-2.30),说明会计师事务所的行业专长削弱了券商—审计师绑定关系和 IPO 盈余管理之间的正相关关系。因而,本节的假设 10.2.1、10.2.2 在非四大会计师事务所组别中得到经验证据的支持,而在四大会计师事务所组别中没有得到支持。

表 10.2.7 的第(3)列显示|DA|与 BOND 不相关,而第(4)列显示|DA|与 BOND 在 5% 水平上显著正相关(系数=0.021 0,t 值=2.20),说明券商—审计师绑定关系增加了非国有企业上市前的盈余管理行为,但对国有企业没有影响。列(9)的回归结果显示,在国有企业组别中,|DA|与 BOND、IND_SPEC 和 BOND×IND_SPEC 均不相关;列(10)的回归结果显示,在非国有企业组别中,|DA|与 BOND 在 1% 水平上显著正相关(系数=0.032 4,t 值=2.68),与 IND_SPEC 在 10% 水平上显著负相关,与交乘项 BOND×IND_SPEC 在 5% 水平上显著负相关(系数=-0.037 5,t 值=-2.23),表明会计师事务所的行业专长削弱了非国有企业中券商—审计师绑定关系和 IPO 盈余管理间的正相关关系。因而,本节两个假设在非国有企业组别中得到经验证据的支持,而在国有企业组别中没有得到支持。

在表 10.2.7 的列(5)中,BOND 的系数在 1% 水平上显著为正(系数=0.024 9,t 值=2.81),而列(6)中 BOND 的系数为正但不显著,说明券商—审计师绑定关系增加了拟在中小板或创业板上市的公司上市前的盈余管理水平。表 10.2.7 的列(11)显示,在拟在中小板或创业板上市的公司组别中,BOND 的系数在 1% 水平上显著为正(系数=0.038 1,t 值=3.33),IND_SPEC 的系数在 5% 水平上显著为负(系数=-0.013 7,t 值=-2.09),交乘项 BOND×IND_SPEC 的系数在 1% 水平上显著为负(系数=-0.041 8,t 值=-2.66);而在拟在主板上市的公司组别中,BOND、IND_SPEC 和 BOND×IND_SPEC 的系数均不显著,这表明具有行业专长的会计师事务所缓解了券商—审计师绑定关系和拟在中小板或创业板上市的公司上市前的盈余管理之间的正相关关系。因而,本节的假设 10.2.1、10.2.2 在拟于中小板或创业板上市的公司组别中得到经验证据的支持,而在拟于主板上市的公司组别中没有得到支持。

(四)以 Heckman 两阶段回归控制内生性

考虑本研究中潜在的内生性问题,本节采用 Heckman 两阶段回归,首先确定决定券商—审计师绑定关系的因素并估计逆米尔斯比率(IMR),然后将逆米尔斯比率加入主回归中对假设 10.2.1 和 10.2.2 进行检验。

表 10.2.8 报告了 Heckman 两阶段回归的结果。Panle A 的结果显示，REPT、IND_SPEC_BRO、BRO_REGDIS 和 ROA 的系数显著为负，表明券商声誉良好、券商在拟 IPO 公司所处行业中具有行业专长、券商注册地距离金融监管中心（即北京、上海和深圳）的最小距离的倒数越大、拟 IPO 公司上市前最后一个完整会计年度的总资产收益率越高，则具有券商—审计师绑定关系的概率越小。ACC_REGDIS 和 MKT 的系数显著为正，表明会计师注册地距离金融监管中心的最小距离的倒数越大、拟 IPO 公司注册地的市场化程度越高，则具有券商—审计师绑定关系的概率越大。

Panle B 的结果显示，列（1）中 | DA | 与 BOND 在 1% 水平上显著正相关（系数 = 0.057 9，t 值 = 2.64），说明在控制了内生性后券商—审计师绑定关系与 IPO 盈余管理正相关，这进一步支持了本节的假设 10.2.1。列（2）中 | DA | 与 BOND 在 1% 水平上显著正相关（系数 = 0.067 5，t 值 = 2.91），与 IND_SPEC 在 1% 水平上显著负相关（系数 = −0.014 8，t 值 = −2.84），与交乘项 BOND×IND_SPEC 在 5% 水平上显著负相关（系数 = −0.032 0，t 值 = −2.14）。以上结果表明控制了内生性之后，具有行业专长的会计师事务所削弱了券商—审计师绑定关系和 IPO 盈余管理之间的正相关关系。综上所述，在考虑可能的内生性之后，本节的假设 10.2.1 和 10.2.2 仍然得到经验证据的支持。

表 10.2.8 进一步检验——Heckman 两阶段回归控制内生性

Panel A：第一阶段

变量	系数	z 值
REPT	−1.388 7***	41.69
ACC_BIG4	−0.168 4	0.19
ACC_CON	0.134 0	1.10
BROAREG	0.094 6	0.39
IND_SPEC_BRO	−0.505 0*	3.26
IND_SPEC	0.108 0	0.57
CONCENT_BRO	0.527 0	1.02
CONCENT	0.440 3	0.86
BRO _REGDIS	−1.000 7***	32.95
ACC_REGDIS	0.719 3***	14.65
SIZE	−0.138 6	2.52
LEV	−0.062 5	0.01
ROA	−1.954 4*	3.43
STATE	−0.028 2	0.02
MKT	0.041 9**	5.07
截距	−0.728 5	0.00

续表

变量	系数	z 值
行业/年度		控制
Pseudo R^2		34.68%
观测值		1 368
Log Likelihood(p-value)		262.56*** (0.000 0)

Panel B：第二阶段

变量	(1)假设 10.2.1		(2)假设 10.2.2	
	系数	t 值	系数	t 值
BOND	0.057 9***	2.64	0.067 5***	2.91
IND_SPEC	−0.018 4***	−3.66	−0.014 8***	−2.84
BOND_20%×IND_SPEC			−0.032 0**	−2.14
BIG4	0.003 4	0.26	0.003 6	0.27
REPT	0.005 7	0.96	0.005 5	0.93
CONCENT	−0.007 6	−0.56	−0.008 0	−0.60
OVERLAP	0.019 9	1.44	0.017 3	1.26
SUCCESS	−0.001 5	−0.26	−0.001 0	−0.16
FIRST	−0.031 2*	−1.83	−0.031 0*	−1.81
BIG2_5	−0.030 2	−1.42	−0.030 2	−1.42
DUAL	−0.001 4	−0.28	−0.001 1	−0.23
INDR	0.125 3**	2.23	0.122 9**	2.18
BOARD	−0.018 7	−1.26	−0.017 9	−1.21
MAN_SHR	0.000 0	0.43	0.000 0	0.36
SIZE	−0.028 4***	−8.64	−0.028 7***	−8.70
LEV	−0.226 6***	−10.55	−0.225 9***	−10.56
OCF	0.025 2	0.63	0.023 8	0.60
ROE	0.317 1***	6.95	0.318 2***	6.98
GROWTH	0.082 2***	5.94	0.082 3***	6.00
STATE	0.014 6**	2.20	0.015 6**	2.35
FIRMAGE	−0.000 6	−0.17	−0.000 7	−0.22
IMR	0.022 5*	1.84	0.022 0*	1.81
截距	0.678 0***	8.82	0.682 0***	8.86
行业/年度	控制		控制	
Adj_R^2	50.86%		50.97%	
观测值	1 368		1 368	
F(p-value)	40.30*** (0.000 0)		39.41*** (0.000 0)	

注：***、**、* 分别表示在 1%、5%、10% 的水平上显著；所有 t/z 值均经过了异方差稳健标准误（Huber-White）调整。

（五）以撤单样本进行进一步检验

在爆发了一系列的 IPO 财务造假事件后，证监会在 2012 年末要求 IPO 申请公司开展财务自查。财务自查不仅延长了公司 IPO 申请和审核的时间，而且增加了公司的成本和财务业绩下滑的风险。因此，大量的资质较差、未达到上市标准的拟 IPO 公司选择主动撤销 IPO 申请，以避免更大的损失。本节手工搜集和选取了这一独特的样本，按照券商—审计师绑定关系分组并检验了发审撤单的概率及比例是否与绑定关系正相关。

表 10.2.9 的 t/z 检验显示，券商与审计师的合作业务中发生撤单的概率 WITHDRAW_DUM，在绑定关系组别的均值和中位数均在 10% 水平上显著高于非绑定关系组别（t 值 = 1.874 9，z 值 = 1.869 0）。券商与审计师的合作业务中撤单的比例 WITHDRAW_PCT，在绑定关系组别的均值和中位数分别在 10% 和 5% 水平上显著高于非绑定关系组别（t 值 = 1.882 4，z 值 = 2.041）。因此，撤单样本为本节的研究假设提供了额外的经验证据的支持。

表 10.2.9　撤单样本单变量检验

变量	(1)BOND=1			(2)BOND=0			t 值	z 值
	均值	中位数	标准差	均值	中位数	标准差		
WITHDRAW_DUM	0.625 0	1	0.494 5	0.429 0	0	0.495 6	1.874 9*	1.869 0*
WITHDRAW_PCT	0.462 5	0.5	0.416 8	0.300 9	0	0.406 2	1.882 4*	2.041**

注：***、**、* 分别表示在 1%、5%、10% 的水平上显著。

六、结论及进一步研究方向

为了检验中介机构之间的相互关系对于 IPO 过程中公司的盈余管理行为的影响，本节以中国资本市场 A 股的拟 IPO 公司为样本，手工搜集和计算了券商与审计师之间的绑定关系，发现具有券商—审计师绑定关系的拟 IPO 公司上市前财务数据的盈余管理水平显著更高。进一步地，相比于不具有行业专长的会计师事务所审计的拟 IPO 公司，具有行业专长的会计师事务所审计的拟 IPO 公司样本中绑定关系与盈余管理之间的正向关系显著更弱。实证结果表明，券商—审计师之间形成的过密联系会损害其独立性，加剧投资者与拟 IPO 公司之间信息不对称的情况，而会计师事务所的行业专长可以有效地缓解券商—审计师绑定关系的这一影响。

本节研究结论对监管机构和投资者可能的启示在于：（1）面对 A 股 IPO 市场上屡禁不止的财务造假事件，证监会需要加强对申请上市的拟 IPO 公司的检查和审核。本研究关于券商—审计师绑定关系与 IPO 盈余管理的证据，有助于监管机构识别 IPO 申请公司的财务操纵意图和行为。（2）本研究的实证结果显示，券商与审计师的过密联系会损害审计师的独立性，从而形成中介机构之间以及同拟 IPO 公司的合谋。因此，除了对拟 IPO 公司的监管，证监会需要约束中介机构之间的绑定行为，避免彼此熟悉的券商和会计师事务所形成固定的利益输送链条。例如，要求拟 IPO 公司自行地、独立地选择券商、审计师，并披露选择的理由；要求券商披露每年与其进行业务合作的会计师事务所名单及频率等。（3）本研究的结论还可以为投资者认识和修正拟 IPO 公司的实际价值提供借鉴。面对中国资本市场上拟 IPO 公司严重的盈余管理行为，而相关制度和监管无法有效约束 IPO 财务造假的情况，投资者难以辨别拟 IPO 公司上市前的真实的财务表现和未来前景。聘请具有绑定关系的券商和审计师，可以视为盈余质量较差的信号，提醒投资者审慎评估拟 IPO 公司的价值并作出合理的投资决策。

本节仍然存在不足和需要进一步改进之处。首先，受数据可得性的制约，本节基于证券公司和会计师事务所层面定义券商—审计师绑定关系（即公司层面），而没有根据保荐人和签字会计师来定义更为详尽的绑定关系。目前的研究发现校友关系、地缘关系等个体的特征会影响公司的行为，基于个人之间的合作关系来定义券商—审计师绑定关系将更加精确和有效。其次，对于券商—审计师绑定关系的经济后果仍有待未来进一步的研究。例如，由具有绑定关系的中介机构保荐上市的公司，在上市后的业绩表现、法律和监管政策的遵循情况以及投资者对其的市场反应等方面，是否与不具有绑定关系的公司存在显著差异。最后，关于绑定关系损害审计师独立性的结论，是否可以继续考察其对已上市公司的盈余质量的影响，即存在券商—审计师绑定关系的会计师事务所审计的上市公司的盈余管理水平是否更高？本节也没有对这一命题进行检验。上述问题均有待未来研究的进一步检验和探讨。

参考文献

陈胜蓝,2010. 财务会计信息,股权保留比例与 IPO 定价[J].证券市场导报,(5):49-57.

陈述云,2001. 新股定价计量模型研究[J].统计与决策,(5):8-91.

陈涛,张雁翎,2006. 审计师的行业专业水平对盈利信息质量的约束作用研究[J].管理现代化,(5):7-11.

杜兴强,周泽将,杜颖洁,2011. 政治联系、审计师选择的"地缘"偏好与审计意见:基于国有上市公司的经验数据[J].审计研究,(2):77-86.

胡旭阳,吴秋瑾,2005. 股权属性、公司治理机制与股票价值:来自中国 IPOs 市场的经验证据[J].管理世界,(5):140-142.

李仙,聂丽洁,2007. 我国上市公司 IPO 中审计质量与盈余管理实证研究[J].审计研究,(6):67-72.

刘少波,李锦霖,2011. 制度变迁、市场失衡与上市公司 IPO 超额融资[J].暨南学报(哲学社会科学版),(6):34-40.

刘阳,彭韶兵,2012. IPO,盈余管理与企业生命周期[J].厦门大学学报(哲学社会科学版),(5):107-115.

罗党论,杨毓,2013. 保荐人声誉与上市公司 IPO 表现[J].会计与经济研究,(4):3-17.

潘越,吴超鹏,史晓康,2010. 社会资本、法律保护与 IPO 盈余管理[J].会计研究,(5):62-67.

苏菲,2012. 基于 A 股市场的审计师专长对企业盈余的经验证据[J].求索,(12):29-31.

苏文鹏,2013. 对万福生科造假案处罚的思索[J].金融经济,(6):33-34.

王兵,辛清泉,杨德明,2009. 审计师声誉影响股票定价吗:来自 IPO 定价市场化的证据[J].会计研究(11):73-96.

夏冬林,林震昃,2003. 我国审计市场的竞争状况分析[J].会计研究,(3):40-46.

夏立军,2006. 政府干预与市场失灵:上市公司之会计师事务所选择研究[D].上海:上海财经大学.

徐浩萍,陈超,2009. 会计盈余质量、新股定价与长期绩效:来自中国 IPO 市场发行制度改革后的证据[J].管理世界,(8):25-38.

朱红军,夏立军,陈信元,2004. 转型经济中审计市场的需求特征研究[J].审计研究,(5):53-62.

AHARONY J, LEE C W, WONG T J, 2000. Financial packaging of IPO firms in China[J]. Journal of accounting research, 38(1): 103-126.

ARMSTRONG C, FOSTER G, TAYLOR D, 2008. Earnings management around initial public offerings: a re-examination[R]. Working Paper, Available at SSRN.

BALL R, SHIVAKUMAR L, 2008. Earnings quality at initial public offerings[J]. Journal of accounting and economics, 45(2): 324-349.

BALSAM S, KRISHMAN J, YANG J S, 2003. Auditor industry specialization and earnings quality[J]. Auditing: a journal of practice & theory, 22(2): 71-97.

BALVERS R J, MCDONALD B, MILLER R E, 1988. Underpricing of new issues and the choice of auditor as a signal of investment banker reputation[J]. The accounting review, 63(4): 605-622.

BEATTY R P, RITTER J R, 1986. Investment banking, reputation, and the underpricing of initial public offerings[J]. Journal of financial economics, 15(1): 213-232.

BEATTY R P, 1989. Auditor reputation and the pricing of initial public offerings[J]. The accounting review, 64(4): 693-709.

CHEN K C, YUAN H, 2004. Earnings management and capital resource allocation: evidence from China's accounting-based regulation of rights issues[J]. The accounting review, 79(3): 645-665.

DEANGELO L, 1981. Auditor size and audit quality[J]. Journal of accounting and economics, 3(3):183-199.

DECHOW P M, SLOAN R G, SWEENEY A P, 1995. Detecting earnings management[J]. The accounting review, 70(2): 193-225.

DEFOND M L, WONG T J, LI S, 1999. The impact of improved auditor independence on audit market concentration in China[J]. Journal of accounting and economics, 28(3): 269-305.

DUCHARME L L, MALATESTA P H, SEFCIK S E, 2001. Earnings management: IPO valuation and subsequent performance[J]. Journal of accounting auditing & finance, 16(4): 369-396.

DUNN J, 2000. Making sense of die social world: mind reading, emotion, and relationships[J]. International journal of behavioral development, 24(2): 142-144.

HEALY P M, WAHLEN J M, 1999. A review of the earnings management literature and its implications for standard setting[J]. Accounting horizons, 13(4): 365-383.

LEE G, MASULIS R W, 2011.Do more reputable financial institutions reduce earnings management by IPO issuers? [J]. Journal of corporate finance, 17(4): 982-1000.

MENON K, WILLIAMS D D, 1991. Auditor credibility and initial public offerings [J]. The accounting review, 66(2): 313-332.

MORSFIELD S G, TAN C E L, 2006. Do venture capitalists influence the decision to manage earnings in initial public offerings? [J]. Accounting review, 81(5): 1119-1150.

TEOH S H, WELCH I, WONG T J, 1998. Earnings management and the long-run market performance of initial public offerings[J]. Journal of finance, 53(6): 1935-1974.

TEOH S H, WONG T J, RAO G R, 1998. Are accruals during initial public offerings opportunistic? [J]. Review of accounting studies, 3(1-2): 175-208.

VENKATARAMAN R J, WEBER J, WILLENBORG M, 2008. What if auditing was not "a low margin business"? Auditors and the IPO clients as natural experiments[J]. The accounting review, 83: 1315-1345.

WHITE H A, 1980. Heteroskedastic-consistent covariance matrix estimator and direct test for heteroskedasticity[J]. Economitrica, 48(4): 817-838.

第三节　发审委联系与 IPO 抑价

摘要：在中国资本市场中，当且仅当一家公司得到中国证监会的发行审核委员会（简称发审委，主要由来自于社会中介机构的代表组成）的批准同意，才能够首次公开发行股票（IPO）。因此，在中国 IPO 市场中，拟 IPO 的公司往往通过寻租来建立发审委联系，借以提高其 IPO 申请成功的概率。这一独特制度背景为研究者提供了重要的研究机会。基于2007—2012 年拟 IPO 的民营上市公司样本，本节的经验证据表明，发审委联系与 IPO 抑价显著负相关，说明市场负面评价了拟 IPO 公司针对发审委员的寻租行为。进一步地，对于国家产业政策扶持行业内的公司而言，发审委联系对 IPO 抑价的负向影响相对较弱。在敏感性测试中，本节进一步构建了其他针对 IPO 抑价与发审委联系的变量，发现了基本类似的结果。上述结论在控制了发审委联系与 IPO 抑价之间的内生性后依然成立。

一、引言

与查尔斯·狄更斯(Charles Dickens,1859)的描述相似,中国的股票市场让投资者陷入了从希望到绝望、从光明到黑暗的困境。一方面,投资者分享着中国改革开放政策的胜利果实[例如在过去三十年间,中国 GDP 平均增长超过 8％,成为世界第二大经济体(Du et al.,2013)],这是最好的时代;而另一方面,股票市场在世界大部分地区通常被视作经济的晴雨表,但在中国却并非如此,上证指数和深证指数分别下跌了 22％和 28％,因此投资者认为这实际上是中国股票市场最坏的时代。在这样的背景下,一个直观、重要、悬而未决的问题就产生了:为何中国的股票市场不能更好地充当中国经济的晴雨表呢?

以往文献将这种不一致性归因于政府干预和中国上市公司的薄弱治理(Chen et al.,2006;Cheung et al.,2010;Fan et al.,2007;Gul et al.,2010;Jiang et al.,2010;Su,2005;Sun,Tong,2003)。本节认为,政府对 IPO 市场的大力干预是造成股票市场和经济成就差异悬殊的原因。事实上,政府干预激励了大量待上市的公司以寻租的方式和发审委建立联系,而这最终扰乱了中国 IPO 市场上的资源配置效率。已有大量研究检验了发审委联系对于 IPO 申请获批可能性、社会中介机构的市场份额、IPO 前后会计业绩变化的影响(Du et al.,2013;Yang,2013;杜兴强 等,2013;赖少娟,杜兴强,2012),但并未对发审委联系和 IPO 抑价之间的关系提供经验证据。为了填补上述空缺,本节检验了发审委联系对 IPO 抑价的影响,并进一步检验了国家产业政策的调节效应。

伴随着从计划经济体系到市场经济体系的转变,中国股票市场的法律法规明显完善,但是强力的政府干预仍然是中国 IPO 市场的典型特征(Du et al.,2013)。为了保障 IPO 公司的质量,中国证券监督管理委员会组建了发审委来审核和批准 IPO 申请。换言之,一家拟 IPO 的公司当且仅当被发审委准许时,才可以在中国股票市场上实现 IPO。这就导致发审委的批准成为了一种"租金",引诱了 IPO 过程中面向发审委成员的寻租活动(Huang,2011)。

中国 IPO 市场上强政府干预和中国关系型社会中"关系(联系)"的重要作用,使得 IPO 公司倾向于通过与发审委成员建立联系的方式来提高被发审委批准的可能性。由于发审委主要由来自社会中介机构(如会计师事务所和律师事务所)的代表组成,有卓越专业技能的审计师和律师在发审委中占据了 55％以上的席位,因此,本节将 IPO 公司的发审委联系定义为"公司雇用了目前有审计师和(或)律师当选为发审委成员的审计和(或)法律服务提供商"。

为了进行实证检验,本节手工收集了 2007—2012 年间的中国 IPO 公司样本,检验了发审委联系和 IPO 抑价之间的关系。此外,本节还在此基础上检验了国家产业政策的调节效应。本节的研究发现如下:首先,发审委联系和 IPO 抑价显著负相关,表明市场负面评价了具有发审委联系的公司;其次,对于受到国家产业政策扶持的企业来说,发审委联系和 IPO 抑价之间的负向关系较弱;再次,在改变了 IPO 抑价和发审委联系的衡量方式之后,上述结果依然稳健；最后，在使用了倾向得分配对方法来解决内生性问题后，本节的研究结论依然有效。

本节的贡献如下：第一，根据已知的文献资料，本节首次检验了发审委联系对 IPO 抑价的影响。本节通过识别 IPO 公司是否聘任有发审委联系的社会中介机构（其审计师和/或律师正在担任发审委成员）构建了一个直接衡量中国 IPO 市场上发审委联系的指标。同时，本节研究发现发审委联系为 IPO 抑价提供了一种额外的解释，这一结论可能适用于有强政府干预的新兴市场。

第二，本节拓展了政府干预和寻租的相关文献（Krueger，1974；Shleifer，Vishny，1994，1998；Stigler，1971）。中国作为新兴经济体，其法律体系有待完善（Keister，2001），这导致政府对资源配置进行干预，进一步地，强政府干预又引发了许多寻租活动，激励了 IPO 公司寻求建立发审委联系。本节研究发现发审委联系和 IPO 抑价之间存在负相关关系，这表明 IPO 公司和社会中介机构（审计和法律服务提供商）都在以牺牲中小股东的利益为代价寻求经济租金（Du et al.，2013；杜兴强 等，2013）。

第三，本节拓展了以往对于政治关联的研究，近年来有大量学者关注这一主题（Bliss，Gul，2012；Boubakri et al.，2008；Claessens et al.，2008；Fan et al.，2007；Ferguson，Voth，2008；Fisman，2001；Faccio，2006，2009；Goldman et al.，2009；Li et al.，2008）。在本节中，发审委联系被视作中国 IPO 市场上的准政治关联（Du et al.，2013；Yang，2013；杜兴强 等，2013），因此本节的研究结论表明发审委联系使得拟 IPO 公司更便利地获得了发审委的上市许可，为政治关联的负面作用提供了补充性证据。

第四，中国政府发布了一系列五年规划（五年计划）来推动特定产业的发展，本节聚焦于中国情境，探索了产业政策的调节效应，研究发现产业政策减弱了发审委联系和 IPO 抑价之间的负向关系，这表明宏观政府干预（国家产业政策）和通过（准）政治关联来实现的微观政府干预对 IPO 抑价的影响存在替代效应。

本节的剩余部分安排如下：在第二部分中，本节回顾了现有文献，讨论了制度背景，并提出了研究假设；在第三部分中，本节引入了实证模型、变量、样本和数据；第四部分报告了描述性统计和 Pearson 相关性分析结果，并展示了主要研究发现；第五部分进行了稳健性检验和内生性处理；第六部分展示了本节的结论。

二、文献综述和理论分析

（一）文献综述

在现有文献中，学者们提出了大量假说来解释 IPO 抑价。第一类假说基于利益相关者之间的信息不对称，包含以下七种："赢家的诅咒假说""承销商声誉假说"、"动态信息获取假说"、"承销商垄断假说"、"股利信号假说"、"再融资信号假说"和"内部人持股信号假说"。第二类假说起源于行为金融学，包含以下三种："从众假说"、"投机泡沫假说"和"市场气氛假说"。

"赢家的诅咒假说"将 IPO 抑价视作是对不知情投资者的补偿(Rock,1986;Keloharju,1993)。根据"承销商声誉假说"(Beatty, Ritter, 1986; Carter, Manaster, 1990; Smith,1986),信誉良好的承销商的 IPO 抑价的程度低于信誉不良的承销商。"动态信息获取假说"(Benveniste,Spindt,1989;Ruud,1993)认为承销商通过以较低发行价格来配售新股的方式,激励机构投资者披露真实报价。总之,"赢家的诅咒假说"、"承销商声誉假说"和"动态信息获取假说"均与逆向选择相关。基于道德风险,Baron(1982)认为承销商希望以相对较低的发行价提高发行新股的成功率,这就是所谓的"承销商垄断假说"。

根据"股利信号假说",现有文献(Allen,Faulhaber,1989;Michaely,Shaw,1994)认为 IPO 抑价可以向市场传递公司业绩良好的信号。"再融资信号假说"(Downes,Heinkel,1982;Jegadeesh et al.,1993;Welch,1989,1996)提出具有良好业绩的公司自愿以降低新股发行价格的方式来吸引投资者,并以此给投资者留下良好印象,从而有利于再融资。"内部人持股信号假说"认为 IPO 抑价可以向外部投资者传递与内部人股权相同的积极信号(Grinblatt,Hwang,1989)。总之,"股利信号假说"、"再融资信号假说"和"内部人持股信号假说"是基于信息不对称的信号理论。

从本质上来说,IPO 抑价的"市场气氛假说"、"投机泡沫假说"和"从众假说"都以行为金融学为基础。McGuinness(1993)提出"市场气氛假说",即 IPO 抑价和市场气氛显著正相关。根据 Ritter(1987)的观点,"投机泡沫假说"认为投资者的投机动机激励他们抬高了二级市场的股价,并因此带来了更高程度的 IPO 抑价。"从众假说"(Henshel,Johnston,1987;Welch,1992)认为一些公司有意压低发行价格以吸引一部分投资者购买股票,并通过群体压力效应或者从众心理来吸引更多的投资者。

上述关于 IPO 抑价的假说都基于发达市场情境,由于制度环境不同,这些假说不一定适合像中国这样的新兴市场。因此,研究者们仍然有必要探究中国股票市场上的 IPO 抑价。同时,考虑到股票发行制度和公司 IPO 寻租行为的差异,本节聚焦于发审委联系并检验其对 IPO 抑价的影响。

(二)政府管制和发审委的制度背景

从 1990 年上海股票市场成立和 1991 年深圳股票市场成立以来,中国的股票市场就被赋予了帮助陷入财务困境的国有企业筹集外部资金的重任(Lee,2001),这一阶段施行的正是所谓的"配额"制度,其特点是强政府监管(Huang,2011)。在"配额"制度下,中央政府规划了每年的证券发行总量,并将"配额"分配给地方政府。因此所有拟 IPO 公司都必须先得到地方政府的配额,再继续争取中央政府的批准。因此在"配额"制度下,IPO 资格是一种稀缺的资源,国有企业主导着 IPO 市场。

"通道"制度(又称"推荐制")开始于 1999 年。在"通道"制度下,中国证监会有权根据特定标准批准或拒绝 IPO 申请(Huang,2011)。特别地,在"通道"制度下,中国证监会要求拟IPO 的公司必须由具备相应资格的证券公司保荐,这些证券公司就是证监会指定的一定数量的"通道"。每条通道每次只能被用于一家公司的 IPO 申请,只有当本次 IPO 申请被中国证监会批准以后,这条通道才可以被用于另一个新的 IPO 申请(Du et al.,2013)。与"配额"制度相比,"通道"制度更强调市场导向,政府干预较少。尽管如此,"通道"制度所面临的强有力的行政法规也使其成为了另一种稀缺资源。

2004 年,中国证监会引入了"保荐"制度。在"保荐"制度下,证券公司推荐的 IPO 申请数量是不受限制的(Huang,2011)。换句话说,证券公司可以自行决定是否保荐申请以及保荐多少申请,证券公司由此在"保荐"制度中扮演重要角色。然而,由证券公司保荐的 IPO 申请仍然需要获得发审委和中国证监会的批准。为了进一步提升 IPO 申请审核的公开、透明和公平性,中国证监会对发审委的组成进行了重大改革,具体包括以下内容:(1)公布发审委会议时间、发审委名单、IPO 申请名单和会议结果;(2)减少发审委成员数量(主板成员从80 人减至 25 人,创业板成员减至 35 人);(3)要求发审委由具有不同专业背景的专家组成(例如审计师、律师、机构投资者、承销商的代表和政府官员)。

根据本节的统计结果,来自会计师事务所和律师事务所的发审委成员数量占发审委成员总数的 50% 以上,因此得到发审委成员中审计师和律师支持的重要性不言而喻。在此背景下,拟 IPO 公司寻求和发审委建立隐性联系就不可避免,这种联系是以雇佣有发审委联系的社会中介机构[其审计师和(或)律师为发审委的成员]的方式建立的。

(三)发审委联系和 IPO 抑价(假设 10.3.1)

所有 IPO 申请都需要获得发审委的批准,因此当前的"保荐"制度使得寻租在中国 IPO市场上变得弥足珍贵。为了提高 IPO 申请被发审委批准的可能性,IPO 公司倾向于建立发审委联系。虽然建立直接的发审委联系对于 IPO 公司来说是不太可能的,但是建立间接、隐性的发审委联系却是可行的。

特别地,对于 IPO 公司来说,一个不违反现行规定、同时又能建立间接发审委联系的常见方法是雇佣有发审委联系的社会中介机构[其审计师和(或)律师正在担任发审委成员]。由于 IPO 公司向这些社会中介机构支付的费用很大程度上取决于 IPO 申请的获批结果,因此,审计和法律服务提供商有强烈的动机与 IPO 客户密切合作以获得发审委对 IPO 申请的批准。此外,虽然中国证监会要求来自社会中介机构的发审委成员(审计师和律师)和其原雇主(会计师事务所和律师事务所)切断所有经济关系,但是隐性的经济关系是不可避免的。事实上,多达 90% 的发审委成员从发审委卸任后,都会返回其原雇主单位担任审计师和律师(杜兴强 等,2013),这就意味着发审委成员和其原雇主单位之间有隐晦、微妙的利益关系。在这一点上,现有文献发现发审委成员有动机和偏好去批准雇用了他们的原雇主单位来提供审计和法律服务的公司的 IPO 申请,同时这些 IPO 公司支付了高额费用,原雇主单位也在 IPO 市场上占有了更大的市场份额(Yang,2013;杜兴强 等,2013)。[1] 这些发现表明社会中介机构(审计和法律服务提供商)从有发审委联系的 IPO 客户中得到了可观的经济租金。基于上述讨论可以发现,在 IPO 公司、有发审委联系的中介机构和发审委成员中会产生寻求和保持发审委联系的动机。

在中国,拟 IPO 的公司需要满足更高的业绩要求[2],这就造成了中国 IPO 公司存在严重的盈余管理甚至会计造假。[3] 业绩越差的公司,盈余管理可能越严重,此类问题也就更有可能被发审委发现,其 IPO 申请也就更有可能被拒绝。因此业绩越差的公司越倾向于寻求社会资本(发审委联系)以帮助他们获得发审委的 IPO 申请批准。因此,即便是对于 IPO 前业绩存疑的公司来说,发审委联系也有助于 IPO 申请被发审委批准。[4]

此外,对于社会中介机构来说,在为 IPO 客户公司提供中介服务时,会帮助客户获得发审委的 IPO 批准,虽然他们高度重视自己的声誉,但是仍然不太可能尽职尽责地进行调查,这又进一步激励了 IPO 公司的盈余管理,损害了 IPO 公司的质量。更糟的是,由于对少数股东的法律保护薄弱(Du,2013),社会中介机构及其不负责任的行为很难被监管者发现或惩罚,然而其客户的 IPO 申请却给他们带来了高额收入,所以在 IPO 后,相较于没有发审委联系的 IPO 公司来说,有发审委联系的 IPO 公司表现可能更差(杜兴强 等,2013)。

此外,根据 Krueger(1974)和 Murphy 等(1993)的研究,寻租行为阻碍了经济增长和资源配置效率。对于拟 IPO 的公司来说,针对发审委成员进行寻租获取的发审委联系是一种非生产性的活动,有损企业的长期发展,最终造成企业在 IPO 后更差的财务绩效(Du et al.,2013;杜兴强 等,2013;赖少娟,杜兴强,2012)。从这一角度来说,发审委联系向市场传递了

---

① 在中国,债券市场的发展仍在起步阶段,所以 IPO 是直接获取外部融资的最重要渠道(Allen et al.,2005)。在这种情况下,由于与发审委有关联的中介机构(审计和法律服务提供商)可以帮助 IPO 公司获得发审委对 IPO 申请的批准,IPO 公司会竞相聘用这些和发审委有关联的中介机构。现有文献(Du et al.,2013;杜兴强 等,2013)研究发现:(1)在中国的 IPO 市场上,有发审委联系的中介机构可以吸引更多的 IPO 客户;(2)有发审委联系的中介机构会向他们的 IPO 客户收取额外费用。

② 在中国上市的一项要求是年度净收益为正,IPO 申请前三个财务年度的累计净收益不少于 3 千万元人民币。另一项要求是 IPO 申请前三个财务年度经营活动产生的累计净现金流不少于 5 千万元人民币或者经营收入不少于 3 亿元人民币。

③ 这些问题也发生于海外上市的中国公司当中。例如,从 2011 年 3 月以来,大量在美国上市的中国概念股,由于严重的会计造假问题被纳斯达克证券交易所和纽约证券交易所暂停交易甚至退市。

④ 以往的研究发现公司会通过建立政治关联的方式来减少政府干预(Fan et al.,2007)。借鉴现有有关研究政治关联的文献,本节无法预先排除下述可能性:好公司也有可能建立发审委联系以防止可能的刁难。据此,本节参考了现有研究(Fan et al.,2007),将好公司定义为 IPO 之后财务业绩较好的公司(ΔROA、ΔROE、$\Delta GROWTH$)。特别地,ΔROA(ΔROE)是用 IPO 之后一年和 IPO 之前一年的总资产收益率(净资产收益率)差额来衡量的;$\Delta GROWTH$ 是用 IPO 之后一年和 IPO 之前一年的销售收入增长率的差额来衡量的;ΔROA、ΔROE 和 $\Delta GROWTH$ 体现了 IPO 候选人为了达到中国证监会的要求而操纵盈余的可能程度。以向发审委成员(发审委)的寻租倾向作为被解释变量,未报告的结果显示 ΔROA、ΔROE 和 $\Delta GROWTH$ 的系数都显著为负(系数和 z 值分别为:系数 $=-1.4263$,$z=-1.78$;系数 $=-0.9222$,$z=-1.99$;系数 $=-0.2400$,$z=-1.65$),表明有更好财务绩效的公司更不可能通过寻租的方式寻求和发审委成员建立联系。

一家公司 IPO 前真实业绩和 IPO 后未来业绩的负面信息,这使得投资者将发审委联系的负面影响和 IPO 公司的较差业绩联系了起来,并降低了他们愿意为这些股票支付的价格。因此,本节提出第一个假设:

假设 10.3.1:在其他条件不变的情况下,发审委联系和 IPO 抑价负相关。

(四)国家产业政策的调节作用(假设 10.3.2)

截至目前,中国经济仍然被深深打上了计划经济时代的烙印,如"五年规划",其主要作用是为国民经济发展指明目标和方向。若样本期间为 2007 年—2012 年,本研究可能会受到第十一个五年规划(2006—2010)和第十二个五年规划(2011—2015 年)的影响;特别是对于每个"五年规划",政府都会实施产业政策,从国家战略高度提供优惠政策和关键资源以促进一些特定产业的发展。因此可以预见的是,对属于国家支持产业的 IPO 公司来说,虽然他们或许并未完全满足中国证监会的严格标准,IPO 之后的财务业绩也更差,但却更有可能得到发审委的 IPO 申请批准(Fan et al.,2007;杜兴强 等,2013)。此外,政府和中国证监会可能会运用行政力量来加快产业政策扶持行业内的拟 IPO 公司的 IPO 批准程序,并在市场氛围良好的情况下缩短从股票发行日到首次交易日的时间间隔,而根据动态信息获取理论(Chen et al.,2004;Benveniste,Spindt,1989;Fan et al.,2007;Ruud,1993),这种行为会降低信息获取的充分性,进而减少抑价。同时,投资者也会降低他们愿意购买这些股票的价格,并最终导致产业政策和 IPO 抑价之间呈现负相关关系。

接下来,本节进一步检验了产业政策对发审委联系和 IPO 抑价关系的调节效应。从本质上来说,产业政策属于政府的一项重要宏观调控手段。然而,发审委联系体现了 IPO 市场的微观政府监管。根据 Williamson(2000)的制度分析框架,产业政策可被视作一个正式制度,但是发审委联系(准政治关联)可被视作一个非正式制度。正如 Williamson(2000)和 Du(2013)所言,正式制度和非正式制度对公司行为和财务后果具有替代效应。因此,本节推测,产业政策和发审委联系对 IPO 抑价具有替代作用。

进一步地,基于中国 IPO 市场的高管制特征(Huang,2011),本节进一步分析了为什么产业政策可以削弱发审委联系和 IPO 抑价之间的负向关系:第一,中国证监会允许重点行业内的 IPO 候选人选择有利的时间窗口发售股票,以帮助他们尽可能多地筹集资金,从而缓解中央(地方)政府的财政预算压力。因此,国家重点行业内的 IPO 候选人会倾向于在市场上行期发行股票(杜兴强 等,2013),所以对于国家重点行业内的企业,发审委联系对 IPO 抑价的负面影响得到了缓解(市场气氛假说;McGuinness,1993)。第二,为了方便国家重点行业内的拟 IPO 公司提高融资额度,这些公司可以以更高的市盈率发行股票(Chen et al.,2004;Guo,Brooks,2008)。因此,国家重点行业内的 IPO 候选人的投机泡沫较大,从而削弱了发审委联系和 IPO 抑价的负相关关系(投机泡沫假说;Ritter,1987)。基于上述讨论,本节提出第二个假设:

假设 10.3.2:在其他条件不变的情况下,发审委联系和 IPO 抑价的负关系在产业政策扶持行业内更不显著。

三、实证模型与变量

(一)假设 10.3.1 的多元回归模型

假设 10.3.1 预测发审委联系和 IPO 抑价之间具有负相关关系。本节采用 OLS 回归模型[式(10.3.1)]来检验假设 10.3.1,模型中包含发审委联系(IECC)和其他控制变量:

$$
\begin{aligned}
UPRICE = {} & \alpha_0 + \alpha_1 IECC + \alpha_2 BIG4 + \alpha_3 LAWYER + \alpha_4 UWR + \alpha_5\ UW\_PC + \alpha_6 IND\_UW + \\
& \alpha_7 UW\_AUD + \alpha_8 ACC\_LAW + \alpha_9 EDU\_CEO + \alpha_{10} GENDER\_CEO + \alpha_{11} AGE\_CEO + \\
& \alpha_{12} EXPERTISE + \alpha_{13} CGI + \alpha_{14} SIZE + \alpha_{15} LEV + \alpha_{16} MTB + \alpha_{17} WLR + \alpha_{18} TURNR + \\
& \alpha_{19} DELAY + \alpha_{20} SSE + \alpha_{21} FIRMAGE + \alpha_{22} STATE + \alpha_{23} TUL + \alpha_{24} RETRIAL + \\
& \alpha_{25} CROSS + Industry\ Dummies + Year\ Dummies + \varepsilon
\end{aligned}
\tag{10.3.1}
$$

在式(10.3.1)中,被解释变量是 UPRICE,代表 IPO 抑价,以公司的股票价格从首次公开发行到首个交易日结束时所记录的最终价格的变化来衡量(Chambers,Dimson,2009;Ritter,Welch,2002)。解释变量为 IECC,代表发审委联系,如果拟 IPO 的公司雇用了有发审委联系的社会中介机构(会计师事务所或/和律师事务所)则取值为 1,否则为 0(Du et al.,2013;Yang,2013;杜兴强 等,2013)。在式(10.3.1)中,如果 IECC 的系数(即 α_1)显著为负,则假设 10.3.1 得证。

为了区分发审委联系对 IPO 抑价的影响,本节参考现有文献,使用了一系列控制变量(Chen et al.,2004;Chambers,Dimson,2009;Chi,Padgett,2005;Fan et al.,2007;Guo,Brooks,2008;Ritter,Welch,2002;Schenone,2004)。

第一,本节探讨了审计师、律师和承销商对 IPO 抑价的影响。BIG4 是四大会计师事务所的虚拟变量,如果公司 IPO 聘请四大会计师事务所审计师则赋值为 1,否则赋值为 0(Fan,Wong,2005)。LAWYER 是基于亚洲法律业务排名的律师事务所的虚拟变量,如果公司 IPO 的律师来自前五大律师事务所则取值为 1,否则为 0。UWR 是代表承销商的哑变量,根据中国证券业协会提供的总承销金额的官方排名,如果公司 IPO 的承销商是前十大承销商则取值为 1,否则为 0。

第二,本节控制了有政治关联的承销商(UW_PC)和承销方式(IND_UW)对 IPO 抑价的影响,UW_PC 是一个虚拟变量,如果承销商的最终所有人是中央(地方)政府机构或者政府控制的国有企业则取值为 1,否则为 0。IND_UW 也是一个虚拟变量,如果公司的 IPO 由一家承销商全权负责则取值为 1,否则为 0。

第三,本节探讨了审计师、律师和承销商之间的合作程度对 IPO 抑价的影响,并在式(10.3.1)中引入了两个变量:UW_AUD 和 ACC_LAW。UW_AUD 是虚拟变量,如果同时由一家特定承销商保荐并由一家特定会计师事务所审计的客户数量大于(或等于)2,且具有承销商与审计师合作关系的客户数除以该承销商承销总数的比例大于 25%,则取值为 1,否则为 0。ACC_LAW 是虚拟变量,代表审计师和律师之间的合作程度,如果同时由一家特定会计师事务所审计并由一家特定律师事务所服务的客户数大于(或等于)2,且具有审计师与律师合作关系的客户数量除以相关审计师 IPO 客户总数的比率大于 25%,则取值为 1,否则为 0。

第四,本节控制了一些关于 CEO 特征和公司治理机制的变量。EDU_CEO 是 CEO 的教育水平,当 CEO 学历为硕士及以上时取值为 1,否则为 0。GENDER_CEO 是 CEO 性别,当 CEO 为女性时赋值为 1,否则赋值为 0。AGE_CEO 代表公司 CEO 的年龄。EXPERTISE 是代表 CEO 专业能力的虚拟变量,如果 CEO 获得了会计、审计、证券分析的资格证书则取值为 1,否则为 0。CGI 为公司治理指数(Gompers et al.,2003),包含股权结构、董事会独立性和管理层薪酬等八项指标。

第五,本节在式(10.3.1)中引入了关于公司财务特征的三个变量:SIZE、LEV 和 MTB。SIZE 表示公司规模,以 IPO 前公司总资产的自然对数来衡量。LEV 是财务杠杆率,用 IPO 前的长期债务除以总资产来衡量。MTB 是市价比率,以首个交易日的权益市值除以 IPO 前权益的账面价值来衡量(Fan et al.,2007)。

第六,本节在式(10.3.1)中加入了 WLR、TURNR、DELAY 和 SSE 四个变量,以探讨市场力量对 IPO 抑价的影响。WLR 是公司中签率的自然对数(Chi,Padgett,2005;Guo,Brooks,2008)。TURNR 是 IPO 后第一个交易日的换手率(Guo,Brooks,2008)。DELAY 是指从公司股票发行日到 IPO 后第一个交易日的时间差,用从股票发行到首次交易的天数除以 365 天来衡量(Chen et al.,2004;Fan et al.,2007)。SSE 是虚拟变量,如果一家公司在上海证券交易所上市则取值为 1,否则为 0。

第七,本节在式(10.3.1)中控制了公司层面的特征,如 FIRMAGE、STATE、TUL、RETRIAL 和 CROSS。FIRMAGE 等于截至公司申报上市时公司成立的年限取自然对数(Schenone,2004)。STATE 表示各级政府或国有企业所持股份与公司总股份的比值(Chen et al.,2004)。TUL 代表大股东资金占用,以 IPO 前的其他应收款除以总资产衡量(Jiang et al.,2010)。RETRIAL 是虚拟变量,如果一家公司的 IPO 在被批准之前经历了两次及以上的申请,则取值为 1,否则为 0。CROSS 代表公司是否交叉上市,如果公司在 B 股或 H 股上市则赋值为 1,否则赋值为 0。

第八,本节还将行业和年度虚拟变量包含在式(10.3.1)中,以控制行业和年度固定效应。表 10.3.1 列示了本研究使用的所有变量的定义和数据来源。

(二)假设 10.3.2 的多元回归模型

假设 10.3.2 预测产业政策削弱了发审委联系与 IPO 抑价之间的负相关关系。为了检验假设 10.3.2,本节构建了式(10.3.2),包括 IECC、NPIP、IECC×NPIP 和其他控制变量:

$$
\begin{aligned}
\text{UPRICE} = {} & \beta_0 + \beta_1 \text{IECC} + \beta_2 \text{NPIP} + \beta_3 \text{IECC} \times \text{NPIP} + \beta_4 \text{BIG4} + \beta_5 \text{LAWYER} + \beta_6 \text{UWR} + \\
& \beta_7 \text{UW\_PC} + \beta_8 \text{IND\_UW} + \beta_9 \text{UW\_AUD} + \beta_{10} \text{ACC\_LAW} + \beta_{11} \text{EDU\_CEO} + \\
& \beta_{12} \text{GENDER\_CEO} + \beta_{13} \text{AGE\_CEO} + \beta_{14} \text{EXPERTISE} + \beta_{15} \text{CGI} + \beta_{16} \text{SIZE} + \beta_{17} \text{LEV} + \\
& \beta_{18} \text{MTB} + \beta_{19} \text{WLR} + \beta_{20} \text{TURNR} + \beta_{21} \text{DELAY} + \beta_{22} \text{SSE} + \beta_{23} \text{FIRMAGE} +
\end{aligned}
$$

$$\beta_{24}\,\text{STATE} + \beta_{25}\,\text{TUL} + \beta_{26}\,\text{RETRIAL} + \beta_{27}\,\text{CROSS} + \text{Industry Dummies} +$$
$$\text{Year Dummies} + \varepsilon \qquad\qquad (10.3.2)$$

在式(10.3.2)中,被解释变量和主要的解释变量仍分别为 UPRICE 和 IECC。调节变量为 NPIP,这是代表国家产业政策(优惠产业政策)的虚拟变量,如果拟 IPO 公司处于由中央或/和地方政府支持的重点行业内,则取值为 1,否则为 0。在式(10.3.2)中,如果 IECC×NPIP 的系数(β_3)显著为正,则假设 10.3.2 得证。此外,与假设 10.3.1 和现有研究一致,IECC 和 NPIP 的系数应该显著为负。式(10.3.2)中的控制变量与式(10.3.1)中的控制变量相同。

(三)样本

初始样本包括 2007—2012 年所有上市的 887 家中国民营企业。从 2004 年开始,中国证监会公开了发审委成员(姓名、组织/机构、职位等),使得本节研究得以开展。然而,由于新股发行体制改革和股权分置改革,中国政府在 2005 年 5 月至 2006 年 6 月停止了新股发行申请。因此,2005 年仅有四家公司申请 IPO,2006 年申请 IPO 的公司也相对较少。为了提高 IPO 申请观测值的可比性,确保研究结果不受中国 IPO 市场不连续性的影响,本节选择 2007 年作为样本期间的开始年份。此外,出于同样的原因,2012 年 11 月至 2013 年 12 月中国证监会决定暂停新股发行,因此,本节以 2012 年作为样本期间的结束年份。

在确定初始样本后,本节删除了与银行业、保险业和其他金融行业相关的 IPO 公司样本以及公司层面的控制变量数据缺失的 IPO 公司样本,最后得到了 869 家 IPO 公司样本。此外,本节对每个变量进行了 1% 的缩尾处理,以控制极端观测值的影响。[①]

(四)数据来源

本研究所用变量的数据来源如下:(1)通过逐一阅读拟 IPO 公司的招股说明书,收集 IECC(发审委联系)数据。(2)基于 CSMAR 这一目前中国研究中常用的数据库(Jian,Wong,2010;Jiang et al.,2010;等等),本节通过计算获得了 IPO 抑价(UPRICE)数据。(3)根据《中华人民共和国国民经济和社会发展第十一个五年规划纲要》和《中华人民共和国国民经济和社会发展第十二个五年规划纲要》,本节手工收集了国家产业政策(NPIP)的数据,这能够表明 IPO 公司是否属于国家政策倾斜的行业。(4)本节从拟 IPO 公司的招股说明书、中国注册会计师协会(www.cicpa.org.cn)、《亚洲法律》杂志业务排名榜单(见 www.legalbusinessonline.com)以及中国证券业协会提供的承销总额官方排名榜单(见 www.sac.net.cn)中手工收集了其他数据。数据来源详见表 10.3.1。

---

① 进行上下 1% 缩尾处理或不进行缩尾处理,检验结果不会发生实质性变化。

表 10.3.1 变量定义

变量	定义	数据来源
主假设变量		
UPRICE	首次公开发行(IPO)抑价,用公司的股票价格从首次公开发行到首个交易日结束时所记录的最终价格的变化来衡量(Chambers,Dimson,2009;Ritter,Welch,2002)	作者手工计算
IECC	衡量发审委联系的虚拟变量,如果拟 IPO 的公司雇佣了有发审委联系的社会中介机构(会计师事务所或/和律师事务所)则取值为1,否则为0(Du et al.,2013;Yang,2013;杜兴强 等,2013)	作者从公司招股说明书中手工收集
NPIP	代表国家产业政策(有利产业政策)的虚拟变量,如果拟 IPO 公司属于由中央或/和地方政府支持的重点行业则取值为1,否则为0	作者手工收集
BIG4	会计师事务所虚拟变量,当公司 IPO 聘请四大会计师事务所审计师赋值为1,否则赋值为0(Fan,Wong,2005)	www.cicpa.org.cn
LAWYER	基于《亚洲法律》杂志业务排名(见 www.legalbusinessonline.com)的律师事务所的虚拟变量,如果公司 IPO 的律师来自前五大律师事务所则取值为1,否则为0	www.legalbusinessonline.com
UWR	代表承销商的哑变量,根据中国证券业协会提供的总承销金额的官方排名,如果公司 IPO 的承销商是前十大承销商则取值为1,否则为0	www.sac.net.cn
UW_PC	代表承销商政治关联程度的虚拟变量,如果承销商的最终所有人是中央(地方)政府机构或者政府控制的国有企业则取值为1,否则为0	作者手工收集
IND_UW	虚拟变量,如果公司的 IPO 由一家承销商全权负责则取值为1,否则(两家或者多家承销商共同负责公司的 IPO)为0	CSMAR
UW_AUD	衡量承销商和审计师合作程度的虚拟变量,如果同时由一家特定承销商保荐并由一家特定会计师事务所审计的客户数量大于(或等于)2,且具有承销商与审计师合作关系的客户数除以该承销商承销总数的比例大于25%,则取值为1,否则为0	作者基于公司招股说明书计算
ACC_LAW	衡量审计师和律师合作程度虚拟变量,如果同时由一家特定会计师事务所审计并由一家特定律师事务所服务的客户数大于(或等于)2,且具有审计师与律师合作关系的客户数量除以相关审计师 IPO 客户总数的比率大于25%,则取值为1,否则为0	作者基于公司招股说明书计算
EDU_CEO	CEO 的教育水平,当 CEO 学历为硕士及以上时取值为1,否则为0	作者手工收集
GENDER_CEO	CEO 性别,当 CEO 为女性时赋值为1,否则赋值为0	作者手工收集
AGE_CEO	CEO 年龄,取值为样本年份减去 CEO 出生年加1	作者手工收集
EXPERTISE	CEO 专业能力的虚拟变量,如果 CEO 获得了会计、审计、证券分析的资格证书则取值为1,否则为0	作者手工收集

续表

变量	定义	数据来源
主假设变量		
CGI	Gompers 等(2003)提出的公司治理指数,包括股权结构、董事会独立性和管理层薪酬等八项指标。本节借鉴 Gompers 等(2003)的研究成果,结合中国股票市场的特点,采用简单明了的方法构建了如下公司治理指数(CGI)。(1)股权结构:①第一大股东持股比例小于 20% 得 2 分;第一大股东持股比例大于等于 20% 小于 50% 的,得 1 分;否则得 0 分。②如果第一大股东持股比例与第二至第五大股东持股比例之比大于样本中位数,则得 1 分,否则得 0 分。③如果一家公司在两个或两个以上股票市场上市,得 1 分,否则得 0 分。(2)董事会指数(BDIN):④如果一家公司的董事人数在样本的前/后四分位,得 1 分,否则得 0 分。⑤董事长和 CEO 由不同的人担任时,得 1 分,否则得 0 分。⑥独立董事在董事会中所占比例大于 1/2,得 2 分;如果在 1/2 到 1/3 之间,得 1 分;否则得 0 分。(3)管理层薪酬指数(COMIN):⑦董事长、前五名高管持有上市公司股票的,得 1 分,否则得 0 分。⑧董事长由上市公司支付报酬的,得 1 分,否则得 0 分。在很多情况下,董事长同时也是控股股东的高管,不由上市公司支付报酬。最后,将第①项至第⑧项的总分相加,得到公司治理指数(CGI)	作者计算
SIZE	公司规模,以 IPO 前总资产的自然对数来衡量	CSMAR
LEV	财务杠杆,用 IPO 前的长期债务除以总资产来衡量	CSMAR
MTB	市值账面比,以首个交易日的权益市值除以 IPO 前权益的账面价值来衡量(Fan et al.,2007)	CSMAR
WLR	公司中签率的自然对数(Chi, Padgett, 2005; Guo, Brooks, 2008)	CSMAR
TURNR	IPO 后第一个交易日的换手率(Guo,Brooks,2008)	CSMAR
DELAY	从公司股票发行日到 IPO 后第一个交易日的时间差,用从股票发行到首次交易的天数除以 365 天来衡量(Chen et al.,2004;Fan et al.,2007)	CSMAR
SSE	虚拟变量,如果一家公司在上海证券交易所(SSE)上市则取值为 1,否则为 0(Chen et al.,2004;Fan et al.,2007)	CSMAR
FIRMAGE	等于截至公司申报上市时的公司成立年限取自然对数(Schenone,2004)	来自公司招股说明书
STATE	各级政府或国有企业所持股份与公司总股份的比值(Chen et al.,2004)	CSMAR
TUL	大股东资金占用,以 IPO 前其他应收款除以总资产衡量(Jiang et al.,2010)	作者计算
RETRIAL	虚拟变量,如果一家公司的 IPO 在被批准之前经历了两次及以上的申请,则取值为 1,否则为 0	作者计算
CROSS	公司是否交叉上市的虚拟变量,如果公司在 B 股或 H 股上市则赋值为 1,否则赋值为 0	CSMAR

续表

变量	定义	数据来源
稳健性检验和内生性处理的变量		
IECCMAX	发审委联系的强度；如果一家拟 IPO 公司同时雇用具有发审委联系的审计服务提供商和法律服务提供商，则取值为 2；如果该公司只雇佣具有发审委联系的审计服务提供商或具有发审委联系的法律服务提供商，则取值为 1；否则为 0	作者基于公司招股说明书计算
IECC_G	衡量发审委联系的虚拟变量，如果拟 IPO 的公司雇用了一家具有发审委联系或之前具有发审委联系的会计师事务所和/或律师事务所，则取值为 1，否则为 0	作者基于公司招股说明书计算
LNUPRICE	用(1＋抑价)的自然对数来衡量(Chambers,Dimson,2009)	作者计算
UPRICE_ADJ	市场指数调整后的 IPO 抑价(Carter et al.,1998)	作者计算
CAR	首个交易日的基于市场调整模型计算的累积异常收益	作者计算
UPRICE_N	从第 0 天到第 N 天的 IPO 抑价(N＝1,2,3,4,5,10,20)(Chambers,Dimson,2009)	作者计算
INDSPEC_AUD	审计师行业专长的虚拟变量，如果在某一行业中会计师事务所审计的客户数量排名第一，则取值为 1，否则为 0	作者计算
INDSPEC_LAW	律师行业专长的虚拟变量，如果在某一行业中律师事务所服务的客户数量排名第一，则取值为 1，否则为 0	作者计算
ACC_REG	会计师事务所与三个监管中心(北京、上海和深圳)之间的最小距离(单位:1000 公里)	作者计算
LAW_REG	律师事务所与三个监管中心(北京、上海和深圳)之间的最小距离(单位:1000 公里)	作者计算
PENALTY_AUD	会计师事务所上一年度受到中国证监会处罚的次数	作者计算
PENALTY_LAW	律师事务所上一年度受到中国证监会处罚的次数	作者计算
IPOSHR_AUD	一个日历年度内，一家会计师事务所审计的客户数量除以中国股票市场上 IPO 公司总数的比值	作者计算
IPOSHR_LAW	一个日历年度内，一家律师事务所服务的客户数量除以中国股票市场上 IPO 公司总数的比值	作者计算
GDP_AUD	会计师事务所所在省份人均 GDP 的自然对数	中国统计年鉴
GDP_LAW	律师事务所所在省份人均 GDP 的自然对数	中国统计年鉴

四、实证结果

(一)描述性统计

表 10.3.2 的 Section A 和 Section B 分别展示了本研究所用变量的描述性统计和单变量检验结果。如 Section A 所示，UPRICE(IPO 抑价)的平均值约为 54.93％，表明一家公司

的股票价格从首次公开发行到首个交易日所记录的最终价格上涨了约 54.93％。此外，IECC 的平均值为 0.401 6，这意味着 40.16％的民营企业有发审委联系。NPIP 的平均值为 0.218 6，表明 21.86％的拟 IPO 民营企业属于有产业政策支持的行业。

在控制变量的描述性统计结果中有以下几方面值得注意（平均值和近似值）：(1)有 2.07％、26.58％和 40.62％的拟 IPO 民营企业分别聘请前四大会计师事务所的审计师 (BIG4)、前五大律师事务所的律师(LAWYER)和前十大承销商(UWR)来提供审计、法律和承销服务。(2)69.62％的承销商有政治关联(UW_PC)，90.56％的 IPO 公司由独家承销商(IND_UW)承销。(3)承销商—审计师关系(UW_AUD)和审计师—律师关系(ACC_LAW)的 IPO 公司在所有 IPO 公司中分别占 7.48％和 2.19％。(4)拟 IPO 公司中 54.66％的 CEO 获得了硕士及以上学位(EDU_CEO)，8.98％的 CEO 为女性(GENDER_CEO)，IPO 公司 CEO 的年龄(AGE_CEO)约为 46.146 6，0.81％的 CEO 获得了会计、审计或/和证券分析资格证书(EXPERTISE)，IPO 公司的平均 CGI 指数为 5.903 3。(5)公司规模(SIZE)为 44 084 万元，上市前长期负债与总资产之比(LEV)为 5.01％，市价比率(MTB)为 17.281 5，IPO 公司中签率(WLR)为 64.70％($e^{-0.4354}$)，上市后首个交易日换手率(TURNR)为 70.59％，从股票发行到首次交易的天数(DELAY)为 11.53 天(0.031 6×365)，6.10％的公司在上海证券交易所上市，公司从成立到 IPO 的年限为 7.54 年($e^{2.0197}$)，中央(地方)政府机构或政府控股企业的持股比例(STATE)为 1.56％，大股东资金占用(TUL)为 1.73％，有 3.68％的公司经历了两次或两次以上的 IPO 申请，有 0.58％的公司股票在两个或两个以上的股票市场上市。

表 10.3.2 的 Section B 报告了 IECC 子样本和非 IECC 子样本之间均值差异的单变量检验结果。与非 IECC 子样本相比，IECC 子样本具有显著较低的抑价(UPRICE)(t 值＝－1.87)，初步支持了假设 10.3.1；IECC 子样本属于产业政策支持行业的可能性显著较高(t＝3.31)，这一发现促使本节进一步研究发审委联系和产业政策支持对 IPO 抑价的交互作用。

此外，表 10.3.2 的 Section B 结果显示，与非 IECC 子样本相比，IECC 子样本雇佣前四大会计师事务所审计师的可能性显著较高(BIG4)，雇佣前五大律师事务所律师提供法律服务的可能性显著较高(LAWYER)，公司规模更小(SIZE)，从股票发行到首次交易的时间延迟更长(DELAY)。

（二）Pearson 相关性分析

表 10.3.3 报告了变量的 Pearson 相关性分析，p 值在系数下面的括号中。首先，UPRICE 与 IECC 显著负相关，表明有发审委联系的公司 IPO 抑价显著更低，初步支持了假设 10.3.1。其次，UPRICE 与 BIG4、UW_AUD、EDU_CEO、MTB、TURNR、DELAY、STATE 和 CROSS 显著正相关，但与 UWR、SIZE、WLR、SSE 和 FIRMAGE 显著负相关，表明在研究发审委联系对 IPO 抑价的影响时，有必要控制这些变量。最后，控制变量之间的两两相关系数较低，这意味着在回归中同时包含这些变量并没有造成严重的多重共线性问题。

表 10.3.2　描述性统计和单变量检验

| 变量 | (1) Section A：描述性统计 | | | | | | | | (2) SectionB：单变量检验 | | | | |
	样本量	均值	标准差	最小值	下四分位数	中位数	上四分位数	最大值	(2)a IECC=1（样本量=349）均值	(2)a 标准差	(2)b IECC=0（样本量=520）均值	(2)b 标准差	(2)c t 值
UPRICE	869	0.549 3	0.769 4	−0.263 3	0.100 4	0.314 9	0.674 4	6.267 4	0.489 9	0.638 9	0.589 2	0.844 0	−1.87*
IECC	869	0.401 6	0.490 5	0.000 0	0.000 0	0.000 0	1.000 0	1.000 0					
NPIP	869	0.218 6	0.413 6	0.000 0	0.000 0	0.000 0	0.000 0	1.000 0	0.275 1	0.447 2	0.180 8	0.385 2	3.31***
BIG4	869	0.020 7	0.142 5	0.000 0	0.000 0	0.000 0	0.000 0	1.000 0	0.031 5	0.175 0	0.013 5	0.115 4	1.83*
LAWYER	869	0.265 8	0.442 0	0.000 0	0.000 0	0.000 0	1.000 0	1.000 0	0.332 4	0.471 7	0.221 2	0.415 4	3.66***
UWR	869	0.406 2	0.491 4	0.000 0	0.000 0	0.000 0	1.000 0	1.000 0	0.415 5	0.493 5	0.400 0	0.490 4	0.45
UW_PC	869	0.696 2	0.460 2	0.000 0	0.000 0	1.000 0	1.000 0	1.000 0	0.690 5	0.462 9	0.700 0	0.458 6	−0.30
IND_UW	869	0.905 6	0.292 5	0.000 0	1.000 0	1.000 0	1.000 0	1.000 0	0.916 9	0.276 4	0.898 0	0.302 8	0.93
UW_AUD	869	0.074 8	0.263 2	0.000 0	0.000 0	0.000 0	0.000 0	1.000 0	0.088 8	0.284 9	0.065 4	0.247 4	1.29
ACC_LAW	869	0.021 9	0.146 3	0.000 0	0.000 0	0.000 0	0.000 0	1.000 0	0.014 3	0.119 0	0.026 9	0.162 0	−1.24
EDU_CEO	869	0.546 6	0.498 1	0.000 0	0.000 0	1.000 0	1.000 0	1.000 0	0.567 3	0.496 1	0.532 6	0.499 4	1.00
GENDER_CEO	869	0.089 8	0.286 0	0.000 0	0.000 0	0.000 0	0.000 0	1.000 0	0.083 0	0.276 4	0.094 2	0.292 4	−0.56
AGE_CEO	869	46.146 6	6.102 8	28.000 0	43.000 0	46.453 0	49.000 0	72.000 0	46.137 0	5.811 1	46.153 0	6.296 4	−0.04
EXPERTISE	869	0.008 1	0.089 4	0.000 0	0.000 0	0.000 0	0.000 0	1.000 0	0.008 5	0.092 4	0.007 6	0.087 4	0.14
CGI	869	5.903 3	1.177 7	3.000 0	5.000 0	6.000 0	7.000 0	8.000 0	5.851 0	1.225 0	5.938 4	1.144 6	−1.07
SIZE	869	19.904 2	0.867 5	18.301 5	19.297 9	19.771 8	20.387 2	24.692 9	19.834 1	0.854 6	19.951 3	0.873 7	−1.96*
LEV	869	0.050 1	0.073 1	0.000 0	0.000 0	0.018 7	0.074 6	0.363 8	0.047 7	0.068 0	0.051 7	0.076 3	−0.78
MTB	869	17.281 5	9.405 8	3.292 0	10.380 0	15.270 0	21.490 0	54.229 2	17.861 9	10.070 0	16.892 0	8.921 2	1.49

续表

| 变量 | (1) Section A：描述性统计 | | | | | | | | (2) SectionB：单变量检验 | | | | |
| | 样本量 | 均值 | 标准差 | 最小值 | 下四分位数 | 中位数 | 上四分位数 | 最大值 | (2)a IECC=1(样本量=349) | | (2)b IECC=0(样本量=520) | | (2)c |
									均值	标准差	均值	标准差	t 值
WLR	869	−0.435 9	41.146 3	−4.347 3	−0.935 9	−0.387 1	0.212 3	4.182 4	−0.391 1	1.068 1	−0.465 0	1.196 0	−0.93
TURNR	869	0.705 9	0.194 6	0.180 0	0.630 0	0.770 0	0.850 0	0.950 0	0.711 2	0.184 2	0.702 3	0.201 3	0.66
DELAY	869	0.031 6	0.010 4	0.019 2	0.024 7	0.030 1	0.035 6	0.095 9	0.032 3	0.010 9	0.031 1	0.010 1	1.73*
SSE	869	0.061 0	0.239 4	0.000 0	0.000 0	0.000 0	0.000 0	1.000 0	0.048 7	0.215 6	0.069 2	0.254 1	−1.24
FIRMAGE	869	2.019 7	0.648 2	0.693 1	1.609 4	2.197 2	2.484 9	3.177 2	1.989 3	0.651 3	2.040 2	0.646 0	−1.14
STATE	869	0.015 6	0.048 5	0.000 0	0.000 0	0.000 0	0.000 0	0.332 3	0.014 5	0.048 4	0.016 4	0.048 6	−0.56
TUL	869	0.017 3	0.020 3	0.000 1	0.005 2	0.011 5	0.021 2	0.120 5	0.017 4	0.019 1	0.017 2	0.021 1	0.16
RETRIAL	869	0.036 8	0.188 4	0.000 0	0.000 0	0.000 0	0.000 0	1.000 0	0.028 7	0.167 1	0.042 3	0.201 5	−1.05
CROSS	869	0.005 7	0.075 7	0.000 0	0.000 0	0.000 0	0.000 0	1.000 0	0.005 7	0.075 6	0.005 8	0.075 8	−0.01

注：***，** 和 * 分别代表双尾检验下 1%、5% 和 10% 的显著性水平。

表 10.3.3　Pearson 相关性分析

变量	(1)	(2)	(3)	(4)	(5)	(6)	(7)	(8)	(9)	(10)	(11)	(12)	(13)	(14)
(1) UPRICE	1.000 0													
(2) IECC	−0.063 3 (0.062 2)	1.000 0												
(3) NPIP	0.022 8 (0.502 2)	0.111 8 (0.001 0)	1.000 0											

续表

变量	(1)	(2)	(3)	(4)	(5)	(6)	(7)	(8)	(9)	(10)	(11)	(12)	(13)	(14)
(4) BIG4	0.059 6 (0.079 0)	0.062 2 (0.067 1)	−0.057 4 (0.090 9)	1.000 0										
(5) LAWYER	−0.021 8 (0.521 4)	0.123 4 (0.000 3)	0.066 1 (0.051 3)	0.040 5 (0.232 8)	1.000 0									
(6) UWR	−0.084 4 (0.012 8)	0.015 4 (0.649 4)	−0.001 0 (0.975 9)	−0.005 1 (0.880 0)	0.101 6 (0.002 7)	1.000 0								
(7) UW_PC	−0.026 7 (0.432 1)	−0.010 1 (0.766 7)	0.058 9 (0.082 9)	0.025 8 (0.447 6)	0.012 3 (0.716 6)	−0.075 2 (0.026 6)	1.000 0							
(8) IND_UW	0.009 8 (0.773 1)	0.031 6 (0.352 5)	0.075 5 (0.026 0)	−0.118 9 (0.000 0)	0.016 0 (0.637 3)	−0.029 6 (0.383 8)	−0.007 8 (0.818 4)	1.000 0						
(9) UW_AUD	0.071 0 (0.036 4)	0.043 7 (0.198 3)	0.018 9 (0.577 4)	0.050 8 (0.134 6)	0.017 0 (0.615 8)	−0.217 4 (0.000 0)	0.045 2 (0.183 6)	0.002 0 (0.953 1)	1.000 0					
(10) ACC_LAW	0.028 9 (0.395 3)	−0.042 2 (0.213 7)	−0.022 0 (0.517 7)	0.144 0 (0.000 0)	0.052 5 (0.121 7)	−0.011 5 (0.734 9)	0.013 2 (0.697 3)	−0.005 6 (0.869 6)	−0.042 5 (0.210 6)	1.000 0				
(11) EDU_CEO	0.077 1 (0.023 0)	0.034 1 (0.315 1)	0.129 4 (0.000 1)	0.035 1 (0.301 7)	0.035 2 (0.299 5)	0.033 2 (0.328 7)	0.041 7 (0.219 0)	−0.033 0 (0.330 6)	−0.004 7 (0.891 1)	0.009 7 (0.774 9)	1.000 0			
(12) GENDER_CEO	0.015 8 (0.640 9)	−0.019 1 (0.573 9)	−0.029 7 (0.381 1)	0.095 7 (0.004 8)	0.048 0 (0.157 5)	0.010 8 (0.750 9)	0.006 1 (0.857 6)	0.073 8 (0.029 6)	−0.028 1 (0.408 5)	0.090 7 (0.007 5)	−0.037 5 (0.269 7)	1.000 0		
(13) AGE_CEO	−0.001 9 (0.956 5)	−0.001 3 (0.969 8)	−0.040 9 (0.228 2)	−0.004 9 (0.884 3)	−0.010 0 (0.769 0)	−0.063 9 (0.059 5)	0.004 0 (0.905 8)	0.024 6 (0.469 3)	0.042 8 (0.207 2)	0.067 1 (0.047 9)	−0.071 6 (0.034 7)	0.025 9 (0.446 0)	1.000 0	
(14) EXPERTISE	0.051 9 (0.126 0)	0.005 0 (0.884 0)	0.014 6 (0.666 8)	−0.013 1 (0.699 6)	−0.025 1 (0.460 2)	−0.022 1 (0.515 1)	0.031 5 (0.353 1)	−0.014 9 (0.659 9)	0.072 3 (0.033 2)	−0.013 5 (0.691 7)	−0.021 4 (0.529 3)	0.106 8 (0.001 6)	−0.015 0 (0.658 2)	1.000 0
(15) CGI	−0.021 5 (0.526 2)	−0.036 4 (0.283 4)	0.076 6 (0.024 0)	−0.091 0 (0.007 3)	−0.025 8 (0.447 0)	−0.023 6 (0.486 3)	−0.052 1 (0.124 7)	0.013 6 (0.688 4)	0.008 5 (0.802 8)	−0.061 3 (0.071 1)	−0.027 7 (0.415 4)	0.025 8 (0.447 7)	−0.156 8 (0.000 0)	0.062 1 (0.067 3)

续表

变量	(1)	(2)	(3)	(4)	(5)	(6)	(7)	(8)	(9)	(10)	(11)	(12)	(13)	(14)
(16) SIZE	-0.170 2 (0.000 0)	-0.066 2 (0.050 9)	-0.318 9 (0.000 0)	0.244 1 (0.000 0)	0.012 2 (0.720 4)	0.081 3 (0.016 5)	0.055 2 (0.103 8)	-0.335 0 (0.000 0)	-0.013 1 (0.700 5)	0.017 4 (0.609 1)	-0.006 7 (0.844 2)	-0.030 5 (0.368 5)	0.057 7 (0.088 9)	0.009 7 (0.774 3)
(17) LEV	0.020 2 (0.552 3)	-0.026 4 (0.437 6)	-0.049 4 (0.145 6)	0.017 8 (0.600 3)	0.010 8 (0.750 9)	-0.052 8 (0.119 7)	0.052 4 (0.123 0)	-0.119 7 (0.000 4)	0.002 8 (0.934 7)	0.006 5 (0.849 0)	-0.004 6 (0.892 1)	-0.042 7 (0.209 0)	0.020 3 (0.550 3)	0.017 4 (0.609 0)
(18) MTB	0.348 2 (0.000 0)	0.050 6 (0.136 3)	0.141 2 (0.000 0)	-0.038 1 (0.261 4)	-0.031 6 (0.352 3)	-0.074 7 (0.027 7)	0.033 4 (0.325 8)	0.116 0 (0.000 6)	0.037 6 (0.268 1)	0.017 2 (0.612 4)	0.036 7 (0.279 2)	0.013 7 (0.687 3)	-0.074 0 (0.029 2)	-0.000 6 (0.985 2)
(19) WLR	-0.593 3 (0.000 0)	0.031 7 (0.351 3)	-0.058 4 (0.085 2)	0.041 4 (0.222 4)	-0.002 4 (0.943 8)	0.083 1 (0.014 3)	0.049 8 (0.142 3)	-0.084 6 (0.012 6)	-0.073 9 (0.029 4)	-0.001 3 (0.970 0)	-0.002 3 (0.945 8)	-0.019 9 (0.558 8)	0.010 4 (0.759 0)	-0.027 6 (0.415 7)
(20) TURNR	0.332 6 (0.000 0)	0.022 4 (0.509 6)	0.034 3 (0.312 4)	0.038 0 (0.263 7)	-0.038 8 (0.253 2)	-0.071 9 (0.034 0)	-0.028 0 (0.409 2)	0.102 1 (0.002 6)	0.073 7 (0.029 9)	0.026 2 (0.440 4)	-0.012 4 (0.716 0)	0.039 5 (0.244 5)	0.025 7 (0.449 7)	0.006 5 (0.847 6)
(21) DELAY	0.198 3 (0.000 0)	0.058 7 (0.083 6)	0.041 4 (0.223 0)	0.001 4 (0.966 2)	-0.029 2 (0.390 8)	-0.119 8 (0.000 4)	0.023 5 (0.489 8)	0.013 9 (0.682 1)	0.018 8 (0.580 6)	-0.038 9 (0.251 7)	-0.005 4 (0.872 6)	-0.030 0 (0.376 9)	-0.057 1 (0.092 6)	-0.039 3 (0.247 2)
(22) SSE	-0.108 6 (0.001 3)	-0.042 0 (0.215 7)	-0.111 5 (0.001 0)	0.131 7 (0.000 1)	-0.011 8 (0.727 2)	0.073 1 (0.031 1)	0.053 3 (0.116 1)	-0.263 2 (0.000 0)	-0.035 9 (0.290 4)	0.027 7 (0.415 4)	0.145 2 (0.000 0)	-0.029 6 (0.384 1)	-0.007 7 (0.820 3)	-0.023 0 (0.499 0)
(23) FIRMAGE	-0.234 5 (0.000 0)	-0.038 5 (0.256 4)	-0.020 3 (0.549 1)	0.020 9 (0.538 7)	-0.006 7 (0.843 0)	0.047 7 (0.160 2)	0.044 4 (0.191 3)	0.024 9 (0.463 7)	0.014 6 (0.666 8)	0.053 4 (0.115 8)	-0.022 0 (0.516 4)	-0.019 4 (0.568 2)	0.059 2 (0.081 3)	0.033 5 (0.323 5)
(24) STATE	0.063 3 (0.062 4)	-0.019 0 (0.575 6)	0.064 8 (0.056 3)	0.003 9 (0.907 5)	-0.032 6 (0.336 8)	-0.019 8 (0.559 3)	0.008 1 (0.810 7)	-0.029 8 (0.380 0)	-0.049 7 (0.143 1)	0.076 5 (0.024 2)	0.051 1 (0.132 0)	-0.038 7 (0.254 7)	0.034 1 (0.315 6)	0.003 1 (0.926 7)
(25) TUL	0.004 9 (0.884 6)	0.005 4 (0.874 7)	0.043 1 (0.204 9)	-0.032 0 (0.345 9)	-0.020 3 (0.551 1)	-0.040 5 (0.232 5)	0.014 3 (0.674 6)	0.029 6 (0.382 9)	-0.007 2 (0.833 2)	0.020 0 (0.555 3)	0.030 7 (0.365 3)	-0.041 4 (0.222 7)	-0.025 4 (0.455 1)	-0.019 2 (0.571 5)
(26) RETRIAL	-0.052 9 (0.119 3)	-0.035 5 (0.295 3)	0.000 1 (0.998 8)	0.100 3 (0.003 1)	-0.020 8 (0.539 6)	0.062 2 (0.066 8)	-0.056 8 (0.094 0)	-0.062 3 (0.066 4)	-0.009 1 (0.787 9)	0.137 9 (0.000 0)	-0.030 6 (0.367 9)	0.066 9 (0.048 8)	0.054 2 (0.110 2)	0.050 7 (0.135 1)
(27) CROSS	0.078 2 (0.021 2)	-0.000 3 (0.994 1)	-0.040 2 (0.236 0)	0.416 2 (0.000 0)	0.023 1 (0.496 4)	0.061 0 (0.072 3)	0.050 3 (0.138 8)	-0.079 5 (0.019 0)	0.036 2 (0.286 4)	0.092 7 (0.006 3)	0.008 2 (0.810 2)	0.029 3 (0.387 7)	0.032 9 (0.333 3)	-0.006 9 (0.840 1)

表 10.3.3　Pearson 相关性分析（续）

变量	(15)	(16)	(17)	(18)	(19)	(20)	(21)	(22)	(23)	(24)	(25)	(26)	(27)
(15) CGI	1.000 0												
(16) SIZE	−0.150 9 (0.000 0)	1.000 0											
(17) LEV	0.020 7 (0.541 6)	0.210 0 (0.000 0)	1.000 0										
(18) MTB	−0.022 9 (0.499 4)	−0.397 1 (0.000 0)	−0.078 3 (0.021 0)	1.000 0									
(19) WLR	−0.006 1 (0.858 2)	0.250 6 (0.000 0)	−0.021 0 (0.537 0)	−0.136 7 (0.000 1)	1.000 0								
(20) TURNR	−0.016 6 (0.625 9)	−0.170 3 (0.000 0)	−0.002 1 (0.950 2)	0.212 3 (0.000 0)	−0.362 6 (0.000 0)	1.000 0							
(21) DELAY	0.048 6 (0.151 9)	−0.115 7 (0.000 6)	−0.016 9 (0.618 8)	0.249 9 (0.000 0)	−0.088 8 (0.008 8)	0.071 0 (0.036 4)	1.000 0						
(22) SSE	−0.089 4 (0.008 4)	0.467 2 (0.000 0)	0.061 8 (0.068 6)	−0.174 9 (0.000 0)	0.268 6 (0.000 0)	−0.134 6 (0.000 1)	−0.087 7 (0.009 7)	1.000 0					
(23) FIRMAGE	0.004 7 (0.890 1)	0.107 7 (0.001 5)	−0.006 5 (0.848 9)	−0.259 8 (0.000 0)	0.286 9 (0.000 0)	−0.068 2 (0.044 5)	−0.216 0 (0.000 0)	0.124 6 (0.000 2)	1.000 0				
(24) STATE	0.057 4 (0.090 8)	−0.011 6 (0.733 2)	0.092 9 (0.006 1)	−0.035 6 (0.294 0)	−0.049 3 (0.146 7)	0.010 2 (0.764 6)	0.022 4 (0.508 7)	−0.040 2 (0.236 1)	0.042 1 (0.215 5)	1.000 0			
(25) TUL	0.031 0 (0.360 9)	−0.066 7 (0.049 5)	−0.104 7 (0.002 0)	0.056 7 (0.095 1)	−0.072 1 (0.033 6)	0.075 3 (0.026 5)	0.025 6 (0.451 0)	−0.028 2 (0.405 7)	−0.076 0 (0.025 1)	0.022 2 (0.512 5)	1.000 0		
(26) RETRIAL	0.042 0 (0.216 0)	0.045 5 (0.180 2)	0.010 0 (0.767 4)	−0.152 2 (0.000 0)	0.052 1 (0.124 6)	−0.004 7 (0.890 2)	−0.074 7 (0.027 6)	0.128 9 (0.000 1)	0.168 8 (0.000 0)	−0.015 4 (0.649 7)	0.009 0 (0.790 5)	1.000 0	
(27) CROSS	0.032 1 (0.344 6)	0.222 5 (0.000 0)	0.055 1 (0.104 7)	−0.094 3 (0.005 4)	0.076 3 (0.024 4)	−0.014 8 (0.662 4)	−0.054 3 (0.109 8)	0.044 2 (0.193 1)	0.070 8 (0.037 0)	−0.024 5 (0.470 9)	0.013 9 (0.681 3)	0.065 9 (0.052 1)	1.000 0

(三)假设 10.3.1 的多元回归结果

假设 10.3.1 预测发审委联系和 IPO 抑价之间显著负相关,表 10.3.4 报告了发审委联系(IECC)和其他影响因素对 IPO 抑价(UPRICE)的 OLS 回归结果。本节的样本只包括 IPO 公司,所有报告的 t 统计量都是基于异方差调整后的标准误差(White,1980;下同)。

如表 10.3.4 所示,IECC 的系数在 5% 的水平上显著为负(系数 = $-0.074\,3$,$t=$ -2.22),假设 10.3.1 得证。这表明 IPO 抑价与发审委联系显著负相关,意味着市场对具有发审委联系的公司给出了负面评价。此外,IECC 的系数估计值表明,有发审委联系的公司平均 IPO 抑价比无发审委联系的公司低 7.43%,约等于 IPO 抑价平均值的 13.53%。显然,IECC 的估计系数具有重要的经济意义。

控制变量的符号和显著性情况如下:(1)UW_PC 系数显著为负(系数 = $-0.062\,4$,$t=$ -1.90),表明有政治关联的承销商和 IPO 抑价之间存在负相关关系,这与 Fan 等(2007)的研究一致。(2)MTB 的系数显著为正(系数 = $0.023\,7$,$t=7.56$),表明市值账面比较高的公司 IPO 抑价显著较高,这与 Chen 等(2004)的结论一致。(3)WLR 的系数显著为负(系数 = $-0.186\,2$,$t=-5.82$),表明公司股票中签率较高的公司 IPO 抑价较低,这与 Chi 和 Padgett (2005)的研究结果一致。(4)TURNR 与 UPRICE 显著正相关(系数 = $0.821\,8$,$t=12.76$),这意味着首个交易日较高的换手率可以为较高的 IPO 抑价提供一些解释,Guo 和 Brooks (2008)的研究支持了这一发现。(5)DELAY 的系数显著为正(系数 = $2.980\,9$,$t=1.86$),这与 Chen 等(2004)和 Fan 等(2007)的研究一致。(6)SSE 的系数显著为正(系数 = $0.146\,1$,$t=$ 2.42),这表明在上海证券交易所上市的公司的 IPO 抑价显著高于在深圳证券交易所上市的公司。在上海证券交易所上市的公司通常都是规模较大、相对成熟的公司(Chen et al., 2004;Fan et al.,2007),因此这一结果可以从现有关于大型(成熟)公司与 IPO 抑价正相关的文献中得到重要支持(DeAngelo et al.,2007;Lowry,Shu,2002;Michaely,Shaw,1994)。[①] (7)STATE 的系数显著为正(系数 = $0.672\,8$,$t=1.84$),说明政府持股比例越高的民营企业 IPO 抑价程度越高,这一发现与 Chen 等(2004)的研究结果一致。(8)CROSS 的系数显著为正,说明交叉上市公司的 IPO 抑价较高。

表 10.3.4　发审委联系和其他影响因素对 IPO 抑价的回归结果

变量	被解释变量:IPO 抑价(UPRICE)	
	系数	t 值
IECC	$-0.074\,3$**	-2.22
BIG4	$-0.021\,7$	-0.12

[①]　Michaely 和 Shaw(1994)认为因为大型发售较为困难,所以承销商需要降低发行价格以确保大型公司成功配售。Lowry 和 Shu(2002)揭示了市值与 IPO 抑价之间存在正相关关系。此外,DeAngelo 等(2007)认为成熟公司会出于"流动性紧缩"的动机进行再融资,因此,成熟公司倾向于设定相对较低的 IPO 价格,给投资者留下良好印象,以便再融资。

续表

变量	被解释变量：IPO 抑价（UPRICE）	
	系数	t 值
LAWYER	0.049 8	1.36
UWR	−0.025 8	−0.83
UW_PC	−0.062 4*	−1.90
IND_UW	0.002 7	0.06
UW_AUD	0.057 2	0.84
ACC_LAW	−0.108 5	−0.74
EDU_CEO	0.039 8	1.20
GENDER_CEO	0.014 1	0.20
AGE_CEO	0.001 5	0.49
EXPERTISE	0.281 8	1.30
CGI	−0.012 2	−0.89
SIZE	0.013 7	0.49
LEV	−0.075 4	−0.37
MTB	0.023 7***	7.56
WLR	−0.186 2***	−5.82
TURNR	0.821 8***	12.76
DELAY	2.980 9*	1.86
SSE	0.146 1**	2.42
FIRMAGE	−0.025 8	−0.92
STATE	0.672 8*	1.84
TUL	−0.599 1	−0.90
RETRIAL	0.043 8	0.64
CROSS	1.495 1*	1.65
截距	−0.763 9	−1.28
行业	是	
年度	是	
Adj_R^2	65.73%	
观测值	869	
F(p-value)	41.61*** (0.000 0)	

注：***、**、* 分别表示在 1%、5%、10% 的水平上显著；所有 t 值均经过了异方差稳健标准误（Huber-White）调整。

(四)假设 10.3.2 的多元回归结果

假设 10.3.2 表明国家产业政策减弱了 IPO 抑价与发审委联系之间的负相关关系。表 10.3.5 报告了发审委联系、产业政策和其他影响因素对 IPO 抑价的回归结果。

如表 10.3.5 所示,IECC 的系数在 1% 水平上显著为负(系数 $=-0.120\ 1,t=-3.13$),这进一步揭示了假设 10.3.1 的正确性。此外,IECC 的系数估计值意味着,拥有发审委联系的公司的 IPO 抑价比无发审委联系的公司平均低 12.01%。显然,IECC 在此处的系数估计值大于在表 10.3.4 中的系数估计值,具有重要的经济意义。此外,NPIP 的系数在 5% 水平上显著为负(系数 $=-0.274\ 8,t=-2.34$),符合理论预期。更重要的是,IECC×NPIP 的系数在 1% 水平上显著为正(系数 $=0.216\ 9,t=3.35$),说明产业政策抑制了发审委联系对 IPO 抑价的负面影响,这一发现有力地支持了假设 10.3.2,并表明发审委联系对 IPO 抑价的削弱作用在属于国家重点行业的公司中更不显著。

表 10.3.5 中控制变量的符号和显著性与表 10.3.4 相似。具体而言,UPRICE 与 WLR 和 UW_PC 显著负相关,但与 MTB、TURNR、SSE、STATE 和 CROSS 显著正相关。

表 10.3.5　发审委联系、产业政策和其他影响因素对 IPO 抑价的回归结果

变量	被解释变量:IPO 抑价(UPRICE)	
	系数	t 值
IECC	$-0.120\ 1^{***}$	-3.13
NPIP	$-0.274\ 8^{**}$	-2.34
IEC×NPIP	$0.216\ 9^{***}$	3.35
BIG4	$-0.015\ 4$	-0.09
LAWYER	$0.050\ 7$	1.38
UWR	$-0.028\ 5$	-0.92
UW_PC	$-0.058\ 0^{*}$	-1.77
IND_UW	$0.009\ 0$	0.19
UW_AUD	$0.058\ 1$	0.84
ACC_LAW	$-0.112\ 4$	-0.76
EDU_CEO	$0.040\ 9$	1.25
GENDER_CEO	$0.013\ 4$	0.20
AGE_CEO	$0.001\ 6$	0.51
EXPERTISE	$0.324\ 1$	1.53
CGI	$-0.011\ 7$	-0.86
SIZE	$0.008\ 8$	0.32
LEV	$-0.039\ 7$	-0.20
MTB	$0.023\ 6^{***}$	7.71
WLR	$-0.185\ 5^{***}$	-5.83
TURNR	$0.816\ 5^{***}$	12.76

续表

变量	被解释变量：IPO 抑价（UPRICE）	
	系数	t 值
DELAY	2.625 3	1.61
SSE	0.151 6**	2.51
FIRMAGE	−0.030 4	−1.08
STATE	0.691 3*	1.90
TUL	−0.730 3	−1.09
RETRIAL	0.050 7	0.73
CROSS	1.501 4*	1.66
截距	−0.658 2	−1.10
行业	是	
年度	是	
Adj_R^2	66.05%	
观测值	869	
F(p-value)	40.27*** (0.000 0)	
Joint F−test：IEC+IEC×NPIP	3.06* (0.080 7)	

注：***、**、*分别表示在 1%、5%、10% 的水平上显著；所有 t 值均经过了异方差稳健标准误（Huber-White）调整。

五、稳健性检验和内生性处理

（一）用其他衡量发审委联系的方法进行稳健性检验

为了确保本节在主检验中的研究结论的稳健性，本节使用解释变量 IECC 的替代测量方法重新估计了式（10.3.1）和式（10.3.2）来检验假设 10.3.1 和 10.3.2，并在表 10.3.6 中报告了检验结果。

首先，在表 10.3.6 的第（1）列和第（2）列中，本节使用 IECCMAX 作为解释变量来进行稳健性检验。IECCMAX 表示发审委联系的强度；如果一家拟 IPO 公司同时雇用具有发审委联系的审计服务提供商和具有发审委联系的法律服务提供商，则取值为 2；如果该公司只雇佣具有发审委联系的审计服务提供商或具有发审委联系的法律服务提供商，则取值为 1；否则为 0。在第（1）列中，IECCMAX 的系数显著为负（系数=−0.057 9，t=−2.32），与假设 10.3.1 一致。在第（2）列中，IECCMAX 的系数仍然显著负（系数=−0.091 0，t=−3.06），支持了假设 10.3.1。此外，NPIP 的系数显著为负（系数=−0.154 4，t=−2.18），与表 10.3.5 中的结果一致。IECCMAX×NPIP 的系数在 1% 水平上显著为正（系数=0.128 3，t=2.75），再次验证了假设 10.3.2。

其次，在第（3）列和第（4）列中，本节采用广义的定义度量 IECC。具体来说，IECC_G 是虚拟变量,如果拟 IPO 的公司雇用了一家具有发审委联系或之前具有发审委联系的会计师事务所和/或法律服务提供商,则取值为1,否则为0。如第(3)列所示,IPO 抑价与 IECC_G 之间呈显著负相关(系数=-0.101 5,t=-2.21),说明假设 10.3.1 仍然成立。如第(4)列所示,IECC_G 的系数显著为负(系数=-0.152 4,t=-2.80),与假设 10.3.1 一致。此外,与理论预期一致,NPIP 的系数显著为负。更为关键的是,IECC_G×NPIP 的系数显著为正(系数=0.246 6,t=2.62),再次验证了假设 10.3.2。

总体来说,使用 IECC 的替代变量(IECCMAX 和 IECC_G)后,假设 10.3.1 和 10.3.2 都得到了支持,因此本节的研究结论是稳健的。

表 10.3.6   用其他衡量发审委联系的方式对假设 10.3.1 和 10.3.2 进行稳健性检验

| 变量 | 被解释变量:IPO 抑价(UPRICE) | | | | | | | |
| | (1) 假设 10.3.1 | | (2) 假设 10.3.2 | | (3) 假设 10.3.1 | | (4) 假设 10.3.2 | |
	系数	t 值	系数	t 值	系数	t 值	系数	t 值
IECCMAX	-0.057 9**	-2.32	-0.091 0***	-3.06				
IECC_G					-0.101 5**	-2.21	-0.152 4***	-2.80
NPIP			-0.154 4**	-2.18			-0.283 3***	-2.72
IECCMAX×NPIP			0.128 3***	2.75				
IECC_G×NPIP							0.246 6***	2.62
BIG4	-0.042 8	-0.26	-0.038 5	-0.23	-0.059 4	-0.36	-0.058 2	-0.36
LAWYER	0.051 8	1.32	0.052 6	1.34	0.058 3	1.48	0.054 2	1.38
UWR	-0.025 7	-0.82	-0.025 8	-0.83	-0.025 5	-0.82	-0.019 5	-0.63
UW_PC	-0.058 2*	-1.79	-0.052 6	-1.62	-0.059 3*	-1.82	-0.051 5	-1.59
IND_UW	0.005 7	0.12	0.007 4	0.15	-0.000 9	-0.02	-0.005 0	-0.10
UW_AUD	0.050 8	0.73	0.052 6	0.75	0.050 8	0.72	0.045 3	0.64
ACC_LAW	-0.104 3	-0.72	-0.101 5	-0.70	-0.092 4	-0.64	-0.101 4	-0.69
EDU_CEO	0.034 1	1.06	0.036 4	1.14	0.036 0	1.12	0.040 6	1.27
GENDER_CEO	0.016 8	0.25	0.014 1	0.21	0.015 4	0.23	0.010 2	0.15
AGE_CEO	0.001 8	0.57	0.001 7	0.53	0.001 9	0.60	0.001 7	0.53
EXPERTISE	0.269 6	1.27	0.293 1	1.40	0.252 8	1.20	0.247 2	1.15
CGI	-0.010 9	-0.82	-0.011 9	-0.89	-0.010 3	-0.78	-0.011 1	-0.84
SIZE	0.018 1	0.66	0.012 2	0.44	0.020 6	0.76	0.018 3	0.67
LEV	-0.064 7	-0.32	-0.054 9	-0.27	-0.084 4	-0.41	-0.080 5	-0.40
MTB	0.023 5***	7.67	0.023 3***	7.71	0.023 5***	7.65	0.023 5***	7.75
WLR	-0.188 5***	-5.84	-0.186 8***	-5.83	-0.189 4***	-5.85	-0.189 8***	-5.86
TURNR	0.810 9***	12.73	0.811 1***	12.77	0.813 4***	12.81	0.818 4***	12.79
DELAY	3.041 0*	1.92	2.763 4*	1.72	2.822 2*	1.77	2.549 1	1.57
SSE	0.154 7***	2.59	0.154 3***	2.59	0.151 5**	2.55	0.143 0**	2.39

续表

变量	被解释变量：IPO 抑价（UPRICE）							
	(1)		(2)		(3)		(4)	
	假设 10.3.1		假设 10.3.2		假设 10.3.1		假设 10.3.2	
	系数	t 值	系数	t 值	系数	t 值	系数	t 值
FIRMAGE	−0.024 2	−0.86	−0.029 0	−1.04	−0.022 6	−0.81	−0.025 0	−0.90
STATE	0.646 0*	1.76	0.664 7*	1.79	0.644 4*	1.78	0.678 9*	1.86
TUL	−0.659 6	−0.98	−0.735 0	−1.08	−0.714 4	−1.06	−0.856 1	−1.25
RETRIAL	0.049 2	0.76	0.047 0	0.72	0.038 0	0.57	0.062 3	0.92
CROSS	1.446 2	1.60	1.450 4	1.61	1.470 1	1.61	1.476 5	1.62
截距	−1.152 4**	−2.09	−1.017 8*	−1.82	−1.106 9**	−2.01	−0.994 9*	−1.78
行业	是		是		是		是	
年度	是		是		是		是	
Adj_R^2	65.71%		65.91%		65.75%		66.02%	
观测值	869		869		869		869	
F(p-value)	41.57***(0.000 0)		40.03***(0.000 0)		41.64***(0.000 0)		40.22***(0.000 0)	

注：***、**、*分别表示在 1%、5%、10% 的水平上显著；所有 t 值均经过了异方差稳健标准误（Huber-White）调整。

（二）用其他衡量 IPO 抑价的方法进行稳健性检验

为了检验本节的研究结论是否对被解释变量的替代变量具有稳健性，在表 10.3.7 和表 10.3.8 中，本节使用了 IPO 抑价的替代变量来重新检验式（10.3.1）和式（10.3.2）。

第一，在表 10.3.7 的第（1）列和第（2）列中，本节借鉴 Chambers 和 Dimson（2009）的研究，引入新的被解释变量 LNUPRICE，用（1＋抑价）的自然对数来衡量。在第（1）列中，IECC 的系数显著为负（系数＝−0.029 9，t＝−2.19），说明发审委联系与 IPO 抑价之间存在负向关系。在第（2）列中，IECC×NPIP 的系数显著为正（系数＝0.082 0，t＝2.77），验证了假设 10.3.2。

第二，在第（3）列和第（4）列中，本节遵循 Carter 等（1998）的研究，引入变量"市场指数调整后的 IPO 抑价"（UPRICE_ADJ），重新检验了式（10.3.1）和（10.3.2）。如第（3）列和第（4）列所示，使用 UPRICE_ADJ 作为被解释变量时假设 10.3.1 和假设 10.3.2 仍然成立。

第三，本节使用首个交易日的累积异常收益（CAR）作为衡量 IPO 抑价的指标。如第（5）列和第（6）列所示，假设 10.3.1 和假设 10.3.2 仍然成立。

第四，在表 10.3.8 中，本节进一步讨论了本节的研究结论是否对基于不同时间窗口的抑价都是有效的。在此过程中，本节遵循 Chambers 和 Dimson（2009）的研究，计算了一组额外的 IPO 抑价变量，即 UPRICE_N（N＝1，2，3，4，5，10，20）。UPRICE_N 表示从第 0 天到第 N 天的 IPO 抑价（N＝1，2，3，4，5，10，20）（Chambers，Dimson，2009）。表 10.3.8 的 Panel A 和 Panel B 分别展示了假设 10.3.1 和假设 10.3.2 的回归结果。

第五，如表 10.3.8 的 Panel A 所示，以 UPRICE_N(N＝1,2,3,4,5,10,20)为被解释变量，IECC 的各个系数均显著为负，支持了假设 10.3.1。表 10.3.8 的 Panel B 以 UPRICE_N(N＝1,2,3,4,5,10,20)为被解释变量，各列 IECC 的系数均为显著为负，与假设 10.3.1 一致。此外，IECC×NPIP 的系数均显著为正，证实了假设 10.3.2。

总之，表 10.3.7 和表 10.3.8 中的结果表明，使用被解释变量的替代变量进行实证检验之后，主要结论并未发生实质性的变化。

(三)使用倾向得分配对法(PSM)控制内生性

接下来，本节采用倾向得分配对法(PSM)来缓解 IPO 抑价和发审委联系之间的潜在内生性。

首先，本节参考了以往的文献(Chaney et al.,2004;Choi et al.,2009;Li,2009)并确定了一组工具变量：(1)INDSPEC_AUD 是审计师行业专长的虚拟变量，如果在某一行业中会计师事务所审计的客户数量排名第一，则取值为 1，否则为 0。(2)INDSPEC_LAW 是律师行业专长的虚拟变量，如果在某一行业中律师事务所服务的客户数量排名第一，则取值为 1，否则为 0。(3)ACC_REG 表示会计师事务所与三个监管中心(北京、上海和深圳)之间的最小距离(Du et al.,2015)。(4)LAW_REG 表示律师事务所与三个监管中心(北京、上海和深圳)之间的最小距离。(5)PENALTY_AUD 是指会计师事务所上一年度受到中国证监会处罚的次数。(6)PENALTY_LAW 是指律师事务所上一年度受到中国证监会处罚的次数。(7)IPOSHR_AUD 是指一个日历年度内，一家会计师事务所审计的客户数量除以中国股票市场上 IPO 公司总数的比值。(8)IPOSHR_LAW 是指一个日历年度内，一家律师事务所服务的客户数量除以中国股票市场上 IPO 公司总数的比值。(9)GDP_AUD 是会计师事务所所在省份人均 GDP 的自然对数，GDP_LAW 是律师事务所所在省份人均 GDP 的自然对数。

具体而言，使用上述工具变量，本节根据倾向得分±0.3％的范围，将没有发审委联系的公司与那些有发审委联系的公司进行匹配。本节选择±0.3％的匹配范围是因为：(1)其是倾向得分配对过程中的公认标准(Dehejia,Wahba,2002;Kurth et al. 2005);(2)不会导致剔除许多被视为无法匹配的公司；(3)本节放宽(收紧)了倾向得分范围，以±0.5％(0.1％)为标准，检验结果在实质上仍然与±0.3％相似。

其次，在进行倾向得分配对以获得匹配样本后，本节测试了 IECC 子样本(IECC＝1)和非 IECC 子样本(IECC＝0)在工具变量和控制变量上的差异。如表 10.3.9 第(1)列和第(2)列的描述性统计结果所示，两个子样本之间工具变量和控制变量的差异均不显著[见表 10.3.9第(3)列]，表明本节的匹配工作是相对有效的。

再次，表 10.3.9 的第(4)列报告了倾向得分配对第一阶段的结果。正如表 10.3.9 所示，IECC 与 IPOSHR_LAW 和 GDP_LAW(ACC_REG 和 GDP_AUD)显著正(负)相关。

最后，本节报告了倾向得分配对第二阶段的结果。在表 10.3.9 的第(5)a 列中，IECC 的系数显著为负(系数＝−0.089 0,$t＝−2.44$)，与假设 10.3.1 一致。如表 10.3.9 的第(5)b 列所示，IECC×NPIP 的系数显著为正(系数＝0.213 4,$t＝2.73$)，支持了假设 10.3.2。

表 10.3.7 用其他衡量 IPO 抑价的方式对假设 10.3.1 和 10.3.2 进行稳健性检验

| 变量 | 被解释变量:(1+抑价)的自然对数 (LNUPRICE) | | | | 被解释变量:市场指数调整后的 IPO 抑价 (UPRICE_ADJ) | | | | 被解释变量:首个交易日的累积异常收益 (CAR) | | | |
| | (1) 假设 10.3.1 | | (2) 假设 10.3.2 | | (3) 假设 10.3.1 | | (4) 假设 10.3.2 | | (5) 假设 10.3.1 | | (6) 假设 10.3.2 | |
	系数	t 值	系数	t 值	系数	t 值	系数	t 值	系数	t 值	系数	t 值
IECC	-0.029 9**	-2.19	-0.047 9***	-3.07	-0.076 1**	-2.29	-0.118 0***	-3.09	-0.097 2***	-2.73	-0.139 0***	-3.44
NPIP			-0.065 9**	-2.09			-0.168 6**	-2.39			-0.196 6***	-2.73
IECC×NPIP			0.082 0***	2.77			0.193 2***	3.02			0.209 4***	2.83
BIG4	-0.014 6	-0.22	-0.009 8	-0.15	-0.026 3	-0.16	-0.014 8	-0.09	-0.018 4	-0.11	0.013 1	0.08
LAWYER	0.006 1	0.39	0.006 3	0.41	0.058 2	1.51	0.058 9	1.52	0.049 3	1.20	0.046 1	1.13
UWR	-0.014 7	-1.10	-0.014 6	-1.09	-0.025 8	-0.84	-0.025 6	-0.83	-0.016 6	-0.48	-0.015 6	-0.45
UW_PC	-0.033 9**	-2.43	-0.031 3**	-2.24	-0.059 1*	-1.82	-0.052 5	-1.63	-0.064 4*	-1.80	-0.057 4	-1.60
IND_UW	-0.011 6	-0.53	-0.009 8	-0.44	0.014 2	0.29	0.018 2	0.38	0.014 3	0.29	0.022 1	0.45
UW_AUD	0.029 5	1.07	0.030 0	1.08	0.053 4	0.77	0.054 7	0.79	0.035 3	0.49	0.048 3	0.69
ACC_LAW	0.003 4	0.06	0.003 5	0.06	-0.106 2	-0.75	-0.105 3	-0.74	-0.095 9	-0.65	-0.084 2	-0.58
EDU_CEO	0.015 6	1.16	0.015 4	1.14	0.031 3	0.98	0.031 2	0.99	0.027 4	0.78	0.026 6	0.77
GENDER_CEO	0.007 3	0.29	0.005 8	0.23	0.003 7	0.06	-0.000 1	-0.00	0.053 7	0.64	0.042 1	0.51
AGE_CEO	0.000 3	0.24	0.000 2	0.21	0.002 1	0.67	0.002 0	0.64	0.001 6	0.47	0.000 8	0.26
EXPERTISE	0.147 3	1.53	0.153 7*	1.68	0.246 9	1.21	0.265 1	1.37	0.244 8	1.16	0.265 6	1.43
CGI	-0.005 8	-1.05	-0.005 6	-1.01	-0.006 3	-0.47	-0.005 9	-0.44	-0.009 9	-0.72	-0.012 0	-0.89
SIZE	0.004 0	0.35	0.001 8	0.16	0.022 7	0.85	0.017 1	0.63	0.045 5	1.54	0.043 7	1.48

续表

变量	被解释变量：(1+抑价)的自然对数 (LNUPRICE)				被解释变量：市场指数调整后的 IPO 抑价 (UPRICE_ADJ)				被解释变量：首个交易日的累积异常收益 (CAR)			
	(1) 假设 10.3.1		(2) 假设 10.3.2		(3) 假设 10.3.1		(4) 假设 10.3.2		(5) 假设 10.3.1		(6) 假设 10.3.2	
	系数	t 值	系数	t 值	系数	t 值	系数	t 值	系数	t 值	系数	t 值
LEV	0.055 6	0.61	0.059 8	0.66	-0.074 0	-0.37	-0.062 8	-0.32	0.141 7	0.48	0.180 2	0.63
MTB	0.009 6***	8.55	0.009 6***	8.63	0.023 7***	7.85	0.023 6***	7.94	0.022 5***	6.65	0.022 5***	6.81
WLR	-0.089 0***	-8.09	-0.088 8***	-8.10	-0.202 2***	-6.32	-0.201 7***	-6.34	-0.207 2***	-6.29	-0.209 2***	-6.50
TURNR	0.664 4***	21.83	0.662 4***	21.90	0.732 4***	11.60	0.727 7***	11.60	0.752 0***	11.65	0.713 6***	11.23
DELAY	1.749 4***	2.63	1.583 5**	2.35	2.802 0*	1.69	2.409 9	1.44	-3.814 9**	-2.11	-3.966 0**	-2.10
SSE	0.080 3***	2.76	0.081 5***	2.81	0.157 8***	2.64	0.160 3***	2.68	0.120 2*	1.91	0.104 6*	1.69
FIRMAGE	-0.012 6	-1.03	-0.014 7	-1.20	-0.025 8	-0.93	-0.030 7	-1.11	-0.024 4	-0.78	-0.030 5	-0.98
STATE	0.254 8*	1.87	0.267 8*	1.95	0.665 2*	1.78	0.698 3*	1.85	0.610 0	1.65	0.630 9*	1.70
TUL	-0.326 7	-1.07	-0.356 9	-1.17	-0.785 9	-1.16	-0.866 2	-1.28	-1.276 9*	-1.84	-1.325 6*	-1.95
RETRIAL	0.030 4	1.00	0.031 9	1.04	0.050 1	0.79	0.053 9	0.85	0.038 0	0.56	0.034 5	0.52
CROSS	0.424 7*	1.75	0.424 6*	1.76	1.397 3	1.55	1.397 1	1.56	1.304 7	1.44	1.322 5	1.51
截距	-0.590 3**	-2.48	-0.542 1**	-2.25	-1.209 1**	-2.22	-1.085 6*	-1.96	-1.181 0*	-1.88	-1.046 0*	-1.66
年度/行业	是		是		是		是		是		是	
Adj_R^2	74.99%		75.17%		65.34%		65.60%		61.38%		61.51%	
观测值	869		869		869		869		869		869	
F(p-value)	64.47*** (0.000 0)		62.10*** (0.000 0)		40.92*** (0.000 0)		39.50*** (0.000 0)		34.61*** (0.000 0)		33.22*** (0.000 0)	

注：***，**，* 分别表示在 1%，5%，10% 的水平上显著；所有 t 值均经过了异方差稳健标准误（Huber-White）调整。

表 10.3.8　用其他基于不同时间窗口的被解释变量对假设 10.3.1 和 10.3.2 进行稳健性检验

变量	(1) UPRICE_1 系数	t 值	(2) UPRICE_2 系数	t 值	(3) UPRICE_3 系数	t 值	(4) UPRICE_4 系数	t 值	(5) UPRICE_5 系数	t 值	(6) UPRICE_10 系数	t 值	(7) UPRICE_20 系数	t 值
PanelA: 假设 10.3.1 的稳健性检验														
IECC	-0.068 1**	-2.16	-0.065 6**	-2.14	-0.057 6*	-1.91	-0.060 3**	-2.01	-0.066 5**	-2.17	-0.072 1**	-2.25	-0.057 1*	-1.87
BIG4	0.016 6	0.11	0.024 9	0.18	0.030 5	0.22	0.054 7	0.41	0.047 1	0.37	0.043 5	0.34	0.030 2	0.31
LAWYER	0.045 7	1.21	0.048 6	1.30	0.053 0	1.45	0.050 4	1.43	0.057 9	1.59	0.033 9	0.91	0.060 2	1.58
UWR	-0.012 6	-0.41	-0.014 4	-0.47	-0.017 2	-0.57	-0.013 7	-0.46	-0.016 5	-0.55	-0.010 5	-0.33	-0.008 6	-0.28
UW_PC	-0.058 6*	-1.84	-0.056 1*	-1.74	-0.050 6	-1.60	-0.051 5*	-1.66	-0.050 8	-1.58	-0.027 8	-0.84	-0.000 6	-0.02
IND_UW	0.007 0	0.15	0.006 9	0.15	0.003 2	0.07	0.003 9	0.09	0.010 1	0.22	0.021 4	0.47	0.020 7	0.47
UW_AUD	0.061 0	0.96	0.062 2	1.09	0.069 7	1.22	0.068 0	1.14	0.073 3	1.10	0.079 2	1.19	0.063 2	0.98
ACC_LAW	-0.056 3	-0.42	-0.070 3	-0.54	-0.057 1	-0.46	-0.054 9	-0.45	-0.036 5	-0.31	-0.106 9	-0.92	0.027 0	0.17
EDU_CEO	0.026 2	0.86	0.025 8	0.86	0.026 9	0.93	0.026 2	0.92	0.025 5	0.86	0.044 9	1.47	0.024 3	0.82
GENDER_CEO	-0.002 8	-0.04	-0.000 2 1	-0.03	-0.006 2	-0.10	-0.017 5	-0.29	-0.016 5	-0.27	-0.028 2	-0.48	-0.049 4	-0.90
AGE_CEO	0.001 3	0.46	0.002 0	0.79	0.001 9	0.75	0.002 9	1.16	0.002 9	1.08	0.002 7	0.97	0.002 7	1.05
EXPERTISE	0.261 4	1.55	0.229 9	1.47	0.212 3	1.48	0.253 6*	1.87	0.226 9*	1.66	0.179 7	1.35	0.225 9	1.07
CGI	-0.013 8	-1.10	-0.011 5	-0.95	-0.015 3	-1.26	-0.016 1	-1.37	-0.013 9	-1.16	-0.010 5	-0.84	-0.004 7	-0.39
SIZE	0.025 4	1.00	0.029 8	1.19	0.020 8	0.85	0.017 5	0.71	0.014 5	0.58	-0.017 7	-0.68	-0.039 7	-1.60
LEV	-0.007 0	-0.04	0.033 3	0.18	0.090 1	0.49	0.111 6	0.63	0.128 9	0.69	0.156 0	0.79	0.339 6	1.43
MTB	0.022 4***	7.65	0.022 8***	7.14	0.021 3***	6.91	0.020 2***	6.64	0.019 8***	6.44	0.016 6***	5.27	0.015 5***	5.36
WLR	-0.188 7***	-6.23	-0.175 4***	-6.12	-0.160 3***	-5.83	-0.144 7***	-5.43	-0.142 6***	-5.41	-0.130 4***	-4.73	-0.101 8***	-3.98
TURNR	0.737 5***	12.17	0.716 1***	12.18	0.724 8***	12.47	0.740 7***	12.95	0.722 5***	12.42	0.756 6***	12.64	0.739 4***	11.15
DELAY	2.453 6	1.52	1.308 8	0.84	1.798 6	1.16	1.882 1	1.24	1.655 9	1.05	1.517 3	0.97	4.095 9***	2.92
SSE	0.125 2**	2.20	0.130 3**	2.30	0.117 7**	2.17	0.111 3**	2.08	0.118 1**	2.19	0.148 2**	2.58	0.117 7**	2.14
FIRMAGE	-0.025 7	-0.95	-0.025 6	-0.96	-0.026 2	-0.98	-0.034 2	-1.28	-0.032 9	-1.21	-0.043 9	-1.54	-0.028 2	-0.97
STATE	0.523 3	1.54	0.457 5	1.44	0.518 5	1.59	0.447 0	1.39	0.488 7	1.38	0.366 1	1.00	0.419 4	1.17
TUL	-0.756 6	-1.23	-0.837 5	-1.42	-0.866 0	-1.51	-0.895 9	-1.60	-0.730 1	-1.26	-0.959 3	-1.50	-0.230 9	-0.32

续表

变量	(1) UPRICE_1 系数	t值	(2) UPRICE_2 系数	t值	(3) UPRICE_3 系数	t值	(4) UPRICE_4 系数	t值	(5) UPRICE_5 系数	t值	(6) UPRICE_10 系数	t值	(7) UPRICE_20 系数	t值
RETRIAL	0.022 7	0.37	0.030 7	0.52	0.053 9	0.93	0.053 5	0.93	0.058 0	0.99	0.058 8	0.97	0.074 2	0.99
CROSS	1.295 2*	1.68	1.171 8*	1.79	1.111 6*	1.79	1.130 7*	1.80	1.097 8*	1.94	1.190 5*	1.86	0.955 5**	2.01
截距	−1.267 5**	−2.41	−1.371 8***	−2.64	−1.202 1**	−2.33	−1.153 5**	−2.22	−1.071 6**	−2.00	−0.458 7	−0.82	−0.049 0	−0.09
年度/行业	是		是		是		是		是		是		是	
Adj_R^2	65.84%		65.42%		65.38%		65.24%		63.94%		61.70%		60.77%	
观测值	869		869		869		869		869		869		869	
F(p-value)	41.81***(0.000 0)		41.06***(0.000 0)		40.98***(0.000 0)		40.73***(0.000 0)		38.54***(0.000 0)		35.10***(0.000 0)		33.79***(0.000 0)	

Panel B: 假设 10.3.2 的稳健性检验

变量	系数	t值	系数	t值	系数	t值	系数	t值	系数	t值	系数	t值	系数	t值
IECC	−0.111 5***	−3.10	−0.104 5***	−3.02	−0.091 0***	−2.63	−0.090 0***	−2.60	−0.094 5***	−2.65	−0.100 4***	−2.68	−0.084 9*	−2.41
NPIP	−0.161 7**	−2.39	−0.149 3**	−2.26	−0.133 4**	−2.05	−0.117 9*	−1.81	−0.121 7*	−1.83	−0.134 3*	−1.75	−0.135 2*	−1.88
IECC×NPIP	0.198 5***	3.13	0.178 5***	2.81	0.153 6**	2.46	0.136 9**	2.23	0.130 1**	2.07	0.132 5**	2.01	0.130 8**	1.97
BIG4	0.028 4	0.20	0.035 5	0.25	0.039 6	0.29	0.062 8	0.47	0.054 7	0.43	0.051 3	0.40	0.037 9	0.39
LAWYER	0.046 4	1.22	0.049 1	1.32	0.053 6	1.47	0.050 9	1.45	0.058 4	1.61	0.034 5	0.92	0.060 8	1.60
UWR	−0.012 3	−0.40	−0.014 1	−0.46	−0.016 9	−0.56	−0.013 5	−0.46	−0.016 4	−0.54	−0.010 4	−0.33	−0.008 6	−0.28
UW_PC	−0.052 1	−1.64	−0.050 2	−1.57	−0.045 4	−1.44	−0.046 9	−1.51	−0.046 2	−1.44	−0.022 9	−0.70	0.004 3	0.14
IND_UW	0.011 3	0.24	0.010 7	0.23	0.006 4	0.14	0.006 8	0.15	0.012 8	0.27	0.024 0	0.53	0.023 2	0.53
UW_AUD	0.062 2	0.98	0.063 3	1.11	0.070 7	1.23	0.068 9	1.15	0.074 2	1.11	0.080 2	1.20	0.064 2	0.99
ACC_LAW	−0.055 9	−0.41	−0.069 7	−0.53	−0.056 4	−0.45	−0.054 3	−0.44	−0.035 5	−0.30	−0.105 4	−0.89	0.028 6	0.18
EDU_CEO	0.025 6	0.84	0.025 4	0.85	0.026 8	0.92	0.026 1	0.92	0.025 8	0.87	0.045 7	1.49	0.025 2	0.84
GENDER_CEO	−0.006 5	−0.10	−0.005 5	−0.08	−0.009 2	−0.14	−0.020 2	−0.33	−0.019 3	−0.32	−0.031 3	−0.54	−0.052 5	−0.96

续表

变量	(1) UPRICE_1 系数	(1) UPRICE_1 t值	(2) UPRICE_2 系数	(2) UPRICE_2 t值	(3) UPRICE_3 系数	(3) UPRICE_3 t值	(4) UPRICE_4 系数	(4) UPRICE_4 t值	(5) UPRICE_5 系数	(5) UPRICE_5 t值	(6) UPRICE_10 系数	(6) UPRICE_10 t值	(7) UPRICE_20 系数	(7) UPRICE_20 t值
AGE_CEO	0.001 2	0.43	0.001 9	0.76	0.001 8	0.72	0.002 9	1.13	0.002 8	1.06	0.002 6	0.94	0.002 6	1.02
EXPERTISE	0.277 3*	1.75	0.245 2*	1.67	0.226 6*	1.66	0.266 2**	2.07	0.241 2*	1.85	0.196 7	1.50	0.243 4	1.17
CGI	-0.013 4	-1.07	-0.011 1	-0.93	-0.015 0	-1.23	-0.015 9	-1.34	-0.013 7	-1.14	-0.010 4	-0.83	-0.004 6	-0.38
SIZE	0.020 1	0.78	0.024 8	0.99	0.016 4	0.67	0.013 6	0.55	0.010 4	0.42	-0.022 2	-0.84	-0.044 3*	-1.76
LEV	0.003 3	0.02	0.042 9	0.23	0.098 9	0.55	0.119 4	0.67	0.137 2	0.73	0.165 6	0.84	0.349 3	1.48
MTB	0.022 4***	7.76	0.022 7***	7.23	0.021 2***	6.98	0.020 2***	6.70	0.019 7***	6.50	0.016 6***	5.31	0.015 4***	5.41
WLR	-0.188 3***	-6.25	-0.175 0***	-6.13	-0.159 9***	-5.84	-0.144 4***	-5.43	-0.142 3***	-5.41	-0.130 1***	-4.73	-0.101 5***	-3.98
TURNR	0.732 6***	12.17	0.711 7***	12.19	0.721 1***	12.47	0.737 4***	12.93	0.719 4***	12.40	0.753 5***	12.63	0.736 4***	11.14
DELAY	2.052 0	1.26	0.947 2	0.60	1.486 9	0.95	1.604 5	1.04	1.391 2	0.87	1.246 5	0.78	3.828 4***	2.66
SSE	0.128 1**	2.27	0.132 8**	2.36	0.119 8**	2.22	0.113 1**	2.13	0.119 7**	2.23	0.149 7***	2.62	0.119 1**	2.17
FIRMAGE	-0.030 7	-1.14	-0.030 1	-1.13	-0.030 2	-1.13	-0.037 7	-1.42	-0.036 3	-1.34	-0.047 6*	-1.67	-0.031 8	-1.10
STATE	0.555 2	1.62	0.486 9	1.52	0.544 7*	1.67	0.470 2	1.45	0.512 4	1.44	0.392 1	1.06	0.445 5	1.23
TUL	-0.831 3	-1.36	-0.907 3	-1.54	-0.929 5	-1.61	-0.951 8*	-1.70	-0.789 7	-1.35	-1.027 1	-1.60	-0.299 5	-0.41
RETRIAL	0.026 3	0.43	0.034 0	0.57	0.057 0	0.98	0.056 2	0.97	0.060 8	1.04	0.062 0	1.02	0.077 4	1.04
CROSS	1.294 9*	1.69	1.171 5*	1.80	1.111 5*	1.80	1.130 6*	1.81	1.097 9*	1.95	1.190 7*	1.87	0.955 7***	2.03
截距	-1.149 2**	-2.15	-1.262 5**	-2.39	-1.104 4**	-2.12	-1.067 1**	-2.02	-0.982 3*	-1.82	-0.360 1	-0.63	0.050 3	0.09
年度/行业	是		是		是		是		是		是		是	
Adj_R^2	66.13%		65.66%		65.55%		65.36%		64.05%		61.82%		60.90%	
观测值	869		869		869		869		869		869		869	
F(p-value)	40.41*** (0.000 0)		39.59*** (0.000 0)		39.41*** (0.000 0)		39.08*** (0.000 0)		36.96*** (0.000 0)		33.68*** (0.000 0)		32.44*** (0.000 0)	

注：***，**，*分别表示在1%，5%，10%的水平上显著；所有t值均经过了异方差稳健标准误（Huber-White）调整。

表 10.3.9　使用倾向得分配对法（PSM）控制 IPO 抑价和发审委联系之间潜在内生性的结果

变量	(1) IECC=1		(2) IECC=0		(3)	(4) 第一阶段		(5) 第二阶段			
								(5)a		(5)b	
	均值	标准差	均值	标准差	t 检验	系数	z 值	系数	t 值	系数	t 值
INDSPEC_AUD	0.231 3	0.422 4	0.216 4	0.412 5	0.41	0.006 6	0.06				
INDSPEC_LAW	0.208 9	0.407 3	0.167 9	0.374 4	0.56	0.231 5	1.61				
ACC_REG	0.044 9	0.114 0	0.041 0	0.124 4	0.38	−1.588 8 ***	−3.36				
LAW_REG	0.046 7	0.186 7	0.042 4	0.185 0	0.27	0.387 4	1.13				
PENALTY_AUD	0.078 3	0.269 2	0.104 4	0.329 9	−1.00	0.062 0	0.41				
PENALTY_LAW	0.003 7	0.061 0	0.003 7	0.061 0	0.00	1.191 2	1.21				
IPOSHR_AUD	0.041 4	0.029 5	0.042 0	0.032 4	−0.23	−2.411 6	−1.41				
IPOSHR_LAW	0.042 7	0.036 0	0.040 0	0.037 2	0.85	4.983 4 **	2.32				
GDP_AUD	11.036 5	0.320 7	11.057 1	0.326 6	−0.74	−0.525 9 **	−2.48				
GDP_LAW	11.126 9	0.278 4	11.140 4	0.245 1	−0.59	0.713 3 ***	3.07				
IECC								−0.089 0 **	−2.44	−0.139 8 ***	−3.24
NPIP										−0.219 1 *	−1.66
IECC×NPIP										0.213 4 ***	2.73
BIG4	0.018 6	0.135 5	0.018 6	0.135 5	0.00	0.697 1 *	1.75	0.301 1	1.41	0.286 4	1.33
LAWYER	0.276 1	0.447 9	0.294 7	0.456 7	−0.48	−0.096 7	−0.60	−0.001 4	−0.03	0.001 5	0.04
UWR	0.425 3	0.495 3	0.447 7	0.498 1	−0.52	0.013 4	0.14	−0.011 0	−0.29	−0.016 2	−0.43
UW_PC	0.701 4	0.458 4	0.675 4	0.469 1	0.65	−0.108 1	−1.07	−0.067 2 *	−1.67	−0.065 7	−1.63
IND_UW	0.902 9	0.296 5	0.899 2	0.301 5	0.14	0.033 4	0.20	−0.063 7	−1.07	−0.046 9	−0.79
UW_AUD	0.059 7	0.237 3	0.078 3	0.269 2	−0.85	0.203 0	1.08	−0.030 8	−0.38	−0.030 1	−0.38
ACC_LAW	0.011 1	0.105 4	0.022 3	0.148 2	−1.01	−0.635 4	−1.60	−0.234 1	−1.56	−0.230 7	−1.46
EDU_CEO	0.555 9	0.497 7	0.552 2	0.498 1	0.09	0.077 8	0.83	0.027 8	0.75	0.030 6	0.82
GENDER_CEO	0.070 8	0.257 1	0.093 2	0.291 3	−0.94	−0.154 9	−0.92	−0.020 9	−0.31	−0.025 2	−0.38
AGE_CEO	46.000 5	6.059 5	46.641 7	6.472 5	−1.18	0.002 1	0.28	0.003 4	1.08	0.003 2	1.03

续表

变量	(1) IECC=1 均值	标准差	(2) IECC=0 均值	标准差	(3) t检验	(4) 第一阶段 系数	z值	(5) 第二阶段 (5)a 系数	t值	(5)b 系数	t值
EXPERTISE	0.011 1	0.105 4	0.007 4	0.086 2	0.45	0.625 0	1.14	0.367 3	1.50	0.412 2 *	1.78
CGI	5.876 8	1.246 6	5.861 9	1.151 2	0.14	−0.058 3	−1.44	−0.011 1	−0.79	−0.011 0	−0.79
SIZE	19.877 4	0.881 9	19.854 0	0.797 1	0.32	−0.102 1	−1.39	0.015 6	0.53	0.014 4	0.49
LEV	0.048 2	0.068 6	0.047 9	0.071 8	0.04	0.040 0	0.06	−0.043 0	−0.17	0.002 5	0.01
MTB	17.366 3	9.882 9	17.462 9	9.537 3	−0.12	0.000 2	0.03	0.023 1 ***	5.76	0.022 7 ***	5.84
WLR	−0.398 4	1.100 4	−0.388 6	1.204 5	−0.10	0.105 6 **	2.06	−0.202 8 ***	−6.17	−0.199 7 ***	−6.15
TURNR	0.708 0	0.184 3	0.701 0	0.209 0	0.41	0.203 8	0.78	0.723 6 ***	8.43	0.735 6 ***	8.63
DELAY	0.031 5	0.009 4	0.030 5	0.009 5	1.20	7.485 6	1.53	8.147 1 ***	3.65	7.918 0 ***	3.50
SSE	0.059 7	0.237 4	0.048 5	0.215 2	0.57	−0.222 8	−0.97	0.187 9 **	2.19	0.200 9 **	2.33
FIRMAGE	2.034 1	0.621 7	2.007	0.665 2	0.48	−0.070 4	−0.88	−0.024 6	−0.74	−0.030 5	−0.91
STATE	0.013 3	0.047 6	0.012 5	0.040 7	0.19	−0.351 8	−0.36	0.454 7	1.16	0.405 2	1.03
TUL	0.017 2	0.019 2	0.015 8	0.018 8	0.88	0.345 7	0.15	−0.070 2	−0.09	−0.229 1	−0.28
RETRIAL	0.033 5	0.180 4	0.037 3	0.189 8	−0.23	−0.225 4	−0.83	−0.077 7	−1.28	−0.059 8	−0.97
CROSS	0.003 7	0.061 0	0.003 7	0.061 0	0.00	−0.651 6	−0.72	2.953 2 **	2.03	2.961 7 **	2.04
截距						−0.323 4	−0.09	−0.767 4	−1.23	−1.037 6	−1.64
年度/行业						是		是		是	
Pseudo R^2						25.82%					
Adj_R^2								66.54%		66.91%	
观测值						822		536		536	
Wald Chi²(p-value)						624.76 *** (0.000 0)					
F(p-value)								23.17 *** (0.000 0)		22.64 *** (0.000 0)	

注：***，**，* 分别表示在 1%，5%，10% 的水平上显著；所有 t 值均经过了异方差稳健标准误（Huber-White）调整。

六、结论

本研究探讨了发审委联系对 IPO 抑价的影响,并进一步探讨了产业政策在发审委联系与 IPO 抑价之间的调节作用。本节的研究结果表明,发审委联系与 IPO 抑价显著负相关,表明市场对公司的发审委联系给出了负面评价。此外,相较于没有产业政策扶持的公司来说,具有产业政策扶持的公司,其发审委联系与 IPO 抑价之间的负相关关系较弱。

本节的研究发现有以下几点启示:首先,本研究为中国宏观经济增长与股市表现之间的巨大反差提供了一个恰当的解释。也就是说,由于政府大力干预带来的寻租,许多业绩相对较差的公司被批准在中国上市。在这种情况下,股市当然不能作为中国经济的晴雨表。

其次,本节的研究结果表明,尽管在从计划经济体制向市场经济体制过渡的过程中,中国对 IPO 市场的监管有了很大改善,但要建立一个完全市场化的股票市场还有很长的路要走。在这个过程中,中国政府应该逐步减少对经济活动的管制,强调市场这只看不见的手的作用。只有这样,股票市场才能实现资本资源的高效配置,进而促进中国经济的进一步增长。

再次,中国 IPO 市场的严厉监管,包括设立 IPO 资格审批的委员会和国家产业政策,引发了 IPO 公司严重的寻租行为。寻租是一种非生产性活动(Krueger,1974;Murphy et al.,1993),危害着公司的长期发展和资源配置效率。具体而言,本节的研究结果显示,有发审委联系的公司 IPO 抑价显著降低,这为 IPO 抑价提供了一个额外的解释。此外,实证结果表明中国特有的产业政策在一定程度上造成了 IPO 抑价。因此,无论是发审委联系还是产业政策都会对 IPO 抑价产生影响。政府应该正视发审委联系的负外部性,并采取包括完善 IPO 申请审批制度在内的一切措施,将发审委联系的负面影响降到最低。

最后,本节关于中国 IPO 市场的研究结论对其他政府干预力度较大的新兴经济体也有一定的借鉴意义。这些经济体可以借鉴中国 IPO 市场的经验,明了政府对 IPO 过程的大力干预会导致寻租行为,从而对 IPO 质量和 IPO 公司的业绩产生显著的负面影响,因此应减少政府对 IPO 过程的干预。

当然,本研究也有可以在未来研究中加以解决的两个局限性。第一,根据现有研究(Du et al.,2013;Yang,2013;杜兴强 等,2013;赖少娟,杜兴强,2012),本节以占发审委成员 50% 以上的两个典型社会中介机构(会计师事务所和律师事务所)为研究对象,考察发审委联系对 IPO 抑价的影响。由于数据可得性的限制,本节没有考虑其他的发审委联系,如财政部(MOF)和国有资产监督管理委员会(SASAC)的官员。未来的研究可以进一步检验其他组织或政府的发审委联系是否对 IPO 抑价有类似的影响。第二,本研究聚焦于中国的 IPO 市场,该市场的特征是政府监管在其中起着至关重要的作用,因此本节的结论可能并不完全适用于政府干预力度较弱的发达国家市场。

参考文献

杜兴强,赖少娟,杜颖洁,2013."发审委"联系、潜规则与 IPO 市场的资源配置效率[J].

金融研究,(3),143-156.

赖少娟,杜兴强,2012. 权力的"恶之花":IPO 中的寻租、审计市场异化与资本市场惩戒[J]. 投资研究,(11),10-32.

ALLEN F, FAULHABER G R, 1989. Signaling by underpricing in the IPO market [J]. Journal of financial economics，23(2)：303-323.

ALLEN F, QIAN J, QIAN M, 2005. Law, finance, and economic growth in China [J]. Journal of financial economics，77(1)：57-116.

BARON D P, 1982. A model of the demand for investment banking advising and distribution services for new issues[J]. The journal of finance，37(4)：955-976.

BEATTY R P, RITTER J R, 1986. Investment banking, reputation, and the underpricing of initial public offerings[J]. Journal of financial economics，15(1)：213-232.

BENVENISTE L M, SPINDT P A, 1989. How investment bankers determine the offer price and allocation of new issues[J]. Journal of financial economics，24(2)：343-361.

BLISS M A, GUL F A, 2012. Political connection and cost of debt: some malaysian evidence[J]. Journal of banking and finance，36(5)：1520-1527.

BOUBAKRI N, COSSET J C, SAFFAR W, 2008. Political connections of newly privatized firms[J]. Journal of corporate finance，14(5)：654-673.

CARTER R B, DARK F H, SINGH A K, 1998. Underwriter reputation, initial returns, and the long-run performance of IPO stocks[J]. Journal of finance，53(1)：285-311.

CARTER R, MANASTER S, 1990. Initial public offerings and underwriter reputation[J]. The journal of finance，45(4)：1045-1067.

CHAMBERS D, DIMSON E, 2009. IPO underpricing over the very long run[J]. The journal of finance，64(3)：1407-1443.

CHANEY P K, JETER DC, SHIVAKUMAR L, 2004. Self-selection of BIG4s and audit pricing in private firms[J]. The accounting review，79(1)：51-72.

CHARLES DICKENS, 1859. A tales of two cities[M]. London：Chapman & Hall.

CHEN G, FIRTH M, GAO D N, et al., 2006. Ownership structure, corporate governance, and fraud: evidence from China [J]. Journal of corporate finance，12(3)：424-448.

CHEN G, FIRTH M, KIM J B, 2004. IPO underpricing in China's new stock markets[J]. Journal of multinational financial management，14(3)：283-302.

CHEUNG Y L, RAU P R, STOURAITIS A, 2010. Helping hand or grabbing hand? Central vs. local government shareholders in Chinese listed firms[J]. Review of finance，14(4)：669-694.

CHI J, PADGETT C, 2005. Short-run underpricing and its characteristics in Chinese initial public offering(IPO)markets[J]. Research in international business and finance, 19 (1): 71-93.

CHOI J H, KIM J B, LIU X, et al., 2009. Cross-listing audit fee premiums: theory and evidence[J]. The accounting review, 84(5): 1429-1463.

CLAESSENS S, FEIJEN E, LAEVEN L, 2008. Political connections and preferential access to finance: the role of campaign contributions[J]. Journal of financial economics, 88 (3): 554-580.

DEANGELO H, DEANGELO L, STULZ R M, 2007. Fundamentals, market timing, and seasoned equity offerings[J]. Working paper, Fisher College of Business.

DEHEJIA R H, WAHBA S, 2002. Propensity score-matching methods for non-experimental causal studies[J]. Review of economics and statistics, 84(1): 151-161.

DOWNES D H, HEINKEL R, 1982. Signaling and the valuation of unseasoned new issues[J]. The journal of finance, 37(1): 1-10.

DU X, 2013. Does religion matter to owner-manager agency costs? Evidence from China[J]. Journal of business ethics, 118(2): 319-347.

DU X, LAI S, LUO J H, 2013. The government intervention and rent-seeking in China's IPO market[J]. Working Paper, Available at: http://www.swufe.EDU_CEO. cn//1458.html.

DU X, JIAN W, LAI S,et al., 2015. Does religion mitigate earnings management? Evidence from China[J]. Journal of business ethics, 131(3): 699-749.

FACCIO M, 2006. Politically connected firms[J]. American economic review, 96(1): 369-386.

FACCIO M, 2009. Differences between politically connected and non-connected firms: a cross country analysis[J]. Financial management, 39(3): 905-927.

FAN J P, WONG T J, 2005. Do external BIG4s perform a corporate governance role in emerging markets? Evidence from East Asia[J]. Journal of accounting research, 43(1): 35-72.

FAN J P H, WONG T J, ZHANG T, 2007. Politically connected CEOs, corporate governance, and post-IPO performance of China's newly partially privatized firms[J]. Journal of financial economics, 84(2): 330-357.

FERGUSON T, VOTH H J, 2008. Betting on hitler: the value of political connections in Nazi Germany[J]. Quarterly journal of economics, 123(1): 101-137.

FISMAN R, 2001. Estimating the value of political connections[J]. American economic review, 91(4): 1095-1102.

GOLDMAN E, ROCHOLL J, SOJ, 2009. Do politically connected boards affect firm value? [J]. Review of financial studies, 22(6): 2331-2360.

GOMPERS P A，ISHII J L，METRICK A，2003. Corporate governance and equity prices[J]. Quarterly journal of economics，118(1)：107-155.

GRINBLATT M，HWANG C Y，1989. Signalling and the pricing of new issues[J]. The journal of finance，44(2)：393-420.

GUL F A，KIM J B，QIU A A，2010. Ownership concentration，foreign shareholding，audit quality，and stock price synchronicity：evidence from China[J]. Journal of financial economics，95(3)：425-442.

GUO H，BROOKS R，2008.Underpricing of Chinese A-share IPOs and short-run underperformance under the approval system from 2001 to 2005[J]. International review of financial analysis，17(5)：984-997.

HENSHEL R L，JOHNSTON W，1987. The emergence of bandwagon effects：a theory[J]. The sociological quarterly，28(4)：493-511.

HUANG H，2011. The regulation of securities offerings in China：reconsidering the merit review element in light of the global financial crisis[J]. Hong Kong law journal，41：261-284.

JEGADEESH N，WEINSTEIN M，WELCH I，1993. An empirical investigation of IPO returns and subsequent equity offerings[J]. Journal of financial economics，34(2)：153-175.

JIAN M，WONG T J，2010. Propping through related party transactions[J]. Review of accounting studies，15(1)：70-105.

JIANG G，LEE C M C，YUE H，2010. Tunneling through intercorporate loans：the China experience[J]. Journal of financial economics，98(1)：1-20.

KEISTER L，2001. Chinese business groups：the structure and impact of inter-firm relations during economic development[J]. Journal of economic issues，35(3)：789-791.

KELOHARJU M，1993. The winner's curse，legal liability，and the long-run price performance of initial public offerings in Finland[J]. Journal of financial economics，34(2)：251-277.

KRUEGER A O，1974. The political economy of the rent-seeking society[J]. The American economic review，64(3)：291-303.

KURTH T，WALKER A M，GLYNN R J,et al.，2005. Results of multivariable logistic regression，propensity matching，propensity adjustment，and propensity-based weighting under conditions of nonuniform effect[J]. American journal of epidemiology，163(3)：262-270.

LEE C W J，2001. Financial restructuring of state owned enterprises in China：the case of Shanghai Sunve Pharmaceutical Corporation[J]. Accounting，organization and society，26(7-8)：673-689.

LI C, 2009. Does client importance affect BIG4 independence at the office level? Empirical evidence from going-concern opinions[J]. Contemporary accounting research, 26 (1): 201-230.

LI H, MENG L, WANG Q, 2008. Political connections, financing and firm performance: evidence from Chinese private entrepreneurs[J]. Journal of development economics, 87(2): 283-299.

LOWRY M, SHU S, 2002. Litigation risk and IPO underpricing[J]. Journal of financial economics, 65(3): 309-335.

MCGUINNESS P, 1993. The market valuation of initial public offerings in Hong Kong[J]. Applied financial economics, 3(3): 267-281.

MICHAELY R, SHAW W H, 1994. The pricing of initial public offerings: Tests of adverse-selection and signaling theories[J]. Review of financial studies, 7(2): 279-319.

MURPHY K, SHLEIFER A, VISHNY R, 1993. Why is rent-seeking costly to growth? [J]. American economic review, 83(2): 409-414.

RITTER J R, 1987. The costs of going public[J]. Journal of financial economics, 19 (2): 269-281.

RITTER J, WELCH I, 2002. A review of IPO activity, pricing, and allocations[J]. The journal of finance, 57(4): 1795-1828.

ROCK K, 1986. Why new issues are underpriced[J]. Journal of financial economics, 15(1): 187-212.

RUUD J S, 1993. Underwriter price support and the IPO underpricing puzzle[J]. Journal of financial economics, 34(2): 135-151.

SCHENONE C, 2004. The effect of banking relationships on the firm's IPO underpricing[J]. The journal of finance, 59(6): 2903-2958.

SHLEIFER A, VISHNY R W, 1994. Politicians and firms[J]. Quarterly journal of economics, 109(4): 995-1025.

SHLEIFER A, VISHNY R W, 1998. The grabbing hand: government pathologies and their cures[M]. Cambridge, MA: Harvard University Press.

SMITHJR C W, 1986. Investment banking and the capital acquisition process[J]. Journal of financial economics, 15(1): 3-29.

STIGLER G J, 1971. The theory of economic regulation[J]. Bell journal of economics and management science, 2(1): 3-21.

SU D, 2005. Corporate finance and state enterprise reform in China[J]. China economic review, 16(2): 118-148.

SUN Q, TONG W H S, 2003. China share issue privatization: the extent of its success[J]. Journal of financial economics, 70(2): 183-222.

WELCH I, 1989. Seasoned offerings, imitation costs, and the underpricing of initial public offerings[J]. The journal of finance, 44(2): 421-449.

WELCH I, 1992. Sequential sales, learning and cascades[J]. Journal of finance, 47(3): 695-732.

WELCH I, 1996. Equity offerings following the IPO theory and evidence[J]. Journal of corporate finance, 2(3): 227-259.

WHITE H, 1980. A heteroskedasticity-consistent covariance estimator and a direct test for heteroskedasticity[J]. Econometrica, 48(4): 817-838.

WILLIAMSON O E, 2000. The new institutional economics: taking stock, looking ahead[J]. Journal of economic literature, 38(3): 595-613.

YANG Z, 2013. Do political connections add value to audit firms? Evidence from IPO audits in China[J]. Contemporary accounting research, 30(3): 891-921.

第十一章　社会文化与会计审计行为

　　社会风俗文化在一定程度上影响着人们的思考习惯与决策模式。本章关注科举制度、人口婚姻结构、女性高管等社会文化对会计审计行为的影响。虽已被废弃多年，但有证据表明科举制度作为中国历史上选才纳贤的主要方式所营造的社会氛围，时至今日仍潜移默化地影响着中国社会；人口婚姻结构可以视为集体主义/个人主义程度的替代变量，且高离婚率往往意味着一个地区/省/国家的个人主义文化相对比较浓厚；上市公司中女性高管的比例往往可以视为女性社会地位的重要标志，而女性和男性的个性特征不一，女性更具有同情/同理心，且更具伦理性。基于此，第十一章将着重分析如下问题：

　　(1)科举制度影响公司创新吗；

　　(2)人口婚姻结构与审计质量；

　　(3)女性高管总能抑制盈余管理吗。

第一节　科举制度影响公司创新吗？

　　摘要:科举制度是中国文化的重要组成部分之一，在存续期间潜移默化地影响着中国人的价值观念。本节手工搜集了地级市层面进士分布的数据，以此度量科举的影响，进而考察了科举制度对公司创新的影响。据本节统计，地级市层面进士分布呈现出以下两个特点：(1)明代进士和清代进士的人数大致相当，这揭示了科举影响的稳定性；(2)明清两代进士在各个地级市的分布是极不均衡的，科举影响在各个不同地区之间存在差异。进一步地，基于2007—2017年中国A股上市公司的数据，本节发现科举制度和创新投入、创新产出都呈现出非线性的倒U形关系，即科举影响未达到阈值以前，科举制度提高了公司的创新投入和创新产出，但是科举影响超过阈值以后，科举制度反而会导致公司的创新投入和创新产出有所下降。从影响机制来看，科举制度主要通过塑造中国社会的文化氛围作用于公司创新。此外，本节还发现科举制度对公司创新的影响在法治水平较低、经济欠发达、外来文化冲击较小的地区更加突出。总体而言，科举制度对公司创新的影响虽然存在消极的一面，但是也有其积极的一面。本节从微观层面揭示了科举对中国社会影响的持续性，同时有助于消除人们对科举制度的偏见、正确认识科举制度有利与不利的影响。

一、引言

技术创新决定一个国家的长期经济增长（Romer，1986）。习近平总书记在党的十九大报告中指出：“创新是引领发展的第一动力，是建设现代化经济体系的战略支撑”[①]。尽管各个国家（地区）都为促进创新作出了各种努力，但大多数国家（地区）公司从事创新活动的水平依旧不足（Hsu et al.，2014）。Hsu 等（2014）发现，除了美国以外，只有日本、德国、法国、英国和加拿大等五个国家行业平均的专利数量超过了 100 项，最高的日本每个行业拥有 2 132 项专利，最低的马来西亚每个行业只有 2 项专利。究其根源，公司创新的阻碍可能来自正式制度的不完备和文化氛围的制约（Cumming，Johan，2017）。与西方国家相比，中国数千年积淀下来的文化氛围有着极其鲜明的特色。例如科举制度是中国文化的重要组成部分之一，它在存续期间潜移默化地影响着中国人的价值观念，西方国家甚至把科举制度称为中国的第五大发明。正如习近平总书记所说“文化自信是一个国家、一个民族发展中更基本、更深沉、更持久的力量”[①]，在中国情境下，从中国特有的文化氛围出发寻找公司创新增长的源动力，是一个值得深入研究的命题。

聚焦于正式制度对创新行为的影响，知识产权保护（Moser，2005；吴超鹏，唐菂，2016）、劳动法（Cumming，Li，2013）、金融中介（Hsu et al.，2014；潘敏，袁歌骋，2019）等因素都对公司创新具有显著影响。也有学者尝试着从文化氛围的角度分析其对公司创新的影响。Jones 和 Davis（2000）认为特定的文化氛围能够激发创造力，如对失败容忍度较高有助于培养人们的创造性思维，使人们进行更多的创新行为。根据 Hofstede（2001）的研究，国家层面的文化氛围可以被划分为权力距离、不确定性规避、个人/集体主义、男性/女性主义以及长期/短期导向五个维度。Cumming 和 Johan（2017）发现，不确定性规避和公司创新间呈现出显著的负相关关系，而长期导向和公司创新之间呈现出显著的正相关关系；Varsakelis（2001）发现权力距离对公司创新的影响显著为负；Shao 等（2013）考察了个人主义对公司创新的影响，发现在个人主义盛行的国家之中，公司更倾向于长期投资（风险较高）而不是短期投资（风险较低），并且长期投资的对象更多的是研发支出而不是实物资产。除 Hofstede（2001）提出的文化维度外，移民开放程度也是国家文化氛围的一部分，移民可以带来国际资本的流动，进而促进公司创新（Iriyama et al.，2010）。Xie 等（2017）基于 42 个国家的跨国数据，检验了社会信任对公司创新的影响，发现社会信任和创新行为显著正相关。在公司层面的相关研究中，Tian 和 Wang（2014）发现对失败容忍度较高的文化氛围有助于公司创新。Gudmundson 等（2003）通过问卷调查发现，公司内部鼓励创新的文化氛围对公司创新的影响显著为正，鼓励创新主要体现在更多的个人授权和创新支持。王永贵和刘菲（2019）着眼于供应商和客户之间的信任水平，揭示了信任水平和供应商创新绩效之间非线性的倒 U 形

---

① 引自 2017 年 10 月 18 日习近平总书记在中国共产党第十九次全国代表大会上所作的报告。

关系。以上研究都为文化氛围对公司创新的影响提供了支持。徐细雄和李万利(2019)考察了儒家伦理对公司创新的影响,发现儒家伦理通过缓解股东—管理层代理冲突、鼓励人力资本投资和减少知识产权侵权三个渠道,对公司创新具有促进作用,具体体现在受儒家伦理影响较大的地区的公司的专利申请数量显著更多。儒家伦理无疑是中国文化的瑰宝,但它也只是中国文化中的一部分,中国文化其他方面的内容对公司创新的影响还有待进一步挖掘。

科举制度是中国历史上存续时间最长的选官制度之一。从隋炀帝大业元年(公元605年)设立进士科取士,到清朝光绪三十一年(公元1905年)正式废除科举制度,科举制度在中国历史上存续时间长达1300年之久。时至今日,人们依然把各个省份高考成绩第一名的考生称为高考"状元"。闽南地区中秋博饼的习俗也和科举制度有着密切联系,博饼等级从低到高依次是一秀、二举、四进、三红、对堂和状元,和科举功名里的秀才、举人、进士、探花、榜眼和状元一一对应。然而,提起科举制度,大部分人往往习惯性地把科举制度和腐朽的封建统治联系在一起,也会把明清两代综合国力的衰退归咎于科举制度,对科举制度存在着诸多消极的刻板印象。不可否认的是,科举制度有其消极的一面:(1)科举考试要求考生以八股文的形式"代圣人立言",不允许考生突破八股文的诸多限制,并且不允许考生表达自己的观点。在受科举制度影响较大的地区,人们往往因循守旧而不敢于挑战,如此社会氛围和"敢为天下先"的创新精神是相悖的;(2)创新行为更多地集中在自然科学领域,科举制度可能导致一定地区范围内"重文轻理"的社会氛围,从而也会对创新行为产生不利影响。但是,科举制度也有其积极的一面:(1)受科举影响较大的地区有着浓郁的"重学"氛围(Chen et al.,2017),这一方面提高了公司对人力资本的重视程度,令公司更多地投资于人力资本,另一方面也有助于地区人力资本的积累,使公司可以招聘到更多高人力资本的员工;(2)科举制度塑造了以儒家伦理为主导的社会氛围,可以有效地缓解股东—管理层之间的代理问题(古志辉,2015),进而敦促管理层更多地进行着眼于长期利益和高风险的创新行为。总体而言,科举制度对公司创新既可能存在促进作用,也可能存在抑制作用。那么,科举制度对公司创新的影响究竟是正向的还是负向的?或者说科举制度和公司创新之间是否是非线性的倒U形关系?

本节以2007—2017年中国A股上市公司为研究对象,考察了科举制度对公司创新的影响。主要结果如下:(1)科举变量一次项对研发支出(发明专利申请数量)的回归系数显著为正,揭示了科举制度对创新投入(创新产出)具有一定的促进作用;(2)科举变量二次项对研发支出(发明专利申请数量)的回归系数显著为负,说明科举制度和创新投入(创新产出)之间的关系是非线性的倒U形关系。基于拐点进行分组测试,科举影响高组,科举变量对研发支出(发明专利申请数量)的影响显著为负;科举影响低组,科举变量对研发支出(发明专利申请数量)的影响显著为正,这再一次证实了科举制度和创新投入(创新产出)之间的倒U形关系。经过一系列敏感性测试和内生性测试以后,以上研究结论保持不变。机制测试显示:(1)由于外来人口对科举氛围的延续产生了冲击,科举制度和公司创新之间的倒U形关系只在外来人口比例较低的省份存在;(2)科举变量对高管学历的影响显著为正,即科举制度提高了公司对人力资本的重视程度;(3)科举变量对管理和销售费用率的影响显著为负,并且对总资产周转率的影响显著为正,即科举制度缓解了股东—管理层之间的代理冲突,以上结果与本节的理论预期保持一致。此外,进一步测试发现科举制度对公司创新的影响在法治水平较低、经济欠发达、受外来文化冲击较小的地区更加突出。

本节可能的理论贡献如下：(1)本节以科举制度为切入点,考察了科举制度这一历史制度对公司创新的影响。从清朝光绪三十一年(公元 1905 年)科举制度被正式废除至今,科举制度已经消亡了百余年。有趣的是,即使在科举制度消亡百余年以后的今天,科举制度依旧会对公司创新产生影响。科举制度经过长时间的执行,早已深深地扎根在了中国人的价值观念之中。正如刘海峰(2010)所说"科举既是中国传统文化土壤中的生成物,反过来也改造了这片土壤的质地"。本节的研究为历史制度在消亡以后依然对经济社会具有持续性影响的文献提供了新的经验证据(Chen et al.,2017;Dell,2010;Lowes et al.,2017;Nunn,2008)。(2)本节研究结论有助于人们全面认识科举制度的经济后果。中国在数千年历史长河中曾经一度引领人类文明的发展,但明清两代综合国力却日益衰退,远远落后于西方国家,不少人因此把矛头指向了科举制度。今日不少人仍对科举制度存在着偏见,将其和诸如"腐朽""落后""八股文"等联系在一起。就公司创新而言,科举制度固然有其消极的一面,但也有其积极的一面。科举制度的功过是非不可一概而论,本节对科举制度经济后果的研究可以帮助人们正确看待科举制度,树立起关于科举制度的文化自信。(3)基于中国情境,已有学者讨论过知识产权保护(吴超鹏,唐菂,2016)、金融中介(潘敏,袁歌骋,2019)、公司治理(石晓军,王鸷然,2017)、社会信任(王永贵,刘菲,2019)等因素对公司创新的影响,徐细雄和李万利(2019)还探讨了儒家伦理对创新行为的促进作用。本节则将相关研究进一步拓展到了科举制度的范畴。

二、理论分析和研究假设

(一)历史影响的持续性

根据 Williamson(2000)的制度分析框架,人类社会的制度大致可以分为正式制度和非正式制度两类,其中非正式制度包括文化、宗教、社会风俗等。长期以来,正式制度和非正式制度一直共同约束着公司行为(Du,2013)。实际上,正式制度和非正式制度之间也会相互影响；一方面,非正式制度的土壤决定了一定地区范围内正式制度的建立(Williamson,2000)；另一方面,正式制度反过来又改变了这片土壤的质地(Elias,1994;Foucault,1995;Lowes et al.,2017;Tabellini,2008)。具体地,正式制度既可能强化地区范围内非正式制度的影响力,也可能对非正式制度产生"挤出效应"。"强化效应"认为,若正式制度禁止人们从事某种行为(如盗窃),当人们的所作所为背离了正式制度规定,他们往往会因为受到惩罚而感到负效应,因此人们会在不知不觉中把正式制度的规定内化为自身的道德准则,从而深化了以盗窃为耻的社会氛围(即非正式制度)(Elias,1994;Foucault,1995)。"挤出效应"则认为,若正式制度明令禁止某种行为(例如盗窃),人们在面临是否盗窃的选择时,第一时间会想到正式制度对盗窃行为的惩罚,而不是盗窃行为是不道德的,因此人们会逐渐忽略道德准则的要求,从而弱化了耻于盗窃的社会氛围(Lowes et al.,2017;Tabellini,2008)。

正式制度参与塑造了一定地区范围内的社会氛围,在正式制度消亡以后,那些保留下来的社会氛围依然持续地影响着人们的行为。1545年,西班牙帝国在如今的秘鲁境内发现了一座巨型白银矿山(the Potosí Mines),为了对该矿山进行开采,西班牙帝国强行征召了矿山附近的男性劳动力;这一强行征召制度从1573年开始一直持续到了1812年。Dell(2010)据此展开研究,他指出强行征召制度破坏了矿山附近地区的私有产权,导致当地老百姓普遍只想着满足自身温饱,而对公共设施建设漠不关心,如此社会氛围最终阻碍了矿山附近地区的经济发展,且该影响一直持续到了今天——被强行征召地区的居民消费水平显著更低,当地儿童发育迟缓的可能性显著更高,当地自给自足的农民比例也显著更高。此外,Nunn(2008)还发现黑奴交易对非洲国家的影响至今依然存在,黑奴交易数量和经济发展水平呈现出显著的负相关关系。基于以上讨论可知历史影响往往具有持续性,因而本节研究科举制度这一历史制度如何影响公司创新是具备一定合理性的。

(二)科举制度对公司创新的促进作用

科举制度对公司创新的促进作用主要体现在以下两个方面:

1.科举制度促使古代社会的中下层和上层都形成了"重学"的社会氛围

一方面,科举制度为寒门子弟开辟了一条向上层社会流动的通道。在科举制度形成以前,魏晋南北朝时期以九品中正制来选拔官员,原本九品中正制的选官指标按照重要性排序应当是才学第一、品德第二、家世第三。然而,由于魏晋南北朝时期皇权旁落,朝堂被门阀士族掌控,重要性最低的家世反而成为了选拔官员最关键的指标,最终导致了"上品无寒门,下品无士族"的实际情况(吴根洲,2016)。科举考试没有出身的限制,打破了门阀士族对官员的垄断,使寒门子弟有机会通过科举考试改变自身的命运,进入上层社会。宋元强(2015)对清代57名状元的出身进行了考证,其中29人来自官宦家庭(父辈考中举人及其以上功名,并且担任知县及其以上官职),20人来自士人家庭(父辈参加过科举考试,但是未取得功名和官职),其余8人来自其他家庭(例如商人、农民等);来自非官宦家庭的状元占比达到49%,这是一个非常可观的比例了。根据何炳棣(2013)的统计,明清两代约有43%的进士来自祖辈从未考取过功名的家庭。因而,科举制度为社会底层民众开辟了一条向上层社会流动的通道,提高了社会底层民众对知识的渴求以及对教育的重视程度。

另一方面,科举成功也是世家大族维持家族地位的关键所在。科举制度出台以后官位世袭受到了严格的限制。发展到明清两代,一品官员的子嗣(仅限一人;下同)如果不参加科举考试,可以直接出任五品官员,以此类推,三品官员的子嗣不经过科举考试只可以出任七品官员,六品及其以下官员未考取功名的子嗣则没有资格出任有品级的官员(何炳棣,2013)。在这样的情况下,科举考试自然而然地成为了世家大族维持家族地位的唯一途径。根据杨西云(1997)的统计,唐朝共有132位出身于世家大族的宰相,其中82位是通过科举考试取得功名的,比例为62%。这意味着,在官位世袭还比较宽松的唐朝,世家大族已经开始意识到科举对于保持家族兴盛的重要性。明清时期名门望族的形成更是与科举成功紧密联系在一起，吴根洲（2016）指出，苏州的大阜潘氏在清朝时期一共产生了 12 名进士和 32 名举人，因而才能够成为苏州第一等的名门望族。

受科举制度影响，无论是中下层社会还是上层社会都形成了"重学"的社会氛围。Chen 等（2017）指出科举导致的"重学"氛围至今依然影响着人们的行为，在受科举影响较大的地区，当地居民的人力资本水平普遍较高，具体体现在 2010 年当地居民平均受教育年限较长。人力资本对创新行为是极其重要的，Dakhli 和 De Clercq（2004）基于 59 个国家的跨国数据发现，在国家层面上，人力资本对专利数量、研发支出和创新型产品的出口量都具有显著的正向影响。Chemmanur 等（2019）考察了管理层人力资本对公司创新的影响，发现管理层人力资本对创新投入、创新产出都有显著为正的影响。在中国情境下，吴延兵和刘霞辉（2009）发现管理层和普通员工的人力资本都对公司创新具有促进作用。受科举影响较大的地区有着浓郁的"重学"氛围（Chen et al.，2017），这一方面提高了公司对人力资本的重视程度，令公司更多地投资于人力资本，另一方面有助于地区人力资本的积累，使公司可以招聘到更多高人力资本的员工，因而有助于公司创新。

2.科举制度塑造了一种以儒家伦理为主导的社会氛围

在科举制度鼎盛的明清两代，从县试到会试，儒家经典都是最主要的内容。甚至在较低级别的科举考试（县试、府试和院试）中，科举试题几乎全部围绕着儒家经典，较高级别的乡试和会试才在儒家经典外补充测试策论的写作（李世愉，胡平，2015）。在儒家经典和科举仕途密切相关的情况下，人们会不自觉地认同儒家经典蕴含的价值观念。因此，科举制度从制度设计方面保证了儒家伦理的传播和普及。根据宋元强（2015）的统计，清代状元很少有人出于道德沦丧、贪污受贿、欺压百姓等原因而遭到处罚，清代状元相对较高的道德水平和儒家伦理的长期熏陶是密不可分的。可以合理地相信，受科举影响更为深远的地区，儒家伦理所蕴含的价值观念也将更加地深入人心。

公司创新往往是高风险的、结果不可预测的行为，并且周期通常较长，需要大量的投资，但却很难在短期看到成效，是一种牺牲短期利益以换取长期利益的行为（Holmstrom，1989）。然而，公司股东和管理层的利益冲突使得股东更在意公司能否在长期经营中取得成功，而管理层则更关注公司的短期业绩（Jensen，Meckling，1976）。基于委托代理理论，在缺乏激励和约束情况下，管理层通常不会选择周期较长的创新活动。古志辉（2015）发现儒家伦理"忠信""修身"的价值观念可以缓解公司股东和管理层间的利益冲突，徐细雄和李万利（2019）发现儒家伦理通过缓解代理冲突显著地提高了公司的创新产出。从这个角度出发来看，科举制度也有利于公司创新。

（三）科举制度对公司创新的抑制作用

科举制度对公司创新的抑制作用主要体现在以下两个方面：

第一，明清时期科举考试要求考生必须以八股文的文体答题，在一定程度上禁锢了人们的思想，导致了一种墨守成规、不敢于挑战的社会氛围。八股文对写作格式有着极其严苛的要求,特别是起股、中股、后股和束股四个部分,每个部分都要写两个排比段落,排比段落在字数、平仄、人名地名、引用典故等所有方面必须一一对应,一共八个排比段落,所以被称作八股文。八股作文的内容还不能偏离古代先贤对儒家经典的注释,不可以阐述考生自己的观点(李世愉,胡平,2015)。八股文的盛行使考生终日沉溺于钻研文体格式和揣摩古代先贤思想,墨守成规而不敢于挑战,这和“敢为天下先”的创新精神是相悖的。刘清华(2016)对中国古代重大的科技成就进行了统计,他指出从科举制度诞生到消亡大约 1300 年的时间里,中国古代平均每十三年就会有一项重大的科技成就出现,但是明清两代推行八股文以后,平均每三十六年才会有一项重大的科技成就出现,这为八股取士抑制科技创新提供了初步的经验证据。

此外,科举制度在中国古代发挥着维护君主专制、维持社会稳定的作用。两汉时期选拔官员依靠察举制,此时选拔官员的权力主要在地方官员,中央政府对被举荐人一般都予认可。宋元强(2015)指出,在察举制的背景下,被举荐人和地方官员容易捆绑在一起,甚至发展壮大并结党。魏晋南北朝时期推行九品中正制来选拔官员,权力在中正官的手里,而门阀士族子弟通过出任中正官,逐渐将选官权力牢牢地掌控在了门阀士族手中,最终导致了皇权旁落,严重威胁到了君主专制的根基(宋元强,2015)。科举制度的设立使封建君主把选官权力重新收回到自己手中,因为考试内容是皇帝指定的儒家经典,监考官员由皇帝逐年选派,科举登科的考生直接成为了天子门生,所以大大加固了封建君主的统治地位。Bai 和 Jia(2016)考察了清朝末年废除科举制度对革命的影响,发现科举制度被废除以后,老百姓参加革命的积极性显著提高。总之,科举制度加深了人们的封建皇权不可侵犯的价值观念,内嵌在科举中恪守等级、不可僭越等级的守旧思想和创新行为是背道而驰的。

第二,科举考试以儒家经典为主的做法,使老百姓对社会科学的重视程度远远高于自然科学,长此以往甚至可能导致轻视自然科学的社会氛围。科技创新主要集中在自然科学领域,刘清华(2016)认为科举制度在选才标准方面存在着明显不利于科技创新的因素。类似地,Bai(2019)指出科举制度是阻碍清朝末年现代化发展的关键因素之一,他发现科举制度被废除以后,更多的老百姓选择出国留学学习先进的科学技术,从而推动了清朝末期现代化的发展。Hsieh 等(2022)考察了董事会成员的教育背景对公司创新的影响,发现相比于董事会成员完全没有理工科背景的公司,董事会成员拥有理工科背景的公司在创新投入、创新产出方面都显著更高。从这个角度来看,科举制度所导致的“重文轻理”观念也会对公司创新造成不利影响。

基于上述分析,本节提出如下两个研究假设:

假设 11.1.1:限定其他条件,科举制度和创新投入之间存在非线性的倒 U 形关系。

假设 11.1.2:限定其他条件,科举制度和创新产出之间存在非线性的倒 U 形关系。

三、研究设计

(一)样本选取与数据来源

本节以 2007—2017 年中国 A 股上市公司作为研究对象。选取 2007 年作为样本期间起点的原因在于国泰安数据库(CSMAR)2007 年才开始披露上市公司创新投入和创新产出的相关数据。初始样本一共有 24 598 条公司—年度观测值,在此基础上本节对初始样本进行了如下筛选:(1)剔除金融、保险行业的观测值(427 条公司—年度观测值),因为金融、保险行业和其他行业在公司特征的许多方面存在着比较大的差异;(2)剔除控制变量数据缺失的观测值(3 905 条公司—年度观测值),因为控制变量数据缺失无法满足多元回归的要求。经过以上筛选以后,本节得到的最终样本一共有 20 266 条公司—年度观测值,涵盖了 2 804 家上市公司。从年度分布的角度来看,2007—2017 年各年的观测值数量分别是 1 225、1 214、1 302、1 380、1 503、1 921、2 238、2 262、2 267、2 392、2 562,总体呈现出逐年增加的趋势,与中国资本市场上市公司数量增加的实际情况是一致的。

本节的数据来源如下:(1)创新行为的相关数据来自国泰安数据库(CSMAR),具体包括创新投入和创新产出数据。(2)科举制度的相关数据为手工搜集获得的。本节先从朱保炯和谢沛霖(1980)编著的《明清进士题名碑录索引》一书中摘录了明清两代共 51 624 名进士的籍贯所在地、登科年份等信息;随后,基于哈佛大学开发的中国历史地理信息系统(China Historical Geographic Information System,CHGIS),本节在该系统中逐个输入每一名进士的籍贯地名称和登科年份,检索得到每一名进士籍贯地的经纬度;接下来,本节利用百度地图来确定每一个经纬度对应的地级市的辖区范围;最后,本节汇总得到每一个地级市辖区范围内的进士人数,以此作为科举影响的替代变量。(3)各个省份国民生产总值和外来人口比例的相关数据来自各年的《中国统计年鉴》。(4)各个省份法治水平的相关数据来自王小鲁等(2019)的研究。(5)各个地级市河流密度的相关数据来自《中国城市统计年鉴》。(6)其余数据直接来自 CSMAR,或者是在 CSMAR 提供的数据的基础上整理、计算而得。

(二)变量定义

1.因变量——创新投入和创新产出

本节从创新投入和创新产出两个方面度量公司创新。在创新投入方面,本节构建了两个指标:(1)创新投入(R&D),等于企业研发投入与资产总额的比值(乘以 100);(2)企业研发投入与销售收入的比值(R&D_SALE)。在创新产出方面,本节构建了如下四个指标:(1)广义的发明专利申请数量(PATENT),广义是指公司涵盖范围广,既包括公司自身,也包括子公司和合联营公司;(2)所有专利的申请数量(PATENT_ALL),这个指标不仅考虑了发明专利,还涉及实用新型专利和外观设计专利;(3)狭义的发明专利申请数量(PATENT_N),这个指标缩小了公司的涵盖范围,只考虑公司自身,不考虑子公司和合联营公司。(4)

申请并且最终获得授权的发明专利数量(PATENT_G),相比于第一个指标,这个指标加上了发明专利申请必须最终获得授权的限定条件。在实证分析中,本节将企业研发投入与资产总额的比值(R&D)、广义的发明专利申请数量(PATENT)作为主要的因变量,而将其余指标用作因变量的敏感性测试,希望能够得到更加稳健的实证结果。

2.自变量——科举制度

本节以公司所在地明清两代考中进士的人数为基础构建了科举制度的相关变量。值得注意的是,虽然朱保炯和谢沛霖(1980)编著的《明清进士题名碑录索引》一书披露的进士籍贯地信息具体到了县级层面,但是本节构建的科举变量是地级市层面的,而不是县级市层面的。原因在于,明朝至今近700年的时间里,中国行政区划发生了比较大的变更,明清时期的县今天很可能被拆分成了两个或更多的县级市,如清朝安徽省广德州平一县的辖区相当于今天的广德县和郎溪县,因此无法确定清朝时籍贯地为平一县的进士在今天究竟是属于广德县还是郎溪县,采用县级市层面的科举变量会存在比较大的度量偏差。本节一共构建了三个指标来度量公司所在地级市的科举影响:(1)经过国土面积平减的科举变量(KEJU),等于公司所在地级市明清时期进士人数除以该地级市的国土面积;(2)经过人口总数平减的科举变量(KEJU_POP),等于公司所在地级市明清时期进士人数除以当地人口总数;(3)未经过平减的科举变量(KEJU_NUM),等于公司所在地级市明清时期进士人数。在实证分析中,本节将经过国土面积平减的科举变量(KEJU)用作主要自变量,将其余指标用作自变量的敏感性测试,希望能够得到更加稳健的实证结果。

3.控制变量

借鉴以往的研究(吴延兵,刘霞辉,2009;徐细雄,李万利,2019;Hsu et al.,2014),本节在实证分析中控制了第一大股东持股比例(FIRST)、管理层持股比例(MAN_SHR)、董事长与CEO两职合一(DUAL)、董事会规模(BOARD)、独立董事比例(INDR)、公司规模(SIZE)、固定资产比例(TANGIBLE)、现金持有比例(CASH)、财务杠杆(LEV)、总资产收益率(ROA)、销售收入变化(GROWTH)、最终控制人性质(STATE)、行业(Industry)和年度(Year)对公司创新的可能影响,变量定义见表11.1.1。

表11.1.1 变量定义

变量	定义
R&D/%	创新投入,等于企业研发投入与资产总额的比值,再乘以100
PATENT	创新产出,等于公司自身及其子公司、合联营公司的发明专利申请数量之和加1取自然对数
KEJU	科举变量,等于公司所在地级市明清时期进士人数(单位:人)除以地级市国土面积(单位:万平方千米)
FIRST	第一大股东持股比例,等于第一大股东持有股份与公司总股份的比值
MAN_SHR	管理层持股比例,等于管理层持有股份与公司总股份的比值
DUAL	董事长与CEO两职合一的虚拟变量,若董事长与CEO两职合一则赋值为1,否则为0

续表

变量	定义
BOARD	董事会规模，等于董事会总人数
INDR	独立董事比例，等于独立董事人数与董事会总人数的比值
SIZE	公司规模，等于公司总资产的自然对数
TANGIBLE	固定资产比例，等于固定资产与资产总额的比值
CASH	现金持有比例，等于现金及现金等价物与公司总资产的比值
LEV	财务杠杆，等于公司总负债与总资产的比值
ROA	总资产收益率，等于净利润与公司总资产的比值
GROWTH	销售收入变化，等于当年销售收入减去上年销售收入，再除以上年销售收入
STATE	最终控制人性质，若公司的最终控制人是中央或地方政府、政府控股公司则赋值为1，否则赋值为0
R&D_SALE/%	创新投入，等于企业研发投入与销售收入的比值，再乘以100
PATENT_ALL	创新产出，等于公司自身及其子公司、合联营公司的发明专利、实用新型专利和外观设计专利申请数量之和加1取自然对数
PATENT_N	创新产出，等于公司自身（排除子公司和合联营公司）的发明专利申请数量之和加1取自然对数
PATENT_G	创新产出，等于公司及其子公司、合联营公司申请并且最终获得授权的发明专利数量之和加1取自然对数
KEJU_POP	人口总数平减的科举变量，等于公司所在地级市明清时期进士人数（单位：人）除以当地人口总数（单位：千人）
KEJU_NUM	科举变量，等于公司所在地级市明清时期进士人数（单位：千人）
RIVER	河流密度，等于公司所在地级市河流长度（单位：千米）除该地级市的国土面积（单位：平方千米）
EXT_POP	外来人口比例，等于居住在某一省份但是户口不在该省份的人口数除以该省份的人口总数
PHD_NUM	拥有博士学位的高管人数
PHD_RAT	拥有博士学位的高管比例，等于拥有博士学位的高管人数与高管总人数的比值
AC_ER	费用率，委托代理成本的替代度量，即销售费用与管理费用之和除以销售收入
AC_AUR	资产周转率，等于销售收入除以公司平均总资产
GDP	经济发展水平，等于公司所在省份国民生产总值的自然对数值
LAW	省级法律环境指数，用以衡量我国省际的市场中介机构发展、产权保护和制度环境（王小鲁 等，2019）
FOREIGN	外来文化冲击的虚拟变量，如果公司所在地属于沿海开放城市或经济特区则赋值为1，否则为0

(三)研究模型

为了检验假设 11.1.1——科举制度和创新投入之间存在非线性的倒 U 形关系,本节构建了如下 Tobit 回归模型[式(11.1.1)]。式(11.1.1)中,因变量是企业研发投入与资产总额的比值——R&D,自变量是经过国土面积平减的科举变量——KEJU,该模型同时加入了科举变量的一次项(KEJU)和二次项(KEJU²)。此外,本节将所有控制变量滞后一期。如果科举变量一次项的回归系数(α_1)显著为正,并且科举变量二次项的回归系数(α_2)显著为负,假设 11.1.1 就被经验证据所支持。

$$R\&D = \alpha_0 + \alpha_1 KEJU + \alpha_2 KEJU^2 + \sum \alpha_j \text{Control variables} + \text{Industry Dummies} + \text{Year Dummies} + \varepsilon \tag{11.1.1}$$

为检验假设 11.1.2——科举制度和创新产出间的非线性倒 U 形关系,本节构建了 Tobit 模型[式(11.1.2)]。式(11.1.2)中,因变量是广义的发明专利申请数量——PATENT,自变量是经过国土面积平减的科举变量——KEJU。和式(11.1.1)保持一致,将式(11.1.2)的控制变量滞后一期。如果科举变量一次项的回归系数(β_1)显著为正,并且科举变量二次项的回归系数(β_2)显著为负,假设 11.1.2 就被经验证据所支持。

$$PATENT = \beta_0 + \beta_1 KEJU + \beta_2 KEJU^2 + \sum \beta_j \text{Control variables} + \text{Industry Dummies} + \text{Year Dummies} + \varepsilon \tag{11.1.2}$$

四、实证结果

(一)描述性统计

表 11.1.2 报告了本节主要变量的描述性统计结果。根据表 11.1.2 可知:(1)R&D 的最大值为 10.62,最小值为 0.00,说明本节的样本公司在创新投入方面存在比较大的差异,而 R&D 的 1/4 分位数也为 0.00,这揭示了至少 25% 的样本公司没有创新投入,中国公司的创新水平依然有待提高。(2)PATENT 的均值为 1.50,说明本节的样本公司平均每年申请 $3.48(e^{1.50}-1)$ 项发明专利,这一数字同徐细雄和李万利(2019)的统计结果相当。(3)KEJU 的均值为 0.05,这说明,平均而言,每万平方千米范围以内进士人数为 0.05 人。同时,KEJU 的最大值为 0.27,最小值为 0.00,这表明明清两代进士在各个地级市的分布并不是均衡的,地区差异明显;进士分布的地区差异也为本节进一步研究科举制度对公司创新的影响建立了基础。其余变量的描述性统计结果具体参见表 11.1.2,不再赘述。

表 11.1.2　描述性统计

变量	观测值	均值	标准差	最小值	1/4 分位数	中位数	3/4 分位数	最大值
R&D	20 266	1.390 6	2.014 0	0.000 0	0.000 0	0.299 5	2.245 4	10.618 4
PATENT	20 266	1.502 4	1.524 2	0.000 0	0.000 0	1.098 6	2.564 9	5.799 1
KEJU	20 266	0.049 1	0.054 3	0.000 0	0.005 2	0.028 3	0.064 8	0.274 4
FIRST	20 266	0.354 5	0.150 2	0.085 4	0.234 6	0.333 6	0.460 7	0.758 4
MAN_SHR	20 266	0.049 4	0.120 7	0.000 0	0.000 0	0.000 0	0.012 4	0.601 6
DUAL	20 266	0.222 6	0.416 0	0.000 0	0.000 0	0.000 0	0.000 0	1.000 0
BOARD	20 266	8.855 9	1.770 5	5.000 0	8.000 0	9.000 0	9.000 0	15.000 0
INDR	20 266	0.369 4	0.052 3	0.285 7	0.333 3	0.333 3	0.400 0	0.571 4
SIZE	20 266	21.858 4	1.295 9	18.907 1	20.962 4	21.715 8	22.589 2	26.885 4
TANGIBLE	20 266	0.243 5	0.176 8	0.001 8	0.104 4	0.209 4	0.348 7	0.746 3
CASH	20 266	0.181 6	0.138 1	0.001 2	0.086 3	0.143 6	0.236 8	0.733 2
LEV	20 266	0.465 3	0.230 2	0.046 7	0.291 0	0.461 0	0.625 1	1.281 9
ROA	20 266	0.035 3	0.060 8	−0.247 8	0.012 0	0.033 9	0.062 9	0.219 6
GROWTH	20 266	0.220 3	0.640 0	−0.688 7	−0.031 5	0.112 9	0.288 6	4.809 4
STATE	20 266	0.467 5	0.499 0	0.000 0	0.000 0	0.000 0	1.000 0	1.000 0

（二）Pearson 相关系数

表 11.1.3 报告了本节主要变量之间的 Pearson 相关系数。根据表 11.1.3,经过国土面积平减的科举变量(KEJU)和公司的创新投入(R&D)、创新产出(PATENT)都在 1% 的统计水平上显著正相关,这表明在一定程度上,科举制度对公司创新具有促进作用,这部分支持了本节的假设 11.1.1 和假设 11.1.2。然而,科举制度和公司创新之间是线性关系还是非线性的倒 U 形关系,仍需要通过多元回归进行检验。此外,控制变量两两之间的相关系数都在 0.50 以下,这说明将这些变量同时放入 Tobit 回归模型[式(11.1.1)、式(11.1.2)]中不大可能引起严重的多重共线性问题。

表 11.1.3 Pearson 相关系数

变量	(1)	(2)	(3)	(4)	(5)	(6)	(7)	(8)	(9)	(10)	(11)	(12)	(13)	(14)	(15)
R&D (1)	1.000 0														
PATENT (2)	0.435 9***	1.000 0													
KEJU (3)	0.056 7***	0.048 9***	1.000 0												
FIRST (4)	−0.056 8***	0.041 1***	0.026 5***	1.000 0											
MAN_SHR (5)	0.302 9***	0.114 3***	0.081 5***	−0.044 2***	1.000 0										
DUAL (6)	0.156 9***	0.065 4***	0.020 3***	−0.062 4***	0.444 4***	1.000 0									
BOARD (7)	−0.115 9***	0.037 5***	−0.052 6***	0.031 3***	−0.157 8***	−0.174 1***	1.000 0								
INDR (8)	0.058 4***	0.057 7***	−0.008 1	0.040 7***	0.106 9***	0.105 2***	−0.407 8***	1.000 0							
SIZE (9)	−0.114 9***	0.325 8***	0.012 4	0.273 2***	−0.178 6***	−0.145 9***	0.254 8***	0.028 5***	1.000 0						
TANGIBLE (10)	−0.168 5***	−0.084 3***	−0.113 1***	0.063 0***	−0.150 9***	−0.092 1***	0.175 4***	−0.071 6***	0.071 7***	1.000 0					
CASH (11)	0.228 8***	0.042 6***	0.056 9***	−0.001 2	0.223 3***	0.107 9***	−0.075 1***	0.023 9***	−0.179 3***	−0.362 5***	1.000 0				
LEV (12)	−0.298 5***	−0.075 7***	−0.074 1***	0.022 2***	−0.284 5***	−0.127 0***	0.136 0***	−0.026 3***	0.294 9***	0.113 7***	−0.397 7***	1.000 0			
ROA (13)	0.182 4***	0.135 0***	0.057 1***	0.108 9***	0.127 0***	0.030 7***	0.012 0*	−0.013 7*	0.060 3***	−0.148 8***	0.265 1***	−0.386 1***	1.000 0		
GROWTH (14)	0.004 4	−0.004 3	−0.013 8*	0.035 1***	0.020 1***	0.005 9	−0.021 8***	0.012 0*	0.047***	−0.088 7***	0.012 8*	0.034 5***	0.179 2***	1.000 0	
STATE (15)	−0.252 6***	−0.039 0***	−0.099 2***	0.207 9***	−0.365 2***	−0.276 4***	0.281 5	−0.084 7***	0.310 9***	0.216 6***	−0.154 6***	0.259 5***	−0.106 0***	−0.050 2***	1.000 0

注：***、**、* 分别表示在 1%、5%、10% 的水平上显著。

（三）多元回归

1.科举制度和创新投入:假设 11.1.1 的检验

表 11.1.4 报告了假设 11.1.1 的多元回归结果。第(1)列中只放入了控制变量、行业和年度固定效应;第(2)列在第(1)列的基础上加入了科举变量的一次项(KEJU)和二次项(KEJU^2),以检验科举制度和创新投入之间是否存在非线性的倒 U 形关系。第(3)、(4)列是基于科举制度和创新投入之间倒 U 形关系拐点的分组回归结果。表 11.1.4 倒数第四行第(1)～(4)列的 Pseudo R^2 分别是 18.17%、18.26%、19.51% 和 18.38%,从倒数第二行可以看出,第(1)～(4)列的 LR 检验都在 1% 的统计水平上显著,这说明第(1)～(4)列的多元回归结果都是具备一定解释力的。

表 11.1.4 的第(2)列在多元回归中加入了科举变量的一次项(KEJU)和二次项(KEJU^2)以后,多元回归的 Pseudo R^2 提高了 0.09%,且在 1% 的统计水平上显著(详见表 11.1.4 最后一行),说明考虑了科举制度对创新投入的影响后,模型解释力度显著提高。科举变量一次项(KEJU)的回归系数在 1% 的统计水平上显著为正($t = 4.21$),说明科举制度对创新投入具有一定的促进作用;但科举变量二次项(KEJU^2)的回归系数在 1% 的统计水平上显著为负($t = -4.47$),说明科举制度和创新投入不是线性关系,而是非线性的倒 U 形关系,这支持了本节假设 11.1.1。此外,KEJU 和 KEJU^2 的回归系数分别为 7.31 和 -35.78,本节据此计算得到科举制度和创新投入之间倒 U 形关系的拐点为 0.10[-7.31/(-2×35.78)]。

根据表 11.1.4 的第(3)列,科举变量(KEJU)对创新投入(R&D)的回归系数为 -2.10,并且在 1% 的统计水平上显著($t = -5.63$)。也就是说,当科举影响超过拐点以后,科举制度阻碍了公司的创新投入。相反地,第(4)列中,科举变量(KEJU)对创新投入(R&D)的回归系数为 8.91,并且在 1% 的统计水平上显著($t = 4.35$),这意味着,在科举影响未超过拐点的情况下,科举制度有助于公司的创新投入。基于拐点的分组回归结果再一次支持了本节的假设 11.1.1。

表 11.1.4　科举制度和创新投入的回归结果

变量	因变量:R&D							
	(1)		(2)		(3)		(4)	
	基准回归		Tobit 回归模型 [式(11.1.1)]		科举影响高组		科举影响低组	
	系数	t 值	系数	t 值	系数	t 值	系数	t 值
KEJU			7.308 3***	4.21	-2.101 6***	-5.63	8.908 1***	4.35
KEJU^2			-35.781 9***	-4.47				
FIRST	0.362 4	1.43	0.332 5	1.31	0.838 3***	5.82	0.286 6	0.97
MAN_SHR	2.173 5***	6.74	2.121 7***	6.63	0.625 3***	4.65	2.292 9***	6.20
DUAL	0.026 4	0.32	0.042 4	0.51	-0.044 9	-0.99	0.052 8	0.55

续表

变量	因变量：R&D							
	(1)		(2)		(3)		(4)	
	基准回归		Tobit 回归模型 [式(11.1.1)]		科举影响高组		科举影响低组	
	系数	t 值	系数	t 值	系数	t 值	系数	t 值
BOARD	0.052 9**	2.14	0.057 0**	2.30	0.042 9***	5.86	0.053 6**	1.97
INDR	0.357 2	0.56	0.407 5	0.64	0.869 1***	5.06	0.508 1	0.72
SIZE	−0.013 5	−0.37	−0.023 6	−0.64	−0.118 1***	−39.11	−0.012 4	−0.30
TANGIBLE	−0.350 1	−1.45	−0.252 2	−1.04	0.138 9	0.82	−0.323 6	−1.20
CASH	0.820 2***	2.82	0.816 7***	2.81	1.821 7***	9.98	0.589 5*	1.79
LEV	−1.082 3***	−5.42	−1.059 4***	−5.28	−0.743 1***	−6.81	−1.136 7***	−5.07
ROA	6.316 9***	9.71	6.246 2***	9.68	5.491 7***	13.02	5.705 8***	8.07
GROWTH	−0.083 7**	−2.33	−0.077 4**	−2.17	0.027 8	1.25	−0.112 5***	−2.78
STATE	−0.293 6***	−3.17	−0.298 1***	−3.21	−0.529 1***	−10.11	−0.233 6**	−2.17
常数项	0.280 7	0.35	0.301 4	0.37	−8.909 1***	−134.76	0.110 1	0.12
行业/年度	控制		控制		控制		控制	
观测值	20 266		20 266		2 906		17 360	
Pseudo R^2	18.17%		18.26%		19.51%		18.38%	
Log Likelihood	−29 437.97		−29 404.60		−4 283.80		−22 623.33	
LR 检验	13 071.12***		13 137.86***		2 076.26***		10 188.34***	
ΔPseudo R^2			66.74***					

注：***、**、* 分别表示在 1%、5%、10% 的水平上显著；所有 t 值都是根据公司层面聚类调整以后的稳健标准差计算而得的。

2.科举制度和创新产出：假设 11.1.2 的检验

表 11.1.5 报告了假设 11.1.2 的多元回归结果。第(1)列是只加入控制变量和行业、年度固定效应的基准回归结果。第(2)列是本节构建的 Tobit 回归模型[式(11.1.2)]的回归结果，在第(1)列的基础上加入了科举变量的一次项(KEJU)和二次项($KEJU^2$)，以检验科举制度和创新产出之间是否存在非线性的倒 U 形关系。第(3)、(4)列是基于科举制度和创新产出之间倒 U 形关系拐点的分组回归结果。根据表 11.1.5 的倒数第四行和倒数第二行，第(1)～(4)列多元回归的 Pseudo R^2 分别是 15.50%、15.62%、9.47% 和 16.14%，并且第(1)～(4)列多元回归的 LR 检验都在 1% 的统计水平上显著，揭示了所有多元回归都具有一定的解释力度。

根据表 11.1.5 的第(2)列，在多元回归中加入科举变量的一次项(KEJU)和二次项(KEJU²)以后，多元回归的解释力度从 15.50% 提高到了 15.62%，并且这一提高在 1% 的统计水平上显著(详见表 11.1.5 最后一行)，反映了科举影响的重要性。科举变量一次项(KEJU)

的回归系数在1%的统计水平上显著为正($t=4.24$)，说明科举制度对创新产出具有一定的促进作用。更重要的是，科举变量二次项($KEJU^2$)的回归系数在1%的统计水平上显著为负($t=-3.72$)，揭示了科举制度和创新产出之间非线性的倒U形关系，这与本节的假设11.1.2相一致。此外，$KEJU$和$KEJU^2$的回归系数分别为5.53和-23.38，本节据此计算得到科举制度和创新产出之间倒U形关系的拐点为$0.12[-5.53/(-2\times23.38)]$。

根据表11.1.5的第(3)、(4)列，在科举影响超过拐点以后，科举变量($KEJU$)的回归系数为-5.65，并且在5%的统计水平上显著($t=-2.18$)，此时科举制度对创新产出具有抑制作用；在科举影响未超过拐点的情况下，科举变量($KEJU$)的回归系数为5.90，并且在1%的统计水平上显著($t=4.82$)，此时科举制度对创新产出具有促进作用。基于拐点的分组回归结果再一次支持了本节的假设11.1.2。

表 11.1.5　科举制度和创新产出的回归结果

变量	因变量:PATENT							
	(1)		(2)		(3)		(4)	
	基准回归		Tobit 回归模型 [式(11.1.2)]		科举氛围高组		科举氛围低组	
	系数	t 值	系数	t 值	系数	t 值	系数	t 值
KEJU			5.527 7***	4.24	−5.649 0**	−2.18	5.897 9***	4.82
KEJU²			−23.375 7***	−3.72				
FIRST	−0.423 8**	−2.15	−0.457 0**	−2.32	−0.733 2	−1.04	−0.557 2**	−2.53
MAN_SHR	0.903 4***	4.07	0.850 3***	3.83	0.408 2	0.75	0.706 7***	2.74
DUAL	0.164 9***	2.72	0.178 5***	2.93	0.190 3	1.00	0.178 3***	2.58
BOARD	0.037 8**	2.08	0.041 1**	2.26	0.073 0	1.19	0.033 3*	1.65
INDR	0.584 3	1.17	0.644 7	1.29	0.086 8	0.05	1.001 4*	1.82
SIZE	0.758 1***	26.36	0.748 7***	26.01	0.648 1***	4.65	0.766 5***	24.07
TANGIBLE	−1.305 1***	−6.29	−1.229 3***	−5.94	0.077 0	0.10	−1.488 3***	−6.53
CASH	−0.447 7**	−2.28	−0.449 6**	−2.30	1.208 6*	1.96	−0.581 4**	−2.65
LEV	−0.745 5***	−5.00	−0.725 5***	−4.90	−0.018 9	−0.03	−0.770 7***	−4.75
ROA	3.015 4***	7.35	2.959 9***	7.27	3.955 4**	2.57	2.707 3***	6.07
GROWTH	−0.118 3***	−4.25	−0.110 9***	−4.00	−0.121 2	−0.94	−0.122 2***	−3.98
STATE	0.036 0	0.51	0.041 7	0.59	0.000 0	0.00	0.038 1	0.49
常数项	−15.750 2***	−23.86	−15.707 3***	−23.85	−13.467 9***	−4.05	−15.924 6***	−22.13
行业/年度	控制		控制		控制		控制	
观测值	20 266		20 266		2 368		17 898	
Pseudo R^2	15.50%		15.62%		9.47%		16.14%	
Log Likelihood	−29 433.35		−29 391.81		−1 630.22		−23 668.83	
LR 检验	10 798.71***		10 881.79***		340.92***		9 110.89***	
ΔPseudo R^2			83.08***					

注：***、**、*分别表示在1%、5%、10%的水平上显著；所有t值都是根据公司层面聚类调整以后的稳健标准差计算而得的。

（四）敏感性测试

1.因变量敏感性测试

为了测试本节主要结果的稳定性，本节进一步采纳企业研发投入与销售收入的比值（R&D_SALE）、所有专利的申请数量（PATENT_ALL）、狭义的发明专利申请数量（PATENT_N）和申请并且最终获得授权的发明专利数量（PATENT_G）进行敏感性测试，结果见表 11.1.6 的第（1）～（4）列。正如表 11.1.6 所示，采纳不同的因变量进行敏感性测试并未改变科举制度和创新投入、科举制度和创新产出的倒 U 形关系。

表 11.1.6　针对因变量的敏感性测试

变量	(1) R&D_SALE		(2) PATENT_ALL		(3) PATENT_N		(4) PATENT_G	
	系数	t 值	系数	t 值	系数	t 值	系数	t 值
KEJU	11.253 3***	3.03	5.689 0***	4.11	3.909 5**	2.37	5.043 4***	3.90
KEJU^2	−65.622 5***	−3.76	−22.874 3***	−3.44	−19.334 1***	−2.60	−22.606 9***	−3.54
控制变量	控制		控制		控制		控制	
行业/年度	控制		控制		控制		控制	
观测值	20 249		20 266		20 266		20 266	
Pseudo R^2	15.25%		15.22%		13.94%		17.77%	
Log Likelihood	−38 187.95		−32 879.25		−24 453.65		−23 056.98	
LR 检验	13 744.45***		11 804.18***		7 921.65***		9 962.13***	

注：***、**、* 分别表示在 1%、5%、10% 的水平上显著；所有 t 值都是根据公司层面聚类调整以后的稳健标准差计算而得的。

2.自变量敏感性测试

本节进一步改用经过人口总数平减的科举变量（KEJU_POP）、未经过平减的科举变量（KEJU_NUM）作为自变量，针对自变量进行敏感性测试。改用 KEJU_POP、KEJU_NUM 作为自变量的回归结果分别列示在表 11.1.7 的第（1）～（4）列。针对自变量进行了一系列敏感性测试以后，本节表 11.1.4、表 11.1.5 的回归结果依然存在。

表 11.1.7　针对自变量的敏感性测试

变量	因变量：R&D				因变量：PATENT			
	(1)		(2)		(3)		(4)	
	系数	t 值	系数	t 值	系数	t 值	系数	t 值
KEJU_POP	3.132 3***	2.86			3.280 8***	5.26		
KEJU_POP^2	−12.341 2**	−2.19			−15.039 2***	−5.14		
KEJU_NUM			0.573 2***	4.74			0.356 6***	4.13

续表

变量	因变量:R&D				因变量:PATENT			
	(1)		(2)		(3)		(4)	
	系数	t 值	系数	t 值	系数	t 值	系数	t 值
KEJU_NUM^2			−0.274 6***	−3.32			−0.128 4**	−2.12
控制变量	控制		控制		控制		控制	
行业/年度	控制		控制		控制		控制	
观测值	20 266		20 266		20 266		20 266	
Pseudo R^2	18.19%		18.22%		15.54%		15.57%	
Log Likelihood	−29 431.56		−29 420.69		−29 419.63		−29 410.55	
LR 检验	13 083.96***		13 105.70***		10 826.15***		10 844.31***	

注:***、**、*分别表示在1%、5%、10%的水平上显著;所有 t 值都是根据公司层面聚类调整以后的稳健标准差计算而得。

3.额外控制地级市固定效应的敏感性测试

为了排除地级市层面的其他因素对研究结论的干扰,Tobit 回归模型[式(11.1.1)、式(11.1.2)]中进一步额外控制了地级市固定效应进行敏感性测试,具体的回归结果如表11.1.8所示。根据表11.1.8,额外控制地级市固定效应以后,本节表11.1.4、表11.1.5的回归结果保持不变。

表 11.1.8　额外控制地级市固定效应的敏感性测试

变量	(1)		(2)	
	因变量:R&D		因变量:PATENT	
	系数	t 值	系数	t 值
KEJU	13.532 8***	4.15	8.865 3***	3.71
KEJU^2	−65.909 4***	−3.23	−51.395 9***	−3.46
控制变量	控制		控制	
地级市	控制		控制	
行业/年度	控制		控制	
观测值	20 266		20 266	
Pseudo R^2	20.13%		18.75%	
Log Likelihood	−28 732.38		−28 300.04	
LR 检验	14 482.31***		13 065.33***	

注:***、**、*分别表示在1%、5%、10%的水平上显著;所有 t 值都是根据公司层面聚类调整以后的稳健标准差计算而得的。

(五)内生性测试

互为因果和遗漏变量是导致内生性问题的两个主要原因。科举制度是一项历史制度,它可能影响现代公司的创新行为,但现代公司的创新行为很难影响古代社会科举氛围的形成,因此科举制度和公司创新之间不大可能存在互为因果导致的内生性问题。然而,两者之间可能存在第三方因素同时影响公司所在地科举氛围和公司创新,例如某一因素同时影响公司的选址和公司创新。针对遗漏变量可能导致的内生性问题,本节拟利用两阶段回归(OLS-Tobit)的方法加以控制。

表 11.1.9 报告了两阶段的回归结果。第一阶段回归以公司所在地级市的河流密度(RIVER)作为工具变量,原因有二:第一,河流密度影响本节主要解释变量科举(KEJU),但并不影响公司的研发支出与专利数量;第二,古代社会为了保证水源供给,人们往往沿河而居、聚居在河流沿线(当时并无"南水北调"工程),若某地区范围内河流密度越大,则该地区人口也越多,更多人可能考中进士。表 11.1.9 第(1)列中,RIVER 回归系数在 1% 的统计水平上显著为正(系数=0.11,$t=5.81$),和理论预期相一致。基于第一阶段回归结果,本节计算科举变量的估计量(KEJU*)。随后,本节将式(11.1.1)、式(11.1.2)的自变量替换为科举变量的估计量(KEJU*)重新进行了回归。如表 11.1.9 的第(2)、(3)列所示,本节的研究结论依旧成立,即科举制度和创新投入、科举制度和创新产出都存在着非线性的倒 U 形关系。

表 11.1.9　利用两阶段回归(OLS-Tobit)的方法控制内生性

变量	第一阶段		第二阶段			
	(1)		(2)		(3)	
	KEJU		R&D(%)		PATENT	
	系数	t 值	系数	t 值	系数	t 值
RIVER	0.106 9***	5.81				
KEJU*			65.527 5***	3.82	75.256 7***	5.35
KEJU*2			−520.171 3***	−3.59	−560.403 0***	−4.61
FIRST	0.016 4**	2.37	0.160 5	0.59	−0.714 4***	−3.47
MAN_SHR	0.022 8**	2.48	2.020 5***	5.69	0.619 4**	2.52
DUAL	−0.003 5	−1.52	0.064 6	0.75	0.227 7***	3.61
BOARD	−0.001 1**	−2.05	0.076 0***	2.89	0.068 3***	3.59
INDR	−0.043 4**	−2.55	1.110 2	1.61	1.650 1***	3.09
SIZE	0.003 3***	3.63	−0.077 8*	−1.83	0.673 8***	20.32
TANGIBLE	−0.023 4***	−3.78	0.045 4	0.17	−0.782 8***	−3.35
CASH	−0.007 7	−1.20	0.924 4***	3.07	−0.283 3	−1.41
LEV	−0.015 0***	−3.22	−0.800 7***	−3.68	−0.363 5**	−2.17
ROA	0.004 0	0.35	6.225 3***	9.44	2.865 2***	6.97
GROWTH	−0.002 9***	−4.89	−0.027 0	−0.69	−0.048 0	−1.53
STATE	−0.009 5***	−3.74	−0.152 8	−1.41	0.233 0***	2.80
常数项	−0.015 9	−0.81	−0.260 7	−0.31	−16.313 2***	−23.68
行业/年度	控制		控制		控制	
观测值	20 007		20 007		20 007	
Adj_R^2/ Pseudo R^2	5.66%		18.09%		15.63%	
Log Likelihood			−29 119.94		−29 047.96	
F(p-value)/LR 检验	36.28***		12 858.08***		10 762.27***	

注:***、**、* 分别表示在 1%、5%、10% 的水平上显著;所有 t 值都是根据公司层面聚类调整以后的稳健标准差计算而得的。

（六）机制测试

1.基于外来人口比例进行分组测试

本节在"二、理论分析和研究假设"部分指出:科举制度塑造了一定地区范围内的社会氛围。科举制度虽然在1905年被废除了,但是它所塑造的社会氛围却一代代地延续了下来,正是因为如此,科举制度才能够在它消亡百余年以后的今天,依然影响着公司的创新行为。如果以上观点成立,本节可以合理地推测,随着外来人口不断涌入某地,当地的社会氛围会难以延续,科举制度对公司创新的影响也应当减弱。为了检验这一命题,本节按照公司所在省份外来人口比例(EXT_POP)是否超过33%进行分组测试,EXT_POP等于居住在某一省份但是户口不在该省份的人口数除以该省份的人口总数。表11.1.10报告了分组回归结果,根据表11.1.10,在外来人口比例高组,科举变量的一次项(KEJU)和二次项($KEJU^2$)的回归系数都不显著;在外来人口比例低组,科举变量的一次项(KEJU)的回归系数在1%的统计水平上显著为正,二次项($KEJU^2$)的回归系数在1%的统计水平上显著为负,以上结果符合本节的理论预期。

表11.1.10 基于外来人口比例的分组回归结果

变量	因变量:R&D				因变量:PATENT			
	(1)		(2)		(3)		(4)	
	外来人口比例高组		外来人口比例低组		外来人口比例高组		外来人口比例低组	
	系数	t值	系数	t值	系数	t值	系数	t值
KEJU	−2.368 1	−1.02	11.482 3***	5.09	−0.256 4	−0.16	8.189 0***	4.91
$KEJU^2$	−3.650 5	−0.40	−50.018 3***	−4.72	−11.672 2	−1.62	−30.639 8***	−3.75
控制变量	控制		控制		控制		控制	
行业/年度	控制		控制		控制		控制	
观测值	6 490		13 776		6 490		13 776	
Pseudo R^2	17.77%		17.95%		17.59%		14.97%	
Log Likelihood	−10 697.57		−18 567.28		−9 644.74		−19 587.49	
LR检验	4 623.25***		8 122.18***		4 115.84***		6 899.64***	

注:***、**、*分别表示在1%、5%、10%的水平上显著;所有t值都是根据公司层面聚类调整以后的稳健标准差计算而得的。

2.科举制度和高管学历

科举制度提高了公司对人力资本的重视程度,更多地投资于人力资本,也有助于地区人力资本的积累,使公司可以招聘到更多高人力资本的员工,这是科举制度影响公司创新的机制之一。表11.1.11报告了科举制度和高管学历的回归结果,PHD_NUM是拥有博士学位的高管人数;PHD_RAT是拥有博士学位的高管比例,等于拥有博士学位的高管人数与高管总人数的比值。根据表11.1.11,科举变量(KEJU)对PHD_NUM、PHD_RAT的回归系数都在10%的统计水平上显著为正,即在科举影响较大的地区,公司高管的人力资本也较高,该结果支持了上述提及的机制。

表 11.1.11　科举制度和高管学历的回归结果

变量	(1) 因变量:PHD_NUM		(2) 因变量:PHD_RAT	
	系数	z 值	系数	t 值
KEJU	3.897 3*	1.89	0.146 6*	1.83
控制变量	控制		控制	
行业/年度	控制		控制	
观测值	13 596		13 596	
Adj_R^2/ Pseudo R^2	17.86%		11.72%	
Log Likelihood	$-7\,835.44$			
$F(p\text{-value})$/LR 检验	3 408.44***		7.24***	

注:***、**、*分别表示在1%、5%、10%的水平上显著;所有t/z值都是根据公司层面聚类调整以后的稳健标准差计算而得。

3.科举制度和代理成本

本节在"二、理论分析和研究假设"部分指出,在科举影响较大的地区,股东、管理层之间的代理问题较小,这是科举制度影响公司创新的另一机制。表 11.1.12 报告了科举制度和代理成本的回归结果,AC_ER 是费用率,即销售费用与管理费用之和除以销售收入,AC_AUR 是资产周转率,等于销售收入除以公司平均总资产。AC_ER 是代理成本的正指标,AC_ER 取值越大,代理成本越高;相反地,AC_AUR 是代理成本的反指标,AC_AUR 取值越大,代理成本越低。在表 11.1.12 的第(1)列中,科举变量(KEJU)对 AC_ER 的回归系数在1%的统计水平上显著为负;在表 11.1.12 的第(2)列中,科举变量(KEJU)对 AC_AUR 的回归系数在1%的统计水平上显著为正。以上结果为科举制度和代理成本之间的负相关关系提供了证据。

表 11.1.12　科举制度和代理成本的回归结果

变量	(1) 因变量:AC_ER		(2) 因变量:AC_AUR	
	系数	t 值	系数	t 值
KEJU	$-0.206\,2$***	-5.24	0.518 6***	3.54
控制变量	控制		控制	
行业/年度	控制		控制	
观测值	20 121		20 266	
Adj_R^2	22.09%		24.18%	
$F(p\text{-value})$	168.78***		191.11***	

注:***、**、*分别表示在1%、5%、10%的水平上显著;所有t值都是根据公司层面聚类调整以后的稳健标准差计算而得的。

（七）进一步测试

1.经济发展水平分组测试

技术创新是推动经济发展的关键要素之一（Romer,1986）。反过来,经济发展水平对公司创新则存在两种截然不同的影响:(1)在经济发达地区,企业在经济发展过程中已逐渐形成了较强的创新意识;(2)在经济欠发达地区,企业可能为了求变和获得更好的发展而更愿意进行技术创新。以上两种可能性无论哪一种都会导致科举制度对公司创新的影响在经济发达和欠发达地区有所不同。本节采用公司所在省份国民生产总值的自然对数值(GDP),衡量公司所在地的经济发展水平,基于 GDP 的分组回归结果如表 11.1.13 所示。根据表11.1.13,科举制度和创新投入、科举制度和创新产出之间非线性的倒 U 形关系只在经济发展水平低组存在,在经济发展水平高组不存在。也就是说,科举制度对公司创新的影响在经济欠发达地区更加突出。

表 11.1.13　基于经济发展水平的分组回归结果

变量	因变量:R&D				因变量:PATENT			
	(1)		(2)		(3)		(4)	
	经济发展水平高组		经济发展水平低组		经济发展水平高组		经济发展水平低组	
	系数	t 值	系数	t 值	系数	t 值	系数	t 值
KEJU	1.334 0	0.66	16.643 7***	4.17	0.356 1	0.24	12.638 2***	5.39
KEJU^2	−13.023 5	−1.49	−84.864 7***	−3.06	−3.652 6	−0.54	−61.599 8***	−4.28
控制变量	控制		控制		控制		控制	
行业/年度	控制		控制		控制		控制	
观测值	10 256		10 010		10 256		10 010	
Pseudo R^2	14.40%		19.98%		13.48%		16.93%	
Log Likelihood	−17 392.86		−11 830.59		−15 934.27		−13 306.24	
LR 检验	5 850.36***		5 908.41***		4 966.43***		5 425.21***	

注:***、**、*分别表示在 1%、5%、10% 的水平上显著;所有 t 值都是根据公司层面聚类调整以后的稳健标准差计算而得。

2.法治水平分组测试

正式制度和非正式制度长期以来一直共同约束着公司行为,二者之间既可能是相互替代的,也可能是相互强化的(Du,2013;Williamson,2000)。科举文化作为一项非正式制度,法治水平作为正式制度的一部分,它们对公司创新的影响存在交互作用。本节采用公司所在省份的法律环境指数(LAW;王小鲁 等,2019)作为当地法治水平的替代变量。表 11.1.14基于 LAW 的分组结果表明,科举制度只在法治水平较低地区对创新投入、创新产出具有显著影响。换言之,在正式制度不够完备时,科举氛围(文化)可以作为正式制度的补充,对公司创新产生影响。

表 11.1.14 基于法治水平的分组回归结果

变量	因变量:R&D(%)				因变量:PATENT			
	(1)		(2)		(3)		(4)	
	法治水平高组		法治水平低组		法治水平高组		法治水平低组	
	系数	t 值	系数	t 值	系数	t 值	系数	t 值
KEJU	−0.551 8	−0.27	21.508 7***	4.76	−0.663 6	−0.46	11.061 9***	3.32
KEJU²	−10.365 9	−1.24	−161.727 8***	−4.02	−4.366 6	−0.67	−77.446 6***	−3.22
控制变量	控制		控制		控制		控制	
行业/年度	控制		控制		控制		控制	
观测值	10 287		9 979		10 287		9 979	
Pseudo R^2	17.66%		18.01%		16.71%		14.89%	
LogLikelihood	−16 493.79		−12 711.44		−15 394.99		−13 696.87	
LR 检验	7 073.18***		5 585.22***		6 178.73***		4 791.08***	

注:***、**、*分别表示在1%、5%、10%的水平上显著;所有 t 值都是根据公司层面聚类调整以后的稳健标准差计算而得的。

3.外来文化冲击分组测试

经济全球化引起中国文化和西方文化的碰撞,本节以公司所在地是否属于沿海开放城市或经济特区(FOREIGN)来判断其是否受到受外来文化的冲击(徐细雄,李万利,2019)。FOREIGN 是虚拟变量,若公司所在地为沿海开放城市或经济特区则赋值为1,否则为0。表 11.1.15 表明,在外来文化冲击组,科举变量的一次项(KEJU)和二次项(KEJU²)系数都不显著;在非外来文化冲击组,科举变量一次项(KEJU)系数在1%的统计水平上显著为正,科举变量二次项(KEJU²)的系数在1%的统计水平上显著为负,说明外来文化冲击削弱了本土科举制度对公司创新的影响。

表 11.1.15 基于外来文化冲击的分组回归结果

变量	因变量:R&D				因变量:PATENT			
	(1)		(2)		(3)		(4)	
	FOREIGN=1		FOREIGN=0		FOREIGN=1		FOREIGN=0	
	系数	t 值	系数	t 值	系数	t 值	系数	t 值
KEJU	−5.131 5	−0.75	13.839 2***	6.59	−7.556 5	−1.51	10.977 6***	6.73
KEJU²	19.073 7	0.40	−57.552 3***	−6.36	38.245 6	1.09	−41.619 3***	−5.89
控制变量	控制		控制		控制		控制	
行业/年度	控制		控制		控制		控制	
观测值	6 094		14 172		6 094		14 172	
Pseudo R^2	19.97%		17.99%		18.49%		15.20%	
Log Likelihood	−8 737.19		−20 521.54		−8 534.20		−20 653.17	
LR 检验	4 360.25***		9 000.92***		3 872.09***		7 404.90***	

注:***、**、*分别表示在1%、5%、10%的水平上显著;所有 t 值都是根据公司层面聚类调整以后的稳健标准差计算而得的。

五、结论与启示

（一）研究结论

除造纸术、印刷术、火药和指南针外，科举制度被西方国家称为中国的"第五大发明"，由此可见科举制度对中国乃至全世界都具有重要的现实意义。孙中山先生指出，西方国家现行的考试制度大多是借鉴、参考中国的科举制度而建立的。科举制度虽被废除了百余年，但科举制度改造了中国人的价值观念，至今依然持续地影响着中国人的行为。本节以公司创新为切入点，考察了科举制度在微观层面的经济后果，发现地级市层面进士分布和公司的研发支出、发明专利申请数量之间都呈现出非线性的倒 U 形关系，揭示了科举制度对公司创新既有积极的影响，也存在消极影响。经过一系列敏感性测试和内生性测试以后，本节的研究结论依然成立。从影响机制来看，科举制度主要通过塑造中国社会的文化氛围而影响公司创新。此外，科举制度对公司创新的影响在法治水平较低、经济欠发达、外来文化冲击较小的地区更加突出。本节对科举制度在微观层面的经济后果进行了初步探索，为人们正确看待科举制度对个人乃至公司行为的影响提供了重要的经验证据。

（二）实践启示

第一，本节研究结论凸显了文化氛围对公司创新的重要性。近年来，中国正在不断完善与知识产权保护相关的法律体系，以期能够提高公司创新水平。根据国家知识产权局公布的《2017 年中国知识产权保护状况》白皮书，中国在 2017 年积极开展《中华人民共和国专利法》的修订工作，而且中国各级司法机关和行政执法机关还加强了对知识产权侵权的打击。这些措施已取得了一定成效，2017 年全年中国发明专利、实用新型专利和外观设计专利的申请量分别达到 138 万件、169 万件和 63 万件，同比增长 14％、23％和 2％。但是，2017 年依然有 18％的样本公司没有研发支出，25％、30％和 64％的样本公司无发明专利、实用新型专利和外观设计专利。在知识产权保护力度不断加大的情况下，不同公司的创新水平依然存在明显差异。这意味着，仅依靠正式制度无法完全唤起公司创新意识，还需要从中国文化氛围中寻找促进公司创新增长的源动力。本节发现，科举制度所塑造的"重学"氛围和伦理氛围有助于提高公司在创新方面的投入和产出，但因循守旧和"重文轻理"的价值观念会降低公司创新投入和创新产出，该结论对如何进一步激发中国公司的创新活力具有一定的启示意义。

第二，在教育资源分配方面，有关部门在制定政策时，可将科举制度的历史影响纳入考虑范围。据本节统计，明清两代进士在各个地级市的分布不均衡，一些地级市（如浙江省杭州市）进士人数高达千人以上，而另一些地级市（如浙江省舟山市）只有寥寥数人。虽然科举制度是一项全国性的选官制度，但它的影响力在不同地区可能存在差异，而科举影响的不均衡将会导致不同地区人们对教育的重视程度有所差异。Chen 等（2017）发现，科举影响和居民平均受教育年限显著正相关。本节发现在受科举影响较大的地区，拥有博士学位的高管的人数和比例都显著更高。《国家教育事业发展"十三五"规划》明确指出，中国在"十三五"期间将会加大对偏远和贫困地区的教育投入。若教育资源适当地向受科举影响较为薄弱的地区有所倾斜，如划拨一部分高考招生名额到这些地区，或许有助于这些地区"重学"氛围的形成，从而促进这些地区的创新水平乃至经济发展。

第三，本节指出科举考试以儒家经典为主要内容，极大地推动了儒家伦理的传播和普及，在中国古代起到了道德教化的作用。借鉴科举制度，可以推测把儒家经典写进课本、通过课堂教授儒家经典或许是推动儒家文化再次繁荣的关键之一。截至 2019 年底，中国先后在全球 162 个国家（地区）设立了孔子学院。介绍孔子生平和儒家思想的《孔子卡通传记》、《孔子卡通故事精编》两套图书是中华人民共和国汉语国际推广领导小组办公室的推荐教材。此外，各个孔子学院也基于儒家经典直接翻译或改编，从而拥有了自己的教材，这方面的典型代表是蒙古的国立大学孔子学院使用的《论语（蒙文版）》、《大学（蒙文版）》等。然而，儒家经典在中小学教育中仍未受到充分的重视，儒家经典在高考中所占比例也相对较低。根据本节的研究结论，科举制度通过把儒家经典确立为主要的考试内容，一方面强化了中国社会的伦理氛围，对公司创新具有积极的影响，另一方面可能导致了人们对自然科学的轻视，对公司创新也存在消极的影响。以科举制度为鉴，当代教育和考试制度或许应当关注文理科的均衡发展，而不能厚此薄彼。

第四，在经济全球化背景下，中西方文化不断碰撞，特别是一些沿海开放城市和经济特区受到较强的外来文化冲击。因此，中国本土文化对公司行为的约束力可能逐渐下降，如本节发现科举制度对公司创新的影响在沿海开放城市和经济特区相对较弱，如何抵御外来文化对本土文化的侵蚀有关部门需重点关注。与此同时，我国国民应当正确看待中国传统文化（如科举制度），尽可能地消除对中国传统文化的偏见，充分认识中国传统文化的优点，树立文化自信。

参考文献

古志辉，2015. 全球化情境中的儒家伦理与代理成本[J]. 管理世界，(3):113-123.

何炳棣，2013. 明清社会史论[M]. 徐泓，译. 台北:联经出版事业公司.

李世愉，胡平，2015. 中国科举制度通史:清代卷[M]. 上海:上海人民出版社.

刘海峰，2010. 中国科举文化[M]. 沈阳:辽宁教育出版社.

刘清华，2016. 科举选才文化对我国考试招生机构专业化建设的启思[A]//刘海峰，胡宏伟. 科举学的历史价值与现实意义[C]. 武汉:华中师范大学出版社:1-9.

潘敏，袁歌骋，2019. 金融中介创新对企业技术创新的影响[J]. 中国工业经济，(6):117-135.

石晓军，王骜然，2017. 独特公司治理机制对企业创新的影响:来自互联网公司双层股权制的全球证据[J].经济研究，52(1):149-164.

宋元强，2015. 清代科举制度论集[M]. 北京：中国社会科学出版社.

王小鲁，樊纲，胡李鹏，2019. 中国分省份市场化指数报告（2018）[M]. 北京：社会科学文献出版社.

王永贵，刘菲，2019. 信任有助于提升创新绩效吗：基于 B2B 背景的理论探讨与实证分析[J]. 中国工业经济，(12)：152-170.

吴超鹏，唐菂，2016. 知识产权保护执法力度、技术创新与企业绩效：来自中国上市公司的证据[J]. 经济研究，51(11)：125-139.

吴根洲，2016. 科举导论[M]. 杭州：浙江古籍出版社.

吴延兵，刘霞辉. 2009. 人力资本与研发行为：基于民营企业调研数据的分析[J]. 经济学（季刊），8(4)：1567-1590.

徐细雄，李万利，2019. 儒家传统与企业创新：文化的力量[J]. 金融研究，(9)：112-130.

杨西云，1997. 唐代门荫制与科举制的消长关系[J]. 南开学报，(1)：60-65.

朱保炯，谢沛霖，1980. 明清进士题名碑录索引[M]. 上海：上海古籍出版社.

BAI Y, 2019. Farewell to confucianism：the modernizing effect of dismantling China's imperial examination system[J]. Journal of development economics，141：102382.

BAI Y, JIA R, 2016. Elite recruitment and political stability：the impact of the abolition of China's civil service exam[J]. Econometrica，84(2)：677-733.

CHEMMANUR T J, KONG L, KRISHNAN K, et al., 2019. Top management human capital, inventor mobility, and corporate innovation[J]. Journal of financial and quantitative analysis，54(6)：2383-2422.

CHEN T, KUNG J K, MA C, 2017. Long live Keju! The persistent effects of China's imperial examination system[R]. Working Paper, Available at SSRN.

CUMMING D, JOHAN S, 2017. Law, culture, and innovation[R]. Working Paper, Available at ADBI.

CUMMING D, LI D, 2013. Public policy, entrepreneurship, and venture capital in the United States[J]. Journal of corporate finance，23：345-367.

DAKHLI M, DE CLERCQ D, 2004. Human capital, social capital, and innovation：a multi-country study[J]. Entrepreneurship and regional development，16(2)：107-128.

DELL M, 2010. The persistent effects of Peru's mining mita[J]. Econometrica，78(6)：1863-1903.

DU X, 2013. Does religion matter to owner-manager agency costs? Evidence from China[J]. Journal of business ethics，118(2)：319-347.

ELIAS N, 1994. The civilizing process[M]. Oxford：Blackwell.

FOUCAULT M, 1995. Discipline and Punish：the birth of the prison[M]. New York：Vintage Books.

GUDMUNDSON D, TOWER C B, HARTMAN E A, 2003. Innovation in small business：culture and ownership structure do matter[J]. Journal of development entrepreneurship，8(1)：1-17.

HOFSTEDE G，2001. Culture's consequences：comparing values，behaviors，institutions，and organizations across nations[M]. Thousand Oaks：Sage Publications.

HOLMSTROM B，1989. Agency costs and innovation[J]. Journal of economic behavior & organization，12(3)：305-327.

HSU P H，TIAN X，XU Y，2014. Financial development and innovation：cross-country evidence[J]. Journal of financial economics，112(1)：116-135.

HSIEH T S，KIM J B，WANG R R，et al.，2022. Educate to innovate：STEM directors and corporate innovation[J]. Journal of business research，138：229-238.

IRIYAMA A，LI Y，MADHAVAN R. 2010. Spiky globalization of venture capital investments：the influence of prior human networks[J]. Strategic entrepreneurship journal，4(2)：128-145.

JENSEN M C，MECKLING W H，1976. Theory of the firm：managerial behavior，agency costs and ownership structure[J]. Journal of financial economics，3(4)：305-360.

JONES G K，DAVIS H J，2000. National culture and innovation：implications for locating global R&D operations[J]. Management international review，40(1)：11-39.

LOWES S，NUNN N，ROBINSON J A，et al.，2017. The evolution of culture and institutions：evidence from the Kuba Kingdom[J]. Econometrica，85(4)：1065-1091.

MOSER P，2005. How do patent laws influence innovation? Evidence from nineteenth-century world's fairs[J]. American economic review，95(4)：1214-1236.

NUNN N，2008. The long-term effects of Africa's slave trades[J]. Quarterly journal of economics，123(1)：139-176.

ROMER P M，1986. Increasing returns and long-run growth[J]. Journal of political economy，94(5)：1002-1037.

SHAO L，KWOK C C Y，ZHANG R，2013. National culture and corporate investment[J]. Journal of international business studies，44(7)：745-763.

TABELLINI G，2008. The scope of cooperation：values and incentives[J]. Quarterly journal of economics，123(3)：905-950.

TIAN X，WANG T Y，2014. Tolerance for failure and corporate innovation[J]. Review of financial studies，27(1)：211-255.

VARSAKELIS N C，2001. The impact of patent protection，economy openness and national culture on R&D investment：a cross-country empirical investigation[J]. Research policy，30(7)：1059-1068.

WILLIAMSON O E，2000. The new institutional economics：taking stock，looking ahead[J]. Journal of economic literature，38(3)：595-613.

XIE F，ZHANG B，ZHANG W，2017. Does trust create a culture of innovation？
[R]. Working Paper，University of New South Wales.

第二节　人口婚姻结构与审计质量

摘要：本节以 2008—2017 年沪深两市 A 股上市公司为样本，检验发现会计师事务所所在地区人口婚姻结构与审计质量相关，即作为地区人口婚姻结构代理变量的离婚率越高，审计质量越高。离婚率与社会文化氛围（个人主义或集体主义价值观）有关，高离婚率与更高的个人主义文化倾向使社会中的人们更不可能参与贿赂、腐败，更少建立和保持裙带关系，坚持个人原则、正义和公平的商业伦理或职业道德相关，进而促使审计师保持较高的审计质量。进一步地，本节使用离结率、持续经营审计意见、审计费用、微利、审计报告延迟作为自变量与因变量的替代变量进行敏感性测试，并使用两阶段回归、固定效应模型控制可能存在的内生性问题后，上述结论依然存在。此外，地区人口离婚率对审计质量的正向影响，在非国际四大会计师事务所、市场化程度更低的样本中更加突出。本节从地区人口婚姻统计这一独特角度切入，对审计质量影响因素的相关文献作出了重要补充；本节拓展了婚姻家庭经济后果的研究，丰富了非正式制度与审计（公司）行为领域的文献。

一、引言

我国的注册会计师制度自 1980 年恢复重建以来，至今已历经 40 多个春秋，正变得更为成熟与规范，同时伴随着中国市场经济的建立、完善、发展，其在服务市场经济、保障证券市场运行、助力国家治理、保护公众利益、建立和完善现代企业制度方面起到了关键作用。中国审计市场相较于西方发达国家发展历史更短，且具有鲜明的中国特色，具体表现为：本土会计师事务所规模普遍较小，审计市场相对分散、竞争激烈（Gul et al.，2013；余玉苗，2001），投资者保护与审计师面临的诉讼风险较低（Allen et al.，2005；刘峰，许菲，2002），市场缺乏高质量审计需求（陈武朝，郑军，2001；刘峰 等，2002）。随着中国经济体制改革的不断深入，资本市场环境持续变化，逐渐培育了高质量的审计需求（王鹏，周黎安，2006），中国审计行业逐渐步入高质量发展的新阶段（中国注册会计师协会，2021）。2017 年以来，全国注册会计师行业党委、中注协围绕质量提升这一主题，在全行业持续开展主题年活动，2020 年在全行业开展"质量管理提升年"主题活动，在此背景下，研究审计质量问题具有重要的现实意义。

审计师执行审计程序，为公司会计信息的真实可靠性提供合理保证，对降低信息不对称、提高会计信息披露质量、降低资本成本、提高资源有效配置具有积极意义（Jensen，Meckling，1976；Watts，Zimmerman，1981）。高质量审计有助于发现和阻止企业的不正确行为，防止财务舞弊或企业倒闭（ICAEW，2021）。审计质量是一个超越国界、全球关注的问题(ICAEW,2021),已有文献对这一问题做了大量的研究。从会计师事务所、分所层面特征讨论对审计行为的影响吸引了会计学界广泛的关注与研究(Becker et al.,1998;Frankel et al.,2002;蔡春 等,2005),但同时有关审计行为的研究应该给予审计师个人层面应有的关注(DeFond,Francis,2005;Gul et al.,2013),以进一步探究审计师个人特征与审计报告质量之间的系统关联(陈小林 等,2016)。中国上市公司年报提供签字审计师个人姓名,中注协网站提供审计师个体信息查询,这为相关研究提供了数据支持。然而,中注协网站提供的审计师个体信息有限,受到数据限制,审计师的其他个人信息获取困难,因此有关审计师个体特征与审计行为的关系的研究相对有限。

随着社会学、认知心理学等相关学科的发展,探究社会文化对审计行为的影响的会计学领域研究逐步发展起来(Du,2019),越来越多的文献强调文化在理解经济结果中的重要性,前期文献提供了文化对审计行为具有重要影响的实证证据(Du,2019;杜兴强,2018;孟庆斌等,2019)。因此,有必要从深度和广度上拓展文化的其他维度对审计行为影响的研究。

基于婚姻关系的家庭是最普遍的社会组织形式(齐晓安,2009),是社会伦理关系的实体(宋希仁,1998),会形成各种人际关系以及社会文化心理和礼俗,与社会文化价值观密切相关(Holden,Smock,1991;Toth,Kemmelmeier,2009;徐安琪,叶文振,2002)。婚姻对人类社会影响深远,吸引学者们从历史、法律、制度、习俗、家庭等方面做了大量研究,不断发展有关婚姻状况的社会影响以及经济后果的相关文献。集体主义和个人主义是区分不同婚姻关系的合理的分析框架(Triandis,1994;翟学伟,2017)。极端的个人主义引发的社会问题之一便是离婚(Naroll,1983),与集体主义文化社会相比,高个人主义文化社会的离婚率更高(Dion,Dion,1996;Vandello,Cohen,1999;Triandis,1995;Toth,Kemmelmeier,2009;Hamamura,2012)。地区人口婚姻统计指标的离婚率反映了宏观的社会和文化层面特征,度量了地区的个人主义和集体主义文化氛围(Vandello,Cohen,1999)。个人主义文化倾向的社会中的人们更不可能参与贿赂、腐败(Chabal,Daloz,1999;Achim,2016;Kyriacou,2016;Jha,Panda,2017),更少建立和保持裙带关系(Tanzi,1994);个人主义文化鼓励自主(autonomy)和奖励个人成就,受该文化影响的人们更有可能对自己的行为负责(Jha,Panda,2017);个人主义与坚持个人原则、正义和公平的商业伦理或职业道德相关(Tsui,1996)。因此可以合理推论,离婚率表征个人主义文化倾向,可能促使审计的质量更高。基于上述分析,借鉴前期研究,本节拓展了有关审计质量影响因素的研究,人口婚姻统计状况如何体现审计师内在特质,进而是否以及如何对审计质量产生影响是一个值得深入探讨的问题。

本节以2008—2017年会计师事务所分所为研究对象,以事务所所在地离婚率作为地区人口婚姻结构的代理变量,考察了地区人口婚姻状况对审计质量的影响。本节的主要发现如下:第一,地区人口离婚率与审计质量正相关,即离婚率更高的地区,个人主义文化盛行,进而审计质量更高;第二,使用离结率、持续经营审计意见、审计费用、微利、审计报告延迟作为自变量与因变量的替代变量进行敏感性测试,以及使用两阶段回归、固定效应模型控制内生性问题后,上述结论仍旧得到支持;第三,地区人口离婚率对审计质量的正向影响,在非国际四大会计师事务所、市场化程度更低的样本中更加突出。

　　本节可能的研究贡献有如下几个方面：（1）本节从地区人口婚姻结构这一独特角度切入，对审计质量影响因素的相关文献作出了重要补充。前期有关审计质量影响因素的文献主要是从会计师事务所、分所层面特征（Becker et al.，1998；Frankel et al.，2002；蔡春 等，2005）展开。从审计师个人角度，尤其是文化影响审计师个人特质角度探索审计质量影响因素的文献已有了些许发展，但仍有必要深入研究文化尚未被讨论的维度对审计质量的影响，本节的研究填补了这一研究空白。（2）非正式制度，如文化、习俗和其他社会规范等会对审计（公司）决策和行为产生重要影响（Williamson，2000；Du，2013，2014）。本节发现地区人口婚姻统计与更强的个人主义文化氛围相关，这种氛围抑制了不符合商业道德或职业道德的行为，提高了审计质量，该研究结论丰富了非正式制度与审计（公司）行为领域的文献。（3）本节关注了地区人口婚姻状况对审计质量的影响。大量的前期文献集中关注婚姻家庭对捐赠、投资并购等行为的影响，并未涉及地区人口婚姻状况对审计行为的影响，本节研究拓展了有关婚姻家庭微观经济后果的研究。

　　余文结构如下安排：第二部分是文献回顾、理论分析与研究假设；第三部分是研究设计，包括样本选择和数据来源、研究模型与变量定义；第四部分是包括敏感性测试在内的实证结果及分析；第五部分是内生性讨论与进一步测试；第六部分为本节研究结论。

二、文献回顾、理论分析与研究假设

（一）制度背景、文献回顾

1.人口婚姻结构及相关文献回顾

　　婚姻家庭是人类生存的基本形式（翟学伟，2014），家庭是人们社会生活中的一个重要社会组织，是人类社会中最普遍、基本的组织形式（石艳，2013）。中国社会几千年来深受儒家文化潜移默化的影响，认为离婚有悖于家族观念、礼教纲常等传统价值观，离婚之于中国社会来说相对少见（杨联芬，2015）。

　　20世纪20年代至30年代，五四新文化运动思潮与马克思主义、社会主义、共产主义思潮激荡，倡导青年知识女性反抗传统家庭的统治，呼唤婚姻自由，虽然思想运动的影响范围有限，但也引起了一场深刻的社会变革。中华人民共和国成立之后，中央人民政府委员会颁布《中华人民共和国婚姻法》（1950年），废除了封建主义婚姻制度，实行婚姻自由、一夫一妻、男女权利平等、保护妇女和子女合法权益的新民主主义婚姻制度①，从根本上废除了封建家长制的婚姻压迫，动摇了旧的传统伦理观念。

　　改革开放以来，伴随着中国社会经济的快速发展，以及新婚姻法的修订，儒家家族观念、礼教纲常等传统的文化价值观念日渐式微，中国社会家庭面临颠覆式变化，婚姻家庭理念发

---

① 参见 http://www.law－lib.com/law/law_view.asp? id＝43205.

生巨变,有关婚姻与家庭的观念呈现出多元的状态(金眉,2017),家庭稳定性快速下降。自20世纪70年代末以来,中国的粗离婚率(离结率)持续加速上升,从1987年的0.68‰(8.04%)上升至2017年的3.14‰(41.64%),约翻了5倍,全国年离婚登记人数也从58万对上升到437万对,升高了约7.5倍(详见图11.2.1~11.2.3)。中国持续上升的离婚率也吸引学者就婚姻状况变迁产生的社会影响以及经济后果展开研究。

图 11.2.1 1987—2017 年中国粗离婚率变动　图 11.2.2 1987—2017 年中国离结率变动

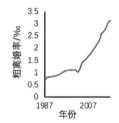

图 11.2.3　1987—2017 年全国离婚人数变动

　　许多与社会关系(特别是婚姻家庭关系)模式有关的社会指标,包括离婚率、家庭规模等都在一定程度上反映出社会文化的特点(黄梓航 等,2018)。Hofstede(1980)提出了文化价值的四个维度,其中个人主义与集体主义维度引发了大量的后续研究,成为文化心理学中应用及影响广泛的一个文化维度(Greenfield,2009;Oyserman et al.,2002;黄梓航等,2018)。

　　集体主义和个人主义是分析不同婚姻关系的合理框架(Triandis,1994;翟学伟,2017)。个人主义和集体主义作为一种文化症候(cultural syndrome),通常表现为社会或个体的价值取向。极端的个人主义引发的社会问题之一便是离婚(Naroll,1983),相比集体主义文化社会,高个人主义文化社会的离婚率更高(Dion,Dion,1996;Vandello,Cohen,1999;Triandis,1995;Toth,Kemmelmeier,2009)。

　　婚姻家庭状况引发的经济后果包括多种角度,有关婚姻家庭经济后果的研究主要集中在捐赠、心理状态、风险偏好、投资并购行为等领域。(1)积极的经济后果主要有:已婚者与社会网络联系更密切,拥有更多社会资本,更可能参与社会捐赠(Bryant et al.,2003),更少实施犯罪行为(Sampson,Laub,1993;Barnes,Beaver,2012)。婚姻带来更高的生活满意度和快乐(Helliwell,Putnam,2004),更高的个体幸福感(Gove et al.,1983)与更好的心理健康(Hughes,Gove,1981)。相较于已婚 CEO,单身 CEO 管理的公司盈余管理程度更高(Hilary et al.,2017)。(2)从风险偏好、投资行为的经济后果来看,婚姻既可能与高风险偏好相关,亦可能导致个体风险规避行为,进而有关是否已婚对个体投资组合的风险水平的影响的结论并不统一。

前期有关婚姻状况对个体行为影响的文献,强调的是高管个人特征对公司行为的影响。与之不同的是,本节关注地区人口婚姻状况,侧重于宏观文化环境与社会文化氛围对审计行为的影响。在中国资本市场中,尽管中国上市公司年报须签署签字审计师个人姓名,审计师个体信息可以通过中注协网站提供的公开数据库查询,为个体审计师特征相关研究提供了一定的数据基础,但出于隐私保护等原因,中注协提供的审计师个体信息有限。受到数据限制,有关审计师个体特征与审计行为关系的研究相对有限,无法获得审计师个人的婚姻状况。本节讨论的人口婚姻状况,并非聚焦于单个时点的离婚事件前后,而是着重探索长期状态的婚姻状况对审计质量的影响。

2.审计质量相关研究

DeAngelo(1981)的经典研究认为审计质量取决于识别和报告财务报告差错的可能性。审计师的专业胜任能力和独立性是影响审计质量的两个关键属性。首先,审计师发现错报的概率取决于其专业技术能力、审计程序执行度、审计抽样程度等,而独立性则决定了审计师是否报告发现的财务报告差错。DeAngelo(1981)对审计质量的定义得到了学术界广泛的认可,推动了一系列的相关研究。

但 DeAngelo(1981)仅从审计服务供给者,即审计师的投入产出定义审计质量,忽视了其他相关方。DeFond 和 Zhang(2014)认为,审计服务是一种商品,其质量取决于客户公司的需求以及审计师(会计师事务所)的供给,而监管对客户公司、审计师的动机与能力存在重大影响。因此 DeFond 和 Zhang(2014)构建了由审计主体(会计师事务所)、审计客体(客户公司)和审计环境构成的审计质量分析框架。

前期会计学界主要关注会计师事务所、分所层面特征对审计质量的影响(Becker et al.,1998;Frankel et al.,2002;蔡春 等,2005),随着研究的不断深入,审计行为的研究逐渐从事务所或分所层面向审计师个人层面转变(DeFond,Francis,2005;Gul et al.,2013),以进一步探究审计师个人特征与审计报告质量之间的系统关联(陈小林 等,2016)。得益于社会学、认知心理学等相关学科的发展,研究文化在理解经济结果中的重要性的一支文献逐渐丰富,讨论社会文化对审计行为影响的会计学领域的研究也随之逐步发展起来(Du,2019;杜兴强,2018;孟庆斌 等,2019)。当然,文化是多维度的,在已有文献的基础上,从文化的其他未被探讨的维度入手,讨论其对审计行为的影响,将具有充分的研究贡献。

(二)理论分析与研究假设

依据制度理论,制度分析框架包括非正式制度、制度环境、治理规则、资源分配与使用四个层次,最高层次的非正式制度因素在很大程度上影响低层次的公司(审计)问题(Williamson,2000;杜兴强 等,2017)。文化、宗教、社会风俗、社会规范等均是非正式制度的表现形式。尽管随着中国市场经济的进步与完善,注册会计师制度也迈入成熟与规范的阶段,但制度建设与监管执行仍然存在正式制度尚未规范或难以规范的领域。在制度空白的领域,就为以文化为代表的非正式制度作用的发挥留下充足的空间。

文化对经济决策产生影响的渠道是激发人们的信念、偏好和价值观（Grullon et al.，2010）。基于婚姻关系的家庭是最普遍的社会组织形式（齐晓安，2009），是社会伦理关系的实体（宋希仁，1998），并推动各种人际关系以及社会文化心理和礼俗的形成，与社会文化价值观密切相关（Holden，Smock，1991；Toth，Kemmelmeier，2009；徐安琪，叶文振，2002）。离婚率作为与社会关系（特别是婚姻家庭关系）模式密切相关的社会指标，在很大程度上反映出文化的特点。分析不同婚姻家庭关系的一个合理框架是集体主义和个人主义（Triandis，1994；翟学伟，2017）。个人主义和集体主义是一种文化症候（cultural syndrome）（Triandis，1996），表现为社会或个体的价值取向差异，影响个人或社会群体行为。离婚便是个人主义倾向引发的其中一个社会群体或个人行为带来的突出的社会问题（Naroll，1983）。

个人主义强调个体的能动性和独立的自我建构，而集体主义则更强调个体与他人之间的关系和互依的自我建构（Markus，Kitayama，1991）。个人本位文化的社会将个人视为社会行为的主体，个人具有至高的价值，因此提倡个性独立解放，消解个人对家庭的依附；个人更可能为寻求幸福而放弃原有的婚姻，终身婚姻观念被个人认为是与自我快乐和幸福相对立的观念。而对应的，在集体主义文化下，社会成员相互依存，关注和谐、相关性，个体目标从属于集体目标（Hui，Triandis，1986），因此个体更多地选择牺牲自我满足以维续婚姻与家庭。因此，高个人主义文化倾向社会的离婚率相较于集体主义文化倾向的社会更高（Dion，Dion，1996；Vandello，Cohen，1999；Triandis，1995；Toth，Kemmelmeier，2009；Hamamura，2012），离婚率可以作为个人主义文化倾向的恰当度量。

中国社会几千年来深受儒家文化潜移默化的影响，中国传统集体主义的历史谱系是以儒家文化为中心的型构（陈云，2018），至今中国社会普遍被认为是集体主义的（Steele，Lynch，2013；Michailova，Hutchings，2006），离婚有悖于家族观念、礼教纲常等传统价值观，因而离婚的事件相对少见（杨联芬，2015）。随着西方思潮涌入，《中华人民共和国婚姻法》的修订，以及改革开放以来中国社会经济的快速发展，文化变迁发生，一个基本趋势是个人主义的文化症候的日益增强（Moore，2005），体现为离婚率的持续快速上升。值得注意的是，文化变迁过程中，传统文化与现代思想并非绝对对立，二者在现代中国社会相互兼容，带来了社会主义文化的多样性和多元化，个人主义文化倾向与集体主义文化倾向在中国社会中并存。作为地区人口婚姻统计指标的离婚率反映了宏观的社会和文化层面特征，恰当度量了中国各地区的、不同程度的个人主义和集体主义文化氛围（Vandello，Cohen，1999）。

在个人主义倾向文化的影响下，个体或社会群体更不可能参与贿赂、腐败（Chabal，Daloz，1999；Achim，2016；Kyriacou，2016；Jha，Panda，2017）。个人主义社会的经济和政治竞争水平高于集体主义社会，导致机会稀缺，因而对贿赂的容忍度更低（Sanyal，Guvenli，2009）；而在集体主义社会中，个体倾向于责任的分摊（Hui，1988），即通过分散或推卸责任，可以更容易地减弱自我约束以从事不良行为，即贿赂（Mazar，Aggarwal，2011）。受个人主义文化倾向影响的审计师，更有可能拒绝客户的贿赂，客户更难通过贿赂与审计师达成合谋,因而审计师更可能报告发现的财务错报。

在个人主义倾向文化的影响下,个体或社会群体更少建立和保持裙带关系(Tanzi,1994)。相比于个人主义社会,在集体主义社会中维持关系更重要(Ohbuchi et al.,1999;Hofstede et al.,2010)。在集体主义社会,个体期望从朋友、小范围团体或其他关系中得到优惠待遇,而个体拒绝提供这种优惠待遇甚至会被认为是不道德的,从而遭到排斥。相比之下,在个人主义的社会中,个体更容易遵循保持距离的原则。在集体主义社会中,强调个体与他人之间的关系和相互依存,催化了建立和保持裙带关系的行为,而个人主义社会的个体可能会更加反对从朋友、小范围团体或其他关系中得到不公正待遇的行为。受个人主义文化倾向影响的审计师,更有可能拒绝与客户产生和维系各种不正当的裙带关系,因而审计师更不可能受各种各样关系的影响而出具虚假的审计报告。

个人主义和集体主义表现为社会或个体的价值取向差异,因此具有强烈的道德伦理影响。伦理以正义和公平为度量和前提(Kohlberg,1969),个人主义与坚持个人原则、正义和公平的商业伦理或职业道德相关(Tsui,1996)。个人主义文化注重自主(autonomy)、个人进步,奖励个人成就,因此受该种文化影响的个体更有可能对自己的行为负责(Sanyal,Guvenli,2009;Jha,Panda,2017)。综合上述分析,可以合理推论,受个人主义文化倾向影响的个体更向往公平正义的商业伦理或职业道德;更不愿意建立和保持不正当的裙带关系;更能够自控,更积极地对自我问责;更不可能参与贿赂、腐败行为。以上特征能够充分反映受个人主义文化影响的注册会计师有着较高的职业道德水平以及独立性,更不可能与客户公司合谋,进而保证较高的审计质量。

根据社会身份认同理论,群体成员之间存在身份认同(Tajfel,Turner,1986;李友梅,2007),相较于群体外部成员(out-group),人们更加偏爱自己所在群体的内部成员(in-group),且更能够接受并内化群体的规范、价值观与信念。社会规范通过共同信念引导和约束社会成员(Cole et al.,1992),因此各种社会规范对社会成员具有强有力的约束力,可以影响社会成员的思考和行事。个体违背社会规范会受到其他社会成员的监督与制裁,使其社会地位(Bernheim,1994)、情感(Elster,1989)、声誉(Akerlof,1980)受到伤害和损失。因此,即便在某地会计师事务所工作的注册会计师并不全都认同当地高离婚率所反映的、在当地占据主导地位的个人主义价值观,但为了避免不必要的冲突与障碍,其依然会潜移默化地遵循当地盛行的个人主义社会文化规范。

简言之,作为地区人口婚姻统计指标的离婚率越高,宏观的社会和文化层面的个人主义文化氛围越强,受这一文化氛围影响的注册会计师能够保持较高的职业道德水平以及独立性,进而提高审计质量。据此本节提出如下假设:

假设 11.2:限定其他条件,离婚率与审计质量呈正相关关系。

三、研究设计

(一)样本选择和数据来源

本节以 2008—2017 年沪深两市 A 股上市公司为样本,对样本进行如下初始筛选,进行实证分析:(1)剔除金融保险行业观测值;(2)剔除净资产小于 0 的观测值;(3)剔除变量缺失的观测值,最终得到包含 22 426 条公司—年度观测值的研究样本,涵盖 3 406 家上市公司。人口婚姻统计数据与人均 GDP 数据来自中国国家统计局(National Bureau of Statistics of China,NBSC)以及通过手工计算而得;省份平均家庭人口数量来自各年《中国人口和就业统计年鉴》;市场化程度指标来自王小鲁等(2019);其余公司层面数据均来自国泰安数据库(CSMAR)。

(二)研究模型

本节构建 Logistic 回归模型[式(11.2.1)]检验假设 11.2:

$$MAO = \alpha_0 + \alpha_1 DIVORCE + \alpha_2 FIRST + \alpha_3 BOARD + \alpha_4 DUAL + \alpha_5 INDR + \alpha_6 BIG4 + \alpha_7 SIZE + \alpha_8 LEV + \alpha_9 ROE + \alpha_{10} OCF + \alpha_{11} LOSS + \alpha_{12} CROSS + \alpha_{13} ST + \alpha_{14} STATE + \alpha_{15} GDP\_PC + Industry\ Dummies + Year\ Dummies + \varepsilon \tag{11.2.1}$$

式(11.2.1)中,解释变量为会计师事务所所在地粗离婚率 DIVORCE,被解释变量为审计质量(审计意见虚拟变量)MAO,模型其他控制变量解释详见表 11.2.1 变量定义。如果 Logistic 回归系数 α_1 显著为正,则经验证据支持本节研究假设。

(三)变量定义

1.解释变量

国内外对离婚率的统计方法不一。根据"民政部关于印发《离婚率计算方法研讨结果的报告》的函",民政部召集专家对国内外现行的各种计算方法进行了统计和研究[①]。民政部专家总结了包括同期离婚/结婚数、离婚数分期比较、离婚数/法定婚龄人口总数、离婚数/社会总人口、离婚数/家庭、离婚数/单位时间、离婚数/已婚夫妇(宋瑛,1989)在内的 7 种离婚率统计方法。其中,离婚的次数与总人口的比率的计算方法(也是本节主要采用的离婚率度量方法)因国内外广泛应用,具有可行性、可比性,简便易懂,可得性高而被采纳。同时民政部指出,在确认这一可行的离婚率计算方法的同时,不排斥其他计算方法的存在。

综合考虑指标的科学性、可得性与普及性,以及参考已有相关文献(Vandello,Cohen,

1999；Grossmann，Varnum，2015；苏理云 等，2015），本节选择使用粗离婚率 DIVORCE（等于当年离婚对数除以年均人口数）作为主要测试的因变量度量地区人口婚姻状况，并使用离结率 MARRIAGE_DIVORCE（等于离婚数除以同期结婚数）作为因变量敏感性测试变量，以增强实证检验的稳健性。

2.被解释变量

本节以会计师事务所当年是否向对应上市公司出具非标准审计意见（MAO）作为主要被解释变量，辅以会计师事务所当年是否向对应上市公司出具持续经营审计意见（GCO）、审计费用的自然对数（AUD_FEE）、微利（SP）、审计报告时滞（DELAY）作为被解释变量敏感性测试。

3.控制变量

本节在实证分析中控制了：（1）公司内部治理层面的变量：第一大股东持股比例（FIRST）、董事会规模（BOARD）、董事长与 CEO 两职合一（DUAL）、独立董事比例（INDR）；（2）公司外部治理层面的变量：四大会计师事务所的虚拟变量（BIG4）；（3）公司财务特征指标：公司规模（SIZE）、财务杠杆（LEV）、净资产收益率（ROE）、经营活动现金流（OCF）、亏损虚拟变量（LOSS）；（4）其他公司层面及宏观层面特征：公司是否交叉上市（CROSS）、是否被特殊处理（ST）、最终控制人性质（STATE）、人均 GDP（GDP_PC）；（5）模型还控制了行业（Industry）和年度（Year）对公司诉讼风险的可能影响，变量定义参见表 11.2.1。

表 11.2.1　变量定义表

变量	变量定义	数据来源
MAO	审计意见虚拟变量，若上市公司当年被审计师出具非标准审计意见则取值为 1，否则为 0	CSMAR
DIVORCE	婚姻人口统计粗离婚率，等于当年离婚对数/年平均人口数×1000‰	NBSC/手工计算
MARRIAGE_DIVORCE	婚姻人口统计离结率，地区离婚与结婚的频率，等于（中国各省份当期离婚数/中国各省份当期结婚数）×100	NBSC/手工计算
FIRST	第一大股东持股比例，第一大股东持有股份与公司总股份的比值	CSMAR
BOARD	董事会规模，等于董事会总人数的自然对数	CSMAR
DUAL	董事长与 CEO 两职合一的虚拟变量，若董事长与 CEO 两职合一则赋值为 1，否则为 0	CSMAR
INDR	独立董事比例，等于独立董事人数与董事会总人数的比值	CSMAR
BIG4	会计师事务所虚拟变量，当公司聘请四大会计师事务所审计师时赋值为 1，否则赋值为 0	CSMAR
SIZE	公司规模，等于公司总资产的自然对数	CSMAR
LEV	财务杠杆，等于公司总负债与总资产的比值	CSMAR
ROE	净资产收益率，等于净利润与股东权益的比值	CSMAR

续表

变量	变量定义	数据来源
OCF	经营活动现金流,等于经营活动现金流量净额与期初净资产的比值	CSMAR
LOSS	亏损虚拟变量,若公司净利润为负则赋值为 1,否则为 0	CSMAR
CROSS	虚拟变量,如果公司在 B 股或 H 股上市则赋值为 1,否则赋值为 0	CSMAR
ST	上市公司是否被进行特别处理,是则取 1,否则取 0	CSMAR
STATE	最终控制人性质,若公司的最终控制人是中央或地方政府、政府控股公司则赋值为 1,否则赋值为 0	CSMAR
GDP_PC	公司注册地所在省区的人均 GDP	统计年鉴
GCO	持续经营审计意见,若上市公司当年被审计师出具持续经营审计意见则取值为 1,否则为 0	CSMAR
AUD_FEE	审计费用的自然对数	CSMAR
SP	若净资产收益率处于(0,0.01]区间则取值为 1,否则为 0	CSMAR
DELAY	审计报告时滞,等于资产负债表日与注册会计师签署审计报告日之间的天数	CSMAR
MAORATE	分所当年出具的非标准审计意见占当年客户数的比例	CSMAR
FAMILY	各省平均的家庭人口数量	统计年鉴

四、实证结果

(一)描述性统计

表 11.2.2 列示了本节主要变量的描述性统计结果,粗离婚率 DIVORCE 的均值为 2.538 3‰,最大值为 4.507 5‰,最小值为 1.175 7‰,表明本节的样本会计师事务所分所所在地在婚姻人口状况方面存在着较大差异。本节的样本出具非标准审计意见的比例为 3.032%,其余控制变量的描述性统计与已有文献保持基本一致,详见表 11.2.2,不再赘述。

表 11.2.2 描述性统计

变量	观测值	均值	标准差	最小值	1/4 分位数	中位数	3/4 分位数	最大值
DIVORCE	22 426	2.5383	0.686 5	1.175 7	2.069 2	2.391 5	2.993 3	4.507 5
MAO	22 426	0.030 3	0.171 5	0	0	0	0	1
FIRST	22 426	35.386 6	15.051 7	8.804 2	23.438 1	33.510 4	45.750 0	74.889 9
BOARD	22 426	2.148 8	0.199 1	1.609 4	2.079 4	2.197 2	2.197 2	2.708 1

续表

变量	观测值	均值	标准差	最小值	1/4 分位数	中位数	3/4 分位数	最大值
DUAL	22 426	0.252 8	0.434 6	0	0	0	1	1
INDR	22 426	0.371 8	0.052 71	0.300 0	0.333 3	0.333 3	0.428 6	0.571 4
BIG4	22 426	0.054 00	0.226 0	0	0	0	0	1
SIZE	22 426	21.953	1.281 4	19.151	21.023	21.787	22.690	25.782
LEV	22 426	0.432 1	0.215 3	0.049 65	0.258 2	0.425 8	0.597 5	1.087 9
ROE	22 426	0.060 79	0.140 5	−0.990 1	0.030 59	0.069 86	0.113 1	0.498 4
OCF	22 426	0.041 28	0.074 81	−0.201 4	0.001 470	0.041 30	0.084 61	0.252 0
LOSS	22 426	0.088 78	0.284 4	0	0	0	0	1
CROSS	22 426	0.059 84	0.237 2	0	0	0	0	1
ST	22 426	0.029 39	0.168 9	0	0	0	0	1
STATE	22 426	0.407 7	0.491 4	0	0	0	1	1
GDP_PC	22 426	60 646	27 118	10 614	39 436	57 266	80 932	128 994

（二）Pearson 相关系数

表 11.2.3 报告了主要变量间的 Pearson 相关系数。根据表 11.2.3，自变量粗离婚率（DIVORCE）与因变量审计意见虚拟变量（MAO）的相关系数均在 1% 水平上显著为正，初步支持本节的假设 11.2。值得注意的是，相关系数检验仅汇报了单变量之间的关系，仍需多元回归进一步检验文章假设。此外，Pearson 相关系数绝大多数小于 0.6，且模型 VIF 均小于 10（检验结果从略、备索），说明包含这些变量的模型并不存在多重共线性问题。

表 11.2.3 Pearson 相关系数

变量		(1)	(2)	(3)	(4)	(5)	(6)	(7)	(8)	(9)	(10)	(11)	(12)	(13)	(14)	(15)	(16)
DIVORCE	(1)	1															
MAO	(2)	0.021***	1														
FIRST	(3)	-0.038***	-0.087***	1													
BOARD	(4)	-0.050***	-0.006	0.024***	1												
DUAL	(5)	0.012*	-0.013*	-0.049***	-0.177***	1											
INDR	(6)	0.039***	-0.002	0.044***	-0.487***	0.102***	1										
SIZE	(7)	0.004	-0.024***	0.141***	0.104***	-0.070***	0.034***	1									
LEV	(8)	0.161***	-0.106***	0.231***	0.262***	-0.174***	0.017*	0.362***	1								
ROE	(9)	0.003	0.123***	0.054***	0.167***	-0.169***	-0.023***	0.113***	0.474***	1							
OCF	(10)	-0.035***	-0.267***	0.107***	0.018***	0.023***	-0.011*	0.053***	0.104***	-0.175***	1						
LOSS	(11)	-0.006	-0.083***	0.091***	0.062***	-0.028***	-0.030***	0.084***	0.049***	-0.145***	0.230***	1					
BIG4	(12)	0.014*	0.229***	-0.075***	-0.005	-0.031***	0.008	-0.026***	-0.069***	0.188***	-0.652***	-0.145***	1				
CROSS	(13)	-0.037***	-0.001	0.048***	0.100***	-0.065***	0.024***	0.432***	0.279***	0.115***	0.009	0.029***	0.010	1			
ST	(14)	-0.039***	0.256***	-0.064***	-0.018***	-0.011	-0.008	-0.033***	-0.133***	0.128***	-0.087***	-0.067***	0.102***	0.015**	1		
STATE	(15)	-0.023***	0	0.208***	0.275***	-0.295***	-0.065***	0.152***	0.344***	0.327***	-0.061***	0.045***	0.069***	0.193***	0.035***	1	
GDP_PC	(16)	0.358***	-0.037***	0.012	-0.120***	0.101***	0.051***	0.081***	0.110***	-0.116***	0.061***	-0.026***	-0.069***	0.065***	-0.089***	-0.144***	1

注：***，**，* 分别表示在 1%、5%、10% 的水平上显著。

（三）多元回归分析（研究假设的检验：地区人口婚姻结构与审计质量）

表 11.2.4 报告了本节假设的多元回归结果。自变量粗离婚率 DIVORCE 的回归系数在 1% 的水平上显著为正，说明会计师事务所分所所在地区人口婚姻结构（离婚率）确实与审计质量正相关。本节进一步计算得到了 Logistic 模型的边际效应（DIVORCE 对 MAO 的边际影响，即 dy/dx 为 0.58%），占 MAO 均值（3.03%）的 19.14%。因此，对本节假设的实证检验结果不仅具有统计上的显著性，而且具有显著的经济意义。控制变量第一大股东持股比例 FIRST、公司规模 SIZE、净资产收益率 ROE、经营活动现金流 OCF 与因变量 MAO 显著负相关，董事会规模 BOARD、财务杠杆 LEV、亏损虚拟变量 LOSS、是否被特殊处理 ST 与因变量 MAO 显著正相关，上述结论均符合理论预期。

表 11.2.4　会计师事务所所在地离婚率 DIVORCE 与审计质量 MAO

变量	被解释变量：MAO	
	(1)	(2)
	系数	z 值
DIVORCE	0.247 7***	2.74
FIRST	−0.021 3***	−5.62
BOARD	0.644 5**	1.97
DUAL	−0.148 6	−1.36
INDR	0.882 7	0.83
BIG4	0.377 8	1.40
SIZE	−0.571 1***	−10.56
LEV	2.751 4***	10.10
ROE	−1.233 7***	−5.24
OCF	−1.473 8**	−2.30
LOSS	1.101 4***	8.22
CROSS	0.198 6	0.99
ST	1.841 8***	13.06
STATE	−0.043 7	−0.42
GDP_PC	−0.000 0	−0.42
常数项	6.433 3***	4.56
行业	控制	
年度	控制	
观测值	22 201	
Pseudo R^2	0.267 7	
Log Likelihood	−2 225.925 5	
Wald Chi^2（p-value）	1 423.88*** (0.000)	

注：***、**、* 分别表示在 1%、5%、10% 的水平上显著；所有 z 值均经过了异方差稳健标准误（Huber-White）调整。

（四）敏感性测试

1.因变量敏感性测试

本节使用 4 个因变量的其他度量方式进行敏感性测试：(1)使用出具持续经营审计意见的虚拟变量作为因变量，模型估计方法依然采用 Logistic 回归。表 11.2.5 列(1)自变量 DIVORCE 系数显著为正(显著性水平为 1％)。(2)在因变量敏感性测试中，本节因变量改换为审计费用的自然对数 AUD_FEE，模型估计方法改为 OLS 回归，表 11.2.5 列(2)自变量系数显著为正。(3)使用微利的虚拟变量 SP 作为因变量，模型估计方法依然采用 Logistic 回归，表 11.2.5 列(3)自变量系数依然显著为正。(4)使用审计报告时滞 DELAY 作为因变量，时滞越长，表明资产负债表日至审计报告签署日之间的天数越长，这一方面反映了审计师工作花费了更多的时间和更高的努力程度(刘笑霞 等，2017；刘慧 等，2018)，另一方面反映了审计时滞过长使得报表使用者的信息成本增加，降低了审计的价值(李瑛玫 等，2016)。模型估计方法改为 OLS 回归，列(4)自变量系数显著为负，表明地区离婚率越高，审计报告时滞越短。上述敏感性测试结果与表 11.2.4 相一致，进一步支持了本节假设。

表 11.2.5 因变量敏感性测试

变量	(1)被解释变量:GCO		(2)被解释变量:AUD_FEE		(3)被解释变量:SP		(4)被解释变量:DELAY	
	系数	z 值	系数	t 值	系数	z 值	系数	t 值
DIVORCE	0.370 3***	2.81	0.000 9**	2.53	0.187 7***	2.96	−1.108 9***	−4.31
FIRST	−0.034 7***	−5.43	−0.000 7***	−3.62	−0.012 3***	−5.18	−0.007 5	−0.82
BOARD	−0.490 0	−1.01	0.027 3	1.52	−0.091 5	−0.45	1.135 2	1.42
DUAL	0.014 2	0.08	−0.010 1	−1.55	−0.152 3*	−1.81	0.896 4***	2.81
INDR	−2.288 3	−1.46	0.181 3***	2.92	0.832 9	1.20	1.675 9	0.58
BIG4	1.308 2***	3.59	0.564 0***	31.28	−0.190 0	−1.06	−4.065 3***	−7.25
SIZE	−0.925 6***	−9.57	0.356 8***	102.95	0.116 7***	3.27	1.168 2***	7.75
LEV	3.934 0***	9.61	0.068 4***	3.93	−0.765 8***	−3.79	0.453 0	0.53
ROE	−1.265 0***	−4.09	−0.050 7*	−1.78	−4.232 3***	−7.88	−11.117 7***	−7.53
OCF	−2.328 5**	−2.45	0.155 8***	3.98	−4.029 3***	−9.05	−14.985 3***	−7.64
LOSS	1.156 2***	5.87	0.071 8***	5.67	−2.604 9***	−4.95	4.731 5***	7.77
CROSS	0.206 2	0.73	0.387 4***	24.33	−0.165 6	−1.02	−1.140 5**	−2.02
ST	2.257 6***	12.35	0.143 2***	8.01	−0.247 2	−1.12	−2.775 0***	−2.68
STATE	0.767 2***	4.75	−0.057 1***	−8.51	0.575 0***	7.55	−2.619 7***	−8.08
GDP_PC	0.000 0*	1.74	0.000 0***	17.83	−0.000 0***	−4.58	0.000 0***	4.88
常数项	14.590 4***	5.95	5.574 6***	67.43	−4.059 9***	−4.72	78.706 9***	21.69

续表

变量	(1) 被解释变量:GCO		(2) 被解释变量:AUD_FEE		(3) 被解释变量:SP		(4) 被解释变量:DELAY	
	系数	z 值	系数	t 值	系数	z 值	系数	t 值
行业	控制		控制		控制		控制	
年度	控制		控制		控制		控制	
观测值	22 012		21 579		22 351		22 493	
Pseudo/Adj_R^2	0.453 2		0.681 3		0.075 8		0.071 7	
Log Likelihood	−946.143 96				−3 975.845 6			
Wald Chi²/F(p-value)	1 226.25*** (0.000)		922.95*** (0.000)		766.24*** (0.000)		43.03*** (0.000)	

注：***、**、* 分别表示在 1%、5%、10% 的水平上显著；所有 t/z 值均经过了异方差稳健标准误（Huber-White）调整。

2.自变量敏感性测试

本节参考已有研究,选择离结率（MARRIAGE_DIVORCE）作为度量地区人口婚姻结构的替代度量方式。表 11.2.6 中,自变量 MARRIAGE_DIVORCE 的系数在 5% 水平上显著为正,进一步支持了本节研究假设。

表 11.2.6　自变量敏感性测试

变量	被解释变量:MAO	
	(1)	(2)
	系数	z 值
MARRIAGE_DIVORCE	0.012 7**	2.07
FIRST	−0.021 2***	−5.58
BOARD	0.649 5**	1.98
DUAL	−0.149 8	−1.37
INDR	0.887 9	0.83
BIG4	0.348 3	1.29
SIZE	−0.570 0***	−10.49
LEV	2.762 4***	10.15
ROE	−1.240 5***	−5.24
OCF	−1.477 3**	−2.30
LOSS	1.099 5***	8.19
CROSS	0.165 0	0.82
ST	1.846 8***	13.07
STATE	−0.041 2	−0.40

续表

变量	被解释变量：MAO	
	（1）	（2）
	系数	z 值
GDP_PC	−0.000 0	−0.75
常数项	6.634 9 ***	4.72
行业	控 制	
年度	控 制	
观测值	22 201	
Pseudo R^2	0.267 1	
Log Likelihood	−2 227.978 9	
Wald Chi^2（p-value）	1 414.04 *** （0.000）	

注：*** 、** 、* 分别表示在 1%、5%、10% 的水平上显著；所有 z 值均经过了异方差稳健标准误（Huber-White）调整。

3.会计师事务所层面数据检验

本节主回归表 11.2.4 使用公司层面数据检验研究假设，一个会计师事务所分所可能对应多个公司，即同一个会计师事务所分所对应同一个地区离婚率的数值，但这一数值对应的是不同公司的不同其他相关指标，可能存在截面自相关问题。为解决可能存在的截面自相关问题的影响，本节使用会计师事务所层面的数据进行实证检验，具体方法是：一个会计师事务所分所当年对应的所有客户公司相应的控制变量取均值；因变量改为会计师事务所分所当年出具非标审计意见的数量占当年拥有客户公司数目的比重（MAORATE）。表11.2.7结果显示，自变量 DIVORCE 系数显著为正，为本节的研究假设提供了进一步佐证。

表 11.2.7 会计师事务所层面：事务所所在地离婚率 DIVORCE 与审计质量 MAORATE

变量	被解释变量：MAORATE	
	（1）	（2）
	系数	t 值
DIVORCE	0.013 7 **	2.02
M_FIRST	−0.000 8 **	−2.18
M_BOARD	0.050 7	1.12
M_DUAL	−0.034 0 **	−2.16
M_INDR	0.296 6 *	1.85
M_BIG4	0.047 2 ***	3.59
M_SIZE	−0.049 1 ***	−6.16
M_LEV	0.181 3 ***	4.72
M_ROE	−0.197 2 **	−2.35
M_OCF	0.042 7	0.40

续表

变量	被解释变量：MAORATE	
	(1)	(2)
	系数	t 值
M_LOSS	0.070 1*	1.79
M_CROSS	0.054 2***	2.80
M_ST	0.239 5***	4.43
M_STATE	−0.021 0	−1.51
M_GDP_PC	−0.000 0*	−1.66
常数项	0.857 2***	4.54
行业	控制	
年度	控制	
观测值	2 244	
Adj_R^2	0.254 1	
F（p-value）	6.95*** (0.000)	

注：***、**、* 分别表示在 1％、5％、10％ 的水平上显著；所有 t 值均经过了异方差稳健标准误（Huber-White）调整。

五、内生性测试与进一步测试

(一)内生性测试

遗漏变量是导致内生性问题的主要原因，因为可能存在第三方因素同时影响会计师事务所所在地人口婚姻结构和审计质量，所以针对遗漏变量可能导致的内生性问题，本节拟采用公司层面的固定效应模型以及工具变量法加以控制。

1.采用公司层面的固定效应

本节采用公司层面的固定效应回归，以控制可能存在的遗漏变量的内生性问题。表11.2.8中自变量 DIVORCE 的系数在 5％的水平上显著为正，与表 11.2.4 一致，支持了本节研究假设。

表 11.2.8　内生性测试：固定效应模型

变量	被解释变量：MAO	
	(1)	(2)
	系数	z 值
DIVORCE	0.251 6**	1.99
FIRST	−0.018 7**	−2.18
BOARD	−0.267 6	−0.48

续表

变量	被解释变量：MAO	
	(1)	(2)
	系数	z 值
DUAL	0.031 4	0.17
INDR	0.109 8	0.07
BIG4	1.276 5**	2.25
SIZE	−0.530 6***	−5.35
LEV	2.963 4***	6.47
ROE	−1.064 4***	−3.72
OCF	−0.459 4	−0.63
LOSS	0.749 4***	4.36
CROSS	/	/
ST	1.069 2***	5.67
STATE	0.406 4	1.43
GDP_PC	0.000 0***	−0.42
公司	控制	
年度	控制	
观测值	2 482	
Log Likelihood	−699.820 09	
LR Chi² (p-value)	345.56*** (0.000)	

注：***、**、* 分别表示在 1%、5%、10% 的水平上显著；所有 z 值均经过了异方差稳健标准误(Huber-White)调整。由于存在多重共线性，控制变量 CROSS 在回归中被剔除。

2.采用工具变量法

表 11.2.9 报告了采用工具变量法的两个阶段的回归结果。参考已有研究(Du et al.，2021)，本节第一阶段回归以会计师事务所所在地区家庭平均人口数(FAMILY)作为工具变量，因为家庭平均人口数影响本节主要解释变量即离婚率，但不影响因变量审计质量 MAO。具体而言，家庭规模越大，家庭风险、脆弱性越小，离婚可能遭受的阻碍与缓冲更多，因此离婚的可能性更低(杨文 等，2012；李在军 等，2017)。

未报告的以地区家庭平均人口数为工具变量的 Hausman 检验结果显示：方程的 Durbin Wu-Hausman(DWH)检验结果为 $F=4.71$(Prob$>F=0.030$1)，强烈拒绝了自变量 DIVORCE 是外生变量的原假设，故本节认为其是内生的，满足使用工具变量的前提，应使用工具变量地区家庭平均人口数 FAMILY 进行回归，以解决可能存在的内生性问题。

表 11.2.9 列(1)汇报了第一阶段的回归结果，FAMILY 回归系数均在 1% 的统计水平上显著为负(系数$=-0.565$ 8，$t=-56.52$)，与理论预期一致。基于第一阶段回归结果，本节计算地区离婚率的估计量 DIVORCE*，如表 11.2.9 的列(2)显示，DIVORCE* 系数在

1%水平上显著为正。由此可见,使用工具变量的实证检验结果与主回归的结果一致,这进一步支持了本节假设。

表 11.2.9　内生性测试:工具变量法

变量	(1)		(2)	
	因变量:DIVORCE		因变量:MAO	
	系数	t 值	系数	z 值
FAMILY	−0.565 8 ***	−56.52		
DIVORCE*			0.814 3 ***	3.49
FIRST	−0.000 3	−1.37	−0.018 8 ***	−5.62
BOARD	0.053 6 ***	2.71	0.531 7 *	1.81
DUAL	−0.0101	−1.35	−0.084 2	−0.85
INDR	0.183 1 ***	2.70	0.563 4	0.58
BIG4	−0.001 1	−0.07	0.195 7	0.76
SIZE	0.005 9	1.62	−0.508 4 ***	−10.43
LEV	0.060 4 ***	3.20	2.628 8 ***	10.46
ROE	−0.064 0 **	−2.11	−1.170 5 ***	−5.49
OCF	−0.001 7	−0.04	−1.469 3 **	−2.56
LOSS	−0.003 3	−0.22	1.206 7 ***	9.88
CROSS	−0.074 4 ***	−5.17	0.292 0 *	1.66
ST	0.035 3 *	1.76	1.897 7 ***	15.34
STATE	0.055 7 ***	7.28	−0.173 6 *	−1.81
GDP_PC	−0.000 0 ***	−15.76	−0.000 0	−0.16
常数项	3.375 1 ***	35.67	4.102 4 ***	3.31
行业	控制		控制	
年度	控制		控制	
观测值	22 493		24 936	
Pseudo R^2	0.548 2		0.270 9	
Log Likelihood			−2 654.186 8	
F/ LR Chi² (p-value)	651.49 *** (0.000)		1 674.87 *** (0.000)	

注:*** 、** 、* 分别表示在 1%、5%、10% 的水平上显著;所有 t/z 值均经过了异方差稳健标准误(Huber-White)调整。

(二)进一步测试

1.按会计师事务所是否为国际四大分组进行测试

前期文献指出,国际四大会计师事务所拥有较高的专业性与独立性,其审计具有更高的监督质量(Dopunch,Simunic,1982;DeAngelo,1981;Watts,Zimmerman,1986)。本节根据是否聘请国际四大会计师事务所对年度财务报告进行审计,将全样本分为国际四大会计师事务所组(BIG4组),与非国际四大会计师事务所组(非 BIG4 组)以研究其对本节结论的影响。表 11.2.10 列(1)~列(2)的结果表明,在国际四大会计师事务所组,离婚率对审计质量的影响并不显著,而在非国际四大会计师事务所组,离婚率对审计质量的影响显著为正。这表明,在专业性与独立性更高的国际四大会计师事务所样本中,高离婚率所表征的个人主义文化并未对审计行为产生进一步影响;而在专业性与独立性有待提升的非国际四大会计师事务所样本组,高离婚率所表征的个人主义文化对提高审计质量产生了积极作用。

2.市场化程度分组测试

中国改革开放历经 40 多年,基本上从计划经济体制转向了市场经济体制,但目前市场化改革尚未完成,市场体制仍需完善,各省份市场化进程存在差异(王小鲁 等,2019)。非正式制度与正式制度之间存在复杂的交互作用(Pejovich,1999),正式制度越完善,非正式制度的替代性作用就可能会随之减弱。具体而言,地区市场化进程越快,市场制度越完善,则作为非正式制度的一种表现形式的、由高离婚率表征的个人主义文化倾向所发挥的作用就可能减弱。本节根据地区市场化进程的均值分组,将高于市场化进程均值的样本划分至高市场化程度组,将低于市场化进程均值的样本划分至低市场化程度组。分组回归结果如表 11.2.10 列(2)至列(3)所示,从相关结果可以看出:离婚率与审计质量的正相关关系在低市场化程度组存在;在高市场化程度组,离婚率对审计质量的促进作用不再显著,即表征了高个人主义倾向的离婚率对审计质量的促进作用在市场化程度更低的地区更为突出。

表 11.2.10　进一步测试:分组检验

变量	被解释变量:MAO							
	(1)BIG4 组		(2)非 BIG4 组		(3)市场化程度高组		(4)市场化程度低组	
	系数	z 值	系数	z 值	系数	z 值	系数	z 值
DIVORCE	−0.604 1	−0.87	0.272 7***	2.99	0.230 2	1.49	0.291 4**	2.38
FIRST	−0.084 3**	−1.99	−0.020 4***	−5.33	−0.028 7***	−4.96	−0.015 0***	−3.06
BOARD	0.459 5	0.18	0.615 9*	1.84	1.101 1*	1.84	0.514 7	1.39
DUAL	0.270 0	0.24	−0.137 9	−1.25	−0.122 6	−0.79	−0.085 4	−0.57
INDR	−7.793 2	−0.62	1.055 6	0.98	0.023 9	0.01	2.111 6	1.58
SIZE	−1.200 8***	−3.94	−0.552 5***	−10.08	−0.733 5***	−7.73	−0.495 3***	−7.41
BIG4					0.719 0**	2.27	−0.221 0	−0.36
LEV	7.298 3***	3.81	2.662 3***	9.74	3.041 0***	6.85	2.704 7***	8.03
ROE	−2.216 3	−0.86	−1.243 7***	−5.21	−1.179 0***	−2.62	−1.3129***	−4.66
OCF	−23.355 8***	−3.68	−1.328 2**	−2.07	−1.901 6*	−1.94	−0.839 5	−0.99
LOSS	0.036 4	0.03	1.122 5***	8.31	1.142 6***	5.20	1.087 3***	6.21
CROSS	2.233 8*	1.93	−0.016 4	−0.07	0.695 9***	3.10	−1.247 2**	−2.53

续表

变量	被解释变量：MAO							
	(1)BIG4 组		(2)非 BIG4 组		(3)市场化程度高组		(4)市场化程度低组	
	系数	z 值	系数	z 值	系数	z 值	系数	z 值
ST	4.763 9***	2.70	1.874 9***	13.25	1.864 5***	7.61	1.885 3***	10.88
STATE	−1.278 8	−1.00	−0.044 4	−0.42	0.056 2	0.32	−0.162 0	−1.18
GDP_PC	−0.000 0	−0.23	−0.000 0	−0.57	−0.000 0	−1.16	0.000 0	1.45
常数项	17.097 7	1.52	5.963 8***	4.16	10.901 9***	4.80	3.721 3**	2.09
行业	控制		控制		控制		控制	
年度	控制		控制		控制		控制	
观测值	794		20 991		11 668		10 094	
Pseudo R^2	0.549 9		40.20%		0.268 0		0.279 9	
Log Likelihood	−35.249 703		−2 161.349 8		−958.812 91		−1 219.061 9	
Wald Chi^2 (p-value)	289.23*** (0.000)		1 376.40*** (0.000)		586.87*** (0.000)		817.96*** (0.000)	
Difference between subsamples			258.33***				60.65***	
Coefficient difference			5.93**				0.10	

注：***、**、* 分别表示在 1%、5%、10% 的水平上显著；所有 z 值均经过了异方差稳健标准误（Huber-White）调整。

六、研究结论与实践启示

(一)研究结论

本节研究发现，会计师事务所所在地区婚姻结构与审计质量相关，作为地区人口婚姻结构的代理变量的离婚率越高，则审计质量越高。高离婚率表征了个人主义的上升和集体主义式微，在个人主义倾向的社会文化的影响下，社会成员更不可能有贿赂和腐败行为，更少建立或保持裙带关系，更加注重坚持个人原则以及公平正义的商业伦理或职业道德，进而促使审计师保持更高的审计质量。在进行一系列敏感性测试和内生性测试以后，本节的研究结论依然成立。此外，表征了高个人主义倾向的高离婚率对审计质量的促进作用在非国际四大会计师事务所样本组、市场化程度更低的地区更为突出。本节从地区人口婚姻统计这一独特角度切入，再从审计师个人角度，具体是文化影响的审计师个人特质角度进一步拓展了有关审计质量影响因素的文献；呼应了 Williamson(2000)的研究，丰富了非正式制度影响公司(审计)行为领域的文献；拓展了婚姻家庭经济后果的相关研究。

(二)实践启示

第一，本节研究结论凸显了社会文化氛围对审计质量的重要性。中国审计行业逐渐步入高质量发展的新阶段(中国注册会计师协会,2021),质量提升成为审计行业关注的重点。在中国市场经济发展完善、经济体制改革不断深入、社会主义法治建设日益完善的背景下,仅靠正式制度的完善难以完全唤起审计行业职业道德意识,还需要从社会文化氛围中探寻商业伦理促进审计质量提升的源动力。本节结论表明,离婚率表征了高个人主义社会文化氛围,社会文化塑造了公平正义、拒绝裙带关系、反对贿赂和腐败的伦理规范,有助于审计师保持独立性,提高审计质量。因此在推进审计行业高质量发展的进程中,应考虑可能影响审计质量、职业道德或商业伦理的社会文化因素,并积极培育积极的社会文化氛围,引导正向社会价值判断与社会规范,充分发挥文化引导社会行为、促进审计事业发展的作用,从正式制度与非正式制度两个方面双管齐下,共同推动审计行业进步。

第二,从会计师事务所、分所层面特征角度研究审计质量影响因素的同时,也应持续关注审计师个人层面,尤其是文化影响带来的审计师个人特征与审计质量之间的关联。本节研究发现,处于离婚率高的地区的会计师事务所审计质量更高。监管部门、投资者、公众等利益相关者应关注低离婚率地区的会计师事务所的质量控制,可将会计师事务所所在地区人口婚姻结构作为理解审计质量问题的新的信号或角度。

第三,本节进一步发现,表征了高个人主义倾向的离婚率对审计质量的促进作用在非国际四大会计师事务所样本组、市场化程度更低的样本中更加突出,这启示监管部门、投资者、公众等利益相关者在关注低离婚率地区的会计师事务所质量控制的同时,应进一步关注非国际四大会计师事务所、市场化程度更低的省区的会计师事务所的质量控制。监管政策也应因会计师事务所特征、地区特征不同而因地制宜,制定具有针对性的监管措施。

第四,随着经济社会的改革与发展,中国社会文化产生了变迁,但并不意味着传统文化或儒家文化在中国社会的幻灭。传统文化与现代思想在中国社会兼容并立,个人主义文化倾向与集体主义文化倾向均存在于中国社会中,中国特色社会主义文化因而具有多样性和多元性。因此,正确看待中国传统文化,取其精华去其糟粕,弘扬和引导优秀的社会文化,对于中国社会的稳定与发展具有积极意义。

参考文献

蔡春,黄益建,赵莎,2005.关于审计质量对盈余管理影响的实证研究:来自沪市制造业的经验证据[J].审计研究,(2):3-10.

陈武朝,郑军,2001.中国注册会计师行业服务需求的特点及其影响的探讨[J].审计研究,(1):51-53.

陈小林,张雪华,闫焕民,2016.事务所转制、审计师个人特征与会计稳健性[J].会计研究,(6):77-85,95.

陈云,2018.论集体主义的历史谱系以儒家文化为中心的型构[M].北京:社会科学文献出版社.

杜兴强,2018.殷勤款待与审计独立性:天下有白吃的午餐吗?[J].会计研究,(5):

83-89.

杜兴强,殷敬伟,赖少娟,2017.论资排辈、CEO任期与独立董事的异议行为[J].中国工业经济,(12):151-169.

黄梓航,敬一鸣,喻丰,等,2018.个人主义上升,集体主义式微?:全球文化变迁与民众心理变化[J].心理科学进展,26(11):2068-2080.

金眉,2017.婚姻家庭立法的同一性原理:以婚姻家庭理念、形态与财产法律结构为中心[J].法学研究,39(4):37-55.

李瑛玫,楚有为,杨忠海,2016.内部控制、中期审计与年报审计延迟[J].审计与经济研究,31(2):52-60.

李友梅,2007.重塑转型期的社会认同[J].社会学研究,(2):183-186.

李在军,刘帅宾,马志飞,等,2017.中国省域离婚率的空间异质性分析[J].地理科学进展,36(10):1313-1320.

刘峰,许菲,2002.风险导向型审计·法律风险·审计质量:兼论"五大"在我国审计市场的行为[J].会计研究,(2):21-27,65.

刘峰,张立民,雷科罗,2002.我国审计市场制度安排与审计质量需求:中天勤客户流向的案例分析[J].会计研究,(12):22-27,50-65.

刘慧,张俊瑞,孙嘉楠,2018.上市公司未决诉讼、法律环境与审计报告时滞[J].审计研究,(3):112-120.

刘笑霞,李明辉,孙蕾,2017.媒体负面报道、审计定价与审计延迟[J].会计研究,(4):88-94,96.

孟庆斌,施佳宏,鲁冰,等,2019."轻信"的注册会计师影响了审计质量吗:基于中国综合社会调查(CGSS)的经验研究[J].会计研究,(7):12-20.

齐晓安,2009.社会文化变迁对婚姻家庭的影响及趋势[J].人口学刊,(3):31-36.

石艳,2013.费孝通家庭社会学思想研究[D].上海:上海大学.

宋希仁,1998.家庭伦理新论[J].中国人民大学学报,(4):65-71,130.

宋瑛,1989.统一我国离婚率计算方法[J].统计与决策,(6):18.

苏理云,柳洋,彭相武,2015.中国各省离婚率的空间聚集及时空格局演变分析[J].人口研究,39(6):74-84.

王鹏,周黎安,2006.中国上市公司外部审计的选择及其治理效应[J].中国会计评论,(2):321-344.

王小鲁,樊纲,胡李鹏,2019.中国分省份市场化指数报告(2018)[M].北京:社会科学文献出版社.

徐安琪,叶文振,2002.中国离婚率的地区差异分析[J].人口研究,(4):28-35.

杨联芬,2015."自由离婚":观念的奇迹[J].文学评论,(5):15-23.

杨文,孙蚌珠,王学龙,2012.中国农村家庭脆弱性的测量与分解[J].经济研究,47(4):40-51.

余玉苗,2001. 中国上市公司审计市场结构的初步分析[J]. 经济评论,(3):120-122.

翟学伟,2014. 信任的本质及其文化[J]. 社会,34(1):1-26.

翟学伟,2017. 爱情与姻缘:两种亲密关系的模式比较:关系向度上的理想型解释[J]. 社会学研究,32(2):128-149,244.

中国注册会计师协会,(2021-05-21)[2022-03-10]. 中注协发布新修订的《会计师事务所综合评价排名办法》[EB/OL]. https://cicpa.org.cn/xxfb/news/202105/t20210521_61896.html.

ACHIM M V, 2016. Cultural dimension of corruption: a cross-country survey[J]. International advances in economic research, 22(3): 333-345.

AKERLOF G A, 1980. A theory of social custom, of which unemployment may be one consequence[J]. The quarterly journal of economics, 94(4): 749-775.

ALLEN F, QIAN J, QIAN M, 2005. Law, finance, and economic growth in China [J]. Journal of financial economics, 77(1): 57-116.

BARNES J C, BEAVER K M, 2012. Marriage and desistance from crime: a consideration of gene-environment correlation[J]. Journal of marriage and family, 74(1): 19-33.

BECKER C L, DEFOND M L, JIAMBALVO J, et al., 1998. The effect of audit quality on earnings management[J]. Contemporary accounting research, 15(1): 1-24.

BERNHEIM B D, 1994. A theory of conformity[J]. Journal of political economy, 102 (5): 841-877.

BRYANT W K, JEON-SLAUGHTER H, KANG H, et al., 2003. Participation in philanthropic activities: donating money and time[J]. Journal of consumer policy, 26(1): 43-73.

CHABAL P, DALOZ J P, 1999. Africa works: disorder as political instrument[M]. Oxford: The International African Institute in association with James Currey.

COLE H L, MAILATH G J, POSTLEWAITE A, 1992. Social norms, savings behavior, and growth[J]. Journal of political economy, 100(6): 1092-1125.

DEANGELO L E, 1981. Auditor size and audit quality[J]. Journal of accounting and economics, 3(3): 183-199.

DEFOND M, ZHANG J, 2014. A review of archival auditing research[J]. Journal of accounting and economics, 58(2~3): 275-326.

DEFOND M L, FRANCIS J R, 2005. Audit research after Sarbanes-Oxley[J]. Auditing: a journal of practice & theory, 24(s-1): 5-30.

DOPUNCH N, SIMUNIC D, 1982. The Competition in auditing: an assessment[C]. Urbana: University of Illinois, Fourth Symposium on Auditing Research, 401-450.

DION K K, DION K L, 1996. Cultural perspectives on romantic love[J]. Personal relationships, 3(1): 5-17.

DU X，2013. Does religion matter to owner-manager agency costs? Evidence from China[J]. Journal of business ethics，118(2)：319-347.

DU X，2014. Does religion mitigate tunneling? Evidence from Chinese Buddhism[J]. Journal of business ethics，125(2)：299-327.

DU X，2019. What's in a surname? The effect of auditor-CEO surname sharing on financial misstatement[J]. Journal of business ethics，158(3)：849-874.

DU X，ZENG Q，ZHANG Y，2021. Talk the talk，but walk the walk：what do we know about marital demography and corporate greenwashing？[J]. Journal of management & organization，1-42.

ELSTER J，1989. Social norms and economic theory[J]. Journal of economic perspectives，3(4)：99-117.

FRANKEL R M，JOHNSON M F，NELSON K K. 2002. The relation between auditors' fees for nonaudit services and earnings management[J]. The accounting review，77(s-1)：71-105.

GOVE W R，HUGHES M，STYLEC B，1983. Does marriage have positive effects on the psychological well-being of the individual？[J]. Journal of health and social behavior，24(2)：122-131.

GREENFIELD P M，2009. Linking social change and developmental change：shifting pathways of human development[J]. Developmental psychology，45(2)：401-418.

GROSSMANN I，VARNUM M E W，2015. Social structure，infectious diseases，disasters，secularism，and cultural change in America[J]. Psychological science，26(3)：311-324.

GRULLON G，KANATAS G，WESTON J P，2010. Religion and corporate(mis)behavior [R]. Working Paper，Rice University，.

GUL F A，WU D，YANG Z，2013. Do individual auditors affect audit quality? Evidence from archival data[J]. The accounting review，88(6)：1993-2023.

HAMAMURA T，2012. Are cultures becoming individualistic? A cross-temporal comparison of individualism-collectivism in the United States and Japan[J]. Personality and social psychology review，16(1)：3-24.

HELLIWELL J F，PUTNAM R D，2004. The social context of well-being[J]. Philosophical transactions of the royal society b-biological sciences，359(1449)：1435-1446.

HILARY G，HUANG S，XU Y，2017. Marital status and earnings management[J]. European accounting review，26(1)：153-158.

HOFSTEDE G，1980. Motivation，leadership，and organization：do American theories apply abroad[J]. Organizational dynamics，9(1)：42-63.

HOFSTEDE G，HOFSTEDE G J，MINKOV M，2010. Cultures and organizations.

Software of the mind[M]. 3rd ed. New York: Mcgraw-hill Education.

HOLDEN K C, SMOCK P J, 1991. The economic costs of marital dissolution: why do women bear a disproportionate cost? [J]. Annual review of sociology, 17(1): 51-78.

HUGHES M, GOVE W R, 1981. Living alone, social integration, and mental health [J]. American journal of sociology, 87(1): 48-74.

HUI C H. 1988. Measurement of individualism collectivism[J]. Journal of research in personality, 22(1): 17-36.

HUI C H, TRIANDIS H C, 1986. Individualism-collectivism: a study of cross-cultural researchers[J]. Journal of cross-cultural psychology, 17(2): 225-248.

ICAEW, 2021. Audit quality: how to raise the bar[R]. London: The Institute of Chartered Accountants in England and Wales.

JENSEN M C, MECKLING W H, 1976. Theory of the firm: managerial behavior, agency costs and ownership structure[J]. Journal of financial economics, 3(4): 305-360.

JHA C, PANDA B, 2017. Individualism and corruption: a cross - country analysis [J]. Economic papers: a journal of applied economics and policy, 36(1): 60-74.

KOHLBERG L, 1969. Stages and sequences: the cognitive developmentalapproach to socialization[A]//GOSLIN D A. Handbook of socialization theory and research[C]. Chicago: Rand McNally: 347-480.

KYRIACOU A P, 2016. Individualism-collectivism, governance and economic development[J]. European journal of political economy, 42: 91-104.

MARKUS H R, KITAYAMA S, 1991. Culture and the self: implications for cognition, emotion, and motivation[J]. Psychological review, 98(2): 224-253.

MAZAR N, AGGARWAL P, 2011. Greasing the palm: can collectivism promote bribery? [J]. Psychological science, 22(7): 843-848.

MICHAILOVA S, HUTCHINGS K, 2006. National cultural influences on knowledge sharing: a comparison of China and Russia[J]. Journal of management studies, 43(3): 383-405.

MOORE R L, 2005. Generation ku: individualism and China's millennial youth[J]. Ethnology, 44(4): 357-376.

NAROLL R, 1983. The moral order: an introduction to the human situation[M]. Beverly Hills: Sage Publications.

OHBUCHI K I, FUKUSHIMA O, TEDESCHI J T, 1999. Cultural values in conflict management: goal orientation, goal attainment, and tactical decision[J]. Journal of cross-cultural psychology, 30(1): 51-71.

OYSERMAN D, COON H M, KEMMELMEIER M, 2002. Rethinking individualism and collectivism: evaluation of theoretical assumptions and meta-analyses [J].

Psychological bulletin，128(1)：3-72.

PEJOVICH S，1999. The effects of the interaction of formal and informal institutions on social stability and economic development[J]. Journal of markets & morality，2(2)：164-181.

SAMPSON R J，LAUB J H，1993. Crime in the making：pathways and turning points through life[M]. Cambridge：Harvard University Press.

SANYAL R，GUVENLI T，2009. The propensity to bribe in international business：the relevance of cultural variables[J]. Cross cultural management-an international journal，16(3)：287-300.

STEELE L G，LYNCH S M，2013. The pursuit of happiness in China：individualism，collectivism，and subjective well-being during China's economic and social transformation[J]. Social indicators research，114(2)：441-451.

TANZI V，1994. Corruption，governmental activities and markets[R]. Working Paper，Available at SSRN.

TAJFEL H，TURNER J C，1986. The social identity theory of intergroup behavior [M]. Chicago：Nelson-Hall.

TOTH K，KEMMELMEIER M，2009. Divorce attitudes around the world distinguishing the impact of culture on evaluations and attitude structure [J]. Cross-cultural research，43(3)：280-297.

TRIANDIS H C，1994. Theoretical and methodological approaches to the study of collectivism and individualism[A]// KIM U，TRIANDIS H C，KAGITCIBASI C，et al. Individualism and collectivism：theory，method，and applications [C]. London：Sage Press：41-51.

TRIANDIS H C，1995. Individualism & Collectivism[M]. Boulder：Westview Press.

TRIANDIS H C，1996. The psychological measurement of cultural syndromes[J]. American psychologist，51(4)：407-415.

TSUI J S L，1996. Auditors' ethical reasoning：some audit conflict and cross cultural evidence[J]. The international journal of accounting，31(1)：121-133.

VANDELLO J A，COHEN D，1999. Patterns of individualism and collectivism across the United States[J]. Journal of personality and social psychology，77(2)：279-292.

WATTS R L，ZIMMERMAN J L，1981. The markets for independence and independent auditors[R]. Working Paper，University of Rochester.

WATTS R L，ZIMMERMAN J L，1986. Positive accounting theory[M]. Englewood Cliffs：Prentice-Hall.

WILLIAMSON O E，2000. The new institutional economics：taking stock，looking ahead[J]. Journal of economic literature，38(3)：595-613.

第三节　女性高管总能抑制盈余管理吗？

摘要：本节利用2001—2011年的中国上市公司数据，实证分析了女性高管对盈余管理的影响。研究发现，女性高管比例与盈余管理呈倒U形关系，且外部监管可负向调节二者之间的关系。表明女性高管不仅是公司领导风格的成因，还能以此为基础对公司盈余管理行为产生非对称性影响。在进行一系列敏感性测试和控制可能存在的内生性问题后，上述结论依然存在。区分女性高管类型（董事、监事、普通高管）后，研究发现倒U形关系依然存在，但外部监管的调节作用只对肩负监督职责的女性高管（董事、监事）有效。在进一步的分组测试中，女性高管与盈余管理的倒U形关系仅体现在业务复杂度较低、信息透明度较低和国有性质的企业之中。

一、引言

近年来，基于高管性别视角的盈余管理研究已成为学术界争论的热门话题。研究成果主要集中于两个相互对立的观点：一组文献认为女性高管在决策过程中，相较于男性高管，其道德要求层次、风险厌恶和不过度自信程度更高，可显著降低公司的盈余管理水平（Zahra et al.，2005；Srinidhi et al.，2011）；另一组文献则认为女性高管对盈余管理的影响与男性高管相比无明显的差异，甚至认为由于女性的性别特质，女性高管的加入会加剧公司的盈余管理行为（Ye et al.，2010；Sun et al.，2011）。然而，这些研究都未注意到女性高管比例与公司领导风格之间的密切关系，当女性高管比例超过某一临界点后，公司的领导风格和决策程序也会随之改变。正如Dahlerup（1988）借鉴核物理学中的临界值概念（a critical mass）所指，即便是组织内部的少数派，当达到一定规模时也可对组织决策产生实质性的影响。承接这一研究思路，部分学者的注意力开始转向对临界值的探讨，并认为女性高管的临界值为3人或30％（Chesterman et al.，2005；Jia，Zhang，2013）。鉴于已有研究结论莫衷一是，且关于女性高管如何对公司文化、行为和决策产生影响缺乏深入的实证检验，因此，作为对早期众多研究的一种补充，从领导风格的角度分析研究女性高管的效用，让本节能够在更深的层次上理解女性高管对盈余管理的非对称影响。

具体而言，管理层的女性比例可反映出公司的领导风格或管理风格。两性领导风格有系统性的差异，女性领导风格强调参与和民主，男性领导风格注重权威和专制（Kushell，Newton，1986；Eagly，Johnson，1990；Eagly et al.，1992a；Rosener，1995；Rozier，Hersh-Cochran，1996；Hull，Umansky，1997；Mukhtar，2002；Eagly，Carli，2003）。女性高管不仅影响公司的领导风格和决策制定，还能够以此为基础，积极或消极地影响着公司的盈余质量。首先，当女性高管比例低于临界值时，公司领导风格由男性高管主导，强调权威和专制。这一方面导致高管通过盈余管理谋取经济利益或追逐个人权力的概率上升；另一方面使得女性高管难以获得话语权和坚持自己的观点，从而不得不采取消极态度应对（Chesterman et al.，2005；Rose，2007），甚至会因性别特质选择"用脚投票"的方式给予支持，进一步加剧公司的盈余管理行为（Zahra et al.，2005；Srinidhi et al.，2011）。其次，依据临界值理论（Dahlerup，1988），一旦女性高管比例超过临界值，由量变引发质变，公司领导风格转向开放和民主。女性高管获得话语权，开始能够影响公司的行为。因为道德规范、风险厌恶和不过度自信的性别特质，女性高管将发挥出积极的治理效用，从而减少公司的盈余管理行为（Carter et al.，2003；Krishnan，Parsons，2008；Adams，Ferreira，2009；Carter et al.，2010；Peni，Vähämaa，2010）。综上所述，本节可以合理预测女性高管与盈余管理之间存在倒 U 形关系。

现有女性高管领域的文献多是以美国等发达国家资本市场为研究背景开展的，专门研究新兴市场的研究明显不足（Jin et al.，2014）。作为世界上最大的新兴市场和第二大经济体的中国，无论是制度环境还是社会文化与发达国家均存在较大差异。在男权主义和儒家文化的长期熏陶下，中国传统社会中的妇女一直处于弱势地位（Rowlinson et al.，1993）。但自 1949 年新中国成立后，女性的社会地位得到了明显提高。尽管职场中的性别歧视依然存在，但现代社会中女性的地位日益提高，所扮演的角色也越来越重要（Tao et al.，2004；Jia，Zhang，2011，2013；Xiang et al.，2014）。这一现实也得到了中国本土研究结果的支持，上市公司中的女性高管（董事）的确能够对公司行为和决策产生实质性的影响。

本节以中国资本市场 2001—2011 年间上市公司为研究样本，共 10 337 个公司—年度观测值，考察了女性高管对盈余管理的影响。具体发现有以下几点：（1）当女性高管比例低于临界值时，女性高管比例越高，盈余管理程度越大。当女性高管比例高于临界值时，结果则与之相反。（2）外部监管能够削弱女性高管与盈余管理间的倒 U 形关系。（3）经过稳健性测试和控制内生性后，本节的基本研究结论依然稳健。（4）女性高管区分为董事、监事和普通高管后，倒 U 形关系依然存在，但外部监管仅能够削弱女性董事、女性监事与盈余管理之间的倒 U 形关系。（5）在分组测试中，女性高管与盈余管理的倒 U 形关系仅体现在经营环境复杂度较低、信息透明度较低和国有性质的企业之中。

相较于以往的研究，本节的研究意义主要体现在以下几个方面：

第一，已有文献关于女性高管影响公司行为的研究背景主要集中于欧美等发达国家（Mukhtar，2002；Adams，Ferreira，2009；Barua et al.，2010；Srinidhi et al.，2011），少有研究关注到新兴市场。而本节是以中国的制度文化为背景，探讨女性高管对公司盈余管理行为的影响，不仅丰富了女性高管领域的文献，还拓展了既有关于公司盈余管理的研究。一方面，是因为与发达国家相比，发展中国家的妇女地位存在着巨大的差距（Hausmann，2012）。在世界经济论坛（World Economic Forum，WEF）发布的《2012 年全球性别差距报告》中，性别差距指数的前五名全部由发达国家包揽，分别是冰岛、芬兰、挪威、瑞典和爱尔兰；而后五名则全是发展中国家，分别是沙特阿拉伯、叙利亚、乍得、巴基斯坦和也门。因此，基于发达国家得出的研究结论可能并不适用于发展中国家，学者有必要以发展中国家为研究背景，单独检验女性对于公司决策的影响。另一方面，是因为作为世界上最大新兴市场的中国，资本市场尚不成熟,外部治理环境极不完善,公司的治理水平普遍偏低(Allen et al.,2005;Du, 2013;Fan et al.,2007),这为高管人员提供了便捷的盈余操纵环境,而较低的盈余质量损害了投资者利益。

第二,已有文献发现,女性高管与盈余管理之间存在正向或负向的线性关系,而本节以中国的制度文化为研究背景,发现女性高管与盈余管理呈倒 U 形关系。女性高管不仅奠定了公司的领导风格,还能够以此为基础影响公司的盈余管理行为。当女性高管比例低于临界值时,由男性主导的公司领导风格偏向专制,保守和服从的性别特质使女性高管呈现出消极治理的一面,从而加剧公司的盈余管理行为。然而,一旦女性高管比例超过临界值,公司领导风格转向开放民主,女性高管获得话语权,道德规范、风险厌恶和不过度自信的性别特质又让女性高管表现出积极治理的一面,进而抑制公司的盈余管理行为。这一发现为后续探讨女性高管与公司行为的研究提供了一条新的思路。

第三,已有文献发现,女性高管加入产生的内部治理效用(Adams,Ferreira,2009; Srinidhi et al.,2011)和三大监管机构[中国证券监督管理委员会(CSRC)、上海证券交易所(SSE)、深圳证券交易所(SZSE)]所产生的外部监管作用均能减少盈余操纵的行为(Du et al.,2015)。而本节基于以上研究,揭示出外部监管环境对女性高管和盈余管理之间倒 U 形关系的调节作用,表明内部治理和外部监管对盈余管理的抑制作用存在替代效应。

第四,已有文献发现,所有女性高管都能在企业决策和行为中发挥出重要作用(Campbell,Mínguez-Vera,2008;Adams,Ferreira,2009;Peni,Vähämaa,2010;Srinidhi et al., 2011)。但本节认为应根据女性高管肩负的职责差异予以分类:一类是肩负监督职责的女性董事和女性监事;另一类是直接参与公司经营,进行具体操作的普通女性高管。在区分女性高管类型后,本节发现女性董事、女性监事和普通女性高管都与公司盈余管理呈倒 U 形关系,但外部监管的调节作用仅体现在肩负监督职责的高管(女性董事和女性监事)身上。

本节余下部分的内容安排如下:第二部分为制度背景介绍、文献回顾与研究假设,第三部分为本节的实证模型和关键变量,第四部分为本节的样本选择、数据来源、描述性统计及 Pearson 相关性分析,第五部分为实证研究结果及分析,第六部分为敏感性测试和内生性讨论,最后是本节的研究结论。

二、制度背景、文献回顾与研究假设

(一)现代中国女性的社会地位

中国女性的社会地位在过去几十年里已得到了明显的提高。深受中国传统文化影响,中国古代女性一直处于弱势地位。在两性关系上,强调"男尊女卑""男强女弱""男主女从"的等级模式。例如儒家文化里的"三从四德"中的"三从",指的是未嫁从父、出嫁从夫、夫死从子(丁鼎,2003)。在家庭中,倡导"男主外女主内""夫唱妇随"的关系模式(Rowlinson et al.,1993)。在社会分工上,主张男人应当出外挣钱养家,女人则在家相夫教子,照顾好全家老小。这套完整的性别角色分工不仅规定了女性的主体位置和身份认同，还赋予了女性与独立意识相对应的顺从的气质内涵（Mitchell，1966；Teng，1996；Li，2000；Johnson，2009；Du，2016）。

然而，中国女性的社会地位随着新中国的成立得到了明显的改善（Ono，1989；Liu，2007）。具体表现为：一是国家意识形态上对男女平等的倡导。Leung（2003）指出，中央和地方政府以及专门用于连接政府与妇女群众的中华全国联合会通过各项政策的制定来建设男女平等的社会环境。例如，1949 年的中国人民政治协商会议第一届全国委员会名单中，女性占据 12 个席位，包括 4 名常设委员会成员。二是劳动力市场中对女性地位的认可。当代中国女性已走出家门、投入社会，参与劳动就业，成为中国劳动力市场中重要的人力资源，《中国劳动统计年鉴 2012》报告的统计结果也表明，2012 年中国女性员工比例已达到 36.27%。三是社会活动中的女性参与度。Yuan（2005）和武中哲（2009）发现，近些年女性参与政治、商业、教育和慈善事业等活动日益普遍化，且呈现出快速增长趋势。四是男女平等上升为基本国策。例如 1992 年颁布的《中华人民共和国妇女权益保障法》，明确规定"禁止歧视、虐待、残害妇女"[①]。相关的中国本土研究也表明，女性高管（董事）可对公司行为产生实质性的影响（Jia，Zhang，2011，2013；Xiang et al.，2014）。

综上所述，通过国家意识形态的倡导和制度安排，男女平等在中国已成为一种大家普遍接受的观念（Lee Cooke，2003；Bowen et al.，2007；Ye et al.，2010）。同时，考虑到中国是世界第二大经济体和人口超过 14 亿的最大的发展中国家，这就使得在中国情境下探讨女性高管对公司行为的影响具备了更深层次的意义。因此，本节将结合中国特殊的文化制度环境，考察研究女性高管对公司盈余管理行为的影响。

（二）文献回顾

首先是关于女性高管、领导风格及组织效率的文献。通常认为女性的领导风格有别于男性，在某些情境中女性的领导更有利于组织的运作（Eagly et al.，1995）。Harel 等（2003）基于人力资源视角，发现组织效率与女性高管的晋升机会正相关。Peterson 和 Philpot（2007）从女性董事任职情况出发，发现女性更容易获得进入与公共事务相关的委员会的机会，而进入执行委员会则相对较难。对此，Adams 和 Ferreira（2009）展开了更加细致研究，发现女性董事出席董事会会议的频率更高，会倾注更多精力参与公司治理，所任职的委员会也多与监督相关，表明董事会的女性董事比例提高有助于监督效率的提升。另外，也有学者发现女性董事对公司战略制定和社会责任履行能够起到积极的作用（Huse et al.，2009；Nielsen，Huse，2010）。

其次是关于女性高管与道德规范的文献。Betz 等（1989）以及 Ruegger 和 King（1992）认为男性更注重金钱与职位晋升，女性则偏向于关系和谐和相互帮助，女性的道德要求层次更高。Eynon 等（1997）通过对比男女 CFO，发现女性 CFO 受到的道德约束力更强。

---

① 诸如就业歧视、薪酬不平等和天花板效应等性别歧视在劳动力市场和工作场所中仍不可避免。经济的快速增长在一定程度上导致了性别歧视（Cooke，2010，2011；Loi，Ngo，2009；Woodhams et al.，2009）。

Simga-Mugan 等(2005)也发现,女性高管的道德敏感性较男性高管更强。Bernardi 等(2009)调查美国"《财富》世界 500 强"公司后,发现雇佣女性董事的公司跻身"世界最佳道德公司"的概率更高。在针对公司具体行为的研究中,Williams(2003)发现,女性董事会促使公司进行更多的慈善捐赠。Carter 等(2003),Campbell 和 Mínguez-Vera(2008)发现,公司价值与女性董事人数正相关。Francoeur 等(2008)通过财务绩效检测女性董事(高管)对公司价值的影响时,发现女性董事(高管)会带来更多的超额收益。Carter 等(2010)采用对比分析法也得到了相似的结果,即女性董事的加入能够提高公司的净资产收益率。

最后是关于女性高管与盈余管理的文献。基于高管性别视角的盈余管理研究,主要有两条研究脉络。一支文献认为,女性高管的性别特质有利于减少公司的盈余管理行为。性别问题是导致管理层发生欺诈行为的一个重要因素(Zahra et al.,2005)。Krishnan 和 Parsons(2008)的研究揭示了高管团队的女性高管比例提高能够提升公司的盈余质量。Peni 和 Vähämaa(2010)以及 Barua 等(2010)的研究发现,女性 CFO 倾向于进行负向的盈余管理。Srinidhi 等(2011)以及 Thiruvadi 和 Huang(2011)的研究表明,雇佣女性董事可提高董事会的独立性,进而减少公司的盈余操纵行为。另一支文献则持相反的观点,认为女性高管对盈余质量的影响同男性高管一样,高质量的盈余无法通过高管的性别差异予以解释。Giacomino 等(2006)通过对短期盈余管理行为进行研究,发现大多数情形下女性与男性的道德标准趋于一致。Habbash(2010)以英国上市公司为研究对象,发现女性董事的加入并未减少公司的盈余管理行为。Ye 等(2010)的研究也表明,中国上市公司中的女性高管对盈余管理没有明显的影响。Sun 等(2011)以美国上市公司为研究样本,得到了类似的结论,即审计委员会的独立性并未因女性董事比例的提高而提高,公司的盈余质量也未得到改善。

通过回顾已有的文献,不难发现既有研究尚未得出一致的结论,这就促使本节进行更加深入的研究,打开女性高管与盈余管理间的"黑箱"。

(三)女性高管与盈余管理

借助"临界"概念和领导风格理论,本节合理预测女性高管与盈余管理之间存在倒 U 形关系。

从个体层面上看,女性与男性的领导风格有明显的差异(Deaux,Lewis,1984;Eagly,Steffen,1984),女性的领导风格属于"民主参与型",而男性的领导风格属于"独裁命令型"(Kushell,Newton,1986;Eagly,Johnson,1990;Eagly et al.,1992a;Rosener,1995;Rozier,Hersh-Cochran,1996;Hull,Umansky,1997;Mukhtar,2002;Eagly,Carli,2003)。这一方面是因为男女性别特质的不同,另一方面是源于传统的性别刻板印象所产生的角色期待。通常情况下,男性的性别特质是自信、刚强、独立,女性的性别特质是温柔、善良、体贴、富有同情心、替他人着想、平易近人(Deaux,Lewis,1984;Eagly, Steffen,1984)。与男性相比,女性的性别特质更加符合"民主参与型"领导风格的标准,强调领导应与下属亲密无间,政策由大家共同讨论决定(Lewin,Lippitt,1938;Deaux, Lewis,1984;Eagly,Steffen,1984;Bowes-Sperry et al.,1997;Strebler,1997)。另外,因为传统性别刻板印象的存在,若女性领导采用独裁、命令式的领导方式，使得刻板印象与领导角色不一致，那么她将面临更多的指责和质疑（Eagly et al.，1992b；Hull，Umansky，1997）。相反，当女性领导采用更具亲和力的、参与式的领导风格时，刻板印象与领导角色得到契合，她会更容易获得同事与下属的认可（Eagly，Johnson，1990）。

从团队整体上看，内部的女性比例不仅奠定了管理团队的领导风格，还能够以此为基础对公司行为产生实质性的影响（Kanter，1977；Dahlerup，1988；Ely，1995；Chesterman et al.，2005）。当内部的女性比例较低时，公司的领导风格由男性高管主导，而男性通常会采用独裁、命令式的领导方式。换言之，低比例的女性高管代表着"独裁命令型"的领导风格。在这一情形下，女性高管未获得话语权，难以坚持自己观点，不得不顺应男性高管的决策。与此同时，男性高管较女性高管更易为牟取经济利益或追逐个人权力进行盈余操纵（Zahra et al.，2005；Krishnan，Parsons，2008；Barua et al.，2010；Peni，Vähämaa，2010；Srinidhi et al.，2011；Thiruvadi，Huang，2011），且女性高管已习惯于支持男性高管的决定，这就使得盈余操作的阻力随着女性比例的增加而逐渐减小（Chesterman et al.，2005；Rose，2007）。基于以上分析，当女性高管比例低于临界值，女性高管尚未获得话语权时，本节合理预测女性高管比例与盈余管理程度呈正相关关系。

依据临界点理论，即使是组织内部的少数派，当达到一定规模时也可对组织决策产生实质性的影响（Kanter，1977；Dahlerup，1988；Ely，1995；Chesterman et al.，2005）。具体到女性高管，一旦其比例超过临界值，就有可能影响到公司的行为，例如管理风格、决策过程、治理水平、财务绩效、创新水平和慈善捐赠等（Chesterman et al.，2005；McKinsey，Company，2007；Torchia et al.，2011；Jia，Zhang，2013）。也就是说，当比例达到临界值后，女性高管获得话语权，公司领导风格转向民主，且比例越大民主程度越高（Rosener，1995；Hull，Umansky，1997；Mukhtar，2002；Eagly，Carli，2003）。女性高管开始参与真正意义上的公司决策，所提的政策意见也能够被认可并付诸实施。鉴于道德要求层次较高（Betz et al.，1989；Ruegger，King，1992；Eynon et al.，1997；Simga-Mugan et al.，2005；Zahra et al.，2005；Krishnan，Parsons，2008；Bernardi et al.，2009；Peni，Vähämaa，2010）和有助于强化监督的效用（Carter et al.，2003；Adams，Ferreira，2009；Nielsen，Huse，2010；Carter et al.，2010；Srinidhi et al.，2011），此时的女性高管将能够有效抑制公司的盈余管理行为。基于以上分析，本节可以合理预测女性高管比例与盈余管理程度呈负相关关系。

综上所述，女性高管既是公司领导风格的构建基础，又能够在此之上对公司盈余管理行为产生不对称的影响。因此，本节提出如下第一个假设：

假设 11.3.1：女性高管比例与盈余管理之间存在倒 U 形关系。

(四)外部监管的调节作用

已有大量研究表明，公司与监管中心的地理近邻性可提高财务信息的质量（Kedia，Rajgopal，2011；DeFond et al.，2011；Du et al.，2015）。例如，Kedia 和 Rajgopal（2011）以及 DeFond等（2011）以美国资本市场为研究背景，发现公司距离 SEC（the U.S. Securities and

Exchange Commission,美国证券交易委员会)办事处越近,发生财务重述的概率越低,被出具持续经营审计意见的概率越大。Du 等(2015)基于中国的制度文化,也得到了相似的结论,公司距离三个监管中心(中国证券监督管理委员会(北京、上海证券交易所和深圳证券交易所)越远,公司的盈余管理程度越高。其原因在于地理位置的近邻性可以减少监督成本,便于监管机构进行监督。

中国证券监督管理委员会、上海证券交易所和深圳证券交易所分别位于北京、上海和深圳,是中国证券市场的三大监管主体。受限于监督资源,监管者更关注邻近公司的违规行为并实施更高效的监管(Kedia,Rajgopal,2011;DeFond et al.,2011)。因此,公司与这三大监管中心距离均值的倒数可以作为监管强度的正向度量。本节可以合理推断,距离监管中心越近的公司受到的监管更强,盈余管理行为更少。

此外,内部治理与外部监管之间存在替代效用(Felix et al.,2001;Weir et al.,2002;Gillan et al.,2003;Young et al.,2008)。例如:Felix 等(2001)发现内、外审计效用之间存在负向相关关系;Weir 等(2002)的研究表明,内、外治理机制之间存在替代效用。Gillan 等(2003)的研究表明,董事会的独立性与公司被接管收购的概率负相关;Young 等(2008)指出,在新兴市场中,股权集中可弥补外部监管不足带来的代理冲突。以此类推,外部监管可负向调节女性高管与盈余管理的倒 U 形关系。具体而言,公司与监管中心的近邻性可增强外部监管,进而调节女性高管对公司盈余管理行为的影响。当女性高管比例低于临界值时,外部监管减少了女性高管对盈余管理的消极作用;当女性高管比例高于临界值时,外部监管削弱了女性高管对盈余管理的积极作用。综上所述,本节提出如下第二个假设:

假设 11.3.2:外部监管可负向调节女性高管与盈余管理之间的倒 U 形关系。

三、变量与模型

(一)盈余管理变量

管理层的自利决策导致了部分的可操纵性应计。Jones(1991)提出了一个模型,包含收入的增加额、总资产和固定资产变量,分离出了非可操纵性应计。Dechow 等(1995)在Jones(1991)模型的基础上进行了扩展,提出了修正的 Jones 模型。本节采用了修正的Jones 模型去估计研究样本中公司的盈余管理程度。另外,本节将用 Ball 和 Shivakumar(2006)的研究中的扩展的 Jones 模型估计公司的盈余管理程度,从而进行稳健性检验。具体地,根据 Dechow 等(1995),本节用式(11.3.1)和式(11.3.2)计算了盈余管理水平(DA):

$$\frac{\text{ACC}_{jt}}{\text{TA}_{jt-1}} = \alpha_1 \frac{1}{\text{TA}_{jt-1}} + \alpha_2 \frac{\Delta \text{REV}_{jt}}{\text{TA}_{jt-1}} + \alpha_3 \frac{\text{PPE}_{jt}}{\text{TA}_{jt-1}} + \varepsilon_{jt} \tag{11.3.1}$$

在式(11.3.1)中,公司 j 在 t 年的 ACC 等于净收益减去经营现金流。TA 等于期末总资产。ΔREV 代表销售收入的变化,PPE 代表固定资产。本节在每个行业的每年样本中用Jones(1991)模型估计系数 α_1、α_2 和 α_3。根据 Dechow 等(1995),本节减去了销售收入变化中应收账款的变化（ΔREC），然后使用式(11.3.2)计算了非可操纵性应计。本节盈余管理水平变量 DA 等于实际总应计减去估计的非可操纵性应计。

$$\frac{\text{ACC}_{jt}}{\text{TA}_{jt-1}} = \alpha_1 \frac{1}{\text{TA}_{jt-1}} + \alpha_2 \frac{(\Delta\,\text{REV}_{jt} - \Delta\,\text{REC}_{jt})}{\text{TA}_{jt-1}} + \alpha_3 \frac{\text{PPE}_{jt}}{\text{TA}_{jt-1}} + \varepsilon_{jt} \tag{11.3.2}$$

（二）假设 11.3.1 的实证研究模型

为了检验假设 11.3.1，本节构建了式(11.3.3)，其中包括如下变量：盈余管理、女性高管、公司具体控制变量、行业虚拟变量和年度虚拟变量。

$$\text{DA} = \beta_0 + \beta_1 \text{WMR} + \beta_2 \text{WMR}^2 + \text{Controls} + \text{Industry Dummies} + \text{Year Dummies} + \mu \tag{11.3.3}$$

在式(11.3.3)中，被解释变量是盈余管理水平 DA，主要解释变量是女性高管比例 WMR，若 WMR 的系数(β_1)正显著，并且 WMR^2 的系数(β_2)同时负显著，则假设 11.3.1 得到经验证据的支持。

参考之前的文献，本节控制了一系列具体的公司特征变量：

第一，Becker 等(1998)提出会计师事务所的规模负向影响盈余管理，所以本节在式(11.3.3)中控制了 BIG4。Myers 等(2003)发现审计师年限降低了可操纵性应计，所以本节加入变量 TEN_AUD。

第二，有文献认为外部治理机制会影响盈余管理。Yu(2008)发现分析师关注与盈余管理显著负相关。Chung 等(2002)发现机构投资者抑制了高管的盈余管理行为。Leuz 等(2003)认为外部经济制度环境会影响公司盈余管理。所以，本节在式(11.3.3)中加入了三个外部环境变量 ANALYST、INST_SHR 和 MKT，从而控制分析师关注、机构投资者持股比和每个省不同的经济制度环境对公司盈余管理的影响。

第三，参考文献 Choi 等(2012)和 Wang 等(2015)，本节在式(11.3.3)中控制了变量 LNBGS、CHGSALES 和 BM，从而控制公司分部和成长性对盈余管理的影响。

第四，有文献发现当公司面临财务压力或即将发行股票时，会有明显的动机去操纵公司盈余(Barton,2001;Teoh et al.,1998)。Ashbaugh 等(2003)用滞后一期的总应计去控制前期盈余对于本期的影响。所以，本节在式(11.3.3)中加入了修正的公司财务压力得分(MZ)(Altman,1968;Omer et al.,2010)、公司再融资的虚拟变量(ISSUE)以及滞后一期的应计盈余(LAGACCR)。

第五，公司内部治理质量显著负向影响着公司的盈余管理(Klein,2002;Xie et al.,2003;Davidson et al.,2005)。所以，本节在式(11.3.3)中加入了变量 FIRST、DUAL、INDR、MAN_SHR 和 BOARD。

第六，式(11.3.3)中还控制了公司特征变量 OCF、ROA、SIZE、LEV 和 STATE，从而控制公司经营活动现金流、总资产收益率、公司规模、财务杠杆和最终控制人性质对公司盈余质量的影响。

第七,为了控制年度和行业效应,本节控制了年度和行业虚拟变量。所有变量的详细定义见表 11.3.1。

表 11.3.1　变量定义

变量	定义	数据来源
DA	基于修正琼斯模型(Dechow 等,1995)计算的可操纵性应计	根据 CSMAR 计算
WMR	女性高管比例,为公司女性高管与全部高管人数之比	根据 CSMAR 计算
LISTREG	监管强度,等于公司与 3 个监管中心(北京、上海、深圳)的平均距离的倒数乘以 1000	根据 Google-earth map 手工整理
BIG4	会计师事务所虚拟变量,当公司聘请国际"四大"会计师事务所审计师则赋值为 1,否则赋值为 0	www.cicpa.org.cn
TEN_AUD	审计师任期,等于公司聘用审计师的累计年限	CSMAR
ANALYST	分析师关注,等于跟踪公司的分析师加 1 后,取自然对数	CSMAR
INST_SHR	机构投资者的持股比例	CSMAR
MKT	省级市场化指数,衡量我国省际制度发展与投资者保护的指标	樊纲等(2011)
LNBGS	公司业务复杂性,等于"ln(公司业务数量+公司产品数量+公司地区分布数量−2)"(Choi et al.,2012)	根据 WIND 计算
CHGSALES	销售收入的增加额与期初资产的比值(Choi et al.,2012)	CSMAR
BM	账面市值比,等于公司账面总资产与股票总市值的比值	CSMAR
ISSUE	公司再融资,若公司过去三个会计年度内发行债务和权益的总和超过总资产的 5% 则赋值为 1,否则为 0(Choi et al.,2012)	根据 CSMAR 计算
MZ	参考 Altman(1968)的 Z 值,若 Z 值小于 1.80 则赋值为 2,若 Z 值大于 1.80 但小于 3.00 则赋值为 1,其余赋值为 0(Omer et al.,2010)	根据 CSMAR 计算
LAGACCR	滞后一期的应计盈余,等于营业收入减去经营现金流之差与期初资产之比	根据 CSMAR 计算
FIRST	第一大股东持股比例,第一大股东持有股份与公司总股份的比值	CSMAR
DUAL	董事长与 CEO 两职合一的虚拟变量,若董事长与 CEO 两职合一则赋值为 1,否则为 0	CSMAR
INDR	独立董事比例,等于独立董事人数与董事会总人数的比值	CSMAR
MAN_SHR	管理层的持股比例	CSMAR
BOARD	董事会规模,等于董事会总人数的自然对数	CSMAR
OCF	经营活动现金流,等于经营活动现金流量净额与期初资产的比值	CSMAR
ROA	总资产收益率,等于息税前利润与期初资产的比值	CSMAR
SIZE	公司规模,等于公司总资产的自然对数(Jiang et al.,2010)	CSMAR
LEV	财务杠杆,等于公司总负债与总资产的比值(Jiang et al.,2010)	CSMAR

续表

变量	定义	数据来源
STATE	最终控制人性质,若公司的最终控制人是中央或地方政府、政府控股公司则赋值为 1,否则赋值为 0	CSMAR
DA_ΔCF	基于 Ball 和 Shivakumar(2006)调整的琼斯模型计算的考虑经营活动现金流变化的可操纵性应计	根据 CSMAR 计算
DA_RET	基于 Ball 和 Shivakumar(2006)的修正 Jones 模型计算的可操纵性应计,考虑了营业外利得	根据 CSMAR 计算
DA_PM	根据 Kothari 等(2005)的研究计算的基于业绩配对的可操纵性应计	根据 CSMAR 计算
RM	超额经营活动现金流和超额可操纵费用之和的相反数(Cohen,Zarowin,2010;Zang,2012)	根据 CSMAR 计算
LISTAGE	公司年龄,等于公司上市年限(Srinidhi et al.,2011)	CSMAR
NONEXEDR	非执行董事比例,等于非执行董事与董事会人数之比(Srinidhi et al.,2011)	根据 CSMAR 计算
NUMIND	公司经营活动涉及的行业个数(Srinidhi et al.,2011)	根据 CSMAR 计算
SIGMA	公司当年股票日收益率的标准差,标准化为均值为 0、标准差为 1(Srinidhi et al.,2011)	根据 CSMAR 计算
RET	公司股票的年收益率(Srinidhi et al.,2011)	CSMAR
MARRET	以市值加权平均的综合市场收益率(Srinidhi et al.,2011)	CSMAR
FEMALE	一个行业内女性员工与从事该行业总人数之比(Srinidhi et al.,2011)	中国统计年鉴
GDP_PC	公司注册地所在省区的人均 GDP 的自然对数	中国统计年鉴

（三）假设 11.3.2 的实证研究模型

为了检验假设 11.3.2,本节在式(11.3.3)的基础上加入监管力度变量(LISTREG)以及女性高管与监管力度变量的交乘项(WMR×LISTREG 和 WMR^2×LISTREG)构建了式(11.3.4)：

$$DA = \lambda_0 + \lambda_1 WMR + \lambda_2 WMR^2 + \lambda_3 LISTREG + \lambda_4 WMR \times LISTREG + \lambda_5 WMR^2 \times$$
$$LISTREG + Controls + Industry\ Dummies + Year\ Dummies + \zeta \qquad (11.3.4)$$

在式(11.3.4)中,LISTREG 是监管力度变量。前期一系列文献研究发现地理近邻性的经济意义(Krugman,1991;Audretsch,Feldman,1996;Coval,Moskowitz,2001)。对于地理上靠近 CSRC、SSE 和 SZSE 的公司,他们的违规行为更多地被监管者发现,从而被调查管理。假设 11.3.2 预测监管力度能够调节女性高管和盈余管理之间的倒 U 形关系,所以,若 WMR×LISTREG 的系数(λ_4)显著为负,并且 WMR^2×LISTREG 的系数(λ_5)显著为正,则假设 11.3.2 为经验证据所支持。式(11.3.4)的控制变量和式(11.3.3)基本一致。

四、研究样本、数据来源和描述性统计

(一)研究样本和数据来源

本节的初始样本包括了 2001—2011 年中国的 A 股上市公司。表 11.3.2 的 Panel A 列示了样本的筛选过程。在 17 091 个观测值的基础上,本节按照以下原则进行了样本的筛选:(1)剔除了金融、保险和其他金融行业的公司观测值;(2)剔除上市不到一年的公司观测值;(3)剔除 ST、* ST 或者 PT 的公司观测值;(4)剔除交叉上市公司的观测值;(5)剔除数据缺失的观测值。最终,本节的研究样本有 10 337 个观测值,涵盖了 1 437 个 A 股上市公司。表 11.3.2 的 Panel B 列示了样本的年度和行业分布。为减少极端值对研究的影响,本节对所有的连续变量进行了 1% 和 99% 分位的缩尾处理。

表 11.3.2　样本选择与分布

Panel A: 样本选择

初始观测值	17 091
删除金融、保险和其他金融行业公司的观测值	(186)
删除上市年限小于 1 年的公司观测值	(1 501)
删除 ST、*ST 或 PT 类交易状态的观测值	(1 486)
删除在 B 股投资本市场以及中国香港证券交易所等境外证券交易所上市的公司观测值	(1 222)
删除其他数据缺失的观测值	(3 169)
最终观测值	10 337
公司数	1 437

Panel B: 年度和行业的样本分布

行业	代码	年度											合计	百分比/%
		2001	2002	2003	2004	2005	2006	2007	2008	2009	2010	2011		
农、林、牧、渔业	A	12	14	21	22	22	21	24	24	25	28	30	243	2.35
采矿业	B	7	9	12	14	14	16	19	16	22	26	27	182	1.76
食品和饮料业	C0	26	31	34	37	43	43	43	46	49	53	56	461	4.46
纺织、服装制造、皮革和毛皮制品业	C1	24	28	35	37	36	39	45	47	49	54	60	454	4.39
木材和家具业	C2	1	1	2	1	1	1	2	3	3	3	5	23	0.22
造纸和印刷业	C3	13	13	13	16	16	15	19	19	24	26	30	204	1.97
石油、化工、塑料和橡胶制品业	C4	77	88	99	109	107	112	116	112	125	125	131	1 201	11.62
电子设备业	C5	15	15	18	21	25	31	30	33	38	51	53	330	3.19
金属和非金属业	C6	56	62	77	80	93	92	89	89	98	107	113	956	9.25
机械、设备和仪器制造业	C7	92	100	107	122	135	138	154	165	170	188	203	1 574	15.23

续表

行业	代码	年度 2001	2002	2003	2004	2005	2006	2007	2008	2009	2010	2011	合计	百分比/%
医药和生物制品制造业	C8	33	37	44	52	60	64	67	70	74	74	77	652	6.31
其他制造业	C9	3	8	11	12	11	10	12	12	15	18	19	131	1.27
电力、热力、燃气及水生产和供应业	D	28	29	36	39	41	45	48	50	48	48	51	463	4.48
建筑业	E	9	12	13	15	16	21	24	23	31	30	31	225	2.18
交通运输、仓储业	F	18	22	28	31	33	35	37	39	42	41	44	370	3.58
信息技术业	G	38	46	50	51	53	53	53	54	64	71	78	611	5.91
批发和零售业	H	65	66	71	76	79	76	78	75	77	79	86	828	8.01
房地产业	J	24	25	28	31	33	34	35	34	36	39	39	358	3.46
居民服务业	K	17	23	30	30	30	32	33	33	36	40	41	345	3.34
通信和文化产业	L	6	7	6	7	7	6	6	6	6	6	8	71	0.69
综合性行业	M	59	61	61	61	65	59	56	58	56	59	60	655	6.34
总计		623	697	796	864	920	943	990	1 008	1 088	1 166	1 242	10 337	
百分比/%		6.03	6.74	7.70	8.36	8.90	9.12	9.58	9.75	10.53	11.28	12.02		100

本节研究中变量的数据来源如下：（1）参考 Dechow 等（1995）的研究，基于国泰安（CS-MAR）数据库，本节计算了公司的盈余管理水平变量 DA。（2）在 CSMAR 数据库的基础上，本节计算了公司中女性高管比例。（3）本节通过地理信息系统（GIS）手工搜集了监管中心（北京、上海和深圳）和每个上市公司（年）的地址经纬度，计算了每个上市公司（年）地址到三个监管中心距离均值的倒数，从而得到变量 LISTREG。（4）变量 BIG4 的数据是根据中国注册会计师协会官网中对会计师事务所排名进行赋值所得。（5）变量每个省的市场化指数 MKT，来自樊纲等（2011）的研究。（6）基于 WIND 数据库，本节手工收集了公司分部数据，从而得到变量 LNBGS。除了以上变量数据，其余变量的数据或来自 CSMAR 数据库，或基于 CSMAR 数据库计算获得。

（二）描述性统计和 Pearson 相关性分析

表 11.3.3 列示了研究变量的描述性统计结果。盈余管理水平变量 DA 的均值（中位数）是 0.01（0.00），揭示了中国上市公司盈余管理的基本特征。女性高管比例变量 WMR 的均值（中位数）是 0.14（0.12），说明样本中国上市公司女性高管比例仅为 14%。监管强度变量 LISTREG 的均值（中位数）是 0.98（0.99），说明样本上市公司距离监管中心的平均距离约为 1 002 千米。

从控制变量的描述性统计结果中可以看出，有 4% 的样本上市公司选择了国际四大会计师事务所进行审计（BIG4），上市公司审计师任期（TEN_AUD）平均为 6.82 年，关注每家上市公司的分析师（ANALYST）平均为 1.67 个（$e^{0.98}-1$），机构投资持股比例（INST_SHR）的均值为 14%，公司所在省份的市场化指数（MKT）平均为 7.94，公司分部（LNBGS）的均值为 7.61（$e^{1.72}+2$），上市公司销售收入的变化平均占其期初总资产（CHGSALES）的 12%，公司账面价值与市场价值之比（BM）平均为 0.55，平均有 85% 的样本上市公司在过去三年间发行债券或股票（ISSUE），超过 25% 的样本公司面临着财务困境（MZ），滞后一期的应计盈余（LAGACCR）的均值为 -0.02，第一大股东持股比例（FIRST）的均值为 38%，董事长与 CEO 两职合一（DUAL）的均值为 13%，上市公司董事会中独立董事比例（INDR）均值接近中国证券监督管理委员会的要求（即 1/3），管理层持股比例（MAN_SHR）均值为 1%，董事会人数（BOARD）平均为 9（$e^{2.22}$）人，经营活动现金流占期初总资产的比例（OCF）平均为 4%，总资产收益率（ROA）均值为 5%，公司规模（SIZE）均值为 22.3 亿（$e^{21.52}$）人民币，财务杠杆（LEV）的均值大约为 50%，约 69% 的样本公司为国有控制的公司（STATE）。

表 11.3.4 列示了本节研究中所用变量之间的 Pearson 相关系数。其中，变量 WMR 和 DA 之间没有显著的相关关系，这与 Ye 等（2010）的研究一致，说明女性高管与盈余管理之间可能存在非线性的相关关系。

控制变量的相关系数基本如下：（1）变量 ANALYST、MKT、LNBGS、CHGSALES、BM、ISSUE、LAGACCR、FIRST、INDR、MAN_SHR、ROA 和 SIZE 与被解释变量 DA 的相关系数显著正相关；（2）MZ、OCF、LEV 和 STATE 与被解释变量 DA 的相关系数显著负相关，这说明了在模型中控制这些变量的必要性。另外，这些变量之间的相关系数基本不大

（小于0.5），说明在本节模型中同时控制这些变量，不存在严重的多重共线性的问题。

表 11.3.3 描述性统计

变量	观测值	均值	方差	最小值	1/4 分位	中位数	3/4 分位	最大数
DA	10 337	0.01	0.10	−0.31	−0.04	0.00	0.05	0.39
WMR	10 337	0.14	0.10	0.00	0.06	0.12	0.20	0.67
LISTREG	10 337	0.98	0.25	0.33	0.78	0.99	1.20	1.32
BIG4	10 337	0.04	0.19	0.00	0.00	0.00	0.00	1.00
TEN_AUD	10 337	6.82	4.09	1.00	4.00	6.00	9.00	20.00
ANALYST	10 337	0.98	1.13	0.00	0.00	0.69	1.79	3.66
INST_SHR	10 337	0.14	0.15	0.00	0.02	0.08	0.22	0.54
MKT	10 337	7.94	2.22	0.33	6.27	7.66	9.55	11.71
LNBGS	10 337	1.72	0.65	0.00	1.39	1.79	2.19	2.99
CHGSALES	10 337	0.12	0.26	−0.47	0.00	0.07	0.19	1.54
BM	10 337	0.55	0.26	0.06	0.34	0.54	0.76	1.18
ISSUE	10 337	0.85	0.35	0.00	1.00	1.00	1.00	1.00
MZ	10 337	0.83	0.81	0.00	0.00	1.00	2.00	2.00
LAGACCR	10 337	−0.02	0.10	−0.30	−0.07	−0.02	0.02	0.36
FIRST	10 337	0.38	0.16	0.09	0.26	0.36	0.51	0.76
DUAL	10 337	0.13	0.33	0.00	0.00	0.00	0.00	1.00
INDR	10 337	0.33	0.10	0.00	0.33	0.33	0.36	0.71
MAN_SHR	10 337	0.01	0.06	0.00	0.00	0.00	0.00	0.42
BOARD	10 337	2.22	0.21	1.10	2.20	2.20	2.40	2.94
OCF	10 337	0.04	0.09	−0.23	0.00	0.03	0.09	0.33
ROA	10 337	0.05	0.06	−0.22	0.03	0.05	0.08	0.23
SIZE	10 337	21.52	1.02	19.19	20.81	21.43	22.12	25.16
LEV	10 337	0.50	0.18	0.07	0.37	0.51	0.63	0.91
STATE	10 337	0.69	0.46	0.00	0.00	1.00	1.00	1.00

表 11.3.4　Pearson 相关性分析

变量		(1)	(2)	(3)	(4)	(5)	(6)	(7)	(8)	(9)	(10)	(11)	(12)	(13)	(14)	(15)	(16)	(17)	(18)	(19)	(20)	(21)	(22)	(23)	(24)
DA	(1)	1.000																							
WMR	(2)	-0.005	1.000																						
LISTREG	(3)	0.012	-0.012	1.000																					
BIG4	(4)	0.003	-0.032#	0.088#	1.000																				
TEN_AUD	(5)	0.003	0.077#	0.094#	-0.052#	1.000																			
ANALYST	(6)	0.091#	-0.043#	0.047#	0.098#	0.089#	1.000																		
INST_SHR	(7)	0.009	0.051#	-0.024+	0.018*	0.015	0.213#	1.000																	
MKT	(8)	0.037#	0.081#	0.605#	0.081#	0.178#	0.261#	0.069#	1.000																
LNBGS	(9)	0.052#	-0.036#	0.004	-0.022+	0.082#	0.170#	0.004	0.177#	1.000															
CHGSALES	(10)	0.039#	-0.029#	0.051#	0.038#	-0.005	0.191#	0.077#	0.034#	0.054#	1.000														
BM	(11)	0.035#	-0.091#	0.016*	0.066#	-0.045#	-0.209#	-0.197#	-0.109#	-0.050#	-0.073#	1.000													
ISSUE	(12)	0.076#	-0.038#	0.033#	-0.048#	0.021+	-0.024+	-0.057#	-0.005	0.088#	0.018*	0.066#	1.000												
MZ	(13)	-0.064#	-0.046#	-0.058#	-0.024+	-0.017*	-0.180#	-0.107#	-0.101#	0.005	-0.154#	0.346#	0.240#	1.000											
LAGACCR	(14)	0.118#	0.014	0.014	-0.009	-0.039#	0.027	-0.013	0.039#	0.026#	-0.005	0.009	0.049#	-0.028#	1.000										
FIRST	(15)	0.019*	-0.143#	0.025+	0.110#	-0.135#	0.036	-0.109#	-0.091#	-0.082#	0.087#	0.217#	-0.040#	0.000	0.001	1.000									
DUAL	(16)	-0.000	0.078#	0.004	-0.003	0.001	0.012	0.031#	0.061#	0.028#	-0.008	-0.074#	-0.020+	-0.046#	0.034#	-0.072#	1.000								
INDR	(17)	0.022+	0.049#	0.035#	0.021+	0.142#	0.265#	0.056#	0.326#	0.232#	0.057#	-0.003	0.003	0.006	-0.015	-0.101#	0.038#	1.000							
MAN_SHR	(18)	0.053#	0.047#	0.090#	-0.020+	-0.111#	0.156#	-0.004	0.206#	0.067#	0.038#	-0.113#	0.016*	-0.106#	0.074#	-0.136#	0.120#	0.094#	1.000						
BOARD	(19)	-0.004	-0.113#	-0.027	0.053#	-0.043#	0.087#	0.035#	-0.072#	-0.012	0.0373#	0.108#	0.022+	0.066#	-0.056#	0.029#	-0.104#	-0.163#	-0.079#	1.000					
OCF	(20)	-0.280#	-0.026#	-0.022+	0.020+	-0.016	0.099#	0.022+	0.007	-0.000	0.122#	-0.022+	-0.061#	-0.093#	-0.062#	0.079#	-0.019*	0.024+	-0.010	0.032#	1.000				
ROA	(21)	0.253#	0.001	0.082#	0.070#	0.047#	0.405#	0.147#	0.141#	0.023+	0.300#	-0.132#	-0.089#	-0.403#	0.017*	0.099#	-0.014	0.083#	0.083#	0.039#	0.187#	1.000			
SIZE	(22)	0.103#	-0.145#	0.072#	0.181#	0.115#	0.536#	0.029#	0.187#	0.177#	0.178#	0.230#	0.114#	0.204#	0.034#	0.203#	-0.063#	0.171#	-0.053#	0.188#	0.043#	0.206#	1.000		
LEV	(23)	-0.052#	-0.017*	-0.014	-0.029#	0.042#	0.016	-0.005	0.017*	0.090#	0.116#	-0.030#	0.343#	0.684#	-0.016	-0.045#	-0.029#	0.071#	-0.076#	0.054#	-0.079#	-0.269#	0.319#	1.000	
STATE	(24)	-0.037#	-0.186#	-0.028#	0.040#	-0.003	-0.036#	-0.021+	-0.151#	-0.057#	0.012	0.155#	-0.021+	0.063#	-0.081#	0.273#	-0.116#	-0.134#	-0.286#	0.188#	0.022+	0.155#	0.155#	0.024+	1.000

注：#、+ 和 * 分别表示在 1%、5%、10% 的水平上显著。

五、实证研究结果

(一)假设 11.3.1 的多元回归分析

假设 11.3.1 预测公司女性高管与盈余管理之间存在倒 U 形关系。表 11.3.5 列示了 OLS 回归的结果,其中,所有 t 值经过公司与年度的双重聚类调整(Petersen,2009)。

正如表 11.3.5 所列示的,变量 WMR 的系数在 1% 的水平上显著为正(系数 = 0.056,t = 2.85),同时,WMR² 的系数在 1% 的水平上显著为负(系数 = −0.165,t = −2.94),这一结果说明女性高管与盈余管理之间存在倒 U 形关系,支持了本节的假设 11.3.1。进一步地,根据 WMR 和 WMR² 的系数得出女性高管的拐点为 17%[−0.056/(−2×0.165)],这意味着拐点的女性高管的人数为 3(17%×17.84)人(样本中上市公司高管的平均人数为 17.84)。所以,在女性高管的人数大于 3 的条件下,女性高管显著地负向影响盈余管理,反之,当女性高管人数小于 3 时,女性高管与盈余管理显著正相关。

在控制变量中,本节注意到以下几个方面:(1)BIG4、ANALYST 和 MKT 的系数显著为负,说明外部审计师、分析师关注和市场化程度能够作为公司外部治理因素减少公司的盈余管理。(2)LNBGS 的系数显著为正,说明公司多元化与盈余管理正相关。(3)BM 的系数显著为正,说明高成长性的公司更少进行盈余操纵。(4)ISSUE 的系数显著为正,说明再融资公司有强烈动机进行盈余管理。(5)LAGACCR 的系数显著为正,说明前期的总应计与当前的可操纵性应计是正相关的。(6)OCF 的系数显著为负,这与之前的文献结果一致(见 Kim et al.,2003;Aharony et al.,2005;Choi et al.,2012)。(7)ROA 的系数显著为正,说明盈利的公司盈余管理的程度更大。(8)SIZE 的系数显著为正,LEV 的系数显著为负,说明规模大的公司和负债少的公司的盈余管理程度更大。

表 11.3.5　女性高管与盈余管理的回归结果

变量	因变量:DA	
	系数	t 值
WMR	0.056***	2.85
WMR²	−0.165***	−2.94
BIG4	−0.010*	−1.82
TEN_AUD	−0.000	−1.11
ANALYST	−0.003**	−2.21
INST_SHR	−0.005	−0.67
MKT	−0.001**	−2.29
LNBGS	0.005***	2.90
CHGSALES	−0.009	−1.40

续表

变量	因变量：DA	
	系数	t 值
BM	0.026***	3.06
ISSUE	0.022***	4.49
MZ	0.004	1.60
LAGACCR	0.085***	4.74
FIRST	0.006	0.57
DUAL	0.000	0.02
INDR	−0.002	−0.12
MAN_SHR	0.025	1.48
BOARD	−0.003	−0.77
OCF	−0.181**	−2.03
ROA	0.540***	11.69
SIZE	0.006**	2.17
LEV	−0.028**	−2.05
STATE	−0.003	−1.41
常数项	−0.134*	−1.93
行业	控制	
年度	控制	
Adj_R^2	20.47%	
观测值	10 337	
F（p-value）	51.18***	

注：***、**、*分别表示在1%、5%、10%的水平上显著（双尾）；所有t值经过公司与年度的双重聚类调整（Petersen，2009）。

（二）假设 11.3.2 的多元回归分析

假设 11.3.2 提出，监管强度调节了女性高管和盈余管理之间的倒 U 形关系。表 11.3.6 列示了相关的回归分析结果。

如表 11.3.6 所示，WMR 的系数在 5% 的水平上正显著（系数=0.044，t=2.07），同时 WMR^2 的系数在 5% 的水平上显著为负（系数=−0.134，t=−2.13），这再次为本节的假设 11.3.1 提供了经验证据。变量 LISTREG 的回归系数在 1% 的水平上显著为负（系数=−0.012，t=−2.71），说明靠近监管中心的公司盈余管理行为更少。更重要的是，WMR× LISTREG 的系数在 1% 水平上显著为负（系数=−0.247，t=−3.00），同时 WMR^2×LIS-TREG 的系数在 1% 的水平上显著为正（系数=0.588，t=3.85）。这些回归结果为本节的假设 11.3.2 提供了经验证据，说明监管强度调节了女性高管与盈余管理之间的关系。另外，

表 11.3.6 中列示了变量 WMR×LISTREG 和 WMR^2×LISTREG 的 F 值均在 5‰ 的水平上显著(分别是 F-value＝5.39 和 F-value＝5.93),这一联合 F 检验的结果说明变量 WMR (WMR^2)和 WMR×LISTREG(WMR^2×LISTREG)的系数之和显著不为 0。

表 11.3.6　女性高管、外部监管与盈余管理的回归结果

变量	因变量:DA	
	系数	t 值
WMR	0.044**	2.07
WMR^2	−0.134**	−2.13
LISTREG	−0.012***	−2.71
WMR×LISTREG	−0.247***	−3.00
WMR^2×LISTREG	0.588***	3.85
BIG4	−0.010*	−1.75
TEN_AUD	−0.001	−1.12
ANALYST	−0.003**	−2.17
INST_SHR	−0.006	−0.77
MKT	−0.000	−0.29
LNBGS	0.004***	2.84
CHGSALES	−0.009	−1.30
BM	0.027***	3.20
ISSUE	0.022***	4.65
MZ	0.004	1.62
LAGACCR	0.084***	4.69
FIRST	0.006	0.60
DUAL	−0.000	−0.10
INDR	−0.003	−0.22
MAN_SHR	0.026	1.54
BOARD	−0.003	−0.81
OCF	−0.181**	−2.03
ROA	0.541***	11.72
SIZE	0.006**	2.16
LEV	−0.029**	−2.08
STATE	−0.003	−1.21
常数项	−0.130*	−1.87
行业	控制	
年度	控制	

续表

变量	因变量：DA	
	系数	t 值
Adj_R^2	20.54%	
观测值	10 337	
F（p-value）	48.71***	
Joint F-test：		
WMR＋WMR×LISTREG		
F（p-value）	5.39**（0.020 3）	
WMR^2＋WMR^2×LISTREG		
F（p-value）	5.93**（0.014 9）	

注：***、**、* 分别表示在 1%、5%、10% 的水平上显著（双尾）；所有 t 值经过公司与年度的双重聚类调整（Petersen，2009）。

（三）盈余管理变量的稳健性检验

Ball 和 Shivakumar（2006）认为学者应该考虑利得和损失的不对称确认方法，然后构建一个非线性的应计模型。Kothari 等（2005）研究发现计算公司盈余管理时，应当考虑公司的经营业绩。Dechow 等（1998）和 Roychowdhury（2006）研究发现公司管理层为达到一定的财务指标，从操纵经营活动发展到操纵营业外业务（真实盈余管理）。接下来，本节采用替代的盈余管理变量（DA_ΔCF、DA_RET、DA_PM 和 RM）进行稳健性测试。具体地，变量 DA_ΔCF（DA_RET）是根据 Ball 和 Shivakumar（2006）中调整的 Jones 模型计算的，考虑了经营现金流的变化（营业外收入）。DA_PM 是根据 Kothari 等（2005）中的模型计算的可操纵性应计。RM 是超额经营活动现金流与超额可操纵费用之和的相反数（Cohen，Zarowin，2010；Zang，2012）。表 11.3.7 列示了相关的回归结果。

表 11.3.7 中 Panel A 的第（1）～（4）列中，变量 WMR 的系数均显著为正，并且 WMR^2 的系数均显著为负，这一结果支持了本节的假设 11.3.1。在 Panel B 的第（1）～（4）列中，WMR×LISTREG 的系数显著为负，并且 WMR^2×LISTREG 的系数均显著为正，这一结果为本节假设 11.3.2 再次提供经验证据，说明公司与监管中心的地理近邻性调节了女性高管和盈余管理之间的倒 U 形关系。

表 11.3.7　因变量稳健性测试

Panel A：假设 11.3.1

变量	（1）		（2）		（3）		（4）	
	DA_ΔCF		DA_RET		DA_PM		RM	
	系数	t 值	系数	t 值	系数	t 值	系数	t 值
WMR	0.035**	2.44	0.059***	3.27	0.095***	2.65	0.347*	1.75

续表

变量	(1) DA_ΔCF		(2) DA_RET		(3) DA_PM		(4) RM	
	系数	t 值	系数	t 值	系数	t 值	系数	t 值
WMR²	−0.098***	−2.91	−0.192***	−3.58	−0.258**	−2.51	−0.932*	−1.77
控制变量	控制		控制		控制		控制	
常数项	−0.010	−0.29	−0.086***	−2.69	−0.166	−1.57	−0.282	−0.58
行业/年度	控制		控制		控制		控制	
Adj_R^2	39.74%		20.41%		7.53%		27.15%	
观测值	10 337		10 337		10 337		10 209	
F(p-value)	129.61***		49.77***		16.88***		72.77***	

PanelB:假设 11.3.2

变量	(1) DA_ΔCF		(2) DA_RET		(3) DA_PM		(4) RM	
	系数	t 值	系数	t 值	系数	t 值	系数	t 值
WMR	0.030**	2.03	0.052***	2.73	0.076**	1.98	0.322*	1.70
WMR²	−0.088**	−2.48	−0.175***	−3.01	−0.209*	−1.85	−0.837*	−1.68
LISTREG	−0.011***	−3.87	−0.009***	−3.66	−0.011	−1.17	−0.108*	−1.78
WMR×LISTREG	−0.105*	−1.95	−0.187**	−2.20	−0.453***	−2.97	−1.825**	−2.30
WMR²×LISTREG	0.208**	2.36	0.387***	3.32	0.991***	4.78	4.741**	2.17
控制变量	控制		控制		控制		控制	
常数项	−0.007	−0.19	−0.080**	−2.55	−0.165	−1.58	−0.199	−0.44
行业/年度	控制		控制		控制		控制	
Adj_R^2	39.83%		20.48%		7.57%		27.18%	
观测值	10 337		10 337		10 337		10 209	
F(p-value)	123.16***		47.29***		16.11***		69.02***	

注:*** 、** 、* 分别表示在 1%、5%、10% 的水平上显著(双尾);所有 t 值经过公司与年度的双重聚类调整(Petersen,2009)。

根据之前的文献(Klein,2002;Frankel et al.,2002;Cohen et al.,2008),本节进一步用盈余管理水平变量 DA 的绝对值(|DA|)作为 DA 的替代变量检验本节的假设 11.3.1 和假设 11.3.2。未列表的结果显示变量 WMR(WMR²)的系数显著为正(负),再次为本节的假设 11.3.1 提供了经验证据。而且,|DA| 作为被解释变量时,WMR×LISTREG(WMR² × LISTREG)的系数显著为负(正),再次支持了本节的假设 11.3.2。

本节还用监管强度的替代变量对假设 11.3.2 进行了稳健性检验。第一个是公司与监管中心的距离(LISTREG_S)。本节重新定义了监管中心,将在上海证券交易所上市的公司的监管中心定义为北京和上海,将在深圳证券交易所上市的公司的监管中心定义为北京和深圳,然后计算出每个公司和其对应监管中心的距离均值,再计算该均值的倒数。第二个是公司当年被证监会和交易所处罚的次数(PENALTY)。未列表的检验结果显示,WMR×LISTREG_S(WMR×PENALTY)的系数显著为负,而 WMR²×LISTREG_S(WMR²×PENALTY)的系数显著为正,这进一步为本节假设 11.3.2 提供了经验证据。

（四）考虑女性高管和盈余管理之间内生性问题的稳健性检验

考虑到女性高管和盈余管理之间可能的内生性,本节采用了两阶段最小二乘法(2SLS)再次估计了式(11.3.3)和式(11.3.4)。参考前期相关文献,本节在第一阶段构建了估计女性高管的模型(Boone et al.,2007;Campbell,Mínguez-Vera,2008;Cheng,2008;Adams,Ferreira,2009;Srinidhi et al.,2011)。

在表 11.3.8 的 Panel A 中,本节应用了 8 个外生变量(LISTAGE、SIGMA、NONEXEDR、NUMIND、RET、MARRET、FEMALE 和 GDP)用以控制女性高管和盈余管理之间的内生性。具体地,Srinidhi 等(2011)发现公司的年限(LISTAGE)对女性高管人数有正向影响,所以本节预计 LISTAGE 的系数为正。Cheng(2008)认为公司股价频繁波动,说明公司需要更多监管,而女性高管更多地被认为可以提高公司的监管效用。所以,本节预测变量 SIGMA 的系数为负。Srinidhi 等(2011)的研究表明需要更多外部联络活动的公司女性高管人数更多,所以本节预测 NONEXEDR 的系数为正。Boone 等(2007)提出拥有多元产品的公司董事会需要更多独立性,因此本节预测变量 NUMIND 的系数为正。而且,Campbell和 Mínguez-Vera(2008)以及 Adams 和 Ferreira(2009)的研究发现公司财务业绩和市场业绩与董事会中女性的参与有相关性,所以本节预测变量 RET 和 MARRET 的系数为正。Hillman 等(2002)和 Srinidhi 等(2011)用每个行业中女性工作人数比例作为公司董事会是否会有女性董事的标示,所以本节用每个行业中女性雇员比例(FEMALE)作为另一个工具变量,并且预测其系数为正。最后,本节用每个省的人均 GDP(GDP_PC)控制不同省份公司面临的经济制度环境的差异,并预测公司所处地区经济越发达,雇用的女性高管越多。另外,在估计女性高管比例时,所有式(11.3.3)和式(11.3.4)中的控制变量均作为外生变量一同加入模型。

正如第(1)列所示,在 A 股上市时间越长的公司、经济环境发展更快的省份的公司中女性高管的比例越大,这与 Srinidhi 等(2011)的发现一致。第(2)列和第(3)列列示了第二阶段的回归结果,这与表 11.3.5 和表 11.3.6 中的结果保持一致。所以,当考虑了内生性问题后,本节的研究结果依然成立。

另外,本节第一阶段仅控制 FEMALE 和 GDP 变量时,其结果与前文基本一致,第(4)~(6)列列示了相应的结果,分别与第(1)~(3)列对应。

综上,假设 11.3.1 和假设 11.3.2 在控制了内生性问题后依然为经验证据所支持。

六、附加测试

(一)考虑不同女性高管的身份

众所周知,中国上市公司中存在独特的双层委员会结构,即董事会和监事会均在公司中扮演监督的角色(Xiao et al.,2004;Firth et al.,2007;Jia,Zhang,2011)。所以,本节应用了两个额外变量,即董事会和监事会中的女性比例和管理层中的女性比例,再次检验本节的假设11.3.1和假设11.3.2。表11.3.9列示了相关回归结果。

第(1)列和第(2)列列示了监督层女性管理者对于盈余管理的影响。在第(1)列中,WMR的系数显著为正,同时WMR^{2}的系数显著为负,再次支持了本节假设11.3.1。在第(2)列中,交乘项WMR×LISTREG(WMR^2×LISTREG)与DA显著负(正)相关,说明监管强度调节了女性高管和盈余管理之间的关系。第(3)列报告了被监督的管理层女性高管的分析结果,其中WMR的系数显著为正,WMR^{2}的系数显著为负,说明女性高管和盈余管理之间存在倒U形关系,支持了本节的假设11.3.1。在有关假设11.3.2的检验中,WMR(WMR^2)和LISTREG交乘项的系数不显著。

简而言之,在应用监督层女性管理者比例的检验中,假设11.3.1和假设11.3.2均得到经验证据的支持,而在应用被监督的管理层女性比例的检验中,仅假设11.3.1依然成立。

表 11.3.8　两阶段检测

变量	Section A：八个工具变量						Section B：两个工具变量					
	第一阶段 WMR (1)		第二阶段 DA (2)假设11.3.1		第二阶段 DA (3)假设11.3.2		第一阶段 WMR (4)		第二阶段 DA (5)假设11.3.1		第二阶段 DA (6)假设11.3.2	
	系数	t 值	系数	t 值	系数	t 值	系数	t 值	系数	t 值	系数	t 值
LISTAGE	0.002***	3.16										
SIGMA	0.000	0.34										
NONEXEDR	-0.001	-0.04										
NUMIND	0.002	1.40										
RET	0.000	0.11										
MARRET	0.001	0.16										
FEMALE	-0.007	-1.25					-0.007	-1.44				
GDP_PC	0.026***	4.02					0.027***	4.25				
WMR			0.521*	1.79	1.264**	1.99			0.467**	2.26	0.770**	2.23
WMR²			-2.425**	-2.45	-2.272**	-2.50			-2.049***	-3.16	-3.005***	-2.74
LISTREG					-0.079**	-2.52					-0.055***	-2.76
WMR×LISTREG					-0.804*	-1.92					-0.493*	-1.91
WMR²×LISTREG					3.042**	2.14					2.133**	2.30
控制变量	控制		控制		控制		控制		控制		控制	
常数项	0.408***	3.59	-0.103	-1.14	-0.149	-1.29	0.406***	3.65	-0.118	-1.38	-0.108	-1.19
行业/年度	控制		控制		控制		控制		控制		控制	
Adj_R²	16.79%		19.75%		19.87%		16.27%		20.58%		20.73%	
观测值	10 156		10 156		10 156		10 156		10 156		10 156	
F (p-value)	42.83***		48.15***		45.98***		46.66***		51.53***		49.25***	

注：***，**，* 分别表示在 1%、5%、10% 的水平上显著（双尾）；所有 t 值均经过公司与年度的双重聚类调整（Petersen，2009）。

表 11.3.9 女性高管分组测试

变量	Section A:女性董事和女性监事				Section B:普通女性高管			
	(1)		(2)		(3)		(4)	
	假设 11.3.1		假设 11.3.2		假设 11.3.1		假设 11.3.2	
	系数	t 值	系数	t 值	系数	t 值	系数	t 值
WMR	0.069**	2.39	0.064**	2.16	0.011**	2.11	0.011**	2.10
WMR^2	−0.374***	−2.81	−0.352***	−2.58	−0.022**	−2.50	−0.022***	−2.59
LISTREG			−0.015***	−3.05			−0.010*	−1.95
WMR×LISTREG			−0.274***	−2.59			0.004	0.13
WMR^2×LISTREG			1.038**	2.35			−0.033	−1.03
BIG4	−0.010*	−1.83	−0.009*	−1.67	−0.010*	−1.82	−0.010*	−1.76
TEN_AUD	−0.001	−1.07	−0.001	−1.09	−0.0001	−1.08	−0.001	−1.07
ANALYST	−0.003**	−2.26	−0.003**	−2.23	−0.003**	−2.32	−0.003**	−2.26
INST_SHR	−0.005	−0.60	−0.005	−0.67	−0.005	−0.59	−0.005	−0.65
MKT	−0.001**	−2.17	−0.000	−0.26	−0.001**	−2.18	−0.000	−0.20
LNBGS	0.005***	2.82	0.004***	2.70	0.005***	2.99	0.005***	2.89
CHGSALES	−0.009	−1.38	−0.009	−1.29	−0.009	−1.38	−0.009	−1.29
BM	0.026***	3.06	0.027***	3.24	0.025***	2.99	0.026***	3.13
ISSUE	0.022***	4.50	0.022***	4.62	0.022***	4.48	0.022***	4.60
MZ	0.003	1.55	0.003	1.51	0.004	1.61	0.004*	1.66
LAGACCR	0.085***	4.77	0.084***	4.76	0.085***	4.73	0.085***	4.72
FIRST	0.006	0.61	0.006	0.66	0.006	0.63	0.006	0.61
DUAL	0.000	0.09	−0.000	−0.01	0.000	0.06	0.000	0.03
INDR	−0.002	−0.13	−0.003	−0.18	−0.002	−0.15	−0.003	−0.19
MAN_SHR	0.025	1.46	0.026	1.50	0.027	1.58	0.027	1.61
BOARD	−0.004	−0.99	−0.005	−1.12	−0.003	−0.61	−0.003	−0.70
OCF	−0.181**	−2.03	−0.181**	−2.03	−0.181**	−2.03	−0.181**	−2.03
ROA	0.539***	11.73	0.540***	11.73	0.539***	11.65	0.539***	11.60
SIZE	0.006**	2.19	0.006**	2.20	0.006**	2.20	0.006**	2.18
LEV	−0.028**	−2.02	−0.027**	−1.97	−0.029**	−2.14	−0.030**	−2.16
STATE	−0.003	−1.33	−0.003	−1.27	−0.003	−1.44	−0.003	−1.34
常数项	−0.131*	−1.91	−0.124*	−1.83	−0.136*	−1.92	−0.135*	−1.87
行业/年度	控制		控制		控制		控制	
Adj_R^2	20.48%		20.55%		20.44%		20.48%	
观测值	10 337		10 337		10 337		10 337	
F(p-value)	51.21***		48.73***		51.10***		48.53***	

注:***、**、* 分别表示在 1%、5%、10% 的水平上显著(双尾);所有 t 值均经过公司与年度的双重聚类调整(Petersen,2009)。

（二）考虑业务复杂度的检验

以前的文献（Jo，Kim，2007；Lee et al.，2007；Choi et al.，2012）发现公司具体特征影响其盈余管理。所以，在考虑公司业务复杂度后，本节再次检验假设 11.3.1 和假设 11.3.2。

将本节的样本分为两个子样本：高业务复杂度的样本和低业务复杂度的样本。高（低）业务复杂度的公司是指比全样本公司均值拥有更多（少）业务、产品和地区分部的公司。在高业务复杂度的样本中，表 11.3.10 的 Panel A 的第（1）列显示，WMR 和 WMR^2 的系数均不显著；同样的，在第（2）列中，交乘项 WMR×LISTREG 和 WMR2×LISTREG 的系数也是不显著的。然而，在第（3）列中，可以看到，在低业务复杂度的样本中，WMR 的系数显著为正，WMR^2 的系数显著为负，这支持了本节的假设 11.3.1。在第（4）列中，交乘项 WMR×LISTREG（WMR^2×LISTREG）与 DA 显著负（正）相关，从而支持了本节的假设 11.3.2。所以，假设 11.3.1 和假设 11.3.2 仅在低业务复杂度的样本中成立。

（三）考虑信息透明度的检验

接下来，本节采用深圳证券交易所公布的公司透明度得分来区分公司透明度的高低。将公司透明度被评为 A 的公司划分为高透明度公司样本，其余被评为 B/C/D 的公司划分为低透明度公司样本。在进行该检验时，共有 3 414 个观测值，因为仅有在深圳证券交易所上市的公司才有相关数据。在高透明度的公司样本回归结果中，Panel B 的第（1）列显示，女性高管的影响是不显著的。同样，第（2）列结果显示，没有发现监管强度对女性高管和盈余管理关系的调节效应。在低透明度的样本的回归结果中，第（3）列 WMR 的系数显著为正，WMR^2 的系数显著为负，再次支持本节的假设 11.3.1。在第（4）列中，WMR×LISTREG（WMR^2×LISTREG）的系数显著为负（正）。该结果表明，假设 11.3.1 和假设 11.3.2 仅在透明度低的公司样本中成立。

（四）考虑最终控制人性质的检验

参考之前的相关文献（Chen et al.，2011；Wang，Yung，2011；Du et al.，2015），本节进一步检验是否在国有企业和非国有企业中，女性高管对于盈余管理的影响是不同的。表 11.3.10 的 Panel C 列示了相关的回归结果。在国有公司的样本中，WMR 的系数显著为正，WMR^2 的系数显著为负。更重要的是，交乘项 WMR×LISTREG 与 DA 显著负相关，但 WMR^2×LISTREG 与 DA 显著正相关。总之，在国有公司的样本中，假设 11.3.1 和假设 11.3.2 是成立的。第（3）和（4）列的结果显示，变量 WMR、WMR^2、WMR×LISTREG 和 WMR^2×LISTREG 的系数是不显著的，即在非国有公司样本中，假设 11.3.1 和假设 11.3.2 没有得到经验证据的支持。

表 11.3.10 附加分组测试

Panel A:业务复杂度分组

变量	Section A:高复杂度				Section B:低复杂度			
	(1)假设 11.3.1		(2)假设 11.3.2		(3)假设 11.3.1		(4)假设 11.3.2	
	系数	t 值	系数	t 值	系数	t 值	系数	t 值
WMR	0.038	1.21	0.024	0.72	0.083***	3.51	0.073***	2.71
WMR^2	-0.150	-1.42	-0.114	-0.99	-0.211***	-2.80	-0.180**	-2.04
LISTREG			-0.014**	-2.34			-0.013*	-1.79
WMR×LISTREG			-0.181	-1.10			-0.298**	-2.49
WMR^2×LISTREG			0.529	1.38			0.624***	2.67
控制变量	控制		控制		控制		控制	
常数项	-0.132	-1.56	-0.122	-1.44	-0.134*	-1.81	-0.134*	-1.77
行业/年度	控制		控制		控制		控制	
Adj_R^2	17.92%		17.94%		23.68%		23.77%	
观测值	5 510		5 510		4 827		4 827	
F(p-value)	23.69***		22.50***		29.26***		27.88***	

Panel B:信息透明度分组

变量	Section A:高信息透明度				Section B:低信息透明度			
	(1)假设 11.3.1		(2)假设 11.3.2		(3)假设 11.3.1		(4)假设 11.3.2	
	系数	t 值	系数	t 值	系数	t 值	系数	t 值
WMR	-0.055	-0.41	-0.083	-0.63	0.187**	2.32	0.132*	1.79
WMR^2	0.474	1.14	0.554	1.54	-0.436**	-2.02	-0.320*	-1.65
LISTREG			-0.022	-0.72			-0.047***	-3.38
WMR×LISTREG			-1.044	-1.26			-0.760***	-3.74
WMR^2×LISTREG			3.635	1.52			1.124**	2.16
控制变量	控制		控制		控制		控制	
常数项	-0.296*	-1.90	-0.266*	-1.68	-0.222*	-1.72	-0.194	-1.64
行业/年度	控制		控制		控制		控制	
Adj_R^2	46.85%		46.99%		18.31%		18.88%	
观测值	399		399		3 015		3 015	
F(p-value)	8.31***		7.92***		14.51***		14.23***	

续表

Panel C：公司性质分组

变量	Section A：国有				Section B：非国有			
	(1)假设 11.3.1		(2)假设 11.3.2		(3)假设 11.3.1		(4)假设 11.3.2	
	系数	t 值	系数	t 值	系数	t 值	系数	t 值
WMR	0.086**	2.52	0.077**	2.26	−0.043	−0.96	−0.031	−0.65
WMR^2	−0.246***	−2.74	−0.213**	−2.35	0.083	0.86	0.060	0.63
LISTREG			−0.031***	−3.62			−0.015	−1.04
WMR×LISTREG			−0.226*	−1.91			−0.146	−1.00
WMR^2×LISTREG			0.448*	1.95			0.414	1.34
控制变量	控制		控制		控制		控制	
常数项	−0.098*	−1.74	−0.080	−1.52	−0.268*	−1.93	−0.246*	−1.68
行业/年度	控制		控制		控制		控制	
Adj_R^2	25.14%		25.31%		17.30%		17.27%	
观测值	6 971		6 971		3 366		3 366	
F(p-value)	46.89***		44.73		14.53***		13.77***	

注：***、**、* 分别表示在 1%、5%、10% 的水平上显著（双尾）；所有 t 值均经过公司与年度的双重聚类调整（Petersen，2009）。

七、研究结论

对于女性高管和盈余管理之间的关系，前期文献发现了不同的结果。在本节的研究中，采用中国上市公司样本，发现了女性高管和盈余管理之间的非线性关系，并且进一步发现监管强度对二者之间的倒 U 形关系有调节效应。

本节的研究对于公司管理实践有以下启示意义。

第一，本节探讨了不同女性高管比例对于盈余管理的不对称影响。只有在女性高管比例大于拐点的公司，女性高管才能对公司盈余管理行为产生抑制作用。反之，女性高管则可能对公司盈余管理产生相反的效应。所以，女性高管对于致力于提高公司财务报告质量的公司是有利的。

第二，本节的研究发现为鼓励公司多聘用女性高管的监管部门提供了支持。在中国的现代公司中，女性员工和男性员工在晋升高管时面临不平等待遇。考虑到女性高管在公司经营和治理中的作用，监管部门有必要激励公司提高高管层的女性比例，因为当女性高管达到一定比例之后，其在公司盈余管理中表现出更多道德性。

第三，本节的研究发现公司和监管中心之间的地理近邻性可以作为公司的外部治理因素，减少公司的盈余管理行为。这一发现表明，距离监管部门（CSRC、SSE 和 SZSE）越远的公司盈余操纵的可能性越大，因为他们更容易避免被监管部门查处。所以，监管部门应该更加关注距离监管中心较远的公司,从而提高他们的盈余质量,减少违规行为。更为重要的是,本节的监管强度可以调节女性高管和盈余管理之间倒 U 形关系的研究结果,表明公司应该对其内外部治理环境进行合理平衡。

第四,本节的研究表明了区分女性高管对公司治理的消极影响和积极作用的重要性。也就是说,尤其是在女性高管比例较少的公司中,女性高管在公司中不只是发挥了积极的治理效应。所以,投资者应该区分女性高管在公司治理中的"花瓶效应"和积极治理作用。

当然,本节的研究也存在一定的局限。第一,本节的研究仅关注了女性高管对于盈余管理的影响,但是没有检验女性高管对于其他盈余质量维度的影响,如盈余持续性和盈余的信息价值。第二,本节的研究样本是中国的上市公司,该研究结论是否能够应用到中国以外的制度背景中,还有待检验。第三,本节没有关注女性高管的其他特点,如年龄、教育水平和工作经验等,这些可能影响女性高管与盈余管理之间的关系。后续研究可以在国际背景下检验女性高管和盈余管理之间是否存在倒 U 形关系。另外,还有必要检验女性高管和其他公司决策之间的非线性关系。

参考文献

丁鼎,2003.《仪礼·丧服》考论[M]. 北京:社会科学文献出版社.

樊纲,王小鲁,朱恒鹏,2011. 中国市场化指数:各地区市场化相对进程 2011 年报告[M]. 北京:经济科学出版社.

武中哲,2009. 市场转型与劳动力市场中的性别不平等[J]. 经济理论与政策研究,2:87-98.

国家统计局人口和就业统计司,人力资源和社会保障部规划财务司. 2013. 中国劳动统计年鉴(2012)[M]. 北京:中国统计出版社.

ADAMS R B, FERREIRA D, 2009. Women in the boardroom and their impact on governance and performance[J]. Journal of financial economics, 94(2): 291-309.

AHARONY J, YUAN H, WANG J, 2005. Related party transactions: a"real"means of earnings management and tunneling during the IPO process in China[R]. Working Paper, Available at SSRN.

ALLEN F, QIAN J, QIAN M, 2005. Law, finance, and economic growth in China[J]. Journal of financial economics, 77(1): 57-116.

ALTMAN E I, 1968. Financial ratios, discriminant analysis and the prediction of corporate bankruptcy[J]. The journal of finance, 23(4): 589-609.

ASHBAUGH H, LAFOND R, MAYHEW B W, 2003. Do nonaudit services compromise auditor independence? Further evidence[J]. The accounting review, 78(3): 611-639.

AUDRETSCH D B, FELDMAN M P, 1996. R&D spillovers and the geography of innovation and production[J]. American economic review, 86(3): 630-640.

BALL R, SHIVAKUMAR L, 2006. The role of accruals in asymmetrically timely gain and loss recognition[J]. Journal of accounting research, 44(2): 207-242.

BARTON J, 2001. Does the use of financial derivatives affect earnings management decisions? [J]. The accounting review, 76(1): 1-26.

BARUA A, DAVIDSON L F, RAMA D V, et al., 2010. CFO gender and accruals quality[J]. Accounting horizons, 24(1): 25-39.

BECKER C L, DEFOND M L, JIAMBALVO J, et al., 1998. The effect of audit quality on earnings management[J]. Contemporary accounting research, 15(1): 1-24.

BERNARDI R A, BOSCO S M, COLUMB V L, 2009. Does female representation on boards of directors associate with the 'most ethical companies' list? [J]. Corporate reputation review, 12(3): 270-280.

BETZ M, O'CONNELL L, SHEPARD J M, 1989. Gender differences in proclivity for unethical behavior[J]. Journal of business ethics, 8(5): 321-324.

BOONE A L, FIELD L C, KARPOFF J M, et al., 2007. The determinants of corporate board size and composition: an empirical analysis[J]. Journal of financial economics, 85(1): 66-101.

BOWEN C-C, WU Y, HWANG C-E, et al., 2007. Holding up half of the sky? Attitudes toward women as managers in the People's Republic of China[J]. International journal of human resource management, 18(2): 268-283.

BOWES-SPERRY L, VEIGA J F, YANOUZAS J N, 1997. An analysis of managerial helping responses based on social role theory[J]. Group & organization management, 22(4): 445-459.

CAMPBELL K, MÍNGUEZ-VERA A, 2008. Gender diversity in the boardroom and firm financial performance[J]. Journal of business ethics, 83(3): 435-451.

CARTER D A, D'SOUZA F, SIMKINSB J, et al., 2010. The gender and ethnic diversity of US boards and board committees and firm financial performance[J]. Corporate governance: an international review, 18(5): 396-414.

CARTER D A, SIMKINS B J, SIMPSON W G, 2003. Corporate governance, board diversity, and firm value[J]. Financial review, 38(1): 33-53.

CHEN H, CHEN J Z, LOBO G J, et al., 2011. Effects of audit quality on earnings management and cost of equity capital: evidence from China[J]. Contemporary accounting research, 28(3): 892-925.

CHENG S, 2008. Board size and the variability of corporate performance[J]. Journal of financial economics, 87(1): 157-176.

CHESTERMAN C, ROSS-SMITH A, PETERS M, 2005. The gendered impact on organisations of a critical mass of women in senior management[J]. Policy and society, 24

（4）：69-91.

CHOI J-H，KIM J-B，QIU A A，et al.，2012. Geographic proximity between auditor and client：how does it impact audit quality？［J］. Auditing：a journal of practice & theory，31(2)：43-72.

CHUNG R，FIRTH M，KIM J B，2002. Institutional monitoring and opportunistic earnings management［J］. Journal of corporate finance，8(1)：29-48.

COHEN D A，DEY A，LYS T Z，2008. Real and accrual-based earnings management in the pre-and post-Sarbanes-Oxley periods［J］. The accounting review，83(3)：757-787.

COHEN D A，ZAROWIN P，2010. Accrual-based and real earnings management activities around seasoned equity offerings［J］. Journal of accounting and economics，50(1)：2-19.

COOKE F L. 2010，Women's participation in employment in Asia：a comparative analysis of China，India，Japan and South Korea［J］. International journal of human resource management，21(12)：2249-2270.

COOKE F L，2011. Gender organizing in China：a study of female workers' representation needs and their perceptions of union efficacy［J］. International journal of human resource management，22(12)：2558-2574.

COVAL J D，MOSKOWITZ T J，2001. The geography of investment：informed trading and asset prices［J］. Journal of political economy，109(4)：811-841.

DAHLERUP D，1988. From a small to a large minority：women in Scandinavian politics［J］. Scandinavian political studies，11(4)：275-298.

DAVIDSON R，GOODWIN-STEWART J，KENT P，2005. Internal governance structures and earnings management［J］. Accounting & finance，45(2)：241-267.

DEAUX K，LEWIS LL，1984. Structure of gender stereotypes：interrelationships among components and gender label［J］. Journal of personality and social psychology，46(5)：991-1004.

DECHOW P M，KOTHARI S P，WATTS R L，1998. The relation between earnings and cash flows［J］. Journal of accounting and economics，25(2)：133-168.

DECHOW P M，SLOAN R G，SWEENEY A P，1995. Detecting earnings management［J］. The accounting review，70(2)：193-225.

DEFOND M L，FRANCIS J R，HU X，2011. The geography of SEC enforcement and auditor reporting for financially distressed clients［R］. Working Paper，Available at SSRN.

DU X，2013. Does religion matter to owner-manager agency costs？ Evidence from China［J］. Journal of business ethics，118(2)：319-347.

DU X，2016. Does Confucianism reduce board gender diversity？ Firm-level evidence from China［J］. Journal of business ethics，136(2)：399-436.

DU X, JIAN W, LAI S, et al., 2015. Does religion mitigate earnings management? Evidence from China[J]. Journal of business ethics, 131(3): 699-749.

EAGLY A H, CARLIL L, 2003. The female leadership advantage: an evaluation of the evidence[J]. The leadership quarterly, 14(6): 807-834.

EAGLY A H, JOHNSON B T, 1990. Gender and leadership style: a meta-analysis [J]. Psychological bulletin, 108(2): 233-256.

EAGLY A H, KARAU S J, JOHNSON B T, 1992a. Gender and leadership style among school principals: a meta-analysis[J]. Educational administration quarterly, 28(1): 76-102.

EAGLY A H, KARAU S J, MAKHIJANI M G, 1995. Gender and the effectiveness of leaders: a meta-analysis[J].Psychological bulletin, 117(1): 125.

EAGLY A H, MAKHIJANI M G, KLONSKY B G, 1992b. Gender and the evaluation of leaders: a meta-analysis[J]. Psychological bulletin, 111(1): 3-22.

EAGLY A H, STEFFEN V J, 1984. Gender stereotypes stem from the distribution of women and men into social roles[J]. Journal of personality and social psychology, 46(4): 735-754.

ELY R J, 1995. The power in demography: women's social constructions of gender identity at work [J]. Academy of Management Journal, 38(3): 589-634.

EYNON G, HILLS N T, STEVENS K T, 1997. Factors that influence the moral reasoning abilities of accountants: implications for universities and the profession[J]. Journal of business ethics, 16: 1297-1309.

FAN J P H, WONG T J, 2005. Do external auditors perform a corporate governance role in emerging markets? Evidence from East Asia[J]. Journal of accounting research, 43(1): 35-72.

FAN J P H, WONG T J, ZHANG T, 2007. Politically connected CEOs, corporate governance, and post-IPO performance of China's newly partially privatized firms[J]. Journal of financial economics, 84(2): 330-357.

FELIX JR W L, GRAMLING A A, MALETTA M J, 2001. The contribution of internal audit as a determinant of external audit fees and factors influencing this contribution [J]. Journal of accounting research, 39(3): 513-534.

FIRTH M, FUNG P M Y, RUI O M, 2007. Ownership, two-tier board structure, and the informativeness of earnings-evidence from China[J]. Journal of accounting and public policy, 26(4): 463-496.

FRANCOEUR C, LABELLE R, SINCLAIR-DESGAGNE B, 2008. Gender diversity in corporate governance and top management[J]. Journal of business ethics, 81(1): 83-95.

FRANKEL R M, JOHNSON M F, NELSON K K, 2002. The relation between auditors' fees for nonaudit services and earnings management[J]. The accounting review, 77: 71-105.

GIACOMINO D E, BELLOVARY J L, AKERS M D, 2006. The ethics of managing short-term earnings: business managers and business students rate earnings management practices-implications for academia[J]. Journal of college teaching & learning, 3(7): 57-70.

GILLAN S, HARTZELL J C, STARKS L T, 2003. Explaining corporate governance: boards, bylaws, and charter provisions[R]. Working Paper, Available at SSRN.

HABBASH M, 2010. The effectiveness of corporate governance and external audit on constraining earnings management practice in the UK[D]. Durham: Durham University.

HAREL G, TZAFRIR S, BARUCH Y, 2003. Achieving organizational effectiveness through promotion of women into managerial positions: HRM practice focus[J]. International journal of human resource management, 14(2): 247-263.

HAUSMANN R, 2012. The Global Gender Gap Index 2012[R]. Davos: World Economic Forum.

HILLMAN A J, CANNELLA A A, HARRIS I C, 2002. Women and racial minorities in the boardroom: how do directors differ? [J]. Journal of management, 28 (6): 747-763.

HULL R P, UMANSKY P H, 1997. An examination of gender stereotyping as an explanation for vertical job segregation in public accounting[J]. Accounting, organizations and society, 22(6): 507-528.

HUSE M, NIELSEN S T, HAGENI M, 2009. Women and employee-elected board members, and their contributions to board control tasks[J]. Journal of business ethics, 89 (4): 581-597.

JIA M, ZHANG Z, 2011. Agency costs and corporate philanthropic disaster response: the moderating role of women on two-tier boards-evidence from People's Republic of China [J]. International journal of human resource management, 22 (9): 2011-2031.

JIA M, ZHANG Z, 2013. Critical mass of women on BODs, multiple identities, and corporate philanthropic disaster response: evidence from privately owned Chinese firms [J]. Journal of business ethics, 118(2): 303-317.

JIANG G, LEE C M C, YUE H, 2010. Tunneling through intercorporate loans: the China experience[J]. Journal of financial economics, 98(1): 1-20.

JIN Z, SONG S, YANG X, 2014. The role of female directors in corporate investment in China[J]. China journal of accounting studies, 2(4): 323-344.

JO H，KIM Y，2007. Disclosure frequency and earnings management[J]. Journal of financial economics，84(2)：561-590.

JOHNSON K A，2009. Women，the family，and peasant revolution in China[M]. Chicago：University of Chicago Press.

JONES J J，1991. Earnings management during import relief investigations[J]. Journal of accounting research，29(2)：193-228.

KANTER R M，1977. Men and women of the corporation[M]. NewYork：Basic Books.

KEDIA S，RAJGOPAL S，2011. Do the SEC's enforcement preferences affect corporate misconduct？[J]. Journal of accounting and economics，51(3)：259-278.

KIM J B，CHUNG R，FIRTH M，2003. Auditor conservatism，asymmetric monitoring，and earnings management[J]. Contemporary accounting research，20(2)：323-359.

KLEIN A，2002. Audit committee，board of director characteristics，and earnings management[J]. Journal of accounting and economics，33(3)：375-400.

KOTHARI S P，LEONE A J，WASLEY C E，2005. Performance matched discretionary accrual measures[J]. Journal of accounting and economics，39(1)：163-197.

KRISHNAN G V，PARSONS L M，2008. Getting to the bottom line：an exploration of gender and earnings quality[J]. Journal of business ethics，78：65-76.

KRUGMAN P，1991. Increasing returns and economic geography[J]. Journal of political economy，99(3)：483-499.

KUSHELL E，NEWTON R，1986. Gender，leadership style，and subordinate satisfaction：an experiment[J]. Sex roles,14：203-209.

LEE COOKE F，2003. Equal opportunity？ Women's managerial careers in governmental organizations in China[J]. International journal of human resource management，14(2)：317-333.

LEE K W，LEV B，YEO G，2007. Organizational structure and earnings management [J]. Journal of accounting，auditing & finance，22(2)：293-331.

LEUNG A S M，2003. Feminism in transition：Chinese culture，ideology and the development of the women's movement in China[J]. Asia pacific journal of management，20 (3)：359-374.

LEUZ C，NANDA D，WYSOCKI P D，2003. Earnings management and investor protection：an international comparison[J]. Journal of financial economics，69(3)：505-527.

LEWIN K，LIPPITT R，1938. An experimental approach to the study of autocracy and democracy：a preliminary note[J]. Sociometry，1(3~4)：292-300.

LI C，2000. The sage and the second sex：confucianism，ethics，and gender[M]. Chicago: Open Court Publishing.

LIU J, 2007. Gender dynamics and redundancy in urban China[J]. Feminist economics, 13(3~4): 125-158.

LOI R, NGO H-Y, 2009. Work outcomes of relational demography in Chinese vertical dyads [J]. International journal of human resource management, 20 (8): 1704-1719.

MCKINSEY, COMPANY, 2007. Women Matter: gender diversity, a corporate performance Driver[R].New York: McKinsey and Company.

MITCHELL J, 1966. Women: the longest revolution[J]. New left review, 40: 11-37.

MUKHTAR S M, 2002. Differences in male and female management characteristics: a study of owner-manager businesses[J]. Small business economics, 18(4): 289-311.

MYERS J N, MYERS L A, OMER T C, 2003. Exploring the term of the auditor-client relationship and the quality of earnings: a case for mandatory auditor rotation? [J]. The accounting review, 78(3): 779-799.

NIELSEN S, HUSE M, 2010. The contribution of women on boards of directors: going beyond the surface [J]. Corporate governance: an international review, 18 (2): 136-148.

OMER T C, SHARP N Y, WANG D, 2010. Do local religious norms affect auditors going concern decisions? [R]. Working Paper, Available at SSRN.

ONO K, 1989. Chinese women in a century of revolution, 1850—1950[M]. Oakland: Stanford University Press.

PENI E, VÄHÄMAA S. 2010. Female executives and earnings management[J]. Managerial Finance, 36(7): 629-645.

PETERSEN M A, 2009. Estimating standard errors in finance panel data sets: comparing approaches[J]. Review of financial studies, 22(1): 435-480.

PETERSON C A, PHILPOT J, 2007. Women's roles on US Fortune 500 boards: director expertise and committee memberships[J]. Journal of business ethics, 72 (2): 177-196.

ROSE C, 2007. Does female board representation influence firm performance? The Danish evidence[J]. Corporate governance: an international review, 15(2): 404-413.

ROSENER J B, 1995. America's competitive secret: utilizing women as management strategy[M]. New York: Oxford University Press.

ROWLINSON S, HO T K K, PO-HUNG Y, 1993. Leadership style of construction managers in Hong Kong[J]. Construction management and economics, 11(6): 455-465.

ROYCHOWDHURY S, 2006. Earnings management through real activities manipulation[J]. Journal of accounting and economics, 42(3): 335-370.

ROZIER C K, HERSH-COCHRAN M S, 1996. Gender differences in managerial characteristics in a female-dominated health profession[J]. The health care supervisor, 14 (4): 57-70.

RUEGGER D, KING E W, 1992. A study of the effect of age and gender upon student business ethics[J]. Journal of business ethics, 11(3): 179-186.

SIMGA-MUGAN C, DALY B A, ONKAL D, et al., 2005. The influence of nationality and gender on ethical sensitivity: an application of the issue-contingent model[J]. Journal of business ethics, 57(2): 139-159.

SRINIDHI B, GUL F A, TSUI J, 2011. Female directors and earnings quality[J]. Contemporary accounting research, 28(5): 1610-1644.

STREBLER M, 1997. Soft skills and hard questions[J]. People management, 3(11): 20-24.

SUN J, LIU G, LAN G, 2011. Does female directorship on independent audit committees constrain earnings management? [J]. Journal of business ethics, 99(3): 369-382.

TAO J, ZHENG B, MOW S L, 2004.Holding up half the sky: Chinese women past, present, and future[M]. New York: Feminist Press at CUNY.

TENG J E, 1996. The construction of the "traditional Chinese woman" in the western academy: a critical review[J]. Signs, 22(1): 115-151.

TEOH S H, WELCH I, WONG T J, 1998. Earnings management and the underperformance of seasoned equity offerings[J]. Journal of financial economics, 50(1): 63-99.

THIRUVADI S, HUANG H W, 2011. Audit committee gender differences and earnings management[J]. Gender in management: an international journal, 26(7): 483-498.

TORCHIA M, CALABRO A, HUSE M, 2011. Women directors on corporate boards: from tokenism to critical mass[J]. Journal of business ethics, 102(2): 299-317.

WANG H, LI Q, CHEN Y, 2015. Earnings management, business cycle, and product market competition[J]. China journal of accounting studies, 3(2): 136-157.

WANG L, YUNG K, 2011. Do state enterprises manage earnings more than privately owned firms? The case of China[J]. Journal of business finance & accounting, 38(7~8): 794-812.

WEIR C, LAING D, MCKNIGHT P J, 2002. Internal and external governance mechanisms: their impact on the performance of large UK public companies[J]. Journal of business finance & accounting, 29(5~6): 579-611.

WILLIAMS R J, 2003. Women on corporate boards of directors and their influence on corporate philanthropy[J]. Journal of business ethics, 42(1): 1-10.

WOODHAMS C, LUPTON B, XIAN H, 2009. The persistence of gender discrimination in China-evidence from recruitment advertisements[J]. International journal of human resource management，20(10)：2084-2109.

XIANG R，HE X，CHENG Y，2014. Female director characteristics of audit committee and corporate transparency[A]// XU J，CRUZ-MACHADO V，LEV B，et al. Proceedings of the Eighth International Conference on Management Science and Engineering Management：focused on computing and engineering management[C]. Berlin，Heidelberg：Springer Verlag：1037-1047.

XIAO J Z，DAHYA J，LIN Z，2004.A grounded theory exposition of the role of the supervisory board in China[J]. British journal of management，15(1)：39-55.

XIE B，DAVIDSON W N，DADALT P J，2003. Earnings management and corporate governance：the role of the board and the audit committee[J]. Journal of corporate finance，9(3)：295-316.

YE K，ZHANG R，REZAEE Z，2010. Does top executive gender diversity affect earnings quality? A large sample analysis of Chinese listed firms[J]. Advances in accounting，26(1)：47-54.

YOUNG M N，PENG M W，AHLSTROM D，et al.，2008.Corporate governance in emerging economies：a review of the principal-principal perspective[J]. Journal of management studies，45(1)：196-220.

YU F，2008. Analyst coverage and earnings management[J]. Journal of financial economics，88(2)：245-271.

YUAN L，2005. Reconceiving women's equality in china：a critical examination of models of sex equality[M]. Lanham：Lexington Books.

ZAHRA S A，PRIEM R L，RASHEED A A，2005. The antecedents and consequences of top management fraud[J]. Journal of management，31(6)：803-828.

ZANG A Y，2012. Evidence on the trade-off between real activities manipulation and accrual-based earnings management[J]. Accounting review，87(2)：675-703.

第十二章　结论、政策启示与未来研究方向

一、主要研究结论

本书主要关注文化作为一种非正式制度安排对会计审计行为的影响。在不同的章节，我们聚焦于不同的文化维度或文化子维度，分析其是否以及如何影响具体的会计审计行为。主要论点、发现、研究结论如下：

第一章构建了一个文化影响与会计审计行为的分析框架。借助 Williamson(2000)的制度分析框架，在对正式制度与非正式制度的关系进行阐述的基础上，讨论了文化作为一种非正式制度可以对会计审计行为产生的重要的影响，概括了"文化影响与会计审计行为"的研究内容框架。进而，第一章围绕"儒家文化与会计审计行为：总体影响""尊尊原则、亲亲原则与会计审计行为""学校(教育)文化与会计审计行为""企业(组织)文化与会计审计行为""有罪文化与会计审计行为""饮食文化与会计审计行为""关系文化与会计审计行为"与"社会文化与会计审计行为"等八个文化的重要维度，对各个文化维度及其影响公司行为的文献进行了综述，讨论了各个文化维度对会计审计行为影响的机理，提炼了各个文化维度影响会计审计行为的分析框架。最后，概括了本书的研究框架。

第二章基于儒家文化的整体影响，分析了儒家文化对公司治理与会计审计行为的影响。具体地，本章的发现主要包括：(1)"儒家文化传播与官员腐败抑制——基于世界银行跨国数据的经验证据"部分以世界各国(地区)的孔子学院数量作为儒家文化传播的替代变量，发现儒家文化在国际范围内的传播能够抑制被传播国(地区)的官员腐败，且特定国家的腐败治理强化了儒家文化传播对官员腐败行为的抑制作用。此外，特定国家和中国外交关系越紧密、孔子学院设立时间越长、当地宗教排他性越弱，儒家文化传播对所在国的官员腐败行为的抑制作用越突出。(2)"儒家文化与公司诉讼风险"部分基于地理近邻性的儒家文化变量，发现儒家文化与公司诉讼风险呈显著负相关关系，说明儒家文化降低了公司诉讼风险。进而，以企业所在省的人均 GDP 作为经济发展水平的替代变量，发现经济发展水平削弱了儒家文化与公司诉讼风险间的负相关关系。本节丰富了非正式制度与公司行为领域的研究，探索了儒家文化在微观层面的经济后果，拓展了有关公司诉讼风险的影响因素的研究，为投资者和管理者关注和正确理解非正式制度(儒家文化)、公司诉讼风险问题提供了经验证据。

(3)"儒家文化与财务报告质量"部分以公司注册地一定半径范围内全国重点文物保护单位孔庙和书院的数量作为儒家文化影响强度的替代变量,并从可操纵性应计、财务报表重述以及信息披露质量等三个方面测度财务报告质量。研究发现,公司受儒家文化的影响越强,可操纵性应计越少、财务报表重述的概率越低、信息披露质量评分越高,表明儒家文化能够显著地提升企业财务报告质量。进一步地,在陷入财务困境的公司中,儒家文化与财务报告质量之间的正向联系(抑制可操纵性应计、减少财务报表重述以及提升信息披露质量)不显著,但是,在未陷入财务困境的公司中,儒家文化与财务报告质量之间的正向联系依然显著。

(4)"儒家文化、环境保护法实施与公司环境治理"部分侧重于研究以儒家为代表的中华传统文化对公司环境治理的影响。研究发现,儒家文化影响与公司环境治理绩效得分显著正相关,表明儒家文化有助于提升环境治理绩效。进一步地,环境保护法的实施弱化了儒家文化对公司环境治理的促进作用。

第三章侧重于"亲亲原则",分析了家乡情结、方言与姓氏关联等对公司治理与会计审计行为的影响。(1)"CEO家乡任职与代理成本"部分基于家乡认同的自然情感,研究了CEO的家乡认同情感对委托代理成本的影响。研究发现,CEO在家乡任职与费用率显著负相关,表明CEO在由地方认同引申而来的家乡认同情感影响下约束了自身的不道德行为,减少了委托代理成本,一定程度上缓解了委托代理冲突。此外,市场化强化了CEO家乡任职与委托代理成本间的负相关关系。(2)"CEO—审计师方言关联与审计意见购买"部分利用CEO和审计师的身份证原始信息,手工收集了CEO—审计师方言关联(CADC)的数据,探究了CADC对审计意见购买的影响。研究发现,拥有CADC的公司进行审计意见购买的可能显著高于没有方言关联的公司。这一发现表明,CADC损害了审计师的独立性——一家公司的CEO与一名或多名签字审计师说相同的方言,那么该公司更有可能参与到审计师层面的审计意见购买。此外,与未经BIG10审计的公司相比,经BIG10审计的公司的CADC与审计意见购买之间的关系并不显著,揭示了审计师声誉削弱了CADC对审计意见购买的影响。(3)"CEO—董事姓氏关联与公司违规:基于姓氏文化的分析"部分研究了CEO—董事会姓氏关联对公司违规的影响。研究结果表明,CEO—董事会姓氏关联显著减少了公司的违规行为,说明姓氏关联带来的内部凝聚力可以降低管理层-股东之间的代理成本。此外,姓氏的普遍度弱化了CEO—董事会姓氏关联对公司违规行为的抑制作用。(4)"董事会姓氏多元化与审计师选择:基于宗族文化的视角"部分实证检验了董事会姓氏多元化对审计师选择的影响。研究结果表明,董事会姓氏多元化与高质量审计师选择正相关,即董事会姓氏多元化增加了公司选择高质量审计师的可能性。进一步的研究发现,考虑到企业的所有权性质,董事会姓氏多元化与高质量审计师之间的正相关关系只存在于国有企业中。

第四章讨论的是"尊尊原则"下的论资排辈、敬语与学者董事对会计审计行为的影响。(1)"论资排辈是股价崩盘的文化诱因吗?"部分通过分析独立董事在年报中的排序方式,度量一家公司中是否存在论资排辈的现象,进而考察了论资排辈对股价崩盘风险的影响,研究发现:①论资排辈和个股收益的负偏态系数显著正相关,说明论资排辈的传统文化增加了股价崩盘风险;②论资排辈对股价崩盘风险的影响在第一大股东持股比例较低的情况下更加突出，揭示了大股东对管理当局的监督弱化了论资排辈对崩盘风险的影响。上述结论对全面认识论资排辈这一儒家文化具体维度的经济后果以及如何降低中国的股价崩盘风险具有重要的理论和现实意义。(2)"审计报告中的敬语与财务错报风险"部分从社会语言学的角度探究了中国审计师在审计报告中使用敬语或实名对财务错报风险的不同影响。审计师使用敬语体现出其相对于客户的较弱势地位，由此损害了审计独立性并会导致更高的财务错报风险。研究发现，相比于使用实名的公司，使用敬语的公司出现财务错报的可能性及程度都更高。进一步地，与审计师习惯性使用敬语的情况相比，选择性使用敬语更有可能导致财务错报。上述研究丰富了会计领域有关社会语言学的文献，同时给国际审计与鉴证准则理事会为提高审计报告有用性提出的改革议案提供了证据支持。(3)"学者型董事与公司环境绩效"检验了学者型董事对公司环境绩效的影响。研究发现，拥有学者型董事的公司较其他公司而言表现出显著更好的环境绩效，说明学者型董事能够有效地监督公司环境决策。此外，相比于没有设立污染控制部门的公司，设有污染控制部门的公司的学者型董事对环境绩效的正向影响更显著。

第五章继续围绕着"尊尊原则"下的"外来的和尚会念经"这一维度，分析了境外董事/国际化董事会与审计师海外学习经历对会计审计行为的影响。(1)"境外独立董事更独立吗？基于独立董事投票的证据"部分实证研究了中国上市公司境外独立董事的独立性问题。研究发现，境外独立董事显著增加了董事会议案被出具非赞同票的可能性，且董事会持股强化了境外独立董事的独立性，即随着董事会持股比例上升，董事会议案被境外独立董事出具非赞同票的可能性增加。(2)"国际化董事会与审计师选择"部分研究了国际化董事会对审计师选择的影响，发现：①国际化董事会更倾向于聘请高质量审计师来协助其参与公司治理；②国际化董事会的境外独立董事和境外非独立董事对审计师的选择都有影响，境外独立董事的比例越高，对高质量审计师选择的影响越大；③国际化董事会对审计师选择的影响在境内实际控制人组显著，在境外实际控制人组不显著。(3)"国际化董事会、分析师关注与现金股利"部分实证研究了国际化董事会对公司现金股利分配的影响。研究发现，国际化董事会显著增加了现金股利支付率，但分析师关注负向调节了国际化董事会与现金股利分配之间的正向关系。此外，考虑半强制分红政策后发现，国际化董事会与现金股利的正向关系在政策变更之前相对于政策变更之后更为显著。(4)"境外董事、语言和企业环境信息透明度"部分侧重于合法性理论，分析了境外董事对环境下行透明度的影响。合法性理论强调企业的合法化经营活动是企业履行环境责任的关键动机，而翔实的环境信息披露往往意味着企业在环境方面表现良好。相关结果揭示：①境外董事的虚拟变量与境外董事的比例都和企业环境信息透明度显著正相关；②当境外董事来自于官方语言属于弱将来时态表述的国家（或地区）时，境外董事和企业环境信息透明度之间的正关系更突出。(5)"审计师的境外学习经历与审计质量"部分的研究结果表明，审计师的境外经历与盈余管理显著负相关，说明境外经历增强了审计师的专业胜任能力和独立性，从而降低了公司的盈余管理，提高了审计质量。进一步的分析发现，审计师的境外经历对审计质量的正向影响在重要性程度低的客户公司、国内非十大会计师事务所中表现得更强，表明客户重要性和会计师事务所规模负向调节了审计师的境外经历与审计质量的正相关关系。

第六章侧重于分析学校文化与组织/企业文化对会计审计行为的影响。(1)"进取型校训、事务所组织形式与审计质量"一节研究了进取型校训文化对审计质量的影响,以及会计师事务所组织形式的调节效应。研究结果表明,受到进取型校训影响的签字审计师所审计的财务报告更可能发生财务错报(高估盈利的财务错报);进而,进取型校训对财务错报(高估盈利的财务错报)的正向影响仅存在于有限责任制会计师事务所子样本中。上述结果表明,进取型校训文化影响下的签字审计师的审计质量较低,但法律风险(合伙制)弱化了进取型校训对审计质量的不利影响。(2)"创新文化与公司创新"一节基于文本分析与数据挖掘,侧重于公司的使命、愿景、价值观、精神、理念、宗旨与文化等维度,从公司网站、公告与年度报告中析出公司创新文化变量,然后研究了创新文化对公司创新的影响,并分析了产权保护的调节作用。研究发现,创新文化显著促进了公司创新(包括投入与产出),且产权保护弱化了创新文化对公司创新的正向影响。此外,创新文化增强了创新投入与创新产出之间的敏感性,且创新文化抑制了公司创新中的"内卷化"现象。(3)"会计师事务所伦理文化与审计质量"利用会计师事务所的分所(practice office)和上市公司的双重样本,检验了会计师事务所伦理文化对审计质量的影响。研究发现:第一,具有伦理文化的会计师事务所分所平均审计质量显著更高,表现为出具非标准审计意见的比率更高、客户公司平均可操纵性应计的绝对值更小、客户公司发生微利的比率更低、客户公司发生财务违规的比率更低。第二,由具有伦理文化的会计师事务所分所审计的上市公司更有可能被出具非标准审计意见,会报告更低的可操纵性应计绝对值,较小可能报告微利和发生财务违规。上述研究揭示了伦理文化的确塑造了审计师的伦理道德和独立性,从而提高了审计质量。第三,相较于国际四大会计师事务所,会计师事务所伦理文化与审计质量的正相关关系在非国际"四大"会计师事务所中更为突出。上述发现补充了审计质量影响因素的文献,对监管审计师行为、加强会计师事务所建设、理解财务报告质量等具有借鉴意义。

第七章主要聚焦于烟盒文化嵌入性,探讨其对代理成本、财务报告质量与环境绩效的影响。(1)"烟盒文化嵌入性与代理成本"部分采用手工搜集的烟盒文化嵌入性数据,探究其对"股东—管理层"委托代理成本的影响。研究发现,公司所在地的烟盒文化嵌入性与委托代理成本正相关,揭示了烟盒文化嵌入性并非为了文化宣传,而是体现为一种与烟草相关的有罪文化掩饰,这塑造了关系型的社会氛围,致使管理层道德水准降低,诱发了其建立个人商业帝国和过度在职消费的倾向,最终增加了委托代理成本。进一步地,公司境外收入比例削弱了烟盒文化嵌入性与委托代理成本间的正关系。(2)"烟盒文化嵌入性与财务报告质量"一节使用基于中国背景的手工数据,检验了烟盒文化嵌入性是否会影响财务报告质量。研究发现,公司所在省份的烟盒文化嵌入性越强,其盈余管理程度越高,表明烟盒文化嵌入性塑造了不道德的社会氛围、诱发了管理层的不道德行为、造成信息不对称,并最终损害了财务报告质量。进一步地,烟盒文化嵌入性与盈余管理之间的正相关关系在无境外董事任职的公司中更为突出。

第八章分析了酒文化与投机(博彩)文化两种有罪文化对会计审计行为的影响。(1)"酒文化抑制了独立董事的异议投票吗?"一节使用全国各省的酒精消费作为酒文化的替代变量,基于中国资本市场特有的、披露独立董事具体意见的制度背景,考察了酒文化对独立董事异议行为的影响。研究发现,酒文化与独立董事发表异议意见的概率显著负相关,表明酒文化损害了独立董事的独立性、抑制了独立董事的异议投票。分组测试结果表明,相较于本地独立董事,酒文化对异地独立董事发表异议意见的抑制作用更为突出。(2)"投机(博彩)文化与公司创新"基于手工收集的企业和彩票销售点之间的地理近邻性构建了准公司层面的投机(博彩)文化变量,实证检验了投机(博彩)文化对公司创新的影响。研究结果表明,投机(博彩)文化与公司创新显著正相关,表明投机(博彩)文化氛围越浓厚地区的企业越富有冒险精神,创新水平越高。进一步地,经济发展水平削弱了投机(博彩)文化对公司创新的正向影响。(3)"投机(博彩)文化与审计质量"一节基于地理近邻性概念的、准会计师事务所分所层面的审计师投机(博彩)文化变量,实证检验了审计师投机(博彩)文化对审计质量的影响。研究结果表明,审计师投机(博彩)文化与审计质量显著负相关,表明受投机(博彩)文化影响的审计师具有更强的投机倾向和风险偏好,进而损害其谨慎性和专业怀疑能力,导致审计质量降低。此外,会计师事务所规模能够削弱审计师投机(博彩)文化对审计质量的负面影响。

第九章分析了茶文化、嗜辣文化与水稻/大米种植造就的文化差异对会计审计行为的影响。(1)"茶文化抑制了盈余管理吗?"一节认为茶具有自省、淡泊、和谐的文化属性,塑造了人们平静、质朴、高雅的人格,潜移默化地影响着人的行为。利用省市统计年鉴中的县(区)级茶叶生产种植数据(茶叶产量和面积)量化了公司所在地的茶文化氛围,进而研究发现,县(区)级茶叶产量与上市公司的可操纵性应计绝对值显著负相关,说明地区茶文化氛围可以降低企业盈余管理、提高财务报告质量。此外,四大会计师事务所审计作为一种外部监督,弱化了茶文化与企业盈余管理的负相关关系。(2)"审计师嗜辣与财务报告质量"一节研究发现,签字审计师的嗜辣指数与可操纵性应计显著负相关,表明喜欢吃辣的签字审计师具有勇敢、激进的性格特征,并具有男子气概,能够保持审计独立性,更不容易屈从于客户公司高级管理者的压力,并且能够使可操纵性应计更低(财务报告质量更高)。此外,相比于国有企业,签字审计师嗜辣指数和可操纵性应计的负相关关系在非国有企业中显著性更高。(2)"水稻种植与审计质量:一方水土养一方人?"一节考察来自水稻种植区的签字审计师对审计质量的作用机理。研究发现,水稻种植区的签字审计师与财务重述显著正相关,即水稻种植区的签字审计师降低了审计质量。进一步究发现,会计师事务所的规模、会计师事务所行业专长调节了水稻种植区的签字审计师与财务重述之间的正相关关系,即与十大会计师事务所、行业专长会计师事务所相比,水稻种植区的签字审计师与财务重述间的关系在非十大会计师事务所、非行业专长会计师事务所中表现得更强。

第十章主要分析了诸多关系维度(如绑定关系、发审委联系等)对会计审计行为的影响。(1)"独立董事返聘与公司违规:'学习效应抑'或'关系效应'"一节关注独立董事任期届满后离任但经过一段"冷却期"后再次被原上市公司返聘的现象(即独立董事返聘)。研究发现:①对返聘独立董事的公司而言,相较于冷却期,返聘期的公司违规显著更少(纵向对比);②

返聘的独立董事首任期间的公司违规要显著低于冷却期(纵向对比);③相较无独立董事返聘、返聘人数更少的公司,返聘人数更多的公司的违规显著更少(横向对比)。上述研究发现支持了"学习效应"假说,即独立董事返聘抑制了公司违规并非是规避任期规定的手段。(2)"券商—审计师绑定关系与IPO盈余管理"一节从中介机构的相互关系,即券商与审计师之间的绑定关系来考察其对于拟IPO公司盈余管理行为的影响。本节选取A股市场的所有拟IPO公司,经实证研究发现,存在券商—审计师绑定关系的拟IPO公司,其上市前财务数据的盈余管理水平显著更高。此外,会计师事务所的行业专长弱化了券商—审计师绑定关系与IPO盈余管理水平之间的正关系。上述结果表明,券商和审计师之间的"过密"联系会损害审计独立性,从而加剧IPO过程中的信息不对称问题。(3)"发审委联系与IPO抑价"一节发现,发审委联系与IPO抑价显著负相关,说明市场负面评价了拟IPO公司针对发审委员的寻租行为。进一步地,对于国家产业政策扶持行业内的公司而言,发审委联系对IPO抑价的负向影响相对较弱。

　　第十一章主要关注科举制度、人口婚姻结构与女性社会地位(女性高管)对会计审计行为的影响。(1)"科举制度影响公司创新吗"一节手工搜集了地级市层面进士分布的数据,以此度量科举影响,进而考察了科举制度对公司创新的影响。研究发现,科举制度和创新投入、创新产出都呈现出非线性的倒U形关系,即科举影响未达到阈值以前,科举制度提高了公司的创新投入和创新产出,但是科举影响超过阈值以后,反而会导致公司的创新投入和创新产出有所下降。从影响机制来看,科举制度主要通过塑造中国社会的文化氛围作用于公司创新。此外,本节还发现科举制度对公司创新的影响在法治水平较低、经济欠发达、外来文化冲击较小的地区更加突出。总体而言,科举制度对公司创新的影响虽然存在消极的一面,但是也有其积极的一面。本节从微观层面揭示了科举对中国社会影响的持续性,并有助于消除人们对科举制度的偏见,正确认识科举制度有利与不利的影响。(2)"人口婚姻结构与审计质量"一节发现会计师事务所所在地区人口婚姻结构与审计质量相关,即作为地区人口婚姻结构代理变量的离婚率越高,审计质量越高。离婚率与社会文化氛围(个人主义或集体主义价值观)有关,高离婚率与高个人主义文化倾向社会中的人们更不可能参与贿赂、腐败,更少建立和保持裙带关系;坚持个人原则、正义和公平的商业伦理或职业道德相关,进而促使审计师保持较高的审计质量。(3)"女性高管总能抑制盈余管理吗"一节实证分析了女性高管对盈余管理的影响。研究发现,女性高管比例与盈余管理呈倒U形关系,且外部监管可负向调节二者之间的关系,这表明女性高管不仅会影响公司领导风格,还能以此为基础对公司盈余管理行为产生非对称性影响。

二、政策启示

　　本书各章节的末尾已讨论了各章的政策启示。尽管如此,从整体上本书的研究发现仍具有如下的政策启示:

　　第一,本书的总体研究发现揭示了文化(一种重要的非正式制度)能够通过影响CEO、高管/董事、审计师的行为,进而影响会计审计行为。因此,本书的研究发现可以敦促中国资本市场的监管机构,如中国证监会、财政部会计准则制定机构以及中注协等密切注意到文化这一难以量化但又对公司决策与会计审计行为影响深远的因素,适当吸取学者们的研究成果,在制定相应的会计审计领域监管政策的过程中予以适当考虑。

第二,文化影响源远流长,她往往通过影响人的性格来影响个人决策风格,从而影响公司决策与会计审计行为。本书不同章节在一定程度上揭示了特定文化维度积极(positive)的一面或消极(negative or dark)的一面。为此,相关监管机构应注意提倡和发挥文化对会计审计行为积极影响的一面,抑制其不利的一面。

第三,本书不同章节探索了正式制度对"文化与会计审计行为"的调节效应,发现了存在"强化效应"(the reinforced effect)和"挤出效应"(the crowding-out effect)。为此,监管机构可能需要综合考虑,并在辨识的基础上,对文化影响消极的一面进行遏制,或对正式制度进行针对性的强化修正。譬如,若特定文化维度对会计审计的影响是消极的,而正式制度弱化了上述消极影响,则监管机构需要据此加强相应的正式制度的建设,并尽可能遏制文化影响的负面效果。

三、局限性与未来研究方向

本书各章节已讨论了各章的局限性与未来研究方向。尽管如此,下面本节将从整体上分析本书研究的局限性及未来可能的研究方向。

第一,本书构建了一个"文化影响与会计审计行为"的框架,试图为中国文化是否以及如何影响会计审计行为提供研究方向。虽然本书各个章节的经验证据支持了该框架,但是不可否认的是,该框架仍需要进一步完善和丰富。该框架主要是基于中国制度背景的不同文化维度,并未纳入其他制度背景的文化元素,这在一定程度上限制了本书研究结论的"概化"(generalization)。为此,未来的研究可以在本书构建的"文化影响与会计审计行为"框架下,进一步进行丰富与扩展。

第二,本书各个章节基于文本分析与数据挖掘,首次发掘了中国文化的诸多维度,并据此经验分析了不同文化维度对会计审计行为的影响。尽管如此,本书限于主题或其他限制,在"社会风俗文化"与"有罪文化"相关章节并未对宗教社会规范、社会信任、贿赂文化、政治联系等不同的中国文化维度专门进行讨论。

第三,本书对不同文化维度的度量,多采取的是基于文本分析与数据挖掘获取的二手数据。因此,不可避免地就会存在一个"度量有效性"的关注,主要体现在对特定文化维度的度量是否有效地捕捉了其意欲度量的对象,这是一个需要着力解决的问题。为此,本书认为,在合适的情况下,对特定文化维度的度量应辅之以问卷调查或实验研究的数据,若此,档案式数据与问卷调查的数据可以相互结合,从而从多个维度强化变量度量的科学性。

第四,囿于篇幅,本书各章节虽涉及不同文化维度对会计审计行为的影响,但详略不一。譬如,关于方言关联这一文化维度,我们仅以CEO—审计师方言关联为例分析了其对审计意见购买(审计独立性)的影响,并未详尽地讨论 CEO—董事方言关联、董事会方言关联、CEO—分析师方言关联等对会计审计行为的影响。如此安排的原因在于:文化通过影响人的行为从而影响会计审计行为,因此从理论上讲,文化对人行为的影响往往具有一致性(consistency),从而对会计审计行为的影响也具有一致性,譬如提高会计信息质量、强化审计独立性等。未来的研究如有兴趣,可以在本书主题研究之外进一步进行延伸研究,以提供相应的增量经验证据。

第五,文化影响有其积极的一面(positive side),亦有其消极的一面(dark side)。本书不同章节揭示了具体的文化维度的积极影响或负面影响,但并未在同一章的同一节,针对同一文化维度穷尽式地挖掘该文化维度的所有积极或消极的影响。未来的研究既可以不断挖掘新的文化维度,也可以进行深挖式(in-depth)研究,围绕会计审计行为、系统地研究特定文化维度所有积极或消极的影响。

第六,本书共厘清了七类主要的文化维度以及二十余个子文化维度,并具体分析了其对特定会计审计行为的影响。尽管如此,本书在"儒家文化整体,尊尊原则下的敬语、论资排辈、'学而优则仕'与'外来的和尚会念经'等,亲亲原则下的老乡关系、方言关联与宗族关系""吸烟、研究与投机(博彩)文化""关系文化""社会风俗文化"等四个领域研究较多,但在"学校文化""组织(企业)文化""饮食文化"等领域则仅进行了初步研究。未来的研究既可以继续在儒家文化、有罪文化、关系文化与社会风俗文化这四个领域继续"精耕细作",亦可在本书研究的基础上在学校文化、组织(企业)文化、饮食文化等领域尝试作出新的贡献。

第七,本书在讨论文化影响与会计审计行为时,在控制内生性以及厘清具体文化维度与会计审计行为的关系的过程中尝试了多样化的方法。未来的研究应进一步深入探讨如何尽可能地确立具体文化维度与公司会计审计行为之间的因果关系(在相关性的基础上)。除了在理论上阐述特定的文化维度如何影响会计审计行为(路径),未来的研究还需要尽可能寻找自然实验的背景,采纳多种方法、尽可能排除其他可能的解释。

第八,本书虽然探讨了不同文化维度与正式制度(如公司治理、法律法规)对会计审计行为的交互影响,但这些探讨并非主体内容。未来的研究仍需持续关注文化作为一种非正式制度,是如何与正式制度相互作用,进而交互影响公司的会计审计行为的。更具体地,作为非正式制度的文化在何种情况下强化了正式制度对会计审计行为的影响,在什么条件下弱化和"挤出"了正式制度对会计审计行为的影响(反之亦然)。

第九,本书注意到了学校文化与学校教育对个人的性格及其在随后职业生涯中的个人决策的影响,进而探讨了学校文化对会计审计行为的影响。但是,对于个体而言,家庭文化是学校文化与教育的前置事项,它可能与学校文化共同塑造一个人的个性、决策风格,进而影响公司决策与会计审计行为。为此,未来的研究可以基于问卷调查进一步研究 CEO、高管/董事、审计师等的家庭文化(教育),并深入探讨其对会计审计行为的影响。

第十,限于主题,本书主要侧重于分析文化对会计审计行为的影响。但是,实际上,文化可能通过影响个人(如 CEO、董事长、董事、高管)的行为,塑造其个性特征与决策风格,从而在很大程度上影响公司决策。未来的研究可以进一步分析文化如何影响除会计审计行为之外的公司决策，包括但不限于战略决策、财务决策、社会责任决策等。

第十一，未来的研究可以进一步系统地挖掘中国文化的不同维度，并深入分析不同的文化维度对会计审计行为的影响。可挖掘的重要文化维度包括但不限于"男尊女卑"、传统玻璃天花板效应、儒家文化视野中的家族代际传承与继承制度等。

习近平总书记在中共中央党校建校80周年庆祝大会上对中国传统文化有精辟的阐述："中国传统文化博大精深，学习和掌握其中的各种思想精华，对树立正确的世界观、人生观、价值观很有益处。……我们不仅要了解中国的历史文化，还要睁眼看世界，了解世界上不同民族的历史文化，去其糟粕，取其精华，从中获得启发，为我所用"。这为本书未来的研究指明了方向，激励着我们继续在"文化影响与会计审计行为"领域深入研究。